Max Beheim-Schwarzbach

Friedrich Wilhelm's I. Kolonisationswerk in Lithauen, vornehmlich

die Salzburger Kolonie

Max Beheim-Schwarzbach

Friedrich Wilhelm's I. Kolonisationswerk in Lithauen, vornehmlich die Salzburger Kolonie

ISBN/EAN: 9783743668706

Hergestellt in Europa, USA, Kanada, Australien, Japan

Cover: Foto ©Suzi / pixelio.de

Weitere Bücher finden Sie auf **www.hansebooks.com**

Friedrich Wilhelm's I.

Colonisationswerk in Lithauen,

vornehmlich

die Salzburger Colonie,

von

Dr. Max Beheim-Schwarzbach.

„Das preussische Lithauen ist in Europa
wenig bekannt, obwohl es verdient, es mehr zu
sein; es ist eine Schöpfung meines Vaters . . . ich
finde in diesem Unternehmen meines Vaters, diese
Wüste bewohnbar und glücklich zu machen, wahrhaft Heroisches."

Friedrich der Grosse.

Königsberg.

Hartungsche Verlags-Druckerei.

1879.

Vorwort.

Nur wenige Zeilen als Vorwort!

Friedrich Wilhelm's Colonisations-„Werk" in Lithauen hat bisher noch keine eingehende Darstellung gefunden. Was in grösseren oder kleineren Werken hierüber enthalten war, welche ostpreussische oder allgemeine preussische Geschichte behandeln, ist theils bruchstückartig, theils beruhen diese Mittheilungen nur in den seltensten Fällen auf selbständigen Forschungen. Wie sehr aber dieses Colonisationswerk verdient, von Preussen und Deutschen genauer gekannt zu sein, um nach Verdienst bewundert zu werden — das zu zeigen, ist der Zweck meiner Arbeit.

Die Germanisirung Lithauens ist durch die colonisatorische Thätigkeit eines Friedrich Wilhelm's I. bahnbrechend gefördert worden; es ist hauptsächlich süddeutsches Material, das er zu seinem mächtigen Bau verwendet hat.

Die hervorragendste Rolle in dieser Colonisationsgeschichte spielen die Salzburger. Die Geschichte der Salzburger Emigration weist eine ansehnliche Literatur auf, die ihrer eigentlichen Ansiedlung in Preussen ist fast in allen diesen Schilderungen zu kurz gekommen. Es ist selbstverständlich, dass in der vorliegenden Arbeit nicht sowohl die Märtyrer gezeichnet sind, als vielmehr die neuen Unterthanen im Verhältniss zu dem Staatswesen, zu dessen Gliedern sie sich durch ihre Einwanderung gemacht haben; es konnte somit die religiös-theologische Seite der Colonie nicht in den Vordergrund gestellt werden, sie gehört der Vorgeschichte der Ansiedlung an. Sollte deshalb meine „Geschichte der Salzburger in Preussen" für Einige, wenigstens auf den ersten Blick, befremdende Anschauungen und Materialien bringen, so meine ich doch andrerseits, den wahren Werth der „Glaubenscolonie" in keiner Weise geschädigt zu haben, sondern derselben in vollem Maasse gerecht geworden zu sein.

Die Quellen zu dieser Arbeit bilden, ausser den gedruckten Hilfsmitteln, hauptsächlich die Acten aus dem königl. Staatsarchiv in Königsberg, die Acten der Regierungen in Gumbinnen und Königsberg und vor Allem aus dem Salzburger Hospital-Archiv.

Diese Arbeit bildet gewissermaassen den Abschluss einer Reihe von Bildern, die, alle zusammengefasst, eine „Geschichte der Hohenzollernschen Colonisationen im Osten des preussischen Staates" darstellen; ich rechne zu diesen „Bildern" folgende Arbeiten: Friedrich der Grosse als Gründer deutscher Colonien in den im Jahre 1772 neu erworbenen Landen. Berlin 1864. E. S. Mittler & Sohn; — Hohenzollernsche Colonisationen. Leipzig 1874. Duncker & Humblot; — Die Zillerthaler in Schlesien. Die jüngste Glaubenscolonie in Preussen. Breslau 1875. Ed. Trewendt; — Friedrich Wilhelm III. und die Zillerthaler im Riesengebirge (Aufsatz in der Zeitschrift des Vereins für Geschichte und Alterthümer Schlesiens); — Geschichte der „Hussiten"-Ansiedelungen unter Friedrich II. als Mittelpunkt der böhmischen Glaubenscolonie in Preussen (Zeitschrift für preussische Geschichte etc.); — Colonisatorisches aus Ostpreussen (Altpreussische Monatsschrift); und schliesslich vorliegende Arbeit.

Ich hätte diese letzte Arbeit nimmermehr beenden, ja, wohl gar nicht erst in Angriff nehmen können, wenn nicht das liberale Entgegenkommen Seitens des Herrn Oberpräsidenten der Provinz Preussen, Excellenz von Horn, mir die Wege zu diesen Archiv- und Regierungsacten ermöglicht hätte. Möge Seine Excellenz es als einen kleinen Beweis meines .aufrichtigen Dankes ansehen, wenn ich denselben öffentlich abzustatten mir erlaube. Ebenso gebührt auch mein ergebenster Dank dem Präsidenten des Gumbinner Regierungsbezirkes, Herrn Grafen von Westarp.

Vor Allem hat mit seinem bewährten Rathe nicht nur, sondern auch mit der That mir der königl. Staatsarchivar, Herr Philippi, zur Seite gestanden, so dass ich mich ihm zu dauerndem Danke verpflichtet fühle. Noch vielen Anderen habe ich den üblichen Zoll der Danksagung abzustatten, wie den Herren im Salzburger Hospital, Herrn Zenthöfer, Herrn Rendant Steiner, ferner Herrn Käswurm in Darkehmen etc.

Der beste Dank allerdings, den der Schreibende allen denen darzubringen vermag, die an der Gestaltung der Arbeit freundlichen Antheil nahmen, ist: er gebe ein Buch, das ihren Beifall finde. Dass meiner Arbeit dieses Loos beschieden sei, ist mein Wunsch.

Pädagogium Ostrowo bei Filehne.

Dr. Max Beheim-Schwarzbach.

Inhaltsverzeichniss.

Seite

Vorwort III

Erstes Buch.
Die Colonisirung Lithauens nach der Pest.

Erstes Capitel: Eingang und Einleitungszeit unter Friedrich I.

Eingang 1
Zustand Lithauens nach der Pest 2
Mittel zur Abhilfe; Colonisirungen 4
Wer ist „Colonist" zu nennen? 4
Perioden der Colonisation. 5
Einleitungszeit unter Friedrich I. 6
Vorschläge zu colonisiren 6
Dohna's Vorschlag 7
Friedrich's I. Versuch, die Städte zu heben 8

Zweites Capitel: Vorbereitung unter Friedrich Wilhelm I. 1713—1721.

Friedrich Wilhelm's I. Reisen nach Lithauen 10
Die ersten Colonistenpatente ohne grosse Wirkung 11
Einrichtung der Hubenschoss-Commission 12
Die Domänen-Commission. 13
Streit innerhalb der Domänen-Commission. 14
Grosse Conferenz der Dom.-Commission unter Vorsitz des Königs 15
Principe des Königs beim Aufbau des Landes 16

Drittes Capitel: Die Zeit der Colonisationen unter Friedrich Wilhelm I. 1722—1740.

Allgemeines 21
Das Colonisirungsgeschäft 23
Thätigkeit der Beamten 24
Die Beamten genügen selten dem Könige 24
Friedrich Wilhelm's Zorn über Unredlichkeit der Beamten . . . 25
Willkür der Beamten bei An- und Absetzung der Colonisten. 27
Verfügungen gegen diese Willkür 27
v. Görne's Etablissementsvorschläge 29
Die Colonisten von den Beamten und von der Bevölkerung
scheel angesehen 31

Viertes Capitel: Rechte und Pflichten der Colonisten; Art ihrer Ansiedlung.

Die Patente. Allgemeines über dieselben 33
Die einzelnen Patente 34
Die Klassen der Colonisten 35
Reisekosten; Reisezeit 36
Beneficien 37
Die Landleute unter den Colonisten 39
Die Städte und Handwerker 46

Zweites Buch.
Die Wirkung der colonisatorischen Bemühungen.

Erstes Capitel: Anzahl der besetzten Hufen, der etablirten
Colonisten und der aufgerichteten Höfe.

Allgemeines 53
Die Zahl der wüsten Hufen aus den Steuerlisten 54
Tabellen von den wüsten Hufen 55
Consignation der angesetzten Colonisten 56
Zahl der Colonisten 58
Anzahl der besetzten Ortschaften 61
Grösse der einzelnen besetzten Höfe....................... 63

Zweites Capitel: Gattung, Qualität, Nationalität, Namen und
Religion der Colonisten; Kosten des Etablisse-
ments.

Charakter des Gutes und Hofes 64
Gattung der Einsassen..................................... 65
Desertionen der Colonisten 67
Patente gegen das Desertiren.............................. 67
Der König verlangt, es solle dem Desertiren vorgebeugt werden 69
Qualität der Colonisten: gute und schlechte Wirthe......... 70
Tabelle der „guten" und „schlechten" Wirthe 71
Nationalität der Colonisten 73
Allgemeine Nationalitätstabelle aus allen Aemtern.......... 75
Specielle Nationalitätstabelle aus zehn Aemtern............ 80
Das süddeutsche Element überwiegt....................... 80
Die Städte, besonders Gumbinnen 81
Die Namen der Colonisten oft wichtig für die Heimathsbestimmung 84
Religion der Colonisten 87
Die Kosten des Werks 88

Drittes Capitel: Vollendung des Werkes unter Friedrich II.

Die Beamten in Lithauen weisen neue Colonisationen von sich 91
Friedrich als Kronprinz in Gumbinnen 93
Energische Weisung Friedrich's II., die noch wüsten Hufen
anzubauen 94
Der Nachweis der wüsten Hufen genügt ihm nicht 95
Derbes Schreiben Friedrich's II. 96
Zahl der wüsten Hufen.................................... 97
Neues Schreiben an die Kammer 97
Vollendung des Anbaues.................................. 100
Friedrich's Gefallen hieran 100
Seine weitere Fürsorge 101
Meliorationen Friedrich's in Lithauen 101

Viertes Capitel: Die Hauptcolonien.

Die Schweizer... 103
v. Dohna's Fürsorge für die Schweizer 103
Instruction für den Schweizer Colonie-Inspector 104
Vergrösserung der Schweizer Colonie...................... 105
Erwerbung des „Colonie"-Titels 108
Die Concession der Societät............................... 112
Nassauer- und Pfälzercolonie 114
Franzosen... 115
Magdeburger und Halberstädter........................... 116
Polen, Szamaiten, Lithauer............................... 117
Zigeuner.. 117

Drittes Buch.
Die Salzburger in Preussen bis zur Vollendung ihres Etablissements.

Erstes Capitel: Einleitung und Vorgeschichte.
Allgemeines über die Literatur der Salzburger Emigration ... 122
Die kirchliche Bewegung in Salzburg; Vertreibung der Teferegger 124
Der Erzbischof Firmian..................................... 125
Untersuchung der Zahl der Evangelischen 126
Gewaltmaassregeln gegen die Evangelischen 127
Das Emigrationspatent..................................... 127
Friedrich Wilhelm's Einladung 128
Der Marsch der Emigranten................................. 129
Weiterbeförderung der Eingewanderten von Berlin an....... 132

Zweites Capitel: Das Interimisticum und die Winterquartiere.
Der Hauptzug geht nach Lithauen ....'.................... 135
Gewöhnlich falsche Auffassung der Gründe, warum nach Lithauen? 135
Des Königs Declaration an die Salzburger, wie sie sich in Preussen
    verhalten sollen...................................... 136
Die Declaration bereits ein Beweis, dass der König unzufrieden
    mit vielen Salzburgern ist 137
In Gumbinnen Rührigkeit der Beamten 139
Sitzungen und Recherchen 139
Die Colonie-Inspectoren.................................. 141
Die Arbeitsüberbürdung derselben......................... 142
Die „Examina" mit den Salzburgern; Probe................. 142
Vertheilung in die Winterquartiere 144
Gährung und überhandnehmende Unzufriedenheit der Salzburger 145
Die Arbeitslosigkeit, Folgen des Müssigganges 146
Weitere Fürsorge des Königs für das Etablissement........ 147

Drittes Capitel: Das Interimisticum und die Winterquartiere
    (Fortsetzung). Allmähliche Ansiedlung.
Mancherlei Bedenken bei dem Etablissement 151
Pläne und Vorschläge 151
Das Wandern der Salzburger............................... 153
Des Königs Befehl, glimpflich mit den Salzburgern umzugehen 154
Forderung an die Salzburger, den Eid der Treue zu leisten .. 155
Ihre Weigerung 156
Die Eidesabnahme durch eine Commission stösst auf viele
    Schwierigkeiten 157
Zürnen des Königs.. 158
Einige Desertionen. Renitenz 159
Friedrich Wilhelm verlangt alle 14 Tage Conduitenlisten 160
Zustand der Ansiedlung im Jahre 1734..................... 165
Die Schaar der Salzburger war zusammengeschmolzen....... 166
Specielle Instructionen für die Colonisten-Inspectoren........ 168
Reisebericht Lanoi's; Lanoi's Wirken..................... 169
Plan wegen des Abbaues der zweiten Hufe..;.............. 172
Weigerung der Salzburger, die Vollmachtsdocumente herzugeben 174
Der König ordnet eine Visitationscommission an 176
Ungleiche Resultate dieser Commission 177
Friedrich Wilhelm's zürnendes Schreiben an die Salzburger;
    Wirkung 178
Idyllische Schilderung von Panse........................ 180

Seite

Viertes Buch.
Die fertige Salzburger Colonie in Preussen.

Erstes Capitel: Das vollendete Etablissement der „Colonie".

Societätsvertrag mit den Salzburgern 185
Der Contract 187
Die Ansiedlungsverhältnisse im Jahre 1744 190
Statistisches aus jenen Nachweisungen 190
Die Einzelnansiedelungen 191
Die Einzelneinwanderungen 193
Die Ackersleute unter den Salzburgern 194
Die städtische Bevölkerung der Salzburger; Handwerker 194
Urtheile der Beamten über die Salzburger im Jahre 1744 . . . 196
Lebensart 198
Die Glaubenscolonie 199
Friedrich Wilhelm's Sorge für Prediger, Kirche und Schulen. 200
Die kirchliche Lage der Colonie. Religiöses Verhalten der
Salzburger 200
Des Königs Sorge für den Glauben der Salzburger 212
Das Schulwesen. Bücher und Schriften 214
Die Salzburger im Verkehr mit der Heimath u. anderen Emigranten 216
Brief aus Eben-Ezer an die Salzburger in Lithauen 217

**Zweites Capitel: Die Vermögens- und Kostenverhältnisse der
Salzburger Colonie.**

Das mitgebrachte Baargeld 222
Die ungiltigen Münzen 223
Die Ausstände in der Heimath 224
Friedrich Wilhelm's Sorge, diese Ausstände einzukassiren 224
v. Plotho's Promemoria über die Schwierigkeiten 225
Publication der Eingänge 228
Avertissement über die Art der Auszahlung 228
Kosten. Das Generalwerk mit den einzelnen Etats 229
Die Hauptausgaben aus den Etats 230

**Drittes Capitel: Fortführung der Geschichte der Salzburger
Colonie. Der Kampf um die „Colonie".**

Allgemeines 232
Die Colonie unter Friedrich II. 232
Mannigfache Klagen der Colonisten 233
Beginn des Kampfes um die Colonie 233
Das Salzburger Hospital 235
Schön's Absichten in Betreff des Hospitals 240
Schön's Lob über die Colonie 241
Der Kampf 242
Entscheidung des Streites 1818 248
Fortführung der Salzburger Hospitalsgeschichte 249
Gegenwärtiger Zustand der Colonie 252

Fünftes Buch.
Anhang und Statistischer Theil.

I. Tabelle der wüsten Hufen a. 1732 259
II. Specialtabelle hierzu 261
III. Plan eines Anbaus a. 1732 263
IV. Summarische Tabelle der Gärtner (Salzburger, Deutsch. und
Lith. Nation) 264

V. Zahl der von den Colonisten u. Lithauern besetzten
   Hufen a. 1736.......................... 269
VI. Uebersichtstabelle über die Zahl der Ortschaften,
   welche nur von Colonisten und nicht von
   Lithauern bewohnt wurden a. 1736........ 271
VII. Tabelle von den „guten“ und „schlechten“ Wirthen 272
VIII. Anzahl der von den Colonisten und Lithauern be-
   wohnten Ortschaften..................... 274
IX. Nationalitätstabelle aus den einzelnen Dörfern der
   Aemter Lithauens: Althof-Insterburg...... 276
X. Amt Brackupöhnen 276
XI. „ Bredauen 277
XII. „ Budupöhnen..................... 278
XIII. „ Dinglaucken..................... 279
XIV. „ Gaudischkehmen 279
XV. „ Georgenburg 280
XVI. „ Göritten 281
XVII. „ Gudwallen 282
XVIII. „ Holzlössamt..................... 283
XIX. „ Jurgaitschen 284
XX. „ Kattenau..................... 285
XXI. „ Kiauten..................... 286
XXII. „ Königsfelde..................... 287
XXIII. „ Kussen 288
XXIV. „ Lappöhnen 288
XXV. „ Mattischkehmen 289
XXVI. „ Maygunischken 289
XXVII. „ Moulinen 290
XXVIII. „ Plicken 291
XXIX. „ Saalau 291
XXX. „ Staunaitschen 292
XXXI. „ Tollmingkehmen 293
XXXII. „ Althof-Ragnit 294
XXXIII. „ Gerskullen 295
XXXIV. „ Kasigkehmen..................... 296
XXXV. „ Lesgewangminnen.................. 297
XXXVI. „ Löbegallen 297
XXXVII. „ Schreitlaugken 298
XXXVIII. „ Sommerau 298
XXXIX. „ Pröculs 298
XL. „ Balgarden 299
XLI. A. Specielle Nationalitätstabelle aus dem Amt
   Szirgupöhnen 300
XLII. B. Boylen 301
XLIII. C. Dantzkehmen 302
XLIV. D. Waldauckadel 303
XLV. E. Budwetschen..................... 304
XLVI. F. Wedern 306
XLVII. G. Dörschkehmen 307
XLVIII. H. Grumbkowkaiten................... 309
XLIX. I. Baublen 311
L. K. Uschpiaunen 312
LI. Amt Schweizerdörfer im Jahre 1728.............. 313
LII. „ 67 Colonistenedicte, Patente, Rescripte Friedrich's
   und Friedrich Wilhelm's I. behufs Ansied-
   lung Lithauens, bes. von 1710—1740...... 315

Seite

LIII. Amt Specification der a. 1740 nach Lithauen geschickten Colonisten 320

LIV. „ Meliorationen in Lithauen unter Friedrich II 321

LV. „ Alphabetisches Verzeichniss der Colonisten nach Vor- und Familiennamen, Amt und Dorfschaft, wo sie angesiedelt sind, Zahl der ihnen zugewiesenen Hufen, Morgen und Ruthen und ihrer Nationalität a. 1736 329

LVI. „ Auszug aus den im Jahre 1751 verkauften, auf Colonisationsverhältnisse bezüglichen Acten. 357

LVII. Emigrations-Patent des Erzbischofs v. 31. Octob. 1731 358

LVIII. Das Einladungspatent Friedrich Wilhelm's I. vom 2. Februar 1732 369

LIX. Vertheilungsplan für die Interimsquartiere der Salzburger in Lithauen 371

LX. Consignation der in Aemtern und Städten auf Anfrage der Lith. Deput. verlangten Salzburger 372

LXI. Consignation der verstorb. Salzburger bis Juni 1733 373

LXII. Generaltabelle von den am 31. Aug. 1734 consignirten Salzburger Emigranten in den 10 Städten Lithauens 374

LXIII. Die Handwerke der Salzburger in den Lithauischen Städten a. 1734 374

LXIV. Generaltabelle von den (d. 31. Aug. 1734) consignirten Salzburger Emigranten in den Lith. Aemtern 375

LXV. Generaltabelle von dem Handwerk und Gewerbe der Salzb. Emigr. im Regierungsbezirk Königsberg 377

LXVI. Consignation der Salzburger Colonisten a. 1744 in den Lithauischen Aemtern 380

LXVII. Tabelle der Salzburger Colonisten in den Städten Lithauens a. 1744 382

LXVIII. Tabelle der Salzb. Colonisten in den adeligen Gütern a. 1744 382

LXIX. Consignation über die Inspection Seitens der Salzb. Schulzen laut Societ. Vertrag 385

LXX—LXXIII. Etats und Kosten der Salzburger Etablissements. Allgemeines 386

LXXIV—LXXV. Specificirung und Balance der Etats 390

LXXVI—LXXVII. Von Plotho's und Osten's Rechnungen ....

LXXVIII. Generalrechnung der baar eingegangenen Emigrantengelder 397, 399

LXXIX. Allgemeine Uebersicht des Berichtes über die Zahl der Salzburger 1834 und 1843 401

LXXX. Die 18 Salzburger Schulen im Jahre 1808 402

LXXXI. Etat des Salzburger Hospitals 403

LXXXII. Der Heerführerstab 406

LXXXIII. Probe einer Salzburgschen Genealogie 408

LXXXIV. Alphabetisches Verzeichniss der Literatur über die Salzburger Emigration und Colonie 409

Erstes Buch.

Die Colonisirung Lithauens nach der Pest.

Erstes Buch

Erstes Capitel.

Eingang und Einleitungszeit unter Friedrich I.

Keiner, der sich der Aufgabe unterzogen hat, das Geschick des preussischen Staates oder gar specieller das der östlichen Provinzen unseres Vaterlandes darzustellen, hat es, ebenso wenig wie der Biograph Friedrich Wilhelm's I., unterlassen können, das fürchterliche Verhängniss der unheimlichen Pest wenigstens anzudeuten, das in den letzten Regierungsjahren des ersten Königs über Ostpreussen und besonders über Lithauen hereinfluthete. Aber ein Jeder hat in diesem Gemälde des Schreckens neben die gräulichen Scenen der Verwüstung und des Todes, neben die leicht aufgeworfenen Grabmäler unzähliger Leichen, neben die menschenverlassenen und verfallenen Gehöfte und die wild wuchernden Einöden der früher blühenden Ackerfelder — gleichsam zur Erhebung des niedergedrückten menschlichen Geistes — die Genien des Friedens, des wieder aufbauenden Fleisses gezeichnet, die bemüht waren, das grässliche Elend zu lindern, die entfesselten Furien des Schreckens wieder zu beschwichtigen. Aber die meisten dieser Zeichner haben sich bei dieser zweiten Aufgabe gewöhnlich mit Copien begnügt; ihnen fehlte unmittelbare Anschauung, oder sie haben ihre Bilder in kurzen, allgemeinen Umrissen mehr angedeutet als ausgeführt.

Und doch verdient gerade die Wiederaufrichtung Lithauens eingehende, liebevolle Behandlung, der sich in neuerer Zeit auch warme Verehrer jenes Königs unterzogen haben; einen Theil jenes grossartigen Werkes zu schildern, ist Zweck dieser Zeilen.

Auf dem geräumigen Markte der Hauptstadt Lithauens, in Gumbinnen, ist vor dem stattlichen Gebäude der Regierung eine

1

Bildsäule Friedrich Wilhelm's I. aufgerichtet. Er hält hier seine
Hand gleichsam segnend über das Land ausgestreckt; eine kraft-
volle, feste Hand! Sie zeigt den unbeugsamen Königswillen an, von
Grund aus umzugestalten, von Neuem zu bauen, sie zeigt die
schöpferische Kraft des Herrschers an. Hat doch aus der Wüstenei und dem gleichsam todt daliegenden Lande des energischen
Mannes kräftiges „es werde!" wieder blühende Fluren und reges,
buntwimmelndes Leben hervorgezaubert!

Trostlos muss der Zustand Lithauens während und nach
der Pest gewesen sein; viel ist hierüber berichtet. Manche Schilderung, so grausig sie auch klingt, mag noch hinter der Wahrheit zurückbleiben, manch andere trifft in ihrer Übertreibung auch
über das Ziel hinaus. Schwer ist die Wahrheit zu ergründen;
schwer, wenn nicht unmöglich, all das Unheil, das diese Pestepidemie auf Menschen, Handel und Ackerbau, kurz auf die ge-
sammte Cultur des Landes zerstörend ausgeübt hat, in bestimmten
Zahlen auszudrücken. Und selbst wenn sich auch ein statistischer
Nachweis über die Zahl aller Gestorbenen, der verwüsteten Huben aufstellen liesse — wer vermöchte die plötzliche Lähmung
der Arbeitsfreudigkeit, der mitten unter dem rüstigsten Schaffen
von dem Schicksal tückisch überfallenen Bevölkerung, das Ent-
setzen der jäh und wild davonfliehenden Einwohnerschaft in For-
meln und Zahlen zu bringen? Das waren Schäden, die in ihren
Folgen noch viele Decennien als eine andere Epidemie das Selbst-
vertrauen der Bevölkerung arg schädigten.

„Die verschiedenen örther im Königreiche — klagt ein
Anonymus in der Zeit der Pest — welche sonsten ein Überfluss
an Menschen gehabt, sind davon so sehr entblösset worden, dass
die schönsten und fruchtbarsten Ländereien aus Mangel der nöthigen Cultur zur Einöde und Wüste geworden." Und der alte
Lucanus[1]) jammert: „Durch die Pest seien so viel Dörfer verfallen

---

1) Da oft auf Lucanus zurückgekommen wird, so sei hier über sein
Werk auf die Notiz in Schmoller, Histor. Zeitsch. v Sybel XXX. Bd., S. 42
hingewiesen. Hinzuzufügen wäre noch, dass eigentlich zwei Werke von Lucanus
existiren (beide MS), ein kleineres im Jahre 1736 erschienenes (im Königsberger Staatsarchiv), mit dem vollständigen Titel: Der Staat von Preussen —
oder ausführliche Geographisch-Historische und Politische Beschreibung der drei
grossen Kreise, aller Hauptämter, Städte, Festungen, Schlösser, Hafen, Flecken,
Herrschaften, Ertz-Priesterthümer, vornehm. Kirchen, Dörfer und Kammer-
Aemter, Wälder, Thiere, Börnstein, Seen, Ströme, Insuln, Nehrungen, Graben,
Naturalien, Seltenheiten etc. — des Königreiches Preussen — nach dessen Ursprung, alter und jetziger Beschaffenheit und Geschichten, Natural, Sitten und
Gebräuchen der Nation, Colonien, Landesverfassungen, Grundgesetzen, Ober-
gerichten, Religionen, Müntzen und andern Merkwürdigkeiten mit Beifügung
vieler alten und neuen Scribenten — ingleichen — deren daselbst noch blühenden
und erloschenen Gräflichen, Freyherrlichen und Ritterlichen Geschlechter sammt
ihren Herrschaften und — Rittergütern — aus beglaubigten Schriften und Nach-

und in die Rappuse gegangen, dass man kaum ihre vorige Stätte erkennen mögen, ja durch solche klägliche Zeiten sind die grösste köllmische Güter, wovon man so viele Ämter und Vorwerker in Lithauen angeleget siehet, wüste und öde geworden, dass in Zeit von etlichen Monaten weder Strumpf noch Stiel von denen Wohn- und Wirthschaftsgebäuden übrig geblieben, welcher gewaltige Schaden .... hauptsächlich das Insterburg- und Ragnitsche betroffen hat."

So wurden von jedem gleichzeitigen Geschichtsschreiber und Vaterlandsfreund über die völlige „Evacuirung" des Landes bittere Betrachtungen angestellt. Baczko[1]) vergleicht Preussen „theils mit einer Einöde, theils, wo man noch Menschen erblickte, sah man nur noch Gegenstände des Mitleides, und Elend und Jammer ward allgemein". Derselbe Historiker berechnet den Menschenverlust auf 80,000 Seelen, Schubert spricht sogar von einer Einbusse von 154,445 Menschen, nach Abzug der Geborenen; noch Andere geben sogar eine Summe von 200,000 Opfern in ganz Ostpreussen an; hiernach sollen im Hauptamt Insterburg allein 66,000, im Amt Ragnit 28,000 vom „Strafgericht Gottes" getroffen worden sein. Dagegen giebt Lucanus die Mittheilung, es seien in den Gegenden, wo die Pest am schlimmsten gehaust hätte, nämlich „in den Hauptämtern Insterburg und Ragnit und zum Theil in Tilsit über 30,000 Menschen durch die wüthende Seuche weggerafft".

Wir werden hierauf noch einmal zurückkommen, ebenso auf die Anzahl der wüst gewordenen Höfe, von denen, gestützt auf die Angabe desselben Gewährsmanns — Lucanus — viele andere Schriftsteller melden, es seien ihrer 60,000 Hufen wüst geworden. Um diese letzte Angabe gleich jetzt zu berichtigen,

---

richten zusammengetragen und mit nöthigen Bemerkungen erläutert. Im Jahre 1736. — Das zweite umfangreichere Werk (Original auf der Königl. Universität in Königsb., Abschrift von Werner ebendaselbst; ausserdem befindet sich eine Abschrift noch auf d. Königl. Staatsarchiv und in Gumbinnen), Titel: Preussens uralter und heutiger Zustand — oder — Historisch-Geographisch und Politische Abbildung derer Kreise, Haupt- und Kammer-Aemter, Städte, Festungen, Schlösser, Flecken, Herrschaften, Ertz-Priesterthümer, Hafen, Seen, Flüsse, Insuln, Nehrungen, Thiere, Naturalien, Schätze u. a. Seltenheiten — des — Königreichs Preussen — nach dessen alten Völkern, Sprache, Lebens- und Kriegesart, Regenten, Landesverfassung, Regierungsform, Macht und Reichthum, Sitten, Religionen, Kirche und Schulwesen, Justiz, Polizei, Oekonomie, Manufacturen, Müntze, Nahrung, Handel und Gewerbe, sammt einem Verzeichniss der Preussischen Scribenten. — Aus beglaubigten Schriften und Urkunden bis auf gegenwärtige Zeit in 3 Theilen verfasst, auch mit einer Landkarte und nöthigem Register versehen. Im Jahre 1748. — — Hierbei können wir den Wunsch nicht unterdrücken, dass dieses Buch mit seinem unschätzbaren Material nicht bloss Eigenthum der Archive und Bibliotheken bleibe, sondern durch Druck endlich einmal dem grösseren Publicum zugänglich gemacht werde!

1) Baczko, Gesch. Pr. 6. Bd. XV. Buch. S. 419 ff.

so stellt Lucanus diese Zahl nicht etwa als ein Factum auf, er erwähnt sie nur in einer Aeusserung des Königs aus dem Jahre 1721,[1]) die wörtlich heisst: „ihm, Friedrich Wilhelm, sei vorgetragen, dass an die 60,000 Huben wüste und unbebaut lägen, die er mit mehreren Unterthanen wieder zu besetzen sich vorgenommen." Mag nun diese Zahl dem Könige wirklich von übereifrigen und allzu schwarz sehenden Beamten vorgetragen sein, mag der Schreck des Monarchen über das in jenem Jahre vorgefundene Elend ihn zu einer eigenen allzu hoch gegriffenen Schätzung veranlasst haben, — wir werden diese Angabe als stark übertrieben wesentlich zu modificiren haben.

Das Unglück brauchte wahrlich nicht erst übertrieben zu werden, es war an sich schon fürchterlich genug, und gern glauben wir dem Berichterstatter, der von der Verödung des Landes spricht: „es habe hin und wieder nur noch Fussstapfen von Häusern, Höfen und Ställen in Lithauen gegeben;" gern glauben wir, dass ehemals belebte Dörfer, in denen vordem mehrere Hunderte von arbeitsamen Einwohnern sich getummelt hatten, kaum zwei schleichende Gestalten mehr aufweisen konnten. Und wie mit den Menschen, so mit dem Vieh.

Als Hauptmittel der Wiederaufrichtung des unglücklichen, menschenleeren Landes ward beschlossen — zu colonisiren. Was unter „Colonisation" zu verstehen, ist im Allgemeinen klar; schwieriger und wechselnder war fast überall, besonders aber in Lithauen, die Auffassung, wer „Colonist" zu nennen sei. Der Ausdruck hat hier seine Geschichte. Bald war die Bezeichnung „Colonist" eine sehr ausgedehnte, bald wurde sie zur spitzfindigsten Begrenzung eingeengt. Anfangs hiess jeder Ansiedler, der „wüste Huben", „wüste Stellen" oder eine „Colonie", „Coloniestelle" etc. auf dem „platten Lande" oder in den Städten zum „Anbau", „Etablissement", „Retablissement" etc. übernahm, im Munde des Volks, wie auch den Behörden gegenüber, „Colonist", selbstverständlich jeder Ausländer, er mochte aus Schweden, Italien, Russland oder „aus dem Reiche" herkommen; aber auch Bürger desselben Vaterlandes, wenn sie aus anderen Provinzen, aus den Marken, dem Magdeburgschen, Halberstädtschen, aus Pommern einwanderten, wurden unbedenklich in erster Zeit mit diesem Titel bedacht, ja sogar alte Einsassen Lithauens selbst, wenn sie zu ihrem alten Besitz noch anzubauende wüste Huben etc. zur Cultur übernahmen und so zur Melioration des Landes beitrugen, an dem „Werke" mithalfen, wurden nicht selten „Colonisten" genannt; wir finden deshalb häufig selbst Lithauer aus der Provinz, selbst in Colonistentabellen, mit dieser Bezeichnung bedacht.

---

[1]) 5. Febr. 1721.

Einige Zeit später galten, wenigstens den Behörden, nur Ausländer als eigentliche Colonisten, und zwar nur solche, die auf Grund eines der zahlreichen Colonistenpatente mit besonderen Beneficien begabt wurden. In den Jahren 1729—30 wurde mit einer Gruppe solcher Ausländer — den Schweizern — eine besondere Societät geschlossen, kraft deren sie eine eigene „Colonie“ mit ganz eigenartigen Rechten bildeten, die, wie wir sehen werden, über die in den Patenten gewährleisteten weit hinausgingen. Von nun an galten hauptsächlich nur die zu dieser „Colonie“ gehörigen Glieder als wirkliche Colonisten; auch Nassauer und Pfälzer wurden in solche Societät aufgenommen. Und als einige Jahre später (1736) auch mit den später eingewanderten Salzburgern ein ähnlicher Contract geschlossen wurde, ging die Bezeichnung auch auf diese über, so dass zur Zeit Friedrichs d. Gr. nur die Schweizer- und Salzburgerhöfe als Colonie, deren Mitglieder als Colonisten galten, zumal die Freijahre für die übrigen unter den beiden ersten Königen eingewanderten Ausländer längst verflossen waren. Und abermals einige Decennien später wurde sogar das Colonierecht und überhaupt die Coloniebezeichnung den Salzburgern von den Behörden abgestritten und blieb für eine Zeitlang in der That suspendirt.

Für uns bleibt die Definition massgebend: Colonist ist der Zuzügler aus fremden Landen, selbst aus einer anderen entlegenen Provinz, wenn er behufs irgend welcher Mitwirkung an dem Etablissementswerk in den Genuss der durch königliches Patent oder durch Specialcontract garantirten Beneficien gelangte.

Was die Zeit der Colonisationen betrifft, die Perioden, nach welchen wir die Ansiedlungen einzutheilen haben, so folgte auf die Einleitungsperiode unter Friedrich I. zunächst eine Vorbereitungszeit unter Friedrich Wilhelm I.; es währte auch unter dem neuen Könige noch Jahre, ehe die Colonisationen in nachhaltigen Fluss kamen, und erst mit dem Jahre 1722 beginnt die eigentlich erste Hauptcolonisationsperiode, in der zahlreiche Colonien angelegt, massenhaft Ansiedler herbeigerufen werden. Das währte gegen drei Jahre. Das Nothwendigste schien jetzt gethan, man glaubte ausruhen zu können und ausreichen zu müssen; diese Zeit einer Ermattung und Reaction dauert wiederum mehrere Jahre, bis dann zum zweiten Male ein noch breiterer, dichterer Strom als vorher mächtige Fluthen fremder Menschenmassen nach Lithauen hineinwirft: die Periode der Salzburger Ansiedlung. Kleine Ausläufer aller dieser Colonisationen sind da selbstverständlich. Gänzlich vollendet wird das Werk, das Friedrich I. angebahnt, der Sohn mit aller Kraft auszuführen gesucht hatte, erst durch den grossen Enkel, durch Friedrich II. Ordnen wir das Gesagte nach Zahlen, so erhalten wir folgende Aufstellung der Colonisationsperioden:

I. Periode: Einleitungsperiode unter Friedrich I., bes.
 1711—13.
II. Periode: Vorbereitung unter Friedrich Wilhelm I.,
 1713—21.
III. Periode: Erste Hauptperiode grösserer Coloni-
 sationen unter Friedrich Wilhelm I.,
 1721—25.
IV. Periode: Reactionszeit 1726—31.
V. Periode: Zweite Hauptperiode grösserer Coloni-
 sation: die Salzburger, 1732—36.
VI. Periode: Ausläufer der Colonisationen unter Friedrich
 Wilhelm I., 1736—40.
VII. Periode: Vollendung des Werkes unter Friedrich II.,
 1740—73.

I. Einleitungszeit unter Friedrich I.

Es ist schon an andrer Stelle[1]) darauf aufmerksam gemacht,
dass es die Pest nicht allein war, die die grosse Calamität über
Preussen, besonders Lithauen gebracht hat; einer der schwerwiegend-
sten Gründe für das Unglück des Landes, auch für diese Epidemie wurde schon vor den Zeiten der Pest von einsichtsvollen
Männern öfters erörtert. Das war der entsetzliche Steuerdruck
der damaligen Zeit, der in seinem Gefolge eine stetig zunehmende
Verarmung, besonders der ländlichen und der niederen Volksklasse
hatte. Schon mehrere Jahre[2]) vor dem Ausbruch der Pest
(a. 1707) beschäftigte die Frage, „woher der verarmte Zustand der
Provinz Preussen komme," lebhaft die Gemüther. Im Jahre 1710
wurde offene Antwort auf diese Frage ertheilt: „Dass der Unterthanen so lange Zeit empfundene unerträgliche Beschwerden die
eigentliche und wahrhafte Ursache des in dem Lande entstandenen
Abfalls und ihrer gegenwärtigen Unvermögenheit sei, nachdem sie
über die Maassen entkräftet, mithin wegen ermangelter Leibesnah-
rung grossentheils ihre Gesundheit verderbet worden und laut des
von den Medicis gegebenen Zeugnisses keine Arzneimitteln bei
selbigen wirken, noch anschlagen wollen." Schuld an dem Unglück sei zunächst die menschliche Sündhaftigkeit, dann aber die
nach und nach gesteigerten Steuern; hätten doch Köllmer und
Bauern in einem Jahre mehr denn 28erlei ordinäre und extraordinäre Auflagen zu zahlen gehabt.

Als deshalb Friedrich I. Mittel zu wissen verlangte,[3]) mit

---

1) Hohenzollernsche Colonisationen S. 137.
2) Bes. a. 1707, cf. Berichte vom 14. Juli, 17. August 1707; Bericht
25. Aug. 1710 etc.
3) 31. Juli 1709.

denen die Contagion und ihre Folgen siegreich aus dem Felde geschlagen werden könnten, wurde Zweierlei anempfohlen: zunächst Steuerfreiheit auf mehrere Jahre und zweitens solide gründliche Colonisationen mit möglichst weit gehenden Beneficien, „damit die Leute aus anderen Orten wieder anhero gelocket" würden und blieben. Das war auch die Ansicht des Anonymus, der ein grösseres Schriftstück aufsetzte, um Mittel anzugeben, wie der zu· nehmenden Entvölkerung am besten Einhalt gethan werden könnte.[1]) „Die Conditiones müssten noch favorabler gemacht werden und durch Patente überall, besonders bei den Armeen publicirt werden, da dann bei erfolgtem Frieden und Reduction der Miliz sich nicht wenige finden dürften, welche dergleichen Propositiones goutiren und etwas Hauptsächliches bei der Besetzung der wüsten Huben entrepreniren würden." Es werden die Räthe der Kammer aufgefordert, über diese Vorschläge ihr Gutachten abzugeben;[2]) sie waren natürlich getheilter Ansicht. Warm tritt Dohna hierfür ein; auch er ist für grössere Colonisationen, aber im grösseren Style, als bisher; es ist seine Meinung, dass „ein Potentat nicht durch die grosse étendue seiner Länder, sondern durch die Menge der Unterthanen gross und mächtig sei".

Die nächste und wohlfeilste Hilfe schien ihm aus den eigenen Ländern und Provinzen herzukommen, das reicht aber nicht aus, denn die Zahl der königlichen Unterthanen würde durch solche blosse Versetzung der Einwohner nicht vergrössert, also — colonisiren! Er ist ebenfalls nicht abgeneigt, auf das Militär zu reflectiren: „viel von die Armee lassen sich wohl an und werden, obs Gott will, das ihrige prestiren." Mehr noch lobt er die Schweizer, in gleicher Weise muss fortgefahren werden: „So lange man gute und arbeitsame Bauersleute aus fremden Orten bekommen kann, thut man gut, selbe nach Preussen zu schicken;" vor Allem räth er: „die Leute aus der Kastellanei von Reyssel nicht zu negligiren, massten diese Leute nicht aus Uebermuth, sondern aus Noth ihre sonsten zureichenden Güter anhero zu bringen wünschen und also bei ihnen keine Leichtsinnigkeit, sondern beständige Etablissements zu vermuthen."

Ob und in wie weit die befürworteten Steuererleichterungen dem bedürftigen Volke gewährt wurden, sei hier bei Seite gelassen, jedenfalls wurde theils auf das Drängen der Räthe, theils aus eigenem Triebe Friedrich veranlasst, Colonisationen wirklich in grösserem Maasse anzubahnen; blieb die Ausführung hinter dem Wunsche zurück, so lag der Grund lediglich in finanziellen Ver-

---

1) Unvorgreifliche Gedanken wegen repeuplirung derer ·durch die Contagion desolirten örther im Königreich Preussen. Unterschrieben salvo meliori (ohne Datum, aber wohl 1712 oder 1713).

2) Den 17. Febr. 1713.

hältnissen. Wie Dohna sagte, waren „bei damaliger grosser dépense zu dem Kriege und dem übrigen splendeur keine grossen Geldsummen zu dem Etablissement, ohne Confusion in die Kassen zu bringen, zu erwarten". Doch geschah immerhin Einiges, da der König wirklich an der Noth des Landes schwer zu tragen hatte, und sein Herz aufrichtig bekümmert war; es sind sicher keine leeren Redensarten, wenn er in einem Rescript[1]) sagt: „Er habe mit Preussen, welches er aus vielen Ursachen, sonderlich deshalb, weil er das Licht der Welt zuerst darin angeschaut, vor allen übrigen Provinzen jedes Mal geliebt und werth gehalten, — wegen solches grossen Verfalles sonderbare Landesväterliche Compassion gehabt; als habe er zugleich darauf bedacht sein wollen, dass, wie selbige durch die Ehre und Würde eines Königreiches, so er derselben beigeleget, allen übrigen Provinzen vorleuchte, dasselbe auch an Aufnehmen, Wohlstand und Vermögen der Eingesessenen, nicht minder in Flor und gesegneten Zustand, darin es in vorigen Zeiten gewesen, wieder gesetzet und dabei erhalten werden möchte."

Friedrich I. erliess mehrere Colonistenpatente; schon als Kurfürst hatte er, bereits viele Jahre vor der Pest, Versuche gemacht, vermittelst Aufruf durch die Patente[2]) die Städte mehr zu bevölkern; in der Zeit der Epidemie selbst wurden Edicte zunächst an die alten, aus den lithauischen Aemtern und Vorwerken „ausgetretenen und bei denen vom Adel und Cöllmern sich sesshaft gemachten Unterthanen" gerichtet, sie wurden aufgefordert, zurückzukehren und die wüsten Erbe abermals zu übernehmen. Ohne grossen Erfolg. Dann wurden besondere Conditiones ausgearbeitet,[3]) „worauf die wüsten Erbe eingeräumt werden sollten", die Einladungen wurden ausgedehnt, besonders richteten sie sich an alle möglichen Handwerker, Künstler, Manufacturiers, die die Städte bevölkern sollten; wenn sie gute Proben ihrer Geschicklichkeit ablegten, sollten sie nicht bloss das Bürgerrecht in den Landstädten empfangen, sondern auch das freie Meisterrecht und drei Freijahre. Auch diese Lockung zog nicht recht, ebenso wenig wie das Verlesen von den Kanzeln der benachbarten Gegenden, obgleich die Geistlichen alle Vortheile ausführlichst auseinanderzusetzen hatten, die des Ansiedlers warteten. Neue Edicte, neue und weitergehende Versprechungen. Dringend ergeht der Ruf an die früheren Einwohner, an fremde Einwanderer, besonders an Pächter, Verwalter, Knechte und Mägde, die auf den neuen Vorwerkshöfen vonnöthen wären (9. Juni, 24. October 1711). Und wieder richtete der König im folgenden Jahre (8. November 1712)

---

1) Den 12. März 1711.
2) Den 23. Juni und 18. Juli 1691.
3) Hierüber cf. die Tabelle von den Colonistenedicten etc.

seinen Ruf an alle möglichen Wirthschaftsbeamten, Arrendatoren, Müller und andere. Ganz ohne Erfolg waren diese Versuche, zu colonisiren, nicht geblieben. Die Jahre 1711—12 sind, wie gesagt, als die erste, als „Einleitungs-Colonisationsperiode" für das durch die Pest entvölkerte Lithauen zu betrachten; Ansiedler mancherlei Art und Nation waren in das Land gekommen, unter ihnen ragen die Schweizer hervor, deren erste Vorläufer bereits damals sich in Ostpreussen niederliessen;"[1] auch einige Franken und Pfälzer kamen an. Wir werden ihrer weiter unten noch ausführlich gedenken.

---

[1] Näheres hierüber cf. Hohenzollernsche Colonisationen S. 143—146

Zweites Capitel.

Vorbereitung unter Friedrich Wilhelm I. 1713—1721.

————

Kaum hatte Friedrich Wilhelm I. den Thron bestiegen, als er auch sofort seine Fürsorge dem armen Ostlande zuwandte. Er liess sich auf das Genaueste und Eingehendste über den Zustand des krankenden Landes, die Ursachen des Leidens und etwaige Mittel zur Hebung desselben angeben. Kaum vier Wochen nach der Thronbesteigung erliess er schon das erste seiner Colonistenpatente; es eröffnete eine lange Reihe gleicher Schriftstücke; sie würden, wenn man alle diese Druckwerke zusammenfasste, einen gar stattlichen Band abgeben; theils laden sie ein, theils bringen sie nähere erläuternde Bestimmungen über die Art der Ansiedelung, Behandlung der Colonisten, die Rechtsstellung zu den Höfen, über Besatz und Hofwehr etc. Gleich im zweiten Jahre reiste er selbst nach dem Osten. Diese Reisen sind für das Land, besonders für das Colonisationswerk von höchster Bedeutung, denn er reiste, um nach dem Rechten zu sehen, zu lernen und zu bessern. Wir zählen im Ganzen neun solcher Reisen, nämlich in den Jahren 1714, 1718, 1721, 1724, 1726, 1728, 1731, 1736, 1739.

Es fiele nicht schwer nachzuweisen, dass jede dieser Reisen das „Werk" mächtig fördern half, fast nach jeder erfolgte eine weitere wichtige Bestimmung zu Gunsten des Landes, eine neue Sprosse an der Leiter. Schon im ersten Jahre, noch vor der Reise, sind, ausser jenem oben angeführten Patent, noch mehrere Edicte und Rescripte zu Gunsten der Colonisationen erlassen worden;[1] wichtiger war die eigenhändige Verfügung des Königs bei der ersten Reise[1] halb in französischer, halb in deutscher Sprache, des In-

[1] cf. Anhang.
[2] cf. hohenzoll. Colonisationen S. 159. d. dato Königsberg 11. Septb. 1714.

halts: er wolle 200 Familien aus der Mark, Magdeburg und Graf-
schaft Mark nach Preussen senden: „es soll eine Ordre ergehen
an die benannten Kammern, dass ein jedes ahmt etl. Familien
geben zu die 200. es müssen keine bauren sein, sondern von die
Hausleutte. Die Provinzialkamer sollen Ihr lehben examiniren, dass
es keine Prachers sein, es sollen guhte Wirte sein, jede Familie
soll vier Hufen[1]) kriegen, solcher acer wie Magdeburg und Nauensche
das schlegste, die 200 Familien sollen den 24 Seven. 1715 in
Berlin stehen . . jede Familie gehbe saht und Brodkorn und Be-
sahts . . . das muss alles veranstaltet werden.“

Doch war dann einige Jahre (1715—1716) wieder Alles
still, die kriegerischen Ereignisse traten in den Vordergrund, und
erst mit der zweiten Reise nach dem Osten wachten die Colonisatorischen Ideen wieder mächtiger auf. Denn nach einigen weniger
bedeutenden Patenten in dem vorangegangenen Jahre [2]) wurden
1718 die wichtigsten Colonisten-Patente überhaupt erlassen, die
für alle späteren ähnlicher Art die Grundlage bildeten, sowohl für
Herbeiziehung städtischer Colonisten,[3]) als für alle Neuanziehenden
„überhaupt, welche sich im Königreich Preusen häuslich niederlassen wollen“.[4]) Diese Patente richten sich gleichmässig an die verschiedensten Klassen der Zuzügler, die im einladendsten Tone aufgefordert werden, nach Lithauen zu kommen, als auch an die alten Bewohner, die streng bedroht werden, wenn sie solche Zuzüge
stören würden, schliesslich auch an die Beamten, sich nachdrücklichst der Colonisten anzunehmen. Es werden in dem Patent vom
21. November 1718 grössere Beneficien denn je verheissen. Die
Patente werden von nun an auch äusserlich schon anders, werden
mit vollständigem Titelblatt versehen und sind entschieden für
weitere Fernen bestimmt.

Auch die nächsten beiden Jahre (1719—20) brachten
solche Einladungspatente und verschiedene auf colonisatorische Verhältnisse bezügliche Bestimmungen. Ein Generalpatent[5]) wollte
ein zügelloses Hinstreben liederlicher, abenteuernder Elemente
dadurch verhindern, dass festgesetzt wurde: nur mit Reisepässen
und Erlaubnissscheinen der Obrigkeiten Versehene dürfen den Weg
nach Preussen nehmen. Auf diese Weise hoffte man das Gesindel
fern zu halten, zu dem der König auch die Juden, Szamaiten, Polen
und Zigeuner zu rechnen pflegte. Höchst wichtig war für die
Colonisation die Aufhebung der Leibeigenschaft der Bauern in den

---

1) Nicht „Häuser“, wie der Druckfehler S. 159 in Hoh. Colonis.
lautet.

2) Im Jahre 1717 (15 Febr.) wurde noch ein Patent für städtische Colonisten gegeben.

3) 15. März 1718.

4) 21. November 1718.

5) Vom 23. März 1719.

preussischen Kammerämtern;[1]) in einem anderen Patente[2]) werden schlesische Seidenwirker nach Preussen eingeladen etc.

Aber trotz alledem wollte die Colonisation nicht recht in Fluss kommen. Die gewünschte Wirkung der bisherigen Patente trat nicht ein; es kamen wohl vereinzelte Ansiedler, meist unruhige Köpfe, an, aber ihre Zahl war gering, misstrauisch blickten sie auf das Land, mit Misstrauen wurden sie aufgenommen. Ein guter Theil dieser Leute lief wieder von dannen, nur wenige blieben und strengten sich in saurer Arbeit an. Der König musste die Erfahrung machen, dass Patente allein, und wenn sie die verlockendste Sprache führten, nur wenig wirkten. Es musste erst eine radicale Umwälzung der localen Verhältnisse selbst vorgenommen werden; an erster Stelle war nicht sowohl der Blick nach auswärts, auf erst heranzuziehende Subjecte, zu richten, es war vielmehr auf das Nächstliegende, das Vorhandene, das Object zu sehen. Das Terrain musste günstiger gestaltet, dem Ankommenden der Weg bereitet werden. Die wiederhergestellte Ordnung, vor Allem die Steuerfrage, die ländlich-bäuerlichen Zustände, der solide aufgerichtete Hof — das waren die besten und eigentlichen Magnete für jeglichen Zuzug tüchtiger Kräfte. Nach dieser Erkenntniss ging der König jetzt vor. Schon seit dem Jahre 1715 hatte eine besondere Commission, die sog. „Hubenschoss-Commission", oder, wie sie auch kurzweg genannt wird, die „Huben Commission" die wirkliche Steuerfähigkeit des Landes auf Grund genauer Vermessungen und Taxirungen zu untersuchen. Nach vierjähriger[3]) Arbeit war die Thätigkeit dieser Commission beendet. Es waren merkwürdige Resultate aus dieser Untersuchung hervorgegangen; es hatte sich nämlich ergeben, dass 34,681 Huben, 21 Morgen, 170 Ruthen bisher noch gar nicht contribuabel gewesen wären:

Adelige   Huben: 14,150 Huben 26 Morgen 148 Ruthen,
Cöllmische   „   7495 „   3   „   64   „
Bäuerliche   „   13,035 „   21   „   258   „

Summa 34,681 Huben 21 Morgen 170 Ruthen.

Es wurden im Ganzen 100,205 Huben mit 290,710 Thlr. 38 Gr. 6 Pf. Hubenschosssteuer veranschlagt und zwar:

48,009 adelige   Huben mit 136,118 Thlr. 38 Gr. 13$\frac{1}{2}$ Pf.
22,765 cöllmische   „   „   72,139   „   64 „   8$\frac{1}{2}$ „
29,490 bäuerliche   „   „   82,452   „   5 „   2$\frac{1}{2}$ „

Der König erklärte jedoch, sich schon mit einer geringeren Summe zu begnügen, nämlich mit 208,000 Thlr.; auch diese Summe ging nicht immer pünktlich und vollständig ein, die Steuer-

1) Proclamirt am 10. Juli 1719.
2) 23. November 1719.
3) 1715—1719.

listen weisen manche Ausfälle nach, die theils durch die Freijahre
der wieder Besetzten, theils durch die noch wüsten Huben entstanden; aber im Allgemeinen wurden die Steuerverhältnisse doch
so geregelt, dass der Einzelne nicht über allzugrosse oder unge-
rechte Ueberbürdung zu klagen brauchte.

Noch wichtiger und für die Colonisationen wirksamer war
die Einsetzung der grossen Domänencommission. In einer
Sitzung in Berlin, welcher der König selbst präsidirte, wurden
die Grundzüge für diese neuzuerrichtende preussische Domänen-
commission entworfen; an diesen Conferenzen nahmen auch einige
Beamte Theil, die zu Mitgliedern jener Commission designirt
waren, und konnten aus des Königs eigenem Munde seine Ansichten und Pläne für die Aufbesserung des Ostlandes vernehmen.
Und der Zweck des Königs war: „eine neue Einrichtung der
Wirthschaft, damit jeder Wirth zur besseren Cultur seiner sonst
vom Dorf entfernt liegenden Aecker auf seinen neu auszutheilenden
Feldern wohnen möge," und — „damit nicht nur alle Mängel
und Lasten, wodurch unsere Unterthanen bisher bedrücket worden,
abgestellet, sondern auch gedachte Unterthanen auf solchen Fuss
gesetzet werden mögen, dass sie auf keinerlei Weise, weder
durch ungebührliche executiones von verschiedenen Kassen beschwert, noch durch Aufbürdung mehrerer Lasten, als 'sie zu
tragen vermögen, ausser dem Stand gesetzet werden mögen, dass
sie sich ehrlich und wohl ernähren können."[1]

An die ständige Berliner Commission, bestehend aus Grumb-
kow, Creutz und Kraut, sollten auch die Berichte der preussischen
Domänencommission gehen, deren hervorragendsten Mitglieder
der Oberpräsident selbst, Graf zu Waldburg in Königsberg war,
und der Minister von Görne, der eigen aus Berlin alle Jahre
mehrere Male nach dem Osten reisen musste, um sowohl an den
Sitzungen der Commission Theil zu nehmen, als auch sonst nach
dem Rechten zu sehen. Zunächst sollten sich diese beiden Männer
über die „Principien" einigen. Die ersten Verhandlungen der
Commission aus dem Jahre 1721 sind von grossem Interesse;
klar tritt ein eifriges Bestreben Aller zu Tage, dem Königlichen
Willen gerecht zu werden und dem Lande nach Kräften möglichst
schnelle und sichere Hilfe und Heilung zuzuführen. Sie alle sind
sich ihrer grossen Aufgabe vollkommen bewusst — aber das rein
Menschliche liess sich in den beiden grundverschiedenen Naturen
der beiden bedeutendsten eben genannten Persönlichkeiten nicht
völlig besiegen. War der Berliner Minister mit einem guten Vorrath von Vorschlägen und Verbesserungsplänen bereits nach
Königsberg gekommen und verlangte er allzuschnell und fast
rücksichtslos sofortige Durchführung seiner Projecte, so verhielt

---

1) cf. Patent vom 30. December 1721.

sich der Andere in reservirter, fast kühl ablehnender, aristokratischer Haltung gegen jede Ueberstürzung; ihm schien dies hastige reformirende Gebahren Görnes aus Unkenntniss der localen Verhältnisse hervorzugehen. Gleich in der ersten Sitzung,[1]) von der die Protokolle berichten, überreicht Görne eine Ausarbeitung seiner Reformpläne unter dem Titel „Deliberanda". Der Oberpräsident sollte sich sofort über Werth oder Unwerth derselben äussern, am Schluss der Sitzung übergiebt Görne noch andere „Punkte" als „Agenda".

Trotz mehrerer Sitzungen können sich beide über die Art der „Abnahme" der Dorfschaften nicht einigen; sie bringen verschiedene Methoden in Vorschlag. Einig sind sie darin: „dass das wüste Land besetzet, das besetzte cultiviret und die Dörfer nach Gelegenheit angeleget werden müssen, dass jeder Bauer mit zwei Huben zu versehen sei," dass der Endzweck der Commission sein müsse: „den Bauer auf einen richtigen Fuss zu setzen, und dass ihm nach seiner Ackerbeschaffenheit weder zu viel, noch zu wenig aufgeschlagen werden müsste." Auch über den Charakter der seit Alters her in Lithauen angesessenen Bauern war kein Zweifel; dieser Bauer war bisher in „Ermangelung zuverlässiger Leute sehr gedrücket und wäre daher so sclavisch, dass, wenn ihm auch Alles genommen würde, er dennoch nicht klagen dürfe;" und ein anderes Mal heisst es über die alten Bewohner des flachen Landes: „das Genie und die üble Disciplinirung derer hiesigen Bauern könne durch nichts als durch Gott allein geändert werden", „selbst wider ihren Willen müssten sie gezwungen werden, durch Tüngung des Ackers in guten Stand wieder zu kommen". Das war natürlich kein Material, mit dem ein grosser Bau ausgeführt werden konnte, es bedurfte hierzu neuer Elemente.

Durch das Zusammentreten der Commission war die ganze ländliche Bevölkerung alarmirt, und Graf Waldburg schlug deshalb vor, „an alle Priester Namens der Commission ein Ausschreiben ergehen zu lassen, dass sie ihren Zuhörern insinuiren möchten, wie die Commission einzig auf ihre Verbesserung abgezielet sei". War in solchen Fragen untergeordneter Art eine Einigkeit in der Commission leicht zu erzielen, so blieb doch vieles Andere, oft das Wichtigste, im Zweifel, vor Allem die Frage, ob die Dörfer so liegen bleiben sollten, wie bisher, oder ob einzelne separirte Bauernhöfe mit je zwei Huben einzurichten wären. Auch über die Leistungsverhältnisse der Dörfer, ob dieselben zu Scharwerken herangezogen werden müssten oder nicht etc., konnte eine Ver-

---

[1]) Königsberg 8. Mai 1721. Mitglieder waren: v. Görne, v. Waldburg, Kammerdirector v. Bredow, Geh. Rath Moldenhauer, Hof- und Kammerrath v. Schlubhutt, Kammerrath Lolhöffel.

ständigung nicht erzielt werden. Trotz alledem machte sich die Commission auf den Weg nach Oletzko, weil der Monarch bestimmt hatte, mit diesem Amte solle der Anfang gemacht werden. Der Ingenieur Boss überreichte einen Abriss vom Königlichen Dorf Moznem; an diesem Entwurf wollte er die Principien der Commission über die Aufnahme der Dörfer überhaupt vernehmen, er hatte Alles, ausser „Unland", vermessen, und „Unland" war nach seiner Meinung dasjenige Land, das überhaupt nicht urbar gemacht werden könnte oder auch jetzt nicht in Cultur wäre, so wie auch die „Dimpels", da man nicht wisse, ob sie wirklich im Sommer eintrockneten. Gegen diese Auffassungen erhob sich lebhafter Widerspruch in der Commission, es müsse dem Ingenieur jedes Mal ein Ortsschulze oder ein anderer, der Oekonomie verständiger Mann beigegeben werden, der ihm klar mache, was von diesem „Unland" doch noch cultivirt werden könne, auch müssen „Unland" und „Dimpels" auf der Karte vermerkt werden. Die Mitglieder der Commission rüsteten sich selbst dazu, etwaige Vermessungen vorzunehmen; sie liessen sich einen Morgen im Quadrattriangel in allerhand Figuren vormessen, um eine richtige Vorstellung von einem „Morgen" zu erlangen, um „ein Augenmaass gewisser sehen zu lernen, auch weilln sie der Wirtschaft selbst gewachsen wären, sofort einen Anschlag zu machen im Stand sein würden, wieviel aus einem vorkommenden Dimpel gewonnen werden könnte, oder ob selbiger nicht zu gebrauchen sei".

Die Ankunft des Königs stand bevor, gern hätte man bis dahin „einige Sachen fertig gehabt". Aber sie konnten sich über den „Modus procedendi" durchaus nicht einigen, die Debatten wurden immer lebhafter und schliesslich so erregt, dass Graf Waldburg vorzog, ganz fortzubleiben, „zumal es seine Pflicht erheische, dem Könige entgegenzugehen". Görne aber, der jetzt auf eigene Faust eine Conferenz abhalten wollte, konnte die anderen Mitglieder, die sich fast alle auf des Grafen Seite hielten, nicht zusammen bringen, jeder hatte eine andere Entschuldigung. Görne war ausser sich, und als später der Graf sich ihm wieder näherte, blieb jetzt er äusserst „kaltsinnig, wegen der Discrepanzen zwischen ihm und der Domänenkammer müsse Alles bis zur Ankunft des Königs bleiben". Diese Ankunft des Königs liess auch nicht lange auf sich warten, er präsidirte selbst in zwei denkwürdigen Sitzungen, auf die hier näher eingegangen werden muss, zumal sie die Ansiedelungsfragen eingehend erörterten. In der ersten Sitzung[1]) verlangt Friedrich Wilhelm I. zunächst Vortrag darüber, „wie weit die Commission in ihrer Arbeit avancirt sei und was

---

1) Den 5. Juli 1721. Zugegen waren, ausser dem Könige, der Fürst von Anhalt, v. Görne, v. Waldburg, v. Bredow, Moldenhauer. Schlubhutt; ferner 4 Kammerräthe und 11 Landkammerräthe.

vor Punkten zur Decision ausgesetzt wären, über welche, ehe
er entscheide, einem jeden seine Meinung frei nach Eyd
und Gewissen zu entdecken unverwehret sei, wenn er
aber ein Mal decidire, soll keineswegs frei stehen,
darüber zu raisonniren." Nach Anhörung des Für und Wider
bestimmte er zuerst, wenn einzelne Gebäude noch leidlich erhalten
seien, so dass sie noch 2 bis 3 Jahre stehen können, so sollen
sie stehen bleiben; die Einzelnhöfe sollen gänzlich cessiren; ist
ein Dorf zu gross, so sollen zwei daraus gemacht werden; bleibt
ein Weniges an Land übrig, dann werde, wenn es prakticabel, ein
Krug errichtet. Was die Art der Vermessung betraf, ob nach
Schlägen und Stücken, so dass den Bauern die Theilung untereinander überlassen bliebe, oder ob die Vermessung en général von
dem ganzen Felde geschehen und dagegen für einen jeden Bauer
seine zwei Huben abgetheilt werden sollten, so wird vom König
zu Gunsten des letzteren Antrages entschieden: „es sollen jedwedem
Bauer seine zwei volle Saathuben zugemessen werden. Die
Grösse der Dörfer wird vom König auf 24—30 urbare preussische Huben festgesetzt, auf denen ca. 12—15 wirkliche Bauern
in einem Dorfe zusammenwohnen müssten, deren Aecker man
in 3 oder auch in 4 Felder zu theilen habe, dergestalt, dass in
einem jeden Felde das Drittel oder Viertel derer zwei dem Bauer zu-
gemessenen Huben bestehen; bleibt etwas übrig, so sollen Kossäthen angesetzt, ihnen etwa $\frac{1}{2}$ Hube, mehr oder weniger,
zugelegt werden, vor sie auch nur eine schlechte Kathe erbaut
und selbige sodann zum Handscharwerk bei den Vorwerken
zur Beschonung derer Bauern gebraucht werden." „Dies Alles
hat, wie der Protokollführer niederschrieb, der König aus eigenen
hohen Mouvements resolviret," „und nachdem er zuvor herum-
gefraget, ob Jemand dawider etwas einzubringen hätte, und als
Niemand etwas eingewendet, so wurde es allererst pro principio
festgesetzet."
    Sonsten gab S. K. Majestät ad protocollum, wie Ihr
allergnädigster Wille wäre:
    „Dass die Bauern keine Windhuben, sondern
wirkliche zwei Sähuben haben, zu welchem Ende Alles,
was Unland ist in den Feldern, wann es auch nur ein ganz kleiner
Dimpel sei, überschlagen und abgezogen werden solle, es möge so
viel Zeit und Unkosten darauf gehen, als es immer wolle,
massen sonst der Bauer, wenn er etwas schuldig bliebe, immer
ein excuse, dass seine zwei Huben nicht voll wären, haben
würde." — Auf die von Görne angeregte Frage in Bezug auf
die Scharwerksdienste gab der König seinen Willen kund:
„Dass nach dem Unterschiede des Ortes die Commission davon
urtheilen, den Bauer aber nur nicht mit Diensten überlegen müsse, weilln es ohnmöglich, dass derselbe bei der

bisherigen Gewohnheit, die er sonderlich in Lithauen bis drei Tage die Woche über Dienste thun müssen, habe conservirt bleiben können und soll er hinfür nicht mehr als einen Tag die Woche über Dienste thun, aber den Abend zuvor in Dienst kommen."

Und als Görne den Vorschlag machte, den Bauer anstatt baaren Geldes auf Getreide zu setzen, meinte der Monarch, „dass der Bauer bis auf Weiteres gar nichts an Getreide, sondern alle Prästationes an baarem Gelde abtragen solle," dann sei ferner, fuhr er fort, seine Willensmeinung, dass weder die Commission, noch die preussische Domänenkammer dem Bauer an Contribution und Service einen Dreier erlasse, hergegen aber demselben von dem Zins und Dienstgelder die Erlassung ertheilen solle, worüber er dann keine Remonstrationen von der Kammer hören wollte, weill'n alle revenues Ihm gehörten. Wenn aber der Bauer in besseren Stand käme und ihm hernach mehr aufgelegt würde, so müsse solches hingegen der Kammer allein zu gute kommen.

Die Steuerveranschlagung für den einzelnen Bauer erschien ihm viel zu hoch, und that er hierbei eine allergnädigste und landesväterliche Declaration und Ermahnung an die Commission:

„Dass sie nämlich nicht deswegen angeordnet wäre, umb allein Vorwerke und Dörfer zu bauen, sondern die bisherigen Missbräuche abzuschaffen, dem Bauer abzuhelfen, seinen bisherigen miserablen Zustand und Lebensart zu verbessern und auf seine Conservation bedacht zu seyn, maassen Er nur auf etwas Fixes Staat machen wolle. Würde man aber bei der neuen Einrichtung zu hoch gehen und es der Bauer nicht aushalten können, so wollte er sich nicht an den Beamten, sondern an die Commissarien, welche die Einrichtung gemacht und welche mit Hab und Gut, auch ihren Kopf davor haften müssten, halten."

Graf Waldburg brachte dann den Modus procedendi „auf den tapis" und schlägt vor, dass noch ein Wochen drei die sämmtlichen Landkammerräthe conjunctim arbeiten, hernach aber vier Parteien formirt würden, jede Partei zu drei Personen, so die Besichtigung der Aecker hielten, und jedweder derselben müsste ein Ausländer und ein anderer, hauptsächlich guter Wirth beigegeben werden, ausserdem noch ein Protokollist. v. Schlubhutt und Lolhöffel müssten nach Lithauen geschickt werden, um dort mit noch anderen Commissarien die Arbeit, gleich wie hier, fortzusetzen. Hiermit ist der König einverstanden, aber zunächst soll Oletzko in Stand gebracht werden, nachher könne das Gros der Commission nach Lithauen gehen, während die übrigen in den polnischen Aemtern fortführen.

„Incidenter befehlen S. Majestät, — so lautet das Protokoll —

dass, wo ganz wüste Dörfer in Lithauen sind, in selbigen nicht die nationes untereinander confundiret, sondern in einem Dorfe nur eine nation angesetzt werden solle."

Darauf werden noch einige andere Punkte besprochen, über welche Friedrich Wilhelm ebenfalls Bestimmung trifft: „Alles, was verpachtet ist, so nicht von dem König eigenhändig confirmiret, — soll die Kammer aufs Neue zu verpachten und die alten Contracte aufzuheben berechtigt sein, wann sie findet, dass sothanes Stück mit besserer avantage ausgethan werden könne; zu welchem Ende denn die Kammer über alle Arenden, so von einiger importance sind, und über 300 Thaler betragen, confirmationes zu suchen hat. Damit aber die neue Kammer credit bekomme, so sollen die von ihr bisher ausgerichteten Contracte, so nicht confirmiret, doch ihren vigueur behalten." — Die Anschläge von Vorwerken sollen nach dem märkischen Fuss vollzogen werden, bei den Dörfern ist jedoch nach der hiesigen Landesart zu verfahren, weill'n man nicht allein auf den Ertrag der Aecker, sondern auf das Genie der Bauer sehen müsse. Uebrigens soll eines jeden Bauern Stück in den drei Feldern nach geschehener Eintheilung besehen, und was ein Stück ins andere gerechnet, trägt, davon der Anschlag gemacht werden. — Zinskrüger sind abzuschaffen, dafür sollen Brauereien angelegt werden. — Auf die Anfrage: „ob, wann sich Brücher in den Dörfern fänden, so durch Graben können corrigiret werden, die Commission die Unkosten darauf verwenden solle," wird decretirt:

„Erstlich muss das Land besetzt werden; hernach kann auch das geschehen: inmassen denn der Commission erste Sorge seyn soll, das Land, so durch die Pest, oder unter Regierung Friedrich Wilhelms und Georg Wilhelms wüste geworden, zu besetzen; dasjenige Land aber, so vor solcher Zeit und vor unendlichen Jahren wüste geworden, müsse in statu quo gelassen werden und kann daran vorjetzo nicht gedacht werden. Nur wenn gemäss derer Commissarien Gewissen solch Vorwerk nicht ohne Durchgrabung eines solchen Bruches bestehen kann," so soll auch hierin nachgegeben werden.

„In den polnischen Aemtern, weillensoweit von Königsberg entlegen und die Verführung des Getreides difficil ist, sollen so wenig Vorwerke als möglich angelegt werden, in den Lithauischen und Samländischen Aemtern aber müsssen Vorwerk an Vorwerk zu stehen kommen, doch dergestalt, dass soviel Dörfer mit angebaut werden, damit die Vorwerke mit nöthigem Scharwerk versehen werden können."

Der König schloss die Sitzung mit eindringlicher Ermahnung an die Commissarien:

„Dass sie sich treu und oberwähnter Intention gemäss aufführen sollen, wobei sie sich versichert halten können, dass,

wenn solches geschähe, sie sowohl selbst, als ihre Familien der
königlichen Gnade sich würden zu erfreuen haben. Ist ein du-
bium da, sollen sie so concise als möglich fragen und würden
prompte Antwort haben." — Gleich den folgenden Tag wurde eine
zweite Sitzung abgehalten. Zunächst wird das Protokoll des vorigen Tages verlesen, hieran knüpft der König sofort an: „Wenn
der Bauer mit nöthiger Hofwehr versehen und ihm Alles angeschafft worden, muss die Commission alsdann den Anschlag dergestalt machen, als wenn der Bauer wirklich der bonität seines
Ackers nach schon vorjetzt das Allerhöchste, welches von ihm
beizutreiben möglich, erlegen könne. In den ersteren Jahren aber
soll ihm nichts mehr zu erlegen angesagt, noch selbiger dazu
getrieben werden, als zu dem quanto, welches die Commission
ihrem besten Wissen und Gewissen nach, ohne die geringste de-
teriorung oder Schwächung des Bauern von ihm zu erhalten
vermeynet. Wenn aber der Bauer völlig zu sich gekommen, so
reservire Er sich, nach Gelegenheit die Prästande zu erhöhen."

Auch der Modus procedendi wurde noch einmal durchgesprochen: Görne, Waldburg, Bredow und Lolhöffel sollten den
„Generalberitt thun und soll dergestalt verfahren werden, wie bei
der General-Huben-Commission procediret worden; massen ob-
gedachter beider Etats-Minister Function nicht zuliesse, en détail
zu arbeiten, sondern nur en gros zu gehen und die geschehene
Arbeit zu examiniren, auch bei jedwedem Dorfe die Anschläge
und Einrichtung zu revidiren. Die separirte Commission aber
müsse en détail arbeiten, und zwar sollen sechs von den Land-
kammerräthen (mit Zuziehung noch eines anderen) je ehe,
je lieber, im gantzen Lande herumbreisen und in allen Aemtern
die Scharwerke reguliren, bei Saalau, Georgenburg und Taplacken
aber den Anfang damit machen."

Die Arende-Contracte sollen nicht in den Berliner Kanz-
leien geschrieben werden, denn das würde zu theuer kommen,
sondern in denen der hiesigen Kammern, und sind dann unverzüglich
an den Hof zur Confirmation zu schicken. Wiederum liess Friedrich
Wilhelm sodann seine allgemeinen grossartigen Grundgedanken in Betreff Hebung der ländlichen Bevölkerung Preussens dahin vernehmen:

„Da bisher der preussische Bauer, sagte er, sowohl
von Beamten als Forstbedienten mit Schlägen und
Postronken[1]) so hart und sclavisch tractiret, auch ihm dadurch gänzlich aller Muth benommen worden; so sollen
sowohl die Oberforstmeister, als auch die Landkammerräthe auf ihre Subalternen genaue Aufsicht deswegen

---

1) Postronken cf. Nesselmann Thesaurus ling. pruss. zunächst Strick,
Strang, Tau; dann eine in früheren Zeiten übliche Art von Prügelstrafe, in
Schlägen mit einem dicken Strick bestehend. Poln. postronek, lit. pástrangas
(der Strang).

haben und ihnen solches nochmalen ernstlich inhibiren,
inmassen der Bauer mit dem spanischen Mantel und anderen
convenablen Zwangsmitteln, nicht aber mit Postronken zu seiner
Schuldigkeit angewiesen werden könne. Würde aber Jemand
dawider handeln, selbiger sollte mit Festungsarbeit beleget und
derjenige, so darunter conniviret, cassiret werden."

Ferner wird festgesetzt, „dass die Bauern, die Holz zu dem Bau
der Vorwerke und Dörfer anfahren, zu ihrer Encouragirung etwas
an Geld bekommen müssen; für die Meile sollen pro Pferd 6 gg. gezahlt werden. — Bei allen Schlössern im Lande sind Obstgärten anzu-
legen, die Stämme haben die Bauern zu liefern. — Da die Dämme in
Preussen hin und wieder in schlechtem Zustand, so wird anbefohlen, an den Justizrath Rapholt nach Wesel zu schreiben, er solle
aus dem Klevischen Leute, die sich auf Dammarbeit versthnden,
anhero schicken, massen allhier ein Mangel an dergleichen Leuten
wäre." Hierauf wird die Conferenz vom Könige geschlossen.

Kaum hatte Friedrich Wilhelm Oletzko verlassen, so trat
auch die Commission sofort wieder zusammen. Nicht Alles war
ihnen klar geworden, und sie disputirten, wenn auch ohne Erregung, ein Langes und Breites über einzelne schwierige Punkte.
In einigen hatte sich der Monarch auf den Fürsten von Anhalt
berufen, ihn gedachte man deshalb auszufragen.

Bald hatte der Ingenieur mehrere Risse (22) fertig, und
nach dreiwöchentlicher, gemeinschaftlicher Thätigkeit ging die
Trennung der Commission nach Parteien vor sich. Waldburg
geht nach Königsberg, wo er bald darauf stirbt, Görne setzt
seinen Fuss auf einige Zeit nach Lithauen; das Alles hält die
Thätigkeit der Commissionsabtheilungen nicht auf. Vermessung
folgt auf Vermessung, Berathung auf Berathung. Es kommt für
unsern Zweck nicht darauf an, diese Specialarbeit der Commission ein-
gehender zu verfolgen. Blicken wir auf ihre Gesammtthätigkeit
zurück, so müssen wir den Worten beistimmen, die Lucanus
ihnen widmet, wenn er sagt: „Es haben diese Ministri solche vor
Lithauen erspriessliche Absicht dergestalt zu erfüllen sich bestrebet,
dass, da man zuvor unbesäte, mit Strauch und Unkraut be-
wachsene, auch mit Steinen beschwerte Aecker, ja, hin und
wieder nur Fusstapfen von Häusern, Höfen und Ställen befand,
man nunmehr dieses Unwesen gehoben und das Land in andrer,
von der vorigen sehr unterschiedener Verfassung siehet; den
Häuser- und Höfebau, als das Vornehmste anfangs vor Ankunft
der Colonisten mit solchem Eifer und Fleiss fortgesetzet,
dass man in zwei Jahren 6 neu angelegte Städte, 332 vordem
wüste, nun mit bäuerlichen Wirthen besetzte Dörfer, 24 Wasser-
mühlen, 49 Kammerämter, ohne die Vorwerker, auch 11 neue
Kirchspiele mit soviel wohlerbauten Kirchen und Pfarrgebäuden
in Lithauen zählen konnte."

Drittes Capitel.

Die Zeit der Colonisationen unter Friedrich Wilhelm I.
1722—1740.

Nach diesen Vorbereitungen nehmen die grösseren Ansiedelungen ihren Anfang. Im Jahre 1721 hatte Friedrich
Wilhelm, wie er selbst sagt, den Zustand des Landes so genau
wie noch nie kennen gelernt und sich überzeugt, dass Ernstes
geschehen müsse, um das menschenleere Land wiederum zu bevölkern. Jedes Jahr in dieser Periode weist deshalb mehrere
Colonistenpatente auf, jedes Jahr sieht grosse Trupps von Colonisten einwandern. Von den im Anhang zusammengestellten
24 Patenten und Bestimmungen über Colonieverhältnisse aus den
fünf Jahren dieser Periode sind 12 lediglich gedruckte Einladungs-
edicte an Colonisten aller Art; ein Patent aus dem ersten Jahr
trägt den Titel, der auf den vollen Ernst des Königs schliessen
lässt:[1] „Wiederholtes Patent dass S. K. Majestät den Zustand der
Preussischen Immediat Unterthanen auf alle Weise zu verbessern
und dieselbe zu conserviren sich allergnädigst angelegen seyn
lassen." Die anderen sind entweder an einzelne, bestimmtere
Adressen gerichtet, wie: an die Mennoniten,[2] an städtische Colonisten, an gewisse Handwerker etc.

Die meisten Patente lauten ganz allgemein von den „Beneficien," „Immunitäten," „Freiheiten," deren sich die Ansiedler zu erfreuen haben sollten, von der „Wiederbesetzung der wüsten Huben
im Preussischen," den „Baufreiheitsgeldern der städtischen Zuzügler"
etc. Alle diese gedruckten Patente wurden in die Weite ver-
schickt, an die Residenten in den verschiedensten Städten, nach

---

1) de. dat. 6. März 1721.
2) 21. April 1721.

der Schweiz, nach Süddeutschland, nach dem Magdeburg'schen. Im Inlande mussten sie gewissenhaft verbreitet und bekannt gemacht werden, sie waren öffentlich auszurufen, anzuheften und von den Kanzeln zu verlesen. Im Verein mit den inzwischen in Lithauen wirklich geschehenen oder doch in Angriff genommenen Verbesserungen übten diese Patente eine gewaltige Wirkung aus.

Im Jahre 1722 langte, wie Lucanus sagt, der erste Transport aus Franken, Schwaben, aus der Wetterau und Nassau an; sie wurden auf des Königs Kosten von Halberstadt nach Stettin befördert, von da zu Schiffe nach Königsberg gebracht und von hier in die lithauischen Aemter in die schon fertigen Häuser und Höfe geführt. Es kamen ferner einige Tausend an aus dem Bayreuther Lande, Hunderte von Magdeburgischen und Halberstädtischen Ackerknechten, zu deren ländlicher Wirthschaft der König grosses Vertrauen hatte; vor Allem wurde der Schweizer Coloniebestand vergrössert. Diese Kette von Einzeln- und Masseneinwanderungen zog sich bis zum Jahre 1725 hin. „Damals endlich — sagt unser Gewährsmann, Lucanus, langte der letzte Trupp einiger Hundert Colonisten, mehrentheils Franken und Nassauer, über Insterburg in Gumbinnen an, welche dem königlichen Befehl und Willen gemäss aufgenommen und in die ledigen Erbe und Höfe eingewiesen wurden, so auch durch Kammerbediente geschehen."

Das nächste Jahr (1726) leitete, wie schon erwähnt, eine Zeit der Ruhe ein, ein einziges Patent lud zum Anbau in Saalfeld ein, die übrigen Edicte in diesem Jahre sprechen nur von Bestrafung der Deserteure und von einer Vertreibung der Mennoniten, die später übrigens wieder aufgehoben wurde. Ein Zeichen, dass kein weiterer grösserer Zuzug von Ansiedlern in jener Zeit gewünscht wurde, ist das gänzliche Aufhören dieser Patente von 1726 an. Die Salzburger Colonie nimmt unter den Colonisationen eine eigenartige Stellung ein, wird deshalb besonders für sich zu besprechen sein; in jener Zeit der Salzburger Ansiedelungen werden andere Colonisten fast gar nicht mehr verlangt, ein einziges Mal fordert im Jahre 1734 ein Patent zur Ansetzung mehrerer Unterthanen, Hausleute, Leineweber und Spinner in und bei den Dörfern auf. Erst in den letzten drei Jahren seiner Regierung hält es Friedrich Wilhelm I. noch einmal für nöthig, die bisher noch nicht besetzten wüsten Huben wieder an Colonisten auszubieten, er hat diesem Wunsch durch ein Rescript[1]) aus dem Jahre 1738 Ausdruck gegeben, und im letzten Jahre seines Lebens hat er noch ein Colonisten-Patent veröffentlicht, dass allen Fremden, so sich in Preussen ansetzen und unbebaute Hufen annehmen wollen, 2, 3 bis 4 dergleichen Hufen zu freien Rechten und noch überdem mit 6 Freijahren verschrieben werden sollen. Diese

---

1) de dat. 1738, 23. Aug.

letzte Zeit haben wir die Periode der Ausläufer der Colonisationen
genannt; es lässt sich nicht viel Material über die Ansiedelungen
dieser letzten Jahre beibringen, und wären die Acten hierüber
auch vollständig, sie würden von grossen und wichtigen Colonien
nicht gerade viel zu melden haben.

Doch sehen wir jetzt, wie sich in der Zeit der hauptsächlichen und nachweisbaren Ansiedelungen das Colonisirungsgeschäft abgewickelt hat, wie sich die Rechte und Pflichten
der Neubürger, die Art ihrer Ansiedlung gestalteten, und in
welcher Weise sich die specielle Wirkung der colonisatorischen
Versuche des Königs auf Gattung Zahl, Qualität und Nationalität der herbeigerufenen Neubürger äusserte.

Das Colonisirungsgeschäft.

Jetzt erst war der Boden umgewühlt, bereit, die neue
Saat zu empfangen. Wir sahen, wie misstrauisch König und Beamte auf die alte ländliche Bevölkerung blickten; von neuen
Bewohnern, von Colonisten erwartete man für das Werk Heil-
sames. Und nun ging es Seitens der Beamten rüstig an die Arbeit.

Auch über diese specielle Thätigkeit liegen leider Berichte
abschliessender und zusammenfassender Art nicht vor; erst mit
der neuen Kammer-Einrichtung werden diese Nachrichten wieder
vollständiger und übersichtlich klarer. Als wahre Fundgrube für
den Suchenden ergeben sich jedoch die Protokolle der lithauischen
Deputation vom Jahre 1724 an, bis diese Deputation von
der preussischen Kammer unabhängig hingestellt und in eine
eigene Kriegs- und Domänenkammer umgewandelt wurde. Auch
aus diesen Protokollen schaut beständig die vorsorgliche Miene
des Königs heraus, der sich eben um Alles bekümmert, was auf
das „Werk" Bezug hat; nichts ist ihm ohne Interesse. Fast alle
Verordnungen der Deputation gehen auf königliche Vorschriften
und Ermahnungen und Fragen zurück.

Er will am Ende der Colonisationszeit (1725) wissen, ob
auch alle Bauern beim Scharwerk sich der deutschen Pflüge bedienen, ob das Joch abgeschafft sei, damit sie sich der deutschen,
specieller der Magdeburgischen Wirthschaft gewöhnten;[1] künftiges
Frühjahr müssten alle Colonisten mit diesem deutschen Pfluge
versehen sein, oder schwere Ahndung wird in Aussicht gestellt;
auch die Ernte soll nur auf Magdeburgische Art betrieben werden,
alle Administratoren werden deswegen instruirt,[2] sie sollen auf
gute Bande eifrig Acht geben. Diese Detailsorge erstreckt sich
bis auf die Sperlinge; bei Tilgung derselben sollten als Beweise

---

1) 7. Januar 1725.
2) 19. Juli 1725.

erst die eingeschickten Köpfe gelten;[1] fehlte das nöthige Quan-
tum an Sperlingsköpfen, so war Strafe zu zahlen. In einigen Jahren
beliefen sich die Strafgelder wegen mangelnder Sperlingsköpfe
ziemlich hoch.   Auf dem Lande wohnen nach Ansicht des
Königs zu viele Handwerker, besonders zu viel Schuster, sie sollen
in die Städte ziehen, wohin sie gehören.[2] Es wird ferner Nachfrage gehalten, ob Hopfengärten angelegt sind, wie die Feld-
früchte stehen, wie viel Handwerker noch fehlen; vor Allem
interessirt die Frage, wie sich die Colonisten denn anlassen, wie
viel gute, wie viel untüchtige Wirthe vorhanden, ob keine Aussicht vorhanden, dass letztere sich bessern. Zu bestimmten Zeiten
werden alle solche Consignationen eingereicht, vorgenommen und
durchsprochen. Oft werden über scheinbar gleichgiltige Gegenstände lange Verhandlungen geführt, so über jenen Colonisten in
Görskullen, der noch ganz grünen Hafer für sein Pferd hauen
liess. Was soll mit solchem unerfahrenen Wirth angefangen werden?
   Unnachsichtig wird mit dem säumigen Amtmann verfahren;[3]
zahlt er das Geld nicht zu rechter Zeit, so wird ihm wohl noch
eine Frist gestellt, aber dann, wenn auch diese verstrichen und
nichts gezahlt ist, so wird sein Gut subhastirt, er selbst kommt
auf die Festung. Die einzelnen Aemter haben oft und speciell
Bericht zu erstatten, wie viel Knechte und Mägde und Gärtner vorhanden sein sollen und wirklich vorhanden sind; desgleichen muss
über Pferde, Ochsen, Kühe, über den Stand der Gebäude und
Ställe rapportirt werden. Die nöthigen Bauten werden Entrepreneurs zur Vollendung übergeben,[4] für Lieferung des Materials
haben entweder diese selbst zu sorgen, oder es werden noch
Andere, Mindestfordernde, herangezogen; zuweilen liefert der Staat
selbst Einiges, wie z. B. Holz, theils aus Polen, wenn es dort
billig zu haben, theils aus eigenen Forsten. Die Fuhren hat,
meist gegen geringe Entschädigung die alte Einwohnerschaft zu
stellen. Zum Häuserbau in Gumbinnen mussten die Aemter
Plicken und Gaudischkehmen die Holzfuhren stellen, um das Holz
aus der Rominter Haide herbeizuschaffen; für die Anfuhr wurde
pro Meile und Pferd 10 Groschen vergütigt, „damit sie desto
williger seien“. Als aber schlechtes Material herangeschafft wurde
(aus dem Buyliner Walde), so werden die Beamten der Aemter
durch Decret vom 7. Februar 1727 verurtheilt, den Fuhrlohn
für das untaugliche Holz ex propriis den Einsassen zu ersetzen.
   Nicht die geringste Sorge machen dem Könige die Beam-

---

1) 7. August 1731.
2) 1. August 1731.
3) Amtmann Petri, A. Mashauer etc. (1730).
4) Das Vorwerk Moulinen z. B. wird vom Entrepreneur für 2934 Thlr.
gebaut. (1732).

ien, deren Ungeschicklichkeit und Trägheit ihn oft erzürnt; alle Augenblicke hat er zu ermahnen, zu schelten und mit Festungsstrafe und Cassation zu drohen. Seine Worte werden natürlich von den höheren Beamten, die er gern verantwortlich macht, an die niederen weitergegeben, doch ist der Ton der Worte dann gedämpfter. Als er im Jahre 1728 wieder in Lithauen war, ging er dem Kammerdirector von Bredow scharf zu Leibe: „derselbe solle pflichtmässigst vigiliren, dass jeder bei der Deputation sein devoir thue und seinen Dienst mit Treue und Eifer verrichte, widrigenfalls er ihm davon berichten oder aber davor responsable sein müsste." In Folge dessen erliess v. Bredow auch ein Schreiben[1]) an die Glieder der Deputation: „dass sie in allen ihren Verrichtungen bloss und allein Sr. Königl. Majestät wahren Dienst und allerhöchstes Interesse zum Augenmerk haben sollten, ohne Nebenabsichten auf eigene Interessen, passiones, parentages oder wie es sonst Namen haben mag."

Doch nicht allein das Zuwenig, auch ein Zuviel konnte den König in Harnisch versetzen, sie sollten nicht bloss dem königlichen Vortheil zu Liebe handeln, sondern auch gleichzeitig das Interesse der Bevölkerung selbst wahrnehmen. Oft sind die Beamten in ihrem Eifer, zu dienen, allzu hitzig, „thun die Wüsteneien an Aecker zu hoch aus und übersetzen so den Bauer, dem alle Freiheit gelassen werden muss"[2]) etc.

Aber vor Allem erzürnte, beleidigte und schmerzte ihn Unredlichkeit; dann konnte er unerbittlich sein. Das Schicksal des Rathes von Schlubhut ist ein fürchterliches Beispiel hiervon.[3]) Schlubhut hatte sich wohl manche kleine Vergehungen zu Schulden kommen lassen, namentlich war er der Härte gegen die Colonisten beschuldigt. Nachdem er sich schon mehrmals von dem Verdachte einiger Veruntreuungen hatte reinigen müssen,[4]) wurde ihm nachgewiesen, dass er 800 Thaler Manufactur- und Retablissementsgelder zu eigenem Nutzen verwandt hätte. Zwar

---

1) 20. Juli 1728.
2) 9. Aug. 1727.
3) Förster, Preussens Helden I, S. 563; hier ist der Erzählung Rogges gefolgt in seiner „Urgeschichte der Stadt Gumbinnen". Lit. Ztg. 1873. Nr. 149—153.
4) Im Jahre 1771 wird wegen 177 Thlr. 55 gr. recherchirt, die Schl. vom Richter Meissel zu Darkehmen behufs Anschaffung von Handwerksgeräthen für Wollarbeiten erhalten, aber nicht abgeliefert hatte. Die Ausrede war gekünstelt; kurz darauf wird er aus Königsberg durch die Kammer wegen 1297 Thlr. städtischer Gelder ermahnt, er will in 14 Tagen zahlen. Seit der Zeit (17. April 1731) wird er nicht mehr als Beisitzer in der Session erwähnt. Am 14. Juni findet sich abermals ein Posten von 2321 Thlr. 45 gr. 10³/₄ ₰ vor, von welchem Schlubh. 700 Thlr. an sich genommen hätte. Zwar erklärt der Amtmann von Jurgaitschen, er habe jene Summe zurückerhalten, aber nachher an Schlubh. theils baares Geld gegeben, theils Ochsen und andere Sachen etc. Kurz, ein ganz lauterer Charakter scheint Schl. demnach nicht gewesen zu sein.

hatte er diese widerrechtliche Einnahme in seinen Büchern vermerkt,
sich auch verpflichtet, dasselbe aus seinem Vermögen zu ersetzen
— es half ihm nichts. Das Gericht erkannte auf einige Jahre
Festungsstrafe, aber der König cassirte das Urtheil, „er werde ihn
hängen lassen". Trotzig erwiderte Schlubhut: Dies sei nicht die Manier,
einen preussischen Edelmann zu behandeln; er glaube nicht, den
Galgen fürchten zu müssen. Auch versuchte am nächsten Sonntag der
Hofprediger, bewogen durch einige Verwandte Schlubhut's, das
Herz des Königs zu rühren, indem er über die Worte predigte:
„Richtet nicht, so werdet ihr nicht gerichtet." Der König war
auch tief bewegt und soll sich der Thränen nicht haben erwehren
können, aber — am nächsten Tage wird vor dem Sessionszimmer
der Domänenkammer ein Galgen aufgerichtet, die Mitglieder werden
zu einer ausserordentlichen Sitzung berufen, und vor ihren Augen
wird ihr College aufgeknüpft. Wenn Friedrich Wilhelm durch
solches Verfahren seinen unbeugsamen Gerechtigkeitssinn zeigen
konnte, so waren doch andrerseits die Folgen solchen Beispiels
nicht gerade geeignet, dem an sich trotzigen und zu Auflehnungen
geneigten Colonistenvolke grösseren Respect gegen die Beamten
einzuflössen, die Klagen über Renitenz häuften sich, und mehrere
Male fielen Ausdrücke, „ein Kriegsrath sei schon gehangen, bald
möchten wohl mehrere folgen," so dass die Deputation viel Ungebühr zu strafen hatte.

Trotz aller Strenge des Königs liessen die Beamten nach
seiner Meinung an „attention und solidité" viel zu wünschen übrig,
so gleich bei der Ansetzung der Colonisten. Nach jenem oben
erwähnten Princip, das in den denkwürdigen Conferenzen vom
5. und 6. Juli 1721 aufgestellt worden war, sollte ein Dorf
höchstens 24—30 urbare preussische Huben enthalten, mit
ca. 12—15 Wirthen. Wie oft zählten aber die Dörfer mehr Wirthschaften, theils mit mehr, theils mit weniger als zwei Huben. Das
sollte jetzt Alles ausgeglichen werden, diese Ausgleichung war aber
eine Art Revolution, und diese wurde noch grösser durch die
Weisung von oben her, die schlechten Wirthe möglichst „auszumerzen" und sie durch „gute" zu ersetzen. Solcher Befehle
des Königs giebt es viele. „Wenn keine Vermahnung — sagt
ein königliches Handschreiben — noch gelinde Mittel helfen, sollen
die liederlichen Wirthe sogleich vom Erbe zu schmeissen
sein und bei anderen Wirthen, unter scharfer Aufsicht der Schulzen
und des Amtes als Knecht in Dienst gehen oder zum Gärtner
werden[1]".

Die Idee, die solchen Befehlen zum Grunde lag, war gewiss
eine löbliche, aber die Durchführung war nicht nur oft inhuman,
weil parteiische und nicht leidenschaftslose, zuweilen ungebildete

---

1) 9. Jan. 1737.

Menschen das Werkzeug zu ihrer Realisirung abgaben, sie war auch nicht selten dem wahren Interesse des Landes zuwider. Denn welcher Bauer arbeitete mit der Freudigkeit, die nur das Bewusstsein des sicheren Besitzes gewährt, wenn jeder Augenblick den Amtmann oder den Schulzen zuführen konnte, der ihn mit seiner Familie vielleicht exmittirte? Fälle von solcher Willkür waren ausserordentlich häufig; das sah der weise Regent auch ein; er erliess deshalb viele energische Ordres, die einer etwaigen Härte der Ausweisungsbefehle zuvorkommen sollten. Diese Ordres wurden dann von der Deputation zum Schutze der Colonisten und Neubauern an die anderen Beamten weitergegeben: „Es sei bemerkt," hiess es in einem solchen Schreiben, „dass einige Beamte mit Annehmung und Absetzung derer Bauern nach eigenem Ge= fallen gehandelt und öfter durch solches unbedachte Verfahren dem allerhöchsten königlichen Interesse nicht wenig Schaden ver= ursacht haben. Wir wollen daher, dass zur Verhütung fernerer Desordre ohne Vorwissen des Deputations-Collegii und des Com= missarii kein Neubauer (Colonist) an- oder abgesetzt werde[1]"."

Solche Bestimmungen mussten aber oftmals wiederholt werden und scheinen nicht immer den gewünschten Erfolg gehabt zu haben. Immer wieder lautet es in den bezüglichen Befehlen[2]) des Königs „es solle nicht willkürlich hierbei verfahren werden: und mit dem modus procedendi müsse Halt gemacht werden." In einem Schreiben an einen Beamten heisst es über diesen Punkt: „er solle seine Sache mit mehrerer solidité tractiren, und wenn er eine Veränderung mit einem alten Bauer mache oder sonst in Stelle eines verlaufenen oder liederlichen Wirthes setzen wolle, dabei den königlichen Intée zum Augenmerk haben müsse, mit was für Kosten nämlich die Veränderung geschehen könne, und ob es nicht zuträglicher, den alten Bauer mit einer kleinen Hilfe auf dem Erbe zu conserviren, auch ob auf verlaufene und lieder= liche Wirthserben nicht mit viel geringeren Kosten Lithauer als Colonisten (Salzburger) anzunehmen seien." Hier wird nur der pecuniäre Punkt, das königliche Interesse, berührt, aber wie oft wurde, ganz abgesehen von jedem materiellen Schaden, auch noch das Rechtsbewusstsein der Colonisten wie der Altbauern ge= schädigt! Wie oft verwechselte nicht ein gewissenloser oder allzu= hastiger Beamte die Begriffe liederlich und unbrauchbar, so dass ein hohes Alter des schwachen Wirthes, der viele Jahre bereits tüchtig geschaffen haben mochte, nicht vor Absetzung schützte. Und noch eins. Nicht selten hatten die Unterbeamten durch die häufige Wiederbesetzung „wüster" oder „liederlicher" Wirths-

---

1) 11. März 1725.
2) 20. Aug. 1725, 13. Juli 1726, 28. Mai 1739, 5. Jan. 1741 etc.
3) An den Colonisten-Commissar Hermann. 24. Juni 1733.

huben gute Einnahmen. Auch hiergegen eifert der entrüstete
Monarch: „Es scheint, dass der Beamte seinen Nutzen darin findet,
wenn die Bauernerbe frei und unbesetzt sind; er profitirt viele
Fuhren, welche überhaupt den Beamten, sonderlich aber denen
von Königsberg weit entlegenen eine nicht geringe avantage ist."[1])
Viel könnte nach des Königs Meinung auch dadurch gewonnen
werden, wenn gleich bei der Annahme von Colonisten mehr auf
dessen, durch beglaubigte amtliche Aussagen attestirten, Charakter
und Wesen gesehen würde; „als wird Euch hiermit alles Ernstes
und bei Vermeidung harter Strafe untersagt, in Zukunft nicht
mehr zum Absatz der Bauern so geneigt zu sein, sondern solche
liederliche Wirthe zuvor durch zulässige Zwangsmittel zur Besserung und mehreren Fleiss anzuhalten, auch nicht mehr, wie bisher geschehen, einen jeden Lastgänger ohne Unterschied anzunehmen, sondern vorher von seinem ersten Beamten Euch seines
Verhaltens halber und warum er abgesetzt worden, aufs Genaueste
zu erkundigen und bei Einholung Unserer Genehmhaltung die gehörige Nachricht einzusenden."[2])

Es musste schliesslich jedes Mal bei Absetzung des einen,
Annahme des anderen Wirthes ein Protokoll aufgenommen
werden, eine Massregel, die aber erst unter Friedrich II. nachdrücklich durchgeführt worden zu sein scheint. Der neuangesetzte
Colonist und Neubauer wurde in Eidespflicht genommen, er erhielt sodann, ob Bauer, ob Gärtner, „ordentliche Annehmungsbriefe und Besatzbücher," in welchen enthalten war:

  1) Name des Bauern, Vor- und Zuname;
  2) in welchem Dorfe er angesetzt war;
  3) wie viel Land und Wiese bei dem Erbe befindlich;
  4) wie viel Besatz und Aussatz;
  5) wie viel jährlich zu portiren sei."

Aber sehr oft musste diesen Befehlen Nachdruck gegeben
werden, denn, hiess es in dem betreffenden Schreiben: „die Ordre wäre
nicht gehörig attendiret, deshalb würde mit allem Ernste daran
erinnert.[3]) Görne, der „seit den angeordneten Verbesserungen
der Königlichen Oekonomie insonderheit Lithauens anno 1721"
jedes Jahr seinen Weg von Berlin nach Lithauen nehmen musste,
hatte genau über Stand und Fortgang des Werkes zu berichten,
neue Vorschläge zu Verbesserungen und zur Beschleunigung der
Arbeit vorzulegen. Noch im Jahre 1725, also bereits am Ende
der ersten Colonisationsperiode hatte er einen grösseren „ohn-
massgeblichen Plan entworfen, in welchen Aemtern und was für
Höfe die Deputation in den Jahren von Trinit. 1725 bis Trinit.

---

1) 11. April 1739.
2) 12. April 1729.
3) 28. Sept. 1728.

1726 zu bauen vermeinet." Dieser Plan[1]) ging dahin, „in den

1)

	Bauernhöfe.	Kossäthenhöfe.
1. Amt Mattischkehmen:		
Augstupöhnen		1 (17 Morg. 70 ☐ R.)
Kartzamupchen	1 (1 Hufe)	3 (16 M. 194¹/₃)
Nestonkehmen		1 (9 33)

Weil letzteres aber nicht zu bebauen lohnt, so soll der Acker unter die Bauern vertheilt werden.

Rudbartschen		2 à 19
2. Amt Maygunischken:		
Drutisken		2 à 20
Jucknischken		4 à 20
Karklienen	1 (1 Hufe)	
Kutkuhnen	1 à 2 H.	
Meszkeningken	1 à 1 H.	
Pagramutschen	1 à 1 Hufe	
Gr. Pillkallen		1 (23 M. 38 R.)
Szorklaucken	1 à 2 H.	
	2 à 1 H. 12 M. 146 R.	

Szurgupchen. Hier sind 15 wüste Morgen, die unter die Bauern vertheilt werden sollen.

Warschlegen. Desgl. mit 17 wüsten Morgen 150 R.

Walterkehmen 1 H. 6 M. 84 desgl.

3. Amt Szirgupöhnen:		
Baitschen		1 à 10 M. 186 R.
Pablen		1 à 12
Pablaucken		2 à 15
Wilkehlen		5 à 18 137
4. Amt Waldaukadel:		
Antsodehnen		1 à 18 189
Andreschkehmen	2 à 2 H.	
	2 à 1	
Baltruschkaitschen	1 à 1 H. 13 21	
Baublen	1 à 1 13 245¹/₂	
Benuhlen	1 à 2	
Dargutschen	1 à 1	1 à 20 M. 162
Gaidschen	1 à 1	
Haipgeron (?)		1 à 26 M. 166
Jessatschen	1 à 2 H. — 68 R.	
Kardawischken	2 à 2	
	1 à 1	
Kischkuhnen	1 à 1 H. 17 M. 128 R.	
Kubbilehlen	1 à 1 29	
Kubillen		1 à 18 M. 150
Laberauthen		1 à 20 114
Schucklen		1 à 25 160
Schöppetschken	1 à 1 H. 9 M. 36	
Szodehnen	1 à 2 H.	
Wilken	1 à 1 H. 28 M. 91	
Witgirren	2 à 1 H. 4¹/₂	
5. Amt Plicken:		
Gerdschen		3 à 19 M. 3¹/₃
Turnen	6 à 1 H.	
Naujeningken		1 à 23 M. 227 R.
Schwirgallen		1 à 26 M. 99

Orten, wo die meisten Handdienste fehlen, als in Mattischkehmen, Maygunischken, Szirgupöhnen, Waldauckadel, Plicken, Kattenau etc. 50 Bauer- und 50 Kossäthenhöfe zu errichten." Der specielle Plan, der durch eine Untersuchung festgesetzt wurde, wies jedoch, wie unten ersichtlich ist, 58 Bauerhöfe und 95 Kossäthenhöfe auf. Die Holzfuhren sollten die benachbarten Dorfschaften leisten; mit den Zimmerleuten, die noch beisammen wären, musste auf's Genaueste accordirt werden. Damit aber ein District durch solchen Bau nicht beschwert würde, soll in anderen Aemtern, wie im Ragnitschen, zu gleicher Zeit gebaut werden. Auch erging die Weisung von Görne an die Räthe, dass „der Etat nicht gar zu geringe zugeschnitten würde". Darauf kam aber der königliche Bescheid, es sollten für das Jahr nur Kossäthenhöfe erbaut werden, und nach dieser Bestimmung wurde der ganze Plan auf 200 neue Kossäthenhöfe hin abgeändert. Das stete Treiben des Königs sorgte für die Thätigkeit der Beamten; guten Willen und grosse

Szamaitschen	1 à 1 H. 1 M. 250 R.		
	1 à 1 H.		
Schmilgen	5 à 1	1 à 20 M.	
Skardupchen	2 à 1	1 à 21	77
6. Amt Stannaitschen:			
Eszerningken		2 à 15 M.	
Jodschleitschen		1 à 15 M. 150 R.	
Jodupchen		2 à 17	150
Laukogallen		1 à 15	
7. Amt Kattenau:			
Antbräckupöhnen 2 à 1 H.		1 à 24 M.	
Balliehnen		2 à 15	
Bersteningken		1 à 20	
Blecken		3 à 20	
Karmohnen		2 à 20	
Digimmen	1 à 1 H.		
Dreweningken		3 à 20	
Eymenischken	1 à 1 H.	4 à 20	
Jenkutkampen		2 à 19	
Laukupöhnen		3 à 22²/₃	
Kohren (?)		2 à 24	
Martischken		1 à 16	
Mickutehlen		1 à 15 M. 89	
Mingstimmen		3 à 23¹/₃	
Noruschuppen	1 à 1 H.		
Schirmeyen		3 à 18¹/₃	
Schillgallen	5 à 1 H.	1 à 18	
Schulikinnen (?)	1 à 1 H.		
Schwentagkehnen		2 à 21	
Seecampen		2 à 19¹/₂	
Schwirrgallen		6 à 20	
Tutschen		3 à 20	
Uschdeggen		1 à 20	
Wertinglaucken		2 à 19	
Wittkampen		2 à 17¹/₂	

Freudigkeit am Werke war er nicht immer im Stande, ihnen einzuflössen. Oft war der Beamte unwillig über die ihm allzugross dünkende Arbeitslast, die ihm aus des Königs Plänen erwuchs; und die Folge dieser mürrischen Stimmung hatte nicht selten der Colonist zu tragen. Schroff und unfreundlich war die Behandlung, und der König hatte alle Augenblicke Rescripte zu erlassen, die den Beamten sorgfältigeres und freundlicheres Benehmen gegen seine neuen Unterthanen predigten. Noch schlimmer war das Verhalten der Altbürger gegen die Colonisten. Fühlten sich doch jene nicht ohne Grund zurückgesetzt vor Fremdlingen, die dem Staate noch keine Beweise ihrer Arbeit hatten zukommen lassen; auch gegen diese Altbürger wandte sich des Königs Zorn, der sich in mancherlei Edicten Luft machte. Er ermahnte sie, die Neubürger durchaus nicht zu beunruhigen. Schon Friedrich I. wetterte gegen die „boshaften Menschen, die sich gegen die Colonisten ungestüm benähmen“, und die versuchten, sie auf allerhand Art zu persuadiren, sich wieder von hier zurückzubegeben, wie denn sichere Nachricht eingelaufen, dass wirklich verschiedene wohlbemittelte Familien aus angeführten Ursachen umgekehrt und zurückgegangen seien. „Weill'n nun solches — fährt das besagte Patent fort — Unserer allergnädigsten Intention, die wir auf alle ersinnliche Art dieses depeuplirte Land hinwieder zu besetzen, besorget wissen wollen, gänzlich zuwider, auch dem Publico selbst, welchem an der baldigen Wiederbesetzung merklich gelegen, höchst schädlich ist, und also dergleichen Frevel keineswegs weiter gestattet werden muss,[1]) also wird allen Hauptleuten, Verwesern, Beamten, Arrendatoren, Magisträten aufgetragen, hierauf Acht zu haben, für freie Herberge der Colonisten zu sorgen, sie glimpflich und bescheiden zu tractiren, dass ihnen sonst aller beförderliche Wille erwiesen werde, im Unterlassungsfalle wird gedroht mit nahmhaffter Straffe, die ohn alle Moderation und Ansehung der Person executorisch eingetrieben werden wird“.

Schon in den Herbergen, in denen die Colonisten übernachten mussten, begannen die Quälereien und Invectiven aller Art, so dass die Colonisten keine Ruhe hatten und nicht einmal in Ruhe „vor ihr baar Geld zehren“ konnten, sondern man „tractirete sie übel, liess sie hart an und vertrieb sie auch gar aus denen Krügen“. Dieser Hass, mit dem sie gleich bei der Ankunft empfangen wurden, begleitete die Ansiedler besonders bei ihren Grenzregulirungen und ruhte nicht, auch wenn sie schon längst die Früchte ihres Schaffens am warmen Herd und in der Scheune bergen konnten. Mürrischer Verdruss der Beamten, willkürliche und herrische Behandlung Seitens derselben, wie auch Neid und Missgunst der Altbürger, die nicht selten aus-

---

1) Gedrucktes Patent v. 31. März 1713.

artend zu Thätlichkeiten schritten, das waren eben die langjährigen Begleiterinnen der Neuangekommenen, die deshalb ganz auf sich angewiesen waren, die hier sich ducken, dort sich ihrer Haut kräftigst wehren mussten. Dieser Kampf trieb, wie wir sehen werden, Manche in die Flucht, zumal saure Arbeit ihnen zugemuthet war, wenn sie auskömmliches Brod haben wollten; die aber aushielten, trotz Arbeit, Druck und Kampf, wurden herangezogen zu einem tüchtigen, harten Geschlecht, das auszudauern verstand. Wer wollte es ihnen, den Einsamen verdenken, wenn sie gern in Masse zusammen angesiedelt sein wollten, wenn die aus einem Lande Stammenden gern zusammenblieben und Alles in Bewegung setzten, um grössere Colonien zu bilden und so einen natürlichen Halt und Schutz gegen alle Unbilden zu finden; dieses Band der Stammesgenossenschaft erprobte sich in der Fremde und entschädigte sie reichlich für viele Kränkungen aller Art.

Viertes Capitel.

Rechte und Pflichten der Colonisten und Art ihrer Ansiedlung.

———

Die Rechte und Pflichten der Colonisten gehen vorzüglich aus den betreffenden Patenten, Rescripten und anderen königlichen Verordnungen hervor; die hauptsächlichen[1]) sind ihrem Titel nach im Anhang zusammengestellt; von den 67 dort mitgetheilten Nummern fallen 55 auf die Regierungszeit Friedrich Wilhelm's I und, wie schon erwähnt, verhältnissmässig die meisten in die Hauptcolonisationsperiode von 1722—1725. Auf diese Patente haben wir deshalb näher einzugehen.

Zunächst ist fast in allen diesen Edicten eine gewisse Gleichförmigkeit nicht zu verkennen; zuerst wird kurz der Grund erwähnt, weshalb und wo colonisirt werden soll; darauf werden die Adressen angegeben, welche Klassen von Ansiedlern hauptsächlich gewünscht werden, schliesslich folgen die „Conditiones". Dabei herrscht jedoch, je nach dem augenblicklichen Dafürhalten des Monarchen und der Räthe, Mannigfaltigkeit in den einzelnen Theilen; oft wird diese, oft jene Qualität der Colonisten gewünscht, oft werden günstigere, oft niedrigere Bedingungen gestellt, einige Patente füllen kaum eine halbe Seite (Nr. 7, 14, 17), andere umfassen vier Blatt, 7—8 Seiten (25, 34, 45). Nur geschäftsmässig klingen die ersten Patente; lebhafter und entschiedener, von Friedrich Wilhelm selbst beeinflusst, wenn nicht gar entworfen, ist der

———

1) Lucanus erwähnt zwar viele dieser Patente in chronologischer, nicht systematischer Aufeinanderfolge, doch nicht alle, ihm fehlen u. A. die von folgendem Datum: 16. April 1711, 23. November 1719, 10. December 1720, 6. März 1721, 14. April 1722, 2. Februar 1724, 2. März 1724, 30. October 1739 etc. Für diesen Abschnitt ist zu Grunde gelegt meine Abhandlung: Colonisatorisches aus Ostpreussen in der Altpreuss. Monatsschrift Bd. XIV, H. 1 u. 2, S. 17—37. Die eingeklammerten Zahlen weisen auf das betreffende Stück im Anhang hin,

Wortlaut nach den Reisen des Königs in Lithauen, wo er mit eigenen Augen hat schauen können, besonders im Jahre 1718, noch auffälliger 1721.

Die Motivirungen der Patente aus der Zeit des ersten Königs lauten einfach als Wünsche „zur Wiederbesetzung der in einigen Aemtern wüstgewordenen Erbe" (7), oder auch fast lockend: „Nachdem es Gott gnädigst gefallen hat, unser Königreich Preussen von der Contagion, welche daselbst insonderheit verschiedene, gegen Lithauen gelegene Aemter sehr betroffen, völlig zu befreien, haben wir nach herzlichster Dankbarkeit vor solcher Göttlichen Barmherzigkeit Unsere landesväterliche Vorsorge darauf gerichtet, die durch die Pest wüst gewordenen Oerter mit Einwohnern wieder zu besetzen." (10) Diese Wendung, „dass das Land Preussen von der Contagion schon vor etlichen Jahren durch Gottes Gnaden wieder befreit sei," findet sich öfters vor (z. B. 12). Auch wird wohl der Zusatz beliebt, dass immer „noch viele geschickte" Beamte, Verwalter und namentlich „bemittelte" Leute nöthig sind.

Viel anschaulicher klingt es schon, wenn Friedrich Wilhelm sagt, dass er bei seiner letzten Anwesenheit in Preussen den Zustand des dortigen Landes in eigener Person untersucht und befunden habe, „dass viele eingegangene Höfe noch unbesetzt und wüste liegen" (25), dass er deshalb resolvirt habe, „diese mit guten und austräglichen Ländereien versehene unbesetzte Höfe hinwiederum anzubauen". Er drückt lebhaft seinen Wunsch aus, „die Conservation der preussischen Unterthanen und Verbesserung ihres jetzigen schlechten Zustands auf alle Weise zu befördern, auch alles Mögliche beizutragen, damit das von den Unterthanen jetzt merklich entblösste Land wiederum peuplirt werden möchte" (32). Und klingt es nicht fast wie ein jäher Schrecken aus den Worten hervor, wenn er selbst sagt: „er habe bisher ja schon oft durch Druck bekannt machen lassen, dass er gern das durch die Pest und andere Unglücksfälle zurückgekommene Preussen wieder in Aufnahme bringen möchte, aber so schlimm habe er sich den Schaden nicht gedacht, noch niemals habe er den eigentlichen Zustand der preussischen Länder so genau als bei seiner in diesem Jahre (1721) gethanen letzten Reise in Augenschein genommen" (34). „Nichts suche er mehr, — sind seine eigenen rührenden Worte, — nichts wünsche er mehr, als Unsere preussische Lande und Unterthanen wieder in vollkommenen Flor zu sehen" (34). Es wird in den Patenten allen Zuzüglern, den städtischen wie den ländlichen, den Handwerkern wie den Ackersleuten, den Bemittelten wie den Armen, genau bedeutet, was ihrer in der neuen Heimath warte. Zunächst wird ihnen angegeben, wie und wo sie ihre Gesuche, als Colonisten aufgenommen zu werden, anbringen sollten. Im Allgemeinen sollen diejenigen, die Berlin

passiren, sich beim General-Finanzdirectorium melden, wer durch
Stargard oder Küstrin kommt, bei der betreffenden Hinterpommer-
schen oder Neumärkischen Kammer, nach der Ankunft in Lithauen bei der Amtskammer in Tilsit (25). Später hiess es, es sollen
diejenigen, die Geldunterstützungen für die Reise beanspruchen,
sich beim Könige per memoriale melden, oder beim General-
Finanzdirectorium, und nun abwarten, ob ihrem Gesuch willfahrt
würde (31); hiervon wurde jedoch bald wieder Abstand genommen,
und schliesslich sollte jeder Beamte Colonisten annehmen dürfen
und dann gleich nach Königsberg über die Angenommenen berichten, damit sie an geeigneten Orten angesetzt werden könnten (32).
Den Schulzen wurde sogar solches Colonistenengagement zur Pflicht
gemacht, der König hegte, wie es hiess, zu ihnen das Vertrauen,
„gleich wie sie sich bei Errichtung ihrer Dörfer verbindlich gemacht,
die wüsten Stellen in ihren Dörfern zu besetzen"; dafür genössen
sie ja auch bishero verschiedene Vortheile, und darum wäre es ihre
Pflicht, darauf zu achten, möglichst viel „bemittelte Leute zur
Bebauung wüster Stellen anzufrischen". Wenn sie sich hierbei
sorgfältig und fleissig finden liessen, so wollte der Monarch ihnen
alle Gnade erweisen, wenn sie aber nachlässig blieben, so würde
er „es gewiss ernstlich ahnden" (34). Auch an den Adel, die
Magistrate und andere Particuliers wendet sich des Königs Auf-
forderung, für Colonisten zu sorgen (60). Kommen bemittelte
Beamte und Arrendatoren, die sich verpflichten, mehrere Colonisten mitzubringen und anzusiedeln, so sollen sie sich ebenfalls
in Berlin oder bei dem K. Vice-Kammer-Präsidenten in Preussen
(v. d. Osten) melden, auch gleich angeben, „was vor Leute vor
Allem in den Patenten genannten Conditionibus sie mitbringen
könnten und was dieser oder jener an Vermögen hat, im Vertrauen eröffnen (12)."

Drei Klassen von Colonisten wurden gewöhnlich unterschieden: zunächst gab es solche, die auf eigene Faust die Reise
unternahmen, d. h. die Zehrkosten selbst bestritten und sich auch
auf eigene Kosten anzusiedeln vermochten, also in keiner Weise
die Schatulle des Königs in Anspruch nahmen. Das waren selbstredend die gesuchtesten, aber auch die seltensten Zuzügler. Andere
wieder konnten zwar die Reisekosten bestreiten, nicht aber das
Etablissement selbst, und drittens verlangte der grosse Haufen
sowohl Reiseentschädigung als auch die Ansetzung aus königlichem
Gelde bestritten zu sehen. Nach dieser Classificirung richteten
sich auch die Beneficien, bei denen der Grundsatz galt, dass sie,
einmal ausgesprochen, auch für die Folgezeit und für später
kommende gelten, wenn nicht etwa inzwischen ein anderes Patent
Erweiterungen oder Begrenzungen gebracht hatte; Schweigen ist
Bestätigung.

Mit dem Princip, dass der vermögendere Colonist auch

besser gestellt würde, waren einige nationalökonomische Geister
durchaus nicht einverstanden, vor Allem fand Dohna es sehr ge-
fährlich, und seine Bedenken, die er äusserte, haben volles Gewicht.
Der arbeitsame Mann, war seine Meinung, könne durch Unglück
aller Art in Armuth gerathen sein, diese Armuth jedoch ist noch
kein Zeichen der Liederlichkeit und Verkommenheit, und doch
sollen diese Colonisten, auch wenn ihnen die besten Zeugnisse
von ihren Behörden zur Seite stehen, weniger Unterstützung zu
gewärtigen haben, als die vermögenderen?   Bedürfen sie etwa der
staatlichen Hilfe in geringerem Maasse als die Wohlhabenden?
Letztere, die sich selbst etabliren können, also nicht aus Noth getrieben, ihren Wohnsitz verändern, verlassen ihr altes Vaterland
vielleicht nur aus Querköpfigkeit, aus Unruhe und Speculation;
auf „ihr beständiges Etablissement ist kein Staat zu machen"; ihre
grössere Tüchtigkeit ist durch ihre Wohlhabenheit noch durchaus
nicht bewiesen, und was dergleichen Gründe mehr waren. Aber der
König blieb bei seinem Princip, durch möglichst günstige Bedingungen vermögende Colonisten zur Einwanderung aufzureizen.

An Reisekosten[1]) wurde denen, die hiernach verlangten,
soviel gezahlt, dass sie, ohne ihr eigenes Geld angreifen zu müssen,
unterwegs aus den ihnen vom Könige dargereichten Geldern leben
konnten.

Als Reisezeit ist „ein für alle Mal" der Monat Mai angesetzt (25), „weil alsdann der Neu Anziehende nicht nur überall
Gräsung vors Vieh, besonders auch den Sommer durch noth-
dürftiges Heufutter zusammen bringen, die Braach zur künftigen
Wintersaat frühzeitig stürzen, auch zur Abaustung oder Ernte
des Sommer-Getreides, welches die preussische lithauische Amts-
kammer demselben zu gut aussäen lassen wird, behörige Anstalt
machen kann" (25); in späteren Edicten wird auch der Ausgang
April oder Anfang Mai als besonders günstige Jahreszeit empfohlen
und angesetzt (41, 45).   Gleich von vorneherein werden die
Reisenden darauf aufmerksam gemacht, dass sie ihr Geld für
Preussen umwechseln, allwo nichts Anderes als nur Ducaten
und Creutzthaler oder polnische currente Münze gang und gebe
ist.   Das Wechseln geschah ohne jeglichen Schaden für die Betheiligten bei dem Hof-Rentamt in Berlin.   Die Betheiligten erhielten für das abgelieferte Geld Wechsel, entweder an Kaufleute
in Königsberg, oder Assignaten an die Rente in Preussen (12, 25).
Ausführlich wird hierüber in einem andern Patent gesprochen
(45, § 12) „wie denn auch ein Jeder seine mit dahin zunehmende
Barschaften, wann solche in specibus, Kaiser oder Frantzgelde bestehen (massen in Preussen die Ducaten sowenig als die Species-
Thaler in so hohem Werthe als hier zu Lande ausgebracht

---

1) Cf. hierüber weiter unten.

werden können, andere Münz Sorten aber, ausser Brandenburgischen, Sächsischen und Lüneburgischen $^2/_3$ und $^1/_{12}$ oder 2 Gr. Stücken daselbst gar nicht gangbar sind) allhier zu Berlin bei dem Rentmeister Albrecht, oder bei der nächsten königlichen Provinz, aus welcher er sein Domicilium transferiret, und der darin befindlichen Kriegs- und Domänenkammer gegen ein Schein abzugeben hat;" sofort wird ihm in Preussen ungekürzt in dort gangbarer Münze ausgezahlt werden. Als Hauptvortheil für dieses Verfahren wird auch gerühmt die „Sicherheit vor der Gefahr von Diebstahl oder andern Verlust (Verprassen) während der Reise".

Die „Hausgeräthe und Mobilien" Aller sind selbstredend zoll-frei, zu diesem Zwecke bedarf es eines besonderen Passes, wegen auf den wiederum in den Patenten verwiesen wird. Des Vorspanns wegen verfügen die betreffenden Kammern „die Nothdurft" (25, 13).

Was nun die Beneficia, Freiheiten oder Douceurs betrifft, welche die Colonisten zu gewärtigen hatten, so fanden, wie schon angedeutet, im Laufe der Jahre einige Wandlungen statt: man gab in den ersten Jahren zögernd, später mit volleren Händen, bis die Ueberzeugung die Oberhand gewann, jetzt könnte wieder Halt gemacht, könnten die Zügel der Freigebigkeit wieder straffer gezogen werden — um dann wieder, wenn die Erkenntniss durchbrach, dass noch viel geschehen müsse, das Füllhorn lebhafter zu schwingen und auszuschütten. Zu allen Zeiten wurden bei Verleihung der Beneficien zwischen jenen drei oben erwähnten Klassen strenge Unterschiede gemacht. Selbstverständlich lagen die Sachen wieder anders für Ackersleute und für Handwerker; ein Weniges ist beiden gemeinsam. Gemeinsam ist z. B. beiden die Art der Anmeldung, sie haben sich, mit ihren Attesten versehen, sowie sie angekommen sind, bei der lithauischen Deputation anzugeben, dann wurden sie entweder als Handwerker nach den betreffenden Städten gewiesen, wo gerade nach dem Handwerk Nachfrage war, oder sie wurden eingeschrieben, und ein Wirth nach dem andern wurde durch Commissarien in die neuen Häuser und Höfe „eingewiesen;" Dann hatten sie den Eid der Treue zu leisten, worauf die Uebergabe der Huben und des Besatzes erfolgte. Was die Gerichtsbarkeit über die neuen Bürger und die neuen bäuerlichen Unterthanen betrifft, so hatte der betreffende Magistrat und das Kammeramt des bezüglichen Revieres dieselbe in Händen. Es waren zwei Obercollegia, das lithauische Hofgericht zu Insterburg wegen der Rechtspflege, und die Kriegs- und Domänen-Kammer-Deputation zu Gumbinnen über das Oekonomie-, Stadt- und Polizeiwesen angeordnet (1724), und diese beiden hatten die eigentliche Handhabung der „Gerechtigkeit"; zu des „Königs Besten" und dem Wohl der Colonisten war ihnen, wie überhaupt jedem Beamten, die Verrichtung treuer, redlicher und gewissenhafter Dienste ernstlich eingeschärft.

Gemeinsam waren ferner den städtischen wie den ländlichen Colonisten vor Allem Freijahre und namentlich die völlige Befreiung von der Leibeigenschaft versprochen, „damit sie gestellt seien, wie die Unterthanen in der Churmark und anderen Provinzen, allwo die Leibeigenschaft nicht eingeführt ist" (25); später, nach Aufhebung der Leibeigenschaft, verstand sich dieses Verhältniss fast von selbst. Ebenso ist mehrere Male für beide Gattungen ausdrücklich die Befreiung von den Werbungen ausgesprochen (12), auch wohl mit dem Zusatz, dass weder sie selbst, noch ihre Kinder, noch ihr Gesinde wider den eigenen Willen zu Soldaten genommen oder geworben werden sollen (25); doch mag wohl zuweilen gegen dieses Gebot von Seiten der Militärbehörden gefehlt worden sein, denn es wird zuweilen ermahnt (31), „es möchte sich Niemand abschrecken lassen, wenn hier und da Colonisten zu Soldaten gepresst worden wären, das sei entschieden gegen des Königs Willen geschehen; alle Generale, commandirende Officiere hätten hierauf bezügliche Ordres erhalten, die Colonisten hätten durchaus nichts zu besorgen und sollten beständig unangefochten bleiben."

Allerdings scheint es zuweilen mit der Anwerbung von Colonisten recht eigenmächtig hergegangen zu sein, denn es erschien ein eigenes Patent, das dieses Thema behandelte: „Niemand solle mit Gewalt nach Preussen zu gehen angehalten sein;" und bei dieser Erörterung kommen einige bedenkliche Auseinandersetzungen vor, wie z. B. „Nachdem Wir zu dem Anbau der vielen Mühlen, Vorwerke und Dörfer, auch einiger Städte in Preussen, einer ziemlichen Anzahl Müller, Zimmerleute etc. unentbehrlich benöthigt gewesen, so haben sich zwar die Meisten dazu freiwillig gemeldet, einige jedoch haben erst hierzu aufgehoben werden müssen." Das Patent spricht sodann die Verwunderung aus: „dass aus diesem Vorgang Uebelgesinnte Gelegenheit genommen hätten, auszusprengen, als wenn auch die Handwerker und Unterthanen in Städten und auf'm platten Lande würden gezwungen werden, eine gewisse Anzahl Familien unter sich durchs Loos ·aufzubringen, welche nach Preussen abgeschickt werden sollen." Dem ist aber nicht so, und der König äussert sein höchstes Missfallen über einige Beamten, die „bei der bisherigen Lieferung der nach Preussen abzusendenden Colonisten gar gröblich excediret und verschiedene mit Gewalt aufgegriffen und fortgeschickt haben sollen". Eine strenge Ahndung dieser Beamten wird in Aussicht gestellt, die Untersuchung ist dem officio fisci bereits aufgetragen (41). Noch einmal ergeht deshalb an die Beamten „allen Ernstes" der Befehl, bei Strafe der Cassation und anderer Beahndung: dass keiner „sich a dato weiter unterstehen soll, einigen Menschen, er sei wer er wolle, wider seinen Willen, um nach Preussen zu gehen, anzuhalten oder zu zwingen."

Die Landleute.

Alle Vergünstigungen für die Landleute lassen sich in drei Worte zusammenfassen: Freijahre, Hufen (Huben) und Besatz. Unter Freijahr verstanden die ersten Patente Befreiung von allem Zins, Contributionen und allen öffentlichen Lasten (7), doch hielt man es oft für nöthig, die Scharwerksdienste noch besonders zu erwähnen, die füglich mit Geld abgelöst werden konnten, doch so, dass immerhin noch einiges gewisse Scharwerk, etwa an Holz- und Getreidefuhr, oder was sonst gerade nöthig war, geleistet werde. Auch Befreiung von Werbung ist unter dem allgemeinen Ausdruck „Freijahr" zu verstehen, solches Beneficium wird nicht bloss den Ansiedlern selbst, sondern auch den Kindern und dem Gesinde zugesichert (46), zuweilen wird an diese Vergünstigung, die grösste, die der König gewähren konnte, noch eine oder die andere Bedingung geknüpft, wie z. B. die Colonisten müssten dann auch wüste Stellen bebauen, ihre Profession verstehen und keine Umläufer und Bettler sein (49). — Solcher Freijahre sollten anfangs demjenigen, der ein wüstes Bauernerbe annehmen wollte und seine Ansetzung vollständig aus eigenen Mitteln bestreiten konnte, nur drei bewilligt werden, denjenigen, die „Saat, Brot, auch Besatz" heischten, wurde nur ein freies Jahr zugestanden, wobei allerdings der dehnbare Ausspruch sich anschloss, „dass den aus den benachbarten Landen Anheroziehenden nach Umständen der Sache noch favorablere Bedingungen eingeräumt werden könnten" (7). In dem nächsten grösseren Patente[1]) Friedrich's I. wird das Wort Freijahr nicht weiter definirt, wohl aber wird ihre Anzahl erweitert, die Bemittelten erhalten sechs Freijahre, diejenigen, die nur die Reise bestreiten können, nicht aber das Etablissement, ihrer drei; die völlig aus der Tasche des Königs von Anfang an bis zur vollendeten Ansiedelung erhalten werden müssen, nur ein Freijahr. Die Kossäthen oder Gärtner, die zu unerfahren sind, um selbst ein Bauerngut zu verwalten, sollen nebst einem Haus, Garten und einigen Aeckern sich gleichfalls eines leidlichen Tractaments zu erfreuen haben. Für Knechte und Mägde wird ebenfalls keine andere Freiheit in Aussicht gestellt, als dass sie auf den neu errichteten Vorwerken über die hiesige Gesinde-Ordnung 3—4, resp. 2—3 Thlr. jährlichen Lohn mehr zu erwarten hätten. Im letzten Patent[2]) König Friedrich's I. wird gar nichts Specielleres erwähnt; dasselbe zeichnet sich durch seinen ganz allgemein gehaltenen Wortlaut aus, die bemittelten Bauern sollen gewisse Freijahre erhalten, die Unbemittelten sind wieder Kossäthen und Gärtner, die Knechte und Mägde haben „mehrers" Lohn zu erwarten.

Die bezüglichen Patente Friedrich Wilhelm's I. aus der ersten

---

1) Cf. Nr. X.
2) Cf. Nr. XII.

Zeit enthalten wenig über die Freijahre, bis plötzlich im Jahre 1718
der König nach eigener Anschauung den Colonisten wieder grössere
Wohlthaten in seinen Patenten (25) verspricht: der bemittelte
Colonist, der völlig für sich selbst sorgen will und kann, soll
„neun Freijahre von allen Prästandis" erhalten, den bemittelten
Einheimischen, die nach dem Osten ziehen wollen, werden sechs
Freijahre in Aussicht gestellt, die ganz unbemittelten fremden
Colonisten erhalten ihrer zwei, die einheimischen Zuzügler ein
Freijahr, mit dem Zusatz „wiewohl S. K. Majestät sich noch
Allergn. vorbehalten, ihnen bei vorkommenden Umständen dero
Gnade auch weiter angedeihen zu lassen."

Eine kleine Einschränkung in Bezug auf die Anzahl der
Freijahre enthält das nächste allgemeine Einladungspatent (31),
das höchstens sechs, und nur nach wohlbefundenen Umständen
neun Freijahre von allen Amts- und Kriegs-Prästanden, an Schoss,
Contribution und wie es sonsten Namen haben mag, den Bemittelten gewährt, den Anderen nur zwei. Später (41) wird
jedoch wieder auf neun Freijahre zurückgegangen, in denen die
Bemittelten frei sein sollen von allen Amts- und Kriegsprästanden
an Schoss, Contribution, Reuter-Verpflegung, Einquartierung, Diensten,
Scharwerken und wie es sonst Namen haben mag, die Unbemittelten „können sich nicht entbrechen, mit drei Freijahren von
allen obengedachten Amts- und Kriegsoneribus vergnüget zu sein
und nach Ablauf solcher drei Jahre die Prästationes ihren Nach-
baren gleich zu entrichten". Aehnlich lautet das grosse Patent
vom 11. Februar 1724 (46) auf neun Freijahre für diejenigen,
die sich ganz auf eigene Kosten ansiedeln, auf drei Freijahre für
solche, die zwar aus eigenen Mitteln die Transportkosten selbst
decken, aber aus königlichen Fonds etablirt werden müssen, und
auf zwei Freijahre für ganz Unbemittelte, die weder die Reise,
noch die Ansiedelung selbst bestreiten können; ausserdem haben
fast alle diese Patente jenen gnadeverheissenden Zusatz. Erst
das letzte Patent (67) erwähnt nur eine Klasse von Freijahren,
indem Allen gleichmässig ihrer sechs bewilligt werden, doch
müssen sie sich dafür auf ihre Kosten anbauen und den Acker in
Cultur setzen.

Die Colonisten fanden, wenn sie die beschwerliche Reise
zurückgelegt hatten, anfangs besonders hierzu angestellte Commissarien vor (10), die angewiesen waren, das Ansetzungsgeschäft zu
besorgen; später waren die betreffenden Ortsbehörden selbst hiermit beauftragt, wie denn der König allen Regierungen und Kammern
befehligte, sich umzuthun, um zu Bezeugung allerunterthänigster
Treue, monatlich, was sie vor Personen anschaffen können, eine
Consignation einzuschicken (12).

Die ankommenden Ackersleute erhielten ungefähr zwei
Hufen als das Mindeste überwiesen, zuweilen auch mehr, die

Patente sprechen hierüber verschieden, einige Male (46) werden zwei Huben Säland erwähnt, ausserdem der nöthige Wiesenwachs, soviel zur Hütung und Fütterung erforderlich ist, nebst Hut, Trift, Holzung und Fischerei; andere Patente sprechen auch von drei und vier Huben (53); man kann in einzelnen Fällen entschieden noch höher greifen. Die Hufe war zu 30 Morgen, der Morgen zu 300 rheinländischen Ruthen gerechnet. Die Bemittelten waren verpflichtet, das Bauerngehöft, wozu ihnen jedoch das freie Bauholz geliefert wurde, anzubauen, als auch sich selbst den „Besatz" an Vieh, Pferden, Acker- und Hausgeräth, wie nicht weniger die Saat und das Subsistenz-Getreide anzuschaffen und selbst zu besorgen (25). Die anderen Colonisten, die den Besatz geliefert erhielten, hatten denselben für 2 Hufen in folgender Gestalt zu erhoffen:

    24 Thlr. für 4 Pferde,
    15 Thlr. für 3 Kühe,
    24 Thlr. für 4 Ochsen,
     3 Thlr. 50 Gr. für 4 Schafe (oder 13 Gr. 9 Pf.
       deutsches Geld),
     4 Thlr. für 4 Schweine,
    48 Gr. preuss. für 4 Gänse (12 Gr. 9 Pf.),
    48 Gr. preuss. für 8 Hühner,
    24 Thlr. für Acker- und Hausgeräth,
    13 Thlr. 30. Gr. für 30 Scheffel Aussaat-Roggen,
     4 Thlr. für 12 Scheffel Gerste,
     5 Thlr. 30 Gr. für 24 Scheffel Hafer,
     1 Thlr. 70 Gr. für 4 Scheffel Erbsen,
    17 Thlr. 70 Gr. für 4 Scheffel Subsistenz-Gerste auf
      4 Personen berechnet,
    10 Thlr. für Salz, Licht und anderem zum Haushalt
      nöthigen Unterhalt.

Also in Summa 147 Thlr. 76 Gr. pr. (oder 20 Gr. 7 Pf. deutsch). Und „das soll der Empfänger nicht nur zur rechten Zeit und auf einmal erhalten, sondern es soll ihm auch ein eigenes Besatzbuch gegeben werden, in welches Alles genau eingeschrieben wird, was er empfangen hat" (25). — Aehnlich lauten die Bestimmungen über den Besatz auch in anderen Patenten (z. B. 45), doch ist oft nur das Inventar, zuweilen mit kleinen Modificirungen, statt des Geldes angegeben, also 4 Pferde, 4 Ochsen, 3 Kühe, 5 Wispel an allerlei Getreide und Saat, wie auch die nöthige Subsistenz für eine Colonistenfamilie auf ein Jahr und ausserdem das nöthige Ackergeräth. Solches war in den Patenten versprochen, die Besatzbücher weisen auf, dass das Versprochene auch wirklich gereicht worden war. Zwar existiren heutigen Tags diese Bücher kaum mehr, aber Friedrich II. verlangte[1]) einen

---

1) Im Jahre 1777.

genauen Nachweis über den früher den Colonisten gelieferten „Besatz". Die hierüber angefertigten Tabellen sind verloren gegangen, aber aus den Begleitschreiben der Beamten gehen, bis auf die Subsistenz und Hofwehr der Hofzinsen, einige Erläuterungen zu den Angaben in den Patenten und ihre Bestätigungen hervor. Die Aussagen dieser Beamten gehen auf den Inhalt der vorgefundenen alten „Zins Quitbücher" zurück und weisen einen Unterschied der Gaben auf, je nachdem der Colonist als Coloniebauer, als vom Scharwerk befreiter Bauer, als Hofzinser oder als Emphyteut angesetzt wurde. Innerhalb der Kategorien selbst wurde noch auf die Grösse des besetzten Areals Rücksicht genommen; wer ein kleineres Grundstück übernahm, erhielt weniger, wer ein grösseres, mehr.

A. Der Coloniebauer empfing:

1. An Besatzvieh:

a) Wer eine halbe Hufe oder 20 Morgen und etliche Ruthen zur Cultur übernommen hatte, dessen Besatzbuch wies folgenden Empfang auf: 2 Pferde, — Ochsen, 2 Kühe.

b) Auf 25 Morgen 180 Ruthen war ebenso wie auf 1 Hube gereicht worden: 2 Pferde, 2 Ochsen, 2 Kühe.

c) Auf mehr als eine Hube (1 H. 15 Morg., oder 1 H. 16 Morg., oder 1 H. 18 Morg.) waren 4 Pferde, 2 Ochsen, 2 Kühe gewährt.

2. An Aussaat:

Hierüber ergab sich aus den alten Quitbüchern, dass im Verhältniss zu 30 Scheffel Roggen, 15 oder 12 Scheffel Gerste und 15—18 Scheffel Hafer auf die Hube gegeben, dass auch ein Plus an Morgenzahl stets noch besonders bedacht worden war.

3. Subsistenz-Getreide:

Es waren über 8 Scheffel Roggen, $3\frac{1}{2}$ Scheffel Gerste und $\frac{1}{2}$ Scheffel Hafer auf das Bauererbe gereicht, „obgleich hin und wieder nach den alten Zins Quitbüchern ein mehrers nach und nach gereicht, so aber auch wieder abgegeben werden müssen."

4. Hofwehr:

Ausser dem Magdeburger Pflug (à 3 Thlr.), der auf jeden Bauerhof in den Jahren 1727 und 1728 gereicht wurde, ist ausgemittelt (wenn auch nicht notirt), dass auf ein Coloniebauernerbe Nachstehendes gereicht sei:

a) 1 Wagen nebst Bracken und übrigem Zubehör, hanfene Sielen, Zäume und Jagleine, eine Halskoppel und Heuleinen à 3 Thlr. 30 Gr. gerechnet.

b) 2 Egden mit eisernen Zinken (waren statt des ersten Magdeburgischen Pfluges, der nicht vollständig war, da nur gewisses Eisen dazu gegeben zu sein scheint) à 1 resp. 2 Thlr.

c) 1 Sense à 32 Gr.

d) 1 Heuforke 12 Gr.

e) 1 Mistforke 20 Gr.
f) 1 Holzaxt 50 Gr.
g) 1 Lattenbohrer 6 Gr.
h) 1 Saageblatt 12 Gr.
i) 1 Schmiedemesser 12 Gr.
k) 1 Spaten 1 Thlr. 60 Gr.
l) Zu Kessel 4 Thlr.
m) Zu Bette.
n) Zu Tuch und Leinewand 2 Thlr. 30 Gr.

B. Noch mehr ist den Hochzinsern zu Theil geworden.[1]
Denn diese empfingen:

1. An Besatzvieh:

a) auf eine halbe Hube und darüber: 2 Pferde, — Ochsen, 2 Kühe,
b) auf eine Hube: 2 Pferde, 2 Ochsen, 2 Kühe,
c) auf 1½ Hube: 4 Pferde, 2 Ochsen, 2 Kühe,
d) auf 2 Huben: 4 Pferde, 4 Ochsen, 3 Kühe.

2. Aussaat:

	auf ½ Hube	auf 1 Hube	auf 1½ Huben	auf 2 Huben
Roggen (Scheffel)	15	30	45	60
Gerste „	5	15	22½ (resp. 18)	30
Hafer „	10	15	22½ (resp. 27)	30

3. Subsistenz-Getreide.

Hierüber heisst es wörtlich in dem Bericht: „In den alten, als neuen Zins Quitbüchern ist zwar gereichtes Saat- und Brodgetreide notiret, so aber auch successive ermahnet, oder doch als inexegible nachher erlassen worden. Und da wenigstens der Fuss der Ansetzung auf Scharwerk und theils nachherige Hochzinserbe, zumal Nationalbauern, vor der Pest lange und von undenklichen Jahren her existiret, so hat man, ohne ganz sicheres Fundament und Principium zu haben, auch hier auf Subsistenzgetreide nicht annehmen können."

4. Hofwehr findet sich in den alten Zins Quitbüchern ausser dem a. 1728 gereichten Magdeburgischen Pflug ebenfalls nicht notiret. „Da aber diese alten Bauererbe doch von jeher mit landesherrschaftlichem Besatz constiret und vom Amte darauf pflichtmässig gehalten wurde, dass sowohl bei Theilungen, als anderen Veränderungen mit diesen Erben der königliche Besatz abgenommen, und wo derselbe nicht hinlänglich vorhanden gewesen, der neue Unternehmer im Annehmungsbriefe vor den completen Besatz zu halten sich engagiren müssen, so hat auch derselbe mit gutem Grunde hier, wie folgt, angenommen werden können," und nun

---

[1] Laut gedruckten Zinsquitbüchern aus Didlaucken, Pablen, Jänischken, Kraupischkehmen, Szamaitkehmen, Gaudischkehmen, Gr. Wersmeningken.

folgt dieselbe Besatzangabe wie oben, vom Wagen an bis zum
Spaten. —

Anfangs dürfen nur diejenigen, die auf ihre Kosten
und durch ihren Fleiss das angenommene Gut in Stand gebracht
hatten, dasselbe auch auf ihre Kinder, Schwiegerkinder, Vettern
und ihre ganze Familie vererben (25), so dass diesen die von
ihnen angewandten befindlichen Meliorationen zu Gute kämen (25,
31, 45); nachdem aber im Jahre 1719 und 1720 die Leibeigenschaft in den Aemtern Preussens und Lithauens aufgehoben wurde,
konnten die früher leibeigenen Bauern ihre Erbe und Bauerngründe
eigenthümlich gebrauchen und auch, doch nur mit Kammerconsens,
solch Erbe an einen andern Mann und freibäuerlichen Wirth
käuflich überlassen und erblich übertragen. Allerdings war immer
die Bedingung gestellt, dass die Erbe und die Gebäude in
gutem Stande erhalten blieben, und oft genug ist zu .ge-
wahren, dass der liederliche Wirth von seinem Grunde abgesetzt
wird. Auch lag den Bauern noch die Verpflichtung guter,
dem Staate nützlicher Kindererziehung auf, „aus ihren
Kindern die tüchtigsten zur Landwirthschaft von Jugend auf unter
der Furcht Gottes anzugewöhnen, aus dieser Zucht sowohl für
sich einen Nachfolger im Erbe anzunehmen, als auch auf andere
einen guten Wirth brauchende, Höfe zu besorgen, die übrigen
Kinder zu ehrlichen Handthierungen in königlichen Landen zu erziehen und anzugewöhnen, auch keinen davon ohne Bewilligung
der Kammer und des Amtes aus einem Amt in das andere, oder
aus dem Königreich in ein fremdes Land ziehen zu lassen oder
fortzuschaffen, ingleichen die Kinder zu einer gleichmässigen Eydes-
leistung dem Amt allemal zu gestellen und zu den Vorwerks-
diensten herzugeben, wobei der Eyd für der Erbunterthänigkeit er-
lassene Wirthe auf den Höfen angedruckt zu finden.“

Im Jahre 1726 erschien ein Patent (55), das ausdrücklich
allen in Lithauen angesetzten Colonisten und Bauern die Höfe
und Wohnungen sammt der Hofwehr schenkte, „damit dieselben
nicht auf die Gedanken kommen könnten, dass um aller solcher
ihnen geschehenen Wohlthat willen (der Besatz etc.) man mit
ihnen als Leibeigenen umbzugehen nicht unterlassen werde, so
lange sie ihre Höfe nicht zu bezahlen, oder das Genossene nicht
wieder abzutragen im Stande wären.“ Es wird ihnen kund gethan, dass ihnen solche (neu erbaute Höfe) geschenkt „und niemals
weder an sie, noch an ihre Erben deshalb einige Anforderung
gemacht, auch ihnen selbige mit Vorbewusst und Einwilligung des
Amtes an einen tüchtigen Gewährsmann weiter zu verkaufen, oder
auf andere Art zu veräussern allezeit freigelassen werden solle“,
natürlich wieder unter jener pädagogischen Bedingung, Alles
in gutem Stand zu halten und die Abgaben richtig abzuzahlen,
denn „den schlimmen Wirthen“ sei man nicht gesonnen, Anlass

oder freiere Hand zu geben, um mit demjenigen, so sie aus Gnaden empfangen, sich noch übeler zu gebahren. Was die Leistungen betrifft, nach Ablauf der Freijahre, so sind auch diese genau vorgesehen. Gleich nach Ansetzung hatte der Colonist, wie erwähnt, den Eid zu leisten und Treue und Gehorsam zu geloben, auch dass er seine Verpflichtungen pünktlich erfüllen würde. Diese Verpflichtungen bestanden in Abgaben und Diensten. Der Zins richtet sich wieder nach der Güte des Landes, von recht gutem Lande sollten 14 Thlr., von mittelmässigem 12 Thlr., von schlechtem 10 Thlr. pro Hufe gezahlt werden (25), „wobei jedoch bei den nächstgelegenen Vorwerken die Abaust — oder Abbringung eines Morgens in jedem Felde und auch eines Morgens von den Wiesen, wie nicht weniger einen Tag Mist zu fahren, reservirt wird;" in allem Uebrigen, in oneribus und Contributionen sollen sie den übrigen Unterthanen gleich gehalten sein. Es wurde, trotz des Königs früherem Verbote, später für gut befunden, dass die Abgaben nicht immer in baarem Gelde zu erfolgen brauchten, sondern „theils durch Früchte des Feldes, theils durch leidliche Dienstleistungen".

Es fand eine Generalvermessung der lithauischen Aecker statt (34, 45), auf welchen Colonisten angesetzt werden sollten; und es wurde bestimmt, dass ein Jeder durchschnittlich zwei preussische Huben erhielte; es wurde aber die Hube reinen Saatlandes so taxirt, dass alle Prästationes mit eingeschlossen, derjenige, welcher Aecker von solcher Güte empfängt, dass es das 5. Korn und darüber trägt, die Hälfte von dem Ertrage an die Kammer abzuführen hatte; von dem Acker jedoch, der 4. bis 5. Korn trug, war der dritte Theil, von dem Lande, das 3. bis 4. Korn brachte, der vierte Theil und von noch geringerem Boden der fünfte Theil abzuliefern. Dabei sollte aber die damalige Güte des Bodens, wie sie bei der Schätzung vorgefunden wurde, für immer maassgebend bleiben; wurde der Boden verbessert, so hatte nur der Besitzer davon Gewinn, nicht die Kammer; nicht in Anschlag kam soviel Wiesenland, als zur Fütterung des Viehbestandes nöthig war. Was an Prästanden einem Wirthe, sei es in natura, sei es in Diensten, auferlegt wurde, sollte von jenem Anschlag abgezogen werden, ebenso der Zins an Geistliche und Andere. Auch wurde die Hut, die Trift, die Holzung und Fischerei obenein gegeben. Und damit nicht doch noch einige von den Leistungen zurückgeschreckt würden, wurde noch zuweilen ein „erklecklicher" Steuererlass in Aussicht gestellt, wenn die betreffenden Colonisten die Domänenkassen durchaus nicht befriedigen könnten; auch war in einigen Patenten (25): die ratio casuum fortuitorum ins Auge gefasst, wenn sowohl in den Freijahren ein genereller Misswachs oder ein Viehsterben vorkäme, dann sollten noch besondere Resolutionen gefasst werden, als auch hätten nach Ablauf der Freijahre bei Unglücksfällen die Colonisten sich dessen zu getrösten, was S. Majestät sodann dem ganzen Lande zu Statten kommen liesse. Ueberhaupt soll in Geldleistungen nicht höher gestiegen werden, als der Bauer füglich aufbringen kann, dann soll er es aber nicht erst auf Execution ankommen lassen, denn „Wir gönnen es ihm gern, wenn er vor sich und die Seinigen nicht nur Lebensunterhalt, sondern auch einen Nothpfennig erwirbt". Die Scharwerksdienste, die in einigen Patenten (39) besonders aufgeführt werden, gehen nicht immer auf die Colonisten, sondern mehr auf die Altbauern, doch waren erstere, wie schon gesehen, nicht ganz hiervon befreit. Dem Wortlaut nach waren diese Scharwerke „gang leidlich angesetzt", es sei dem Bauer nicht mehr aufgebürdet, als er ohne Versäumniss seiner eigenen Wirthschaft auch wirklich leisten könne etc. Es soll der Unterthan nur 48 Tage im Jahre scharwerken, und zwar soll ein Bauer: im Januar einen Tag Holzfuhren leisten, im Februar, März, April ebenfalls je einen Tag, im Mai, Juni und Juli je vier Tage, im August und September je zwölf, und zwar wöchentlich drei Tage, im October sechs Tage und im November und December wieder nur je einen Tag; ausserdem sind jährlich zwei Reisen nach Königsberg mit Getreidefuhren zu machen. Bürdet ein Arrendator oder Beamter mehr auf, so hat derselbe für jeden Tag einen Thaler Strafe zu zahlen. Herrschaftliche und Postfuhren sind nur auf königliche Scheine hin zu stellen, widrigenfalls soll dem Geschädigten jedes Pferd nach Umständen bezahlt werden. Die Scharwerksdienste spielen in der Geschichte der einzelnen Colonien keine unwesentliche Rolle, jede Colonie versuchte sich von diesem lästigen Banne möglichst zu befreien; auf diesen oft hartnäckigen Kampf werden wir bei Besprechung der Einzelncolonien noch ausführlicher zurückkommen; verschiedene Colonien haben hierin sich verschiedene Erleichterungen und Befreiungen durch grosse Zähigkeit erworben, und so sind auch die verschiedensten Stellungen der Colonien zum Staate geschaffen worden.

Die Städte und die Handwerker.

Schon der erste König liess es sich angelegen sein, die Städte Lithauens wieder in Flor zu bringen, mehrere Patente legen Zeugniss hiervon ab. Noch als Kurfürst erliess er ein solches Patent[1]) des Inhalts: wer wüste Stellen in Städten zu erbauen gewillt sei, solle sechsjährige Freiheit von allen bürgerlichen Lasten zu gewärtigen haben, ausserdem würde er frei Bauholz erhalten. Zwar half dieses Patent ein wenig, aber bald kam die Einwanderung in die Städte wieder ganz in's Stocken, und erst

---

1) Den 23. Juni und 18. Juli 1691.

Friedrich Wilhelm I. war es vorbehalten, mit grösserem Erfolge an der Aufrichtung der Städte zu arbeiten. In den Jahren 1717[1]) und 1718[2]) erschienen mehrere Patente, die diesen Zweck ins Auge fassten. Es sollten hiernach alle wüsten Stellen in den königlichen Amtsstädten wieder angebaut werden; zu diesem Behufe wurden den Commissariis locorum und anderen Beamten bedeutet, Reisen zu unternehmen und persönlich für die Besetzung dieser Stellen Sorge zu tragen. Die Beamten mussten Register von den wüsten Stellen anfertigen, wie breit und tief jede Wohnstelle nach der Strasse und auf den Hof hin sei. Die grossen Stellen in den kleinen und mittleren Städten sollten, wenn sie nicht etwa zu Brauhäusern zu verwenden wären, in zwei oder noch mehr Stellen zerlegt werden. Wieder wurden zur Anlockung von Neubürgern die Freijahre hervorgehoben; diejenigen, die wüste Städtestellen an der polnischen Grenze übernahmen, erhielten 25 pCt. des Baugeldes, für die anderen Städtestellen waren 15 pCt. angewiesen, unter der Bedingung, dass der Bau sofort angefangen und wegen gänzlicher Vollendung desselben Caution gestellt würde; auch war Befehl, dass nur Ziegeldächer den Neubau krönen durften, ebenso war die genaueste Instruction über den soliden Bau des feuerfesten Schornsteins gegeben. Noch grössere Rechte, als die einfachen Neubürger erhielten solche, die von ihren eigenen Renten in den Städten leben wollten (23). Diese Bemittelten erhielten fünfzehnjährige Freiheiten von allen bürgerlichen Lasten; wollten sie wieder fortziehen, durfte Niemand sie hindern; kein Abschuss brauchte dann entrichtet zu werden, wie ihnen überhaupt alle Privilegia und alle Exemtiones zu Gute kamen. Auch konnten sie, ohne Unterschied, gleich den Eingesessenen zu militärischen und Civilämtern befördert werden. Noch „favorabler" war das Patent vom 3. März 1722 (35), wahrhaft epochemachend aber erst das nächste aus demselben Jahre 3) (36), das oft mit dem Namen des „Städtegründenden Patents" belegt worden ist: Es sollten, nachdem schon in demselben Jahre Ragnit und Stallupönen zum Range von Städten erhoben worden waren, noch Gumbinnen, Pillkallen, Darkehmen, Werden und Kaukehmen aus lithauischen Dörfern in Städte umgewandelt werden. Wer sich in diesen Städten, wie in Tapiau, Bialla, Nikolaiken anbauen und possessioniren wollte, der erhielt zunächst freies Bürger- und Meisterrecht, ferner einen Platz zum Häuserbau nebst einem Stück Acker als Gartenland, je nach Gelegenheit des Ortes und eines Jeden Nahrung — das Alles unentgeltlich. Ausserdem wurden ihm zur Unterstützung des Baues dreissig Procent der Kosten ge-

---

1) Den 15. Februar und 21. December 1717.
2) 15. März 1718.
3) Vom 6. April 1722.

währt, wenn er einigermassen Sicherheit dafür stellte, dass es ihm
Ernst mit dem Bau sei, oder wenn er einen guten Anfang hiermit
machte; auch erhielt er noch drei Freijahre von der Accise, sechs
Freijahre von Einquartierung, Servis und allen übrigen bürgerlichen
„Sachen". Alle Handwerker, die noch auf den Dörfern wohnten,
durften ungehindert in die Städte ziehen und erhielten, wenn sie
sich einmietheten, drei Freijahre von der Accise und den übrigen
bürgerlichen „Sachen", ausserdem das freie Bürger- und Meisterrecht.

Später[1]) wurde besonders Saalfeld protegirt; wer vom
1. Januar des nächsten auf das Patent folgenden Jahres an hierselbst in den drei ersten Jahren eine wüste Stelle bebaute, sollte
15 pCt. Baugeldunterstützung und freies Baumaterial empfangen,
ausserdem sechsjährige Befreiung von bürgerlichen Lasten, welche
die königliche Kasse nicht afficirten. Wer Häuser reparirte, hatte
wenigstens 8 pCt. Baugelder und freies Baumaterial zu erhoffen.
Eine Hauptbedingung bei den Handwerkern war gewöhnlich: sie
mussten „geschickte" Arbeiter sein. Zuweilen wurde kein Unterschied unter den Gewerken gemacht. So hiess es wohl (41)
ganz allgemein: Alle, die sich selbst in Städten anbauen, erhalten
neunjährige Freiheit von allen Prästandis, — die auf königliche Kosten angesetzt werden, jedoch nur drei Freijahre von
allen Amts- und Kriegskosten, einjährige Freiheit von Accise,
Einquartierung und Servis, mit dem Zusatz „wenn sie Bürger
werden und heirathen". Sonst werden auch oft, je nach localem
oder zeitlichem Bedarf, einzelne Handwerke besonders gewünscht
und begünstigt, da erhalten (10) z. B. die Schmiede sechsjährige
Freiheit von allen Contributionen und Auflagen, dagegen die Rademacher, Stellmacher, Tischler, Zimmerleute, Böttcher dieselben
Vergünstigungen nur auf vier Jahre, während die armen Schuster
und Schneider sich sogar nur mit drei Jahren begnügen mussten.

Einmal hiess es sogar, es sollen die neuen Häuser nicht
mit schlechten Handwerkern, als wie Schuster und Schneider
besetzt werden, sondern es sollen Wollarbeiter und „Künstler"
dazu genommen werden (16. Juni 1725). Unter diesem Ausdruck
verstand man „Wundärzte, Schmiede, Rademacher, Maurer, Zimmerleute, Böttcher, Tischler (10, 12)"; oft ist Nachfrage nach Wasser-
und Windmüllern (12, 41), nach Ziegelstreichern, Lehmern, Hand-
werksburschen und Gesellen (41), Hausleuten, Leinewebern, Spinnern,
Zeug-, Friess-, Strumpf-, Hutmachern, Lohgerbern, Grob- und
Kleinschmieden, Glasern, Töpfern etc. (60), kurz, nach „Handwerkern aller Profession" (45, 60). Den Müllern werden, „wenn
sie auch zum Bauen geschickt sind", gute Mühlen gegen billige
Pacht in Aussicht gestellt, oder wenigstens Mühlenstellen (12); in

---

1) Patent vom 31. October 1726.

späteren Jahren (a. 1723) werden hauptsächlich Tuch-, Rasch-, Zeug-, Fries-, Strumpf- und Hutmacher-Gesellen gewünscht (41), ebenso Weber, die drei Freijahre nebst Geld für einen Weberstuhl empfangen. Die Wollarbeiter erhalten, ausser den Beneficien, Nachweise, wo sie ihre Waaren am besten und theuersten verkaufen können (36, 41). Eines der spätesten Patente (60) wendet sich namentlich an Hausleute, Leineweber, Spinner und Tagelöhner. Da angenommen wird, dass diese nicht selbst im Stande sein würden, Häuser zu bauen, so geschieht Aufruf an Andere: wer für diese Handwerker ein Haus baue, soll ebenfalls die üblichen Freijahre und Bauholz erhalten. Für unvermögende Hausleute sollen auf königliche Kosten Häuser erbaut werden; auch in den adeligen, städtischen oder Particulier-Gütern wird es der Obrigkeit und den Eigenthümern freigestellt, wüste Stellen für diese Colonisten anzubauen. Wenn nach dem nationalökonomischen Princip der damaligen Zeit die Handwerker gewöhnlich nur in die Städte gewiesen werden (36), so kommt es zuweilen doch vor, dass es in ihr Belieben gestellt wird, ob sie in die Städte ziehen, oder auf dem flachen Lande sich ansiedeln wollen (12, 60). Auch für Herstellung und Besetzung der Krüge wird lebhaft gesorgt, besonders sollen diejenigen damit bedacht werden, die „dazu die bequemste und vor Feuers Gefahr sicherste Häuser erbaut haben werden" (36). — Die Häuser für die städtischen Colonisten sind gewöhnlich sehr einfach, von Fachwerk, auf ein bis zwei Stock berechnet, die Baumaterialien, die unentgeltlich geliefert werden, bestehen aus dem Bauholz, das aus dem Stadtwald oder den königlichen Haiden ihnen bis an Ort und Stelle hingeliefert wird, aus Mauer- und Dachsteinen und Kalk, oder es wird statt dessen baar Geld gegeben (15% nach der Taxe), das die Accisekasse des Ortes auszuzahlen hat. Kam das Haus nicht in Jahresfrist zu Stande, so wurden die Bauprocentgelder auf 12%, auch wohl, wenn sich der Bau sehr in die Länge zog, bis auf 8% herabgesetzt. Nach diesen Geldern pflegen auch die Freijahre bemessen zu werden, den 15% Erhaltenden werden gegen zehn Freijahre gewährt, den Anderen nur sechs (49). Die meisten Handwerker bekommen ferner Vorschüsse, die sie im Laufe mehrerer Jahre, gewöhnlich in vier Jahren, ohne Zinsen zurückzuerstatten haben.

Zweites Buch.

Wirkung der colonisatorischen Bemühungen.

Erstes Capitel.

Anzahl der besetzten Hufen, etablirten Colonisten und der aufgerichteten Höfe.

Wir sahen, dass nicht gleich nach jedem Patent die Einwanderung in der gewünschten Stärke erfolgte. Friedrich Wilhelm war ehrlich genug, das selber einzugestehen. Während Friedrich I. in seinen Patenten selbst, vielleicht um zu grösserer Nachahmung aufzufordern, erklärte (12), „dass er mit sonderbarem Wohlgefallen vernommen habe, dass auf seine beiden ersten Patente sofort viele ganze Familien etc. sich eingefunden hätten"; — beginnen fast alle Patente des zweiten Königs mit der Wendung, dass immer noch nicht genug wüste Stellen und Huben wieder besetzt worden wären. Zu Zeiten strömte allerdings die Einwanderung in so breitem Strome ein, dass augenblickliche Verlegenheit entstand, wo die Andringenden unterbringen? Oft standen aber die schon fertigen Häuser längere Zeit leer da und harrten der Gäste. In ersterem Falle wurden interimistische Wohnungen durch Einquartierungen bei anderen Bauern besorgt, bis die Colonisten-Wohnungen, die dann sehr energisch in Angriff genommen wurden, fertig waren; im andern Falle wurden die Patente erneuert und Aufmunterungen aller Art von Stapel gelassen. Das Ueberfluthen war seltener, meist dann, wenn grössere, zusammengehörige Colonistencyclen ins Land kamen, wie die Schweizer, Nassauer, Franken, Salzburger. Häufiger fand es sich jedoch, dass die Einwanderungen sich in Einzelansiedelungen langsam hinschleppten. Der König suchte nach Gründen, weshalb sein Plan sich nicht so schnell und nach Wunsch durchführen liesse; er glaubte u. A. als Haupthinderniss gefunden zu haben, „dass die alte Büttnerische Erhöhungszinser, als auch die anderen Kriegs- und Domänen-Prästanden beständig auf solchen Gütern haften und bisher im Rest geführt werden, welche dann ein weit mehreres tragen, als die Summe des Kauf-Pretii und der Werth solchen wüsten Gutes importirt". Um diesen Grund zu beseitigen, schafft er diese und alle Kriegs- und Domänen-Prästanden, „nichts ausgeschlossen," ganz ab und giebt den Käufern der Köllmischen und Freigüter vier Freijahre (37). Aber auch das Mittel war nicht radical wirksam; verlangt er doch im Jahre 1724 u. A. noch 400 Bauernfamilien, die des Ackers und der Viehzucht kundig seien (45), und noch in seinem letzten Patent hebt er fast klagend an, er hätte „wahrgenommen, dass die Unter- bringung der noch unbebauten Huben im Königreich Preussen noch nicht nach Wunsch von Statten gehe, und dass die bisher in solcher Absicht emanirten Patente, worinnen denjenigen, welche dergleichen Hufen zu bebauen annehmen wollen, ansehnliche Frei- jahre und andere Beneficia versprochen worden, den verhofften Effect nicht gehabt, sondern dennoch viele Hufen unbebaut geblieben". Er erhebt noch einmal seine Stimme und lässt den Ruf weithin über die Lande erschallen, um Colonisten in sein liebes Ostland einzuladen; dieses Patent, das aus des Königs Todesjahre stammt, ist gleichsam sein letzter Gruss der Sorge an seine Lieblingsprovinz.

Wenn diese Klage des Monarchen die häufig übertriebenen Zahlenangaben von eingewanderten Colonisten von selbst ein wenig beschränkt, so ist doch immerhin die Anzahl der Angesiedel- ten eine recht beträchtliche zu nennen. Um zunächst über die Anzahl der ländlichen Colonisten zu sprechen, so hängt dieselbe eng mit der Zahl der wüsten Hufen zusammen.

Aus den alten Steuerlisten ist, wenigstens für die Jahre von 1730—1737, der „Abgang" der Steuern für die wüsten Hufen und für die Hufen, auf denen noch Freijahre hafteten, zu ersehen.

Dieses Deficit stellte sich folgendermassen:

Im Jahre 1730—31 betrug das Deficit 1580 Thlr. 35 Gr. 8 Pf.
,, ,, 1731—32 ,, ,, ,, 1506 ,, 46 ,, 14 ,,
,, ,, 1732—33 ,, ,, ,, 1350 ,, 26 ,, 9½ ,,
,, ,, 1733—34 ,, ,, ,, 1381 ,, 58 ,, —
,, ,, 1734—35 ,, ,, ,, 1375 ,, 75 ,, 10 ,,
,, ,, 1735—36 ,, ,, ,, 1247 ,, 74 ,, 8 ,,
,, ,, 1736—37 ,, ,, ,, 4583 ,, 20 ,, 16 ,,

Im Speciellen vertheilte sich dieses Deficit auf die Haupt- Districte folgendermassen:

	Insterburg.			Ragnit.			Tilsit.			Memel.		
	ℛ	Gr.	₰	ℛ	Gr.	₰	ℛ	Gr.	₰	ℛ	Gr.	₰
1730—31:	416	58	3	213	33	12	946	64	14	3	58	15.
1731—32:	341	32	—	213	33	12	946	64	14	5	6	6
1732—33:	198	71	13½	204	3	12	942	34	14	5	6	6
1733—34:	216	59	4	217	47	12	942	34	14	5	6	6
1734—35:	209	44	13	207	41	12	942	34	14	16	44	7
1735—36:	201	9	2	231	7	12	794	52	11	21	5	1

Auffällig könnte hierbei das Schwanken der Zahlen erscheinen; seit 1732 ist ein merkliches Fallen des Deficit durch die
Wiederbesetzung der noch restirenden wüsten Hufen durch Salzburger zu gewahren, indem die Totalsumme sich um 156 Thlr.
verringert; im nächsten Jahre schon wieder eine Steigerung, indem
in Folge der zahlreichen selbständigen Ankäufe der Salzburger
die grösseren Ausfälle an Steuern durch die gewährten Freijahre
erklärlich werden, ein Umstand, der ganz besonders im Jahre 1736,
nach völlig vollendetem Etablissement und Ankauf der Salzburger,
nach eigentlicher Beendigung des Coloniewerkes durch Friedrich
Wilhelm I. klar hervortritt, indem die Summe von 1247 Thlr.
sich wieder auf die Höhe von 4583 Thlr. erhebt; von diesem
Zeitpunkt steigt das Deficit wieder abwärts, die Freijahre hören
auf, da die wüsten Hufen jetzt nur noch ganz allmählich und spär-
lich mit Ansiedlern besetzt werden.

Was die Uebersicht einigermassen erschwert, ist, dass zu
verschiedenen Zeiten die Anzahl der wüsten Hufen verschieden
angegeben wurde, dass z. B. im Jahre 1736 ihrer viel mehr angenommen wurden, als vier Jahre vorher. Diese Differenz liegt
daran, dass von Jahr zu Jahr die Ausmittelung der Hufen immer
genauer geschah, und gerade im Jahre 1736, gewissermassen bei
Beendigung der Colonisationsarbeiten solche Vermessung mit
möglichster Präcision stattfand. Fast alle Jahre liess, um Trinitatis, der aufmerksam die Wirkungen seiner colonisatorischen Be-
strebungen verfolgende Monarch sich Tabellen[1]) und Specificationen
aus den Aemtern einschicken, um zu ersehen:

„Wie viel wüste Huben gegen Freijahre ausgethan seien,
sowohl neu besetzte Bauern, als auch abgebrannte Huben, auch
wie viel jeder gebauet und Vieh angeschafft." So liegt solche
Tabelle aus dem Jahre 1732 „von den im Lithauischen Departement
befindlichen wüsten Bäuerlichen, Cöllmischen und Chatoulhuben"[1])
vor, welche in ihrer Recapitulation folgende Zusammenstellung ergiebt:

I. Im Insterburg'schen:

87 Hufen	9 Morgen	264¼ R.	Bäuerliche Gründe,
81 „	27 „	143 „	Cöllmische „
145 „	6 „	15⅓ „	Chatouller „

Summa 314 Hufen 13 Morgen 154 R.

II. Im Ragnit'schen:

45 Hufen	7 Morgen	297 R.	Bäuerliche Gründe,
93 „	23 „	4½ „	Cöllmische „
44 „	22 „	150 „	Chatouller „

Summa 183 Hufen 23˙ Morgen 151½ R.

---

1) Rescr. vom 20. Dec. 1731.
2) Cfr. Anhang, Tabelle der wüsten Hufen in den Aemtern I und Specialtabelle Nr. II.

III. Im Tilsit'schen:

170 Hufen 27 Morgen   Bäuerliche Gründe,
  4 „   — „   Cöllmische   „
 14 „ 10 „   100 R. Chatouller „

Summa 189 Hufen 7 Morgen 100 R.

IV. Im Memel'schen:

60 Hufen 15 Morgen Bäuerliche Gründe.

Summa 60 Hufen 15 Morgen.
Mithin: 303 Hub. 29 Morg. $292^1/_4$ R. Bäuerl. Gründe,
        179 „ 20   „ $147^1/_2$ „ Cöllm.   „
        204 „   8   „ $265^1/_2$ „ Chatouller „

Im Ganz. gab es also 747 Huf., 29 Morg., $106^1/_{22}$ R. d. noch wüst waren.
Und im Jahre 1736 wurde eine neue Tabelle sämmt-
licher wüsten und Frei-Hufen Lithauens vorgelegt, welche ergab:
488 Hufen in Freijahren,
1597 wüste Hufen.
Erstere bewirkten einen Ausfall von 1140 Thlr. 19 Gr. 8 Pf.
zweite 3443   „   1 „   8 „

Summa 4583 Thlr. 20 Gr. 16 Pf.
In diesem Jahre war zugleich eine genaue Consignation
verlangt von allen angesetzten Neubauern: Salzburgern,
Schweizern, Nassauern und anderen deutschen, wie auch lithauischen Bauern. Alle Aemter, 49 an der Zahl, schickten die Tabellen
ein mit Ausnahme des Amtes Linkuhnen, dessen Amtmann sich
mit einer Angabe ganz allgemeiner Bemerkungen begnügte. Wenn
nun auch die lithauischen Bauern nicht eigentlich zu den „Colonisten" gerechnet werden können, so haben doch viele von ihnen
unbestreitbar zu ihrem bisherigen alten Besitz auch noch wüste
Hufen angenommen, so dass also der Ausdruck „angesetzte" Bauern
zum Theil wenigstens auch auf diese Kategorie angewendet werden
muss. Alle diese Neubauern, einschliesslich die lithauischen Bauern,
haben damals c. 12,500 Hufen innegehabt, und wenn die noch
fehlenden Linkuhner angegeben werden, so ergeben sich ungefähr
12,600 Huben. Nehmen wir einmal an, was durchaus nicht fest-
steht, dass alle diese Hufen ehemals wüst und erst durch
die Bemühungen der beiden Könige wieder an Besitzer, Colonisten
oder Altbauern „ausgethan" worden seien, und rechnen wir hierzu
den damaligen Bestand der noch unbesetzten, wüsten Hufen (1597),
so ergiebt sich als Maximalzahl die Summe von c. 14,200 durch
die Pest wüst gewordenen Hufen.
Im Speciellen hat die alphabetisch nach den Aemtern
innerhalb der Hauptdistricte geordnete Tabelle[1]) der Hufenanzahl
folgendes Aussehen:

A. Insterburger District.

Aemter.	Im Besitz der Lithauer Hufen,	Morgen,	Ruthen.	Summa aller Hufen,	Morgen,	Ruthen.
1. Althof-Insterburg	126	12	250	145	9	150
2. Brakupöhnen .	152	13	42	261	5	72
3. Bredauen . . .	214	23	127	415	23	7
4. Budupöhnen . .	115	20	15	220	10	291
5. Budwetschen . .	152	28	13	320	4	267
6. Buylien . . .	37	23	$51^1/_4$	109	29	$224^1/_4$
7. Dantzkehmen .	62	22	$263^1/_2$	132	13	$265^3/_4$
8. Dinglaucken . .	83	19	60	169	17	277
9. Gaudischkehmen.	91	2	207	163	18	292
10. Georgenburg . .	329	1	$29^1/_2$	467	28	$137^3/_4$
11. Göritten . . .	149	16	273	251	29	77
12. Gudwallen. . .	174	13	$87^3/_4$	256	29	$46^1/_2$
13. Holzflössamt . .	157	7	150	210	—	27
14. Jurgaitschen . .	214	11	198	316	2	231
15. Kattenau . . .	129	15	—	269	26	158
16. Kiauten . . .	148	20	$102^1/_4$	343	13	$111^3/_4$
17. Königsfelde . .	165	6	152	324	8	50
18. Kussen . . .	104	19	147	178	13	287
19. Lappöhnen . .	167	4	$95^1/_2$	255	25	$107^1/_2$
20. Mattischkehmen .	92	13	286	164	15	8
21. Maygunischken .	62	21	$50^3/_4$	214	2	$285^3/_4$
22 Moulienen . . .	218	21	$17^3/_4$	295	24	$91^1/_4$
23. Plicken	43	28	269	141	18	285
24. Saalau	103	14	76	126	13	$1^1/_{42}$
25. Stannaitschen . .	102	29	23	249	16	273
26. Szirgupöhnen . .	103	14	$118^3/_4$	269	5	$212^3/_4$
27. Tollmingkehmen.	67	28	$98^1/_4$	170	14	$228^9/_{20}$
28. Waldauckadel .	89	28	$38^1/_2$	237	4	74
29. Weedern . . .	253	29	$178^1/_3$	377	26	$50^7/_{12}$
B. Ragnit.						
30. Althof-Ragnit .	202	13	$227^1/_4$	298	19	$42^3/_4$
31. Dörschkehmen .	180	82	$57^1/_7$	364	18	$50^1/_4$
32. Gerskullen . .	155	21	185	294	15	$275^1/_2$
33. Grumbkowkaiten.	271	27	11	357	20	299
34. Uschpiaunen .	176	22	122	318	4	243
35. Kasigkehmen . .	94	4	$96^1/_4$	113	12	$297^1/_4$
36. Lesgewangminnen	132	96	96	160	20	167
37. Löbegallen . .	145	23	177	181	21	188
38. Schreitlaugken .	153	17	163	194	16	118
39. Sommerau . .	109	17	$134^1/_4$	111	12	$134^1/_4$

---

1) Die genaue Tabelle nach Dörfern innerhalb der Aemter geordnet cfr. Anhang Nr. V.

C. Tilsit.

Aemter.	Im Besitz der Lithauer Hufen, Morgen, Ruthen.			Summa aller Hufen, Morgen, Ruthen.		
40. Balgarden . . .	181	14	150	249	22	—
41. Baublen . . .	274	25	62	311	25	23
42. Kukernese . .	208	14	$211^{1}/_{2}$	208	14	$211^{1}/_{2}$
43. Linkuhnen . .	(ca. 200 Hufen.)			(ca. 200 Hufen.)		
44. Winge	224	25	177	224	25	177
D. Memel.						
45. Althof-Memel .	553	10	$170^{3}/_{4}$	553	10	$170_{3}/_{4}$
46. Clemmenhoff . .	415	2	$186^{1}/_{2}$	415	2	$186^{1}/_{2}$
47. Heidekrug . . .	308	27	$124^{1}/_{2}$	308	27	$124^{1}/_{2}$
48. Pröckuls . . .	512	3	4	512	3	4
49. Russ	235	9	$168^{1}/_{2}$	235	9	$168^{1}/_{2}$

In der Zeit von 1736—1740 sind, wie wir sehen werden, von den noch restirenden 1597 wüsten Hufen abermals 565 mit neuen Wirthen besetzt worden, so dass also von den c. 14,200 nach der Pest verlassenen, s. g. „wüsten Hufen" bis zum Schlusse der Regierung Friedrich Wilhelm's I. in der That c. 13,200 abermals als Maximalzahl wieder in Cultur gebracht worden sind. Die Angabe in Lucanus, die von vielen anderen Schriftstellern wiedergegeben wird, dass noch im Jahre 1721 gegen 60,000 Hufen in Lithauen existirt haben, erscheint demnach als Uebertreibung, wie schon oben angedeutet worden ist.

Ist es also schon schwer, die Zahl der wüsten Hufen zu bestimmen, so fällt es noch schwieriger, die Zahl der Colonisten zu fixiren. In diesem Punkte greift Lucanus wohl nicht viel zu hoch, wenn er angiebt, „dass 16,000 Seelen und etwas Weniges darüber eingewandert seien, ohne die 1730 nachgekommenen Bayreuther Leute, ingleichen die 200 Magdeburger und Halberstädter Ackerknechte, auch wieder die 1732 im Lande aufgenommenen 17,000 (!) Salzburger." Nach Baczko (VI. Band, 15. Buch S. 419 ff.) sind bis zum Jahre 1725: 17,330 Colonisten in Lithauen angesiedelt worden. Der wirkliche numerische Nachweis wäre leichter, wenn es feststände, dass wüste Hufen eben nur an Colonisten ausgegeben zu werden pflegten, was aber entschieden nicht der Fall war. In einer grossen Sitzung der deutschen Kriegs- und Domänenkammer, die durch drei Mitglieder repräsentirt wurde, und der lithauischen Deputation, welche sieben Mitglieder stellte, wurde wiederum im Jahre 1736 1) zu Gumbinnen die Tabelle „aller ins Land gekommenen und etablirten Colonisten" festgestellt; hierbei wurde die Zahl aller, sowohl der ländlichen, als der städtischen in Lithauen eingewanderten Colonisten auf 29,446 Personen angegeben, unter denen

---

1) Den 30. April 1736.

sich 22,444 Salzburger befänden. Aber auch diese Zahl erweist sich nicht als völlig und unbedingt zuverlässig, hauptsächlich weil jene Anzahl von Salzburgern nachweisbar nicht in Lithauen angesiedelt worden ist; selbst acht Jahre später, wo also die Zahl durch die Geburten eine noch grössere sein müsste, befanden sich laut eingehendster Specialtabellen nur 10,410 Salzburger in Lithauen vor; und selbst wenn die immerhin grosse Menge der in Lithauen bald nach der Einwanderung verstorbenen Salzburger miteingerechnet ist, bleibt doch jene numerische Angabe eingewanderter Salzburger eine sehr hoch gegriffene. Trotz alledem verdient jene in der gemeinschaftlichen Sitzung bestimmte Totalsumme von Colonisten noch die meiste Glaubwürdigkeit. In jener eben erwähnten ausführlichen Tabelle werden die auf dem Lande ansässigen, besitzenden Colonisten in den Aemtern (mit Ausnahme der lithauischen Bauern) auf 3727 Familien, also ca. 18,000 Seelen angegeben. Hierzu muss noch die Zahl der „Gärtner" addirt werden; im Jahre 1736 waren bereits 536 Familien [1] angesetzt, ihrer 82 fehlten noch, für deren Etablirung im Lauf der nächsten Zeit Sorge getragen wurde, danach stellt sich die Summe aller Gärtnerfamilien auf ca. 618 mit ca. 3000 Personen. Die Recapitulation aus der Specialtabelle im Anhang ergiebt über die angesetzten Gärtnerfamilien Folgendes:

	Sollen angesetzt sein.	Salzburger.	Deutsche.	Lithauer.	Summa.	Fehlen.
In Memel . .	6	—	1	1	2	4
„ Tilsit . .	50	—	13	34	47	5
„ Ragnit . .	158	62	48	21	131	30
„ Insterburg .	376	97	187	72	356	43
Summa	590	159	249	128	536	82

Ferner drängte der König den Adel, auf eigenem Grund und Boden ebenfalls Colonisationen vorzunehmen, doch ohne dass besonders grosse Resultate dieser königlichen Bemühung nachgewiesen werden könnten. Zur Zeit der Salzburger Einwanderung, als noch das Mitleid mit den armen Exulanten vorherrschte und manchen zur Aufnahme veranlasste, sind im Ganzen nur 29 Familien, also hoch gerechnet 154 Personen, von den reichen adeligen Grundbesitzern als Colonisten aufgenommen worden! Rechnen wir daher für alle übrigen, auf adeligem Boden etablirten Colonisten dieselbe Zahl, so werden wir dem wahren Sachverhalt wohl nahe kommen. Noch sind die Knechte, Mägde und Tagelöhner zu zählen, die keinen Grund und Boden besassen und deshalb in den Specialtabellen nicht erwähnt werden. Auch diese Gattung lässt sich im Speciellen nur bei den Salzburgern verfolgen, ihrer waren nämlich 781 Tagelöhner (196 Familien), 307 Knechte und 1400 Mägde vorhanden, in Summa

---

1) Hierüber cfr. Stat. Theil Nr. IV.

2488. Die anderen Colonisten haben jedoch nicht minder Knechte und Mägde gehabt, so dass wir in Anbetracht des numerischen Verhältnisses der einzelnen Colonien als Endsumme dieser Kategorie gegen 4500 Personen aufstellen können. Nach dem Jahre 1736 sind ferner, wie eben gesehen, noch 565 wüste Hufen besetzt, ob mit Neubauern oder Altbauern, ist leider nicht ersichtlich; doch nehmen wir die eine Hälfte für die eine, die andere für die zweite Klasse, so würde (nach der damaligen Sitte, mit einer Hufe zu begaben), der Nachschub sich mit 282 Familien resp. mit 1410 Seelen berechnen lassen.

Stellen wir diese Zahlen zusammen, so ergeben sich:

1. Ländliche Colonisten (-Besitzer) in den Aemtern ca. 18,000 Seelen
2. Gärtner . . . . ,, 3040 ,,
3. Colonisten auf den adeligen Gütern . . . . ,, 308 ,,
4. Knechte, Mägde, Tagelöhner . . . . . . ,, 4500 ,,
5. Der Nachschub nach 1736 . . . . . . ,, 1410 ,,

Also würde die Summa der ländlichen Colonisten (ausser den Lithauern):　　　　　27,258 Seelen
oder in runder Zahl ausgedrückt, ca. 27,000 Personen betragen. Gehen wir wieder auf die Totalsumme von 29,446 Colonisten in Lithauen bis 1736, resp. 30,856 bis zum Jahre 1740 zurück, so bleiben für die städtischen Einwanderer bis zum Jahre 1736 ca. 2188 Seelen übrig. Für diese Klasse ist nur ein Minimalnachweis möglich; im Jahre 1725[1]) werden für die Städte 522 Handwerkerfamilien verlangt, die auch wirklich nach und nach angesetzt zu sein scheinen. Zu diesen kommen nachweislich seit 1732 noch die Salzburger Handwerker mit 1059 Seelen hinzu.

Mit Ausnahme der Salzburger lassen sich die Colonisten, die aus eigenen Mitteln sich angekauft haben, nicht genau bestimmen, und doch mag diese Zahl nicht gering gewesen sein, wenigstens nach Analogie dieser Salzburger zu schliessen; denn von diesen hatten im Jahre 1734 bereits 55 Familien (346 Personen) und zehn Jahre später 237 Familien (1578 Personen) eignen Grund und Boden acquirirt. — — Aber der König war mit den Erfolgen, die er sah, bei Weitem nicht zufrieden, und Lucanus giebt die Meinung Vieler wieder: „Uebrigens hält man davor, dass, so vieler tausend untergebrachter Colonisten und Salzburger ohngeachtet, die seit 1721 nach Preussen gezogen, gar leicht noch zweimal so viel und wohl bis 100,000 Seelen sowohl in Lithauen, als vornehmlich in Natangen genugsames Gelass finden könnten, denen es an Brod und Nahrung nicht mangeln würde . . . Die viel tausend reichen noch lange nicht zu, der ausgestorbenen Einwohner verlassene Huben wieder zu besetzen.“

---

1) Patent vom 12. Januar.

Im Jahre 1735 betrug die Anzahl der Einwohnerschaft Lithauens und Masurens bereits wieder:

1) in den Aemtern   201,800 Personen,
2) auf den adeligen Gütern   14,245   ,,

                      216,045 Personen,

3) in den 10 lithauischen Städten 22,542 Personen,
4) in den 8 polnischen Städten   7945   ,,

                               30,487 Personen,

               also in Summa 246,532 Personen.

Hiervon kommen auf das eigentliche Lithauen 172,000 Seelen. Von dieser Anzahl gehören ca. 28—29,000 den eingewanderten Colonisten an. Wie gross mag aber die Zahl des ganzen Colonistenbestandes sein, wenn wir die Zinseszinsrechnung über die Nachkommenschaft aller jener seit den Tagen der Pestepidemie in das Land gezogenen Neubürger anstellen könnten!

Es ist nicht zu hoch gegriffen, wenn wir aufstellen, dass damals immer der vierte Mensch der Bevölkerung ein Colonist oder ein Nachkomme der Colonisten war, die seit den Tagen der Pest eingewandert waren, um das verödete Lithauen wieder zu bevölkern und anzubauen.

Es haben diese Colonisten seit den ersten Jahren der Einwanderung nicht eigentlich grössere, neue Dörfer zur Ansiedelung empfangen, als vielmehr ausgebaute einzelne „wüste" Stellen; es ist deshalb die ganze Neubevölkerung über ganz Lithauen hin verstreut; auch die grösseren Coloniencyclen haben selten einzelne für sich abgeschlossene Ortschaften erhalten, auch sie wurden gewissermassen als Lücken ausfüllendes Material untergebracht, wo es gerade die locale Noth erheischte, nur dass im letzteren Falle möglichst naheliegende einzelne Stellen angewiesen wurden.

Schauen wir genauer[1]) zu, so finden wir in 7 lithauischen Aemtern gar keine Stellen an Fremde, sondern nur an Lithauer vergeben: nämlich in Kukernese, (Linkuhnen), Winge, Althof Memel, Clemmenhof, Heidekrug und Russ; in diesen Aemtern sind 526 Ortschaften mit 2893 resp. (Linkuhnen eingerechnet) mit 3093 Stellen lediglich von Lithauern besetzt. In den übrigen 41 Aemtern finden wir überall bald mehr, bald weniger Colonisten vor, von einer einzelnen Ortschaft (im Amt Sommerau) an bis zu 38 Dörfern. Höchst ungleich ist die Vertheilung der Colonisten in Bezug auf die Zahl der Ortschaften. So sind z. B. im Amte Mattischkehmen 64 Familien in nur sieben Orten untergebracht, also immer ca. 9 Familien für ein Dorf, während z. B. im Amt Balgarden 67 Familien

---

1) Specielles hierüber cfr. Anhang Nr. VIII.

über 26 Dorfschaften hin zersprengt sind, so dass also nicht drei
Familien durchschnittlich auf ein Dorf kommen.

Hier folge eine Zusammenstellung der Aemter, nach der
Zahl der von Colonisten besetzten Ortschaften geordnet, mit Angabe der betreffenden Familienzahl:

Im Amte					Colonistenfamilien
1. Sommerau:	1	Ortschaft	besetzt	von	2
2. Pröckuls:	2	,,	,,	,,	3
3. Althof-Insterburg:	7	,,	,,	,,	21
4. Mattischkehmen:	7	,,	,,	,,	64
5. Saalau:	7	,,	,,	,,	23
6. Kasigkehmen:	7	,,	,,	,,	29
7. Lesgewangminnen:	8	,,	,,	,,	23
8. Kussen:	10	,,	·,	,,	64
9. Löbegallen:	12	,,	,,	,,	36
10. Maygunischken:	12	,,	,,	,,	142
11. Gaudischkehmen:	13	,,	,,	,,	66
12. Plicken:	13	,,	,,	,,	95
13. Dantzkehmen:	15	,,	,,	,,	61
14. Buylen:	15	,,	,,	,,	65
15. Schreitlaucken:	15	,,	,,	,,	56
16. Baublen:	15	,,	,,	,,	45
17. Dinglaucken:	16	,,	,,	,,	63
18. Grumbkowkaiten:	18	,,	,,	,,	64
19. Kattenau:	19	,,	,,	,,	127
20. Lappöhnen:	19	,,	,,	,,	87
21. Brakupöhnen:	22	,,	,,	,,	105
22. Jurgaitschen:	22	,,	,,	,,	90
23. Uschpiaunen:	22	,,	,,	,,	110
24. Budupöhnen:	23	,,	,,	,,	94
25. Stannaitschen:	23	,,	,,	,,	129
26. Szirgupöhnen:	23	,,	,,	,,	168
27. Tollmigkehmen:	23	,,	,,	,,	103
28. Gudwallen:	24	,,	,,	,,	61
29. Weedern:	24	,,	,,	,,	94
30. Holzflössamt:	24	,,	,,	,,	63
31. Waldauckadel:	24	,,	,,	,,	132
32. Göritten:	25	,,	,,	,,	92
33. Moulienen:	25	,,	,,	,,	65
34. Dörschkehmen:	26	,,	,,	,,	169
35. Balgarden:	26	,,	,,	,,	67
36. Althof-Ragnit:	27	,,	,,	,,	92
37. Kiauten:	30	,,	,,	,,	192
38. Georgenburg:	30	,,	,,	,,	149
39. Königsfelde:	30	,,	,,	,,	129
40. Bredauen:	34	,,	,,	,,	199

Im Amte   Colonistenfamilien

41. Budwetschen.   37 Ortschaften besetzt von 151

42. Gerskullen: 38   „   „   „   137

In Summa sind in 801 Ortschaften 3724 Colonistenfamilien angesiedelt worden, so dass also auf ein Dorf durchschnittlich 4, höchstens 5 Familien zu rechnen sind. Ganz anders würde sich das Verhältniss gestalten, wenn auch die von lithauischen Bauern besetzten Stellen zugerechnet würden, denn die 8370 Lithauerfamilien haben in 994 Ortschaften Wohnung gehabt; es würden demnach 12,094 Familien, Colonisten und Lithauer in 1204 Ortschaften Stellen besetzt resp. besessen haben,[1]) mithin haben durchschnittlich je 10 Familien in einer Dorfschaft gewohnt, wie es ja die Intention Friedrich Wilhelms I. bei Gründung der Domänencommission gewesen war. So wie die Grösse der einzelnen Dörfer höchst verschieden ist, so verschieden ist auch die Grösse der einzelnen Höfe in den Händen der Colonisten. Zwar haben die meisten Ansiedler durchschnittlich 1 Hufe Land, bald einige Morgen und Ruthen darüber, bald darunter; doch finden sich auch Fälle, dass Einzelne bei Weitem mehr besitzen, so sind einem Bauern 5 Hufen 15 Morgen 20 Ruthen zugemessen,[2]) während ein anderer nur 4 Morgen 176 Ruthen sein eigen nannte;[3]) sonst betrug durchschnittlich das Minimum des Besitzes 11 Morgen und das Maximum 2 Hufen. Als besonderes Merkmal kann innerhalb der einzelnen Ortschaften die Gleichheit des Grundbesitzes gelten; in einem Dorfe (Abelischken) hat jeder der 15 Bauern ein Areal von 27 Morgen 195 Ruthen, in Auxkallen haben 13 Besitzer je 20 Morgen 46 Ruthen, in Lenkenincken 4 Bauern je 1 Hufe 6 Morgen 25$\frac{1}{4}$ Ruthen, in Skungirren sind 12 Colonisten, von denen jeder 25 Morgen 115 Ruthen besitzt; fast alle Nassauer in Amt Budwetschen besitzen je eine Hufe, in Kascheelen ist das Land in lauter gleiche Stücke zu je 1 Hufe 14 Morgen 42$\frac{3}{4}$ Ruthen getheilt etc. Gewöhnlich ist für den Schulzen oder vormaligen Führer der Colonie das Doppelte an Land gereicht worden; zuweilen findet sich ein kleiner Ueberschuss an Boden vor, der für Kossäthen bestimmt ist.

---

1) Die wenigsten Ortschaften wies das Amt Althof-Insterburg auf: 7, in welchen 163 vereinigte Colonisten und Lithauerfamilien sassen; die meisten Georgenburg, nämlich 59, in welchen 469 Familien wohnten. Hierüber vgl. Specialtabelle im Anhang.
2) In Wohren (Amt Bredauen).
3) In Lasdehnen (Amt Winge).

Zweites Capitel.

Gattung, Qualität, Nationalität, Namen und Religion der Colonisten. Kosten des Etablissements.

Leider ist in den Tabellen nur einige Male und ausnahmsweise der Charakter des Gutes und des Hofes angegeben: in den Tabellen des Amtes Georgenburg wird der Unterschied zwischen Amtsdörfern und Erbfreidörfern gemacht; hier werden auch Salzburger in Amtsdörfern aufgeführt, in Mattischkehmen werden Scharwerksbauern, Scharwerkskossäthen erwähnt, in Saalau wird von den Chatoulbauern gesprochen, ebenso in Szirgupöhnen und in Sommerau kommen Chatouleinsassen vor; — sonst gilt aber der Ausdruck „Schweizer" oder „Salzburger" oder „Nassauer" etc. als vollständig genügend, um den Gegensatz dieser „Colonisten" gegenüber den alten Scharwerksbauern zu bezeichnen, während bei den Lithauern meist angenommen wurde, sie wären Scharwerksbauern in Amtsdörfern. In Szirgupöhnen wird einmal von den Salzburgern erörternd gemeldet, „sie wären auf königliche Bauernhöfe angesetzt", auch wird erwähnt, dass einer ein Chatoulgut erworben hat. Hier sind einige Lücken, denn wir wissen, dass die Colonisten unter verschiedenen Firmen etablirt wurden, einige schlechthin als „Colonisten[1]" oder „Coloniebauern", andere wieder, und das besonders in der ersten patentarmen Zeit, namentlich noch unter Friedrich I. als königliche Scharwerksbauern, wieder andere als vom Scharwerk befreite Bauern, als Hochzinser, als Emphyteuten etc. Später war der Ausdruck „Colonist", wie er oben aufgestellt ist, für eine bestimmte Klasse von Ansiedlern wenigstens ausreichend.

Im Ganzen wurden zehn verschiedene Gattungen der Ein-

---

[1]) Cfr. oben, Seite 4 ff.

sassen Lithauens unterschieden:[1) Köllmer, Chatoullköllmer, Chatouller oder Chatoullbauern, Assecuranten, Coloniebauern, Hochzinser, Amts- oder Scharwerksbauern, Eigenkäthner, Gärtner, Instleute oder Lossgänger. Fast jede dieser Gattungen hat · auch fremde Zuzügler, die wir Colonisten nennen, aufzuweisen, ebenso eine andere Eintheilung der Einsassen, die zwölf Gattungen annimmt, indem noch Beuthner-Bauern, Emphyteuten, Erbpächter gezählt, aus der letzten Kategorie (Instleute und Lossgänger) zwei verschiedene Arten geschaffen und die Chatouller als eine Gattung mit drei Unterabtheilungen (Chatoullköllmer, Chatouller und Chatouller-Bauern) gerechnet wurden.

Der Güter wurden fünf Klassen gezählt: 1) Köllmische Güter a) cum jure nobilitatis oder adelige, b) sine jure nobilitatis oder nicht adelige Güter; 2) Lehngüter; 3) Magdeburgische, sowohl adlige, als nicht adlige; 4) Magdeburgische Güter zu beider Kinder Rechte; 5) Preussische Freigüter. —

---

1) Hierüber ist ein interessantes Actenstück der Gumbinner Regierung benutzt: „Nachricht von allen Gattungen der Einsassen des lithauischen Departements und worinnen eine Art von der andern unterschieden ist." 1760. Generalia Nr. 375, Vol. I. Auch Bericht der lithauischen Kammer vom 23. Februar 1775. — Die Definition der zehn oben genannten Gattungen ist folgende: 1) Köllmer sind diejenigen Landinsassen, die ihre Privilegia und Verschreibungen über gewisse Ländereien theils vom Orden, seit anno 1230, theils vom Markgrafen seit 1525 und dessen Nachfolgern erhalten; sie zahlen die Contribution an die Kriegskasse, sind aber übrigens mit keinen Diensten oder Scharwerk onerirt. 2) Chatoullköllmer, Freyen, Erb-Frey-Bauern, sind Leute, deren Vorfahren sich in den ausgehauenen Waldungen, Ländereien urbar gemacht und darüber von der hohen Landesherrschaft Privilegia erhalten; der Zins von diesem ausgethanen Lande ist vordem durch die Oberforstmeister zur herrschaftlichen Chatoulle verrechnet, bei der General-Verpachtung in anno 1724 und 1725 aber zu den Domänen-Aemtern geschlagen und mit in der Prästat.-Tabelle aufgeführt; diese Leute prästiren weiter keine Dienste, als bei Kirchen und Schulen. 3) Chatouller oder Chatoull-Bauer hat sich gleichfalls in den ausgehauenen Waldungen etablirt und solche urbar gemacht. Ihr Zins ist wie von den Chatoullköllmern zur königlichen Chatoulle geflossen, jedoch haben sie ihre Verschreibungen nur von den Oberforstmeistern ausgefertigt erhalten. Diese Chatouller müssen für jede Person über 12 Jahr 30 Gr. Kopfschoss, welcher unter die unbeständigen Gefälle zum Ertrage gekommen, ausser ihren fixirten Hubenzins jährlich an das Amt bezahlen und sind dabei einige Burgfuhren zu prästiren schuldig. 4) Assecuranten sind diejenigen, welche sich auf dem in den Bauerndörfern ausgemittelten Uebermaass und auf anderen Wüsteneien gegen einige Freijahre ex propriis etablirt und darüber assecurationen öder Erbverschreibungen zu freien Rechten erhalten. Ausser den an das Amt, gemäss der Prästations-Tabelle, zu bezahlenden Zinsen sind selbige mit keinem Dienste weiter behaftet. 5) Coloniebauern sind diejenigen Colonisten (also nicht alle!), welche die in der Pest wüst gewordenen Bauernerben angenommen, und bestehen meistentheils aus Schweizern, Salzburgern und Nassauern; sie sind vom ordinären Scharwerk beim Amt befreit und nur zu einigen Burgdiensten und Postfuhren verpflichtet, zahlen auch den Zins nach der Prästations-Tabelle an das Amt. 6) Hochzinser sind Leute, die sich theils auf den abgebauten königlichen Vorwerken etabliret, theils wegen Befreiung vom Scharwerk einen hohen Zins pro Hube zu zahlen übernommen, und finden sich

Über den bäuerlichen Stand ist in unseren Tabellen nur wenig zu finden; man kann aus der Grösse der Besitzung meist nur so viel erkennen, ob der Betreffende als Bauer oder als Kossäthe angesetzt worden war. Die Patente haben den „Landmann" in allen Variationen, mit allen möglichen Bezeichnungen und Titulaturen gewünscht: „des Ackerbaus, der Gärtnerei kundige" (Stat. Theil LII, 10) besonders, „wer als Arrendator kommen will und ein guter Wirth ist" (10,12), „Verwalter", „des Ackerbaus und der Viehzucht erfahrene, auch der übrigen Landnahrung erfahrene Bauersleute" (25, 31), „Bauern" (12), „Schäfer," „Schafknechte," „Tagelöhner" etc. etc. Je höher der Rang, desto besser die Bedingungen. In Folge dessen meldeten sich auch die meisten in der Weise, dass ihnen zuerst eine möglichst grosse Hubenanzahl gegeben wurde. Gern wurde ihnen gewillfahrt. Sie kamen aber oft mit ihrer Wirthschaft nicht zu Stande, der Acker war zu gross, die territorialen Verhältnisse boten Schwierigkeiten, die sie nicht zu überwinden vermochten, Alles verfiel wieder; dann kamen sie wohl und baten freiwillig, ihnen eine Hufe, vielleicht auch mehr abzubauen. Daher ergehen bald scharfe Weisungen, „keinen, der nicht wirklich des Ackerbaues kundig ist, auf königliche Kosten anzusetzen, sie sollen erst als Knechte dienen, bis sie ihre habende

---

solche vorzüglich in der Niederung Tilsitschen Distrietes. Diese haben wegen des Landes und zu bezahlender Zinsen Contracte und Verschreibungen, welche dreissig Jahre dauern, und wenn solche expiret, so sind sie alsdann verbunden, einen doppelten Zins zu bezahlen, nach welchem dann ein neuer Contract wieder auf 30 Jahre mit ihnen errichtet wird; sie sind vom ordinären Scharwerk frei und nur zu einigen Burg- und Postfuhren, gleich den Coloniebauern verpflichtet. Der Zins, so selbige bezahlen, ist in den Prästationstabellen aufgeführt, wohingegen 7) die Amts- oder Scharwerksbauern den ordinären Scharwerk bei den Amts-Vorwerken gegen das gewöhnliche Scharwerksgeld prästiren und den Hubenzins wie gewöhnlich dem Amt entrichten. 8) Eigenkäthner haben sich mit Genehmhaltung der Kammer und des Amtes auf dem Dorfanger oder sonst auf königlichem Grund und Boden kleine Wohnhäuser erbauet. und nur zu ihrer Subsistenz annoch eine Gartenstelle erhalten, wofür sie jährlich 45/60 Gr. bis 1 Thlr. ausser dem Kopf- und Hornschoss bezahlen müssen. 9) Die Gärtner stehen bei den Cöllmern und Vorwerken gegen gewissen Lohn und Deputatsstücke in Dienst und sind von dem gewöhnlichen Kopf- und Hornschoss befreiet. 10) Instleute oder Lossgänger wohnen auf königlichen Vorwerken oder bei Cöllmern und Bauern; sie bekommen keinen fixirten Lohn und Deputat, sondern erhalten, wenn sie bei diesen arbeiten, ein gewisses Tagelohn, wogegen sie die Wohnungsmiethe an ihren Wirth entrichten. Diejenigen, so bei den Bauern wohnen, zahlen den gewöhnlichen Kopf- und Hornschoss an das Amt. — Uebrigens stehen vorbemeldete Einsassen unter der Amtsjurisdiction, und findet dieserwegen bei demselben kein Unterschied statt. — Nach einer andern, oben erwähnten Eintheilung (anno 1777) wurden die Emphyteuten definirt wie eben die Hochzinser, während es von diesen heisst: sie wären Bauern, winche für die Befreiung von Scharwerk einen höhern Zins zahlen, aber darüber keele Erbverschreibung oder Asseurat hätten, und die sonst allen übrigen bäuerlichen Pflichten oblägen.

Wissenschaft von der Haushaltung zeigen", oder aber Sicherheit stellen für das, was sie empfangen (24). „Besatz" ist immer nur für eine Hufe zu gewähren, selbst wenn der Betreffende zwei, drei oder noch mehr Hufen angenommen hat (14); oft zeigten sich die Colonisten, besonders die Schweizer, deshalb „inopportun" und verlangten Verdoppelung des Besatzes auf Grund eines nach der Schweiz entsandten, von ihnen missverstandenen Patentes, das angegeben hätte, wie viel auf eine Hufe an Besatz nöthig wäre.

Wenn solchen Wirthen, die „das ihrige nicht prästiren konnten", auf ihr Gesuch nichts abgenommen wurde, so liefen sie wohl in heller Verzweiflung wieder davon. Solche Gründe zum Davongehen gab es mehrere; dieselben lagen zum grossen Theil in dem oft unruhigen, abenteuerlichen Wesen der Einwanderer, oft auch in der falschen Lage, in die sie sich durch Annahme von grossem, wüstem Grundbesitz begeben hatten, oft in dem bösen Beispiele anderer „Deserteure". Der König nannte das Preisgeben des angenommenen Bodens mit jenem militärischen Ausdruck; und nach dem Eid der Unterthanentreue, den die Colonisten hatten leisten müssen, war dieser Ausdruck nicht unberechtigt. Seine Wuth über diese „Perfidie" kannte keine Grenzen. Die Sprache in den Edicten[1]) gegen die Flüchtlinge ist eine leidenschaftliche; hart sind die Strafen, die des wieder Erwischten harrten. Alle Hauptämter, Magistrate, Beamte waren angewiesen, keinen Ansiedler ohne speciellen Pass der Regierung oder der Kammer wieder zurück oder nur reisen zu lassen; die auf heimlichen Wegen Betroffenen mussten angehalten, zurückgebracht werden. Ueber solche war ausführlicher Bericht zu erstatten. Auch die Schulzen, selbst die Krüger des Ortes hatten die Verpflichtung, auf verdächtige Reisende zu fahnden und sie zur Arretirung zu melden, kein Schiffer durfte sie über den Strom setzen, noch ihre Habe aufnehmen (cf. untenstehendes Patent a.). Die eingebrachten Deserteure sollten als „meineidige Verläumder und Diebe" bestraft werden. Diese Strafe wird schon im nächsten Patent näher bestimmt (b.): ein solcher Deserteur sollte mit der Strafe des Stranges an dem Galgen büssen. — Der König konnte es gar nicht fassen, dass seine vielfachen Wohlthaten, die er den Colonisten fortwährend erwies, mit so crassem Undank belohnt werden könnten, er kam auf den Gedanken, dass aus freien Stücken die Ansiedler nimmer davongegangen wären, andere böse Leute mussten sie hierzu erst überredet haben, und diese Böswilligkeit traute er den Juden, den Polen und den Szamaiten zu, über die sich die volle Schale

---

1) Die Hauptpatente, die gegen die Deserteure gerichtet sind und von ihrer Bestrafung handeln, sind folgenden Datums: a. 12. Juni 1713. b. 26. Februar 1717. c. 23. October 1723. d. 25. August 1726. e. 30. September 1726. f. 12. Mai 1733. g. 19. September 1736. h. 14. October 1738. i. 26. December 1739.

seines königlichen Zornes in mehreren Patenten ergoss.   Wer
einen solchen Verführer der Colonisten oder Einsassen anzeigt,
zum Gewahrsam bringt, erhält 100 Thlr. recompense, während
dem Verführer, dem Verführten gleich, der Process gemacht wird;
auch seine Strafe ist der Strang.   Wer überhaupt nur einen
solchen „vagirenden Gudden“ angeben kann, der ohne Schutz-
brief umherreist, soll considerable Belohnung empfangen (c.).   Da
alle diese Verordnungen keine besondere Wirkung zeigten, so
wurden einerseits die Strafen verschärft, andrerseits die Belohnungen
erhöht: Wer schon den Nachweis führen konnte, dass ein Colonist zu entlaufen die Absicht hätte, empfing eine Belohnung von
200 Thlr., wer einen Verführer der Colonisten entdeckte, sogar
400 Thlr., für den zurückgebrachten Deserteur gab es ebenfalls
Geldbelohnungen; war derselbe ein Bauer, so stellte sich die
Prämie auf 200 Thlr., war er nur ein Knecht, so genügten 100 Thlr.
Die Strafe war wie vordem dieselbe: für den Verführer wie für den
Entlaufenen — der Strang(d.). Die Entlaufenen, ob Colonisten, ob Altbauern, wurden öffentlich und namentlich aufgefordert, zurückzukehren; stellten sie sich nicht, so wurden bis zur Wiederergreifung
ihre Namen als infam an den Galgen geschlagen. (e.). Leistete Jemand
bei einer Desertion Vorschub, er sei nun der Ortsschulze, oder irgend
einer der Instleute oder Nachbarn, oder hatte er nur um die Absicht
der Entlaufung gewusst, ohne eine Denunciation deshalb einzureichen,
so wurde er mit Festungsstrafe oder mit noch härterer Strafe
belegt (f.).   Nichts half.   Es fanden sich immer wieder einzelne,
die entliefen oder zu entlaufen versuchten.   Der König erliess
deshalb sein schärfstes Patent gegen das Desertiren (i.), dessen
Hauptinhalt dem Wortlaute nach folgender war:
     „Dieweil aber, solcher schweren Strafe ohngeachtet, das Weg-
laufen nicht aufhören wollen, vielmehr sich noch immer gewissen-
lose Bauern, Colonisten und Bürger aus kleinen Städten gefunden,
die ihrer Pflicht und Eydes uneingedenk, Häuser und Erbe verlassen und nach Polen übergehen, jedermann aber bekannt, mit
was für Gnade und Sorgfalt der König das Wohl und wahre Beste
seiner Unterthanen jederzeit zum Augenmerk gehabt, so dass derselbe keine Kosten angesehen, das durch die Contagion von Einwohnern geschwächte Land wieder zu besetzen, ihnen Besatz und
Freijahre, auch bei Misswachs und andern Unglücksfällen Remissionen angedeihen lassen, anbei mit Brod- und Saatgetreide, so oft
es die Noth erfordert, ausgeholfen und was nur zu ihrer Wirth-
schafts- und Nahrungsverbesserung gereichen mögen, an die Hand
gegeben, wovon der veranlasste bessere Debit ihrer im Lande
gewonnener Waaren eine augenscheinliche Probe darlegen können,
überdies keiner zu klagen gehabt, dass er in seinen Prästandis
zu hoch angesetzt worden, vielmehr den Bauern bewusst, wie sie
vordem ein Mehreres beitragen müssen, und wenn Jemand sich

darüber zu beschweren gehabt, die Kriegskammer Niemand das Gehör versaget, sondern Jedermann dergestalt bescheiden müssen, dass er entweder billige Remedirung erhalten, oder seinen Unfug selbst erkennen solle; als hätte der König das Vertrauen geheget, die Unterthanen würden Alles wohl beherzigen, ihre Prästanda willig abführen, den neuen Verfassungen gern nachkommen, von anderen schädlichen Meinungen sich nicht einnehmen, noch durch verführerische Leute dahin verleiten lassen, an ihm, als der höchsten Landesobrigkeit treulos zu werden, Haus und Hof zu verlassen und sich unter Polnische und Grosslithauische Herrschaften zu begeben. Wannenhero sofern Jemand so Gottes- und Pflichtvergessen erfunden werden sollte, zu entweichen und den Besatz zu veruntreuen, er mit Wiederholung aller vorhingegangener Verordnungen im erneuten Edict vom 26. December 1739 ein für alle Mal festgesetzt haben wollen, dass dergleichen treulos austretender, Ehre und Redlichkeit hintansetzender Unterthan, wenn er ertappt worden, ohne Gnade und Weitläufigkeit des Processes nach blossem summarischen Verhör als ein Meineidiger und dafern er Besatz mitgenommen, als ein Dieb an den Galgen gehangen und mit dem Gesicht nach dem Ort hin, wohin er geflüchtet, oder zu flüchten im Begriff gewesen und dessen überführt worden, gerichtet, ihnen zur Strafe, anderen aber zum Abscheu und gerechtem Exempel vom Leben zum Tode gebracht und der, so ihn dazu verleitet, wenn er dessen schuldig befunden, mit gleicher Strafe angesehen werden solle."

Und nach diesem geschärften Patent, sagt Lucanus, hat sich das Laufen der Bauern von den Huben ziemlich geleget.

Die grösste Sorge des Monarchen war aber nicht sowohl darauf gerichtet, abzuschrecken, als vielmehr vorzubeugen. In mehreren Patenten wird es betont, „es solle Alles·aus dem Wege geräumt werden, was sie (die Colonisten) bewegen könnte, etwa ihre Stellen wieder preiszugeben" (Patent 32). Alle bezüglichen Patente athmen für die Schuldigen Gnade und Verzeihung, wenn sie zurückkehrten, Reue zeigten und Besserung gelobten, dann sollte ihnen Pardon gewährt werden, sie sollten in diesem Falle entweder die alten Höfe zurückerhalten oder neue empfangen (31, 32), besonders richtet sich das Wort des Königs wieder an die Schulzen, die aufgefordert werden, „die aus blosser ungegründeter Furcht gewichenen Leute wieder in das Land zu ziehen" (34).[1]

Es gab ausserdem eine grosse Klasse von Colonisten, die nicht fähig, auch nicht fleissig genug waren, den Anforderungen des Königs zu genügen, die Haus und Hof und Grundstück verfallen liessen, die aber nicht den Muth besassen, zu desertiren; und wieder gab es andere, die nur auf den Nutzen der Freijahre

---

1) Rescript vom 12. April 1729.

sahen, aber nicht an wirkliche Cultivirung des ihnen überwiesenen Landes dachten, ja, die womöglich wieder auf neue Freijahre speculirten. Auch auf diese saumseligen und ungetreuen Wirthe blickte das scharfe Auge des Königs. Er hat es bald „wahrgenommen", dass von den Neubauern sich viele auf die liederliche Seite geleget und gegen das Ende ihrer Freijahre entweder durch üble Wirthschaft, oder aber durch übles Betragen dem Beamten mit Fleiss und Vorbedacht Gelegenheit geben, sie vom Erbe abzusetzen, damit sie nach einem andern Amte gehen und die Freijahre von Neuem wieder geniessen können; „auf welche Art sie in die neun und mehr Freijahre erhalten und niemalen die Absicht gehabt, das Erbe in guten Stand zu setzen." Wenn nun Sr. Königl. Majestät Absicht, das Land durchgehends in Stand zu bringen, hierdurch nicht erreichet, vielmehr sothane liederliche Wirthe in ihrer Bosheit und Faulheit gefördert werden, so soll solchem Unwesen nicht länger nachgegeben werden.

Es sollen deshalb oft über die Qualität der anzusetzenden und angesetzten Colonisten eingehende Berichte eingeschickt werden. Fast jedes Jahr wurde solcher Nachweis von den guten und schlechten Wirthen dem Könige eingeschickt. Eine solcher Tabellen, wiederum aus dem Jahre der Beendigung des Werkes, 1736, ist erhalten. Aus jedem Amte lief eine Zusammenstellung der Wirthe bei der Kammer ein, diese beförderte das Ganze an den Hof. Natürlich sind die Ausdrücke: „gut" und „schlecht", oder „tüchtig" und „liederlich" subjectiver und relativer Art. Da denuncirt ein cholerischer Amtmann die Hälfte seiner Wirthe: sie taugten zu nichts, liessen sich nicht an und gäben zu keinen Erwartungen irgend welche Berechtigung; so werden aus dem Amte Mattischkehnen 72 gute und ebenso viel liederliche Wirthe: gemeldet; im Amte Lesgewangminnen gehören nach Ansicht des gestrengen Amtmanns zur Schaar der Auserlesenen, die seine Zufriedenheit erworben haben, 78, während er über 68 andere Klage führt; in einem andern Amte (Althof-Insterburg) sind es von 164 Wirthen 76, die den Zorn des Berichterstatters erregt haben; auch im Amt Maygunischken ist das Verhältniss der guten zu den schlimmen wie 129 zu 66, also auch gerade kein besonders günstiges Resultat; noch weniger in Kussen, wo zwar 84 gelobt, aber 61 getadelt werden. In anderen Aemtern wiederum scheint die Race der Bauern ganz besonders gut geartet zu sein. Im Amt Russ sind 373 nur solide und tüchtige Wirthe, ebenso in Clemmenhof, wo alle 324 die Musterung bestehen; der bequeme Amtmann aus Linkuhnen meldet schlechtweg, „bei ihm hätten sich alle gut conservirt," ohne jedoch Zahlen anzugeben.

Im Amte Althof-Memel werden unter 452 Wirthen nur fünf entdeckt, deren Tüchtigkeit bemängelt werden könnte u. s. w.

Nicht selten ist, ganz abgesehen von dem cholerischen oder

phlegmatischen Naturell des Amtmanns, auch Parteilichkeit gegen
gewisse Individuen, ja ganze Klassen der Neubauern nicht zu verkennen. Der eine hegt besondere Vorliebe für die Lithauer,
Hass gegen die Deutschen, wie es z. B. in Uschpiaunen der Fall
gewesen sein könnte, wo z. B. zwar 74 tüchtige deutsche Wirthe,
aber 24 schlechte derselben Nation gemeldet werden, während
von 122 Lithauern nur 17 nicht vor seinem Richterstuhle bestehen. Umgekehrt wird in Königsfelde nur ein schlechter unter
128 deutschen Familien gefunden, während gegen 11 Procent
untüchtige Lithauer notirt werden. Ferner werden auch die
Begriffe „arm" und „untüchtig" häufig verwechselt, wie die beigefügten Bemerkungen der Amtleute hinlänglich besagen. Trotz
aller dieser Aussetzungen, die fast bei jeder statistischen Zusammenstellung, an der mehrere arbeiten, zu machen sind, trotz aller
dieser kleinen Fehler und subjectiven Ansichten, mag doch das
Endresultat in seinen numerischen Verhältnissen zutreffend sein.
Von allen 3727 Colonistenfamilien werden 3141 als „tüchtig", „solide",
„arbeitsam" und „gut" bezeichnet, während über 586 geklagt wird;
und rechnen wir die Lithauer hinzu, so gestaltet sich das Verhältniss aller bäuerlichen Familien so, dass 10,313 gelobt und
1781 als liederlich bezeichnet werden.

Hier folge eine Zusammenstellung[1]) der „guten" und „schlechten" Wirthe Lithauens nach den Aemtern geordnet:

Aemter.	Colonisten.		Lithauer.		Summa der guten	schlech-ten
	Gute Wirthe.	Schlechte Wirthe.	Gute Wirthe.	Schlechte Wirthe.	guten	Wirthe.
A. District Inster-burg.						
1 Althof-Insterburg	16	5	71	71	87	76
2 Brackupöhnen	72	33	73	35	145	68
3 Bredauen	162	37	113	32	275	69
4 Budupöhnen	90	4	73	7	163	11
5 Budwetschen	125	26	100	15	225	41
6 Boylen	58	7	27	8	85	15
7 Dantzkehmen	52	9	39	7	91	16
8 Dinglaucken	60	3	58	5	118	8
9 Gaudischkehmen	60	6	75	17	135	23
Latus	695	130	629	197	1324	327

[1] Specielleres hierüber cf. Stat. Theil Nr. VII., Tabelle von den guten
und schlechten Wirthen.

Aemter.	Colonisten.		Lithauer.		Summa der	
	Gute Wirthe.	Schlechte Wirthe.	Gute Wirthe.	Schlechte Wirthe.	guten	schlechten
					Wirthe.	
Transport	695	130	629	197	1324	327
10 Georgenburg	137	12	311	9	448	21
11 Göritten	81	11	98	13	179	24
12 Gudwallen	43	18	103	25	146	43
13 Holzflössamt	59	4	146	14	205	18
14 Jurgaitschen	78	12	148	24	225	37
15 Kattenau	106	21	69	17	175	38
16 Kiauten	179	13	103	20	282	33
17 Königsfelde	128	1	100	11	228	12
18 Kussen	37	27	47	34	84	61
19 Lappöhnen	78	9	130	11	208	20
20 Mattischkehmen	33	31	39	41	72	72
21 Maygunischken	92	50	37	16	129	66
22 Moulienen	64	1	169	5	233	6
23 Plicken	89	6	37	2	126	8
24 Saalau	22	1	110	16	132	17
25 Stannaitschen	114	15	101	7	215	22
26 Szirgupöhnen	154	14	74	15	228	29
27 Tollmingkehmen	84	19	38	· 17	122	36
28 Waldaukadel	123	9	61	4	184	13
29 Weedern	81	13	77	14	158	27
B. District Ragnit.						
30 Althof-Ragnit	58	34	140	62	198	96
31 Dörschkehmen	142	27	97	22	239	49
32 Gerskullen	111	26	98	20	209	46
33 Grumbkowkeiten	56	8	191	50	247	58
34 Uschpiaunen	84	26	105	17	189	43
35 Kasigkehmen	27	2	147	1	174	3
36 Lesgewang- minnen	11	12	67	54	78	66
37 Löbegallen	29	7	139	5	168	12
38 Schreitlaucken	47	9	210	·27	257	36
39 Sommerau	2	—	38	44	40	44
C. District Tilsit.						
40 Balgarden	54	13	148	44	202	57
41 Baubeln	40	5	354	58	394	63
Latus	3138	586	4361	916	7499	1502

Aemter.	Colonisten.		Lithauer.		Summa der	
	Gute Wirthe.	Schlechte Wirthe.	Gute Wirthe.	Schlechte Wirthe.	guten Wirthe.	schlechten
Transport	3138	586	4361	916	7499	1502
42 Kukernese	—	—	202	100	202	100
43 Linkuhnen	—	—	(c. 200)	—	(c. 200)	—
44 Winge	—	—	346	12	346	12
D. District Memel.						
45 Althof-Memel	—	—	447	5	447	5
46 Clemmenhof	—	—	324	—	324	—
47 Heidekrug	—	—	333	122	333	122
48 Pröculs	3	—	586	40	589	40
49 Russ	—	—	373	—	373	—
	3141	586	7172	1195	10313	1781

Die ersten königlichen Einladungs-Patente zur Repeuplirung des Landes hatten sich vornehmlich an die alten eingeborenen, aber aus den Provinzen wieder ausgetretenen Einwohner gerichtet, dieselben „reclamirt, vindicirt und zurückgerufen" (1,10); dann wurden auch andere Unterthanen des Königs, die in anderen Provinzen lebten, aufgefordert, nach dem Osten zu ziehen, so dass eigentlich erst im zweiten Treffen die „Frembden und Benachbarten" kommen, die in das Land eingeladen werden, „so sie sich in Preussen niederzulassen vorhaben." Eigene Patente werden an die Schweizer gerichtet, auch derer aus dem Bischofthum Culm und der Mennoniten in Graudenz wird besonders gedacht (17). Kurz die Kreise, an die der Ruf, zu kommen und zu helfen, erschallt, erweitern sich immer mehr und mehr. Jeder war willkommen, welcher Nationalität er auch immer angehörte, wenn er tüchtigen Willen, Kraft, Ausdauer und womöglich einen guten Zehrgroschen mitbrachte. Nur gegen Polen, Szamaiten und Juden war der Monarch sehr misstrauisch, ihnen traute er, wie gesagt, alles mögliche Böse zu, keine Lust zur Arbeit und vor Allem die Absicht, die Colonisten zur Desertion zu verführen. Er sträubt sich in Patenten öfters, Leute solcher Gattung anzusiedeln, dennoch haben die Beamten vielfach Polen und Szamaiten als Colonisten angenommen, während die Juden der damaligen Zeit zum soliden Établissement noch zu unruhig waren und lieber „herumvagirend" Handel trieben. — So kam es, dass allmählich durch die Colonisten eine höchst bunte Bevölkerung entstand;

„es dürfte, sagt Lucanus, kein Reich oder Landschaft in Europa gefunden werden, wo eine so grosse Mannigfaltigkeit der Einwohner, Sprachen, Religionen, Sitten und Weisen als in Preussen herrschen wird, nur Siebenbürgen ausgenommen." Norden und Süden des ganzen übrigen Deutschlands hat sein Contingent gestellt, auch ausserdeutsche Staaten finden wir durch Colonisten in Lithauen vertreten. Es werden eigentlich in den Tabellen fünf verschiedene Nationalitäts-Kategorien aufgestellt:

1. Salzburger,
2. Schweizer,
3. Nassauer,
4. Andere Deutsche,
5. Lithauer.

Aber in den meisten Fällen haben die Aemter in dem Nachweis der Nationalität die drei mittleren Klassen zu einer einzigen zusammengezogen, so dass 1. von Salzburgern, 2. von Schweizern, Nassauern und anderen Deutschen und 3. von den Lithauern berichtet wird. Zwar war es des Königs Wille gewesen, Lithauer und Deutsche in den Dörfern streng auseinanderzuhalten, aber die Durchführung dieses Princips scheint auf allzugrosse Schwierigkeiten gestossen zu sein: in 6 Aemtern[1]) ist jede einzelne Ortschaft von Lithauern und Colonisten gemeinschaftlich besetzt, in 8 Aemtern wohnen ausschliesslich Lithauer, die übrigens in keinem einzigen Amte ganz fehlen, in den übrigen sind nur hin und wieder einzelne Dörfer ausschliesslich von Colonisten und nicht von Bauern lithauischer Nationalität bewohnt, nämlich in 6 Aemtern je eine Ortschaft, in 2 Aemtern je zwei, in 6 Aemtern je drei, in fünf je 5, in sieben je 5, in 4 je 6, in zwei je 7, in je einem Amte sind 8, 9 und 15 Ortschaften von lithauischer Beimischung ganz frei geblieben, also sind im Ganzen in 35 Aemtern nur 153 Orte streng colonistisch und ganz frei von Lithauern zu merken, während in allen Aemtern 1830 Dorfschaften erwähnt werden, von denen 648 eine gemischte Bevölkerung aufweisen.

Die Vertheilung der 3727 bäuerlichen Colonisten-Familien nach ihrer Nationalität ist folgende:

765—770 Salzburger Familien (3850 Seelen),

2954 „andere deutsche" Colonistenfamilien (14,770) Seelen. Von diesen kommen als Minimum

251 Familien (1255 Köpfe) auf die Schweizer Colonie,
291 Familien (1455 . . . . .) auf die Nassauer,
1119 Familien (5595 . . . . .) auf die übrigen deutschen Colonisten.

---

1) cf. Stat. Theil Nr. VI.

Beifolgende Tabelle mag einen allgemeinen Ueberblick über die Nationalitätsverhältnisse der Colonistenfamilien und der Lithauer in den Aemtern (um das Jahr 1736) geben:

Aemter.	I. Salzburger.	II. Schweizer.	III. Nassauer.	IV. Andere Deutsche.	Summe von II—IV.	Summe von I—IV.	V. Lithauer.	Total-summe I—V.
A. District Insterburg.								
1 Althof-Insterburg	—	13	2	6	21	21	142	163
2 Brackupöhnen	32	14	--	59	73	105	108	213
3 Bredauen	65	1	—	133	134	199	145	344
4 Budupöhnen	15	7	--	72	79	94	80	174
5 Budwetschen	58	—	61	32*	93	151	115	266
6 Boylen	1	2	13	49*	64	65	35	100
7 Dantzkehmen	22	—	15	24*	39	61	46	107
8 Dinglaucken	—	16	—	47	63	63	63	126
9 Gaudischkehmen	2	30	2	32	64	66	92	158
10 Georgenburg	38	21	28	62	111	149	320	469
11 Göritten	51	—	—	—	41	92	111	203
12 Gudwallen	2	—	—	—	59	61	128	189
13 Holzflössamt	39	—	—	—	24	63	160	223
14 Jurgaitschen	1	—	—	—	89	90	172	262
15 Kattenau	34	—	—	—	93	127	86	213
16 Kiauten	75	—	—	—	117[1]	192	123	315
17 Königstelde	10	—	—	—	119[1]	129	111	240
18 Kussen	20	—	—	—	44	64	81	145
19 Lappöhnen	44	—	—	—	43	87	141	228
20 Mattischkehmen	1	32	—	31	63	64	80	144
21 Maygunischken	9	30	—	103	133	142	53	195
22 Moulienen	2	—	5	58	63	65	174	239
Latus	521	166	126	708	1629	2150	2566	4716

1) „Nassauer und Franken."

Aemter.	I. Salzburger.	II. Schweizer.	III. Nassauer.	IV. Andere Deutsche.	Summe von II—IV.	Summe von I—IV.	V. Lithauer.	Total-summe I—V.
Transport	521	166	126	708	1629	2150	2566	4716
23 Plicken	5	—	—	—	90	95	39	134
24 Saalau	13	—	—	—	10²)	23	126	149
25 Stannaitschen	3	—	—	—	126	129	108	237
26 Szirgupöhnen	22	63	39	44*	146	168	89	257
27 Tollming-kehmen	11	—	—	—	92	103	55	158
28 Waldauckadel	10	20	64	38*	122	132	65	197
29 Wedern	6	2	13	73*	88	94	91	185
B. District Ragnit.								
30 Althof-Ragnit	—	—	13¹)	79³)	92	92	202	294
31 Dörschkehmen	64 resp. 69⁴)	—	23	77*	100	164 resp. 169⁴)	119	283 resp. 288⁴)
32 Gerskullen	50	—	—	—	87	.137	118	255
33 Grumbkokaiten	20	—	5	39*	44	64	241	305
34 Uschpiaunen	12	—	8	20*	98	110	122	232
35 Kasigkehmen	1	—	—	—	28	29	148	177
36 Lesgewang-minnen	1	—	—	—	22	23	121	144
37 Löbegallen	6	—	—	—	30	36	144	180
38 Schreitlaucken	—	—	—	—	56	56	237	293
39 Sommerau	2	—	—	—	—	2	82	84
C. District Tilsit.								
40 Balgarden	14	—	—	—	53	67	192	259
41 Baubeln	4	—	—	41*	41	45	412	457
42 Kukernese	—	—	—	—	—	—	302	302
43 Linkuhnen	—	—	—	—	—	—	(c.200)?	(c.200)?
44 Winge	—	—	—	—	—	—	358	358
Latus	770	251	291	1119	2954	3724	6137	9861

1) „Nassauer und Franken."
2) „Franken und andere Deutsche."
3) 79 „Magdeburger, Halberstädter, Pommer und andere Deutsche".
4) cf. Stat. Theil Nr. XLVII Note.

Aemter.	I. Salzburger.	II. Schweizer.	III. Nassauer.	IV. Andere Deutsche.	Summe von II—IV.	Summe von I—IV.	V. Lithauer.	Total-summe I—V.
Transport	770	251	291	1119	2954	3724	6137	9861
D. District Memel.								
45 Althof-Memel	—	—	—	—	—	—	452	452
46 Clemmenhof	—	—	—	—	—	—	324	324
47 Heidekrug	—	—	—	—	—	—	455	455
48 Pröculs	—	—	—	—	3	3	626	629
49 Russ	—	—	—	—	—	—	373	373
	765 resp. 770[4]	251	291	1119	2957	3722 resp. 3727	8367	12089 resp. 12094

Die mit einem * versehenen Rubriken sind in Specialtabellen noch ausführlich behandelt.

Wir sehen aus dieser Zusammenstellung,[1] dass die Colonisten nur in wenigen Aemtern den lithauischen Bauern numerisch überlegen sind, nämlich:

	Colonistenfamilien:		lithauische Familien:
In Bredauen	mit 199	gegen	145
„ Kiauten	„ 192	„	123
„ Dörschkehmen	„ 169	„	119
„ Spirgupöhnen	„ 168	„	89
„ Budwetschen	„ 151	„	115
„ Maygunischken	„ 142	„	53
„ Görskullen	„ 137	„	118
„ Waldauckadel	„ 132	„	65
„ Königsfelde	„ 129	„	111
„ Stannaitschen	„ 129	„	108
„ Kattenau	„ 127	„	86
„ Tollmingkehmen	„ 103	„	55
„ Plicken	„ 95	„	39
„ Weedern	„ 94	„	91
„ Budupöhnen	„ 94	„	80
„ Boylen	„ 65	„	35
„ Dantzkehmen	„ 61	„	46

1) Die Ausführungen dieser Tabelle cf. Stat. Theil IX.—XI.

In diesen 17 Aemtern sind **719** deutsche Familien mehr, als lithauische (2197 gegen 1478). In einigen anderen Aemtern, wie z. B. in Dinglaucken, rivalisiren beide Nationen, in den meisten stehen die Deutschen zurück und zwar, wenn wir nur die Aemter mit gemischter Bevölkerung betrachten, so sind 5277 lithauische und 3724 deutsche Familien vorhanden, also haben erstere eine Majorität von 1553 Familien; sie sind um 4646 Familien den Deutschen überlegen, wenn auch die acht rein lithauischen Aemter in Betracht gezogen werden.

Das Verhältniss nach stetig wachsender Ueberzahl der Lithauer über die Deutschen stellt sich folgendermassen dar:

Im Amt Mattischkehmen sind 80 Lithauer- und 64 deutsche Familien.

„	Kussen	„	81	„ „	64	„
„	Gaudischkehmen	„	92	„ „	66	„
„	Göritten	„	111	„ „	92	„
„	Lesgewangminnen	„	121	„ „	25	„
„	Uschpiaunen	„	122	„ „	110	„
„	Gudwallen	„	128	„ „	61	„
„	Lappöhnen	„	141	„ „	87	„
„	Löbegallen	„	144	„ „	36	„
„	Kasigkehmen	„	148	„ „	29	„
„	Holzflössamt	„	160	„ „	63	„
„	Jurgaitschen	„	172	„ „	90	„
„	Moulienen	„	174	„ „	65	„
„	Balgarden	„	192	„ „	67	„
„	Althof-Ragnit	„	202	„ „	92	„
„	Schreitlaucken	„	237	„ „	56	„
„	Grumbkokaiten	„	241	„ „	64	„
„	Baubeln	„	412	„ „	45	„
„	Pröculs	„	626	„ „	3	„

Aus zehn Aemtern liegen genauere Tabellen[1]) vor, in denen alle fünf eben angegebenen Kategorien ausführlich bezeichnet werden. Wir gewinnen aus diesen genauen Aufzeichnungen ein überraschendes Resultat, nämlich: dass nur der Lithauer und der deutsche „Colonist“, aber keine eigentliche altheimische deutsche ländliche Bevölkerung in diesen Aemtern aufgeführt wird. Der Schluss liegt nahe, dass, so wie in diesen zehn Aemtern, auch die Zusammensetzung in den übrigen Aemtern mit gemischter Bevölkerung gewesen sein mag, dass also durch die Colonisationen nach den Jahren der Pest, für einige Aemter direct, für andere indirect nachweisbar, der Grund zu nachhaltiger, wachsender Germanisirung Lithauens gelegt ist. Die Aufstellung aus jenen zehn

---

1) Cf. Stat. Theil Nr. XLI.—L.

Aemtern ergiebt die Totalsumme von 2393 Familien, davon sind 1335 Lithauer, mithin bleiben 1058 Colonistenfamilien; ein Theil von diesen Colonisten sind Salzburger, Nassauer und Schweizer, nämlich 552 Familien. Der Rest, 506 Familien (mit ca. 2530 Köpfen), sind andere deutsche Colonisten, deren Heimathsbestimmung genau angegeben ist. Es können mithin von allen 1119 „anderen deutschen" Colonistenfamilien, und somit vom Totalbestand der Eingewanderten nur 613 Familien ihrer engeren Heimath nach in den Tabellen nicht bestimmt werden. Auch diese Zahl wird, wie wir später bei den Einzelncolonien gewahren können, noch eingeengt werden. Aus jener speciellen Zusammenstellung gewahren wir, dass, abgesehen von Schweizern und Salzburgern in jenen zehn Aemtern 149 Magdeburg-Halberstädter sich ansässig gemacht haben, 44 Pfälzer, 34 Franken, 26 Märker, 17 Anspacher, selbst ein Lietländer und ein Italiener u. s. w. Am deutlichsten sprechen die Tabellen selbst, und noch beredter ist die Aufstellung nach den einzelnen Dorfschaften in diesen Aemtern; gerade das Nebeneinander der buntesten und zusammengewürfeltsten Elemente im Verein mit den heimischen Lithauern kann erst aus diesen Specialnachweisen richtig erhellen. Man pflichtet dann dem Worte des alten Lucanus bei, der jener Zeit der Verpflanzungen so nahe gestanden hat, wenn er anhebt:

„Sowohl fremde als einheimische haben Ursach, Gott und ihrem huldreichen Landesvater zu danken, jene, dass sie durch die weise göttliche Fürsorge bei so weiter Entfernung fruchtbare Aecker, Wiesen, Gärten, Viehherden, fertige Höfe und Wohnungen .. ein gleichsam angenommenes Vaterland in Lithauen angetroffen; diese, dass sie durch die ausbündige königliche Anstalten ihre Haushaltung auf besseren Fuss zu setzen, viele mit mehrerem Vortheile und Nutzen eingeführte Dinge von den fremden Leuten anzunehmen und das aus der Viehzucht, Ackerbau, Wiesenwachs und sonst jährlich gewonnene, jetzt eher zu Gelde zu machen, auch statt der vorigen Wüstenei, wie durch unermüdete Mühe und Arbeit schön bebaute Feldflur, neue Städte, Dörfer, Höfe, Vorwerker, Mühlen etc., ja, allerlei Handthierung, Fabriken und Manufacturen im Lande zu sehen, die trefflichste Gelegenheit erlangt haben."

Specialtabelle über die Nationalität sämmtlicher Colonisten aus zehn Aemtern Lithauens im Jahre 1736. (cf. Stat. Theil XLI—L.)

Nationalität.	Budwetschen.	Boylen.	Dantzkehmen.	Szirgupöhnen.	Waldauckadel.	Wedern.	Dörschkehmen.	Grumbkokaiten.	Uschpiaunen.	Baubeln.	Summa.
Salzburger	58	1	22	22	10	6	69	20	12	4	224
Märker	—	7	3	—	—	8	—	—	8	—	26
Schweizer	—	2	—	63	20	2	—	—.	—	—	87
Magdeburg-Halberstädter	16	12	10	6	—	23	22	21	39	—	149
Westfalen	—	3	2	—	—	—	—	—	—	—	5
Pfälzer	—	2	1	6	29¹)	—	5	—	1	—	44
Pommern	11	6	2	5	—	7	9	1	13	12	66
Nassauer	61	13	15	39	64²)	13	23	5	8	—	241
Hanauer	—	12	—	—	—	—	—	—	—	—	12
Anspach	5	2	—	—	—	1	8	1	—	—	17
Franken	—	3	—	12	—	—	9	4	6	—	34
Anhalt	—	—	1	—	—	—	3	1	—	—	5
Preussen	—	—	1	1	—	22	4	—	9	—	37
Sachsen	—	—	1	—	—	—	3	1	3	1	9
Oberländer¹)	—	—	—	14	—	—	—	3	—	—	17
Mecklenburger	—	—	—	—	—	2	—	—	—	—	2
Cassuben	—	—	—	—	—	1	—	—	—	—	1
Hagen	—	—	—	—	—	1	—	—	—	—	1
Baireuther	—	—	—	—	—	—	2	—	—	—	2
Thüringer	—	—	—	—	—	1	—	—	—	—	1
Schwarzenberger	—	—	—	—	—	—	2	—	—	—	2
Hessen	—	—	—	—	—	—	4	—	—	—	4
Hildesheimer	—	—	—	—	—	—	2	3	1	—	6
Braunschweiger	—	—	—	—	—	—	2	2	—	—	4
Berg	—	—	—	—	—	—	—	1	—	—	1
Schwabe	—	—	—	—	—	1	—	—	—	—	1
Darmstadt	—	—	—	—	—	—	—	—	10	—	10
Isenburg	—	—	—	—	—	—	—	1	—	—	1
„Deutsche"	—	—	—	—	9	—	—	—	—	28	37
Liefland	—	—	—	—	—	—	1	—	—	—	1
Italien	—	—	—	—	—	1	—	—	—	—	1
Unbestimmt	—	1	3	—	—	5	1	—	—	—	10
Summa	151	64	61	168	132	94	169	64	110	45	1058
Lithauer	115	35	46	89	65	91	119	241	122	412	1335
Totalsumme	266	99	107	257	197	185	288	305	232	457	2393

1. Wohl aus dem preuss. Oberlande.   2. „Pfälzer und Schweizer."
3 „Nassauer und andere Deutsche."

Und noch eins erhellt aus der beigefügten Nationalitätstabelle: es sind vorzugsweise süddeutsche Elemente, die sich dem Colonisator zur Verfügung gestellt haben, um die nordöstlichste Landschaft Deutschlands zu germanisiren; ungefähr $^3/_4$ der Gesammtmasse stammte aus dem Süden.

Nur wenig Nachrichten sind uns über die Aufrichtung der lithauischen Städte erhalten; die hierauf bezüglichen Patente sind bereits besprochen. Vor Allem wichtig ist Gumbinnen. Dieses ehemals blühende Kirchdorf, das vor der Pest eine Kirche, Wohn- und Wirthschaftsgebäude für die beiden Geistlichen, vier Krüge, eine Schmiede, sieben Bauernhöfe, acht kleine Häuser, zwei, den Lithauern fast unentbehrliche, Dampfbäder enthielt, war 1709 und 1710 ebenfalls, wie fast alle Dörfer Lithauens, elend heruntergekommen. Friedrich Wilhelm fand im Jahre 1713 hier nur die vier köllmischen Krüge und drei Bauernhöfe noch besetzt; einige verfallene Insthäuser verstärkten noch den düstern Eindruck, den das verödete Dorf gewährte. Der König erkannte schnell die günstige Lage des Ortes, und im Jahre 1722 wurde Gumbinnen mit mehreren anderen Dörfern Lithauens zur Stadt „declarirt" (Patent vom 6. April). Aber das Misstrauen der Bürger war gross; trotz der vielen Erleichterungen, mit denen der König den Bauenden entgegenkam, wollte Niemand recht bauen. Trotzdem liess der König bald darauf einen Magistrat einsetzen und ein Stadtprivilegium entwerfen. Ein Landbaumeister (Landmann) verpflichtete sich schliesslich, für 1200 Thaler, welche (17. November 1726) auf die Departementskasse angewiesen wurden, 20 Bürgerhäuser aufzubauen, unter denen fünf Bäckerhäuser und zwei Schmieden sein sollten. Uebrigens wurden dem Entrepreneur noch vier Thaler abgedungen. Die Schwierigkeiten des Aufbaues waren nicht gering, besonders wegen der Holzfuhren, die die Aemter Plicken und Gaudischkehmen gegen kleine Entschädigung zu liefern hatten. Das Material war oft schlecht, ebenso die gelieferten Ziegel, die Gelder gingen unpünktlich ein; trotzdem ging der Bau rüstig fort. Friedrich Wilhelm fand im Jahre 1728 die meisten Häuser schon fertig. Bald folgten Privatleute mit dem Häuserbau, im Jahre 1729 sah die junge Stadt bereits drei Strassen. Die Anlage war ganz im Sinne des Königs, die Strassen breit, dass die Stadt mit Licht und Luft genügend versehen war. Nicht leicht war es, die fertigen Häuser zu vermiethen oder gar zu verkaufen, die vielen Patente mussten das ihrige thun: im Jahre 1725 finden wir hier aus dem Nassauischen den Schuhmacher Rosenkranz; aus Hachenberg wanderten die Gebrüder Bierbrauer ein, der eine ein Bäcker, der andere ein Grobschmied; aus Potsdam kam der Bäcker Stahr,

---

1) Hierüber cf. den fleissigen Aufsatz Rogges. Urgesch. der Stadt Gumbinnen. Preuss.-Lith. Zeitung 1873. Nr. 149—153.

aus Braunschweig ein Zimmermann, Zacharias Schumburg. Und aus noch grösseren Entfernungen kamen sie, ein Drechsler Andree aus Neufchatel und Monsieur Rousson aus Frankreich. Die Colonisten zahlten aber nicht gern, und erst wenn ihnen mit Ausweisung aus dem Hause gedroht wurde, waren sie zur Zahlung zu bewegen. Oft liessen sie sich Vorschüsse geben und entwichen damit wieder nach ihrer wärmeren Heimath (so z. B. der Etaminemacher Pierre Barret etc.). Aber der König liess sich durch keine, auch noch so trübe Erfahrung von seinem Vorhaben abschrecken. Als ein grosser Brand einen guten Theil seiner jungen Schöpfung einäscherte, liess er von Neuem bauen und zwar, statt wie bisher mit Stroh, mit Dachsteinen decken. Ohne Gnade wurde das Strohdach selbst des Colonisteninspectors (Schröder) heruntergerissen. Für Löschanstalten, Wasserkuven, Spritzen, vier öffentliche Brunnen wurde Sorge getragen, die Brunnen trugen einen $2\frac{1}{2}$ Fuss hohen Adler mit vergoldeten Kronen auf Kopf und Brust. Ein stattliches Gebäude erhob sich für die königliche Kammerdeputation. Ein ganz neuer Stadttheil entstand im Jahre 1727 auf einer sandigen Ebene am anderen Ufer der Pissa, auf der sogenannten Eximirteninsel, wo namentlich die Kriegsräthe und der Präsident (v. Bredow) ihre Häuser aufführen liessen, für welche ihnen die Materialien und Baukostenvergütigungen geliefert wurden. Im Jahre 1730 entstanden abermals 30 Neubauten, Wohnhäuser, Anbauten und Wirthschaftsgebäude, wofür der Monarch im folgenden Jahre 4840 Thlr. Bau- und Unterstützungsgelder hergab. Der Nachfolger Landmann's, ein gewisser Natz, der sich ebenfalls zum Bau von 50 Bürgerhäusern in Gumbinnen verpflichtete, verfuhr bei diesem Werke liederlich und treulos und musste erst durch Aussicht auf Gefängnissstrafe angehalten werden, die Defecte, die er gemacht, wieder auszugleichen. Auch mit Wasser- und Deichbauten wurde die Stadt versehen, trotzdem richtete das Wasser noch oft grossen Schaden an; erst als der sogenannte „kleine Graben" auf der Insel um 30—50 Fuss erweitert, das Ufer desselben gehörig befestigt, der Damm zu beiden Seiten der Brücke erhöht und verlängert wurde, nahmen die Verwüstungen ab. Als 1738 Minister von Blumenthal den eben vollendeten Wehrdamm in Augenschein nahm, erregte derselbe seine besondere Zufriedenheit, und er ordnete die fernere Unterhaltung desselben durch die Kämmerei an. In Folge dessen liess der Magistrat durch Trommelschlag publiciren: „Jedermann solle gehalten sein, den Mist vor seiner Thüre zusammenzukehren, ihn aber bei Strafe nur allein auf die Dämme am Strom zu bringen, damit auf die Art, wenn der Mist pro publico verwandt würde, die Dämme an Höhe und Festigkeit gewinnen, die Stadt aber immer mehr vor den verderblichen Ueberschwemmungen gesichert und so alle Einwohner durch geringe Aufopferung und Beschwerde einen bleibenden Vortheil gewinnen würden."[1]) Auf den Dämmen wurden, zum wirksamern Schutze und zur Zierde der Stadt, Linden angepflanzt. Wichtig wurde der Bau des Kornmagazins, der unter Friedrich II. vollendet wurde. — Durch die immer grössere Ausdehnung des Stadtbezirks wurden die köllmischen Besitzer geschädigt, die bitter darüber klagen, dass ihnen die besten Aecker genommen, die anderen zerrissen seien, und dass sie in ewigem Streite mit den Bürgern lebten; sie verlangten wenigstens, es möchte ihnen der Rest ihres Ackers abgekauft werden. „Ihre Beschwerden hatten keine andere Folge, als eine Stempelgebühr von 13 Thlr. 3 Gr., welche, da sie nicht gutwillig zahlten, der Fähnrich Tydamus am 13. Januar 1736 executivisch beitrieb."

Die städtischen Colonisten sollen anfangs ganz eigene ökonomische Anschauungen gehabt haben; wenn jene Erzählung vielleicht auch nur sagenhaft ist, derzufolge ein Schneider einem der zur Ackervertheilung bestimmten Commissarien einen Staatsrock umsonst angefertigt habe, damit ihm doch nur ein grosses Stück Gartenland, mit dem das Schneiderlein nichts anzufangen wusste, abgebürdet würde — so charakterisirt sie doch vollkommen die unreifen Ansichten einiger ersten Colonisten. Die späteren wurden bald gewitzigt, und der Magistrat bat selbst mehrere Male um Vergrösserung der Stadtflur. In den Jahren 1732—33 befinden sich bereits 104 Häuser in Gumbinnen, theils massiv, theils in Fachwerk, 58 davon sind auf königliche Kosten erbaut, zu elf noch vorhandenen Baustellen fanden sich Käufer, aber sieben königliche Häuser konnten nicht untergebracht werden, weil der Preis von 250 Thalern zu hoch erschien.

Zwei Jahre vorher lebten bereits 128 Professionisten und, einschliesslich der Kirchen- und Schulbeamten, 28 Officianten in Gumbinnen, im Jahre 1738 war die Zahl der ersteren sogar schon auf 266 gestiegen. Wenn auch einmal geklagt wird, „dass auch viele liederliche, untüchtige und ganz blutarme Meister hierher geschickt seien, mit denen es nicht bestehen könnte," so kam doch ein blühender Handel bald in Gang. Es wurden 1733 sämmtliche Professionisten in sieben Gewerkschaften mit besonderen Privilegien vereinigt (7. September); dieselben waren folgendermassen zusammengesetzt:

1) Tischler, Glaser, Böttcher, Drechsler, Büchsenschäfter.
2) Bäcker, Fleischer.
3) Grobschmiede, Nagelschmiede, Radmacher, Stellmacher, Riemer, Sattler.
4) Schneider, Knopfmacher, Handschuhmacher, Kürschner, Weissgerber.

---

1) Noch im Jahre 1877 richtete das Wasser grossen Schaden an, so dass eine abermalige Erhöhung des Dammes nöthig wurde.

5) Leineweber, Tuchmacher, Raschmacher, Strumpfweber, Züchner, Färber.

6) Schuster und Rothgerber.

7) Zimmerleute, Maurer, Töpfer.

Dagegen fehlte es noch immer an tüchtigen Wollarbeitern, Tuchpressern, Scheerern, Färbern, ebenso wie für die Gerber eine Loh- und Walkmühle. Der obligate Bierstreit blieb auch hier nicht aus: fremde Schänker wagten es, Biere aus Insterburg, Walterkehmen und Puspern zu verzapfen, wogegen die vier köllmischen Krüger der Stadt lebhaft und mit Erfolg protestirten (1725); dagegen durften die Mitglieder des königlichen Collegiums ihr Getränk beliebig beziehen „und machten von diesem Rechte so umfassenden Gebrauch, dass z. B. der Stadtschreiber Limbach allein acht Tonnen Insterburgischen starken Bieres einbrachte." Die Klagen über das schlechte städtische Bier wurden allgemein; acht Grossbürger der Stadt „fielen vor dem Gnadenthron Sr. Majestät in tiefster Devotion nieder" und wiesen nach, dass das Wohl der Stadt, wenn nicht das Leben der Bürger von der Qualität des Bieres abhänge; von diesem schlechten und theuren Biere, heisst es, müssen „wir armen Leute nicht allein erbärmlich crepiren, da sehr viele gar krank werden, sondern wir werden auch um unsere Mittel gebracht". Diese jämmerliche Klage fand denn auch endlich gnädiges Gehör. Auch Weinstuben wurden bald angelegt, eine von dem Bürgermeister Lieutenant Mörlin, der hierdurch ein reicher Mann wurde. Noch mehr florirten die Branntweinbrennereien, die neun Bürger betrieben; aber den eigentlichen Handwerkern wurde diese Beschäftigung untersagt, da sie hierbei allzuleicht liederlich werden und ihr eigentliches Gewerbe vernachlässigen könnten.

Im Jahre 1738 zählte die junge Stadt bereits 2082 Einwohner, viele von den Colonistennamen finden sich noch heutigen Tages in Gumbinnen vor.

Eine nicht unwesentliche Beihilfe zur Bestimmung der Nationalität jener nach ihrer Heimath noch nicht genauer bestimmten Colonistenfamilien können für den Kundigen die Namen, Vornamen sowohl wie Familiennamen, abgeben. Ohne mich selbst jedoch auf dieses gefährliche Feld zu begeben, habe ich es vorgezogen, die Namen aller Colonisten, alphabetisch geordnet, im statistischen Theil[1]) zu bringen. Diese Zusammenstellung soll zugleich eine Art Lexikon abgeben, nicht bloss für die Namen, sondern auch für den Wohnsitz in ihrer neuen Heimath, der durch das Amt wie auch durch die specielle Ortschaft verzeichnet ist; ebenso ist die Grösse des Colonistenhofes, in Hufen, Morgen und Ruthen ausgedrückt, in Klammern beigestellt, und zuletzt ist, so weit eine

---

1) Cf. Stat. Theil Nr. LIV.

Angabe hierüber in den Acten vorgefunden wurde, die Nationalitätsbestimmung angedeutet. Wo kein specieller Nationalitätsnachweis vorlag, sind Zeichen für die Hauptkategorien gesetzt: SND (Schweizer oder Nassauer oder andere Deutsche), ND (Nassauer oder andere Deutsche), NFrkD (Nassauer oder Franke oder andere Deutsche), FrkD (Franke oder andere Deutsche) etc. Die Schreibart der Namen in den Acten ist oft wunderlich und inconsequent. Derselbe Name, der zuweilen zweimal dicht neben einander in zwei Rubriken zu schreiben war, sieht hier ganz anders aus, als dort. Derselbe Schreiber gab sich nicht einmal die Mühe gleichartiger Orthographie. So finden wir Krasse neben Krause, Hahn und Hamm (21, 8), Skilling neben Schilling, Wolfarth und Wölfert, Sturm und Strum; der Italiener (7) Dumbke in der Stammtabelle wird ein zweites Mal Dümker geschrieben (in Kl. Darkehmen); im Dorfe Laukischken, Amt Kiauten, heisst derselbe Mann rechts Schäfer, links Schwartz, und einmal wird sogar ein eben genannter Colonist, Namens „Müller", „Liedke" (17, 14) genannt. In solchen Fällen habe ich mich gewöhnlich für den ersten Namen in der Stammrubrik entschieden und angenommen, dass das zweite Mal Nachlässigkeit und Eile den Schreiber zu einer falschen Schreibart verleitet hat; denn hätte er bei dem zweiten Schreiben gemerkt, dass der Name das erste Mal falsch war, so würde, wie es auch mehrmals geschehen ist, eine Verbesserung des Fehlers eingetreten sein. Oft wird ferner an mehrere Colonisten, mit ganz verschiedenen Namen, ein Hof gegeben, so erhalten Krafft Hoffmann und Schaumann (6, 14), zwei Nassauer, einen Hof von zwei Hufen zu gemeinschaftlicher Bearbeitung. Ob zwischen diesen beiden Männern Verschwägerungen obwalteten, oder nur ein Freundschaftsbund sie zu der precären Compagnie-Ansiedlung auf einem Hofe verleitete, wer kann das entscheiden? Solche bäuerliche Colonisten-Duumvirate finden sich mehrere, z. B. Philip Best und Höhler (7, 5), Peter und Thomas Krug, zwei Nassauer, vielleicht zwei Brüder, doch kommt der Name Peter auch als Familienname vor (7, 13), Kaisenhauser und Koch, zwei Nassauer (7, 13), Rüdlingen resp. Röttlingen und Jakob Uebach, zwei Schweizer (20, 6).

In Judschen (Amt Stannaitschen) lautet, wie im ganzen Amte, die Rubrik der deutschen Colonisten duchweg „Salzburger, Schweizer und Nassau-Sieger"; die Namen aber sprechen dafür, dass fast alle Colonisten aus der französischen Schweiz herstammen, wie z. B. Jacques Gennat, Abram Bourat, Jacq. Leboy, Abr. Torre etc.; so finden sich in demselben Amte noch viele ähnliche Namen vor: in Budwetschen — Perrey, in Esserningken — Pierre, in Gerwischkehmen — Turney, in Kraupischkehmen — Geoffroy, Herpanger, in Kublen — Sougon, Melan, Suplier, in Budupöhnen — Suplier, Olivier, Grojan, in Szemckuhnen — Touqret sen., Touqret jun., Tossain etc. Häufig wandern Verwandte in ein und dieselbe Gegend, lassen sich in einem und demselben Amte, oft in demselben Orte oder in der Nachbarschaft nieder; fehlt dann bei dem Namen des einen auch die Nationalitätsbezeichnung, so lässt sie sich durch Analogie leicht bestimmen, natürlich nicht bei allzu häufig vorkommenden Namen, wie Schmidt, Schulze etc. Zuweilen wird ein Name erst klar durch seine Genossen, der Name Binau im Amt Waldauckadel bezeichnet einen französischen Schweizer (wohl richtiger Bineau geschrieben); dagegen muss der Name Pinnau (27, 12) deutsch gelesen werden, Federau bezeichnet wiederum wahrscheinlich einen Schweizer und Fanselau einen Deutschen.

Die Schreibart „Abram" statt „Abraham" weist durchaus nicht immer auf französischen Träger hin, sondern ist meist auf Rechnung des Schreibenden zu setzen; ebenso ist Valtin statt Valentin, Willim statt Wilhelm und so mancher andere Zunamen oft nachweisbar lediglich schlechte Orthographie; es mag auch häufig der Besitzer des Namens selbst nicht gewusst haben, welches die richtige Schreibweise war.

So wie sich die Heimath oft an dem Klange des Familiennamens nachweisen oder errathen lässt, so giebt auch schon der Rufname hin und wieder Auskunft. Besonders charakteristisch erscheinen u. A. folgende Rufnamen: Balzer, Bartel, Hennig, Gerge, Wiegand, Moys, Nickel, Elfert, Jerm, Jost, Borchert, Markus, Adrian, Röttcher (Rüdiger?), Lüdke, Erdmann, Sams, Six, Gilbert, Dichtel, Emerich, Dings, Müntz, Asmus, Walprecht, Wendel etc. Nach Nassau scheinen u. A. hinzuweisen die Namen Thies, Röttcher, Müntz, Bastian; auf Abstammung aus dem Magdeburgischen, Halberstädtischen, Braunschweigischen lassen schliessen die Namen Gerhard, Lütke, Hennig, Rüdiger, Caspar etc.; letzterer Name übrigens ist sowohl im Süden vertreten, als auch bis in das Sächsische hinein. Verschiedene Schweizer lassen sich nach den Vornamen bestimmen: Moys, Melchior, Wendel, Adrian, Hinz, Dichtel, Teiss, Oswald; während Jean, Jacques, Gilbert direct nach der französischen Schweiz hindeuten. Der Name Balzer scheint süddeutsche Abstammung beweisen zu wollen, ebenso Jost etc. Aus vielen anderen, vielleicht ebenso charakteristischen Vornamen wage ich keine Schlüsse zu ziehen; doch haben sich durch die Namen, besonders Vornamen, wie Familiennamen über 120 Familien noch nach ihrem Vaterland bestimmen lassen, wobei wiederum vorwiegend süddeutsche Abstammung erwiesen ward, so dass also im Ganzen nur noch von circa 500 Familien (genau 493) ein Heimathsnachweis nicht beigebracht werden konnte.

In Betreff der Religion hat Friedrich Wilhelm zwar keinerlei Beschränkung auferlegt, doch scheint er es als selbstverständlich angesehen zu haben, dass nur Lutherische, Reformirte und allenfalls Katholiken ins Land kommen; den ersteren versicherte er, „dass er alle Veranstaltung getroffen habe, dass sowohl in Städten, als auffm Lande wegen des Gottesdienstes unterschiedene neue Evangelische, Lutherische und Reformirte Kirchen angelegt würden" (LII,45). Die Glaubensbedrückungen in anderen Ländern, die sehr gut zu Gunsten der Colonisirungen hätten verwerthet werden können, wie es ja auch Friedrich II. in sehr ergiebiger Weise that, hat Friedrich Wilhelm nicht geltend gemacht, ausser zuletzt bei der Salzburger Colonie, deren Gründung sowohl aus des Königs staatsökonomischem Princip, zu colonisiren, als auch in ganz eminenter Weise aus seinem religiösen Sinne emanirte. Die übrigen Colonisationen in Lithauen sind aber keineswegs auf seine religiöse Toleranz zurückzuführen, die wir nur als Begleiterin, nicht als Führerin bei seinem Colonisationswerk gewahren. Es wird in allen Patenten lediglich auf den grossen materiellen Vortheil hingewiesen, dessen sich die Colonisten in Preussen zu erfreuen hätten. „Alle, die bisher angesiedelt sind," heisst es, „sind sonderlich mit ihren angewiesenen Gütern, Bedienungen, Gehalt und anderen Vorrichtungen zufrieden" (LII,10); auch die Neuankommenden finden für sich und die ihrigen „ein Mehreres, als zu ihrer Unterhaltung und Abführung der darauf haftenden Prästationen erforderlich ist" (25). Sie sollen in Lithauen, so wird versprochen, so gestellt werden, „dass sie ihre Nahrung ruhig treiben, auch was sie nöthig haben, füglich verdienen können" (32). Deshalb „lebe der König der allergnädigsten Hoffnung, es werden sich so viel eher Leute finden, dass sie sehen und spüren können, Wie er ihnen nicht nur jeder Zeit allergnädigsten Schutz leiste, sondern auch an jedem Orte ein gutes Auskommen angedeihen lassen" (34).

Die deutschen Colonisten waren überwiegend Lutheraner und jedenfalls in der Ueberzahl; die Schweizer bildeten den grössten Theil der reformirten Gemeinde; die Colonisten brachten eben alle den alten Glauben aus ihrer Heimath mit, zahlreiche Lithauer und Szamaiten, die aus der Nachbarschaft kamen, waren katholisch. Auch Sectirer fanden sich vor, wie die Mennoniten aus dem Culm'schen und aus Graudenz. Schon im Jahre 1714 finden wir einige Mennoniten im Amte Tilsit, wo sie das Vorwerk Calven an sich brachten, und als sieben Jahre später directe Aufforderungen an sie von Berlin aus ergingen, kamen ihrer mehrere nach Preussen. Gewaltsame Recrutenwerbungen, vor denen sie eigentlich contractlich gesichert sein sollten, hatten aber bald die lithauischen Mennoniten veranlasst, wieder nach Polnisch-Preussen zurückzugehen; der König schleuderte ihnen ein vollständiges Ausweisungsdecret nach, das auf alle ihre noch in Preussen lebenden Genossen ausgedehnt wurde (1732); es sollten an ihrer Statt „andere gute Christen, die den Soldatenstand nicht für verboten hielten, angesiedelt werden". Aber auf Vorstellung der preussi-

schen Domänenkammer liess Friedrich Wilhelm I. seinen colonisatorischen Zweck über religiöse Rücksichten, wie über Privat-
liebhaberei den Sieg davontragen: das Ausweisungsdecret wurde
noch in demselben Jahre wieder aufgehoben. Man zählte (allerdings 1766) in Lithauen 84 Familien mit 406 Personen, Mennoniten friesischer Richtung, die ihren Gottesdienst in Plauschwarren
und Grigulienen abhielten; die Zeit der Einwanderung lässt sich
nicht ganz genau feststellen.

Einer der schwierigsten Punkte in der Geschichte der
Colonisation Lithauens ist die Frage: was hat das ganze „Werk"
dem Könige gekostet? Friedrich Wilhelm gestattete Anderen
nicht gern vollen Einblick in diese Etats. Bei der oftmals erwähnten Sitzung der Domänen-Commission[1]) stellte der König
auch die Frage nach dem vermeintlichen Kostenüberschlag. Ehe
aber eine Antwort erfolgen konnte, liess er alle anderen Mitglieder, die vier Kammerräthe und elf Landkammerräthe abtreten;
erst nach ihrer Entfernung nahm er die Antwort der eigentlichen
Mitglieder der Commission entgegen; auch litt er nicht, dass die
Debatte hierüber, noch irgend eine Zahlenangabe in das Protokoll
aufgenommen wurde. Ja, es geht die Sage, der Monarch habe
vor seinem Ende die meisten auf das „Werk" bezüglichen Rechnungen verbrennen lassen; auffällig bleibt es immer, wie wenig
solcher Nachweise erhalten sind. Die Gründe, die den König zu
ängstlicher Vorsicht der Geheimhaltung bewogen haben könnten,
dürften wohl hauptsächlich darin liegen, dass er, der tüchtigste
Rechner auf dem Throne, fürchten mochte, von Anderen wegen
der kolossalen Ausgaben, die die Colonisation gekostet hat, miss-
verstanden und falsch beurtheilt zu werden. Scheint es doch, als ob
er selbst, in den Kampf zwischen nützlich erscheinender Ausgabe
und durchaus nöthiger Sparsamkeit gestellt, sich gewisser Scrupeln
nicht ganz hat entschlagen können, ob er auch recht gethan habe,
so viel Summen für Ideen herzugeben, die nach seiner Meinung
nicht hinlänglich reussirt, sich nicht genug verzinst hätten. Eine
Zusammenstellung der einzelnen Rechnungen, behufs Gewinnung
einer Totalsumme, ist völlig unzulässig; nur Einzelnes lässt sich
bestimmen. Es müssen bei Etablirung einer Colonistenfamilie
verschiedene Ausgaben ins Auge gefasst werden:

1. Die Ausgabe für den Colonistentransport.
2. Der Häuserbau.
3. Der Besatz.
4. Das „Saatkorn" und die Subsistenzmittel.
5. Der indirecte Ausfall an Steuererträgen durch die
   Freijahre.
6. Die Baarleistungen.

---

1) Am 5. Juli 1721.

Die Transportkosten richteten sich natürlich nach der Entfernung, die eine Familie zu durchmessen hatte, um an Ort und
Stelle des Etablissements zu gelangen. Selten lehnten Neuankömm-
linge diese Gabe, gleichsam das erste Handgeld des neuen Herrn, ab.
Die Erstattung der Reisekosten änderte sich im Laufe der Zeit
ein wenig. Anfangs erhielt der „Wirth" und seine Ehefrau täglich
zwei gute Groschen, jedes übrige Familienmitglied sechs Dreier
(Patent 25); später empfing jede Mannsperson 4 g. Gr., jede
Weibsperson 3 g. Gr., jedes Kind 2 g. Gr., von dem Tage der
Abreise an bis zur Ankunft. Zuweilen sind für bestimmte Klassen
von Einwanderern auch aussergewöhnliche Verfügungen getroffen;
so erhielten, laut einem Patent (49), die fremden Wollfabrikanten
pro Meile 16 g. Gr. Transportgelder ausser den Diäten aus der
Accise, für Mann, Weib und Kinder. Man kann durchschnittlich
pro Familie einen halben Thaler auf den Tag an Reisediäten
rechnen, und nehmen wir bei der grossen Differenz der Entfernungen eine mittlere Zeit, etwa gegen drei Wochen, an, so würde
die einzelne Familie mindestens 11 Thaler Reisekosten durchschnittlich empfangen haben.

Die für die neu Ankommenden erbauten oder ausgebesser-
ten Häuser und Ställe wurden nicht gerade kostspielig aufgeführt,
doch wurden ausserdem, wie schon angedeutet, Häuserbauzuschüsse
gewährt, in verschiedenen Summen, 24 Thlr., 28 Thlr. etc., im
Allgemeinen 10—15% der Kosten.[1] Der Besatz war in den
Patenten mit einem Minimum von 150 Thlr. (genauer mit 147 Thlr.
76 Gr.) veranschlagt worden. Das Saatkorn und das Subsistenz-
getreide wurde für die bäuerlichen Familien auf 6, für die
Kossäthen auf 4 Köpfe berechnet; für die ersteren finden wir die
Kosten mit c. 138 Thlr. und ziemlich in derselben Höhe (c. 132 Thlr.)
für die zweiten aufgestellt. Die Ausfälle, die die Steuerkasse
durch die Freijahre zu erleiden hatte, sind schon erwähnt; kurz,
die Totalsumme, die die Etablirung einer Colonistenfamilie dem
Könige kostete, belief sich auf c. 400 Thlr., eine Summe, die auch

---

1) Im Jahre 1732 wurden als Procentgelder für die Neubauenden 10/M.
Thlr. angesetzt; es sollte der Häuserbau damit „stark poussirt" werden. Da
aber diese Gelder nicht ausreichten, so mussten viele aufs künftige Jahr zur
Geduld verwiesen werden. Ausserdem waren folgende Posten vom Hofe noch
nicht remittirt:

1) für 16 Neuanbauende in Osterode	4581 Thlr.	8 Gr. — „	
2) für 42 Neuanbauende in Gumbinnen, Stallupönen und Insterburg	9560 „	8 „	11 Pf.
3) für den Stadtschreiber Lüttkens zum Bau in Stallupönen	1052 „	— „	— „
4) zur Beschaffung von Baumaterialien für den Lieutenant Duncker u. Amtmann Memmert in Gumbinnen	1470 „	— „	— „

Summa 16,664 Thlr. — Gr. 11 Pf.

der grosse Colonisator Friedrich II. später als Norm beibehielt.
Dabei war es das Princip Friedrich Wilhelm's, zwar selbst keinen
„Profit zu machen und sich mit wenigen Procenten zu begnügen", aber
auch bei diesen Ausgaben die eigene Kasse möglichst zu schonen und
lieber andere Kassen zu belasten, die dann vorläufig ander-
weitige Ersparnisse vornehmen mussten. Gern und eingehend
controlirte er Rechnungs- und Kassenbücher; in Gumbinnen liess
er sich die sechs grossen Volumina der neuen Contributionsacten
vorlegen, die er mit ausserordentlicher Sauberkeit gefertigt fand.
Er soll die dicken Bücher fast zärtlich gestreichelt haben, und in
seiner Freude hat er, der sonst so Sparsame, dem Verfertiger
600 Thlr. aus der Ober-Steuer-Kasse auszahlen lassen.

Schwer ist es, Colonistengelder und sonstige Meliorationsgelder immer streng auseinanderzuhalten; auch erhielt wohl jeder
Wirth, wie schon die Patente besagen, in den Jahren des
„generellen Misswachses" etc. Remissionen und Entschädigungen;
Friedrich Wilhelm liess hierüber zur Richtschnur ein eigenes
Patent erscheinen: Patent, wie sich die durch Misswachs, Hagelschlag etc. Verunglückten auf dem platten Lande zu verhalten,
auch wo und binnen welcher Zeit sie sich wegen Untersuchung
solches erlittenen Schadens zu melden haben (27. Juli 1729).
Grosse Summen sind auf diese Entschädigungen verwandt worden;
so laufen ordinäre und extraordinäre, Colonisten- und Meliorationsgelder in einander über. Lucanus sagt über den allgemeinen
Kostenpunkt: „Dieser gewaltige Bau soll sammt anderer zur
Etablirung so vieler Leute verwandten Kosten, ohne Transport
und Verpflegung der Salzburger, sich auf sechs Millionen Thaler
belaufen haben, weswegen man, da viele Jahre nach einander
monatlich 25,000 Thlr. von Berlin nach Preussen geschickt wurden,
Anlass genommen, zu sagen: Es wäre kein Wunder, wenn
Preussen zu lauter Silber würde."

Drittes Capitel.

Vollendung des Werkes unter Friedrich II.

Noch in den letzten Wochen seines Lebens hatte Friedrich Wilhelm I. Colonisten nach Lithauen geschickt. Es waren 27 Familien, bestehend aus 204 Personen, denen ein Schreiben des Königs an die preussische Kammer voraufging,[1]) es sollen diese Leute „in Unserm Königreich Preussen bei ihrer Ankunft, so ehestens erfolgen wird, ohne Zeitverlust untergebracht und versorgt werden; Als habt Ihr darüber mit Unserer Gumbinner Kammer sofort zu concertiren und zu veranstalten, dass dieselben bei ihrer Ueberkunft theils in Eurem Departement, theils in Lithauen untergebracht werden". Aus Gumbinnen erfolgte jedoch der Bescheid,[2]) sie könnten höchstens noch 16 Familien unterbringen; in diesem Schreiben findet sich eine Stelle, die eigentlich schon auf eine Beendigung des ganzen Coloniewerkes schliessen lassen dürfte: „Hierbei aber kann man nicht umhin, S. K. Maj. anzuzeigen, wie nunmehr Gottlob! die Umstände in dem hiesigen Departement dergestalt beschaffen, dass es wohl vor der Hand eben nicht an Leute fehlen dürfte, ja, man auch öfters verlegen sei, Leute, so sich auf Huben anzusetzen Willens, gehörig unterzubringen, wie solches noch ganz kürzlich, geschehen, da sich eine gute Anzahl Schweizer gemeldet, welche, weil sie sich nicht mehr bei ihren Landsleuten wegen ihrer Vermehrung unterhalten können, verlanget, auf Höfe angesetzt zu werden, oder ihnen zu erlauben, dass sie sich in adeligen Gütern ansetzen dürfen. Ob man sich zwar alle Mühe gegeben, diese Leute unterzubringen, so hat man jedoch noch kein Mittel dazu für sich gesehen und muss man sie dahero noch immer zu unter-

------

1) 17. März 1740.
2) 29. März 1740.

halten suchen, bis sich zu ihrem Unterbringen Gelegenheit findet.
Indessen ist hieraus abzunehmen, dass solchergestalt vor der Hand
es eben an keinen Leuten hierselbst fehlet, wenn sich nur Gelegenheit findet, solche placiren zu können, und erfordert daher unsere
Pflicht, S. K. Maj. allerunterthänigst anräthig zu sein, keine Colonisten mehr anhero zu schicken, weil

1) dieselben nicht untergebracht werden können;

2) dieselben solchergestalt schlechterdings der königlichen
Kasse zur Last hierselbst liegen und auch demohn-
geachtet das Land dadurch nur immer mehr mit
Bettlern angefüllt werden würde; und leben wir der
gewissen Zuversicht, S. K. Maj. würden diese angeführten Umstände in allergnädigste Erwägung ziehen
und diesen allerunterth. Vorschlag in Gnaden approbiren,
auch zu dem Ende die Verordnung ergehen lassen,
dass keine Colonisten mehr anhero geschickt werden."

Inzwischen war abermals eine neue Anzeige vom Freiherrn
von Plotho eingelaufen, der dreissig Familien (162 Köpfe) im
Nassauischen angeworben hatte, und noch Ende des Monats März
wird die preussische Kammer hiervon benachrichtigt,[1] alle diese
Colonisten, hiess es, wollen partout nach Lithauen, einige andere
lassen es sich zwar gefallen, dass man sie ansetze, wo man wolle,
wenn sie nur ihr Stück Brod hätten, bedingen sich aber dabei
aus, dass sie alle zusammen gelassen, oder dass man sie dahin
bringen möchte, wo ihre Landsleute bereits wären; folglich könnte
ihre Ansetzung nur in Lithauen geschehen, da nur hier Nassauer
vorhanden. Deshalb, erklärt die Königsberger Kammer, müsse
die Gumbinner sie alle übernehmen, von den Ackersleuten die
besten auf Hufen anzusetzen, auslesen, die übrigen als Instleute
oder Gärtner employiren, die Handwerksleute aber in dortigen
Städten unterbringen.[2] Hierauf replicirt die Gumbinner in ziemlich scharfem Tone: sie habe schon zu unterschiedlichen Malen
erklärt, sie wäre nicht mehr im Stande, mehr als 16 Familien
unterzubringen, die Sachlage hätte sich seitdem durchaus nicht
geändert, sie könne deshalb weiter nichts thun, als ihre frühere
Erklärung zu ·wiederholen. Uebrigens komme es doch wahrhaftig
nicht auf die Willkür und Laune der Colonisten an, wo sie angesetzt werden wollten, das hänge doch lediglich von der Localität ab; kämen mehr als 16 Familien, so würde die Ueberzahl
einfach nicht angenommen werden, und diese 16 müssten gute
Ackersleute sein, damit man sie unterbringen könne etc. Diese

1) Am 31. März 1741; die Antwort der Gumbinner Kammer war eigentlich
am 5. April abgefasst, doch wurde das Datum eben dieser neuen Colonisten-
Anzeige wegen um einige Tage zurückgesetzt.

2) Den 13. September 1740.

16 Familien (79 Personen) wurden vorläufig im Amte Baubeln untergebracht, aber man bekümmerte sich nur sehr wenig um sie, so dass sie bald viele und gerechte Beschwerde zu führen hatten.

Das war die erste Colonieangelegenheit in Lithauen, mit welcher Friedrich II. zu thun bekam.

Im Allgemeinen steht Friedrich II. in dem Rufe, als ob er Ostpreussen nicht dieselbe Sorge geschenkt habe, wie seinen anderen Provinzen, als ob der Charakter der Bewohner dieses Landes ihn unsympathisch berührt hätte. Was Meliorationen anbetrifft, hat er in nicht minderem Maasse, wie den anderen alten Provinzen, auch Ostpreussen, vor Allem Lithauen, seine volle Aufmerksamkeit geschenkt. Schon als Kronprinz hatte er lebhaft an den Debatten über Landescultur Lithauens Theil genommen. Im Jahre 1735 musste er, in Vertretung des Königs, der Sitzung des lithauischen Kammer-Collegiums präsidiren; es sind diese Protokolle, sowohl über die Sitzung in Gumbinnen,[1]) als in Königsberg[2]) in doppelten Exemplaren vorhanden. Er rügte zunächst die Steuerrückstände (über 19,797 Thaler) und fragte nach den Gründen. Die Antwort: „Missernte" will er nicht gelten lassen, „sintemahl es nicht zu glauben, dass alle Strafen nur dieses Land allein träfen und allem Absehen nach, wenn der Landmann sich nach dem Klima regulirte, derselbe von seinem Acker Nutzen haben könnte," es fehle an Saat- und Brodgetreide, für beides will der König Sorge getragen wissen, „damit nicht aus Mangel an ersterem die Felder unbebauet bleiben, und in Ermangelung des zweiten die königlichen Unterthanen nicht krepiren dörften." Den eigentlichen Grund der Calamität sucht auch er aber tiefer: „in der inhumanen Behandlung des Volkes." Er ermahnte deshalb die Räthe dringend, mehr darauf zu achten, dass den Unterthanen Justiz widerfahre und selbige mit keiner brutalité (als worüber sehr geklagt würde) ferner tractirt werden möchten; wie denn auch mit den Nationallithauern keineswegs härter, als mit andern umbzugehen sei, indem, wenn selbige immerhin brutalisirt würden, sie bei ihrem rüden Wesen verbleiben müssten, dagegen durch vernünftigen Umbgang und Vorstellung zu einem besseren Betragen angewöhnt werden könnten. Bosheit und liederliche Wirthschaft müssen zwar nicht unbestraft bleiben, man muss sich aber der Postronken auf alle Art und Weise enthalten und Gefängniss und andere gelinde Zwangsmittel zur Correction gebrauchen. Er „recommandire" vor Allem die Einrichtung des Schulwesens bester Massen, als welches viel zur guten Education und Besserung der Leute helfen würde. Er schliesst, in-

---

1) Den 4. August 1735.
2) Den 20. October 1735; in Königsberg hatte er auch eine Unterredung mit dem König Stanislaus.

dem er nochmals wiederholt, „dass S. Königl. Majestät Alles, nach dem eigentlichen Zustand der Sache, angezeigt werden müsse, und dass das Collegium sein Augenmerk dahin zu richten hätte, dass sowenig der Unterthan, als S. K. Majestät ledirt würde, indem man durch Schwächung der Unterthanen die revenuen des Landesherrn schmälere und ruinire."

An die Adresse dieses jungen Monarchen, der schon als Kronprinz solche Sprache geführt hatte, richteten sich jetzt die Klagen jener armen Colonisten, für deren Etablissements nichts geschah, und — schon im September des ersten Jahres[1]) erging die kurze, aber energische Weisung an die lithauische Kammer: „Ihr habt die Bebauung der wüsten Hufen im Amte Baubeln auf alle Weise zu beschleunigen, damit diese Leute daselbst untergebracht werden können." Aber der Amtmann blieb unwirsch zu ihnen[2]), und die Kammer erklärte, keine Gelder zu ihrem Etablissement zu haben.

Der König liess aber auch fernerhin die lithauischen Colonisationsverhältnisse nicht aus dem Auge und noch vor Ende des Jahres 1740 verlangte er eine genaue Tabelle von den anzusetzenden Colonisten des dortigen Departements, in welcher folgende Fragen ihre Beantwortung fänden:

1) Wie viel wüste Hufen noch in jedem Amte vorhanden, auf welchen noch Leute anzusetzen möglich wäre?
2) Was solche zu besetzen (ohne Transport) „eins ins andere gerechnet" kosten werde?
3) Wie sie (die Kosten) sich verinteressiren würden?
4) Wie viel Plätze noch in den kleinen Städten vorhanden wären, um noch Handwerker unterzubringen?
5) Ob mit Sicherheit Höfe zu zerreissen (Hufen zu theilen) anginge, umb das Land zu peupliren?
6) Ob noch Leute und wie viel anzusetzen, die sich im Lande mit Handarbeit ernähren könnten?
7) Ob die Ritterschaft sich wohl erklären möchte, ein gewissen numerum abzunehmen und als freie Leute zu etabliren.

Bald erfolgte die Antwort auf die sieben Fragen: Es wären 1) Alles in Allem nur noch 164 Hufen 13 Morgen 127 Ruthen in wüstem Zustand vorhanden, zu deren Besetzung würden 2) 63,069 Thlr. 5 Gr. gehören; 3) die Interessen würden sich auf 1510 Thlr. 17 Sgr. 15 Pf. also auf $2\frac{1}{3}$ pCt. belaufen; auf den

---

1) Den 13. September 1740.
2) Der Verlauf dieser kleinen Colonien scheint kein besonders günstiger gewesen zu sein; die Meisten liefen wieder von dannen. Unter anderen befanden sich fünf Franzosen unter dieser Schaar, die kein Wort deutsch verstanden (Dockert, Frodage, Tibbée, Turpin, Pouillon), die nachher nach Königsberg citirt worden zu sein scheinen, wo in französischer Sprache gepredigt wurde.

vierten Punkt wird nicht näher eingegangen; 5) durch Zerreissung
der Höfe würden noch 228 Hufen 7 Morgen 100 Ruthen gewonnen werden können; 6) 271 Familien, die sich mit Handarbeit
ernähren, können noch angesiedelt werden; 7) auf die Ritterschaft
sei nicht viel zu rechnen, sie würde höchstens 15 Familien und
6 „lose" Leute übernehmen.

Gegen Annahme von Colonisten wieder das alte, vorige
Sträuben!

Friedrich studirte die früheren Tabellen auf das Sorgfältigste
durch, und bald fand er, dass die Nachrichten nicht mit anderen
Angaben übereinstimmten. Denn in dem alten grossen „Plan von
den Kirchen-, Priester- und Küsterhäusern, Hospitälern, Bürgerhäusern, Vorwerken, Schäfereien, Bauer-Cossäthenhöfen, Mühlen
und Krügen, so nach den bisherigen Untersuchungen in Lithauen
gebaut werden können, ingleichen von Aeckern und Wiesen, die
gerodet und gegraben werden müssen," war u. A. zu ersehen, dass

im Tilsit'schen 116
„ Ragnit'schen 61
„ Insterburgischen . . 205
Summa 382

Cossäthenhöfe auf wüsten cöllmischen Chatoull- und Bauerlände-
reien seit anno 1733 zu bauen und zu melioriren übrig geblieben seien. „Da Ihr nun," heisst es in dem königlichen Schreiben an die Kammer zu Gumbinnen, „vorgeben wollen, dass
keine wüste Höfe vor die Colonisten alldorten vorhanden
wären, so wollen wir hierüber Euern unterthänigsten Bericht, ob
und welcher gestalt diese wüste Ländereien nach der Zeit besetzet und urbar gemacht worden, oder warum solches unterblieben."

Das Antwortschreiben war ein sehr gewundenes; es konnte
füglich nicht geleugnet werden, dass in der That nicht alle Höfe
besetzt worden waren, als Grund wurde nur angegeben: die Hufen
seien zu ungünstig gelegen, und wiederum schliesst der Bericht
mit der dringenden Bitte, ja keine Colonisten mehr zu schicken;
sollte ein oder der andere Hof mit Nutzen bebaut werden, so
könnten hierzu einheimische Leute genommen werden. Die Rück-
antwort[1]) des Monarchen war eine Ermahnung, „mit Ernst darauf
zu sehen, dass die noch übrigen wüsten Hufen mit möglichster
Menage fordersonst mit tüchtigen Wirthen zu Unserem Interesse
besetzt werden, von Zeit zu Zeit werde ein Bericht hierüber erwartet, welcher gestalt solches geschehen sei." Aber die Angelegenheit gerieth ins Stocken; nach dem Kriege war zunächst
Anderes, Wichtigeres zu ordnen, in Sachen der Colonisationen
nahmen Schlesien und die Marken das Königs Hauptinteresse in

---

1) 15. November 1741.

Anspruch, doch vergessen hatte er Lithauen nicht. Er war durchaus nicht gewillt, wie vielleicht die Kammer hoffte, die Sache ein-
schlafen zu lassen; seine Sprache der Kammer gegenüber war
deshalb auch bald eine ernste und drohende.

Schon im Friedensjahre[1]) liess er nach Gumbinnen hin berichten, „wie missfällig er es angemerket, dass es mit Wiederbesetzung der hier und da ledig oder wüst gewordenen Höfe
sehr nonchalance getrieben würde, dass die Kammer sowohl als die Beamten nachlässig damit zu Werke gingen, in der
Persuasion, dass dasjenige, was von solchen ledig oder wüst gewordenen Höfen nicht einkomme, von uns schon vergütet oder
abgeschrieben werden müsse. Gleichwie Wir aber keineswegs
gemeint sind, dergleichen weiter zu dulden; als Befehlen Wir
Euch alles Ernstes und bei Vermeidung schwerer Verantwortung,
sowohl selbst dahin zu sehen, als auch die Beamten mit allem
Nachdruck anzuhalten, dass die ledigen und wüsten Stellen
und Wohnungen sofort wieder mit Unterthanen und Einwohnern besetzt, auch beständig besetzt erhalten werden,
wie Ihr denn auch wegen der Städte ein Gleiches zu verfügen habt.“

Hierzu war gekommen, dass von Lithauen aus durch
einen Privatmann (Gottfried von Dembke) bei dem Könige denuncirt worden war, es seien daselbst noch circa 2000 wüste Hufen in den
Aemtern, woraus der königlichen Chatoulle ein jährlicher Verlust
von 40,000 Thlr. erwüchse; alle Colonisten, die sich meldeten,
würden beharrlich von der Kammer zurückgewiesen. Man solle
nur einmal einen unparteiischen, sachkundigen Commissarius an
Ort und Stelle schicken, um zu constatiren, dass der Berichterstatter die lautere Wahrheit spräche. Da kam jedoch der wieder ausgebrochene Krieg dazwischen, die vielen Schreiben, die
gewechselt wurden, hatten zu keinem Abschluss geführt und erst
im Jahre 1747 wird energisch eine vollständige Uebersicht aller
wüsten Hufen in Lithauen gefordert, und da ergab sich denn, dass
nicht etwa nur 164 solcher Hufen existirten, wie einige Jahre
vorher an den Hof gemeldet worden war, sondern dass in fünfzig
Aemtern noch 1032 Hufen 28 Morgen 137 Ruthen wüst
lagen, die eine Einbusse von 2606 Thlr. 16 Gr. 5 Pf. Steuern
nach sich zogen. Hiervon waren vorhanden

			Hufen		Morgen		Ruthen
im Amte	Balgarden	. .	322 Hufen	16	Morgen	99	Ruthen
do.	Baubeln	. . .	164	„	—	„	— „
do.	Althof-Memel	.	126	„	22	„	— „
do.	Clemmenhof	.	114	„	—	„	— „
do.	Pröculs	. . .	77	„	—	„	— „
im Amte	Winge	. . .	52 Hufen	—	Morgen	—	Ruthen
do.	Heidekrug	. .	38	„	—	„	-- „

---

1) 15. Februar 1743.

Der Minister Blumenthal muss jetzt nach Lithauen und hier Recherchen anstellen; er findet, dass in der That die meisten dieser Stellen zu schlecht sind, um wiederhergestellt werden zu können; die Kosten würden nicht gedeckt werden. Er trifft deshalb eine Auswahl von 86 Hufen 15 Morgen 281 Ruthen, deren vorläufige Besetzung sich wohl verlohnen würde; diese Stellen sollen dem v. Dembke, der sich schon wieder hat vernehmen lassen, zur Besetzung mit Colonisten angeboten werden. In Betreff der Besetzung der Hufen im Amte Balgarden werden mehrere Male von der Kanzel die Beneficien verlesen, deren die Entrepreneurs theilhaftig werden sollen (nämlich „drei Freijahre und andere acceptable Conditiones"). Die Vertheilung dieser auserlesenen Hufen war folgendermassen aufgestellt:

Im Amte Balgarden	.	.	60 Hufen	27 Morgen	— Ruthen
do.	Budupöhnen	. .	— „	15 „	89 „
do.	Gaudischkehmen	—	„	18 „	75 „
do.	Georgenburg	.	14 „	23 „	17 „
do.	Görskullen	. .	3 „	6 „	258 „
do.	Kukernese	. .	1 „	25 „	150 „
do.	Löbegallen	. .	2 „	1 „	150 „
do.	Moulienen	. .	2 „	— „	— „
do.	Stannaitschen	. —	„	28 „	142 „

Im Ganzen lagen diese Hufen zerstreut in 36 verschiedenen Ortschaften.

Noch einige Male wird ermahnt, getrieben, gescholten, „die Sache," hiess es, „würde von der Kammer viel zu schläfrig betrieben;" sie hätte „mehreren Fleiss darauf zu verwenden". (1749, 25. September.) Die Kammer that in Folge dessen zwar Einiges, um dem Könige zu Willen zu sein, aber die damalige ganze colonisatorische Thätigkeit der Kammer war eine matte und bedurfte immer erst energischer Anregungen von oben her. Zu Anfang des Jahres 1771 finden wir Seitens des Königs wieder ein lebhafteres Interesse für die Fortsetzung und Beendigung der lithauischen Colonisation. Es wird verlangt, dass „ohne den geringsten Zeitverlust" eine Tabelle eingereicht werde, die genau angäbe, wie viel wüste Hufen in letzter Zeit durch Ausländer und Inländer besetzt wären, wie viel noch wüst lägen, welche Anzahl Familien und mit welchen Kosten und Beneficien diese darauf angesetzt werden könnten. Aus der Antwort war ersichtlich, dass im Mai des Jahres 1770 in 63 Aemtern noch circa 328 Hufen wüst waren,[1]) von denen gegen 210 von Inländern, nicht Colonisten, entweder bereits besetzt wären, oder doch näch-

---

1) In den Domänenämtern 248 Hufen 19 Morgen· — Ruthen.
    do.   Hauptämtern   79 „   13 „   173 „

stens besetzt werden würden,[1]) so dass noch ein Rest von 117
Hufen 22 Morgen 150 Ruthen übrig bliebe, wovon der grösste
Theil (113 Hufen) bäuerliches, und nur ein kleiner Theil köllmi-
sches Land sei. Die Kosten der Besetzung wurden auf 8760 Thlr.
75 Gr. 7 Pf. berechnet.[2])

Der König verlangte nun, es sollte dieser Rest an wüsten
Hufen so bald als immer möglich und wenigstens in den
ersten zwei Jahren und zwar so viel als irgend sein kann,
mit ausländischen Familien besetzt werden;[3]) die Beneficien bewilligte er. Und nun beginnt das alte Spiel. Die Kammer
schweigt und muss erst wieder mehrere Male sehr scharf an den
Bericht gemahnt werden.[4]) Diese Schreiben von hüben und
drüben sind interessant und lehrreich; es sei gestattet, die hauptsächlichsten derselben im Auszug hierherzusetzen. Am Ende des
Jahres 1771 eiferte Friedrich II.:

Es ist auf keine Weise zu entschuldigen, dass
Ihr an die Befolgung des Rescr. vom 17. April c. nicht eher
gedacht habt, als bis Ihr von hier aus (unterm 29. m. p.)
solcherhalb erinnert werden müssen, wie denn auch noch
weniger zu conciliiren stehet, dass Ihr allererst nunmehro bei
denen Land Räthen und Beamten Rückfrage gethan, ob und
wie viel wüste Huben in diesem Jahre bebauet und mit besonderen Wirthen besetzt worden, da Ihr dergleichen Nachrichten doch nothwendig in dortiger Cammer Registratur
haben müsst; massen, wenn dergleichen Besatz wüster Huben
vorgehet, Ihr wohl zuverlässig vorher davon unterrichtet sein
müsst. Da nun diese und dergleichen jährliche Nachrichten
mit Ablauf jeden Jahres von dem General Directorio Unserer
Allerhöchst. Person praecise vorgeleget werden müssen, und
selbigs durch solche von Euch geschehen impardon-
nable negligence in nicht geringe Verlegenheit gesetzt
wird, so werdet Ihr Euch auch selbst die unangenehmen
Folgen beimessen können, die Ihr Euch dadurch zuziehen
werdet, wenn Ihr nicht mehr Attention auf Unsern
Allerhöchsten Dienst zu nehmen Euch befleissigt. Berlin,
28. de Dec. 71.

An die Gumbinner Kammer.

---

1) In den Domänenämtern 90 Familien mit 135 Hufen 4 Mrg. — Rth.
    do.   Hauptämtern   28   „   „   75 „   6 „   23 „
2) a. Freijahre 2261 Thlr. 67 Gr. 15 Pf.
    b. Besatz von Vieh, Saat, Hofwiese etc, 3314 Thlr 79 Gr. 6 Pf.
    c. Andere Beneficia 3184 Thlr. 14 Gr.
3) 7. April 71.
4) so am 28. December 71 etc.

Die Kammer war sehr erschrocken über dieses „sehr nachdrückliche und ganz unangenehme Rescript", trat sofort zusammen
und setzte ein Antwortschreiben[1] auf, worin es hiess: es wäre
nicht Nachlässigkeit, sondern rühret solches von der ganz schlechten
Beschaffenheit dieser Huben her, inmassen dieselben die einzigen
sind, welche von denen vielen theils vom Tartarischen Einfall
her, theils von der Pestzeit wüst gelegenen, dennoch aber nach
und nach von uns wiederbesetzten Huben noch übrig geblieben
und als Auswurfshuben anzusehen sind, wozu um so schwerer
die Zeit her Annehmer ausfindig zu machen möglich gewesen,
weil einestheils auf selbigen ohne zu habendes Nebenland fast
Niemand bestehen und seine subsistence finden kann, anderntheils
bei diesen nach einander gefolgten zwei ausserordentlich schweren
Jahren ein fleissiger Wirth auch auf wohleingerichteten und culti-
virten Huben kaum den benöthigten Lebensunterhalt finden könne.
Sie hätten immer ihr grösstes Augenmerk auf die Besetzung
wüster Huben und Unterbringung aller bisher unnütz gewesenen
Brücher und Plätzer gerichtet; so hat das Allerhöchst oballegirte
Rescript um so mehr eine ausnehmende Rührung in uns verursacht, als wir solches nach unsrer pflichtmässigen Betriebsamkeit
so wenig vermuthet. Auch wäre ja nicht besonders befohlen zu
referiren etc. etc.

Fast umgehend erhielt jetzt die Kammer eine Antwort, die
ein klein wenig versöhnlicher klang:

Sie wollen alle möglichen pflichtmässigen Bemühungen
machen, die noch unbesetzten Huben, in so weit, als solche
für Getreidebau tauglich, in gegenwärtigem Jahre zu bebauen,
aber mit ausländischen Wirthen zu besetzen; diejenigen
wüsten Huben aber, wo das Land so geringe, dass selbiges
die Bearbeitung eines fleissigen Wirthes nicht belohnt, habt
Ihr zu separiren und mit allerhand Holzsamen zu besäen,
damit sothane Sandungen doch auf einige Weise benutzt
werden und nicht noch überdem die in der Nähe befindlichen
guten Aecker und Sandungen versanden.

„Ansonst bleibet es allemal nicht zu entschuldigen,
wenn Ihr nicht täglich und stündlich bereit seid, die
von Euch geforderten Nachrichten, besonders solche prompt
abzugeben, welche, wie z. B. die Besetzung der wüsten Huben,
bei Euch bearbeitet werden und deren Nachricht in den Re-
gistraturen vorhanden sein mussten." „Von selbst hättet
Ihr daran denken sollen, anhero zu berichten, wie
weit Ihr im 1. Jahre réussirt und ist eben nicht ein Zeichen
Eures genugsamen attachements auf Unsern höchsten Dienst,
wenn Ihr allemal erwarten wollt, auf jede Eure Obliegenheit

---

[1] 26. Januar 1772.

gleichsam h i n g e w i e s e n zu werden; wir wollen also hoffen,
dass Ihr Euch hierin künftig besser nehmet und so wie
die gewöhnliche Tabelle, also auch diese von Bebauung der
wüsten Huben höchstens in der ersten Mitte des Monats
December unerinnert einreichen werdet!"

So werden denn durch Friedrich's beständiges Drängen und
Treiben in diesem Jahre abermals 57 Wirthe (jedoch lauter Ein-
länder) angesetzt und zwar auf 83 Hufen 15 Morgen, so dass im
Ganzen nur noch 24 wüste Hufen übrig bleiben, und auch diese
sollen bald darauf vergeben werden. Da erklärte dann der jetzt
besänftigte König[1]: „es gereichte ihm dies zum gnädigen
Gefallen und bezeugen Wir hierüber Unsere Zufriedenheit; als habt Ihr Euch noch ferner auf das Aeusserste angelegen
sein zu lassen, zu den noch übrigen 24 Hufen annoch gute und
tüchtige Wirthe auszumitteln und wollen hoffen, dass es im
künftigen 1773. Jahre ohnfehlbar geschehen wird." Und schon
im Juli des nächsten Jahres geschieht die Meldung, dass alle
wüsten Hufen besetzt seien, die letzten 24 Hufen hatten acht
Wirthe übernommen. So ist denn jetzt, im Jahre 1772, das
„Werk" endlich und endgiltig beendigt, nachdem über
60 Jahre, bald mit grösserem, bald mit geringerem Eifer
hieran gebaut worden ist. Dennoch verlangte Friedrich, es
solle auch in Zukunft immer weiter berichtet werden, „dass im
dortigen Departement keine wüsten und unbesetzten Hufen mehr
vorhanden seien, auch wenn keine Tabelle mehr eingereicht werden könnte."[2]

Trotz der Vollendung der Hufenbesetzung entzog Friedrich
doch nicht dem Etablissement in Lithauen seine Aufmerksamkeit;
er richtete jetzt seine Blicke auf die Art und Weise der Ueber-
nahme der königlichen Erbe und fand, dass hier noch viele Verbesserungen vorgenommen werden mussten. Wurde ein schlechter
Wirth abgesetzt, so musste der neue „Annehmer" das vorgefundene Inventar gewöhnlich viel zu hoch bezahlen, auch würden nach
des Königs Meinung die Dörfer und Colonien nicht genug von
den Beamten inspicirt, die umherreisen und überall die Augen
offen halten sollten; der säumige Wirth ist abzusagen, ins Stockhaus oder gar ins Zuchthaus zu bringen. Solche Reisen müssen
alle halbe Jahre gemacht werden; wer sie unterlässt, hat 5 Thlr.
Strafe zu zahlen.[3]

---

1) 10. December 1772.
2) 10. December 1773.
3) Das bezügliche Schreiben lautet, wie folgt:
   „Wir haben zeither mit grösstem Missfallen bemerket, dass mit den
königlichen Erben eine ganz unverantwortliche marchandise getrieben und
selbige durch so hohe Abstände vertheuert werden, dass rein gar nicht

Im Jahre 1783 fing der König wieder an, Nachfrage zu halten, ob nicht noch Platz für Häusler wäre; die Untersuchung hierüber soll ohne den geringsten Anstand erfolgen, es soll mit den Dorfschaften hierüber verhandelt werden, ob dieselben zu dem Behuf die nöthigen Bau - und Gartenstellen und unter welchen Bedingungen hergeben wollten; er erwartet einen deutlichen vollständigen Plan hierüber;[1]) was aus dieser Idee des Königs geworden ist, lässt sich aus den Acten nicht ersehen. Wohl aber ist ersichtlich, was König Friedrich II. seit dem Jahre 1776 für die Melioration Lithauens gethan hat; in diesem Nachweis ragt Einiges wiederum in die Zeit des nachfolgenden Königs hinein. Seit jener Zeit bis zum Jahre 1797 sind 482,270 Thlr. 61 Gr. 8 Pf. zur Melioration hergegeben worden, wovon Friedrich selbst 128,454 Thlr. beigetragen hat. Angesetzt sind 21 Ackerfamilien, 225 Eigenkäthner und 25 Hopfengärtnerfamilien.[2])

Zur Besetzung dieser Stellen waren, wie gesagt, meist einheimische Familien benutzt worden, doch sind auch eigentliche fremde Colonisten etablirt, in der Zeit von 1751—1756 sollen in

abzusehen, wie ein dergleichen Annehmer, der so viel Abstandsgeld bezahlet und solches wohl gar gegen Interessen leihen muss, in der Folge bestehen und nicht sein baldiger Ausfall zu befürchten sein sollte, zu geschweigen, dass es ein böses Exempel giebt, dass ein liederlicher Wirth, der die Prästanda nicht prästiren könne, anstatt dass er bestraft zu werden verdient, für seine unordentliche Wirthschaft mit einem Capital beschenkt wird.

Da nun dieser modus procedendi einen liederlichen Wirth und Bettler und einen andern von gleicher Qualität wieder herauf bringt, so wird dem Amte alles Ernstes anbefohlen, bei denen künftigen Erbe - Veränderungen darauf genau zu attendiren, dass für ein Colonie- oder Scharwerks-Erbe nicht mehr als höchstens 50 Thaler Abstand gegeben und bei uns vom Amte darauf angetragen werde, widrigenfalls der Beamte für seinen Bericht in 10 Thaler und die Unterbeamten, so sich darein meliren, in 5 Thaler Strafe genommen werden sollen.

Uebrigens ist es die Pflicht des Beamten und der Schulzen, auf die Wirthschaft eines jeden Bauern genau Aufsicht zu haben und zu dem Ende alle halben Jahre, als im Frühjahr und Herbst die Dörfer zu bereisen und wenn sich alsdann solche liederliche Wirthe finden, sie zur besseren Wirthschaft anzumahnen, auch allenfalls durch nöthige Zwangsmittel dazu anzuhalten und im Fall ein solcher liederlicher Wirth sich dennoch nicht bessern sollte, selbigen uns anzuzeigen, damit er nicht allein vom Erbe abgesetzt, sondern auch überdem mit Stockhaus, oder dem Befinden nach mit Zuchthausstrafe, belegt werde.

Es hat auch Beamter nach gehaltener halbjähriger Bereisung bei 5 Thaler Strafe seinen Bericht nebst Bereisungs-Protokoll, wie er die Wirthschaft der Bauern gefunden, bei Uns sofort einzureichen, da alsdann nochmals die Nachrecherches vom Departements-Rath gehalten werden soll. So wie sich nun die Verordnung nicht nur auf die Colonie, sondern auch Scharwerks Bauern und alle und jede Amtsunterthanen, so königliches Land besitzen, bezieht, so hat auch Beamter sämmtliche Colonien- und übrigen Schulzen, auch Amtslandreutern solches bekannt zu machen und gehörig deshalb zu instruiren. 30. Apr. Gumb. 1776."

1) 3. October 1783.
2) Die nähere Zusammenstellung cf. Stat. Theil LIV.

den lithauischen Aemtern 1220 solcher Personen eingewandert
und angesetzt worden sein, während nach dem siebenjährigen Kriege
keine Einwanderung ländlicher Colonisten mehr nachweisbar ist.
Dagegen scheint die Einwanderung Fremder in die Städte nicht
unbedeutend gewesen zu sein.   Es musste jährlich eine Tabelle eingereicht werden von dem städtischen Zuzug und Abgang; jedes
Jahr wird ein Plus aufgewiesen, nur aus den Jahren 1744—45
fehlt der Nachweis, im folgenden Jahre ist sogar ein Minus von
11 Bürgern vorhanden.   Friedrich verlangte aber, „man solle
angelegentlichst darauf Bedacht nehmen, in den Städten sowohl
Bürger anzusetzen, als Nahrung hätten.‟   Die lithauische Kämmer
verlangte nach dem siebenjährigen Kriege nur noch 69 Handwerkerfamilien, ihrer 77 haben sich anno 1770 nachweisbar angesiedelt.   Es mögen in der nachfolgenden Zeit noch grössere Zuzüge
stattgefunden haben; ein Bericht der lithauischen Kammer
erwähnt im Jahre 1801,[1]) es seien seit 1764 viele fremde Handwerker als Colonisten eingewandert, die auf Grund der üblichen
Beneficien angesiedelt wären.[2])

---

1) 9. Juni 1801.
2) Laut Edict vom 1. September 1747 und 8. April 1764.

Viertes Capitel.

Die Hauptcolonien.

Es ragten, wie wir gesehen, einige grössere Colonien aus der Menge der übrigen hervor, vor Allem die der Schweizer; es tritt uns diese Nation hier in Lithauen gleichsam in geschlossener Phalanx entgegen. Die einzelnen Mitglieder halten fest an einander, fest zum Schutze gegen die mannigfachen Angriffe Seitens der anderen Bevölkerung des Landes, fest auch zum Trutze für ihre alten Privilegien und in immerwährendem Kampfe, neue zu erringen.

Graf Dohna, der vielgenannte Beschützer dieser Colonisten, giebt als hauptsächlichen Grund des schweizerischen Zuzuges an, es sei „diese Nation die Eintzige, die einen überfluss an Volk habe und die sich nicht zu opponiren pflegt, wenn man ihre Einwohner an sich zu ziehen suchet, darzu auch die sonderliche Gnade und Zuneigung, welche Ihro Königliche Majestät Höchst. Andenkens (Friedrich I.) zu dieser Nation gehabt". Nicht gering anzuschlagen ist die gleiche Confession der Könige in Preussen und dieser Colonisten; das reformirte Bekenntniss beider Theile war kein unwesentliches Band, das die Privatinteressen der Zuzügler noch enger an das Hohenzollern'sche Haus knüpfte. Natürlich steht in erster Linie als Hauptmagnet der grosse Vortheil, der die Schweizer im neuen Heimathslande erwartete. Schon unter dem ersten Könige waren, im Anschluss an Einwanderungen in die Marken, Schweizer auch nach Lithauen gezogen,[1]) wo ihr persönlicher Freund, Graf Dohna, ihnen als Coloniedirector vor-

---

[1]) Ein Patent vom Jahre 1712 hatte ihnen versprochen, wenn sie sich in Preussen niederlassen wollten brauchten sie im Ganzen pro Hufe nicht mehr als 9—12 Thlr. Zins zu zahlen, 160 Gr. an Holzgeld, 10 Gr. Decem; im Uebrigen sollten sie die alte Freiheit geniessen, wie in der Schweiz.

gesetzt wurde. Er trat für sie väterlich sorgend jedesmal ein,
wenn es galt, für sie Rechte und Vergünstigungen auszuwirken,
er sorgte auch für neuen Zuschub unter Friedrich Wilhelm I,
der ihnen ebenfalls umfangreiche Beneficien gewährte. Schon
früh waren ihrer so viel, dass Dohna allen den zahlreichen kleinen
Sorgen und Bitten der Angesiedelten nicht mehr allein entsprechen
konnte, er setzte es durch, dass die Schweizer einen eigenen
Colonisteninspector erhielten, der mit ausgedehnten Machtbefug-
nissen versehen wurde. Aber die Beamten mussten oft und
scharf angehalten werden, diesen Inspector als ebenbürtig zu
respectiren, sie sollten „darüber halten und ihn mit Nachdruck
dabey schützen, insonderheit die zureichende Anstalt zu machen,
damit ihm dasjenige, so Wir ihm zu seiner nöthigen Subsistenz
allergnädigst bewilligt haben, richtig und zu gehöriger Zeit abgegeben werde".[1]   Die Instructionen dieses Königlichen Colonial-
inspectors, „des damaligen Besuchers bei Dero Licent zu Königsberg,"
Jean La Carriere, bestanden hauptsächlich in folgenden Punkten:
     Zunächst wird ihm die Inspection der im Amt Insterburg
etablirten Schweizer Colonie aufgetragen; in dieser Eigenschaft
als Aufsichtsbeamte erhält er
     1) das Prädicat eines Inspectors über besagte Colonie, und
da er dadurch
     2) dergleichen Gerichtszwang über die gesammte im
Insterburg'schen ansässigen Schweizer erhält, dass er nicht allein
die Streitigkeiten unter denselben so viel möglich beilegen und
den klagenden Nachbarn Recht schaffen, sondern auch die Ungehorsamen mit Gefängniss bestrafen kann, so muss er auch
     3) auf die Colonie wohl Achtung geben, damit sowohl
bei der Wirthschaft als sonsten, Alles in guter Ordnung gehalten
wird, zu dem Ende er
     4) alle Herbst eine Tabelle zu verfertigen, in selbe eines
jeden Wirths Namen zu schreiben und dabei, ob er gut oder
übel Haus hält, damit darin eine gute Aenderung gemacht werden
kann und nichts vergebens angewandt werde, zu notiren, auch
den Besatz, wie nicht weniger, was er an Getreide erbauet und
zum Winter eingesäet, zu specificiren und diese Tabelle an die
Kammer einzusenden hat, welche alsdann mit dem wirkl. Geh.
Etatsrath Grafen von Dohna, so nach wie vor davon die General-
direction und Oberaufsicht behält, daraus communiciren muss.
     5) Weil der Inspector bei verschiedenen Gelegenheiten
auch einige Hülfe vonnöthen haben wird, so soll der Amtsge-
schworene von Taplacken und ein Paar Kämmer (Kämmerer?)
demselben, in soweit es zur Schweizer Colonie nöthig ist, ge-
horchen und dabei zu Hand gehen, wie denn auch

1) 29. October 1712.

6) alle übrigen Beamten des Amts Insterburg demselben erforderten Falls gehörig assistiren und den Schweizern wider anderen Amts Eingesessene und Unterthanen auf des La Carriere Ansuchen baldige Justiz administriren müssen, dahingegen

7) wird dem L. C. der vierte Theil des bishero bei dortigen Licent genossenen Besuchergehalts auf 5 Jahre und zwar vom 13. Juni 1711 an zu rechnen annoch gelassen.

8) Sind ihm an einem ihm anständigen Orte 2 Hufen nebst der dazu gehörigen Baustelle anzuweisen und dabei freie Holzung, Hütung und andere Beneficien, welche die übrigen Einwohner des Dorfes zu geniessen haben, zu geben, welche 2 Hufen dann ihm

9) als freie Schulzenhufen hier mit solchergestalt erblich verschrieben werden, dass ihm und seinen Erben frei stehen soll, selbe als sein Eigenthum zu tractiren, zu verkaufen oder zu verpfänden, wenn nur jederzeit

10) die Schulzen Pflichte, jedoch bei der Colonie allein und sowie künftig limitirt werden sollen, davon prästirt und die Contributiones nach Ablauf der Freijahre, welche S. K. Maj. den Schweizern Allergn. werden accordirt haben, richtig abgeführt werden, als welche auch Jean L. C. und seine Erben von diesen Hufen alsdann abzutragen verbunden, Sonsten aber von allen anderen Pflichten befreit sein sollen.

11) Ueberdem soll er 100 Thlr. Gehalt ad dies vitae, 6 Fuder Heu, eine Last Hafer geniessen und eins von den drei sub hasta stehenden Häusern abgetreten erhalten, jedoch soll nach seinem Absterben S. K. Maj. frei stehen, gedachtes Haus nach Erstattung der erweislichen Meliorationen und Reparationen wieder an sich zu nehmen, wo sie dem Befinden nach, selbe dem Insp. L. C. bei seinem Leben erb- und eigenthümlich zu verschenken nicht resolviren sollte.

Wobei ihm dann darin die zur Regierung des Königreichs Preussen verordnete wirkliche Geh. Räthe, wie auch die Amts-Kammer gebührend schützen werden und der Hauptmann und Verweser des Amts ihm in Allem assistiren, die übrigen Beamte aber, nebst der Colonie der Schweizer und sonst jeder männiglich sich hiernach achten und ihn sowenig in seiner Charge als in der Possession der zwei Hufen, wie nicht minder seine Erben ohnbeeinträchtigt lassen sollen....."

Bald gerieth Dohna wegen dieses Schweizer Colonie-Inspectors hart mit der Kammer zusammen, denn diese wollte dem „verdorbenen Kaufmann" nicht die Rechte zugestehen, die nur ihr selbst zukämen; er habe hierzu, so zürnt sie, gar keine Capacität, sei kein Oekonomieverständiger, masse sich particuliere Interessen an etc. Graf Dohna warf dagegen der Kammer vor, „sie schwärze an und wisse gegen die Schweizer seinetwegen

(Dohnas) ihren chagrin nicht zu moderiren." Die Sache ging bis
an den König, der zu Gunsten der Colonie, ihres Directors und
Inspectors entschied, und Dohna wurde in den ehrendsten Ausdrücken gebeten, seinen Posten nicht, wie er wollte, aufzugeben.
Und abermals wurde die Colonie, im Jahre 1718, vergrössert
(laut Dohnas Vorschlag vom 3. September 1718), und noch einmal sehen wir zwanzig Jahre später einen grösseren Transport
ankommen.   Die Zahl aller Schweizer Colonisten in Lithauen
lässt sich nur schwer bestimmen.   Im Jahre 1716 werden 1743 Köpfe
(350 Familien angegeben); die Einwanderung von 1718 betrug
110 Familien resp. 550 Seelen und der letzte Zuzug 65 Personen,
so dass überhaupt eine Einwanderung von gegen 480 Schweizer-
Familien mit 2360 Köpfen angenommen werden kann.   Die
Kosten des Schweizer-Etablissements werden als nicht hoch angegeben.   Im Patent waren für den Besatz und Unterhalt je einer
Familie 117 Thaler bestimmt, aber in Wahrheit gestalteten sich
diese Kosten geringer, denn, ganz zu geschweigen von der grossen
Anzahl an Geräthschaften, die von den verstorbenen oder entlaufenen Lithauern hinterlassen waren und somit auf die Colonisten
übergingen, so ist vieles Andere auch unter der Taxe gekauft
worden, so dass „man hierüber nicht viel uhrsach hat, zu sagen".
Waren doch den Schweizern Pferde, Kühe, Ochsen mit 5 bis
6 Thaler berechnet worden, die aber in Wirklichkeit nur 2, 3,
höchstens 4 Thaler gekostet hätten.   Auf Grund solcher Angaben
hatte Dohna wohl Recht, wenn er dem Könige rieth, die Colonie
zu vergrössern, er giebt sich der Hoffnung hin, dass „künftig, und
zwar balde, noch weit grösserer Nutzen aus diesen Colonien
erspriessen wird, und wenn der König auch noch mehr sollen
wollen kommen lassen, so würde derselbe dabey eben nicht übell
fahren".   Er kann nicht anders, als ihren Charakter loben, er
rühmt von ihnen, dass sie in ihrer zähen, festen Weise „ohngeachtet der ausgestandenen Pest und der schlechten Liebe, die sie
von den Landeseinwohnern gespühret, eine grosse Begierde be-
zeuget, nicht allein darzubleiben, sondern auch noch mehre
ihrer Landsleute an sich zu ziehen".   Aber diese Ausdauer und
Beharrlichkeit, die von dem „Stamme" gerühmt wird, blieb bei den
späteren Zuzügen nicht immer dieselbe.   Für diese war schlechter
gesorgt; schon auf der Reise der 110 Familien scheint man sich
ihrer nicht mit der nöthigen Sorgfalt angenommen zu haben, so
dass Epidemien ausbrachen, „doch habe der König, heisst es, aus
Mitleiden und christlicher Liebe diese Leute, da sie schon bis
Berlin gewesen, nicht alle zurückweisen wollen, sondern mit
ziemlichen Kosten nach Preussen schaffen lassen, daher kein Wunder,
dass ein Theil solcher Leute nicht reussiren, sondern
nach und nach wiederumb abgehen, von welchem Vorwurf
auch andere Nationes nicht allerdings befreit sein können".   Zu

jener Epidemie, die Einige dahinraffte, Andere auf lange Zeit „kraftlos machte", gesellte sich noch, nach erfolgtem Etablissement, ein „Viehesterben", wodurch „viele ohne ihre schuldt ruiniret oder zurückgesetzt wurden". Noch schlimmer erging es dem letzten Transport, 13 Familien aus Basel und Zürich im Jahre 1758, die in der Welt bunt umhergeschleudert wurden, sie waren schon nach Hamburg gelangt, von wo sie der preussische Resident Destinoe auf Wagen nach Potsdam schaffen liess; von hier wurden sie nach Berlin transportirt, aber konnten nicht untergebracht werden, und konnten nicht einmal, um nur ihr Leben zu fristen, als Handlanger bei dem Petrithurme gebraucht werden. Die Residenz musste die unwillkommenen Gäste den Winter über unterhalten; sobald es Frühling wurde, sorgte sie dafür, dass jene zu Kahn über Stettin nach Preussen geschafft wurden, wo sie in Starwinnen ein Unterkommen fanden.

Die meisten von den lithauischen Schweizern waren Ackersleute, einige aber auch Handwerker, im Jahre 1712 waren Müller, Zimmerleute, Stell-, Rademacher etc. mit eingewandert, bei dem letzten Transport waren fast lauter Weingärtner und Strohhutmacher. Die Ackersleute lassen sich am besten verfolgen; sie erhielten ihre bestimmten Hufen, und über sie werden, was ihre Zahl und ihre Qualität betrifft, Tabellen verfertigt; dagegen wissen wir von den städtischen Schweizern nichts Näheres. Die Zahl der Schweizerhufen blieb gewöhnlich dieselbe; wir gewahren in der Geschichte dieser Colonisten das entschiedene Bestreben möglichster Zusammengehörigkeit, sie rücken räumlich ihre Höfe immer näher an einander, vertauschen entlegene Hufen gegen nähere und bilden so zusehends eine immer compactere Colonie, während sie die Lithauer aus ihrer Nachbarschaft zu verdrängen suchen. Durch Dohna's Bemühungen wird, zuweilen sogar in auffälliger Weise, ihrem Nationalgefühl Rechnung getragen, wenn ihnen z. B. die Erlaubniss gewährt wird, ihre heimischen Stutzen auch in Lithauen zu führen. Dohna motivirt das Gesuch dadurch: dass sie von Haus aus an die Waffe gewöhnt wären, vorzüglich damit umzugehen verständen, für sich allein Kriegsübungen anstellten, „um ihrem Könige Treue und valeur beweisen zu können".

In den Tabellen vom Jahre 1736 sind leider die Schweizer oft in vielen Aemtern mit den Nassauern und anderen Deutschen gemeinschaftlich zusammengefasst worden. Nur in dreizehn Aemtern werden sie besonders und zwar hier in einer numerischen Stärke von 251 Familien erwähnt; nach einer früheren Tabelle aus dem Jahre 1728 werden noch in den Aemtern Plicken, Stannaitschen, Gudwallen, Kiauten und Kattenau Schweizer genannt, und in Summa 333 Familien gezählt, doch fehlen auch hier noch die Schweizer auf den entlegeneren Höfen, da nur die Hufen berück-

sichtigt sind, die eigene Schweizer Schulzen erhalten sollen und
können. Von jenen im Jahre 1736 aufgeführten werden 227 als
gute und 24 als schlechte Wirthe bezeichnet. Statt der 51 Ortschaften der späteren Tabellen weist die ausführlichere frühere
67 Orte auf, die von Schweizer Colonisten bewohnt werden.[1])

Das Interessanteste in der Geschichte der Schweizer und
geradezu Epoche machend in der Geschichte der Colonisation in
Lithauen ist ihr Kampf um die Colonieberechtigung. Wir
haben oben, bei der Definition des Wortes Colonist, schon diesen
Umstand angedeutet. Zunächst arbeiteten sie darauf hin, eigene,
d. h. Schweizerische Schulzen zu erhalten, die sie sich selbst
wählen dürften. Es gab schliesslich 16 Schweizer Schulzen, die
durchschnittlich je 4 Dorfschaften unter sich hatten; in einigen
Aemtern waren zwei Schulzen, z. B. in Gaudischkehmen, wo
8 Ortschaften von Schweizern bewohnt wurden, ebenso in
Stannaitschen. Im Amt Szirgupönen waren sogar drei Schulzen,
weil hier 12 Schweizerorte vorhanden waren. Einige dieser
Schulzen werden als „ziemlich unruhige Köpfe" bezeichnet,
dennoch wurden sie bestätigt. Diese Schulzen waren nöthig
geworden, als die „Verfassung" der Colonie vom Könige genehmigt wurde.

Das Hauptbestreben der Colonisten ging nämlich dahin,
sich vom Scharwerk, zu dem sie in gewissem Sinne verpflichtet
waren, möglichst zu befreien; und diese Befreiung hatte auch ihre
„Verfassung" im Gefolge. Besonders seit dem Jahre 1725 sehen
wir dieses Streben deutlicher hervortreten. Es gelang in diesem
Jahre zunächst drei französischen Schweizern in Walterkehmen,
die, sonst „accurate Zahler", inständigst um Dispensation vom
Scharwerk anhielten. Die Kammer genehmigte es ihnen und
zugleich noch zwei anderen Bauern dieses Amtes (Maygunischken),
aber nur unter der Bedingung, dass jeder ausser seinem gewöhnlichen Zins noch drei Thaler Entschädigungs- und Dienstgeld zahlen
sollte, was sie auch bereitwilligst thaten. Der König bewilligte
diesen Accord,[2]) „ich finde ihn vor gut," sagte er, „und wie ich
gleichfalls damit einig, dass es in denen anderen Aemtern, wo
einige Schweizer vom Scharwerke zu entbehren seyn, auf eben
diese Art gar wohl gehalten werden könne; so wird dennoch
alle Behutsamkeit zu gebrauchen sein, dass denen Schweizern nicht
Gelegenheit gegeben werden möge, die Scharwerksbefreiung als
ein Vorrecht vor anderen zu prätendiren und deshalb dem Befinden
nach auch andere Nationen, falls sie dazu incliniren, hierunter zu
bringen sein."

Es erging nunmehr die Anfrage an die Schweizer, ob sie

---

1) cf. Stat. Theil Nr. LI.
2) 26. März 1725.

sich ablösen wollten, oder nicht. Zunächst sagten einige wenige: „nein“, denn, behaupteten sie, wir zahlen schon Steuern genug, 19 Thaler pro Hufe, und scharwerkern lieber weiter, als dass wir noch mehr zahlen. Aber die Mehrzahl sagte freudig zu und richtete ein Schreiben an den König, in welchem derselbe an sein Versprechen, das er ihren Deputirten gegeben hätte, erinnert wurde, ihnen später Befreiung vom Scharwerk zuzugestehen. Sie hätten die Dienste bisher geleistet, jetzt wäre die Zeit aber um; alle Prästanda seien redlich bezahlt, keiner von der Colonie sei entlaufen, aber jetzt ginge es nicht weiter, der Druck der Scharwerke belästige allzusehr, sie müssten sonst „aus Armuth und Ohnvermögenheit wider ihren Willen die Huben verlassen“, darum möchte der Monarch das Scharwerk von ihnen nehmen, oder sie versetzen, „sollten sie auch Schaden an ihren Gebäuden und den gut bestellten Aeckern leiden.“ Wenn der König beistimmt, dann wollen sie nicht allein die Prästanda alle richtig abführen, sondern auch „Gut und Blut vor den König und dessen ganzes königliche Haus mit der höchsten Freude aussetzen.“[1])

Der König war, wie gesehen, nicht abgeneigt, doch scheint ihnen noch ein Scharwerksjahr aufgelegt worden zu sein, denn im folgenden Jahre, in demselben Monat, fragen sie wieder an und bitten, „mit einem Königliche Majestät Hochgnädigen Buchstaben ihnen versichern zu wollen, wann endlich die verhoffte Zeit der Befreiung vom Scharwerk kommen würde;“ statt des Königs antwortet die Gumbinner Kammer, „es könne keine Zeit determinirt werden, sondern sie würden, so wie andere Neubauer, die in ihre Dienste treten könnten, zugingen, vom Dienst entlassen werden.“ Der König gab aber der Kammer zu überlegen, ob es nicht rathsam sei, „die rechten Schweizer von dem Scharwerk heraus zu nehmen und auf Dienstgeld zu setzen, pro Hufe 6 Thlr., welches sodann wieder eine gute revenue machen würde,“ die übrigen sollten nach den Freijahren zinsern und scharwerken, wie es Vorschrift. Und als der Monarch in diesem Jahr persönlich in Lithauen war, baten ihn Deputirte der Schweizer nochmals um gnädige Erfüllung ihrer Bitte, zumal in einigen Aemtern diese Scharwerksbefreiung an ihren Genossen schon vollzogen sei, jetzt möchte er ihnen allen dieselbe Gunst zu Theil werden lassen. Er ging darauf ein, aber vorläufig nur für so viele Wirthe, „als in diesem Jahre abgemüssigt werden können.“ Und im nächsten Jahre (1727) um dieselbe Zeit dieselbe Klage, dieselbe Bitte und derselbe Bescheid. Durch dieses Hinziehen gereizt, machte sich endlich der Schweizertrotz geltend, sie weigerten sich geradezu der Scharwerksdienste. Die Amtleute waren rathlos und baten um „Assistenz“. Die Kammer grollte über

---

1) den 1. Juni 1725.

die „Rebellen" und stellte schwere Strafen in Aussicht; man würde mit gehörigem Nachdruck sie zur Leistung ihrer Dienste anzuhalten wissen, die Widersetzlichen würde man gefänglich einziehen. Aber es half nichts, auch die Aussicht auf theilweise Erleichterung ihrer Scharwerke genügte jetzt den Schweizer Bauern nicht mehr, sie verlangten völlige und gänzliche Freiheit von diesem verhassten Joch der fremden Arbeit — und die Kammer gab nach. Es wurden endlich von beiden Seiten „Conditiones" aufgestellt und angenommen.[1])

Nicht ganz leicht fiel es jetzt, die wirklichen Schweizer auszumitteln, da sehr viele auch von anderen Nationen im Besitz von „Schweizerhufen" waren, Pfälzer, Hessen, Franzosen, Flandrer, Uckermärker; in Stannaitschen waren unter 28 sogenannten „Schweizern" nur fünf echte, die übrigen recrutirten sich aus den eben genannten Ländern. Auf Befragen erklärten sie alle aber, sie wären wirkliche Schweizer, wären ursprünglich nach England gegangen und von hier durch königliche Commissare „gelockt", sie wären sogar auf eigene Kosten gereist und seien die ersten der Schweizer Colonie gewesen, und jetzt bei der „Wiederaufrichtung der Colonie" wolle man sie ausschliessen?

In Berschkuhren fand sich, dass die Zusammensetzung von 22 „Schweizer" Bauern folgende war:

7 Nassauer,

4 Pfälzer,

4 Hessen,

6 Lithauer,

1 Schweizer.

---

1) 1. Ein jeder Schweizer soll bei dem Gestüte zu Guddins die Wiesen abmähen, das Heu zusammenbringen und einfahren, auch den Mist ausführen, dieses Jahr und bis der König anderes verfügt.

2. Die bisher nach dem Patent gewöhnlich gewesene Scharwerker sollen schon in dem laufenden Jahre (unter verhoffter kgl. Approbat.) aufgehoben werden.

3. Wie viel Geld dafür zu zahlen, hat die Schweizer Colonie beim König auszumitteln.

4. Die Postfuhren sind auch ferner zu leisten, da ja das ganze Land und zum öftern auch Städte und Cöllner hierzu concurriren müssen, wenn etwa der König aus das Land kommt, oder auf Specialordre Commissarii das Land bereisen; sie sollen aber nach aller Möglichkeit übersehen werden und nicht gehalten sein, ohne königlichen Pass Postfuhren herzugeben.

5. Fallen Unglücksfälle im Lande vor, so werden die gewöhnlichen Remissiones auch ihnen zu Theil, in demselben Masse, wie den andern königl. Unterthanen.

6. Diejenigen Erbe, so einmal von den Schweizern besessen, sollen bei der Nation, so viel als immer möglich, reservirt und keine Bauersfrau bei Absterben ihres Mannes verstossen, sondern wofern sie das Erbe fortsetzen kann und will, darauf gelassen werden, aber in solchem Falle muss die ganze Colonie dafür stehen, dass das Erbe tüchtig wieder besetzt, auch der Zins richtig gezahlt werde. 4. Juli 27.

Rath Schlubhut begab sich selbst an Ort und Stelle, um das Nationale aufzunehmen, und entschied, dass nur der eine National-Schweizer vom Scharwerk zu befreien sei. Noch eine Schwierigkeit stellte sich bei der Concession heraus, nämlich die Unsicherheit der Geldbeiträge. Wie, wenn einzelne nicht ihr Dienstgeld zahlten, kurz vor dem Termin der Zahlung entwischten oder sonst zahlungsunfähig wurden? Hiergegen schien nur ein Mittel ausreichend zu sein: die Schweizer mussten für einander Gewähr leisten, Alle für Einen und Einer für Alle einstehen. Zu diesem Entscheid führte ein eigenthümlicher Fall. Ein Schweizer, Michel Wendorf, hatte sich mit einem andern Schweizer, Logall, verglichen, diesem sein Bauernerbe (in Grösse von einer Hufe) übergeben, da er selber diesem Besitz „von Alters und Unvermögenheit halber" nicht länger vorstehen konnte.

Der Amtmann hatte jedoch dieses Abkommen einfach annullirt und einen ganz fremden Menschen in das Erbe eingesetzt, einen Nichtschweizer, der noch dazu ein ehemaliger Kutscher war! wie die Schweizer klagten. In Folge dessen fühlte sich die ganze Colonie gekränkt; durch solches Vorgehen, argumentirte sie, würde auch die „Verstärkung der Colonie" geschwächt, die doch vielmehr Ew. Königl. Maj. allergnädigster Intention nach möglichst zu fördern stehet", sie baten alle um Schutz und Rehabilitirung des Logall.

Ehe jedoch eine bestimmte Entscheidung getroffen wurde, verlangte man jene Bürgschaft: „Alle für Einen, Einer für Alle," erst dann könnte innerhalb der Gesammtheit den einzelnen Schweizern die freie Disposition über die Höfe ertheilt, erst dann auch der „gegenwärtige casus remedirt werden".

Einhellig stimmten die Schweizer zu, unter der Bedingung, dass auch die Befreiung vom Scharwerke endlich definitiv ausgesprochen würde. Logall erhielt das Erbe, und alle Aemter wurden auf das strengste angewiesen, „sich bei schwerer Beahndung nicht zu unterstehen, mit denen Schweizern oder deren Höfen, so sie jetzund besitzen, eine Aenderung vorzunehmen, oder Jemanden zu depossediren, ohne expresse Ordre vom Collegio einzuholen."[1]

In Darkehmen fand ein grosser Schweizertag statt, zu dem die Schulzen erschienen waren. Sie fassten hier den Beschluss, dass die ganze Colonie für richtige Abtragung der Colonistenzinsen sorgen würde; in zwei Terminen wollte sie dieselben abzahlen und Alle für Einen stehen. Dafür verlangten sie völlige Freiheit vom Scharwerk, selbst die Postfuhren wollten sie nicht mehr leisten und nur für den König allein das Gespann liefern. Natürlich muss es auch ihnen, der gesammten Colonie, überlassen und

---

[1] den 29. April 1728.

gewährt werden, für die Instandhaltung der einzelnen Schweizer-
erbe Sorge zu tragen, damit jeder Wirth auch im Stande sei,
seinen Zinsbeitrag richtig abzuführen; hierum brauche sich von
nun an weder König, noch Kammer zu kümmern; nur in einem
Falle bäten sie um „Remissiones", nämlich bei allgemeinen Landes-
calamitäten, wenn jeder Wirth besondere Beneficien deshalb zu
gewärtigen habe. Sonst soll kein Beamter weiter mit ihnen zu
schaffen haben, Postronken oder spanischen Mantel Seitens der
Behörde verbaten sie sich; sie selbst wollten ihre Leute nöthigenfalls mit Gefängniss oder Geld zu strafen wissen.

Diese letztere Jurisdiction der Schulzen schien jedoch dem
Könige allzu bedenklich, er liess deshalb einige Modificationen vornehmen. Eine gemeinschaftliche Kasse, zur Unterstützung Bedürfti-
ger, wird ihnen dagegen gestattet; in diese wurde vorläufig pro
Hufe, nicht pro Wirth, 18 Gr. eingezahlt. Die Colonie erhielt
das Recht, einen sicheren Mann zur Verwaltung dieser Gelder
vorzuschlagen, derselbe darf aber nur mit Genehmigung des
Collegiums Gelder auszahlen, und zwar nur an Nothleidende oder
zum allgemeinen Besten, auch muss er der Kammer Rechnung
ablegen; neue Auflagen dürfen ohne höhere Genehmigung nicht
vorgenommen werden. Die Steuergelder gehören zwar den General-
pächtern, doch müssen Fixirungen stattfinden, damit die Leute
nicht etwa nach Belieben taxirt würden etc.

Am 11. März 1729 empfing die Concession die königliche
Genehmigung. In Folge dessen wurde im nächsten Monat in
diesem Sinne von den Kammern verfügt, der Bericht ging abermals an den Hof zurück und empfing hier bald darauf endgiltig
die königliche Confirmation.[2])

Der Wortlaut der Concession ist dem Hauptinhalt nach folgender:
Es wird approbirt:

1. Dass in dem dieserhalb zu errichtenden Contract ausdrücklich reservirt werde, dass die Absetzung der schlechten und liederlichen Wirthe allemal nur mit Vorbewusst der Kammer geschehen
solle, die dann jedesmal zu untersuchen hat, ob die Ursache zur
Absetzung hinlänglich sei oder nicht.

2. Zwar sollen die Schweizer gegen Bezahlung des gewöhnlichen Meilengeldes auch Vorspann hergeben, doch sind sie,
soviel als möglich und mit Conservation der übrigen Unterthanen
geschehen kann, damit zu verschonen, weshalb denn auch ausser
dergleichen Nothfall keine Vorspannpässe an sie zu richten sind.
Wenn Wir aber in höchster Person reisen, können sie sich ohnedem nicht entbrechen, vor Uns und Unsere Suite die nöthigen
Vorspannpferde herzugeben.

---

1) den 12. April 1729.
2) den 1. Juli 1729.

3.[1]) Die Erbe und Höfe der Schweizer Colonie sollen beständig derselben verbleiben; auch hat die Colonie für etwaige Wiederbesetzung der vacant gewordenen Erbe mit den betreffenden Söhnen oder anderen Schweizern, ohne aus unserer Kasse etwas zu prätendiren, zu sorgen.

4. Die Frage, ob der Colonie noch mehr Bauern-Erbe zu übergeben sei (was früher für bedenklich gehalten wurde), soll von dem Gutfinden der Kammer dependiren; es ist darauf zu sehen, ob es mit Nutzen und zum Besten des Königl. Interesses, auch ohne Abgang der nöthigen Scharwerksdienste, geschehen könne.

5. und 6. Bei etwaigen Unglücksfällen und bei nöthigen Bauten ist nach genauer Untersuchung und pflichtmässigem Gutachten, unter Beifügung einer Specification von des Supplicanten Prästandis, auch wie selbige nach Proportion einer Hufe gegen eine Bauerhufe balanciren, zu berichten.

7. Die Regulirung wegen der Schulzen wird genehmigt.

8. Anstatt des spanischen Mantels (Postronken-Strafe) sollen die Schweizer mit entsprechender Gefängnissstrafe belegt werden, auch bei „geringeren Verbrechen", wie bei Radung der Wiesen etc. Es bleibt aber dabei, dass sie unter der Beamten Jurisdiction stehen müssen. Eigenhändige Unterschrift. 11. März 1729.

Die Kammer hatte natürlich Rechnung angestellt, wie gross der Vortheil bei der Ablösung sein würde, und gefunden, dass bei c. 300 Hufen (genauer 305 Hufen 5 Morgen 71 Ruthen) Scharwerksbauern 4258 Thaler, die Schweizer dagegen 4742 Thaler zahlen mussten, so dass der Ueberschuss immerhin nicht unbedeutend erschien. Lange Jahre ging es jetzt gut. Im Jahre 1738 traten sie jedoch schon wieder mit Prätensionen hervor und verlangten einen Zuschuss von Hufen, da die Colonie sich stark vermehre. Aber nach Meinung der Kammer gab es keine wüsten Hufen, nur in Balgarden konnten der Colonie noch einige Stellen angewiesen werden, aber „die Gegend stand ihnen nicht an". Sie verlangten vielmehr, dass sämmtliche nicht schweizerische Bauern von Insterburg bis Szillen von ihren Höfen entfernt würden und ihnen Platz machten. Das wurde natürlich verweigert. Als nun einige arme Schweizer Bauern die Hufen in Balgarden annehmen wollten, duldete das die Colonie nicht, die die Verpflichtung, für sie einzutreten, nicht übernehmen wollte, und so blieb es beim Alten.

Unter Friedrich II. „formirten die Schweizer bei Einreichung der jährlich einzusendenden Colonistenlisten und dabei zu machenden Anmerkungen wieder diverse (neue) gravamina und verlangten z. B. einen besonderen Richter ihrer Nation, auch dass ihre Kirchen nicht von der teutschen reformirten Kirche zu Königsberg, sondern von der französischen Kirche dependire". Auch klagten sie über

---

1) cf. Rescr. 17. September 1728.

Steuerlast und hätten am liebsten nicht mehr gezahlt, als die übrigen Lithauer, auf die sie sich beriefen. Dem stand nun der Coloniecontract klar entgegen. Dass einige über Ungleichheit der Steuern mit Recht klagen konnten, ist nicht zu leugnen, so zahlten Schweizer im Amt Szirgupöhnen pro Hufe jährlich 3 Thaler 4 Gr. Zins, in Stannaitschen andere nur 45 Groschen, im Amt Kattenau wieder andere einen Thaler etc.

Da sie mit diesen Klagen (die, wenn sie auch nur von einigen Wenigen ausgingen, immer die Unterschrift trugen: „die sämmtliche Schweizer Colonie") nichts ausrichteten, so wandten sie ihre Beschwerden einer andern Seite zu, oder wie die Kammer sagte, „sie legten ihr unruhiges Betragen anderweitig an den Tag." Sie klagten, dass sie mit Leistung der Fuhren überbürdet würden, „sie hätten dabei das Ihrige bis auf den letzten Heller zugesetzt." Der Streit um diese Fuhren war ein langjähriger und sehr lebhafter, ohne dass die Colonisten deshalb besonderen Nutzen daraus gezogen hätten.

Nächst der Schweizer-Colonie war namentlich die Nassauer- und Pfälzer-Colonie von Bedeutung; schon die numerische Stärke beider Theile war nicht unwesentlich, die Nassauer zählten im Jahre 1736: 291 Familien, wobei allerdings, wie die obige Nationalitätstabelle angiebt, im Amte Althof-Ragnit unter den 13 angeführten Familien sich auch einige Franken befunden haben sollen. Die Pfälzer sind nur aus den oft erwähnten 10 Aemtern mit 44 Familien nachweisbar.[1]) Es war das Bemühen beider

------

1) Im Jahre 1728 war ihre Zahl noch viel geringer: in diesem Jahre werden 28 Pfälzerwirthe erwähnt, die in 14 Dörfern wohnen, und 35 Nassau-Sieger Familien in 15 Ortschaften, und zwar:

Pfälzer:		Nassau-Sieger:	
Amt Stannaitschen:	Sempohn 3,	Amt Szirgupöhnen:	Szadwaitschen 7,
	Laukegallen 2,		Gr. Baitschen 2,
„ Brackupöhnen:	Malwischken 1,		Tablaucken 1,
„ Grünweitschen:	K. Gulligkehmen 2,		Puspern. 1,
„ Waldauckadel:	Studehnen 2,		Gr. Schurschienen 4,
„ Kiaulen:	Madzkehmen 2,		Worupöhnen 1,
„ Maygunischken:	Prasslaucken 4,		Prussischken 1,
	Walterkehmen 2,	„ Perkallen:	Gaylen 1,
	Drutischken 3,		Kl. Berschkallen 3,
„ Plicken:	Gertschen und	„ Mattisch-	
	Willkoschen 2,	kehmen:	Nestonkehmen 7,
	Jamaytschen 1,		Jodzuhnen 1,
	Neuginicken 2,		Kl. Kulligkehmen 1
„ Szirgupöhnen:	Sodweitschen 1,	„ Kattenau:	Blecken 2,
„ Saalau:	Jokeln 1.	„ Waldauckadel:	Deblen 1,
		„ Gaudisch-	
		kehmen:	Siemonischken 1.

Parteien, sich der Schweizer Societät anzuschliessen, oftmals haben Pfälzer und Nassauer Schweizerhufen inne und nennen sich wohl auch selbst Nationalgenossen jener Colonie, natürlich nur um in dieselben Vergünstigungen eintreten zu können. Zuweilen kam die Kammer ihnen entgegen, zuweilen machte sie strenge Unterschiede; später war es dem Ermessen der Schweizer-Colonie selbst überlassen, ob sie einige dieser Fremden als zugehörige Glieder betrachten wollte. Je mehr die Colonie selbst wuchs, und die Mitglieder sich mehrten, desto weniger konnten Nassauer und Pfälzer mit Erfolg daran denken, hier eingeschmuggelt zu werden, und nach mehreren vergeblichen Ansätzen gelang es ihnen wirklich, für sich selbst einen ähnlichen Societätsvertrag zu erwirken, wie ihn drei Jahre vorher die Schweizer durchgefochten hatten; es datirt sich diese „Nassauer und Pfälzer Colonieverschreibung“ vom 14. August 1732.

***

Vielfach wurden die Schweizer mit Franzosen verwechselt, hauptsächlich der Sprache wegen, denn ein guter Theil stammte aus der französischen Schweiz. Hatte doch (a. 1740) das französische Oberdirectorium geglaubt, sich einer grossen französischen Colonie in Lithauen annehmen zu müssen. Die hierauf erfolgte Untersuchung ergab, dass in allen lithauischen Städten zusammen nur gegen 10 Franzosen wohnten, von denen die meisten Grossbürger und Malzbrauer waren. Bei ihrer geringen Zahl konnten sie weder besondere Richter beanspruchen, noch eigene Geistlichkeit. Auf dem Lande fanden sich keine eigentlichen Franzosen vor; einige französische Colonien, zur Zeit der letzten Kurfürsten in Lithauen begründet, waren früh wieder eingegangen.

Es sei dieser Ansätze zu französischen Colonien, zumal sie in die Zeit vor Friedrich Wilhelm I. fallen, unten als Anmerkung erwähnt.[1])

---

1) In der Hauptstadt des Herzogthums, in Königsberg, hatten sich ungefähr nur ebenso viel Réfugiés, wie etwa in Prenzlau angesiedelt: siebenzig und einige Familien, während in Halle z. B. hundert Familien und mehr sich niederliessen. Und die rôle générale de toutes les colonies Françaises etc. vom Jahre 1703 erwähnt gar keine ländlichen Ansiedelungen in Ostpreussen. Aber Versuche zu ländlichen Colonien sind entschieden gemacht worden, nur scheinen dieselben keine nachhaltigen Früchte erzielt zu haben. So sind zunächst fünf französische Familien in Beeslacken bereits im Jahre 1699 als Ansiedler zu vermerken. Und in demselben Jahre beabsichtigen vierzehn andere französische Familien ebenfalls, sich auf ostpreussischem Acker niederzulassen.

Es wurde deshalb bei der Regierung angefragt, wo hierzu geeignete Plätze, d. h. wüste Hufen wären. Die Antwort war: zu Alt- und Neu-Rosenthal im Amt Rastenburg; hier befänden sich mehrere wüste Hufen. Aber das Etablissement zog sich in die Länge. Bereits im December 1699 erliess der Kurfürst in Bezug auf die Angelegenheiten dieser Réfugiés ein Schreiben an

Obgleich die Magdeburger und Halberstädter in ziemlich grosser Menge in das Land gekommen waren, war es ihnen doch nicht gelungen, zu einer besonderen, sich über die gewöhnlichen Colonistenpatente erhebenden Stellung zu gelangen, d. h. eine „Colonie" zu begründen. Am schlimmsten scheinen die nichtdeutschen Ansiedlerelemente behandelt worden zu sein, die Polen und Szamaiten resp. Lithauer. Dass solche vielfach als Colonisten „angesetzt" wurden, unterliegt keinem Zweifel; schon das mehrmals wiederkehrende Verbot ihrer Ansiedlung lässt darauf schliessen, dass es vordem geschah, und auch nachher wird von oben herab selbst wieder auf diese Klasse von Ansiedlern aufmerksam gemacht:

---

die preussische Regierung. „Er hätte sich ihre Relationen jüngsthin mit Mehrem vortragen lassen, was sie zum établissement Vierzehn geflüchteter französischer Familien ohnmassgeblich in Vorschlag brächten und Seiner gnädigste resolution anheim gäben". „Weil Wir nun daraus vernehmen, dass zu Neu Rosenthal in Unserem Ambte Rastenburg 20 wüste Hufen und davon 19 zu Alt Rosenthal befindlich sein sollen, So seyn Wir gnädigst zufrieden, dass, wofern es ohne jemandes Nachtheil und präjuditz geschehen kan, diesen Vertriebenen von solchen wüsten Hufen einige Ländereien zur cultur mögen eingeräumt werden, wie denen 5 Familien zu Beesslacken dergleichen Gnade widerfahren" etc.

Es dauerte aber noch ziemlich lange, ehe dieser Befehl des Kurfürsten ausgeführt wurde, und so erliessen denn im Frühling des folgenden Jahres die armen Réfugiés ein sehr unorthographisches, trotzdem sehr bewegliches Schreiben an den Kurfürsten, dass von allen vierzehn Familienhäuptern unterschrieben war.

Unterschrieben ist dieses Schriftstück von folgenden: Jean Serres, Jean Crison, Jean Conneau, Jacques Siruam, Jean Pierre Rousson, Jean Azard, Jacques Gounneau, Pierre Dubreuil, Pecchaunay, Pierre Viseur, David Labro, David Menettrier, Jean Roulein, Jean Bouillon, Jeasque Money.

Dieser Brief verfehlte denn auch seine Wirkung nicht. Der Kurfürst liess sofort den Hauptmann von Rastenburg bedeuten: „Unser gnädigster Befehl ergeht hiermit an Dich, solches gründlich zu untersuchen (nämlich, wie es umb die Gelegenheit der Huben des gedachten Dorfes Rosenthal, woselbst bemeldte Flüchtlinge sich zu setzen verlangen, beschaffen sey und auf was arth dieselben dort untergebracht werden können) und wol zu überlegen, auch uns davon Deinen pflichtmässigen Bericht zur ferneren Verordnung fordersamst abzustatten, damit der intendirte Zweck erreicht werden möge" (17. Mäız 1700).

Damit brechen die Acten ab; es scheint somit, dass den Réfugiés endlich willfahrt wurde, und sie zur Ruhe kamen.

Nach zwölf Jahren wurde die Réfugiés-Frage für Ostpreussen noch einmal aufgeworfen. Es hatte nämlich der preussische Resident in London, Bonnets, ein Längeres darüber berichtet, dass mehrere französische Familien von England gern nach Königsberg übersiedeln möchten. Wiederum wird deshalb die preussische Regierung in Königsberg vom Kurfürsten angegangen. „Wir sehen dieses Vorhaben — heisst es in dem kurfürstlichen Schreiben (September 1712) — gern so viel wie möglich befördert und facilitirt. Befehlen Euch in Gnaden, die dortige Domänen-Commission, den Commercien-Raht Nägelin und andere der Sache verständige Leute hierüber zu vernehmen und welcher gestalt diese réfugirten ohne grosse Kosten aus Engellandt nach Preussen zu bringen, auch wie sie allda, ohne dass es Uns zu sonderbarer Beschwer gereiche, zu établiren, zu überlegen und uns daran Euren umbständlichen Bericht mit dem forderlichen einzusenden."

Auch hier brechen die Acten ab.

ihre Ansetzung sei vielleicht billiger, als die anderer Colonisten, die erst aus weiter Entfernung ankämen. Den Szamaiten, die namentlich ein grosses Contingent für das Gesinde stellten, wollte man ihre Tracht nicht erlauben; in Folge dessen liefen sie haufenweise wieder davon. Der Amtmann schlägt deshalb der Kammer vor, Einiges von der Tracht vielleicht zu gestatten, wenn auch nicht die Pareisgen[1]), so doch die Naggen, zumal das Leder hierzu aus den Städten genommen wird. Die Kammer getraute sich in solcher wichtigen Frage keine eigene Entscheidung zu und fragte erst beim König an, der, wenn auch widerwillig, besonders in Erwägung der Motivirung zugestimmt haben soll. Diese alle scheinen auch nicht auf Grund der Patente angesiedelt worden zu sein, sondern durch eigene Contracte, die sie keineswegs vom vollen Scharwerksdienst entbanden.

Einer Klasse von Fremdlingen, die sich auch einzuschleichen verstanden hatten, sei noch kurz erwähnt: der Z i g e u n e r. Der harten Bestimmungen gegen dieselben ist schon öfters gedacht worden; Friedrich I. hatte decretirt, „es sollten, wenn sich Zigeunerbanden zeigten, die Sturmglocken angeschlagen und die Ortschaften gegen sie aufgeboten werden." Galgen wurden an den Grenzen errichtet mit der Aufschrift: „Strafe des Diebs- und Zigeuner-Gesindels, Manns- und Weibspersonen." Unter Friedrich I. sollten, als alles dies nicht half, alle Zigeuner über 16 Jahre, unter Friedrich Wilhelm alle über 18 Jahre gehenkt werden. Trotzdem kehrten sie immer wieder zurück, besonders in den Aemtern Budupönen und Darkehmen waren sie häufig zu finden, zumal durch sie „die Branntweinconsumtion sehr zunahm". Ja, wir finden sogar einzelne Zigeunerdörfer, ohne dass sich genau feststellen lässt, wann dieselben begründet worden sind, ob unter Friedrich Wilhelm I. oder Friedrich II. Als solche Zigeunerdörfer werden erwähnt: Kummetschen, Sandfliess, Ossinnen etc.

---

1) Juli 1733. P a r e s k e n pr., Bastsandalen, bestehend aus Streifen von Lindenbast, die um den Fuss gewunden oder gewickelt wurden. N a g g e n pr. ebenfalls eine Art Schuhe, ziemlich gleichbedeutend mit Wuschen-wyża, nicht so gebräuchlich wie die geflochtene Bastsohle. (Nesselmann, thesaus. ling. pruss.) Obwohl der in den Marken, bes. Berlin, etc. gebräuchliche Ausdruck der „Pariser" eine andere Art Schuhe (Filzschuhe) bezeichnet, so ist doch eine Verwandtschaft der beiden Wörter „paresken" und „Pariser" nicht unwahrscheinlich.

Drittes Buch.

Die Salzburger in Preussen bis zur Vollendung ihres Etablissements.

„Es ist ein prächtiges deutsches Volk, die Preussen, besonders die Ostpreussen und was dort von den Salzburgern stammt." E. M. Arndt.

Erstes Capitel.

Einleitung und Vorgeschichte.

Die Literatur[1]) über die Emigration der Salzburger ist eine überraschend grosse. Noch ehe das eigentliche Ausweisungsedict des Erzbischofs erfolgt war, hoben bereits die Schriften für und wider an; die einen, um rechtfertigend vorzubereiten, die anderen, um durch ihr Verdammungsurtheil zu verhindern. Die Zahl der Schriften mehrte sich hüben wie drüben nach wirklich erfolgter Vertreibung. Flugblätter, Actenstücke, Monographien, oft recht voluminöser Art, überschwemmten ganz Deutschland; die Prediger liessen ihre Kanzelreden, in denen sie das Lob der Salzburger sangen und den Erzbischof verdammten, drucken; die Juristen veröffentlichten oft in scheinbarer Unparteilichkeit die bezüglichen Acten, vor Allem wucherte eine Gattung auf: das Lied, das in allen Tonarten, namentlich gern in Odenform den Emigranten zum Troste oder zum Trutz angestimmt wurde, von Pastoren, von Magistern oder anderen Menschenfreunden, die in der Angelegenheit Partei nahmen, und fast ganz Deutschland nahm Partei! Diese Schriften begleiteten den Marsch der Wandernden und flatterten noch eine Zeit lang den schon Angesiedelten nach. Darauf trat allgemach Ruhe ein. Das Feuer der Erregung und Leidenschaftlichkeit, das die ersten Schriften wachgerufen hatte, war verraucht, und die späteren Schriftsteller versuchten, sich einer grösseren Ruhe zu befleissigen. Doch da meist Geistliche oder Colonistenenkel diesen Stoff in Angriff nahmen, blieb eine gewisse, oft bittere Polemik weder im Norden, noch im Süden aus; ebenso wenig konnten die meisten Gelegenheitsschriften, wie bei Säcularfesten, bei der Erbauung der ersten Kirche im Salzkammergut etc. sich jeglicher Hiebaustheilung entschlagen, wirkliche Würde

---

1) Specielles hierüber cf. Statist. Theil LXXXIV.

und wohlthuende Unbefangenheit habe ich unter den bezüglichen Autoren eigentlich nur bei dem Verfasser eines Aufsatzes in den „Grenzboten" bewundern können, den auch bei Beurtheilung der evangelischen Scriptoren seine objective Kritik nicht verlässt, und der gleichsam von höherer Staffel aus Rundschau hält[1]). Nicht als ob ich vermeinte, es könne strenge Verurtheilung eines ungesetzlichen Verfahrens, wie die Ausweisung durch den Erzbischof immer bleibt, ausgeschlossen werden; im Gegentheil, das Unrecht muss bei seinem wahren Namen genannt werden und kann nicht scharf genug gegeisselt werden; — Schonung erscheint hier als Schwäche, — aber darum hat der Geschichtsschreiber auch seinen Blick ins eigene Lager zu richten, auch hier muss Musterung gehalten werden. Die Verurtheilung des Gegners setzt noch keine unbedingte Verherrlichung der Freunde voraus! Und das eben scheint mir der Hauptfehler zu sein, in den die meisten Schrift-

---

1) Ich kann es mir nicht versagen, einige seiner Aeusserungen hier wörtlich folgen zu lassen:

„Ich will sie nicht namhaft machen, diese mehr oder minder würdigen Herren Emigrationsscribenten. Sie zählen nach Dutzenden. Die meisten haben die erbauliche Absicht und nivelliren die Dinge mit der breiten Walze eines blos theologischen Interesses. Andere sehen die Angelegenheit vorwiegend juristisch an. Da werden die Sachen zu Principien verflüchtigt, die Bühne des bewegten Dramas ist Nirgendheim, dennoch tritt uns in vielen jener Gelegenheitsschriften schon beweglichere Empfindung, reizbarer Sinn, ja sogar Zorn entgegen. Man zetert und lästert schon herüber und hinüber, nur zeigt diese Entrüstung, dass man die Thatsache als einzelne auffasst; man sieht nicht Haus, nicht Herd, um die dabei gestritten wurde, noch Erkenntniss der tieferen und allgemeineren Ursachen; überall bei ganz gutem Willen die Merkmale, ich möchte sagen sittlicher und geistiger Vaterlandslosigkeit."

Und ein paar Seiten später:

„Höchst charakteristisch in ihrer Charakterlosigkeit sind die Schilderungen des Eindrucks, den das Ereigniss machte. Zwar findet man in der Fortsetzung zu Ludewigs Erläuterungen der Reichshistorie die Andeutung, wie ausgiebig dasselbe für Gelehrtenfragen aus allen Facultäten sein könne; da sollen die Theologen erörtern, ob die evangelische Kirche von 20,000 Seelen ohne Kirche und Schule bestehen möge, ob zu verzeihen sei, dass die Salzburger sich auswendig zur römischen und inwendig zur evangelischen Kirche gehalten haben? Die Juristen sollen über die Rechtsverletzung studiren, die Mediciner beantworten, was diese Leute bei lauter Wassertrinken, Mehl und Mehlkost gesund erhalte? was der Ursprung ihrer Kröpfe sei; die Philosophen sollen untersuchen, warum in alten Zeiten die migrationes gentium leichter gewesen als jetzt nur von einigen Familien und Hausleuten? und Anderes mehr. Aber die Schilderungen der Augenzeugen sind merkwürdig dürftig, oberflächlich und gleichmässig. Nach ihnen erscheinen die Leute wie eine Heerde Schafe; es ist, als wäre dreissigtausendmal derselbe Mensch ausgewandert. Ueberall die nämliche gottselige Art gemüthlichen Antheils, aber kaum eine Spur von Beobachtung, in der sich Sinn für das Wirkliche verriethe. Eine dieser Geschichten ist wie alle: stets sehen wir in den Emigranten die Musterchristen, duldsame Lämmer, naive Tugendhelden; fast bis zum Ueberdruss darin bekundet sich derselbe Mangel der innern und äussern Schkraft, der uns namentlich in der Kunst dieser Zeit auffällt. Es fehlt den Menschen an lebendiger, persönlicher Empfindung ihrer selbst, daher bemerken sie auch nach aussen keine Unterschiede."

steller, die sich dieses Themas angenommen haben, verfallen sind, und eben hierin wird, — es sei gleich von vorne hereingesagt — nachstehende Schilderung von den früheren theilweise abweichen. Die That der Emigration hoch gehalten! die Handlungsweise des Erzbischofs verurtheilt! — aber die Einzelheiten im weiteren Verlauf der Ansiedlung ins wahre Licht gestellt! das ist die Aufgabe der nachstehenden Zeilen.

Die Meisten haben sich begnügt, die theologische oder politische Seite der Auswanderung zu beleuchten, sie haben den armen Wanderern auf ihrem oft beschwerlichen Wege bis nach Preussen, allenfalls auch bis Lithauen hin, das Geleit gegeben. Dann aber haben sie ihnen Valet gesagt. Und gerade hier wollen wir sie in Empfang nehmen und ihnen nachspüren, was weiter mit ihnen geschah; gerade hier wollen wir einsetzen, wo die Meisten aufzuhören pflegten. Nicht die Emigration wollen wir schildern, sie ist schon oft und ausführlich beschrieben, uns interessirt vielmehr die Colonisation. Waren bis nach Lithauen die Salzburger Vertriebenen die Helden und die Märtyrer, so gewahren wir jetzt an ihnen lediglich die menschliche Seite; aber wenn wir auch an ihnen manches werden zu rügen und zu tadeln haben, so soll doch nie in dem Tadel unsere volle Freude an ihrem Glaubensmuth, an ihrer Glaubensthat untergehen. Der Held des Nachfolgenden wird nicht sowohl der Salzburger sein, als vielmehr der Hohenzoller, Friedrich Wilhelm I. Sein Entschluss, die unglücklichen, aus ihrem Vaterlande Verstossenen bei sich aufzunehmen, ist ein herrliches Denkmal seines edlen, hilfebereiten Herzens, aber viel höher möchte ich noch das von diesem Augenblicke anhebende unablässige ernste Sorgen des Monarchen um seine Adoptivkinder stellen! Jener Entschluss war immerhin aus der Aufwallung eines hochherzigen Gemüthes entsprungen, die jetzt folgende stete Sorgfalt ist einer langen Kette vergleichbar, die aus einer Unzahl von Gliedern besteht, einer Menge einzelner liebender Erwägungen, die dem Lande und den Zuzüglern zu Gute kommen sollen, und die ebensowohl dem Verstande wie dem Herzen des Königs zur Ehre gereichen.

Der einzige Emigrationshistoriker, der auch dieser Colonisation Erwähnung thut, und dem die anderen folgen, ist Göcking in seiner „vollkommenen Emigrationsgeschichte“. Sein Werk umfasst zwei Bände mit ca. 1700 Seiten. Im zweiten Theile (884 S.) sind vier Capitel, die von den Salzburgern in ihrer neuen Heimath handeln, aber von diesen besprechen wiederum zwei Capitel nur Specialia, d. h. das Leben einzelner Salzburger und „von einigen Spuren göttlicher Vorsehung an den preussischen Salzburgern“, so dass in Wirklichkeit nur zwei Capitel in Betracht kommen können (4 und 5, Seite 213—345), und auch diese Seiten sind noch mit Gedichten, Tabellen und Personalien angefüllt;

ausserdem schliesst der Verfasser bereits im Jahre 1735, während
der Druck 1737 erst beendigt war, so dass die Ansiedelung der
Salzburger nicht bis zum vollendeten Etablissement fortgeführt ist.
Die Schwierigkeiten der Colonisation lässt Göcking wohl ahnen,
ohne dass sie wirklich und völlig erwähnt sind. Spätere haben
besonders dem Salzburger Hospital ihre Aufmerksamkeit geschenkt,
oft indem eine völlige Kirchengeschichte des Erzstiftes Salzburg
als Einleitung diente, so ein Lehrer der Armenschule in Gumbinnen und Organist der Salzburger Hospitalkirche, der erst mit
Seite 176 wirklich auf das Hospital zu sprechen kommt und dieses
auf 120 Seiten bespricht. Das letzte Werk über die Salzburger
Einwanderung protestantischerseits, das vom Prediger Krüger her-
rührte und im Jahre 1857 in Gumbinnen erschien (S. 287), behandelt die Colonisation auf 61 Seiten und giebt im zweiten Theil
eine ausführliche Geschichte des Salzburger Hospitals. Die wohl
bekannteste Schrift über „die Geschichte der Auswanderung der
evangelischen Salzburger im Jahre 1732“, von Panse im Jahre
1827 verfasst, giebt, wie schon der Titel verräth, nur wenig über
die definitive Ansetzung der Colonisten in ihrer neuen Heimath;
er schildert auf 170 Seiten den kirchlichen Druck, der auf dem
Gebirgsvölkchen lastete, dann lässt er sie auf zehn Seiten mar-
schiren (171—180), auf zwei Seiten wird die Ansiedlung abge-
fertigt (181—182) und plötzlich wird abermals ein Marsch beschrieben. Die Aufsätze in den Zeitschriften haben theils lediglich
theologisches Interesse, theils geben sie eine Rundschau über die
Auswanderung und die Literatur. Noch weniger Veranlassung
haben die katholischen Schriftsteller, genauer die Ansiedlungsfrage
zu beleuchten, höchstens, um, wie Clarus, schadenfroh sich in die
Hände zu reiben über die vielen Schwierigkeiten, die das Etablissement gewährt, und hämisch über die Aufführung der Salzburger
in Preussen zu witzeln und rechtfertigende Schlüsse hieraus auf
das Verhalten des Erzbischofs zu folgern. Auch die meisten Geschichten des preussischen Staates, viele des deutschen Reiches
erwähnen die Emigration, natürlich auf mehr oder minder be-
schränktem Raume, ohne jedoch von der eigentlichen Ansiedelung zu sprechen. Kurz, die eigentliche Ansiedelung der Salzburger, die Stiftung der Salzburger Colonie ist noch nicht in
der Ausführlichkeit dargestellt, wie es der Werth des Gegen-
standes verlangt.

Die Vorgeschichte ist bekannt und schnell erzählt.

Im Erzbisthum Salzburg hatte Luthers Lehre frühzeitig
Wurzel gefasst, nach anfänglichem Ignoriren dieser „unsichtbaren
Kirche“ wurden die üblichen Mittel der Gegenreformation auch
hier in Anwendung gebracht, so dass viele sich einschüchtern

liessen, viele flohen, ein grosser Theil wurde in den Tagen der
Aufhebung des Edicts von Nantes in die Fremde gestossen, während die Kinder der ausgewiesenen Familien oft zurückbehalten
wurden.

Es waren die Teferegger Thalleute gewesen, über die sich
in der Zeit von 1684—1686 die volle Strenge der katholischen
Reaction entlud; vergebens die Verwendung des Hortes der deutschen Protestanten, des grossen Kurfürsten! Trotz alledem war
die evangelische Lehre nicht ausgerottet; Lieder, Predigten, Katechismen, Bücher und Bibel der Ausgewanderten trösteten die in
der „babylonischen Gefangenschaft" Zurückgelassenen wunderbar,
vor Allem die herrlichen Sendbriefe des wackeren Josef Schaitberger, dessen Name in der Geschichte fast aller Exulanten und
Emigranten von mächtigem Zauber war. „Habts keinen Schaitberger?" war die gewöhnliche Frage der wandernden Exilirten.
Die Zahl der evangelisch Gesinnten im Salzburg'schen wuchs von
Jahr zu Jahr, keine offene Verfolgung konnte ihnen ihren Glauben
nehmen, kein Versuch in Güte konnte sie überreden, wahrhaft
katholische Christen wieder zu werden. So schleppte sich dieses
versteckte Spiel bis in die Regierung des Erzbischofs Leopold
Anton Eleutherius, Freiherr von Firmian hin, der von 1727 bis
1744 auf dem erzbischöflichen Throne sass. Er versuchte es
wieder einmal mit Schärfe und Gewalt, um das heimliche Gift
aus seinem Lande zu entfernen. Missionen und baierische Jesuiten
waren seine Werkzeuge. Der gewaltsamen Forderung, die äusseren Ceremonien, auf deren Beobachtung bisher nicht allzu streng
gesehen worden war, inne zu halten, setzte der Bauerntrotz bald
Widerstand entgegen. Den Rosenkranz hätten sie wohl noch
gebetet, zu Processionen und Wallfahrten hätten sie sich, nach
alter Gewohnheit, wohl weiterhin noch bequemt, aber als gebieterisch der neue katholische Gruss: „Gelobt sei Jesus Christus"
„In Ewigkeit, Amen!" ihnen aufgenöthigt werden sollte, wurde
der bisher noch schlummernde Trotz heftiger und offener. Die
Widersetzlichkeit wurde allgemein und systematisch, eine Gemeinde
ging der andern in Muth des offenen Bekenntnisses voran. Doch
noch immer war diese Rebellion passiver Art, bestand mehr im
Verneinen, als dass sie selbständige Forderungen formulirte. Allgemeine Nachsicht und Güte hätte sicher viel Gutes ausgerichtet,
zumal wenn bei geeigneten Einzelngelegenheiten Energie und Ernst
Nachdruck gegeben. Dem lästigen Drängen der Jesuiten jedoch,
die eine vollständige Empörung nicht ungern sahen, wurde wachsender Widerspruch entgegengesetzt. Die evangelischen Stände
in Regensburg, die zum Schutze für die gegen die Bestimmung
des Westfälischen Friedens Bedrückten angerufen wurden, schrieben und beriethen und beriethen und schrieben zu deren Gunsten;
aber dabei blieb es. Der Erzbischof liess durch eine besondere

Commission den Stand der kirchlichen Dinge, d. h. die etwaige
Zahl der Protestanten untersuchen. Mit Muth und mit einer gewissen nachdrücklichen Energie traten jetzt die Akatholiken vor
die Commission, ihr Bekenntniss offen abzulegen. Und sie waren
jetzt um so selbstbewusst-feierlicher, als sie Jahrhunderte lang ge-
schwiegen, im Verborgenen nur scheu und fast feige bisher ihrem
Glauben gelebt hatten. Jetzt brach das Gefühl sich Bahn, dass
weiterer Mangel an Offenheit Sünde sei. Nicht wenig mag auch
das Gefühl bei den trotzigen Bauern mitgespielt haben, mit einer
verhassten Regierung, die im Quälen sich so erfinderisch gezeigt
hatte, jetzt einen Tag der Abrechnung zu halten. Auch dass die
Herren in Regensburg schon einige Male sich ihrer angenommen
hatten, erfüllte sie mit dem Gefühle grösserer Sicherheit; auch sahen
sie die Augen der Protestanten in ganz Deutschland auf sich
und auf das Ergebniss dieser Commission gerichtet; es war somit
eine Ehrensache, dass ihre Klagen sich nicht grösser erwiesen,
als ihre Festigkeit, die Sache des Glaubens zu vertreten. Hatte
die Regierung gewähnt, die Bauern durch die Commission einzu-
schüchtern, so hatte sie sich gründlich getäuscht. Es waren über
20,000 Personen gewesen, die sich als evangelisch hatten einschreiben lassen, also ziemlich der neunte Theil der ganzen Bevölkerung. Die erzbischöfliche Regierung war in Bestürzung. So
schlimm und tiefwurzelnd hatte man sich das Uebel doch nicht
vorgestellt, die Evangelischen selbst fühlten durch das Ergebniss
der Zählung sich mächtig gestärkt. Es wurde der Vorsicht halber
von der Regierung Militär zusammengezogen, inzwischen aber,
um etwaige Ausbrüche einer Rebellion zu verhindern, wurden
versöhnliche Worte zu den Evangelischen gesprochen, des Inhalts, dass alle vorgebrachten Beschwerden untersucht werden
sollten; bis dahin möchten sich die Evangelischen still zu Hause
halten, keine Zusammenkünfte und Rottirungen vornehmen, da
den Klagen ja Abhülfe geschafft würde. Auch das einrückende
Militär möchte Keinen befremden, es würde nur zum Schutze geschickt, um Conflicte zwischen Katholiken und Akatholiken zu
verhindern. Diese Erklärung wurde von „Zeche zu Zeche, von
Rotte zu Rotte" befördert. Bald aber wurde Ton und Auftreten
der Regierung zuversichtlicher und bestimmter, akatholische Berg-
leute wurden entlassen; die Bekehrungsversuche erneuert, ver-
doppelt; Deputirte der Evangelischen an den Kaiser unterwegs
aufgefangen und als Rebellen inhaftirt. Ein Manifest des Kaisers,
das der Regierung allzu mild und versöhnlich zu den Salzburgern
zu sprechen schien, wurde nicht publicirt, dagegen wurde eine
Verstärkung des Militärs durch kaiserliche Truppen erbeten, da
die kaiserlichen Ermahnungen nichts fruchteten. Die Dragoner
des Prinzen Eugen, der über diesen Schergendienst nicht sonderlich erbaut war, wurden als Einquartierung in die Häuser der

„Rebellen" gelegt, und die Verhaftungen nahmen zusehends grössere Dimensionen an, aber die Lehre wurde dadurch nicht ausgerottet; hierzu blieb nur ein Radicalmittel übrig: die Pflanze mit der Wurzel auszureissen, alle Evangelischen des Landes zu verweisen! Dieser Act der Ausweisung wurde durch Veröffentlichung des „Emigrationspatentes" bekannt gemacht.

Dass eine geistliche Regierung das dringende Verlangen hatte, eine einheitliche Confession im Lande zu sehen, erscheint allenfalls verständlich, aber nur Spitzfindigkeit kann leugnen, dass dieses Vorgehen gegen Wortlaut und Geist der Paragraphen des Westfälischen Friedens verstösst. Vor Allem war gesündigt gegen die Terminsbestimmung der Auswanderung; statt der Frist von drei Jahren waren hier als äusserste Grenzen nur drei Monate gewährt. Das musste vor Allem die Vermögensverhältnisse der Auswanderer schädigen, die nicht für ihre Mobilien, noch weniger für die liegenden Gründe und Häuser Käufer finden konnten. Auch mag mit der Veröffentlichung des Patents zunächst nur ein Druck auf die Gemüther der Bauern bezweckt worden sein; man hoffte noch in der letzten Stunde auf Umkehr und Reue. Doch umsonst. Und jetzt sah sich die Regierung, wir wollen es zu ihren Gunsten annehmen, fast gegen ihren Willen durch die Verhältnisse gedrängt und getrieben; sie glaubte eine Schwäche zu offenbaren, wenn sie umkehrte, und so wurde sie hart und schritt immer weiter auf offenbar rechtswidrigem Wege. Der Muth, die Festigkeit der Bauern reizte die Regierung, und die Mittel, die Anfangs nur aus einer Abschreckungstheorie hervorgingen, wurden bald Symptome wirklicher Tyrannei. So begann dann die gewaltsame Vertreibung zunächst der Unangesessenen, die nicht ohne herzzerreissende Scenen vollführt werden konnte. Denn die Leute wurden, als der Termin herangerückt war, oft von der Arbeit fortgerissen und „kuppelweise" fortgeschleppt. Der erste Transport zählte 800, ein zweiter 500 Personen. Auf vieles Bitten und mannigfache Verwendung wurde darauf eine Milderung des Edicts erlassen: für alle Haus- und Hofbesitzer wurde als äusserster Termin der Georgitag (23. April) des nächsten Jahres (1732) festgesetzt; ihre Güter müssen sie dann durch katholische Unterthanen verwalten lassen; den Söhnen und Töchtern der Angesessenen, welche in Diensten stehen, kommt dieselbe Vergünstigung des aufgeschobenen Termins zu Gute; bei der Fortschaffung der Unangesessenen sollen zunächst die ledigen und mehr gefährlichen Burschen den Anfang machen, die Weiber, zumal mit kleinen Kindern, sollten bis zuletzt verschont werden. So wurde die Wintermonate hindurch, im strengen Januar und Februar, die Vertreibung der Unangesessenen weiter betrieben, gegen 2500 Menschen wurden damals gewaltsam über die Grenze geschafft. Auch der Georgitag, die letzte Stunde in der alten

Heimath, rückte heran. Auch jetzt noch wurde das Ansinnen, katholisch zu werden, an die „Rebellen" erneuert; sie wiesen jeden derartigen Vorschlag trotzig zurück und erhielten von den Pflegern ihre Pässe mit Vermerken, warum sie ausgewiesen wären. Erzbischöfliche Commissarien begleiteten die Transporte bis an die Grenze, von hier an mussten sie selbst zusehen, wie sich ihr Geschick weiter gestaltete. So ging fast alle acht Tage ein Zug nach der nördlichen Grenze.

Noch wussten die Salzburger nicht, wohin? Aber sie wanderten getrost vorwärts. Ihre Augen waren nach Norden gerichtet, sie dachten an Preussen. Schon einige Male hatten sie sich mit Friedrich Wilhelm in Verbindung gesetzt, der ihnen Trost zusprach, wie einst sein Ahne den Tefereggern. Vor dem Erlass des Emigrationspatentes hatten sich einige Bauern auf den Weg gemacht, um von Regensburg, wo sie zunächst ihre Klagen angebracht hatten, weiter nach Berlin zu wandern. In Berlin hatte der religiöse König sie im Glauben prüfen lassen, und als das Resultat günstig ausfiel, gab er auf die Vorstellungen der Bittsucher den Bescheid, er wolle sich ihrer annehmen, und „wenn auch gleich etlich tausend von ihnen in sein Land kommen würden, so würde er sie alle aufnehmen, ihnen aus höchster Gnade, Liebe und Erbarmung Haus und Hof, Aecker und Wiesen geben und ihnen als seinen eigenen Unterthanen begegnen." Solche Worte des Trostes und der Ermunterung fanden ein Echo in den Herzen der Bedrängten. Was natürlicher, als dass sie jetzt in der wirklichen Noth wieder dieser Worte des Monarchen gedachten, der schon oftmals sich für sie verwendet hatte. Während das ganze evangelische Deutschland durch das Vorgehen des Erzbischofs zwar aufs Höchste beleidigt und entrüstet war, aber nur mit Repressalien drohte, lärmte, vor Allem — schrieb, ist gegenüber den ewigen und lediglich pathetischen Declamationen der meisten Fürsten, besonders der evangelischen Stände in Regensburg, das Handeln des preussischen Königs eine erfreuliche Erscheinung. Er schickte sofort einen Commissär, von Göbel, nach Regensburg; hierher, war anzunehmen, wandten sich zunächst hilfe- und rathsuchend die unglücklichen Schaaren der Emigranten; als ob das Reich sich je der in ihrem Rechte Gefährdeten ernstlich angenommen hätte! Aber das naive Vertrauen des Volkes war unerschütterlich. Göbel sollte die Zersprengten hier sammeln und die Züge für den Marsch nach Preussen vollständig organisiren. Von der erzbischöflichen Regierung verlangte Göbel im Namen seines Herrn, der sich sofort als Beschützer und Vater der Vertriebenen fühlte, vor Allem, dass die Familien fürderhin nicht mehr auseinandergerissen würden, dass man die nach Preussen Ziehenden den kürzesten Weg nehmen lasse und den Abziehenden ihr Eigenthum nicht verkümmere. Auch erliess der König sein bekanntes „Patent" vom 2. Februar 1732, das in jeder Beziehung das Gegenstück zu der erzbischöflichen Ausweisungsschrift ist und deshalb wie jenes, dem vollen Wortlaut nach, im Anhang abgedruckt steht. Um die Georgizeit herum betrugen die aus dem Erzbisthum Ausgewiesenen gegen 14,000 Personen; im Ganzen zählte die Emigration zwischen 20 bis 30,000 Köpfe.

Die Zeit des Marsches der Emigranten hat, wie erwähnt, ihre ganz besondere eigenartige Literatur; es mögen meist schwache Producte sein, denn fast jede Begrüssungsrede von Predigern, Bürgermeistern, Räthen, Präceptoren wurde gedruckt. Aber legen diese Beiträge nicht Zeugniss ab von einem warmen Mitgefühl für wahres Unglück? Und dieses edle Gefühl wiegt manche Versündigungen an der göttlichen Muse, manche unglaublich schwache Leistungen in Versen reichlich auf. Es kostet allerdings oft Ueberwindung, nicht einige Stellen aus den langathmigen Reden oder den wässrigen Poëmen zur Ergötzung für den heutigen Geschmack hierherzusetzen; auch ist nicht zu leugnen, dass Selbstberäucherung sehr oft den Weihrauchkessel geschwungen hat, so dass ein Geisselhieb den Selbstgefälligen nicht schaden würde — trotz alledem wollen wir hier aus Pietät gegen die immerhin menschenfreundliche Gesinnung der unglücklichen Dichter und Redner jegliche Satire unterlassen und lieber loben, was wahrhaft lobenswerth ist. Jede Geschichte der Salzburger Emigration giebt mit Vorliebe eine Schilderung dieses Marsches der einzelnen Haufen und lässt auch gern die Salzburger selbst ihre Reiseerlebnisse und kleinen Abenteuer in ihrer naiven, treuherzigen Art erzählen; gewöhnlich sind es dieselben Berichte, ein Auszug aus Göcking's Ausführlichkeiten, dem nichts unwesentlich ist, was seine Salzburger betrifft, der in jedem Erlebniss eine sichtbare Fügung des Himmels erblickt. Im Allgemeinen ähnelt ein Marsch dem andern, ein Transport dem andern.

Die Emigranten zogen in leidlich guter Ordnung einher, die Commissarien hielten Ruhe und Disciplin aufrecht, selbstgewählte Heerführer standen ihnen hilfreich zur Seite und vermittelten Befehle hier und Wünsche dort, da das fremdartige Idiom den Commissarien oft ganz unverständlich klang. Oft wurde unterwegs Halt gemacht, dann wurde gesungen, besonders das Exulantenlied, es wurde vorgelesen, zuweilen sprach einer der „Aeltesten" Worte des Trostes und der Ermuthigung. Denn oft verzagten sie; sie hätten nicht Menschen sein müssen, wenn ihnen nicht zuweilen Bedenken gekommen wären, ob sie auch das Rechte erwählt hätten, wenn es sie nicht zuweilen wie eine Ahnung von beginnendem Heimweh übermannt hätte. Aber diese Stimmungen schwanden so schnell, wie sie gekommen. Kurz vor einer Stadt ordnete sich der während des Marsches aufgelöste Zug, paarweise zogen sie dann einher, in festerer Haltung. Bald

9

kam aus der Stadt eine Deputation ihnen entgegen, oft wurden
sie von vielen Tausenden eingeholt, Rede und Gegenrede, Fragen
der Neugierde und echter Theilnahme, Hilfeleistungen aller Art —
das alles wechselte bunt ab. An den Thoren der Stadt abermaliger Empfang, höhere und niedere Schulen standen hier, um
mit Gesang die Märtyrer zu begrüssen, Oden wurden ihnen vorgelesen, vertheilt, desgleichen andere Bücher, vor Allem die Bibel.
Die Glocken tönten ihnen aller Orten den Willkommensgruss entgegen. Hatten sie noch keine Herberge gefunden und genommen,
dann ging es in eine der städtischen Kirchen, wo abermalige feierliche Begrüssung stattfand. Oft wog die Sorge für das leibliche
Wohl vor, je nach der Richtung in den massgebenden Kreisen;
die Einquartierungen fanden bei einzelnen Bürgern statt, vielfach
in öffentlichen Häusern, in Gasthöfen etc., wie der Raum es gerade gestattete. Nicht selten entwickelt sich ein wirklich freund-
schaftliches Verhältniss zwischen Wirthen und Gästen, einige Male
werden die Salzburger aber auch bestohlen.

Zuweilen hielten sich die Erschöpften mehrere Tage an
einem und demselben Orte auf, zuweilen nur Stunden, wie es
gerade ihr Zustand erheischte, dessen Erforschung eins der Haupt-
geschäfte der Commissarien war. Feierlich war auch der Ab-
schied. „Man betete mit ihnen, man weinte mit ihnen, erhob mit
ihnen zugleich die Hände zu Gott. Ihr Zug ist fast durchweg
ein Triumph- und Märtyrerzug. Zwar werden von einigen katholischen Ortschaften (z. B. Donauwörth) Feindseligkeiten gegen die
Emigranten gemeldet, aber von vielen anderen um so mehr Wohlwollen und Menschenfreundlichkeit, gleichmässig rühmten die
Wanderer die Herzlichkeit, Theilnahme und Unterstützung der
Lutheraner und Reformirten, besonders der Réfugiés, auch
der Juden. Alle, Hoch und Niedrig, Reich und Arm, Jung und Alt,
Männer und Frauen waren aufrichtig ergriffen und steuerten
thränenden Auges ihr Scherflein bei, um das Unrecht zu sühnen
und die Leiden zu mildern. Natürlich fand in der Gastlichkeit
und in der Aufnahme eine allmählich zunehmende, sich steigernde,
dann langsam und naturgemäss wieder nachlassende Wärme und
Sympathie statt. Die Ersten überraschten fast allzusehr, man
ahnte nichts von solchen Zügen, die Neuheit der Sache frappirte,
auch war das Gerücht von politischen Verbrechern ihnen voraus-
geeilt, bis die Grossartigkeit der wandernden frommen Schaaren
die Leute überwältigte, und bis zuletzt wieder die zur Alltäglich-
keit gewordenen Schauspiele anfingen, gleichgiltig zu lassen." [1]

Viele Städte haben eine Beschreibung des Aufenthaltes der
Salzburger in ihren Mauern mit allem Zubehör drucken lassen,
auch diese Beschreibungen haben selbstverständlich viel Aehnlich-

---

[1] Hohenz. Colonisation, S. 192.

keit mit einander. Schwer ist anzugeben, wie viele solcher Züge gewandert sind, denn einzelne spätere Züge holten oft andere, frühere ein, verschmolzen mit diesen, und von dieser Masse lösten sich abermals Gruppen los, die wiederum als selbständige Transporte weiterzogen; die Stärke der einzelnen Trupps war auch höchlichst verschieden, wir finden einige zu 800, 900 Personen, ja zu 1031, 1085, 1161 und andere wiederum zu 141, zu 46, die letzten Züge waren sogar nur 22 und 13 Mann stark. Nach Göbels Generalextract sind im Ganzen 32 solcher Züge geführt und 20,694 Salzburger auf denselben in das preussische Gebiet geschafft worden.

Friedrich Wilhelm hatte den Salzburgern seine volle Theilnahme entgegengebracht; es heisst den Charakter dieses Monarchen verkennen, wenn man annehmen wollte, dass er in den Tagen der Emigration zunächst an eigenen Vortheil gedacht hätte, sein und seines Landes Nutzen stand ihm bei dieser Angelegenheit in zweiter Linie, kam erst in Frage, nachdem die Aufnahme der Salzburger bereits eine beschlossene Sache war. In der Zeit der Katastrophe hatte er erklärt, er wolle ihnen ein Asyl gewähren, „sollten es auch nur zehn Familien sein, wären es aber auch Tausende, so wolle er dieselben dennoch insgesammt gern aufnehmen." Bekannt ist sein ferneres Verhalten gegenüber der Emigration. Als die Zahl der einwandernden Salzburger tagtäglich wuchs, wurde Göbel verlegen; man war höchstens auf 5- bis 6000 Einwanderer gefasst, jetzt meldeten sich gegen viermal mehr. Göbel fragte deshalb erst bei seinem Monarchen an, der König aber schrieb dem Berichte die kurzen inhaltsschweren Worte bei, die so recht Zeugniss ablegen für die wahrhaft religiöse Auffassung des Königs: „Sehr gut. Gottlob! Was thut Gott dem Brandenburgischen Hause für Gnade! denn dieses gewiss von Gott kommt." Und ein anderes Mal liess er Göbel wiederum die Weisung zugehen, so viel Emigranten zu übernehmen, wie sich nur meldeten, „wenn es auch gleich 10,000 wären." Ebenso bekannt sind die Scenen der persönlichen Begrüssung der Emigranten Seitens Friedrich Wilhelm's I., wie er in Potsdam sich mit ihnen unterhielt, sie selbst in Glaubenssachen ausfragte, ein anderes Mal mit ihnen sang und oft Gelegenheit nahm, mit ihnen zu sprechen, nach ihrem geistigen und körperlichen Ergehen angelegentlichst, ernst und leutselig zu forschen.

Es waren drei Routen, die nach dem Norden hinführten, ein Weg ging über Frankfurt a. O., ein zweiter über Magdeburg, Stendal, Stettin, und der Hauptweg führte über Berlin. Den letzteren Weg zogen 14,728 Salzburger. Von Berlin wiederum wurden zwei Strassen eingeschlagen, um nach Königsberg zu gelangen, abermals über Stettin, von hier zu Schiffe und ein Landweg, der über Landsberg, Cüstrin, Cöslin, Bütow, Pr. Holland,

Brandenburg oder in ähnlichen Touren nach Preussens Hauptstadt
führte. Zu Wasser wurden 66 Schiffe in 19 Transporten mit
10,780 Passagieren befördert, zu Lande in 11 Partien 5533 Salzburger, also im Ganzen 16,313, von denen 805 unterwegs starben, also kamen nur 15,508 nach Preussen, während bereits 2381
theils in den übrigen Provinzen zurückgeblieben, theils den An-
strengungen erlegen sind. — Der Landweg war gefahrvoll; die
Commissare erhielten deshalb Reiterabtheilungen zum Schutz mit,
auch wurden ihnen besondere Instructionen an die Hand gegeben,
deren eine folgendermassen lautete:

Instruction.

Vor den Joh. Friedr. Schojan, welcher diejenigen Salzburgischen Emigranten, so ihre eigenen Wagen und Pferde den
1. und 2. huj. anhero gebracht haben und mit denenselben von
hier zu Lande durch die Neumark über Bütow und Marienwerder nach Preussen gehen, dahin führen soll.

1.

Zur Verpflegung dieser Leute, ihrer Weiber und Kinder,
auch etwa bey sich führenden Knechte und Mägde, ist ein Gewisses ausgesetzt, welches diesen Leuten auch, laut deshalb besonders verfertigter Specification, allhier bereits bezahlt worden,
und hat der Führer solche Specification mit einer deutlichen Nachweisung und Anzeige, wie viel Tage die Leute mit Diäten von
hieraus versorget werden, mit sich zu nehmen, umb solche in
Königsberg bei seiner Hinkunft der dortigen Krieges- und Domänenkammer vorzeigen zu können, welche dann beurtheilen
wird, ob solche zugereichet, oder etwas menagiret oder auch
denen Leuten noch mehr zu geben sey.

2.

Wie nun einer jeden Mannsperson 4 ggr., einer Frauens-
person 3 ggr., einem Kinde 2 ggr. (Königl. Verordnung gemäss)
täglich gereicht werden; also soll ihm, Führern selbst, von dem
Tage an, da er diese Leute übernommen, zu seiner Verpflegung
täglich Ein Thaler, vor den studiosum theologiae aber, welcher
diesen Emigranten unterwegens zugegeben worden, täglich 16 ggr.
an Diäten gut gethan und in Rechnung passiret werden, zu welchem Behuf und wann unterwegens etwa einige extraordinaire
Aussgaben vorfallen möchten, ihm 100 Thaler zu besonderer Be-
rechnung mitgegeben sind.

3.

Bekommt er, laut allbereits ertheilter Königlicher Ordre,
sowohl von Bütow oder Neu-Stettin ab bis Marienwerder, oder
an welchem Ort es am commodesten und sichersten geschehen
kan, von Dragonern Platen'schen Regiments alss jenseit obge-

dachten Orts vom Buddenbruck'schen, oder dem sonst der Gegend
am nächsten liegenden Regiment Cavallerie eine Eskorte, wes-
halber er seine Ankunft und. wenn er ohngefehr eintreffen werde,
von dem nächsten Amte denen Commandeurs zeitig vorher, ehe
er an jedem Orte anlanget, durch einen expressen bekannt machen
zu lassen und diese Instruction wo nöthig zu produciren hat.

4.

Weil denen Salzburgern, so ihre eigenen Pferde mit anhero gebracht haben, täglich eine Metze Roggen auf ein Pferd
gereichet wird, So soll ihm, Führer, unterwegs der Scheffel Roggen
durch die Bank à 12 ggr. in Rechnung passiret werden. Wes-
halben er dann hiernach die Eintheilung bei der Distribution zu
machen, mithin jedem Salzb. Emigranten, welcher eigene Pferde
mit sich führt, das Geld à 1 Metze pro Pferd täglich, nach proportion des Preises zu reichen hat.

5.

Zu Königsberg in Preussen hat er sich sofort bei seiner
Ankunft bei der dortigen Kriegs- und Domänencammer zu mel-
den, welche wegen dieser Emigranten weitere Fortbringung und
Versorgung das Nöthige veranstalten wird.

6.

Uebrigens hat er auch überhaupt mit dahin zu sehen, dass
in keinem Stücke, insonderheit im Polnischen unterwegs Unord-
nungen vorgehen mögen, wie er denn alle Mal an denjenigen
Ort, wo er mit dem Trupp zu Mittag oder zu Nacht zu verbleiben
vermeinet, zeitig entweder selbst oder durch einen eigenen Boten
dem Beamten oder den Magistrats- und Gerichtspersonen des
Orts von seiner Ankunft und wie stark er sei? Nachricht zu
geben, sie auch wegen der Quartiere und Herbeischaffung des
Benöthigten an Speise, Trank und Fourage zu ersuchen hat.

Signatum Berlin, de 5. Aug. 1732.   Auf Sr. Majest.
allergn. Specialbefehl.

Auch diese Transporte in Preussen selbst sind nicht immer
genau zu verfolgen; die Salzburger blieben durchaus nicht immer
in der Ordnung zusammen, wie sie etwa in Berlin auf das Verzeichniss gesetzt waren, nach welchem die Bezahlungen der Tage-
gelder und Zehrkosten an die Reisecommissarien erfolgten, sondern sie ordneten sich nach ihren „Freundschaften", die ihre Reise-
bedürfnisse gemeinschaftlich einkauften, mithin auf einander angewiesen waren. Nach diesen selbstgewählten Zusammensetzungen
wurden sie auch zu Schiffe „eingeschichtet", deshalb stimmt auch
die Zählung an Ort und Stelle fast nie mit den Listen überein,
und aus demselben Grunde ist allen diesen Nachweisungen, wie
sie Göcking u. a. bringen, kein unbedingtes Vertrauen zu schenken.

Nur wenige Colonisten, die ganz auf eigene Kosten und Gefahr reisen; doch liessen sie sich das Zehrgeld, an Ort und Stelle angekommen, sehr oft noch nachzahlen.

Die Hauptsorge der Salzburger war, dass sie auch möglichst Alle in ihrer neuen Heimath beisammen blieben, aus diesem Drange war schon in Berlin eine Petition[1]) an den König entsprungen, in welcher sie u. a. sagen, „sie könnten zwar nur unteutsch lallen, wollten sich aber je mehr je weiter in den neuen Landen der teutschen Aussprechung in Herzensinbrünstigkeit suchen theilhaftig zu machen. Sie wünschten vielfach Zungen im Munde zu haben, um die grossen Wohlthaten des ihren Augen noch verborgenen Gottes an d. Königl. Maj. sichtbaren eingegossenen Vaterliebe mit Singen und Beten aufs herrlichste preisen zu können. Ihre Devotion mache sie unterwindend, dass sie aus allem demüthigstem Vertrauen ihres demüthigsten Ansinnens gewähret zu werden Königl. Maj. allerunterth. ersuchten, sie nach ihren Familien, wie sie in Salzburg gewohnt, in Preussen und Lithauen, oder wo Königl. Maj. ihre Wohnung ausersehen hätten, gleichergestalt in gewisse Districten nach Möglichkeit niedersetzen zu lassen."

---

1) den 30. Juni 1732.

Zweites Capitel.

Das Interimisticum und die Winterquartiere.

Preussen, und besonders Lithauen, war als Bestimmungsort und Ziel der Salzburger Emigranten ausersehen. Aus den vorangegangenen Schilderungen der bisherigen Colonisationen in Lithauen ist ersichtlich, dass um das Jahr der Einwanderung das Hauptsächlichste in dem Wiederaufbau des Landes bereits gethan war, dass also nicht, um das „Werk" zu vollenden, wie eine gewisse Richtung von Schriftstellern, Gfrörer an der Spitze, gern hinstellt, die Salzburger nach Preussen „gerufen" wurden. Auch die diesseitigen Schriftsteller haben nach Göckings Vorgang die Ansiedelung der Salzburger in Lithauen meist so geschildert, als ob das Land damals noch überall wüste und öde gelegen hätte und nur aus Mangel an Colonisten die leeren Höfe nicht besetzt werden konnten. Dem ist nicht so.

Schon seit dem Jahre 1726 war gar kein weiterer Zuzug von Colonisten mehr gewünscht worden, die einladenden Patente hatten seit jenem Jahre aufgehört, die Bedürfnissfrage schien gar nicht mehr vorhanden. Da kamen die Salzburger in das Land. Jetzt freilich fanden sich, bei genauerem Suchen, noch viele Schäden, noch viele wüste Stellen, aber sie fanden sich erst, als Umschau für die Salzburger gehalten ward. Also noch einmal: Lithauen wurde weiter bevölkert, weil die Salzburger kamen und irgendwo untergebracht werden mussten, weil der König das Land noch immer in seiner Erinnerung als ein ödes und wüstes hatte, aber in Wahrheit passen die Schilderungen von den fürchterlichen Verheerungen des Landes auf jene Zeit nicht mehr. Der Endzweck des jetzigen „Werkes" ist somit die Unterbringung der Eingewanderten; die Colonisirung Lithauens erscheint als eins der hauptsächlichsten Mittel hierzu.

Frühzeitig hatte der König die Ostpreussische Kammer benachrichtigt, dass die Salzburger nach dem Ostlande hingewiesen werden sollten, und dass das Gros in Lithauen untergebracht werden müsste. Auch war nach jener Bittschrift der Salzburger die Königsberger Kammer instruirt, der ja bekannten königlichen „Prätension gemäss, die Supplicanten gebetener Massen so viel immer möglich, in gewissen Districten und Dörfern unzertrennt anzusetzen, damit sie sich desto besser unter einander hülfliche Hand leisten können" (13 Juli 1732).

Der König schrieb eigenhändig die Bemerkung drunter: „So viel es sich thun lässt, sonder Ruin meiner alten Unterthanen." Damit die Salzburger genau wüssten, wie sie sich in ihrer neuen Heimath zu benehmen hätten, und was ihrer hier warte, hatte der vorsorgliche Monarch eine besondere Instruction für sie ausarbeiten, drucken und ihnen in die Hand geben lassen: „Declaration, Wie die in Preussen Angekommene Salzburger sich verhalten sollen. sub dato Berlin den 29. August 1732."

Der Hauptinhalt dieses Schriftstückes, das zugleich eine Art Zukunftsprogramm für die Salzburger war, lautete folgendermassen: „Der König nimmt die vertriebenen Salzburger ohne Unterschied des Vermögens, Alters auf, bloss aus gottseligen Absichten, und lässt ihnen, ohne den geringsten Abzug, diejenige Zehrung, welche sie von Anfang an empfangen, bis an den Ort, wohin sie bestimmt sind, geniessen, wie denn auch alle die Wohlthaten, welche diese Emigrirende unter Wegens, sonderlich, nachdem sie als Königliche Unterthanen angenommen sind, reichlich geniessen, ihnen völlig geblieben und sogar das mitgebrachte ungültige Geld mit guten Münzsorten ohne einigen Abzug verwechselt worden, ohne dass ihnen das Geringste dargegen an ihren geordneten Zehrungsgeldern abgezogen wäre. Ausserdem ist resolviret, dass ausser den bereits vorhandenen Armenhäusern in Preussen, worinnen schon viel Gebrechliche aufgenommen worden sind, noch eins in Gumbinnen für 100 Personen lediglich für die alten und unvermögenden Salzburger erbaut werden soll. Ferner sollen, ohngeachtet in ganz Preussen ohnedem schon fast keine andre als Evangelische Prediger befindlich, dennoch den Emigranten vier aparte Prediger sogleich zugeordnet, umb ihnen auch im Geistlichen dasjenige in so viel reicherem Mass geniessen zu lassen, was sie durch ihren Ausgang gesuchet.

Endlich haben S. K. Majestät festgesetzt, alle nach Landes Gelegenheit wiederum zu placiren und anzusetzen, denen, welche Vermögen haben, zu Gütern zu verhelfen; die als Knechte und Mägde gedienet, auch so wieder zu gebrauchen; die starke Familien haben und sich auch sonsten helfen können, auf Bauergüter

anzusetzen; die schwach sind, vorerst nur bis sie sich selbst mit
etwas helfen können, Wohnungen und Gelegenheit mit Tagelohn
das Ihrige zu verdienen, auszumachen, in Summa, mit einem Jeden
es so zu halten, dass er, wenn er nicht vorsätzlich faullenzen will,
sein Auskommen schon finden könne."

Wenn diese Declaration bis hierher im Allgemeinen nur
eine Wiederholung und Bestätigung des Patents ist, so wirft jedoch der weitere Verlauf des Schriftstücks ein klares
Licht auf das Verhalten der Emigranten, das schon damals Besorgniss erregte; es tritt der unruhige Geist, der
theils ihnen innewohnte, theils eine Folge des Wander-
lebens sein mochte, schon damals grell zu Tage und wird
durch die Worte der Declaration deutlich charakterisirt.
Eigen, dass Göcking, der sonst auch das unwesentlichste Schriftstück, das auf die Salzburger Bezug hat, zu veröffentlichen liebt,
nur mit kurzem Worte hierauf hinweist. Es geht die Declaration
folgendermassen weiter: „Nun hätten S. K. Majestät dagegen wohl
vermuthet, dass diese Emigranten insgesammt solche Wohlthat
erkennen und sich ferner der Allergnäd. Königl. Versorgung, davon sie samt und sonders bereits so viel ausnehmende Proben
genossen, lediglich übergeben würden. Dieweil sich aber bei
vielen derer bereits Angekommenen dennoch ein solches
unruhiges Wesen hervorthun will, welches weder mit
dem Christenthum, noch mit dem Gehorsam, womit sie
seiner Königl. Majestät als ihrem Beschützer und nun-
mehrigen Landesherrn verwandt sind, übereinkommt,
indess man doch klärlich spühret, dass unter denen Angekommenen zwei Parthien sind, davon die eine wohl
noch nie einen rechten Begriff des wahren Christenthums, noch von der schuldigen Liebe und dem Gehorsam gegen Gott und ihre Obrigkeit mag gehabt haben,
die andere hingegen dasjenige, was S. Königl. Majestät
allergn. versprechen lassen, verkehret, und auf solche
Art deutet, welche gar nicht thunlich, noch ins Werk
zu richten möglich ist; so werden die ersten, wenn sie
sich durch Glimpf und gütliche Vorstellungen, wider Verhoffen, nicht wollen weisen lassen, ihrem Verdienst gemäss, gar leicht zur Besserung zu bringen sein, den
letzten aber wird nochmals folgende Auslegung der Königlichen
Allergn. Versicherung wohlmeinend gegeben."

Es ist auffällig, dass nur von zwei widerstrebenden
Parteien die Rede ist, die eine rebellisch, die andere querköpfig
und falscher Auffassung voll; aber die dritte Partei, die doch gewiss die stärkere gewesen sein mag, die dankbar für alles Ge-
botene sich gern und willig in alle Anordnungen fügte, wird garnicht erwähnt. Wollte man hieraus folgern, dass solche Partei

vielleicht gar nicht bestand, so wäre das irrig; der Erfolg zeigte
es, auch der Fortgang der Declaration, aber das Wesen jener
Stelle war es, sich lediglich an die Adressen der Unzufriedenen
und Missverstehenden zu wenden. Den letzten wird denn auch
noch einmal klar und deutlich Specielleres auseinandergesetzt:

„1. Die anzusetzenden Bauern betreffend, so wird einem
Jeden so viel eingeräumt werden, dass er entweder bei den
jetzigen oder künftig zu entrichtenden Abgaben und Pflichten auskommen könne, wobei zu merken, dass, wo die Güter gering
(schlecht) sind, auch nach Proportion der Einkünfte die Abgaben
schlecht (geringer) sein werden, und dass dennoch derjenige,
welcher zu Anfangs nur ein geringes Stück bekommen, mit der
Zeit, wenn er gut wirthschaftet und was vor sich bringt, auch
was Besseres bekommen kann.

Die Erfahrung von so vielen bishero im Lande angesetzten
Fremden beweiset bereits die Probe, und hätte die Pest vor
einigen Jahren das Land nicht dergestalt verheeret, dass dadurch
der Mangel an Geld und Menschen entstanden, so würde es ohn-
streitig allenhalben darinnen besser stehen.

Indess ist doch, Gott Lob! das Meiste wieder besetzet,
und wenn also die Salzburger verlangen oder darauf bestehen
sollten, Mann bei Mann beisammen wohnen zu wollen, würden
sie wider Gott und die Regula der Christenheit handeln,
indem alsdann andere Glaubensgenossen und gute Wirthe vertrieben werden müssten; gehet aber die Absicht dahin, ihren
reinen Gottesdienst zu haben und zuweilen ihre Landesleute zu
sprechen, werden die Meisten entweder dergestalt angesetzet
werden, dass sie sich in Menge alle Sonn- und Festtage zusammen
sehen; diejenigen hingegen, welche in anderen Kirchspielen untergebracht werden müssen, wann sie einander nothwendig zu sprechen
hätten, solches mit einer Tagreise gemächlich erreichen können.

2. Tagelöhner, derer die meisten hergekommen, sind ohne-
diess ohnmöglich an einen Ort, oder nicht auf einen Haufen bey-
sammen unterzubringen, sonst einer den andern an Verdienst nur
hindern würde; wann aber dergleichen Familien entweder bei
einem Vorwerk angesetzt werden, allwo sie beständig Arbeit
finden, oder man sie in einem Dorfe unterbringet, da sie von
einem Ort zum andern auf Arbeit gehen können, wohin sie wollen,
müssen sie sich damit auch begnügen lassen, angesehen nicht abzusehen, was dergleichen Familien weiter verlangen können, zumahlen niemals eine Familie dergestalt alleine bleibet, dass nicht
nahe dabei eine andere wäre, mithin eine der anderen die Hand
zu bieten im Stande ist, und wenn es endlich ihnen auf die Weise
länger an solchem Ort nicht anstehen möchte, bleibt ihnen unverwehret, wenn sie nur zu rechter Zeit dem Amtmann die Auf-

kündigung thun, sich nach besserer Gelegenheit im Lande umzusehen und ihre Verbesserung zu suchen.

3. Knechte und Mägde hingegen müssen ein Jahr willig ausdienen, falls sie ein Miethsgeld genommen und ihren Lohnbrief bekommen haben, hernach aber können sie gleichfalls andere Dienste oder Arbeit im Lande erwählen.

Gleichwie nun dergleichen Ordnung nichts neues ist, sondern das Preussenland solche mit anderen wohl eingerichteten Ländern gemein hat; Also muss derjenige, welcher in dergleichen Länder zu wohnen kommt, sich auch solcher Landesordnung gehörig unterwerfen, wenn er sich anders des göttlichen Segens und der hohen Obrigkeitlichen Gnade nicht unwürdig machen will; Und nachdem wider Alles Vermuthen sich dennoch unter den angekommenen Salzburgern einige (!) Widriggesinnte herfür thun wollen, diese aber, wenn man sie in ihrem Eigensinn wollte hingehen lassen, ihnen nur selbst mit anderen schaden und an den Bettelstab bringen würden; So wird dieses denen sämmtlichen redlich Gesinnten Salzburgern zum besseren Unterricht, denen Wankelmüthigen hingegen und denen, welche allen vernünftigen Vorstellungen aus blossem Eigensinn keinen Platz geben wollen, zur ernsten Verwarnung und bei Vermeidung unausbleiblicher Strafe, wozu es doch kein rechtschaffner Unterthan, viel weniger ein solcher Christ, der es mit seinem Gott recht meynet, und seinen Segen von ihm verlanget, kommen lassen wird. Auf besonderen allergnäd. Befehl S. K. Maj. hierdurch bekannt gemacht." [1]

Die Transporte waren vom Monat Mai bis October in Königsberg angelangt und auch hier mehr oder minder feierlich empfangen. Ende October waren bereits 13,944 eingewandert und im November kam aus Berlin der Bescheid, dass es „vor dieses Jahr mit dem Transport gethan sei, und wenn gleich noch mehrere anhero kämen, sollten dennoch vor dem Frühling keine nach Preussen weiter übersandt werden". Von Königsberg wurden sie grösstentheils bald nach Lithauen weiter befördert. Die ersten brachen am 10. Juni von Königsberg auf und trafen acht Tage später in Gumbinnen ein; einige Tage später kam der zweite Trupp an, und nun währte das Kommen und Gehen auch hier ebenfalls mehrere Monate.

In Gumbinnen hatte die lithauische Kammerdeputation schon vorher fleissig Sitzungen gehalten und eifrigst berathen, wo und wie die neuen Colonisten unterzubringen wären. Die Verlegenheit war gross, nichts war bereit, aber an Ablehnung war nicht zu denken; denn wenn nichts Ernstliches geschah, drohte unausbleiblich der Zorn des Königs. Der Director v. Bredow hatte seine Gedanken über die endgiltige Ansiedlung der Salzburger in

---

[1] den 29. August 1732.

einer besonderen Ausarbeitung: Puncta, so zur Deliberation vorgeleget werden, niedergelegt. So viel glaubte er schon „aus den
bisherigen speciellen Vorfallenheiten" erfahren und zum Theil
selbst gesehen zu haben, „dass die Leute grösstentheils der Arbeit nicht gewöhnt wären, oder wenigstens nicht so starker Arbeit, als hier zu Lande erforderlich sei;" sie scheinen ihm ferner
„ausser Disciplin zu sein und sich Befehlen und Verordnungen
ihrer Vorgesetzten nicht submittiren zu wollen"; auch seien sie
der hiesigen Lebensart und Speisen nicht gewohnt, folglich unwillig als Knechte und Mägde zu dienen, wollen auch einen höheren Lohn haben, als hier zu Lande gebräuchlich.   Als die Haupt-
schwierigkeit erschien ihm aber, dass bei den Salzburgern „die
impression sehr stark wäre, dass sie zusammen bleiben müssten".
Auch hatten die Salzburger von Anfang an grosse Furcht gezeigt,
neben den katholischen Polen untergebracht zu werden, so dass
der König in einem Cabinetsschreiben sie versichern liess: „sie
sollten sich vor den Polen gar nicht fürchten, er würde
sie überall schützen, dass ihnen kein Leid geschähe"
(10. Juli 1732).

    Es wird nachgeforscht, wo Plätze für die Neuangekomme-
nen frei sein möchten, Tabellen werden angelegt aus allen Aemtern und Städten, wie viel Knechte, Mägde, Jungen, Margellen,
Gärtner etc. überall noch angesetzt werden können.   Das Endresultat dieser Untersuchung ergiebt, dass 94 Gärtner, 209 Knechte,
326 Mägde und Margellen und 193 Jungen gewünscht werden.
Verhältnissmässig den grössten Theil hiervon begehrt die Stadt
Memel, die für sich allein 53 Instleute, 45 Knechte, 10 Kinder-
weiber, 59 Mägde, 20 Margellen verlangte und so viel Handwerker, als sich nur immer allein ernähren könnten; die Wohnungen seien in Memel allerdings sehr knapp, hiess es, so dass
nur 53 Paar unterzubringen wären; „wollten indess S. K. Majestät allergn. resolviren," ging der Vorschlag weiter, „vor diese
arme Leute neue Wohnungen bauen zu lassen, so würden annoch
ungleich mehr Familien ihr Brod hier finden und dem Uebermuth
der jetzigen Arbeitsleute, welche wegen des Mangels an Volk,
impertinent, faul und kostbar sein, zum grossen soulagement der
Bürgerschaft gesteuert werden."

    Städte wie Aemter gaben ferner ihre Wünsche zu er-
kennen, ob sie überhaupt Salzburger haben möchten, oder nicht,
auch welche Profession besonders beliebt wurde; so will u. a.
Gumbinnen durchaus keine Leineweber haben, die mögen im
Königsberg'schen bleiben. — Von Interesse und Wichtigkeit war,
auszukundschaften, wo schlechte Wirthe weilten, denn solche
müssten von ihren Höfen „geschmissen" werden und Salzburgern
Platz machen; auch hierüber werden Tabellen aufgestellt, im Amt
Dörschkehmen z. B. gab es allein 49 solcher Wirthe, die auf den

Etat der „Auszumerzenden" gesetzt wurden. Um einigermassen den Wünschen der Salzburger entgegenzukommen, wurde ausserdem ermittelt, welche von den guten Wirthen wohl sich auf einen Tausch der Höfe und Aecker einlassen möchten, damit die neuen Colonisten in möglichster Nachbarschaft bleiben könnten. Eine andere Untersuchung ging dahin, ob Dorfschaften geneigt wären, Insthäuser für die Salzburger Tagelöhner zu bauen: wieviel? was ein solches Haus kosten würde? welche Unterstützung die Dorfschaft von der Kammer hierbei beanspruchte? Die Antworten fielen verschieden aus. In Brackupöhnen z. B. werden fünf solcher Häuser in Aussicht gestellt, pro Haus werden 60 Stück Mittelholz, 20 Sperrholz, 30 Lattenstämme, 2 Fenster à 45 Gr. und zwei Oefen à 2 Thlr. verlangt. Das Amt Georgenburg will 23 Häuser herrichten für 41 Salzburger Familien, die sofort Obdach finden sollen. Im Amt Jurgaitschen werden die Kosten des Hauses auf 43 Thlr. 30 Gr. berechnet; im Amt Althof-Ragnit sind von 363 ansässigen Bauern (107 Deutsche und 256 Lithauer) nur ihrer 20 bereit, Salzburger Instleute aufzunehmen. Andere Aemter, wie Tilsit, Baubeln, Kukernese, Winge, Clemmenhof, Pröculs, Heidekrug weigern sich ganz entschieden, überhaupt für Salzburger zu sorgen, „sie hätten genug zu thun, ihre eigenen Gebäude in Stand zu halten." Während so einige, besonders lithauische Aemter von vornherein sich gegen die Eingewanderten schroff ablehnend zeigten, war in anderen lebhafte Nachfrage, in Uschpiaunen melden sich 111, in Grumbkowkaiten 113 Familien, die für ebenso viel Salzburgerfamilien Sorge tragen wollen, in Kasigkehmen verlangen sechs Familien doppelt so viel, in Löbegallen wollten 22 Familien 34 Salzburgerfamilien unterbringen u. s. w.

Inzwischen war in Gumbinnen und Nachbarschaft für die Angekommenen ein erstes und nöthigstes Obdach zu beschaffen, bis die Vertheilung in die Aemter und in die Winterquartiere vor sich gehen konnte. Dieser erste Nothbehelf entsprach natürlich nur wenig dem Geschmack der Salzburger und war für Bequemlichkeiten, von denen sie unter den Beschwerlichkeiten ihres langen Marsches geträumt hatten, nicht eingerichtet. In Massen wurden sie den Bürgern in die Häuser gelegt, und in die Bauernhöfe der Gumbinner Umgegend; die Gasthöfe waren bis auf die Ställe überfüllt, ebenso alle Scheunen und Tennen, jedes Kämmerchen sah so viel müde, oft auch kranke Wanderer, als es nur irgend fassen konnte. Auch waren für viele Familien Zelte im Freien aufgeschlagen. Es wurde aufgerufen, ob nicht einige Arbeit annehmen wollten; nur wenige fanden sich hierzu gleich bereit und gingen an die polnische Grenze, wo Rodungsarbeiten ihrer warteten. Der Masse wurde ein besonderer Vorsteher in der Person eines Colonisteninspectors gegeben; als besonders tauglich für dieses schwierige Amt erschien ein bisheriger Colo-

nistencommissär, Hermann, der Salzburger Transporte schon aus
dem Süden bis Berlin, von hier bis Königsberg und dann bis
Gumbinnen geleitet hatte; zu ihm hatten die Salzburger jeder
Zeit grosses Vertrauen bewiesen. Hermann wurde deswegen mit
einem Gehalt von 300 Thlrn. angestellt (25. Juli 1732). Seine
Hauptaufgabe bestand darin, dafür zu sorgen, „dass diesen Leuten
weder von den Beamten, noch sonst Jemand, einige Ursache zu
klagten gegeben werde." Er blieb im Centrum der Colonie
wohnen, in Gumbinnen selbst; seine Arbeitslast ward eine fast
erdrückende, und nicht minder schwer zu tragen hatte der dortige
Amtscommissär Schröder, der zu seinen laufenden Geschäften noch
das specielle aufgebürdet erhielt, im Verein mit dem Colonie-
inspector sich den Salzburgern zu widmen.

„Die Klagen, so stöhnt er, wachsen; ich habe den ganzen
Tag nichts anderes zu thun, als jedem dem Verlangen nach zu
satisfaciren und ihn zu bescheiden, geschweige der vielen vorkommenden Expeditionen;" er könne nicht mehr essen und nicht
mehr schlafen, „denn ich kein Engel bin." Was am schwersten
auf diesen beiden Männern lastete, waren die „Examina", die
mit jedem einzelnen Salzburger eingehend vorgenommen wurden.
Ausserdem sollen sie jeden Zank schlichten, jedes Missverständ-
niss klären, Geld wechseln, die Familien so placiren, dass sie nicht
getrennt zu werden brauchten, die Reisekisten, die Fässer, Packete
in Empfang nehmen, nachzählen, an den Eigenthümer richtig
ausliefern, die Bücher revidiren, Verpflegungslisten anlegen, Holz
und Stroh anschaffen, für Lebensmittel sorgen u. s. w. u. s. w.
Wer wollte es da dem Einen dieser Aermsten verargen, wenn er den
Stossseufzer zum Himmel schickte: „Und wenn ich auch 10 Hände
hätte, mich auszuarbeiten und in Richtigkeit zu setzen! vielmehr
gerathe immer tiefer, setze dabei meine Gesundheit zu und habe
doch nichts als Reprochen zu gewärtigen, wobei man wünschen
möchte, nicht zu leben, noch weniger solche beschwerliche und
gequälte Functionen jemals ambirt zu haben."

In Folge der vielen Petitionen seinerseits wird dem Amts-
Commissär Schröder denn auch ein Theil seiner früheren Beschäftigungen abgenommen, damit er sich ausschliesslich der
Salzburger Sache widmen könne; er wird von nun an zuweilen
geradezu ebenfalls Colonisteninspector genannt.

Als schwierigstes Geschäft dieser Beiden war das Examina-
torium erwähnt. So wie nämlich ein Trupp angekommen war,
ging das Verhör mit den Einzelnen an, die Aussagen derselben
wurden zu Protokoll genommen und die Einzelnprotokolle wieder
wurden sauber zu dicken Folianten zusammengebunden. Diese
Bücher mit dem Titel „Examen" befinden sich noch heute unter
den Salzburger Hospital-Archivacten, das Register zählt ihrer 59,
aufzufinden waren 42, wobei allerdings zu bemerken, dass mehrere

Nummern Fortsetzungen haben mit der Bezeichnung A, B, C, oder 51 und 51½. Eigentlichen historischen Werth haben diese dicken Bücher kaum; interessant sind einige unleugbar, zum grossen Theil schon aus sprachlichen Gründen, auch, weil die naiven Bemerkungen der Gefragten oft wörtlich in den Text übergegangen zu sein scheinen und somit ein lebhaftes Bild ihrer Denk- und Ausdrucksweise darbieten; ist es doch auch die erste Lebensäusserung jedes Einzelnen, die wir hier belauschen können. Die Fragen sind natürlich schablonenhaft. Zuerst wird der Examinand inquirirt: Wie er heisse? Die Antwort des Einen (Examen 36 B) lautete: Veit Rainer mit der Frau und zwei Kindern, davon das dritte, Christian, so auf Jakobi jährig gewesen, in Königsberg verstorben sei. Man hört ordentlich heraus, wie der betrübte Vater gern Einzelheiten über Krankheit und Tod seines geliebten Jüngstgeborenen mitgetheilt hätte, wie aber der ungeduldige Examinator weiter forscht, 2) ob er noch andere Verwandte bei sich habe? Antwort: „Ja wohl, einen Bruder, Peter," der wird aber für ein besonderes Examen aufgespart. Veit Rainer soll jetzt 3) die Art seiner Nahrung in Salzburg angeben; er sei ein Bauer gewesen. 4) Wie er sich denn getraue, in Preussen sich zu unterhalten? Nun, er will hier, oder wo es sonst sei, einen Tag- und Lohnarbeiter abgeben. 5) Hat er Kinder? wie viel? wie alt? wie heissen sie? Der Hans ist 10 und der Moritz 7 Jahr. 6) Wozu er die Kinder employiren will? Er will solche vollends bei ihm erziehen. 7) Was der Emigrant in Salzburg hinterlassen habe? Das war nun der Punkt, wo auch der schweigsamste Salzburger beredt werden konnte und in längerem Redefluss setzte er seine früheren Reichthümer in wehmütiger Rückerinnerung auseinander. Veit Rainer besass sehr viel in Salzburg; er hatte einen Antheil auf dem Gute Oberhof gehabt, nebst ½ Gmachmühl, so ihm auf 1790 fl. angeschlagen worden wäre. Dann rechnete er den „Anbei", den Getreidevorrath vor, die lebendigen und todten „Fährnisse", auch einen Säbel, so er aber extradiren müssen. Von dieser idealen Rechnung wurden die Gerichtsgebühren abgezogen, ebenso ein Wagen, dagegen, „weilln Emigrant auch bei dem Anschlag seines Guts ledirt sein soll, inmassen solches 3000 fl. werth sei, ihm aber nur 1790 fl. solches gewürdigt werden wollen; als werden ihm annoch 1210 fl. gut geschrieben. Item ist sein völlig zurückgelassenes Vermögen 1941 fl.," während er in Wirklichkeit nur mitgebracht hat: 20 fl., ein Pferd und einen Wagen. — Oft dictirte der neue Inspector, ohne eine Ahnung von dem Sinne dessen zu haben, was er nach der Aussprache nur halb hörte, und nicht immer gelang es dem Emigranten seine Ausdrücke in das fremde Idiom zu übertragen, nicht immer hatte auch der Hörende Lust, aus den in schwer verständlichem Dialekt vorgebrachten Auseinander-

setzungen Sinn heraus zu finden. Der „Schaltzettel" von einigen
Verhörten weist nach: sie hätten 800 Vaichtes Tach (fichtenes
Dach, Schindeldach), 40 dicke Läden (starke Bretter), Zocheiser,
Gmachmühlen u. dergl. Das Examen von Vielen nimmt 30,
40—50 Seiten in den grossen Büchern in Anspruch!

Die Abfassung der Bücher über die heimischen Gerichts-
rechnungen und Assignationen nach den einzelnen Salzburger
Gerichten — auch eine Arbeit der Colonisten-Inspectoren —
musste ebenfalls viel Zeit erfordert haben, es sind in Summa
153 Exemplare, ebenfalls grossen Formates.

Inzwischen waren die Vorbereitungen für die Winterquartiere resp. das Interimisticum beendet. Es war die Zahl
sämmtlicher Bauern in den Aemtern festgestellt und hiernach
wurde die Vertheilung der Familienzahl an die Amtleute decretirt.
Im Insterburg'schen gab es damals 4897, im Ragnit'schen 2011
und im Tilsit'schen 1789, also in Summa 8697 Bauernhöfe; die
einzelnen Wirthe wurden gefragt, was sie „vor ein Douceur" für
das Winterquartier einer Salzburger Familie forderten? Die einen erklärten, sie wollten es am liebsten auf eine gnädige königliche
Decision ankommen lassen, und wollten, indem sie grosse Belohnungen für ihre Bescheidenheit erhofften, vergnüget sein mit
dem, was sie bekämen; andre baten wenigsten um Erlass des
Holzgeldes; die meisten setzen ihre Forderungen für eine Familie
von 3—4 Personen auf 2 Thlr., von 5—6 Personen auf 2 Thlr.
60 Groschen fest. Auch war gewöhnlich angegeben, wie gross
der Raum sei, der den Salzburger Gästen eingeräumt werden
könnte, oft war es ein eigenes Kämmerchen, meist hiess es jedoch,
es müssten die Salzburger mit der allgemeinen Familienstube
vorlieb nehmen, ein eigenes grösseres Zimmer war selten vorhanden. Einige wenige verlangten gar keine Entschädigung und
wollten, was sie thäten, aus wirklicher Barmherzigkeit gewähren.
Das Quartiergeld wurde auf 2 Thlr. pro Familie festgesetzt; ausserdem erhielt jedes Salzburger Familienhaupt 10 Thlr. 12 Groschen,
um für den Winter sich den nöthigen Unterhalt beschaffen zu
können, „wovor man in Preussen, wie Göcking meint, allwo alles
sehr wohlfeil ist, seinen guten Unterhalt hat. Einige bekamen
das baare Geld und mochten sich davor anschaffen, was sie
wollten. Andere aber bekamen es an Getreide, Milch, Speck,
Butter, Fleisch und Getreide." Ausserdem kauften sich einige
bereits an, andere, die gute Wirthe zu sein schienen, wurden
schon auf vacant gewordene Hufen gebracht, als Bauern oder
als Gärtner. Besass ein Salzburger eigenes Fuhrwerk, so sorgten
die Beamten, ob er sich nicht hiermit etwas selbständig verdienen,
mithin sich nunmehr selbst erhalten oder wenigstens durch Arbeit
einige Erleichterung der Unterhaltungskosten beitragen könnte.
In den Städten und Aemtern geschah abermals die dringende

Anfrage, ob nicht statt des deutschen oder gar lithauischen Gesindes lauter Salzburger angenommen werden könnten (18. October 1732). Viele solcher Dienenden wurden damals in den Städten untergebracht.

Schon im September mussten alle Amtsleute in Gumbinnen erscheinen, um die Salzburger in hierzu mitgebrachten Wagen abzuholen. Einige dieser Herren waren säumig und mussten erst nachdrücklichst ermahnt werden, ob sie etwa geholt werden wollten? Nicht eine Minute durften sie später kommen, als angegeben war, wenn sie nicht etwa die weiteren Zehrkosten für die Salzburger zahlen wollten. Für jede Familie wurde ein besonderer vierspänniger Wagen mit Augstleitern mitgebracht, zuweilen statt dessen zwei zweispännige. Aus Gaudischkehmen kamen bereits 26 zweispännige Schlitten an, um 13 Familien, aus Grumbkowkaiten 70 Schlitten, um 45 Familien mit ihren Habseligkeiten abzuholen und sie in die Winterquartiere zu den Bauern zu bringen.

So war das Interimisticum durch das unablässige Bemühen der Räthe und der Inspectoren glücklich eingeleitet, die Salzburger des lithauischen Departements waren über alle Aemter der Deputation vorläufig vertheilt; für die Noth des schnell nahenden Winters war gesorgt, sie waren unter Dach und Fach in warme Stuben gekommen. Wie freilich das Verhältniss der Salzburger zu den Wirthen sich gestaltete, war eine andere Frage, deren Beantwortung zum grossen Theil vom Verhalten dieser neuen Zuzügler abhing, und dieses Verhalten konnte nur ein Ausfluss ihrer ganzen damaligen Stimmung sein.

Das Entgegenkommen Seitens der ostpreussischen Bevölkerung war ein still-herzliches gewesen. Allerdings waren die Wanderer mit Zeichen der Theilnahme überall, besonders von den lebhaften Süddeutschen und den Sachsen, so überschüttet worden, dass eine Art Abgestumpftheit hiergegen die nothwendige Folge sein musste; es hätte schon ganz Aussergewöhnliches bei dem Empfang geleistet werden müssen, um den bereits Verwöhnten zu imponiren. Das aber war nicht die Art der Norddeutschen, am wenigsten Art der in ihren Aeusserungen einigermassen kühlen Ostpreussen, die zu einem so lauten, declamatorischen Enthusiasmus durch nichts zu bewegen waren, wie ihn etwa Dresden den Emigranten entgegengebracht hatte. Die stille Weise des Empfanges legten die Salzburger leicht für Theilnahmlosigkeit aus; ja, sie wähnten sogar bald, feindliche Gesinnungen bei der einheimischen Bevölkerung wahrzunehmen, in dem Masse, als diese anfing, kühler gegen die Emigranten zu fühlen und sich zu äussern. Doch sind wirkliche grössere Zwistigkeiten aus der ersten Zeit nicht zu gewahren, erst später spielen die Zunftstreitigkeiten eine Rolle. Nur bei der Ankunft in Königsberg wurde ein Trupp von einer Stimme aus dem Fenster geschmäht, indem die Worte

„ketzerische Hunde" fielen. Das gab grosse Untersuchungen
gegen ein katholisches Weib, in dessen Hause es überhaupt
liederlich zuging, wo bis tief in die Nacht hinein gezecht und ge-
spielt wurde. Da aber die ganze Anklage auf schwachen Füssen
stand, so kam aus dem Untersuchungsrecess nicht viel heraus;
die Angeklagte wurde verurtheilt, die fiscalischen Untersuchungs-
kosten zu zahlen, und dem wüsten Treiben im Hause wurde ein
Ende gemacht.

War somit auf der einen Seite das Benehmen der Ostpreussen Anfangs ein herzliches, und blieb es auch eine Zeitlang
ein ruhig-freundliches, so waren auf der andern Seite die Salzburger, noch mehr allerdings die Lage der Dinge selbst, Schuld,
dass für das erste Decennium das Verhältniss zwischen Altbürgern
und Neubürgern sich zusehends immer kühler gestaltete. Das Interim war ja nothwendig, vortheilhaft für die Colonie sicher
nicht. Es wäre ein grosser Segen für die Emigranten gewesen,
wenn sie sofort, von dem Marsche aus, in ihr eigenes Heim gekommen wären, so dass gleich an sie die harte Nothwendigkeit
herangetreten wäre, im Kampf für die Existenz zu arbeiten und
zu ringen. Das jetzige Leben jedoch, als Einlieger, verleitete
sie zum Nichtsthun; da lagen die kräftigen, vordem arbeitgeübten
Männer, die schon allzulang der sauren Beschäftigung sich ent-
wöhnt hatten, hinter dem warmen Ofen, in fremder Leute Stuben!
Nichts war dem Gast recht; zu Hilfeleistungen für den Wirth
und dessen Familie war er nicht zu bewegen, er wollte bedient
sein. Dem Faullenzen gesellte sich die nothwendige Begleiterin
bald bei: die Unzufriedenheit. Das waren psychologisch natürliche
Erscheinungen, die wir kaum zu schelten berechtigt sind, ebenso
wenig, wie wir uns wundern dürfen über das Heimweh, das jetzt
mit aller Macht die Söhne der Berge hier im öden Flachlande
erfasste. So lange der Reiz des Marsches gewährt hatte mit seinen
stets neuen, wechselnden Bildern, so lange sie sich überall gefeiert
und geehrt hörten und beschenkt sahen, hatte diese Stimme ge-
schlummert, jetzt brach der Schmerzenslaut aus ihrer bedrängten
Brust mit Allgewalt hervor. Erst jetzt stand unwiderruflich fest,
dass sie die alte Heimath verloren hatten, an deren Wiederge-
winnung sonderbarer Weise noch bis in die letzten Tage des
Marsches ein grosser Theil sicher geglaubt hatte! Jetzt umschwirrte
sie nicht mehr das süsse Lob des Märtyrerthums, die kleinen
Sorgen des Lebens traten gebieterisch an sie heran, ohne dass
dieselben gerade emsige Anstrengung von ihnen verlangten;
nur Arbeit, harte Arbeit hätte über diese trostlosen Stimmungen
hinweggeholfen, aber der Müssiggang verlockte dazu, den schlim-
meren Regungen andauernd nachzugehen und die Wunde des
Heimwehs immer frisch zu erhalten.

Zwar versuchte man von oben herab, so wie der Fehler

des ganzen Arrangements in die Augen sprang, Abhilfe zu schaffen
für Arbeit und Beschäftigung zu sorgen, aber da dieser Neben
verdienst, denn ein solcher konnte es nur sein, in das Belieben
der Leute gesetzt wurde, so hörten nur wenige auf die auffordernde
Stimme, die meisten spotteten dieser Zumuthungen, trotzten etwaigem
Zwange und ignorirten alle Ueberredungsversuche. Auch blieben
sie nicht etwa, wo sie einquartiert worden waren. Schon auf den
Märschen hatte sich, wie wir sahen, die Ungebundenheit geoffen-
bart, die Lust, sich anzuschliessen, wo ein Jeder wollte; schon
damals hatte dieser Wechsel in den Transporten viel Verwirrung
angerichtet, jetzt hatte dieser zügellose Freiheitstrieb schlimmere
Folgen. Die Salzburger zogen sich wieder nach ihren „Freundschaften" zusammen, weilten heute hier, morgen dort, wenn nicht
die Wirthe solchem Unwesen steuerten. Den Leuten Einsehen
beizubringen, war schwer, und mit offener Gewalt wollte man es
noch nicht versuchen.

Inzwischen sorgten sich die Herren am grünen Tisch, wie
das Interim in ein definitives Etablissement umzuwandeln sei, denn
war der Winter vorbei, musste ernstlich der Aufbau der Colonie
in Angriff genommen werden. Allerdings schüttelten die Räthe
gewaltig den Kopf über das, was sie mit eigenen Augen sahen,
vor Allem darüber, dass die Salzburger „ohne permission und
valable Ursach von den Orten, wo sie angesetzt wurden, wieder
wegzogen, dass die Beamten (Amtleute), welche ihnen auf alle
Weise, sowohl in der Arbeit, als im Essen nachgesehen und
dieselben glimpflich tractiret, sie dennoch aber nicht von der Desertion (meist Wechsel des Platzes) abhalten können, ihre (eorum)
Arbeit verlören und folglich das Vertrauen zu ihnen. Ja, das
habe seine influence auch auf die anderen Einwohner und das
ganze Land, mithin — das war der Schluss all dieser bösen Wahr-
nehmungen — mithin dürffte die Unterbringung derselben mehr
und mehr difficiler fallen, wenigstens aber mit reiffer attention
darauf zu gedänken sein, ob und wie die grosse Anzahl von mehr
als 20/M. Menschen (?) zu placiren sein werde".

Wenn wir uns heutigen Tags von den Schwierigkeiten
und vielen Erwägungen, die das Etablissement verursacht, eine richtige Vorstellung machen, wenn wir einigermassen die Vorgeschichte
der wirklichen Ansiedlung genetisch verfolgen wollen —- so müssen
wir auch die einzelnen Erwägungen und Vorschläge beleuchten,
welche über die Modalitäten aufgeworfen wurden, unter denen
eine endgiltige Ansiedlung erfolgen könnte. Gerade dieses ernste,
gewissenhafte Sorgen des Königs und seiner Räthe um die sichere
Zukunft der Salzburger ist das Charakteristischste in der ganzen
Colonisationsgeschichte. Das preussische Beamtenthum zeigt sich
hierbei in seinem hellsten Lichte, und des Königs Wohlwollen wie
Strenge spiegelt sich in diesem Bemühen am klarsten wider. In

10"

dem Leben unsrer grossen Männer wird uns auch scheinbar Unwesentliches von Bedeutung. Stellen nicht diese Tausende, die, von
einer grossartigen Idee bewegt, eine Rolle in der Geschichte
unsres und des deutschen Vaterlandes spielen, gleichfalls eine Art
historischer Persönlichkeit dar, deren Entwicklungsgang durch
kleine Züge aus ihrem Leben erst besondere Beleuchtung erhält?
Die Seele dieser jetzt scheinbar zur Ruhe Gekommenen nimmt
für uns fast gleiches Interesse in Anspruch wie das Fühlen eines
einzelnen grossen Mannes, er sei ein Held der Feder oder des
Schwertes. Die äussere Geschichte der Salzburger verlangt deshalb
eine eingehende, liebevolle Behandlung, die ein wohlberechtigter
Tribut ist, den wir der Colonie darbringen für das viele Gute
und Grosse, das sie dem Vaterlande schliesslich erwiesen hat.

Die Colonie war gleich von vornherein dem Geh. Herold
in Berlin unterstellt worden, der als eigentlicher Colonie-
director anzusehen ist. Seine Wirksamkeit entfaltete die schönste
Thätigkeit auf der Zeit des Marsches im Preussischen, er sorgte
für Quartiere, bestimmte die Routen, die Tagemärsche, vermittelte
die Collecten und Liebesgaben und sorgte für immer neue. In
der späteren Zeit, nachdem die Züge in Königsberg angelangt
waren, tritt das Bild dieses tüchtigen Mannes mehr zurück; von
Zeit zu Zeit sendet er zwar noch Leute und Gaben, spielt den Mittler
zwischen Hof und Colonie, vermittelt ferner auch einmal Auszahlung einer testamentarischen Summe, die in Nürnberg von
Salzburgern für Salzburger bestimmt war, aber im Allgemeinen
ist Herold nicht mehr die Seele der Colonie. Der König hatte
einen andern Mann ausersehen, an Ort und Stelle für das Etablissement zu sorgen und darauf zu sehen, dass des Königs Intentionen
pünktlichst realisirt würden. Das war Minister v. Görne. Görne's
Unruhe und Hast, die wir schon kennen gelernt, schaffte manches
Nützliche, sorgte für schnelle Vollziehung der königlichen Befehle, übereilte sich aber auch wohl gelegentlich. Die grösste
und eigentliche Arbeit für das Zustandekommen des Etablissements war aber vor Allem der Deputation in Gumbinnen zu-
gefallen, an deren Sitzungen sich auch Görne, der jedes Jahr aus
Berlin nach Lithauen herüberkam, zuweilen betheiligte.

Friedrich Wilhelm hatte seine „Intention" über die Ansiedlung schon früh in allgemeinen Zügen seinen Ministern zugehen
lassen. Der betreffende Passus dieses Schriftstückes (vom 13. Juli
1732) lautet folgendermassen:

. . . ertheile Euch die Resolution, dass Ihr die ver-
mögenden unter ihnen (d. Salzb.) auf Bauer- oder cöllmische
Hufen ansetzen, die Handwerker und andere zu bürgerlicher
Nahrung geschickten Leute aber in die Städte placiren sollt
und müsst Ihr daher überlegen, ob nicht zu Gumbinnen,
Darkehmen und in den übrigen lithauischen Städten, an jedem

Ort ein 20 neue Häuser gebaut und Salzburger darin angesetzt werden können. Die schlechte Wirthe in Lithauen müsst Ihr von den Höfen setzen und an deren Stelle Salzburger etabliren, es sollen die abgesetzten aber zu Gärtner und Hausleute in den Dörfern emploirt, oder auch denen von Adel, so welche verlangen, überlassen, danebst wohl verhütet werden, dass sie nicht weg- und ausser Landes laufen, denn meine Hauptintention bei diesem ganzen Werke ist, dass ich Preussen peupliren will. Auf denen anzubauenden wüsten Bauerhuben, auch auf denen wüsten Chatoullhuben sollen gleichfalls Salzburger angesetzt und Höfe dazu erbauet werden, und will ich, dass wenigstens 300 Bauerhöfe da, wo bisher keine gestanden, neuangebaut werden sollen. Denen Salzburgern, welche nicht sogleich angesetzt werden können, will ich nach Euerm Vorschlag den Unterhalt indes reichen lassen. Ich finde aber dienlich zu seyn, dass ihnen solcher nicht im Gelde, sondern an Korn und sonst in natura gegeben werde, damit die Leute dort wirthschaften lernen und können sie bei dem Bau in den Aemtern, desgl. bei denen Rohdungen p. noch was dazu verdienen. — Sonsten sollt Ihr wohl verhüten, dass diese Leute sich nicht auf Lithauisch kleiden, noch in Parcisgen gehen oder dergleichen schädliche Tracht annehmen, sondern es müssen selbige sich auf gute deutsche Tracht kleiden und dabei erhalten werden. — Uebrigens verlange ich von denen anzubauenden Bauerhöfen kein gross Procent, sondern meine Intention ist, dass ich das Land dorten mit Menschen besetzen will, die arbeiten, sich nähren und consumtion machen, daher Ihr meine intention zu befördern Euch äusserst angelegen sein lassen sollt.

In den Deputations-Sitzungen wurden alle Möglichkeiten für jeden einzelnen Stand der Salzburger einzeln und genau durchgesprochen.

Zuerst die besitzende bäuerliche Klasse der Salzburger. Es lag der Vorschlag nahe, diese Leute zum Ankauf köllmischer Grundstücke zu bewegen. Es war schon vor dem Eintritt des Winters der Colonisteninspector Schröder angewiesen worden, mit vermögenden Salzburgern, die es wünschten, auf die Güter von Verkaufslustigen herumzureisen, die Taxen zu prüfen, die Sache der Salzburger zu vertreten und schliesslich den Kauf zu vermitteln; der Erfolg war bisher ein sehr ungünstiger gewesen. Gegen solchen Ankauf sprachen auch ernste Bedenken. Der Salzburger war der Landesart nicht kundig, konnte nicht wissen, wie der eigenartige Boden in diesem Klima mit Vortheil zu bebauen war, kurz, wie das Etablissement besorgt werden müsse. Auch hielt es nicht leicht, bebaute köllmische Güter zu kaufen, der Preis war hoch, die Gelegenheit selten, die Verkaufslustigen hatten gewöhnlich schlechten Boden, schlechte Wirthschaft. Hier war ein sehr behutsames, langsames Vorgehen geboten. Was aber inzwischen mit dieser Klasse anfangen? Die Hauptsorge konnten bei der endgiltigen Unterbringung dieser Leute nicht sowohl die Räthe übernehmen, sie fiel vielmehr den localen Behörden zu, den Amtsleuten und natürlich den Inspectoren. So viel steht fest, Anfangs muss diese Gruppe von Salzburgern in und um Gumbinnen untergebracht werden, dass man jedesmal ihrer leicht habhaft werden kann; vorläufig durfte eine staatliche Unterstützung ihnen nicht mangeln: Brodkorn und baares Geld.

Ein anderer Vorschlag war, solche Salzburgerfamilien auf wüste Höfe oder auf Höfe ausgemerzter, liederlicher Wirthe zu bringen, oder aber den schwachen „Zweihüfnern" eine Hufe zu Gunsten der Neuen abzunehmen. Das war auch, wie wir gesehen, des Königs Absicht gewesen.

Drittes Capitel.

Das Interimisticum und die Winterquartiere; Fortsetzung. Allmähliche Ansiedlung.

Wir sahen, es sind viele, oft schwere Bedenken gewesen, die sich bei der Frage nach der endgiltigen Ansiedlung der Salzburger unabweisbar aufdrängten, vor Allem waren es, zu sammengefasst, folgende Erwägungen: in welchen Aemtern sollte diese Ansetzung erfolgen? an welchem speciellen Orte? woher das Bauholz nehmen? lohnen überhaupt die wüsten Chatoullgüter Anbau und Kosten? oder sind sie nicht vielmehr „so miserabler Güte", dass sie nur mit dem „ungeheuersten Aufwand" wieder aufgebaut werden können? Denn der Aufbau sollte natürlich ein solider und tüchtiger sein, damit die Salzburger nicht etwa auf den Gedanken kämen, „als wenn das schlechteste vor ihnen gut genug sei." Was sollte ferner mit den ausgemerzten liederlichen Wirthen angefangen werden? denn dafür war, nach des Königs Willen, unter allen Umständen zu sorgen, dass solche nicht etwa „ausser Landes" gingen. Der Abbau der zweiten Hufe, an sich vernünftig, war fast ebenso kostspielig wie ein Neubau und erforderte fast ebenso grossen Zeitaufwand. Die speciellen Untersuchungen ergeben schliesslich, dass ca. 1292 Salzburger Familien auf Bauerhöfe von einer Hufe angesetzt werden könnten; sollten es Kossäthenhöfe werden, so ergaben sich derer 1559. Ausserdem waren 275 „schwache" und „liederliche" Wirthe auf die schwarze Liste gesetzt, in deren Grundstücke Salzburger einrücken könnten; ferner waren 591 köllmische und Chatoullgüter zum Verkauf an die Salzburger angeboten. Vier bis fünf Freijahre waren für diese bäuerlichen Salzburger Besitzer zu bewilligen. Leichter erschien es, Salzburger als „Gärtner" unterzubringen. Auch wurde der Vorschlag gemacht, einen grossen Theil endgiltig als „Inst- und Hausleute" in den Dörfern zu placiren, „umb ihr Brod mit Tagelohn zu verdienen;" das war immerhin

ein Mittel, „den Bauern wegen der Feldarbeit und sonst in ihrer
Wirthschaft zu secundiren und dabei dem Volksmangel abzuhelfen."
Diese Art der Unterbringung wurde auch dadurch erleichtert, dass
viele Familien auf den Dörfern, wie wir gesehen, sich bereit
erklärt hatten, Salzburger als Instleute bei sich aufzunehmen und
sogar gegen gewisse Entschädigungen die nöthigen Häuser für
sie zu bauen, auch schienen die Salzburger selbst hierfür am
meisten zu incliniren, wenngleich sie sich ganz falsche Begriffe
von preussischen Instleuten machten. Was aber anfangen, wenn
sie erklärten, sie könnten die Tagesarbeit nicht leisten, wenn sie
sich weigerten, für den ihnen zu gering dünkenden Lohn weiter
zu arbeiten? Doch der Versuch musste gewagt, die Subsistenz
musste für diese Klasse der Salzburger ebenfalls durch einen
„Zuschub" sichergestellt werden.

Es erschien ferner als keine üble Idee, Salzburger als
Gesinde zu verwerthen, bei Herrschaften in den Städten, wie
auch in den Amtsdörfern. Doch auch hierfür eigneten sich nur
wenige; viele Umstände und grosse Arbeit war für die Beamten
vorauszusehen; auch hier schien den Salzburgern der Lohn zu
unbedeutend, folglich „war auch hierauf kein Staat zu machen",
zumal „bei dieser Nation sehr viel loses Volk befindlich". Es
sollte erst eine ganz besondere Gesindeordnung für die Salzburger
ausgearbeitet werden, damit die Knechte und Mägde wussten,
was ihrer warte, damit „die Säumigen allenfalls mit aller Schärfe
zu coërciren wären; besonders wurde auf die Köllmer und Bauern
reflectirt, wenngleich diese durch das Lohn und kostbarere Essen,
(wie es die Salzburger eben prätendirten) degontirt schienen und
kein Salzburger Gesinde mehr zu wünschen schienen."

Die Handwerker mussten alle sammt und sonders nach
den Städten gewiesen werden; sie sollten in den Genuss der Be-
nificien treten, wie alle übrigen Handwerkercolonisten. Das ungefähr war das Ergebniss vieler Conferenzen und Debatten, fast
alle Räthe erprobten ihren Witz und Scharfsinn, Instructionen
aufzusetzen, die dann zu gemeinsamer Berathung im Collegio
kamen. Natürlich wurde bei diesen Debatten über das Allgemeine
nicht selten Naheliegendes und Specielles leicht vergessen und übersehen, das aber für die Colonisten selbst von grossem Belang
war. Es wurden ferner die Quartiergelder in monatlichen oder
zweimonatlichen Raten an die Wirthe, die Selbstverpflegungs-
gelder an die Salzburger bezahlt; seine Pferde sollte der Colonist
selbst unterhalten, oder aber verkaufen. Etats werden entworfen
und dem Könige zur Bestätigung zugeschickt, 1000 Besatzbücher
für das nächste Jahr werden gedruckt, die Stellen bestimmt, wo
die Höfe für die Salzburger im nächsten Frühjahr sich erheben
sollten, die Holzankäufe werden in Aussicht genommen, es wird
verlangt, dass die alten Wirthe Lithauens für die Neuanzusetzenden

im ersten Jahre den Acker umzureissen hätten, natürlich gegen Bezahlung. Wer von den Salzburgern dann nicht gleich in den neuerbauten oder reparirten Höfen angesetzt wird, soll arbeiten, z. B. gegen ein Tagelohn von 12 Groschen bei Bauten oder Rodungen beschäftigt werden. Der Ort solcher Rodungen wird ausgemittelt, z. B. in Ragischballen in den Schäfereien, im Amt Bredauen etc. Für diese Rodungskosten werden besondere Summen im Etat festgesetzt. (Zunächst 20,000 Thlr.) Man schätzte bei diesen Ueberschlagsrechnungen die Salzburger Familie ziemlich hoch, auf acht Personen, sechs Erwachsene, zwei Kinder; für diese wurden die Verpflegungskosten so berechnet, dass die bäuerliche Familie vom September 1732 bis zur Ernte 1734, die „Häuserer" und diejenigen, die selbst Güter kaufen wollten, nur für die ersten sechs Monate bedacht werden sollten.

Diejenigen 300 Wirthe, die gleich im nächsten Frühjahr angesetzt werden sollen, werden sofort in ihre zukünftigen Aemter dirigirt, wo sie auch überwintern und die Gegend kennen lernen sollen, während der Winteraufenthaltsort der übrigen gleichgiltig war. Als nicht gerade diplomatisch erwies es sich, dass nicht bloss die Verpflegungskosten meist baar ausgezahlt wurden, sondern auch das Geld für den Kauf der „Besatzstücke" ihnen vorweg ausgehändigt worden war. Kein Beamter wollte gern das Risico übernehmen, für die schwer zu Befriedigenden Vieh und Geräthe anzuschaffen, denn es war bekannt, dass die Unzufriedenen schnell ihre Klagen direct beim Könige anbrachten. Mochten sie selbst für sich sorgen! Aber sie nahmen oft das Geld und kauften nichts; bald war es fort, war somit nur ein Mittel gewesen, ihre Unzufriedenheit zu nähren.

So war während des Interimisticums im Winter bereits Alles für den nächsten Frühling und Sommer vorbereitet. Die Salzburger machten jedoch durch manchen dieser Vorschläge, die von den Räthen ausgeklügelt waren, zuweilen einen hässlichen Strich, sie waren nicht zu den „Radungen" oder Bauarbeiten zu bewegen, sie wollten sich nicht als Instleute oder Gesinde miethen lassen; sie wollten eben nur ihren Unterhalt angewiesen erhalten, ohne dafür selbst die Hände rühren zu müssen. Die vielen Veränderungen ihres Aufenthaltes, den sie, von ihrem Wandertrieb noch oft unruhig erfasst, willkürlich zu wechseln pflegten, waren nicht geeignet, in ihnen das Gefühl von einem festen Heim zu stärken. Sie waren noch immer ein leicht aufzuscheuchendes, flügges Volk; jedes Gerücht über andere Salzburger, über die Heimath trieb sie auf, ihre augenblickliche Wohnung zu verlassen, in die Nachbarschaft zu eilen, bei den Genossen sich zu erkundigen, nach den Freundschaften sich umzusehen, ob diese es ebenso schlimm hätten, wie sie selber, ob diese sich ebenso unbehaglich und unglücklich fühlten. So wurde eine unglückselige Stimmung in den Gemüthern immer von Neuem wachgerufen und unterhalten. Allabendlich berietheu die Männer, dachten der vergangenen, schönen Zeiten und klagten über die schreckliche, unerträgliche Gegenwart. Von Hauswesen keine Rede, der Verpflegungsgroschen war bald dahin, jetzt mussten die mitgebrachten Reiseersparnisse angegriffen werden. Die Verzweiflung stieg, das Umherwandern nahm zu, die Unzufriedenheit wurde fast allgemein, und noch immer kein erlösender Entschluss, die Dinge zu nehmen, wie sie waren, der Gegenwart zu leben, zu arbeiten! Es waren nur sehr wenige, die sich in das Unvermeidliche schickten und einsahen, dass ihr Geschick von ihrer eigenen Thätigkeit abhing, die in den Winterquartieren sich ruhig verhielten, auf die Zukunft hofften und sich über die schlimmen Tage durch das Wort Gottes trösten liessen, somit sich ihre Bedrängniss und ihr Heimweh fortbeteten.

Auch die Geistlichkeit hatte einen schweren Stand, es schien eine Zeit lang, als wenn viele der Salzburger in ihren Predigern nur Helfershelfer der ihnen schon verhasst erscheinenden Beamten sähen; die Pastoren mussten darum sehr geschickt laviren, um sich die misstrauische Menge nicht zu entfremden. In den Inspectoren, die ihnen oft derbe Wahrheiten zu sagen hatten und über die ewigen monotonen Klagen ungeduldig zu werden anfingen, sahen sie eine Zeit lang geradezu ihre heftigsten Gegner, die sie nicht selten gröblich beleidigten und beim König verklagten.

Wir sahen, der König hatte früh Wesen und Stimmung seiner neuen Landeskinder richtig erkannt und hatte demgemäss zu ihnen gesprochen. Doch wollte er, den vielen Klagen der Salzburger Gehör schenkend, auch die Beamten nicht frei von aller Schuld sprechen und erliess, ziemlich zu gleicher Zeit wie jene Declaration über das Verhalten an die Salzburger, eine Weisung an alle Beamten: „die Salzburger gelinde und glimpflich zu tractiren" (17. Juli 1732). „Wir haben erfahren," hiess es hierin, „dass die in die Aemter geschickten Salzburger ziemlich hart gehalten und ihnen insonderheit schlechtes Essen gereicht werde. Die Leute sind aber, der königlichen Intention gemäss, gütlich zu halten und zur Arbeit nicht mit Ungestüm, sondern mit glimpflichen Worten anzumahnen. Wie Ihr denn, da die Erfahrung gegeben, dass diese Colonisten gar nicht kostbar zu essen gewohnt sind, Euch einigermassen hierin nach ihrem Genie zu bequemen und insonderheit, da diese Leute pur Wasser trinken, etwas Warmes zu reichen habt, bis sie sich nach und nach zur hiesigen Kost gewöhnen werden."

Das half aber nicht viel, die „Beamten" wurden in dem Masse zusehends erbitterter, als die Salzburger sich missvergnügter zeigten. Alles liess sich zu einer Katastrophe an, die auch nicht lange ausblieb.

Es lag dem Könige und der Deputation daran, den Salzburgern den Eid der Treue abzunehmen. Man versprach sich hiervon viel, indem man auf die strenge Religiosität der Salzburger rechnete, die einen Eid hoch halten würden, und die bei Fortsetzung ihres jetzigen Betragens leicht darauf hinzuführen waren, dass sich ein solches nicht mit ihrem Eide vereinbaren lasse. Es wurde demnach beschlossen, den bäuerlichen Wirthen und den Kossäthen den gewöhnlichen Eid vorzulegen; von ihnen war nicht viel zu besorgen, sie waren damals noch der kleinere, aber friedlichere Theil. Anders stand es mit den übrigen, den zahlreichen Instleuten, Gärtnern, Tagelöhnern, Knechten und Mägden. Das waren die hauptsächlich Unzufriedenen, unter denen die eigentliche Gährung grassirte, von denen man fürchten musste, dass sie, wenn ihr Missvergnügen nur ₋ noch einige Grade weiter stieg, Unruhen anstiften könnten, mindestens doch über die Grenzen laufen, desertiren möchten. Das waren auch die Arbeitsscheuen, die nichts von Vorschlägen, um guten Tagelohn wirklich zu arbeiten, hören wollten, die auch jedem Versuche einer definitiven Ansiedelung durchaus widerstrebten. Für diesen grossen Haufen wurde deshalb eine besondere Eidesformel entworfen, die ihnen vorgelesen werden sollte, die sie zu beschwören hatten. Der Wortlaut dieser Formel lautete:

„Nachdem S. K. M. in Preussen, mein nunmehriger allergn. Landesherr mich N. in deroselben Königreich Preussen allergn. aufgenommen hat, als schwöre ich hiermit zu Gott dem Allmächtigen einen körperlichen Eid, dass S. K. M. und deroselben Königl. Hause ich jederzeit treu und gewärtig sein und aus der Königl. Lande mich nicht muthwilliger Weise begeben will. Wie ich denn hiermit verspreche, deren königl. Ordnung und Edicten nachzukommen oder einer vorgesetzten Obrigkeit willig Gehorsam zu leisten, auch ruhig und friedlich auszuführen, und in Summa S. K. M. Schaden nach allen meinen Kräften und Vermögen abzuwenden, Nutzen und Bestes aber zu befördern. So wahr mir Gott helfe durch seinen Sohn Jesum Christum. Amen."

Die Regierung war, bei der erkannten Gährung dieses Völkchens, nicht ohne Sorge, ob die Eidesabnahme glatt von Statten gehen würde; um das zu ermöglichen, wurden Vorsichtsmassregeln getroffen. Es wurde eine besondere Commission beordert und „von Ort zu Ort" geschickt. Man wollte die Salzburger einzeln vornehmen. Die beliebtesten Prediger wurden dieser Commission beigesellt und erhielten den Auftrag, ihnen ins

Gewissen zu reden, ebenso gehörte der Colonistencommissar hierzu; und vorsichtiger Weise zog man einige der ältesten und vernünftigsten Salzburger, die als „besonders fromm und bescheiden befunden worden waren", ebenfalls hinzu.[1]) Die Angelegenheit schien wichtig genug, noch besondere Verhaltungsmassregeln der Commission ans Herz zu legen (am 21. November 1732), wie es anzustellen sei, dass Alles friedlich ablaufe und zu gutem Ende geführt werde. „Es soll hiernach den Salzburgern nochmals allen Ernstes und mit kräftigen Vorstellungen bedeutet werden, sich ruhig, auch mit demjenigen vergenüget zu sein, was der König ihnen in Gnaden anweisen lassen, wobei ihnen zu Gemüthe zu führen ist, dass, wenn Wir uns nicht ihrer erbarmet und sie aufgenommen hätten, sie ja nicht gewusst, wo sie hinkommen und eine bleibende Stätte finden würden. Und da ihnen numehro bei dem wahren Gottesdienst nach seinem geoffenbarten Wort Gelegenheit zu ihrem Unterhalt durch ihrer Hände Arbeit geschaffen und angewiesen würde, so wäre es von ihnen ein schändlicher Undank und stratbare Bosheit, wenn sie sich nicht in die göttliche Ordnung bequemen, mithin durch Arbeit ihren Lebensunterhalt verdienen, sondern sich dem Müssiggange und einer unzulässigen Lebensart ergeben wollten, wodurch sie vor Gott und der ganzen Welt, sonderlich bei den Katholiken, zu Schanden und zu Spott würden. Ihr habt sie, hiess es weiter, zugleich mit allem Nachdruck und Ernst verwarnen zu lassen, dass wider diejenigen, welche keine Remonstrationen annehmen, noch sich in Güte bedeuten lassen würden, unnachbleiblich mit aller Schärfe verfahren werden solle." Trotzdem soll aber vor Allem in Geduld mit ihnen gesprochen und verhandelt werden, man soll versuchen, sie durch Langmuth zu gewinnen.

Wir sehen, alle Register werden aufgezogen: Langmuth, Geduld, vernünftiges Zureden im Sinne des Königs, ernstes Ermahnen der Geistlichen, Androhung scharfer Strafen und — Alles zum grossen Theil vergeblich!

Die Bauern und Kossäthen machten nicht viel Schwierigkeiten, sie leisteten den Eid, der ihnen abverlangt wurde, aber der grosse Haufen war und blieb störrisch. Die Salzburger wussten recht wohl, warum sie nicht schworen; dann war es mit allen ihren überschwänglichen Aussichten zu Ende, ihren Klagen war der Boden entzogen, und es schien, als wollten sie sich erst noch nach Herzenslust ausklagen und ihre Unzufriedenheit bis zum Grunde ausschütten; auch war es dann vorbei mit dem bequemen

---

1) Es ist eigen, dass dieselben noch mit der alten Salzburger Heimathsbestimmung notirt sind, nämlich 1) Rupert Stulebner, Schmied zu Hüttau, 2) Mathes Bacher, Schmied zu Goldegg, 3. Hans Hoyer aus dem Saalfeld'schen oder Lichtenberg'schen, 4) Christ. Kraff oder Gappe aus Uppenau, 5) Michel Schober, ein Berg- und Ackersmann, 6) Andres Lindner, ein Kürschner.

Leben des Müssigganges, dann musste gearbeitet werden! Und
Alle hielten den Eid so hoch, dass, wenn sie ihn erst geschworen
hätten, sie unfehlbar auch Alles dem Buchstaben und dem Sinne
desselben nachgelebt haben würden. Deshalb waren sie unter
einander übereingekommen: die Eidesleistung hinhalten, so lange
es geht! Es waren nicht im Geringsten religiöse Motive, die sie
vor dem Eide zurückschreckten, nur jene Beweggründe, die durch
den Geist der Ungebundenheit, der ja ein besonderes Kennzeichen
der Salzburger war, wesentlich verstärkt wurden.

Den · Eidesabnehmern war ganz genau eine mit gutem
Bedacht ausgearbeitete Reiseroute vorgeschrieben. Mitte Februar
1733 wurde mit Gumbinnen der Anfang gemacht; schon hier
verweigerten einige den Eid gleich von vorneherein; nur in
wenigen Orten ging es ohne jegliche Schwierigkeit ab, wie z. B.
in Goldapp, wo alle ohne Weiteres „und mit der grössten Will-
fährigkeit" schworen, doch waren hier die Widerstrebenden, 25 an
der Zahl, erst gar nicht erschienen! Aber gewöhnlich traten die
Widerspänstigen gern hervor, kamen trotzig anmarschirt, nachdem
sie sich noch, wie sie sich nachträglich entschuldigten, vorher
Muth angetrunken hatten. Eindringlich und des Längeren sprach
zunächst der Geistliche auf die verstockten Gemüther ein; sie
schwiegen grollend. Ernst trat dann der Beamte auf und verlangte kategorisch den Eid, dann löste sich der Trotz meist in
Worte auf. In Dinglaucken brach ein Salzburger in die „unver-
antwortlichen, erstaunenswürdigen Worte" aus: „Wie sollen wir
schwören? der König lässt uns ja verhungern, und bei Wasser
und Brod können wir ja nicht leben." Andere wieder sagten,
wenn sie hätten schwören wollen, so konnten sie es ja bequemer
in Salzburg thun, aber eben deswegen hätten sie ja Salzburg verlassen. Es waren noch die Ruhigsten unter den Oppositionellen,
die da erklärten, sie wollten des Königs Ankunft abwarten, mit
ihm würden sie das schon besprechen. Fast überall gab es
einzelne Aufwiegler, die die Massen beherrschten. In Gudwallen
trat einer der Trotzigen „mit einer unverschämten Stirne" auf
und erklärte der staunenden Commission, er wolle es dreist heraus
sagen, warum er und seine Freunde nicht schwören wollten,
noch könnten:

1. Es gäbe in Lithauen viele Sonntagsschänder, die da
Sonntags Holz führen, und das hat Gott ausdrücklich verboten.

2. Den Lithauern wird gar zu oft „übergezogen", und sie
bekämen mit Postronken; es wird nicht lange dauern, so geht
es mit uns ebenso. — Auf den Einwand der Commission, dass
diese Strafe nur die Bösen träfe, sagte er: „ja, ja, der König
will uns zu hoch treiben, doch wir danken Gott, fuhr er mit
einem sichtlichen Stolz auf sein Rednertalent fort, dass wir uns
so gut vertheidigen können. Sey wir treu, so glaube man uns

ohngeschworen, sey wir nicht treu, so greife man uns." Kurz, hier war wenig auszurichten. Wie der Bericht naiv erklärt, „ja, was das Allermerkwürdigste, so war nicht ein Einziger, der sich den Eid abzulegen disponiren liess." In vielen Ortschaften wurden offenbare Rädelsführer gefangen gesetzt, an einigen Stellen blieb es nicht bei Worten, es entstanden Tumulte, indem Betrunkene hereinstürmten und entweder die Anderen mit sich fortzogen oder höhnend betheuerten, sie wollten Alles beschwören, was man nur verlange. In einem Dorfe, klagte die Commission, bediente sich ein Salzburger die gottlose Bemerkung von den Commissionsmitgliedern: „Die Kerls sind ja ärger als der Teufel."

Der König verlangte eine Consignation von der Zahl und dem Namen derer, die geschworen hatten, und denen, die sich des Eides geweigert; das Ergebniss konnte nicht auffallen, dass zahlreiche Unverheirathete zu der letzten Kategorie gehörten, auch nicht, dass die Frauen und Mägde hartnäckiger waren, als das starke Geschlecht. Vor Allem zeigte sich die Menge der Mägde und Knechte resolut, obwohl ein besonderes Rescript aus den letzten Tagen des alten Jahres hatte vorbeugen wollen und befahl, „dass, wenn die Eltern noch lebten, die Knechte und Mägde ihnen als Beihilfe gelassen werden sollten und denselben nicht etwa wider ihren Willen abzunehmen oder vorzuenthalten wären." Im Anschluss an die Familie wähnte man sie willfähriger; ausserdem war jenes Rescript einfach auf Gesetze der Billigkeit und Menschlichkeit zurückzuführen.

Der König zürnte gewaltig. Er ordnete an, nicht abzulassen und weiter den Einzelnen den Eid abzunehmen. Das erwies sich auch als das richtigste Princip, denn, wenn sich der Haufen auch störrisch zeigte, und einer hinter dem andern nicht zurückbleiben wollte, — der Einzelne war eindringlichen Vernunftgründen leichter zugänglich. Ausserdem sollte unbeirrt mit dem Etablissement weiter vorgegangen werden. Die Etats waren genehmigt, die Etablissementspläne ausgearbeitet und bestätigt, die Handwerker zum Häuserbau bereits engagirt. Man fuhr also weiter fort, Arbeit den Müssigen zu verschaffen und aufzunöthigen, und wirklich stieg auch die Zahl derer, die sich hierzu meldeten, ganz beträchtlich. Aber jetzt waren es die Amtleute, die gern refusirten, denn, sagt ein Amtmannsbericht, „von den Salzburgern spüret man — ihre anderen Laster unberührt — je länger, je mehr Faulheit, indem sie alle Gelegenheit, so ihnen zur Arbeit und zum Verdienst an die Hand gegeben werden, verwerfen und ihre Zeit mit Besuchung ihrer Freunde im Lande herum, oder, wenn sie zu Hause, mit Schlafen an den Zäunen oder Kartenspiel hinbringen." Ein anderer lamentirt, „von den fünfzig mir zugeschickten sind kaum sechs Personen, die sich zur Arbeit in Dienst begeben, die übrigen spazieren bald hier, bald da herum."

Und diese Klagen stammen bereits aus dem Hochsommer des Jahres 1733. Natürlich haben sie immer gute Gründe für ihr Nicht-arbeiten, bald ist die Arbeit zu schwer, bald zu ungesund, bald dies, bald jenes. Selbst zu Arbeiten, die weder schwer, noch ungesund fallen konnten, waren sie nicht zu bewegen, z. B. zum Sammeln von Sperlingsköpfen, die jedes Amt zahlreich abliefern musste; man hätte dies doch billiger Weise von ihnen verlangen können, „sintemahlen es ihnen kein Geld koste, junge aus dem Nest zu nehmen, oder auch alte wegzufangen, solches auch mit zu ihrem Besten geschieht." Es wurde angefragt, ob man sie hierzu nicht mit Gewalt antreiben solle, doch wurde dieses Ansinnen verworfen, ja man gab sogar später die von anderen Aemtern eingelaufenen Strafgelder für nicht abgelieferte Sperlingsköpfe (140 Thaler 18 Gr. 8 Pf.) zur Unterstützung armer Salzburger und für feste Besoldung Salzburger Schulmeister her.

Trotz dieser allgemeinen Faulheit gab es doch, so wie unter den eben gemeldeten fünfzig bereits sechs ihre fleissigen Hände regen, auch unter den anderen Massen und Transporten ebenfalls tüchtige Arbeiter, die Willen und Vermögen besassen, die mit aller Macht gegen die süsse Gewohnheit der langen Arbeits-entwöhnung ankämpfen. Vor Allem zwingt die Noth und der Hunger.

Bald berichtet einer von den Colonisteninspectoren, es überliefen ihn viele ledige Salzburger in Gumbinnen „förmlich zu Halse", er solle ihnen Arbeit verschaffen, denn ihre Kreuzer wären zu Ende, sie müssten Hungers leiden. Man half, so gut es ging. Zuweilen wurden sie hierbei von selbstischen Arbeit-gebern um ihr Tagelohn gekürzt, so z. B. diejenigen, die in den Insterburger Bergen Faschinen gehauen hatten, und erst die Gumbinner Deputation muss den Rest des Geldes für sie energisch beitreiben. Diejenigen, denen nicht gleich nach Wunsch Arbeit verschafft werden konnte, murrten laut, so dass die Inspectoren allzu besorgt abermals von bedrohlichen Auftritten zu melden haben: „sämmtliche ledige Salzburger wollen sich zusammen-scharen und mit Gewalt sich Arbeit ertrotzen oder weitere Ver-pflegung," mit der eine Zeitlang inne gehalten wurde, um sie zur Arbeit zu zwingen; oder aber sie verlangen Pässe ins Ausland und „das könnte doch von grosser Consequence sein." Mehrere Salzburger entliefen damals in der That. Dieses Desertiren brachte den König noch mehr in Harnisch, als die Eidesverweigerung, er erliess in Folge dessen ein „Erneutes und geschärftes Edict gegen das treulose und eidbrüchige Weglaufen", die Uebelthäter sollten ohne alle Gnade mit dem Strange bestraft werden. Doch nahmen die Salzburger Desertionen keine grosse Ausdehnung; freilich, wenn die Ansiedlung nicht so hoch im äussersten Nord-osten des preussischen Staates erfolgt wäre, sondern näher der

alten Heimath, so wären in dieser Zeit der Gährung nicht viele
in Preussen geblieben, da einer den anderen mit sich gezogen hätte.

Die „Beamten" mussten scharf aufpassen, dass keine zahlreichen Desertionen in ihren Bezirken vorkämen, leicht traf den
Amtmann der Vorwurf, dass er entweder zu nachlässig oder in
seinem Betragen zu streng sei, oder als ob er sogar der Desertion
Vorschub leiste. Es hatten demnach diese Amtleute einen
schweren Stand nach allen Seiten; dass ihnen zuweilen die Galle
überlief, wer wollte ihnen das verdenken? So hatte der Amtmann
in Maygunischken einen harten Strauss mit einem schon bejahrten,
verheiratheten Salzburger (Seibold); letzterer benahm sich hierbei
derartig brutal, dass das Decret erging, er solle auf die Festung
Friedrichsburg „in die Karre" geschickt werden. Sein armes
Weib that einen Fussfall für den Schuldigen; es wurde deshalb
noch einmal ein eingehendes Verhör mit ihm angestellt, er blieb
aber trotzig und verstockt. Man fragte ihn, ob er vielleicht an
der ihm zugewiesenen halben Hufe Landes nicht genug hätte
und eine ganze Hufe wünsche. Die Antwort war ein grobes
„Nein, weder eine halbe, noch eine ganze Hufe, nichts! Das
ganze Land taugt hier nichts und die Leute noch weniger." Ob
er denn, holte man weiter aus, zufrieden sein würde, wenn man
ihn anderswohin versetzte, so dass er ausschliesslich unter seinen
Salzburger Leuten leben könne und gar nichts mit der übrigen
Bevölkerung zu thun hätte. Abermals der lakonische Bescheid:
Nein, auch nicht; er wolle gar keine Unterstützung und würde
schon für sich selbst sorgen, sich allein ansiedeln. Ob er denn
hierzu genügend Vermögen hätte? war die verständige Einrede.
Er knurrte hervor: allerdings, d. h. seine Gefreundeten, wenn
sie ihn unterstützen wollten; er selbst hatte nur 100 Gulden, und
die Seinigen wollten nichts von einem Ankauf wissen. Schliesslich blieb es dabei, er musste karren und der König war persönlich darauf gespannt, „was vor Effect die geschehene Arretirung
auf die übrigen Salzburger gehabt hätte." Nach einiger Zeit wird
er abermals befragt, ob er seinen harten Sinn geändert habe,
ob er die bezeigte opiniâtreté, wenn er etwa auf freien Fuss
gestellt werden sollte, nachlassen und sich Allem, was ihm befohlen würde, accomodiren wollte? Er war bereits gezähmt
und erklärte, hinfüro sich nicht mehr widerspenstig aufführen
zu wollen, vor Allem niemals ausser Landes ohne königliche Erlaubniss gehen zu wollen; aber eine Hufe wolle und könne er
doch nicht annehmen, denn eine so starke Familie, wie die seinige,
die aus zehn Personen bestände, könne davon nicht leben, auch
nicht auf zwei Hufen; er will deshalb Tagelöhnern. So wurde
er denn freigelassen, nachdem er gegen sechs Wochen gesessen
hat; man hat nie wieder von Störrigkeit seinerseits gehört.

Aehnliche Auftritte gab es allerwärts. Achtzehn der

Schlimmsten, die sich sowohl gegen die Commissäre, als auch gegen die Geistlichen „Impertinenzen" erlaubt hatten, wurden nach Gumbinnen vor die Deputation vorgefordert und zur Rechenschaft gezogen. Der Schlimmen Schlimmster (ein gewisser Fellöhner) „sollte Abbitte thun, um Verzeihung bitten, dann aber, den Trotzigen zum Exempel, obwohl er eigentlich ein mehreres verdient hätte, ins Gefängniss auf acht Tage geworfen werden, die ersten drei Tage bei Wasser und Brod, bei der Entlassung hatte er zu geloben, nicht allein für sich friedlich und genügsam verharren zu wollen und seine Arbeit redlich zu verrichten, sondern auch diejenigen seiner Landsleute, bei welchen er einige ungegründete Widerspänstigkeit verspüre, davon ernstlich abzumahnen und selbst mit gutem Exempel vorzugehen". Der Geistliche im Ornat war zugegen, als die Attentäter ihre Rüge empfingen; er sprach ihnen nach Kräften ins Gewissen, dann wurde das Verfahren gegen den Rädelsführer ihnen vorgelesen mit dem Zusatz, „dass sie sich aller falschen Beschwerden, woraus nichts als Unordnung und Meuterei entstehen könne, gänzlich enthalten und ohnfehlbarer scharfer Bestrafung gewärtigten" etc. Aber selbst zu dem persönlichen Erscheinen in Gumbinnen waren nicht alle zu bewegen gewesen, einigen musste erst mit Zwangstransporten gedroht werden; da fügten sie sich.

Trotz alledem ging die Ansetzung inzwischen allmählich vor sich, wenn sie auch mit den verschiedenartigsten Hindernissen und mannigfachem Widerstreben Einzelner zu kämpfen hatte. Häufig weigerten sich die Salzburger, in die Stellen, oft auch in die Dorfschaften, ja selbst in die Aemter einzurücken, die für sie bestimmt waren. Fast alle, die als Kossäthen angesetzt werden sollten, glaubten, sie wären, wenn sie Folge leisteten, für immer an die Scholle gebunden und könnten für spätere Zeit, wenn ihr rückständiges Vermögen aus Salzburg ihnen ausgehändigt würde, nichts „Grösseres" mehr anfangen. Zu ihrer Beruhigung erliess der König, dem diese Bedenken vorgetragen worden waren, ein besonderes Beschwichtigungspatent (vom 7. Mai 1733), in welchem ihnen eröffnet wurde, dass der König auch weiterhin alle Sorgfalt anwenden wolle, „wie ihnen ihr zurückgelassenes Vermögen, so viel darvon zu erweisen stehet, nach Preussen abgefolgt werde. Wenn nun über kurz oder lang einer oder mehrere dieser Leute entweder durch Wiedererlangung des zurückgelassenen Vermögens, oder auf andere Weise, durch Gottes Segen und fleissige Arbeit in den Stand gesetzet würden, etwas Grösseres und Wichtigeres innerhalb denen Gräntzen des Königreiches Preussen anzufangen und sich auf andere Art zu ihrer Verbesserung zu établiren, so soll dem oder denenselben allemal frei und unbenommen bleiben, den angenommenen Bauer oder Kossäthenhof fahren zu lassen." Natürlich war dann jedesmal dem Amte davon Anzeige zu machen,

der Besatz wieder richtig abzuliefern etc. Bis das Geld aus dem
Salzburg'schen, wohin der König einen eigenen Commissär zu
schicken gedachte, ankäme — und diese Verrichtung erforderte
voraussichtlich einige Zeit — sollten sie sich aber immittelst
ruhig halten und durch Beten, auch fleissiges Arbeiten ihnen
und den Ihrigen göttlichen Segen, nicht weniger zu
solcher Verrichtung in dem Salzburg'schen Glück und
Gedeyen zu erwerben suchen.“

Der König verlangte, um jeden Athemzug seiner unruhigen
Adoptivkinder belauschen zu können, alle vierzehn Tage Berichte über ihre Aufführung („Conduite“). Ausserdem sollte eine
gleichzeitige genaue Revision aller Salzburger Familien, der bereits
angesetzten und noch nicht angesetzten, durch die Amtsleute vorgenommen werden; auch war zu forschen, wie es mit dem Eide
stehe; war die Familie noch nicht établirt und eignete sie sich dazu,
ein Bauernerbe zu übernehmen, so sollte ihr genau und klar „die
Gelegenheit auseinandergesetzt werden. Trotzdem weigerten sich
noch immer viele Salzburger und erwiderten, sie könnten sich
allein unterhalten, würden sich auch selbständig ansiedeln. Der
König erliess deshalb ein Reglement (10. Mai 1733), das an alle
Magistrate und Beamte geschickt wurde, über die Art der Beauf-
sichtigung jener Refusirenden; vor Allem will der Monarch über
das weitere Schicksal dieser Familien informirt werden, wo sie
schliesslich bleiben, und was sie angefangen haben. Es ist mit
diesen folgendermassen zu verfahren:

1) will sich eine Familie aus dem jetzigen Amte begeben,
so ist ihr zwar unentgeltlich ein Reisepass auszuhändigen, doch
ist darnach zu forschen, wohin sie gehen will;

2) es muss sofort eine Notification an das betreffende Amt
oder an die Stadt ergehen, wohin jene Familie vorgegeben hat,
hinziehen zu wollen;

3) hat alles seine Richtigkeit, so ist längstens alle 14 Tage
nach Berlin oder nach Königsberg zu berichten;

4) ist den Salzburgern selbst (nach Befinden bei harter
Strafe!) dieses Reglement bekannt zu machen und zugleich aufzugeben, dass sie sich demselben unterwerfen, und so lange sie
nichts eigenes gekauft, oder angenommen haben, allemal den Ort,
wo ihre Familie sich aufhält, einschreiben lassen und damit so
lange continuiren sollen, bis sie eine gewisse Stelle gefunden haben;

5) vor allen Dingen aber müssen die Beamten und Städte
auf den Grenzen wohl Acht auf die Conduite dieser Salzburger
haben und genau visitiren lassen, ob auch einer oder der andere
aus dem Lande zu gehen Anschläge habe, da sie dann, Falls sie
im wirklichen Begriff sind, durchzugehen, arretiret und in Verhaft
gebracht werden müssen;

6) übrigens aber gleichwie S. Königl. Maj. allergnädig-

sterWille ist, dass diesen Leuten zu ihrem Unterkommen im Lande alle hilfliche Hand geboten, und dafern sie arbeiten wollen, dazu vor anderen Gelegenheit geschafft werde; also habt Ihr es an nichts fehlen zu lassen, widrigenfalls Ihr die göttliche und menschliche Ahndung bei Bezeugung eines unbarmherzigen Betragens gegen solche Emigranten zu befürchten habt.

Der Ausfall der Conduitenlisten war sehr verschieden; meist sind die Prädicate herzlich schlecht. Der Fleiss ist durchschnittlich mit „ungenügend" censirt, und in der Rubrik Führung steht das harte Wort: Renitenz. Aus vielen Aemtern kommt die Note, dass diejenigen, so keine Hufen angenommen haben, noch ganz still in ihren Quartieren liegen und noch immer auf den Aufbruch nach Salzburg warten, von welchem Wahne sie durch die grösste Vorstellung nicht abzubringen seien; sie werden wahrscheinlich durchgehen und halten ihr Gespann hierzu in gutem Zustande (so in Szirgupöhnen, Stallupöhnen etc.). Von anderen geht der Trost zu: „wenn nur erst der gehabte Vorrath an Geld allmählich abnimmt, werden sie auch nach der Arbeit greifen, und dürfte es sich mit ihnen wegen der Faullenzerei wohl geben, wenn sie sich erst pur auf ihrer Hände Arbeit verlassen müssen" (Göritten). Ja, hin und wieder blitzt eine Art Lob wie ein Sonnenstrahl durch allen Tadel hindurch: „sie geben keinen Grund zur Klage, massen sie sich je mehr und mehr gewöhnen, ihr Brod nach Möglichkeit zu suchen" (Insterburg), oder: „Die Conduite derer Salzburger im hiesigen Amte ist bisher noch passable gewesen, die mehrsten auf Kossäthenhöfe angesetzte Bauern haben bereits zur Wintersaat gepflügt, auch schon einiges Korn ausgesät" (Gerskullen, im September).

Im Allgemeinen hatten, wie es befohlen war, die Altbauern im Frühling die Salzburgeräcker umgepflügt und im Beisein dieser künftigen Wirthe tüchtig gesät und geeggt. So wie die Viehmärkte begannen (vom 20. April an), wurde das Besatzvieh für die neuen Höfeeinrichtungen gekauft. Oft war es auch vorgekommen, dass alte, untüchtige Wirthe von ihrem Gütchen entfernt waren, aber der als Nachfolger bestimmte Salzburger weigerte sich, hierherzuziehen, und so stand dann die Hufe wiederum „wüst" da; was sollte mit dem Vieh geschehen, das bereits für diesen Hof neu gekauft war, was mit dem Besatz? Für die in Stand gesetzten Salzburger Bauernhöfe war voller Besatz besorgt; die Kossäthenhöfe erhielten zunächst nur 2 Pferde und eine Kuh; später wird der Unterschied zwischen Bauer- und Kossäthenhof dahin festgesetzt, dass zu jenem mindestens 20 Morgen Acker gehören. Von vornherein werden die Salzburger daran gewöhnt, das Besatzvieh gut zu versorgen und in Stand zu halten, die Beamten haben hierüber zu wachen und alle Augenblicke revidiren sie, damit das Vieh „nicht etwa muthwilliger Weise negligirt werde und nicht zu Schanden gehe".

Die gewöhnlichen Pferdemärkte reichten zum Ankauf der „Besatzstücke" nicht aus; es wurden deshalb von den Kanzeln drei Sonntage hintereinander neue Märkte angekündigt, und diese wiederholen sich oftmals bis in das Jahr 1735 hinein. Es dauerte deshalb auch mehrere Jahre, ehe jede Ansiedlung den zugedachten Besatz wirklich erhielt, denn wie einerseits für manche noch leerstehende Höfe der volle Besatz vorhanden war, so mussten Andere, die willig die ihnen zugewiesenen Stellen bezogen hatten, zuweilen auf das eine oder andere Stück ungeduldigst warten.

Noch im Jahre 1734 sah es z. B. mit dem Besatz in einem Amte (Holzflössamt) übel aus; hier waren 40 Salzburger Bauernfamilien angesetzt, ihre Annehmungsbriefe wiesen auf, was sie empfangen sollten, hier steht auch, was ihnen wirklich erst ausgetheilt war, und was mithin noch nachgeliefert werden musste.

Sollen erhalten:	Haben erhalten:	Rest:
$895^1/_2$ Scheffel Roggen	$643^1/_2$ Scheffel	$248^1/_4$ Scheffel
261 „ Gerste	50 „	$199^1/_2$ „
$617^1/_2$ „ Hafer	532 „	$132^1/_2$ „
$28^1/_2$ „ Erbsen	2 „	25 „
83 Pferde	66 Pferde	17 Pferde
42 Ochsen	42 Ochsen	— Ochsen
70 Kühe	66 Kühe	4 Kühe
35 Wagen	33 Wagen	2 Wagen
35 Pflüge	33 Pflüge	2 Pflüge
35 Eggen	33 Eggen	2 Eggen
33 Thlr. Geld.	33 Thlr. Geld.	— Thlr. Geld.

Ueberall, wo keine Pflüge vorhanden waren, werden ganz neue angefertigt, aber nicht nach Salzburger Art, sondern nach Magdeburger Modell; so wurde mit einem Schmied ein Accord auf 400 Pflüge geschlossen (pro Pflug 3 Thlr. 40 Gr.), ein Salzburger selber musste 300 Eggenzinken liefern; das Gewicht war genau vorgeschrieben, auch erhielt der Salzburger einen Vorschuss von 50 Thlr. auf diese Arbeit; ebenso wurde eine grosse Menge neuer Wagen angeschafft etc. etc.

Und immer wieder und wieder ergeht an die Beamten, besonders die Inspectoren, der Befehl: bereisen! und stets werden ihnen neue Instructionen und Reglements hierzu an die Hand gegeben, je dem augenblicklichen Bedürfniss, oder einer localen Frage entsprechend. Natürlich waren die Beamten gewitzigt, und mit Absetzung von alten liederlichen Wirthen war man bald vorsichtiger geworden, doch war der Befehl gekommen, dass bei Wiederbesetzung verlassener Höfe immer die Salzburger den Vorzug haben sollten, wenn ihr Gebot gleichlautend sei mit dem von Anderen. Für die noch nicht angesetzten wird auch fernerhin fleissig Ausschau gehalten, ob ihnen nicht lohnende Arbeit zugewiesen werden kann, etwa bei den Rodungen in Kussen, Grumbkowkaiten, in der Skalischen Haide oder bei Reinigung der Inster etc.

Nach dem ersten grossen Plan des Generalwerkes, der auf 250,000 Thlr. berechnet ist und von Trinit. 1732 bis Ende September 1736 geht (bestätigt den 2. Mai 1734), waren in Gumbinnen allein 80 Bürgerhäuser für die Salzburger hergerichtet, 16 ganz neue Bauernhöfe erbaut und zahlreiche Höfe der liederlichen oder entlaufenen Wirthe reparirt; auf 110 der ersten und auf 50 der zweiten Gattung musste neues Inventarium beschafft werden. Jener Etat reichte jedoch nicht, ein zweiter musste folgen, und so waren nach neu bewilligten Geldern bereits im Jahre 1732 schon 29 Bauernhöfe neu aufgeführt, und im folgenden Jahre werden 300 Kossäthenhöfe in Angriff genommen.

Trotz aller Tiraden der Heisssporne unter den Salzburgern hatten somit die Ansiedlungen ihren Anfang gehabt und ruhigen Verlauf genommen, sowohl in den Städten, wie in den Aemtern; sie zogen sich den ganzen Sommer hin und währten mehrere Jahre. Einige Male machte die Regierung mit den Wetterwendischen bitteren Ernst, diese, — einige Familien in Balgarden — hatten zugesagt, sich unterbringen lassen zu wollen, dann aber, im entscheidenden Moment zogen sie wieder zurück. Da verloren die Beamten die Geduld und liessen, mit königlicher Genehmigung, einen gewaltsamen Transport nach dem Bestimmungsort ausführen, „zumal die im dortigen Winkel sich befindenden Salzburger sich vor Andern schwierig bezeigten."

Aus dem Jahre 1734 liegt eine ausführliche Consignation von den bereits erfolgten Ansiedlungen vor. Hiernach war das Verhältniss folgendes: ein guter Theil war zunächst im Königsberg'schen Departement zurückgeblieben, 1854 Personen, die übrigen waren in Lithauen untergebracht, und zwar 11,155 Menschen, von denen sich 1059 in den Städten niedergelassen hatten. Unter den Städten stand natürlich obenan

Gumbinnen	mit	237	Salzburgern, dann folgten
Darkehmen	„	168	„
Memel	„	158	„
Tilsit	„	141	„
Insterburg	„	130	„
Goldapp	„	117	„
Stallupöhnen	„	72	„
Pillkallen	„	16	„
Schirwind	„	1	„

Die übrigen 1602 Familien, 9096 Personen, sassen in den Aemtern, und zwar:

Im Insterburg'schen District 6718 Personen
„ Ragnit'schen   „   2002   „
„ Tilsit'schen   „   338   „
„ Memel'schen   „   18   „

Von diesen hatten sich 55 Familien auf eigene Kosten
angesiedelt (346 Personen), nämlich 52 im Insterburg'schen, die
anderen 3 im Ragnit'schen. Ausserdem waren auf königl. Kosten
wirklich angesetzt 658 Familien mit 3836 Personen, so dass noch
anzusetzen übrig blieben: 60 Familien mit 320 Köpfen,[1]) während
es noch 129 Gärtnerfamilien (405 Personen) gab und 3232 Tagelöhner resp. Handarbeiter; 450 Personen waren Hospitaliten und
487 ganz junge, erst in Preussen geborene Kinder.

Zunächst ist auffällig, wie die Schaar der Salzburger schon zusammengeschmolzen war. Ausgewandert
waren 20—30,000 Salzburger, ein katholischer Schriftsteller (Clarus)
giebt 22,151 Köpfe an; hiervon hat der preussische Commissär
Göbel 20,694 Salzburger übernommen, um sie nach Preussen
zu führen; Ende October 1732, wo die Einwanderung jener Transporte als abgeschlossen gelten konnte, waren 13,944 in Königsberg wirklich angekommen, und jetzt, gegen zwei Jahre später,
sind nur noch 12,909 in Ostpreussen resp. in Lithauen vorhanden.
Die Gründe zu dieser allmählichen Verminderung sind ausser der
„Desertion“ mehrfache. Zunächst waren gleich von vornherein
mehrere in anderen deutschen, ausserpreussischen Ländern und
Städten geblieben, theils als Gesinde, theils durch Ankauf; und
gerade die vermögenden Wegemüden hatten sich gesagt, dass
ein sicherer Halt, der ein Ausruhen ermögliche, dem weiten Wege
nach Ostpreussen und der unbestimmten Zukunft vorzuziehen wäre.
Dann blieben ferner in Berlin und in den übrigen Städten und
Provinzen Preussens einzelne Salzburger zurück; je länger der
Weg, desto müder die Füsse, desto ersehnter die Ruhe. Dazu
kam, dass viele den Reisestrapazen erlagen, besonders die ganz
jungen Kinder, die die häufig wechselnde Nahrung, das verschiedene
Wasser, das rauhere Klima nicht vertragen konnten. Als die
Züge in Königsberg anlangten, waren die meisten Transporte von
Krankheiten aller Art inficirt.

Alle Pest- und Krankenhäuser Königsbergs waren bald
mit Salzburgern angefüllt; trotz der sorgfältigsten Pflege starben
hier bis zum Februar des nächsten Jahres 804 Salzburger, während
noch 60 andere krank daniederlagen; im Juli desselben Jahres
(1733) war die Zahl der Todten bereits auf 858 gestiegen, darunter
554 Kinder. Im ganzen Königsberg'schen Departement waren von
den hier Zurückgebliebenen 1013 Personen gestorben. Ebenso

---

1) Auf wüstes Land waren 132 Familien angesetzt, nämlich auf 106 wüste
Hufen, während 644 Familien 606 urbar gemachte Hufen inne hatten.

schlimm war es mit dem Gesundheitszustand in Lithauen bestellt; hier waren bis auf dieselbe Zeit 1121 gestorben und zwar 872 Erwachsene und 249 Kinder. Also waren in dieser kurzen Zeit ihres Aufenthaltes im Osten im Ganzen 2134 Salzburger gestorben. Die grassirenden Krankheiten, denen die Salzburger erlagen, waren namentlich die Pocken, bei Kindern Darmentzündungen, Ruhr, Fieber; andere Krankheiten, die sie von der Reise mitbrachten, waren zuweilen hässlicher Art, wenn auch nicht letal, wie z. B. „die Liebesseuche“, deretwegen mehrere in die Lazarethe mussten. Wir sehen, der Tod hatte die Reihen der Salzburger stark gelichtet; ehe sich die anderen an das rauhe Klima, an die ungewöhnte Ernährungsweise, an die ganze Art zu leben gewöhnten, verging noch geraume Zeit, und wenn auch die Todesfälle gegen Ende des Jahres 1733 abnahmen, so sind doch vielerlei Erkrankungen noch sehr häufig. Im September desselben Jahres sind in Lithauen noch immer 518 Personen in Hospitälern, worunter allerdings auch viele alte, gebrechliche, „bresshafte“ Leute sich befanden. Auch die Unterbringung der Kranken und Altersschwachen war den Colonieinspectoren zur Pflicht gemacht. Es gab im Jahre 1733 schon drei solcher Inspectoren (Hermann, Schröder, und Amtmann Hanke), deren jedem eine bestimmte Anzahl von Aemtern zugewiesen wurde, der erste hatte in 10, der zweite in 8, der dritte in 11 Aemtern die Salzburger zu überwachen und für sie zu sorgen; ausserdem arbeiteten für sie noch besondere Schreiber, die die specielle Aufsicht über Packete, Kisten, Austheilung der Geräthschaften, wie Pflüge etc. führten. Das Verhältniss zwischen den Inspectoren und ihren Pflegebefohlenen war nur anfänglich ein leidliches, die Salzburger nahmen bald an jedem Rathe, geschweige denn an Tadel argen Anstoss, und oft gingen Beschwerden, natürlich immer „im Namen der ganzen Salzburger Colonie“ über die Inspectoren bis an den Hof, so dass der eine dieser Inspectoren (Hermann), der regsamste von den Dreien, weil er „wegen seiner schlechten Aufführung bei den Salzburger Emigranten fernerhin zu belassen bedenklich sei“, eine Zeit lang suspendirt wurde. Da aber kein anderes „taugliches Subjectum, welches von einem gesetzten Gemüthe war und auf eine vernünftige Art mit diesen noch rohen Leuten umbzugehen wusste“, an seiner Statt aufgetrieben werden konnte, so ward er bald darauf wieder eingesetzt.[1]

Die Gumbinner Deputation nahm oftmals an den vielen

---

[1] Später tritt Hanke zurück, und jeder der beiden anderen hat je die Hälfte der Aemter zu verwalten. Hermann stirbt 1771, worauf ein Salzburger seinen Posten erhielt (Sahme), er wird aber nur mit 200 Thlr. salarirt; nach dessen Tode wird sein früherer Assistent, Pastenaci, sein Nachfolger bis zum Jahre 1808. Ueber Schröder's Nachfolger war nichts aufzufinden.

kleinlichen Forderungen der Inspectoren Anstoss; schliesslich bewilligte sie ausser dem Gehalte noch $1\frac{1}{2}$ Ries Papier, 18 Buch
Maculatur, $1\frac{1}{2}$ Pf. Siegellack, dagegen müssen sie sich Scheere und
Federmesser und andere Gegenstände, die sie noch prätendirten,
selbst halten; „und — so werden sie getadelt — scheint es, dass
sie alles aufzusuchen bemüht sind, umb die Ausgaben zu vermehren."
    Zu ihrer genauen Instruction wurden besondere Verhaltungs-
massregeln in Gumbinnen festgesetzt und bei Hofe bestätigt
(10. März 1733); hieraus erhellt ihre Thätigkeit am besten, man
ahnt, dass sie nicht eben auf Rosen gebettet waren. Die elf
Paragraphen dieser Instruction verlangen (im Auszuge) ungefähr
Folgendes:
    1. Sie sollen richtige, consignirte Tabellen zu bestimmten
Zeiten einreichen.
    2. Die Zehrungskosten für die Salzburger hatten sie aus-
zulegen, bis die Colonisten an Ort und Stelle angesetzt waren;
über die Ausgaben war genau Buch zu führen, die Rechnungen
mussten, von den Salzburger Predigern attestirt, der Deputation
vorgelegt werden.
    3. Es war über alle Kisten und Packete ein genaues Ver-
zeichniss aufzunehmen, damit jeder auch wirklich das seinige erhalte.
    4. Etwaige Klagen der Salzburger sind keineswegs abzu-
weisen, sondern in Gelassenheit anzuhören, jedes Mal ist über
dergleichen Dinge an die Deputation zu berichten, damit hier ein
Beschluss gefasst werde.
    5. Ueber das Betragen der Salzburger ist fleissige Infor-
mation zu erhalten, jedem ist „gehörig Anweisung zu thun zu
einer vernünftigen Aufführung, und dass sie zu der ihnen angewiesenen Arbeit und Handthierung sich expliciren"; auch über
diese Conduite der Emigranten ist regelmässig und ausführlichst
zu berichten.
    6. Wenn die Salzburger wirklich endgiltig angesiedelt sind,
dann soll vor allen Dingen der Inspector viel herumreisen auf die
Vorwerke und Dörfer, fleissig Umschau halten, ob die Etablirten
auch nach den principiis regulativis von den Beamten genügend
verpflegt werden, ob sie in gehöriger Weise placirt sind, ihr
Deputat erhalten haben etc.   Damit keine Confusion erstehe, ist
jedem der Angesetzten ein gedrucktes Besatzbuch mit Vermerk
des Erhaltenen zu übergeben.
    7. Bei Ansetzung der diesjährigen (29) Bauerhöfe muss
er sehen, dass die besten Aecker mit Wintergetreide bestellt werden,
und ebenso für Bearbeitung des Sommer- und Winterfeldes recht-
zeitig sorgen.   Ueberhaupt ist dahin zu sehen und mit arbeiten zu
helfen, dass die anzusetzenden Salzburger Alles schon vollständig
eingerichtet vorfinden.
    8. Der Besatz auf den Höfen der ausgemerzten Wirthe ist

völlig zu completiren, Magdeburger Pflüge noch vor dem Winter anzuschaffen; ein genaues Inventarium ist auch über diese Höfe aufzunehmen.

9. Die 300 Kossäthenhöfe sind noch vor Ablauf des Winters nach dem Plan zu erbauen und in Cultur zu bringen; auch hierfür muss der Inspector, so viel er kann, sorgen.

10. Der Besatz an Vieh, Geräth und Getreide ist möglichst in natura zu reichen, geschieht es in Geld, so ist darauf zu halten, dass auch wirklich das Designirte von den Leuten gekauft werde. Brod- und Saatgetreide soll immer in natura verabfolgt werden.

11. Welchergestalt die Salzburger auf ihren neuen Höfen zu wirthschaften haben, besagt das gedruckte Wirthschaftsreglement, wie auch die Dorfordnung; in jedem Dorf ist ein Exemplar hiervon abzugeben. Auf die Beobachtung dieser Vorschriften muss mit Nachdruck gehalten werden.

Einzelne Paragraphen dieser hauptsächlichen Pflichten für die geplagten Inspectoren waren so dehnbar, dass ein gewissenhafter Mann von früh bis spät schwere Arbeit und viele Sorgen haben musste; so vor Allem der vierte Punkt, alle Klagen anzuhören und hierüber zu berichten! Das missvergnügte Volk aber hatte unendlich viel zu klagen und zu fordern, und war es abgewiesen, so kehrte es hartnäckig und jeder Logik spottend immer wieder von Neuem zurück.

Zuweilen bediente sich die Regierung auch anderer, nicht officieller Organe, und hörte gern auf intelligenter Leute Vorschläge zum allgemeinen Besten der Colonie und des Staates. Unter diesen steht ein gewisser Lanoi obenan. Dieser „Johann de Lanoi Carl Precemeter" war eigentlich kein Salzburger von Hause aus, hatte sich aber lange Zeit als Bergverwalter im Salzburg'schen aufgehalten. Seine speciellen Kenntnisse des Landes und der Leute leisteten bei dem Ansiedlungsgeschäft oft grosse Dienste. Lanoi war unter dem Titel eines Stallmeisters nach Salzburg zurückgeschickt worden, um hier theils die vielen falschen Gerüchte über die preussischen Salzburger zu widerlegen, theils um Privatbriefe in die Heimath der Emigranten durchzuschmuggeln. Auch einen von Göcking verfassten und gedruckten Aufsatz[1]), der dazu dienen sollte, „etwaige Lästerungen" zu widerlegen, musste er in verschiedenen Exemplaren vertheilen. Nach manchen Abenteuern gelang ihm sein Vorhaben; später wurde er der Führer der Berchtholdsgader nach Preussen. Lanoi machte, als er nach Lithauen wieder zurückgekehrt war und sich in Darkehmen niedergelassen hatte, den Vorschlag, die Spinnereien unter den Salzburgern ganz besonders zu pflegen. Die Regierung liess ihn deswegen im Lande umher reisen, er solle zusehen, ob und

---

1) Den Wortlaut cf. Göcking II. 356.

wo mit solchem Vorgehen Nutzen gestiftet werden könnte. Sein
Reisebericht aus dem Winter von 1733 zu 1734 ist von Interesse;
er hatte sein Augenmerk auf den Zustand der ganzen Colonie
gerichtet und giebt in merkwürdigem Stile von seinen Beobachtungen Kunde. Hier folge ein Auszug aus seinem Reisebericht:
     „Aller Klagten insgemein gehet dahinaus, sie seien zu
weit von einander unter die Littauer verstecket, vor welchen
sie nichts sicher behalten könnten und alles bestohlen würde.
Viele brauchten Hülfe ihre angenommenen Felder und Wohnungen zu bessern, konnten (aus) Mangel (an) Geld dazu
nicht die Dienste bezahlen und vor sie allein wäre es nicht
möglich, wünscheten ihr Geld ausm Salzburgschen oder billigen Vorschuss. Das Allergrösste, was Arm und Reich be-
seufzen, sind die Scharwerke und Freijahre, ingleichen, dass
nicht ihr Feld sollen bauen nach ihrem Gefallen und Gutfinden der breiten oder schmalen Bäthe (Beete) zu ihrem
Eigenthum, umb welchen willen noch viele so nicht an
Huben wollen, oder wohl gar davon lassen, die denselben
schon angenommen, worüber billig zu reflectiren.
     Ferner beklagen sich die Arbeiters, dass der bedungene
Lohn, so ihnen versprochen, sehr würde hinterhalten und
abgekürzet; wäre wohl gute Verordnung nöthig.
     Sonsten hätte noch ziemlich viel lediges Land ange-
troffen, wo guten Leuten darzu möchte angeholfen werden,
zumal im Aulowöhnischen, zwischen Lappöhnen, Gertkullen
und andern Orten, worüber weitere Relation in Unterthänigk.
ertheilen werde; wohl verlangen weswegen (deswegen) auch
einige unsre Tagelöhner, so hier nicht volle arbeit, dahin
unterzubringen sind.
     Hauptsächl. verlangen die Herren Bürgermeister und
Rath, sonderlich die daselbstige Salzb.Emigranten ihrer Handwerksleute, deren wir hier wohl entbehren und daselbst sich
besser nähren können, nacher Darkeim zu senden; bin ich
dazu beordert und habe gnädigen Befehl dazu, will damit
wol und willig aufkommen, ist beiderseits woll gethan.
     Wegen dem Eisenwerk zu Kiauten — — — —
Durch dieses, wo es gebührend eingericht, könnten viele
ausser (auswärtige) Bergleuten; die woll tüchtig dazu gebrauchen und Nahrung verschaffen; es gereicht zum Nutzen
und Dienst des Landes, behält das Geld im Land, nähren
sich viele Menschen dadurch und S. K. Maj. haben dessen
kein Schaden." Königsb. 19. Jan. 1734.
     Er verlangte 300 Thlr., damit er dafür sorgen könnte,
dass die noch nicht établirten Salzburger gehörig beschäftigt
werden könnten; er wollte von dem Gelde Spinnräder, Haspeln,
Flachs, Baumwolle etc. anschaffen und ihnen einhändigen. Der

Kammer leuchtete der Vorschlag ein, sie fand es „nicht übel", dass in Lithauen Flachs- und Baumwollenspinnereien unter den Salzburgern in Aufschwung gebracht würden. Das Geld wurde bewilligt, und Lanoi sollte ganz und gar nach Gumbinnen ziehen, um sich der Sache mit allen seinen Kräften annehmen zu können; erst dann würde die Angelegenheit völlig réussiren. Es wurden demnach 10, später 15 Stationen für Flachs- und Baumwollen-spinnereien unter den Emigranten eingerichtet, Lanoi sorgte für billigen Ankauf und guten Absatz, indem er Verbindungen mit Königsberg anknüpfte. Trotz grosser Bemühungen seinerseits konnte er doch dem Drängen und den vielen Anforderungen von oben her nicht immer genügen, besonders war es der schwer zu befriedigende, unruhige Görne, der ihn und seine Erfolge herb tadelte. Lanoi musste alle Augenblicke Proben aus den einzelnen Stationen einreichen, selten genügten sie dem Minister, der der Meinung war, Lanoi „müsse solche Spinnerei mit mehrerem Ernste betreiben, inmassen hiernächst die näheren und besseren Proben versprochener Massen erwartet werden". Natürlich er-hoben sich auch bald aus dem Kreise der Salzburger Klagen gegen ihn, auch sonst ging es ihm kümmerlich. Sein Gehalt war nur gering, so dass er mehrere Male die Vorschüsse aus der extraordinären städtischen Kasse annehmen musste. Er starb im Jahre 1744 in grosser Armuth; seine Habe wurde von com-munalwegen öffentlich versteigert, nach Abzug der Beerdigungs-kosten blieben nur wenige Thaler übrig (6 Thlr.), so dass die städtische Kasse ziemlich geschädigt wurde (um ca. 200 Thlr.). Das Haus des Todten wurde zu einem Spinnhause eingerichtet. Der Nachruf, der ihm in einem Schreiben an den Hof gewidmet wird, gesteht ein, „dass er gut gegen die Salzburger gewesen sei, ihnen bei der Arbeit half, wo und wie er nur konnte, und für sie sorgte, im Uebrigen sei er später liederlich geworden," ohne dass dieser hässliche Ausdruck näher erklärt ist; es scheint, als ob hiermit nur seine Geldverlegenheiten gemeint seien. In der Geschichte der Salzburger Ansiedlung hat sein Name sich einen guten Klang erhalten.

Der Monarch war über den Reisebericht Lanoi's nicht sehr erbaut, ebenso wenig über die anderen Nachrichten, die ihm häufig den Zustand und das Betragen der Colonisten schilderten. Und doch hatte er schon so viel für die Colonie gesorgt, ihr seine volle Aufmerksamkeit und Theilnahme geschenkt, hatte nicht ge-kargt, wenn es sich um Gelder für das Etablissement handelte; hatte schon zu dem zweiten Etat wiederum 100,000 Thlr. be-willigt! Und trotz aller Sorge, aller grossen Ausgaben — Undank? Er vermochte es nicht zu fassen und wünscht deshalb einmal nach einer fast dreijährigen Ansiedlung der Colonisten eine wirk-lich gründliche Nachweisung über den Stand des Ganzen und des

Einzelnen, verlangte ganz klaren, reinen Wein eingeschenkt zu haben. Schon aus dem Grunde verlangte er danach, weil wiederum neue Zuzüge aus dem Salzburg'schen angemeldet wurden, deshalb wollte er wissen, ob eine neue Ansiedlung sich auch in der That verlohnen möchte. Er fragte in diesem Sinne bei der lithauischen Deputation an.[1]) Die Antwort gab zunächst zu: dass jetzt von Zeit zu Zeit sich die Zahl derer mehre, die freiwillig kämen und Aecker anzunehmen wünschten; musste doch abermals für dieses Jahr ein neuer, ein dritter Etat in Höhe von 46,000 Thlrn. (von 1735—1736) aufgestellt werden, damit neue 123 Höfe erbaut werden konnten. Sie, die Beamten, lebten der Hoffnung, dass, wenn jetzt alle „ordentlich" gefragt würden, eine weit grössere Anzahl, die wohl noch einmal so viel und noch mehr sich be- laufen würde, herauskommen würde; denn, setzte der Bericht wörtlich weiter fort, „die Salzburger verheirathen sich sehr stark und haben sie erst Weiber, so geben sie sich auch zu Lande an." Aber was einen grösseren Nachschub von Salzburgern an- betrifft, so sind die lithauischen Herren ganz entschieden hier- gegen, „da diese Leute sich fast durchgehends halsstarrig und widersetzlich bezeigen."

Während so die Berichte über sie im Lobe noch ziemlich kühl, kaum lau zu nennen sind, theilt Göcking aus jenem Jahre eine „Nachricht bey Hofe" mit, die fast enthusiastisch klingt und wohl von einem der Prediger herrühren mag, der gern seine Ge- meinde rühmt: „Man siehet jetzt auf dem Felde ungemein viel Salzburger in ihren rohen, kurtzen Röckgens, welche bei ihrem Ackerbau sich lustig, munter, vergnügt, gut und emsig bezeigen. Man siehet aus allem, dass sie in ihrem Lande müssen gute Wirthe gewesen sein, denn ihre Wirthschaft ist auf das ordentlichste ein- gerichtet. Viele ziehen aufs Neue aus ihren Quartieren in die Bauernhöfe. Und es sind ihrer noch sehr viele, die da verlangen, angesetzt zu werden. Es bleibt auch dabei, dass diese Leute allen anderen Colonisten den Ruhm· nehmen werden."

Da die Salzburger jetzt endlich Ernst mit der Annahme von Hufen zu machen schienen, so, klagen die Berichte, werde der Acker bald knapp, die bisher noch vorhandenen Höfe waren schnell be- setzt, schlechte Wirthe auszumerzen, um andere, deren Güte eben- falls fraglich war, in diese Besitzungen hineinzusetzen, war riskant. Man wollte deshalb wieder zu einem Plane zurückgreifen, der schon einige Male aufgetaucht, aber mit dem bisher noch nie voller Ernst gemacht worden war, nämlich zum sog. Abbau der zweiten Hufe. Hierunter war nicht sowohl die völlige Los- trennung aller Höfe zu verstehen, als vielmehr nur die Loslösung der zweiten Hufe bei solchen Wirthen, die entweder selbst darum

---

1) Den 23. April 1735.

als Vergünstigung baten, oder bei nachweisbaren schlechten Ackersleuten, die mit ihrer Wirthschaft nicht fertig werden konnten.
Das Project, das aus dem Jahre 1735 stammt, lautete ungefähr
folgendermassen:

„Die Anzahl der zu erbauenden Höfe ist für Ein-
hubner 394. Es sind mehrere Etats aufgestellt, erstlich
nur für zwei Gebäude, Wohnung Scheune nebst Stallung,
welche jedem dieser Gebäude angebaut werden; zweitens
drei Gebäude: Wohnhaus nebst Stallung für Kühe und Klein-
vieh, Scheune und noch ein aparter Stall für Ochsen, Jung-
vieh und Pferde.

Der Ueberschlag für die erste Art betrug 143,538 Thaler
65 Gr. 9 Pf., für die zweite Art 152,386 Thaler 51 Gr. 9 Pf.

Dennoch empfiehlt Minister von Blumenthal diesen
zweiten Etat. Die Ausführung wird drei Jahre beanspruchen,
wofern den Unterthanen die Holzfuhren nicht zu beschwerlich gemacht werden sollen. Danach würden für jedes Jahr
47,846 Thaler 21 Gr. 5 Pf. oder 50,795 Thaler 47 Gr. 3 Pf.
erfordert werden."

Lange zaudert der König mit der Antwort, die Ausgabe schien ihm sehr hoch; nicht unlieb war ihm deshalb
der Einwand Görnes, die Bauern Lithauens wären alle nicht
gewillt die zweite Hube abzutreten. Es lag nun klar, dass
diese Bemerkung, mindestens gesagt, auf Irrthum beruhte,
denn im Jahre 1731 hatten (Protok. 12. und 14. September) sich
bereits viele[1]) gemeldet, die bereit waren, eine Hube abzutreten; und im folgenden Jahre war ein Ausschreiben an alle
Beamte ergangen, Consignationen hierüber einzuschicken, so
dass 475 Huben damals ersichtlich abgetreten werden sollten.
Auch im folgenden Jahre war mehrere Male, in Gegenwart Görnes (11. Juli und 20. Juli), die Nothwendigkeit dieses
Abbaues und die Geneigtheit der Zweihubner hierzu besprochen worden. — Aber der König blieb diesmal verschlossen,
es soll bleiben, wie er angeordnet, nur „diejenigen Salzburger, die sich zur Annehmung der zweiten oder auch
anderer wüsten Huben angeben und selbige zu bebauen im
Stande sind, sollen gegen die bereits accordirten und festgesetzten Freijahre angenommen werden." (23. December 1735
und 17. Februar 1736).

Da somit dieses Project, der Abbau der zweiten Hufe, in
seinem vollen Umfange nicht durchgesetzt wurde, ging man wenigstens mit dem Aufbau der eben erwähnten 123 Höfe energisch

---

1) Ihre Rede war: sie könnten den Acker nicht bestreiten, den Prästanden nicht gerecht werden, auch hätten sie kein Brodkorn, noch den vollen
Besatz, und deshalb bäten sie um Abnahme einer Hube.

vor, aber auch jetzt noch weigerten sich, nach Vollendung dieser
Bauten, verschiedene Salzburger, in die ihnen zugewiesenen Orte
zu ziehen, so z. B. will keiner von ihnen nach dem Amte Königsfelde, „indem hier die Felder ganz steinigt, auch dabei schlechter
Wiesenwachs, dazu mit Polen gränzet und worin auch Bauern
wohnen, so nichts als Polnisch sprechen." Man sah sich deshalb
in der That genöthigt, die hier eigentlich für Salzburger bereiteten
neuen 15 Höfe an Einheimische zu vergeben.

Solche Weigerungen kränkten und reizten den König; die
Salzburger hatten wahrlich bisher noch wenig gethan, um sich
seine Liebe und Anerkennung zu verdienen, die Berichte der
Beamten erwähnten immer nur Schattenseiten: Renitenz und Widerspruch, Verweigerung des Etablissements und Davonlaufen; und
hatte ihn schon in wirklichen Zorn die Eidesverweigerung versetzt, jetzt trat noch ein neues Misstrauen fast beleidigend dem
König persönlich gegenüber. Es handelte sich um die schon
früher in Aussicht gestellte königliche Verwendung, die in Salzburg von den Emigranten zurückgelassenen Ausstände, von denen
gleich ausführlicher die Rede sein wird, einzukassiren. Hierzu
bedurfte es der Documente der Ausgewanderten, um die recht-
lichen Ansprüche der Forderungen zu erweisen. Die Deputation
sollte daher durch ihre Beamten den Salzburgern die Documente
abverlangen, aber dieselben weigerten sich dessen ganz entschieden,
weigerten sich, wie sie ehedem den Eid verweigert hatten. Wer
konnte wissen, war ihr Gedanke, was aus diesem werthvollen
Papier würde? ob das hierauf ausgezahlte Geld auch wirklich bis
zu ihnen gelange? wie sollten sie später ihre Anrechte beweisen?
Auch lebte in allen die Furcht, sie könnten, trotz Schein und
Document, nur einen Bruchtheil, also zu wenig Geld, von der erzbischöflichen Regierung erhalten.

Anfangs lächelte der König des kindischen Misstrauens
und versuchte mit Güte und Langmuth sie zu überreden. „Man
solle sich nur an die Geistlichen wenden, welche den Salzburgern
zugegeben sind, diesen Leuten, sonderlich den ältesten von ihnen
und bei welchen sie den meisten Ingress zu finden vermeinen,
nachdrücklichst vorzustellen, wie sie ja ohne Extradirung der
Originaldocumente, welches doch nicht anders als gegen baare
Bezahlung geschehen solle, vor ihre Güter so wenig, als von den
etwaigen Schulden etwas zu hoffen hätten, und dass nicht genug
sei, wenn gleich im Salzburg'schen von allen Documenten Nachrichten zurückgeblieben wären, indem es auf Zurücklegung derer
Originalverschreibungen und Documenten ankäme". [1]   Auch sollen
die Geistlichen darauf vorbereiten, dass schwerlich die volle Summe
der notirten Beträge ausgezahlt werden würde, da Salzburg

---

1) Den 21. Januar 1735.

depeuplirt wäre, wenig Käufer für die grosse Zahl der Güter vorhanden seien, da ferner die benachbarten Reichsstände ihre Unterthanen den Ankauf streng verboten hätten oder doch möglichst verhinderten; auch seien viele freiwillig emigrirt, die gar keinen Anspruch auf Ausbezahlung hätten etc.

Aber trotz aller Güte und trotz aller sanftmüthigen Ueberredung ging es mit der Auslieferung der Documente und Vollmachten sehr, sehr langsam von Statten. Die Salzburger schrieben statt dessen lieber eine Art Entschuldigungsbrief an den König:

„Da wir von unserem gnädigsten König und Herr vernommen, dass wir sollten Brief und Siegel (geben) und zugleich die ganze Vollmacht wegen der zuverkaufenden Güther in Salzburg begehret und erfordert wird; alss wir aber vernommen, dass die Güther vor einen schlechten Preiss mit höchster Unbilligkeit, so wie es der Fürst von Salzburg schon lange getrieben und nach seinem Willen machen kann, was er will, sollen verkaufet werden; so können wir mit gutem Gewissen das nicht thun und der Schuldner ihr Guth, alss der Fürst vorgegeben hat, nicht verschenken. Zwar hat der Fürst vorgegeben, dass die Güther zu hoch taxiret sind, das ist aber zu unserem Schaden gewesen, weiln die Herrschaften den grössten Nutzen davon gehabt, welches aber dem Herrn Preussischen Commissario wird unbekannt sein. Wir befehlen hiermit die Sache dem lieben Gott und unserm gnädigsten Könige und Herrn, wie auch dem ganzen Reichs-Rath zu Regenspurg, welche von Gott gesetzet sind, Recht und Gerechtigkeit zu handhaben, worüber wir den lieben Gott in Allem walten lassen. Zwar sind wir nicht gesinnt, unserm gnädigsten König und Herrn ungehorsam zu sein, und wir verhoffen, unser gnädigster König und Herr werde uns das nicht übel nehmen, da wir vernommen, dass der Preussische Herr Commissarius der Sachen nicht erkundigt ist, so helfen ihm die Briefe gar nichts, ob er sie hat, oder nicht. Ein Theil haben ihre Briefe wohl, aber ein Theil haben ihre Briefe in Königsberg, ein Theil haben gar keine Briefe, dieweil in Salzburg mit den Soldaten viel sind auf dem Felde von ihrer Arbeit hinweggenommen und keine Richtigkeit machen können, sie haben nicht Zeit gehabt, dass sie ein Reisekleid angezogen hätten. Es sind Leute, die hatten ein Paar hundert Thaler, wenn sie es hätten können mitnehmen. Da wir vernommen haben, dass die genannten Schuldenern leugnen wollen, so fordern wir das nicht unbillig von dem, der uns mit einer solchen Gewalt und höchsten Unbilligkeit vertrieben hat. Nun hat er fürgegeben, wir seyend freiwillig weggelaufen, nun kommt er wiederumb mit Unwahrheit vor, wir hätten

die Güter selbst taxiret, denn es habens die Herren selbst
taxiret nach Ihrem Willen, umb ein gewisses Geld. Ist ein
Gut hoch taxiret, so ist auch ein gross Ahnleit gefallen,
von 100 fl. 5 fl., und dass haben sie geben müssen, wenn
der Grundherr ist gestorben und nach der Ahnleit haben
Sie den dritten Theil in die Steuer genommen, von hundert
2 fl. 15 gr. 5 Kreuzer, auch Reisegeld und die Steuer
haben Sie alle Jahr geben müssen, auch drei mahl, wenn
Sie gewolt haben. Ja, wir haben auch die Meister Rechte
versteuern müssen, Sie seyn hoch oder niedrig verkauft von
einem Meister Recht haben Sie 30 fl. in die Steuer genommen.

Wir bitten und befehlen die Sachen unserm gnädigsten
König und Herrn: Er wolle sich unsrer annehmen und der
Gerechtigkeit beystehen. Wenn die Güter nach Recht und
Billigkeit verkauft werden, wolle sich Keiner weigern die
Briefe zu geben. Denn es haben sich viele Leute auf Huben
und sonsten zu Haus einrichten wollen, wenn aber nicht
hernach kommen solte, so werde es den Leuthen nicht gut
gehen und dem Könige ein Schaden seyn.

Vom Martin Verwalter und Andres May bey den Salzburgern.

Der Brief war nicht im Stande, den König milder zu stimmen. Abgesehen von persönlichem Empfinden, musste ein so
kluger Rechner und Financier, über die Thorheit Anderer ver-
stimmt sein, die sich der Nothwendigkeit so einfacher und klarer
Forderungen verschlossen, die nicht einsehen konnten, noch
wollten, dass Vollmachten und Originalpapiere durchaus vorgezeigt
werden mussten. Er ordnete deshalb abermals eine Bereisungs-
und Visitations-Commission[1]) an, bestehend aus den drei
Colonieinspectoren und zwei Geistlichen (Brenner und Geissler);
diese Revisoren sollten jedes Dorf, jedes Etablissement, jede Familie besuchen und letztere zur Auslieferung der Documente überreden, ja hierauf dringen. Bei dieser Gelegenheit sollte
abermals der ganze Zustand der Colonie genau untersucht werden, ob die Leute zufrieden mit ihrem Loose wären,
worüber sie etwa zu klagen hätten, ob diese Klagen irgendwie
begründet wären etc. Die Protokolle waren dem Könige zu über-
senden. Der König befand aus diesen Rapporten, dass die Commission sich in Widersprüche verwickele; bald wurde über die
Wirthschaft der Salzburger in früherer Weise Klage geführt, bald
bezeugten die Prädicate volle Zufriedenheit mit den Ergebnissen
der Untersuchung. Einige Male wurde gelobt, dass sie jetzt ste-
tiger wären[1]) und ein anderes Mal wird die Wanderlust heftig

---

1) Decret vom 14. Juni 1735.
1) Besonders das Stutamt äusserte sich günstig über die Salzburger: „sie
fingen an, tüchtig zu wirthschaften.“

gerügt. — Das ist schon ein gewaltiger Fortschritt in der ruhigen, natürlichen Entwickelung des Colonielebens! Gerade diese Differenzen in den Urtheilen können uns nicht befremden; ein völliges unbedingtes Lob konnte nicht so schnell und unvermittelt eintreten, in diesen Uebergangstadien brach zwar hier und da das Licht hindurch, aber der Schatten war noch nicht ganz gewichen. Es war immerhin schon eine grosse Errungenschaft, dass, entgegengesetzt zu den früheren Rapporten, überhaupt gelobt werden konnte. Der König jedoch sah nur unlösbare Widersprüche: item wie ist das Alles zu vereinen?[1])

Die Commission rechtfertigte sich, so gut es ging: „Wie es bei allen Nationen gute und schlechte Leute und Wirthe giebt, so habe es auch mit der Salzburg'schen Colonie eine gleiche Beschaffenheit. Man könne nicht anders, als im Allgemeinen über sie Zufriedenheit zu bezeugen und zu melden, dass die meisten gut wirthschaften und das Ihrige wohl beschicken. Hingegen haben einige im Fortgang ihrer Haushaltung sich nur schlecht bewiesen und von ihren Höfen dimittirt zu werden verlanget." Die Commission hofft, dass durch diese Erklärung die scheinbaren Widersprüche gelöst seien, überhaupt habe sie nicht etwa die Absicht gehabt, die Colonie in den Augen des Königs zu discreditiren, sondern ihre Beisorge sei nur wegen der bei so oft vorgehenden Veränderungen ausfallenden Zinsen gewesen u. s. w. u. s. w.

Wir sehen also die meisten Salzburger bereits auf der richtigen Bahn, wenngleich der letzte Bericht, im entschiedenen Streben, den Aerger des Königs zu beschwichtigen, ein wenig zu Gunsten der Salzburger übertrieben haben mag. Das Totalergebniss der Revision war: die Salzburger hätten noch viel, sehr viel zu lamentiren, und der eigentliche Commissionszweck, die Auslieferung der Documente zu bewirken, war gescheitert. Die Commission hatte diese Ergebnisse ihrer Rundreise in folgenden Punkten zusammengefasst:

1. Die Salzburger behaupten, sie könnten ihre Documente nicht fremden Händen anvertrauen, sie wären selber Willens, einen eigenen Deputirten nach Regensburg zu schicken, der für sie sorge und handele; aber auch diesem würden sie sich nicht getrauen, ihre kostbaren Documente auszuhändigen.

2. Der Erzbischof muss das ganze Vermögen, dass sie nach ihrem Gutdünken berechnet hatten, auszahlen. Einige haben diese Einwände gegen des Königs Wunsch und Verlangen in juristisch motivirter Schrift abgelehnt, z. B. die Königsberger, andere in treuherziger, naiver Form, wie die Rastenburger etc.

3. Was ihre sonstigen Ausstellungen anbeträfe, so fehlte noch hier und dort etwas an dem vollständigen Etablissement,

---

1) 11. Juli 1735.

Besatz oder Saatkorn, oder ein Stall, auch klagten die Handwerker in den Städten über zu hohe Miethen.

4. Sie verlangten ferner dringend eine Austheilung des Collectenfonds, der pro rata an die Einzelnen unter ihnen.vertheilt werden müsste.

5. Auch verlangen sie eine ordentliche Garantie, dass sie nicht als Soldaten enrollirt würden. Ein Commissionsmitglied hatte auf diese Forderung erwidert: „Der Soldatenstand sei ja von Gott eingesetzt; übrigens wären sie alle viel zu klein, als dass sie Aussicht hätten, geworben zu werden; wer sich aber den Stand erkiesete, könne ein grosses Glück machen." „Jo, schon recht," versetzte ein Bäuerlein, „wer selber Lust dazu hat, allein der Handel freuet uns nicht."

6. Ferner waren abermals Klagen über schlechte Kost, die ihnen nicht behage, noch bekomme, allgemein.[1]) Ging man den Einzelnen scharf zu Leibe, so konnten sie nicht behaupten, je Hunger gelitten zu haben. — Gewöhnlich kam auf alle Rapporte umgehender Bescheid des Königs, der zuweilen die Beamten stark angriff und an ihnen seinen Aerger ausliess, wo er glaubte, dass die Klagen der Salzburger berechtigt wären, wie z. B. bei der Klage der Handwerker über zu hohe Miethe, da „hättet Ihr billig sofort die Verfügung machen sollen, dass Uns. allergn. Verordnung gemäss, diesen neuzugezogenen Handwerkern die dreijährige freie Miethe gegeben werden müssen". Sofort sollen die Magistrate Stuben für die Salzburger Handwerker aus eigenen Mitteln miethen. (13. August 1735.)

Eine Art allgemeiner Antwort auf das in neuem Trotz sich kundgebende Gebahren der misstrauischen, unzufriedenen und ewig klagenden Salzburger, also gewissermassen eine Antwort auf das Gesammtresultat der Bereisung erfolgte um dieselbe Zeit (15. August 1735). Der Ton dieses königlichen Schriftstücks[2]) ist scharf gegen die Salzburger, väterlich zürnend; man hört wirklichen Kummer und Groll des beleidigten Vaterherzens aus den königlichen Worten heraus:

„Weilln sich nun aus diesem Schreiben ergiebet, dass den Salzb. nicht so ordentlich gereichet worden, was Uns. allergn. Intention gemäss, ihnen zugekommen, ingleichen, dass man wegen des ein oder andern abgegangenen Besatzviehes einen Unterschied unter den Salzburgern und Unsern andern Unterthanen, wie es scheint gemacht habe (was schlechterdings gegen des Königs Willen ist); „so habt Ihr solches ungesäumt zu redressiren und hinkünftig dergl. völlig abzustellen, mithin das Ermangelnde denen Salzburgern, gleich

---

1) Göcking fasst ihre Klagen anders zusammen. II. S. 286.
2) Göcking erwähnt dieses Schriftstück gar nicht.

uns. andern Unterthanen ebenfalls aus dem Extraordinario anzuschaffen, mithin diesen Leuten auf keinerlei Weise gegründete Ursache zu klagen zu geben, dagegen aber denselben sammt und sonders von Amt zu Amt, auch durch die ihnen zugegebenen Prediger in unserm höchsten Namen ernstlich andeuten zu lassen, dass Wir ihnen zwar allen möglichen Vorschub zu leisten befohlen, solches auch in der That bewerkstelligen lassen, ob wir gleich dazu auf keinerlei Weise verbunden wären, sondern alles aus herzlichem Erbarmen gegen sie geschehen, inmassen ja die sämmtlichen Salzburger selbsten vielfältig bei ihrer Emigration zugestanden, dass sie (ohne uns) umkommen und verderben müssten. Wir wären auch wohl persuadiret, dass die meisten von ihnen diese Unsere Gnade mit Allerunterth. Danke erkennen und ihre Pflicht und Schuldigkeit in Treue zu leistendem Gehorsam endlich in Acht nehmen würden, alldieweilln Wir aber dennoch mit nicht geringem Missfallen wahrnehmen müssen, dass sich viele unter ihnen sehr trotzig und ungeziemend sowohl bei ihrer Arbeit und Dienstleistung als sonsten aufführeten und dadurch den guten Namen, welchen die S. überhauf bei ihrer Emigration an so vielen Orten erworben, nicht allein schändlich beschmutzen, sondern auch Anlass geben würden, zu glauben, was ihre vorige Landesobrigkeit und alle widriggesinnte von ihrer Widerspänstigkeit und Geneigtheit zum Ungehorsam bei ihrer Ausstossung öffentlich gemeldet; So hätten Wir allergn. befohlen, die sämmtlichen Salzb. nochmals alles Ernstes zu verwarnen, sich dergestalt, wie es treuen, frommen und redlichen Unterthanen eignet und gebühret, auch ihre Pflicht und Schuldigkeit mit sich bringet, sowohl bei ihrer Wirthschaft als sonsten überall zu bezeigen, sich sonderlich auch auf den ihnen angewiesenen Höfen und Wohnungen beständig zu halten und nicht, wie bis anhero von einigen derselben unverantwortlich geschehen, von einem Ort zum andern zu laufen, mithin Gottes Zorn und ihrer Landesherrschaft Ungnade von sich abzulehnen. Widrigenfalls sollen dergleichen undankbare Gesellen, anderen zum Exempel, dergestalt am Leibe, auch nach Befinden als Rebellen und ungehorsame Unterthanen wohl gar am Leben zu strafen sein, damit dergleichen Widerspänstige in der That empfinden sollen, was es sei, sich gegen Gott und ihre Landesherrschaft und Obrigkeit so freventlich zu versündigen."

Dieses Schriftstück, für dessen Verbreitung unter den Salzburgern angelegentlich gesorgt wurde, scheint schliesslich fruchtbringend gewesen zu sein, denn seit jenen Tagen melden sich immer mehr und mehr zur Annahme von Hufen, das Desertiren

und das „Herumvagiren" hört auf, kurz, das ganze Etablissement
wurde jetzt ein stetiges; das Gebäude ward ausgebaut. Das
Jahr 1736 sah die fertige Salzburger Colonie, an der zwar hier
und da im Laufe der nächsten Jahre wohl noch ausgebessert
wurde, die aber doch in ihren Grundvesten, in ihrem Bau bereits
vollendet war. Mit diesem Jahre hören auch die eigentlichen
Etatsaufstellungen auf, denn, wenn es auch noch einen vierten
Etat, vom Jahre 1736—1742, gab, so waren diese in den Rentei-
Rechnungen verzeichneten Summen doch nur Ausläufer und
natürliche nachhinkende Boten der grossen Etats.

Was das Etablissement der Salzburger, ehe es völlig zu
Stande kam, für Kämpfe und Widerwärtigkeiten zu bestehen
hatte, das ahnt freilich derjenige nicht, der nur die schwungvoll
geschriebene „Geschichte der Auswanderung" etc. von Panse
durchblättert, der in seiner fast idyllischen Schilderung dieser Zeit
sich also vernehmen lässt:[1])

„ . . . es lag diese ganze Wanderung mit ihrem Glück
und Unglücke, wie ein bunter, aber hinreissender Traum hinter
ihnen. Dieses Land, von Seen und Flüssen durchschnitten und
gegen die Hand des Fleisses dankbar, wurde von nun an die
Werkstätte regsamer Kräfte; unbevölkerte Gegenden wurden ab-
gemessen, vertheilt und belebten sich; die Familien, welche durch
Blut und Freundschaft zusammenhingen, bauten sich neben einander
ihren neuen Herd, wozu ihnen Holz und Steine freigebig geliefert
wurden. Die alten Beschäftigungen des Vaterlandes kehrten zurück, und diese Welt glich dem Himmel der Germanen,
wo jeder treibt, was er getrieben hat; Häuser zu
Hunderten sprangen aus dem Boden hervor, und die
Bewohner sahen sich wieder in ihre Gerichte vereinigt, wie zuvor,
wo nur der Pfleger weggeblieben ist, der sie oft zittern gemacht
hat; wer noch kein eigenes Obdach gewinnen konnte, wurde
mit Lebensmitteln versorgt. Seit drei Jahren baute sich eine
Neustadt auf, und ehe der folgende Sommer verschwunden war,
bedeckten neue Dörfer und Höfe die sonst menschenleeren
Fluren. Schulen und Kirchen standen auf, junge Heerden trieben
wieder auf den grasreichen Wiesen, und der geschickte Salzburger, der früher seinen Alpen ein Stück Erde für seine Saaten
zu entreissen gewusst hatte, lernte jetzt Kähne zusammenfügen
und sich das Wasser unterthan machen. Die Meister und Gesellen aller Handwerke erhielten freies Bürger- und Meisterrecht,
und zum Anbaue wüster Plätze ausser den rohen Stoffen funf-
zehn Thaler von hundert nach dem Werthe des Hauses; in den
Städten genossen sie ein Jahr, diejenigen, die sich hier anbauten,
neun Jahre lang Freiheit von allen bürgerlichen Lasten, und
eben so die auf dem Lande. Mit derselben Schnelligkeit,
womit die Felder Salzburgs verödeten, begann der

Tag einer neuen Cultur in Lithauen und rief das alte Glück zurück, das Jahre lang aus diesen Gegenden geflohen war. Beschäftigt mit dem Gedanken an seine Schöpfung, liess der König noch im Sommer, wo ganze Heere Emigranten in seine Länder einrückten, in Regensburg bekannt machen, dass aufgenommen werden sollte, wer käme, und wenn die Zahl noch über zehn Tausend stiege."

Viertes Buch.

Die fertige Salzburger Colonie in Preussen.

Erstes Capitel.

Das vollendete Etablissement der Colonie.

———

Ausser jenem scharfen, in der Geschichte der Salzburger Colonie epochemachenden Schriftstücke des Königs hatten noch andere Gründe ihren Einfluss geltend gemacht, das Etablissement endlich zu Stande zu bringen: der natürliche Entwickelungsprocess, nach welchem die Salzburger Unzufriedenheit sich allmählich legen musste, das Beispiel der Guten, das die Halben und schliesslich auch die Verdrossenen nach sich zog, die Kraft des consequenten Staates, der in Ueberwachungen, Strafe und Ansporn durchaus consequent war, und schliesslich noch ein specieller Umstand, der als eigentliche Begründung der „Colonie" anzusehen ist, das Zustandekommen des Societätsvertrages des Staates mit den Salzburgern. Dieser Vertrag erfolgte nach dem Vorgange der schweizerischen Colonieaufrichtung.

Die Verhandlungen über diese Societät hatten ihren Anfang bereits im Jahre 1733 genommen. Schon in diesem Jahre hatten die Salzburger aller Orten bei den Verhören Seitens ihrer Inspectoren und Geistlichen geltend gemacht, es sei ihnen versprochen, aller Zeit von jeglichem Scharwerksdienst befreit zu sein. Das war allerdings nicht der Fall gewesen; auch die Annehmungsbriefe hatten hierüber nichts ausgesagt, nur gewisse Freijahre waren ihnen versprochen worden. Deshalb erklärten viele von den damals bereits Angesiedelten, sie würden, sowie ihre Freijahre abgelaufen seien, Falls man sie zu Steuerzahlungen anhalten würde, auf und davon gehen, „man könne sagen, was man wolle, sie blieben nicht," ja selbst wenn ihnen eins oder das andre neue Freijahr bewilligt würde. Diese Klagen zogen sich Jahre in die Länge. Der König befahl genaue Untersuchung und verlangte Namen- und Gründe dieser Wirthe zu kennen: ginge es nicht anders, so müsse man sie gehen lassen und dafür andere

Wirthe an ihre Stelle setzen, zumal sich dergleichen Wirthe,
mehr als sonst geschehen, anmeldeten. Vom Scharwerk sollten
sie so viel als möglich befreit bleiben, dafür können sie auf ein
entsprechendes Dienstgeld gesetzt werden, „gestalten Ihr denn
zu versuchen habt, ob nicht mit ihnen, wie mit den Schweizern eine ordentliche Societät aufzurichten sein möchte."
      Wir sehen, der erste Anstoss zu dieser Societät ist vom
König selbst ausgegangen.[1]) Die lithauische Deputation dagegen
hielt es für bedenklich; die Amtmänner und die Generalpächter
waren jedoch damit einverstanden, die Salzburger von den Schar-
werksdiensten zu befreien, weil sie andernfalls nur Verdruss zu
bestehen haben würden. Jetzt werden lange Verhandlungen ge-
pflogen, an denen die Salzburger selbst regen Antheil nehmen. Die
Inspectoren und die Deputation berufen die von den Emigranten
selbst gewählten Aeltesten der Salzburger nach Gumbinnen, um
hier eine Conferenz über die Vorfragen und das eigentliche Project der Societät abzuhalten. Die Protokolle hierüber werden in
der damals beliebten Form von Frage und Antwort aufgenommen.
Das Wichtigste aus dieser Verhandlung über die Vorfragen lässt
sich dahin zusammenfassen: „die Salzburger beanspruchen sechs-
undzwanzig Schulzen aus ihrer Mitte, jeder mit einer Freihufe
begabt, gleich den Schweizer Schulzen; neue Freijahre, mindestens
noch eins wäre ihnen schon in Berlin versprochen, doch weiss
hiervon die lithauische Deputation nichts; alle wünschen einen
niedrigeren Zins, aber auch diese Petition erscheint der Deputation
irraisonnable, sie wären schon so niedrig taxirt, dass sie die Steuern
recht gut zahlen könnten, auch wenn sie den Acker ganz da-
nieder liegen liessen und sich vom Tagelohn ernährten, ja, die
Wohnung allein müsse den Zins tragen. Durch diesen Entscheid
sind auch zugleich andere Klagen beantwortet, dagegen wird
neues Besatzvieh an Stelle des gefallenen insoweit zugestanden,
als es der gegenwärtige Zustand erfordere, künftighin müssten sie
sich aber, gleich den Schweizern, selber helfen; ebenso wird die
nöthige Reparatur der Gebäude in Aussicht gestellt. Dem Wunsche
der Salzburger, sich selbst die Mühlen wählen zu dürfen, in welchen sie ihr Getreide mahlen lassen, glaubt man jedoch nicht
willfahren zu dürfen, obwohl die Colonisten klagen, oft über drei
Wochen auf das Mehl aus den Windmühlen warten zu müssen,
so dass lange Zeit hindurch kein Stück Brod im Hause anzutreffen. Vor Allem wünschen sie keine Ueberbürdung durch
Fuhren, namentlich Getreidefuhren nach Königsberg, besonders
lasten die Burgfuhren schwer auf ihnen; auch hierin wird ihnen
dasselbe Mass wie den Schweizern zugestanden; Remissionen bei
Unglücksfällen werden in Aussicht gestellt, auch wird zugestanden,

---

1) 29. Juni 1735.

dass sie die Häuser in ihrer Weise, von Holz, erbauen dürfen, nicht mit Klebwerk, „als welches hier zu Lande nicht halten will, sie auch dergleichen Bau nicht verständen." Die Freiheit von Werbung kann ihnen aber im Princip nicht zugesagt werden, doch werden sie noch einmal getröstet, sie seien zu klein. Auch möchten sie, ist ihr Wunsch, die Collectengelder ausbezahlt haben, damit diese einen Grund zu ihrer Societätskasse abgäben. Sie gedächten sich dann, wenn diese ihre Vorschläge Gehör fänden, zusammenzuthun, jeden zu speciﬁciren, so ihrer Societät beitreten wolle; die alsdann sich absonderten, müssten zusehen, was mit ihnen angefangen würde, doch glauben sie, dass die wenigsten sich ausschliessen werden."

Ueber alle diese Punkte, die Vorfragen und die Hauptsache, streiten sie einen halben Tag; viele, z. B. die Dörschkehmer, gehen wieder heim. Auch andere, die da behaupten, auf sehr dürftigem Acker angesetzt, also sehr arm zu sein (z. B. die im Amt Görskullen und Sommerau), thun, als wollen sie der Gesammtheit nicht zur Last fallen, und das würde bei dem Princip geschehen, dass Alle für Einen und Einer für Alle zu stehen habe. Endlich kommt nach langem Hin und Her der Vertrag wirklich zu Stande. Sein wichtiger Wortlaut ist folgender:

Societäts-Contract vor die in Lithauen auf Acker angesetzten Salzburger.

Nachdem S. Kgl. Majestät, Uns. allergn. Herr, in hohen Gnaden unterm 29. Juni 1735 verordnet, mit denen Salzburgern zu versuchen, ob nicht mit ihnen, wie mit denen Schweizern eine ordentliche Societät aufzurichten sei; So hat man die in jedem Amt von sie selbst erwählte Aelteste und Schultzen, nachdem ihnen allen die conditiones bekannt gemacht, vorgefordert und mit denenselben bis zur allergnäd. Confirmation folgenden Societäts-Contract getroffen.

1. Stehen die sämmtlich auf Acker angesetzten Salzburger wegen richtiger Abtragung ihrer Zinsen nach dem Hebe-Register jedes Amtes einer vor alle und alle vor einen, dass nichts daran im Rest bleibet, und bezahlen die Hälfte auf Martini und die andere Hälfte auf Ostern jeden Jahres, wogegen sie

2. von Scharwerk gänzlich befreit bleiben, ausser dass jeder Wirth jährlich eine Postfuhre auf eine Station von 1 ½, 2 bis 3 Meilen höchstens mit vier Pferden oder zwei dergleichen Fuhren à zwei Pferden bei Anwesenheit S. K. Maj. höchsten Person und der Suite freien Vorspann, wie es erfordert wird, ohnentgeldlich auf die Kgl. Kammer Pässe herzugeben. Die Burgfuhren leisten sie gleich den Schweizern, doch soll darauf genau gesehen werden, dass keiner

von den andern Kgl. Maj. Unterthanen damit beschweret
werde, vielmehr soll vorher die Repartition derer Burgfuhren,
wenn solche nöthig sind, allezeit angefertigt und zur Appro-
bation der Kriegs- und Domänenkammer eingeschickt werden.
Von allen übrigen Fuhren sind sie gänzlich befreit,
es wäre denn, dass S. K. Maj. das Etablissement weiter allergn.
extendirt wissen wollten; aldann und auf solchen Fall sich
dieselben nicht entbrechen können, die Fuhren vor baare Bezahlung nach dem festgesetzten principio zu leisten.

3. damit ihnen das Geld zum Zins aufzubringen nicht
zu schwer falle, soll auch der Beamte schuldig sein, das gewöhnliche Zinsgetreide jährlich von sie anzunehmen.

4. soll ihnen freistehen, auf Jedes Wirthschaft unter
ihnen Acht zu haben, die liederliche abzusetzen und nur
tüchtige anzusetzen, doch dass die Kriegs- und Domänenkammer, ingl. das Amt hiervon erst wissen muss und die
Königl. Kasse dabei nicht verlieret.

5. sollen die Huben und Bauern-Erbe, so zur Societät
gehören, nur dabei verbleiben und ohne der Colonie Willen keine
davon genommen werden, angesehen die Colonie die Wiederbesetzung der vakanten Höfe ohne Kgl. Kosten über sich nimmt.

6. da die Colonie gross, und Viele schon um Aecker
angehalten, sollen ihnen nach Gutfinden der Kriegs- und
Domänenkammer auch mehrere Erbe eingeräumt werden;
ihnen auch nachgegeben werden, mit anderen, damit sie mehr
und mehr zusammenkommen, die Erbe zu vertauschen, doch,
dass S. Kgl. Maj. nicht den allergeringsten Schaden dadurch
auf eine oder die andre Art zuwächset.

7. bei entstehenden Unglücksfällen, als Hagelschlag,
Brandschaden, totaler Misswachs und Viehsterben, item wenn
Alters halber die Gebäude neu gebaut werden müssen, wobei
ihnen freigegeben wird, solche von tüchtigem und beschlage-
nem Holze und nicht mit Klebwerk zu bauen, soll ihnen
Reglementmässig nach vorhergängiger Untersuchung des De-
partementsraths, ob der Bau nöthig, gleich den Schweizern
billig mässige Remission widerfahren, alle übrige Bauer Hülfe
aber cessiret gänzlich, zumalen S. K. Maj. sie völlig établiret
und noch jetzo ihnen Besatz, so abgegangen, in besonderen
Gnaden completiren lassen wollen.

8. werden ihnen überhaupt 26 Schultzen und Aelteste accordirt, dergestalt, dass jeder gleich den Schweizern
eine freie Hufe zugewiesen haben soll, dagegen aber, wenn
auf ihren eignen Vorschlag hier und da noch Salzburger angesetzt würden, müssen selbte unter diesen Schulzen Aufsicht
mitführen, es wäre denn, dass sich der numerus so häufte,
dass noch nötig, mehrere Schulzen zu bestellen.

9. Die Bezahlung des Decems, Calende, Holzgeldern, Unterhaltung derer Kirchen und Kirchengebäude, Reparirung der Stege und Wege in ihren Grenzen und Wolfsjagden, Anführung des Holzes für die Priester und Schulbediente etc. lieget ihnen gleich denen Schweizern auf und haben sich davon nicht auszuschliessen.

So geschehen den 17. Septbr. 1736.

Die königliche Confirmation vom 31. October 1736 „confirmirt, ratificirt und bestätigt diesen Societäts-Contract hiermit und kraft dieses in allen seinen Punkten und Clauseln", auch wird noch einmal der Kriegs- und Domänenkammer befohlen, „die Salzburger Colonie dabei zu schützen."

Natürlich handelte es sich bei diesei Societät ausschliesslich um die ländliche Salzburger Bevölkerung. Die 26 Schulzen hatten im Ganzen 763 Wirthe, also ca. 4000 Seelen in ihrer Inspection, und wurden von nun an eine wesentliche Hilfe der Inspectoren; die Colonie hatte durch diese Einrichtung einen dem Charakter der Salzburger höchst zusagenden, gewissermassen republikanischen Anstrich erhalten. Einige der Schulzen hatten 20 Ortschaften unter sich (im Amt Göritten), andere 16, 15 (in Bredauen), u. s. w. bis auf 4 Dörfer herab (in Budupöhnen, Georgenburg, Balgarden, Baublen.) Diese Zahl der Orte richtete sich ganz nach der Localität; lagen die Dörfer geschlossen zusammen, so konnte der Schulz mehr erhalten, als wenn die Orte durch weite Entfernungen auseinandergerissen waren. Auch die Zahl der den Schulzen untergeordneten Wirthe war verschieden; der Schulz im Amt Bredauen hatte 53 Familien zu inspiciren, und ein anderer, dem drei Aemter zuertheilt waren: Löbegallen, Lesgewangminnen und Kasigkehmen, hatte nur über 8 Familien Aufsicht zu führen.

Die Schulzen hatten natürlich einen besondern Eid der Treue abzulegen; auch dessen weigerten sich einige; der Eine glaubt sich durch Dörfer überbürdet, mit ihm muss erst besonders ver- und gehandelt werden. Ein Andrer behauptet, seine Hufe brächte ihm nur 9 Thlr., es wären aber 10 Thlr. versprochen worden; es sind lediglich persönliche, kleinliche Gründe, die gehoben werden konnten. Auch bat die Colonie oft um den Originalcontract, auch dass er in der Kirche zu Gumbinnen von ihnen aufbewahrt werde, doch wurde ihnen diese Bitte nicht bewilligt.

Jetzt nach völliger Einrichtung des Etablissements dürfte es an der Zeit sein, Umschau zu halten, wie sich die Ansiedelungen nach Zahl und Gewerbe, auf dem Lande und in den Städten Preussens, besonders Lithauen, wirklich vollzogen hatten.

Wir haben schon die Ansetzungsverhältnisse aus dem Jahre 1734 gesehen; seit jener Zeit ist ein grosser Fortschritt

aufzuweisen; auch die Consignation aus dem Jahre 1736 wird
durch eine ganz genaue, noch spätere, die acht Jahre nachher
aufgestellt wurde, wesentlich beleuchtet. Darum sollen die Ergebnisse der Tabellen des Jahres 1744 gleich jetzt neben die
erste Liste gesetzt werden, da die mittlere und letzte Liste sich
fast decken.

Die Zahlenverhältnisse der Salzburger waren in Lithauen:

Im Jahr 1734	1744.		
Personen.	Personen.		Mithin:
10,034[1])	10,410	+	376 Totalbevölkerung.
1059	1160	+	101 In den Städten.
—	154	+	154 Auf adeligen Gütern.
9076	9096 (1602 Fam.)	+	20 In den Aemtern.
694	162 (49 Fam.)	—	532 Städtische Tagelöhner.
246 (62 Fam.)	696 (165 Fam.)	+	450 Handwerker.
346 (55 Fam.)	1578 (237 Fam.)	+	1232 Haben selbst erworbene Güter.
405 (129 Fam.)	426 (100 Fam.)	+	21 Gärtner und Hofleute auf königl. Kosten établirt.
3836 (658 Fam.)	5336 (850 Fam.)	+	1500 Auf königliche Kosten in Aemtern établirt.
3232	1731	—	1501 Tagelöhner und Handarbeiter auf dem Lande.
320 (60 Fam.)	—	—	320 Noch anzusetzen.

Schon diese kleine Zusammenstellung lässt den bedeutenden
inneren Fortschritt gewahren. Es ist richtig, das allgemeine numerische Verhältniss hat sich nicht wesentlich gehoben, der Zuwachs von 376 Personen in zehn Jahren ist nur ein unbedeutender,
denn die Sterblichkeit blieb noch Jahre lang gewaltig, und die
Ledigen heiratheten erst spät. Dagegen haben sich die Klassen
unter einander zum Vortheil verschoben. Das Plus in den Städten
erscheint auf den ersten Blick gering, ja in mehreren Städten hat
die Salzburger Einwohnerschaft geradezu abgenommen; in Memel
lebten ehedem 158, jetzt nur 124 Seelen, in Tilsit a. 1734—141,
a. 1744—119, in Insterburg war die Zahl von 130 bis auf 99
gefallen, in Goldapp von 117 auf 81, in Darkehmen von 168
auf 150, mithin weisen diese Städte ein Minus von 141 Seelen
gegen das Jahr 1734 auf. Dagegen hat die Bevölkerung zugenommen, vor Allem in Gumbinnen, das vordem 237 Salzburger
aufwies, jetzt 348 zählt, in Stallupöhnen war die Zahl der Salzburger von 72 auf 125 gewachsen, in Pillkallen von 16 auf 63,
in Ragnit von 19 auf 27, in Schirwind von 1 auf 24, mithin in
allen diesen Städten ein Plus von 242, und in allen Städten
Lithauens von 101 Seelen. Wichtiger aber ist der Wechsel in
der Gattung der städtischen Salzburger; die unzufriedenen
„Tagelöhner" und „Handarbeiter" waren anfangs gern in den

Wenn von den 11,155 eingewanderten die Zahl der im Jahre 1733 gestorbenen 1121 abgezogen wird.

Städten zurückgeblieben, um hier den Lauf der Dinge abzuwarten; dadurch, dass diese Klasse stark zusammengeschmolzen, wird am Besten bewiesen, wie die Besinnung auch der Masse zurückgekehrt ist. Viele von diesen früheren Vagabondirenden haben sich entweder auf die Aemter begeben und hier Hufen angenommen, oder aber sie haben ein Handwerk ergriffen, um von ernster Arbeit sich zu ernähren. Ganz ebenso ist es mit dieser Klasse auf dem flachen Lande; erfreulich ist die Zahl derer gewachsen, die auf eigene Faust sich angekauft haben. Kurz, lag vordem fast der Schwerpunkt des sich anbahnenden Coloniebestandes in den Tagelöhnern, Knechten, Gärtnern und noch nicht Angesetzten, mit 4651 Personen, so überwiegen jetzt, nach vollendetem Etablissement, die auf eigene Faust und auf königliche Kosten Angesetzten, die Handwerker mit 8036 Personen. Alle Familien sind angesetzt, während vordem noch eine beträchtliche Anzahl auf Vollendung der ihnen zugewiesenen Höfe zu warten hatte. Als Tagelöhner arbeiteten ehemals in den Städten 694, auf dem Lande 3232, in Summa 3926 Salzburger, jetzt auf dem Lande 1731 Personen, darunter 577 Hirten und eigentliche Tagelöhner (137 Familien), 1154 Knechte und Mägde (274 Familien), in den Städten 162 Tagelöhner (49 Familien), 236 Knechte und Mägde (31 Familien), also in Summa in Stadt und Land 2139 Personen.

Man kann hiernach die Salzburger Lithauens in folgende 5 Klassen scheiden:

1. Diejenigen, die eigene Güter und Krüge auf dem Lande, Häuser in den Städten besassen; zu dieser Klasse gehörten 330 Familien, 2063 Personen.

2. 850 Familien mit 5336 Personen waren auf königlichen Grund und Boden angesiedelt.

3. In dienender Stellung bei den Vorwerken, als Hofleute, Gärtner, Knechte, Mägde und Dienstboten befanden sich 490 Familien mit 2139 Personen.

4. Tagelöhner und Hirten in den Amtsdörfern waren 196 Familien (781 Personen).

5. Hospitaliten gab es in der Stadt und auf dem Lande 17 Familien, 91 Personen, davon 13 Familien (66 Seelen) in den Städten. Im Jahre 1734 hatte es 73 städtische und 450 ländliche Hospitaliten gegeben; also auch hierin ein Fortschritt!

Alle diese Familien nahmen ein Territorium von 1253 Hufen 6 Morgen 136 Ruthen ein, davon kamen auf königliches Land 809 Hufen, während der übrige Theil (444 Hufen) die Besitzung Derer ausmachte, die sich selbst angekauft haben; in den Städten besassen sie 79 eigene Häuser, davon 20 in Darkehmen, 17 in Gumbinnen, 11 in Goldapp, 7 in Insterburg etc.

Eigenthümlich ist die Vereinzelung der Familien auf dem

Lande. Es sind, wie die Tabellen im statistischen Theile nachweisen, fast gar keine grösseren Salzburger Coloniedörfer vorhanden. Woher das rührt, haben wir gesehen. Die
Salzburger waren nur einzeln zur Annahme von fertigen Höfen
zu bewegen gewesen und mussten deshalb damit vorlieb nehmen,
wo gerade ledige Stellen waren: Höfe der ausgemerzten oder
entlaufenen Wirthe, wüste wieder reparirte Besitzungen, oder ab-
gebaute zweite Hufen. Aus all' diesen Gründen entstand ein Gewirr
Salzburger Höfe, das bunt genug aussah. Schaut man auf die
gewöhnlichen seit Göcking überlieferten Tabellen der Salzburger
Wohnsitze, wo nur die Zahl der Emigranten nach den Aemtern
angegeben ist, so gewinnt man ein gänzlich falsches Bild von dem
Etablissement, und doch liegt gerade in diesen Vereinzelungen der
Salzburger Höfe ein sprechender Grund ihrer mannigfachen Klagen.
Grosse Dörfer gehören in Lithauen, wie grosse Wälder und Kirch-
höfe zu den Seltenheiten, aber selbst kleine Dörfer sind selten
ausschliesslich von Salzburgern bewohnt; schon oben ist auf die
bunte Mischung der Nationalitäten in den einzelnen Dörfern aufmerksam gemacht, die Tabellen sprechen am deutlichsten hierüber.
Hier nur eine Zusammenstellung über die Zahl der Salzburger Wirthe
in den einzelnen Dorfschaften:

Es sassen im Jahre 1736/37:   Gesammtzahl:

je	1	Wirth	in	83	Ortschaften.	83	Wirthe.
„	2	Wirthe	„	54	„	108	„
„	3	„	„	27	„	81	„
„	4	„	„	25	„	100	„
„	5	„	„	11	„	55	„
„	6	„	„	9	„	54	„
„	7	„	„	12	„	84	„
„	8	„	„	8	„	64	„
„	9	„	„	2	„	18	„
„	10	„	„	2	„	20	„
„	11	„	„	3	„	33	„
„	12	„	„	3	„	36	„
„	13	„	„	1	„	13	„
„	16	„	„	1	„	16	„

Mithin waren 765 Familien auf 241 Ortschaften
vertheilt, es sassen somit durchschnittlich drei Wirthe in je
einem Orte zusammen. Eigen ist ihnen der Zug in die Berge
geblieben; besonders der ärmere Theil zog gern in hügeliges
Land, und noch heute recrutirt sich das Salzburger Hospital am
meisten aus den bergigen Gegenden Lithauens, besonders aus dem
Goldapp'schen. Auch trieb es in der Zeit der Gährung die meisten immer weiter an die Grenze hin, in der unklaren Hoffnung,
immer besseres Land zu finden, vielleicht auch, leichter die Gelegenheit zum Entlaufen zu gewinnen.

Im Bereiche der Königsberger Kammer war die kleinere Hälfte der Salzburger zurückgeblieben; hier haben wir, bei stabileren Verhältnissen, die bald in das rechte Geleise gerückt waren, keine Gegenüberstellung von Consignationen nöthig. Im Ganzen waren hier 324 Familien, bestehend aus 1854 Personen. Von dieser Anzahl sassen allein in der Stadt Königsberg 145 Salzburger Männer, 151 Frauen, 207 Söhne, 211 Töchter, in Summa 715 Personen. In den anderen Städten des Departements liessen sich im Ganzen 74 Familien in 27 Städten[1]) nieder, bestehend aus 75 Männern, 88 Frauen, 153 Söhnen, 174 Töchtern, also insgesammt 490 Personen, so dass also die städtische Salzburger Bevölkerung im Königsberg'schen aus 1205 Köpfen bestand.

Der Rest vertheilte sich in die Aemter, und zwar so, dass auf 6 adeligen Gütern 54 Salzburger Aufnahme fanden, nämlich 11 Familien, bestehend aus 10 Männern, 12 Frauen, 15 Söhnen, 17 Töchtern; unter ihnen waren 7 Gärtner, 28 Tagelöhner, 9 Handarbeiter, 19 Knechte und Mägde. In die Aemter hatten 94 Familien ihre Schritte gelenkt, bestehend aus 84 Landwirthen, 100 Frauen, 208 Söhnen und 203 Töchtern, im Ganzen also 595 Personen.

Hievon haben nur 25 Wirthe sich auf eigene Kosten établirt und sich Güter angekauft, während die übrigen auf königliche Kosten untergebracht wurden. In 14 Aemtern resp. in 34 Dorfschaften waren diese 94 Familien placirt, also kommen hier nicht ganz 3 Familien auf einen Ort; auch hierüber besagen Näheres die Tabellen im Statistischen Theil.

Eine auffällige Erscheinung bei der Salzburger Emigration ist die grosse Zahl der Einzeleinwanderungen von jungen ledigen Männern, von alleinstehenden Mädchen. In der Stadt Königsberg beläuft sich diese Zahl der Junggesellen und Mädchen, von der Gesammtsumme 715 Personen, auf 133 junge Männer, 139 Mädchen, darunter zwei Schwestern, ein Geschwisterpaar etc.; von den alten, „bresshaften" Leuten ganz abgesehen. In die Städte des Königsberger Departements waren unter 490 Personen 108 junge Burschen, 129 Mädchen, darunter 7 Schwesternpaare, eingewandert. Weniger auffallend war das Verhältniss in den Aemtern, wo unter 595 Personen 75 junge Männer und 63 junge Mädchen genannt werden; von den 54 Salzburgern in den adeligen Gütern waren 23 Ledige, nämlich 12 junge Mädchen, 11 Männer. Also im Ganzen waren 327 junge Burschen von 697 Männern überhaupt, und 343 alleinstehende junge Mädchen von 754 weiblichen Geschlechts in das Gebiet der Königsberger Kammer eingewandert;

---

[1]) Dagegen blieben 21 Städte von Salzburger Einwanderung frei. Conf. Stat. Theil Nr. LXV. C.

sie scheinen keinen weiteren Anhang gehabt zu haben, sondern allein dagestanden zu sein, indem sie auf eigene Faust suchten, sich Dienst und Stellung zu verschaffen.

Aus dem Lithauischen liegen hierüber nicht so eingehende Nachweisungen vor, nur werden u. a. in Gumbinnen (im Jahre 1734) unter 76 Personen, die dem Handwerkerstand angehören, 19 einzelne Frauen erwähnt, unter ihnen 5 Wittwen mit 2—3 Kindern; in Goldapp waren 7 alleinstehende Frauen und Mädchen genannt, in Stallupöhnen 4, in Darkehmen unter 168 Personen ihrer 23 u. s. w.

Um die Gesammtsumme der Salzburger in beiden Districten, Gumbinnen und Königsberg, noch einmal nach ihrem Stand und ihrer Beschäftigung zusammenzufassen, soweit sich das nach den, theilweise mangelhaften, Consignationen thun lässt, — so haben wir zwei Hauptkategorien zu unterscheiden: Ackersleute und Handwerker. Von der eben für den Lithauischen und Königsberg'schen Bezirk festgestellten Zahl 12,264 Seelen waren 1786 Familien, bestehend aus 9909 Personen Ackersleute, davon hatten sich eigenen Besitz erworben 362 Familien (über 1600 Personen); 5600 Personen waren auf königlichen Grund und Boden angesiedelt; ausserdem gab es 442 Gärtner und Hofleute; Tagelöhner, Knechte und Mägde gab es 1995, auch sind noch 59 Hospitaliten zu zählen; der Rest, 40 Familien mit über 200 Köpfen, ist auf die adeligen Güter zu rechnen. Die Ansiedelung der Salzburger Ackersleute erstreckte sich über 64 Aemter und 17 adelige Güter (in 29 Aemtern waren keine Salzburger angesetzt, in 8 Lithauischen und 21 Königsberg'schen Aemtern).

Die städtische Bevölkerung der Salzburger war 477 Familien stark, mit 2355 Personen. Von den 50 Städten der beiden Districte haben 39 Städte Salzburger aufgenommen, davon kommt der grössere Theil auf den Königsberger District, nämlich 1205 Personen, während 1150—1160 in den 10 lithauischen Städten sassen; am meisten bevölkert war Königsberg selbst.

Unter den Handwerkern nehmen, was zunächst den Königsberger District betrifft, 64 Wollspinner- oder Wollkämmer- oder Wollstricker-Familien den ersten Platz ein, hiervon kommen auf die Stadt Königsberg allein 59 Familien; ausserdem sind zu merken: 27 Leineweber (13 davon in Tapiau), 15 Dienstjungen, 10 Schuster (8 in Königsberg), 7 Zeugmacher, 10 Zimmerleute, 5 Kornstecher (in Königsberg), 4 Tischler und viele andere Gewerke mit je einer Familie.

In den Lithauischen Städten liegt leider ein specieller Bericht über die Gewerke nur aus dem Jahre 1734 vor, wo die Zahl der sogenannten „Tagelöhner" noch sehr gross war, die später vielfach zum Handwerk griffen; hiernach gestaltet sich das Verhältniss folgendermassen: 694 „Tagelöhner", 10 Maurer

(7 in Gumbinnen), 9 Leineweber, 8 Zimmerleute, 2 Schmiede, 2 Tischler, 2 Kleinschmiede etc. etc., auch ein Schulmeister (Hochleitner) und ein Arzt (Müllinger) werden unter den „Handwerkern" in Gumbinnen aufgeführt.

Wenn wir die eingehende Sorge der Regierung gesehen haben, die Salzburger Ackersleute gut zu placiren, so herrschte doch auch eifriges Bemühen um die Handwerker vor; zum Theil ist auch dies schon erwähnt.

Es war früh bestimmt, dass Alle in den Genuss der üblichen Colonistenbeneficien gesetzt werden sollten, wie solche durch die zahlreichen Patente versprochen worden waren; auch andere „Begnadigungen" wurden ihnen noch zu Theil: freie Wohnungen; die Salzburger Lehrknaben sollten frei „ein- und ausgeschrieben" werden; ihre Meister mussten ihnen, wenn die Jungen etwa nicht das Geld für die Geburts- und Lehrbriefe aufbringen konnten, die nöthige Summe vorschiessen, wofür dann der Bursche noch ein halbes Jahr länger in der Lehre zu bleiben hatte. Der kluge Einwand der Kammer, dass ja der Junge inzwischen vor Ablauf des halben Jahres sterben und so den Meister um das Geld bringen könnte, fand keine Gnade vor dem König; es blieb bei dem Besagten.

Die preussischen Meister wurden bedeutet, „vorzugsweise auf Salzburger Lehrjungen zu reflectiren."[1]) Zu dem Behufe wurde eine Liste der Aemter und Städte entworfen, wo solche Knaben oder auch Mädchen verlangt würden.

Königsberg wünschte allein 51 Knaben, 31 Mädchen, noch mehr Landsberg in Pr.: 53 Knaben, Freystadt 43 Knaben, 23 Mädchen, Gumbinnen 13 (nämlich 5 Tischler, 3 Fleischer, 4 Schmiede, 1 Buchbinderlehrling), sämmtliche lithauische Aemter begehrten 60 Knaben.

Auch erhalten zuweilen Salzburger Handwerker Extragelder als Beihilfe, so z. B. die Handwerksgesellen, welche sich in Darkehmen oder Gumbinnen niederlassen wollen, jeder 6 Thaler aus der Accisekasse.[2]) Zuweilen werden aber auch solche Gesuche abgeschlagen, z. B. einigen Petenten in Pillkallen, „weil sie schon vorher den Tagelöhnerstand erwählt hätten; sie müssten nunmehr auch in demselben ihr Brod selbst zu gewinnen suchen, denn für solche Leute wäre nichts ausgesetzt."

Oft wechselten die Leute ihr Gewerbe, je nachdem sie sich grösseren Erfolg versprachen; im Jahre 1735 meldeten sich sogar einige Salzburger als „Goldwäscher" und baten um einen Reisepass nach der Weichsel, wo sie ihr Geschäft machen zu können glaubten. Natürlich blieben die üblichen Zunftstreitigkeiten nicht

---

1) Den 22. Mai 1733.
2) Laut Bestimmung vom 20. August 1736.

aus; besonders lebhaft wurde solcher Streit in dem Brettschneide-
gewerk geführt. In Königsberg verlangten nämlich die heimischen Brettschneider, dass sich die Salzburger „auch zum Gewerk
mithielten und unter einem Meister ständen". Weil sie aber, so
klagen die Salzburger, dieses Gewerkes Gewohnheit, „etliche Zeiten
mit ihnen auf der Herberge zu liegen, zumal fast alle Leute polnisch reden und der römisch-katholischen Religion zugethan, nicht mit-
halten könnten," so baten sie um Schutz des Magistrats, damit
sie, ungestört von den rohen Genossen, ihrer Arbeit nachgehen
dürften. Jetzt zeigten die deswegen zur Rede gestellten Brettschneider ihre „Rolle" vor, die ausdrücklich besagte, dass jeder
Neue dies vorher nicht gelernte Gewerk gebührend erlernen müsse.
Der Streit zieht sich 13 Jahre hin (von 1732 bis 1745). Es
wurde sogar in diesem Zwist der Vorschlag gemacht, das ganze
Gewerk in Königsberg aufzuheben, zumal das Publicum von demselben nur belästigt wurde; ein anderes Mal wollte man die Rolle
ändern, aber das Gewerk zeigte sich stärker als jede Anfechtung,
und erst, als 24 Salzburger ein „eigenes Gewerk errichten, um
ungekränkt zu bleiben", ist der Streit zu Ende.

Auch sonst gestatten die Gewerke[2] oft nicht, dass die
Salzburger ihre Profession ungestört betrieben „ehe und bevor
sie nicht das Bürger- und Meisterrecht gegen die gewöhnlichen
Gebühren gewonnen hätten," bis scharfer Befehl kam, „es solle
beides, es sei in was vor Profession es wolle, gratis ihnen con-
feriret und von keinem Gewerke hierunter bei unausbleiblicher
Beahndung einige Schwierigkeit gemacht werden."

Die Berichte aus dem Jahre 1744 sind auch noch,
ausser dem reichen statistischen Material in den Consignationen,
wichtig. Wiederum werden aus den Aemtern die Beobachtungen über das Betragen und Gebahren der Salzburger
eingeschickt. Wie lautet diese Sprache so ganz anders als zehn
Jahre zuvor! Es waren drei Rubriken auszufüllen: 1. Beschreibung
der Salzburger Wirthschaft; 2. Nachrichten wegen ihres Christenthums; 3. ihre „beiwohnenden" Fehler.

Die Wirthschaft wird allgemein gelobt; es wird vor
Allem der Viehstand bei den Salzburgern, namentlich die Pferde-
zucht gerühmt. Die Verbesserung der Höfe wird anerkannt, ihre
Sparsamkeit ist über jedes Lob erhaben, die Prästande werden
richtig abgeführt und die Dienste nach Möglichkeit verrichtet, in-

---

1) Es gab 1732 in Königsberg von diesem Gewerk:

		luth.		kath.
23 Meister,	3	lutherisch,	20	katholisch.
41 Gesellen,	16	„	25	„
24 Lehrknechte,	9	„	15	„
Summa 88		28 lutherisch,		60 katholisch.

2) Solchen Streit gab es u. a. noch in der Leinenweberzunft; er wird
geschlichtet durch Verordnung vom 1. August 1736.

sonderheit sind sie treu, zumal die Tagelöhner und Knechte! Im
Christenthum halten sie sich mit den ihrigen fleissig zum Abend-
mahl, doch finden sich wohl auch einige räudige Schafe unter
ihnen. Die speciellen Berichte rühmen u. a. von ihnen: sie führen
allem Anschein nach einen unsträflichen Wandel, ein stilles und
frommes Leben, devotes Leben und Wandel, sind im Christenthum
wohl fundirt, leben friedlich unter einander u. s. w. Was die
Fehler betrifft, so heisst es: es sind die meisten zum Zorne geneigt,
beruhen auf ihren Capricen, lassen sich aber mit Güte bald wieder besänftigen; [1] auch in dieser Beziehung wird gelobt, dass sie sich
seit ihrem Hiersein bereits bedeutend gebessert haben; [2] einige
Amtsleute [3] tadeln ihren Geiz und Eigennutz (soll heissen: Eigensinn). In den meisten Aemtern [4] erklären sogar die Berichterstatter, sie wüssten absolut keine Fehler von den Salzburgern anzugeben. Einige Berichte geben vorsichtiger Weise
an: die Salzburger seien Fehlern und Schwachheiten unterworfen,
wie alle Menschen. [5] Das beste Lob geht ihnen aus dem Amte
Stannaitschen zu, wo von ihnen ausgesagt wird: Beamter weiss
keinen Fehler von ihnen zu sagen und giebt ihnen das Zeugniss,
dass es ein Wunder sei, wenn Jemand im Amt von ihnen ver-
klagt würde; nur in einem einzigen Amt [6] werden sie getadelt,
doch mag dies mehr an dem tadelsüchtigen Amtmann liegen, als
an den Getadelten.

Aus diesen speciellen einzelnen Berichten wurde für den
König ein Gesammt- oder, wie es heisst, ein Generalurtheil über die
Salzburger zusammengesetzt, das zum grossen Theil eine Wiederholung des eben Gesagten ist, aber immerhin ein einheitliches
Ganze bildet und ein schönes Blatt in der Geschichte der Salzburger Colonie abgiebt. [7] Dieses Ergebniss ist ein hoher
Triumph für die Kraft und Energie, die in der preussischen Zucht liegt, die wieder einmal so recht verstanden
hat, die fremde Wildheit zu zähmen! Trotzig fordernd
waren sie angekommen, haben als Fremde sich gefühlt,

---

1) Insterburg, Gudwallen, Spirgupöhnen, Kasigkehmen, Dantzkehmen,
Holzflössamt, Kiauten.

2) Göritten, Grumbkowkaiten.

3) Baublen, Bredauen.

4) Budupöhnen, Budwetschen, Boylen, Dinglaucken, Dörschkehmen, Gau
dischkehmen, Georgenburg, Görskullen, Königsfelde, Kussen, Lappöhnen, Lesgewangminnen, Linkuhnen, Löbegallen, Maygunischken, Moulienen, Plicken, Pröculs,
Saalau, Schreitlaucken, Stallupöhnen, Tollmingkehmen, Waldauckadel, Weedern.

5) Balgarden, Mattischkehmen.

6) Jurgaitschen: „Viele unter den Salzburgern bedienen sich einer schmutzi-
gen Lebensart.

7) Dieses Gesammturtheil lautet wie folgt:

1. In der Wirthschaft sind sie fleissig und arbeitsam, halten das
ihrige sehr zu Rathe, führen ihre Kinder zur Arbeit an und bezahlen die
Abgaben richtig; mit dem Vieh gehen dieselben insonderheit so wirth-

haben eigensinnige Prätensionen erhoben, jetzt sind sie
zur Bescheidenheit und Sitte erzogen! Diese Schule
und Disciplin, die der hohenzollernsche Geist und der
preussische Staat auszuüben verstand, muss bei Jedem,
Freund und Feind, Bewunderung und Achtung erregen!

Welchen Jubelhymnenton würde wohl damals der alte
Göcking, der schon in der Zeit der Gährung, als die Salzburger
sich wirklich unnütz benahmen, nur Worte des Lobes für sie
hatte, jetzt angeschlagen haben!

Hier ist auch der Ort, einen Blick auf ihre damalige
Lebensart und ihre Sitten zu werfen, so weit letztere der
Umgebung als eigenartig auffielen. Es ist besonders Lucanus,
der gleichzeitige Historiker, der ihrer an vielen Stellen seines
Manuscriptes gedenkt und sich folgendermassen über sie äussert:

,,Sonst leben sie still, gelassen und friedsam, beleidigen
so leicht Niemand und sind zum Holzfällen, Hauen, Teich-
graben, Rodung der Wiesen, zur Garten- und anderer harten
Arbeit wohl zu gebrauchen. Sie arbeiten zwar langsam und
faul; was sie aber machen, ist tüchtig und dauerhaft. Ihre
mitgebrachte machiene, so statt der Kornharffe zur Reinigung
des Getreides dient, hat als ein bewährtes Instrument in den
Aemtern, auch allenthalben im Lande Beifall gefunden. Anfangs liebten sie weder Bier, noch starke Getränke, genossen
lieber dünn Bier, oder Covent und den Branntwein sehr
mässig. Weil sie aber unter den Lithauern zu wohnen gekommen, haben sie es numehr anders gelernet. Milch, Fett,
Butter, die sie Kuhschmalz nennen, Obst, Semmel oder Weiss-
brod nehmen sie in starker Portion zu sich, klagen dabei
sehr über das lithauische schwarze grobe Brod, auch über
das hiesige Fluss- und Brunnenwasser, welches sie nicht so
gesund, lauter und schmackhaft als in Salzburg befinden.
Ihre Sauerkohlfässer stehen nicht in Kellern, oder in kühlen
Zimmern, sondern sie graben solche tief in die Erde, neben
einem Gebäude unter einem Schoppen. Wenn sie nun des

---

schaftlich um, dass sie dasselbe mit vielem Fleiss pflegen und warten.
Die Aecker bearbeiten sie sehr gut und geben sich alle Mühe, solche mehr
und mehr in Cultur zu bringen.

2. Christenthum. Im Christenthum sind sie eifrig, halten sich
fleissig zur Kirche und zur Communion, ihre Kinder führen sie gleichfalls
zur Gottesfurcht treulich an und halten sie von Jugend auf zur Schule,
anbei befleissigen sich dieselben der Gerechtigkeit gegen ihren Nächsten und
sind der Obrigkeit und ihrer Herrschaft getreu.

3. Fehler. Der mehrste Theil ist sehr zum Zorn und Eigensinn geneigt, und wenn sie aufgebracht werden, besitzen sie eine grosse
Rachbegierde; wenn man dieselben aber glimpflich und mit Güte tractirt,
lassen sie sich mehrentheils wieder lenken und besänftigen, überhaupt
aber wollen sie mit der grössten Gelindigkeit und gar nicht mit Schärfe
tractirt sein.

Kohls aus dem Fass benöthigt sind, setzen sie eine Leiter
daran, steigen darauf hinab, räumen den Stein und Fassdeckel
über den Kohl oben hinweg und legen soviel als nöthig
daraus in eine Schüssel, welches jedoch mit ausgezogenen
Schuhen und blossen Füssen oder Strümpfen geschiehet, worauf
sie, wie aus einem Brunnen, die Leiter wieder heraufsteigen
und lustig anzusehen ist.

„Ihre ganze Bildung ist traurig, die Kleidung schlecht,
auch die tägliche Lebensart und äusserliche Aufführung un-
sauber. Man hat Weibes-, auch Mannesleute unter ihnen gesehen, die durch die Kröpfe und andere Gebrechen sehr ver-
stellet worden; die Männer tragen weite, bis an die Waden
reichende Hosen, welche sie an einem ledernen Zaum über'
die Schulter mit Hacken am Quarl befestigen. Auf dem
Leibe siehet man ein grobes unreinliches Hembde, worüber
sie ein kurtzes Wams bis an die Hüften, oder einen kurzen,
offenstehenden, nicht zugeknöpften Rock hangen lassen. Die
Weibesleute haben kurze Unterröcke, Schürtzen und Leib-
stücke, welche bis an die Mitte des Leibes reichen, darüber
sie ein kurtzes zugeschnürtes Wams anziehen, welcher Tracht
halber die Lithauer sie spottweise Struckays, d. i. Kurtze Röcke,
zu nennen pflegen. Auf dem Kopf erblicket man einen
grünen zugespitzten Hut, darauf die Aufschläge oder Krampen
rund wegstehen, oder niedergebogen über die Ohren herab-
hängen, dass sie kaum darunter um sich her sehen können,
welcher ihnen so wenig, als die übrige gantze altfränkische
Tracht gut lässet."

Ist bisher zuweilen der Gedanke daran, dass die Salzburger-
Colonie hauptsächlich eine Glaubenscolonie war, zurückgetreten,
zurückgedrängt einerseits durch das erste Gebahren der Salzburger
selbst, andererseits durch die stark in den Vordergrund tretende prak-
tische und materielle Existenzfrage der Colonie; — das Urtheil aus
dem Jahre 1744 müsste uns nothgedrungen wieder darauf zurück-
führen, müsste uns erinnern, dass der gute Geist, der in den Leuten
lebte, wohl eine Zeit lang schlummern, aber nicht eigentlich ersterben
konnte! Es ist ein Stück Kindheitsnatur in diesem Bergvolke;
wir können nicht anders als das anfängliche Trotzen und Grollen
und Maulen mit dem unverständigen Treiben eines unnützen, vordem falsch gezogenen Kindes vergleichen, das da glaubt, der
neuen Stief- oder Adoptivmutter gegenüber sich für früher erlittene
Strenge schadlos halten zu dürfen, ihr durch Ungezogenheit zu
imponiren, alle unbändigen Wünsche von ihr zu ertrotzen, eines
Kindes, das erst durch gleichmässige Ruhe, milden Ernst und zeit-
weise Strafe, vor Allem durch Consequenz richtig gelenkt und
geleitet, zur Erkenntniss seines Irrthums und zur Umkehr gezogen
wird. Dann aber, nach diesen Versuchen der Unart, wie jedes

Kindesleben ja ähnliche aufweist, tritt wieder das alte tüchtige, eigentliche Wesen hervor, hier der Glaube, um dessenwillen ja die Schar ausgewandert war und sich ein neues Vaterland gesucht hatte. War vielleicht in den Tagen des materiellen Elends dem Volke Ursache und Ziel der Emigration theilweise aus den Augen entschwunden, jetzt kehrten sie zu sich selbst wieder zurück. Der König hatte nie den Grund vergessen, auf dem diese Colonie in seinem Lande erwachsen war. Des Glaubens wegen hatte er den Salzburgern manches nachgesehen und verziehen; er hatte immer gehofft, dass der Glaube auch wieder das Mittel sein werde, sie zu sich selbst zurückzuführen. Daher hat er auch von Anfang an Alles gethan, das Bewusstsein in ihnen wach zu erhalten, dass sie eine Glaubenscolonie bildeten. In dreierlei Weise glaubte er am besten zu ihrer Erziehung in diesem Sinne beizutragen, indem er ihnen Geistliche gab, Kirchen erbaute und Schulen gründete.

Schon im Frühling 1732 (2. Mai) sprach sich Friedrich Wilhelm dahin aus, dass er „zur Besorgung ihres Seelenzustandes" vier eigene Prediger nach Lithauen senden, jedem ein Tractament von 200 Thlrn. geben wolle; es sollten deshalb an den Orten, wo sie sich niederliessen, zwei bis drei neue Kirchen erbaut werden, von Fachwerk, aber mit gutem, steinernem Fundament, 12 Fuss Mauer über die Erde, so dass jede Kirche ungefähr 1000 bis (höchstens) 1500 Thlr. koste.

Der Feldpropst Gedicke war beauftragt, sogleich vier Candidaten bei den noch auf dem Marsche begriffenen Salzburgern zu ordentlichen Predigern zu ordiniren. Von Halle aus waren dem ersten Trupp, der diese Stadt durchzog, vier Candidaten zur Erbauung mitgegeben, von denen der Feldpropst in Berlin drei, aus Preussen Stammende, auch wirklich ordinirte: Breuer, Kusch und Haack; der vierte erschien ihm noch allzujung, statt seiner berief Gedicke einen Candidaten aus Potsdam, Hahn, einen gebornen Altmärker. Gedicke hielt eine erbauliche Ordinationspredigt[1]) und schickte die jungen Geistlichen[2]) sofort mit den Trupps mit; sie haben schon unterwegs ihr saures Amt auszuüben und zu kosten reichliche Gelegenheit gehabt, da, wie wir sehen, noch viele auf dem Marsche von Berlin bis Königsberg und Lithauen erkrankten, ja starben. Auch auf dem Schiffe musste der Geistliche die leicht verzagten und an der Seekrankheit leidenden Kinder der Berge, die das Meer noch nie gesehen hatten und in Folge dessen grosse Angst vor dem gewaltigen Element hatten, trösten und ermahnen, obwohl er selbst den bei dem Sturme natürlichen Tribut den schaukelnden Wellen darzubringen hatte. Glaubten sie doch nicht anders, als sie müssten

---

1) cf. Göcking II. S. 236—243.
2) Göcking giebt von jedem einzelnen dieser Geistlichen eine längere Biographie. II. S. 244—256.

sterben. In der neuen Heimath war viel für die Geistlichen zu thun, vor Allem hatten sie mit den auffallend zahlreichen Kranken sich zu beschäftigen. Die localen Verhältnisse gestalteten sich für die Geistlichen bald sehr complicirt, es hatte sich zu ihnen noch ein fünfter, Tobler, gesellt, der eigentlich auch aus Salzburg abstammte, lange hier im Geheimen als Geistlicher gewirkt haben wollte und schliesslich einen Transport seiner Landsleute bis Berlin begleitete. Diese fünf Männer wechselten nun alle Augenblicke ihre Stellungen, je nachdem, bald hier, bald dort, eine grössere Anzahl von Colonisten vorhanden war; dieses Hin- und Herwandern der Emigranten und die Unruhe des Interimisticums spiegelte sich auch in dieser Schnellzügigkeit der Pastoren wider.

Der König schien besonderen Werth auf Tobler's Ansetzung zu legen, weil nach menschlichem Dafürhalten er, als Salzburger und vertraut mit dem Charakter der Leute, sich am besten für sie eignen dürfte, er sollte in Lithauen da wohnen, wo die meisten Salzburger zusammen wären, ausserdem wird ihm die Erlaubniss zugestanden, auch die übrigen Salzburger zu besuchen, „fleissig und so oft er dazu Zeit habe. Dabei soll er angelegentlichst ihren Zustand im Geistlichen examiniren, auch als Aeltester bei verspürten Mängeln diese Leute zurechtweisen und sie zum schuldigen Gehorsam ermahnen, bei verspürter Widerspänstigkeit aber solches gehörigen Ortes, auch nöthigenfalls S. Majestät selbst melden." Fände er, dass die Salzburger Grund zur Klage haben, dann sollte er als Aeltester im Namen der Colonie sich an die Deputation wenden, will diese nicht helfen, an den König. Dieses Decret (15. September 1732) wird dem Generaldirectorium mitgetheilt, das für Tractament und Versorgung dieses Seelsorgers verantwortlich gemacht wird.

Die Absicht war gewiss gut und richtig erwogen, aber eigenthümlich, das Salzburger unstäte Blut scheint auch in diesem Geistlichen sich nicht verleugnet zu haben, vielleicht auch, dass seine eigenartige Stellung ihn mit Hochmuth erfüllte. Er ging nach Tilsit, von wo aus er oft Klage führte,[1]) „er habe keinen Kelch, keine Oblaten, keine Kanthee zum Wein, keinen Deller zu denen Hostien, da doch der Communicanten oft bis 200 und drüber sind." Der König erlaubt ihm, die Klingelbeutelgelder zur Anschaffung dieser Sachen zu verwenden. Die Salzburger, auch Göcking, machen ihm aus dem Fehlen dieser Sachen heftige Vorwürfe, gerechter vielleicht ist ihre Klage über den Ton, den dieser Geistliche gegen seine Heerde anschlug, wenn er u. a. sagte: „Und was soll ich von Euch Salzburgern auch viel sagen, Ihr seid recht tumme, grobe Leute, die weder Vernunft, noch Raison zu gebrauchen

---

1) Die Klagen, die Göcking gegen ihn vorbringt, scheinen nicht immer gerecht zu sein und werden dnrch seine Gegenklagen zum Theil entkräftet.

wissen, daher ich eher einen Esel tanzen lehren, als einen Salzburger zur Raison bringen könnte." Das kränkte natürlich. Noch
schlimmer, wenn wahr, sind die Beschuldigungen gegen ihn, dass
er einen ärgerlichen, anstössigen Wandel geführt habe, dass er
„zuweilen so besoffen gewesen wäre, dass er auch nicht einst den
Text auf der Kanzel finden konnte". Das wenigstens steht fest,
„dass seine eigenen Landsleute mehr Widerwillen und Abscheu
gegen ihn als Liebe und Vertrauen gegen ihn hatten," er wurde
schliesslich dergestalt „verachtet, dass seine Zuhörer ihm solches
öffentlich vorrückten und ihn schweigen hiessen, wenn er sie bestrafen wollte". Für ihn selbst mag es ein Glück gewesen sein,
wie Göcking meint, dass er früh starb (1734); an seine Stelle
wurde kein anderer Geistlicher berufen.

In Königsberg hatte besonders Kusch zu wirken gehabt,
er sollte, abgesehen von den Betstunden, die er Morgens und
Abends mit den Salzburgern hielt, auch sonst den ersten Winter
hindurch „mit möglichster Treue und Sorgfalt an denenselben
arbeiten". Er klagte, dass er keine Wohnung hätte, das wäre
doch jederzeit gebräuchlich. Auch war es eine völlige Unmöglichkeit für ihn, „als eine einzige Person, die vielfältigen
Kranken, deren Zahl sich zuweilen weit über hundert erstrecke,
— es waren eine Zeit lang 340 Kranke! — dergestalt, wie man
Gewissens halber dazu verpflichtet ist, insbesondere in denen weit
entlegenen Oertern, sintemal man in wenigen Stunden vom Pest-
garten in die Vorstadt und auf den Haberberg, von hier auf den
Rossgarten, die königliche Fabrik und Sackheim gehen muss, abzuwarten." Darum bittet er, es möchte dafür gesorgt werden,
dass der Magistrat ihm einen Wagen zur Verfügung stelle, ebenso
wünscht er noch einige Prediger oder Candidaten, die ihm helfen,
wenn er die vielen Kranken nicht alle bestreiten kann. Für eine
Wohnung wurde in Folge dieses Schreibens gesorgt, ebenso für
die Hilfe Seitens anderer Geistlichen. Es wurde an die Regierung
und das Samländische Consistorium berichtet, dass die Prediger
Königsbergs sich nicht rührten; an andern Orten wären die Salzburger von den Geistlichen mit so viel Liebe aufgenommen,
„welche die hiesigen Herren Prediger aber diesen Fremdlingen gar nicht erweisen." Deshalb sollen sofort und ohne
Weiteres die Geistlichen dem p. Kusch in der Abwartung der
Kranken helfen. Aber ein Wagen wurde ihm in Gnaden abgeschlagen; er hielt sich in Folge dessen ein Pferd, um nur seinen
Verpflichtungen nachkommen zu können. Kusch wurde später einige
Zeit lang eine Art Wanderprediger unter den Salzburgern, ist bald
hier, bald dort beschäftigt, wo gerade die Salzburger am häufigsten
anzutreffen waren, hatte also lange keine „sedem fixam", bis er später
nach Gumbinnen geschickt wurde, wo er noch im Jahre 1733
verschied. An seinen Platz trat abermals ein Hallenser Student, Geisler.

Die übrigen Geistlichen waren zunächst so vertheilt, dass Haack nach Gumbinnen geschickt wurde, Hahn anfangs nach Bredauen, dann nach Göritten und Breuer nach Gudweiten. Haack, der Lithauisch verstand und sprach, konnte in der Hauptstadt Lithauens diese Fertigkeit oft verwerthen; als er später in Gumbinnen Diaconus und rite besoldet wurde, verwandte sich die preussische Kammer dafür (29. August 1733), dass die 200 Thlr., die Haack bisher als Extragratification bezogen hatte, einem Rentmeister zu seinem Gehalt zugelegt würden. Friedrich Wilhelm schrieb eigenhändig an den Rand dieser Eingabe die charakteristischen Worte: „Ist artig; wollen Prediger abschaffen und den Leuten das Geld geben, die es im Wein vertrinken. Friedrich Wilhelm."

Hahn, der nach Auflösung seiner Gemeinde zunächst auch nach Gumbinnen kam, wollte gern nach Tilsit, wie es die meisten hierher zog. Er motivirte sein Gesuch damit, dass hier die allerstärkste (?) und widerspänstigste Gemeinde wäre, er will hier des Vormittags Predigt und Communion halten, Tobler solle Nachmittags predigen und katechisiren. Auch schlug er vor, den Schulmeister Hochleitner mitnehmen zu dürfen; dieser könne dann unter der Hand die Ursache der Unruhe, die sich in den Gemüthern fände, auskundschaften, und Hochleitner wäre ein Mann von redlichem Gemüthe und gutem Eingang bei seinen Landsleuten. Es wird ihm gewillfahrt, auch ein Vorspann bewilligt, aber keine Diäten.

Auch Breuer in Budweiten bittet, alle vierzehn Tage nach Tilsit hinüberfahren zu dürfen, um hier zu predigen; auch das wird gestattet, so dass eine Zeit lang hier drei Pastoren den Salzburgern Sonntags predigten. Bald aber gewahren wir abermalige locale Veränderungen: Haack kommt nach Pillkallen, an seinen Platz rückt Gronau, auch ein ehemaliger Hallenser, Breuer rückt nach Toblers Tode in dessen Stelle ein, aber er hatte hier kein günstiges Loos gezogen. Denn die Salzburger werden aus der Tilsiter Garnisonkirche, die sie besetzt hielten, durch einrückende Husaren, die mit einem eigenen Studioso ankamen, wieder verdrängt und bald sehen wir Breuer als Diaconus in Stallupöhnen. Es war nicht anders denkbar, als dass unter diesem häufigen Wechsel der Prediger auch der Gottesdienst und das Seelenheil der Salzburger litt. Dazu kamen nicht selten Fehden zwischen den heimischen Gemeinden und den Emigranten, zwischen den alten Predigern und denen der Salzburger. So sträubte sich u. a. der Pfarrer von Saalau gegen die Errichtung einer bisherigen Filialgemeinde in Berschkallen zum selbständigen Kirchspiel; heftiger war der Zwist in Budweiten, wo der deutsche Prediger (Schustehrus) dem Salzburg'schen (Breuer) Kirche und Schulhaus streitig machte; beide, wie auch die ganzen Gemeinden petitionirten deswegen alle Augenblicke.

Und doch, trotz alledem, trotz des häufigen Wechsels der
Prediger, trotz des eigenen Vagabundirens, trotz der sonstigen
Gährung in ihren Gemüthern, ihrer Unlust zur Arbeit, trotz ihres
Heimwehs im Herzen, trotz aller dieser vielen und hässlichen
Fesseln blieb der Grundzug ihres Wesens Religiosität. Die
Religion musste sie trösten, wenn sie verzagt waren, und neben
der Arbeit war es der Stern des Glaubens, der sie in der anfäng-
lich dunklen Nacht wieder auf den rechten Pfad leuchtend führte.

Ihre Religiosität hat Göcking an unzähligen Stellen seines
Buches gepriesen, oft übertrieben, oft in dem einfach schlichten
und herzlichen Tone, den nur ein Zeitgenosse, der ihnen persönlich näher getreten war, anschlagen konnte. Göcking's sonstige
Auffasung von ihnen ist wohl hier und da allzu sanguinisch, wenn
er von ihrer Aufführung rühmt, sie sei „ungemein" gut, er sah
nur vollen Lichtglanz, darum war sein Auge leicht getrübt; aber
der Blick, den er, der gläubige Mann, in das Wesen ihres
Glaubens geworfen hat, scheint mir das Allerheiligste auf dem
Altare der Glaubenscolonie richtig erkannt zu haben. Auch dieser
Kern des Emigrantenthums muss geschildert werden, aber gern
verzichte ich hier auf eigene Darstellung, wo eine bewährte Hand,
von so vieler Liebe geführt, das Richtige getroffen hat, zumal
Göcking's Schilderung auf getreue Mittheilungen der Seelsorger
selbst zurückzuführen sind. Möge er daher selber reden:

„Was nun das Geistliche oder ihr Christenthum anlanget, so muss man, will man anders unpartheyisch handeln,
unsern Preussischen Saltzburgern den Ruhm lassen, dass sie
unter dem unschlachtigen und verkehrten Geschlechte auf dem
Erdboden als hellscheinende Lichter sind. Doch ist hiebey
zu mercken, 1) dass solches nicht von allen und jeden, aber
doch von den meisten, gelte. 2) Dass es bey den meisten
bloss etwas natürliches sey, und 3) dass es doch bey Einigen
GOtt Lob! geheiligte Früchte einer begnadigten Seele sind.
Doch wir müssen nur nach dem Aeusserlichen urtheilen. Das
Hertz kennet allein GOTT, der Hertzens-Kündiger. Und
nach diesem Aeusserlichen können sie in ihrer GOttesfurcht
und Andacht allen andern zum Exempel dienen."

„Zu den ihnen zugegebenen Predigern gewonnen sie
bald eine ungemeine Liebe und grosses Vertrauen, weil dieselben ihnen das klare Wort GOttes rein, und ohne Menschen-
Tand, vortrugen. Sie lerneten bald Licht und Finsterniss
unterscheiden. Denn da sie im Saltzburgischen von ihren
untreuen Hirten das Wort GOttes, und die Evangelischen
Bücher verstecken müssen: so machten sie sich jetzt in
Preussen eine ungemeine Freude daraus, dass sie ihren treuen
Hirten, bey ihrem Besuch, dasselbe nicht nur ungescheut
weisen, sondern auch aus denselben sich mit ihnen unterreden

durfften. Kommen die Prediger zu ihnen, so ist es das Erste, dass sie denselben ihren herzlichen Vorrath an Büchern weisen, als den theuresten und edelsten Schatz, den sie besitzen. Sobald sie nur dieselben von weitem erblicken, lauffen sie ihnen gar aufs Feld entgegen, und hüpfen und springen vor grosser Freude. Und da die Emigranten-Prediger, die mit den Saltzburgern von Berlin abreyseten, nicht bey allen denen, bey welchen sie unterwegens gewesen, bleiben konten, wie sie nach Preussen kamen, so kamen etliche von einigen Meilen Weges her, und besuchten diejenigen, die ihnen zuerst das Wort GOttes vorgetragen hatten, und verlangten von ihnen besucht zu werden. Bald Anfangs gaben diejenigen, die noch ein und andere Papistische Sachen und Büchlein unter ihren Sachen beym durchkrahmen funden, das Zeug von sich, und stelleten es ihren Seel-Sorgern zu. Unter andern kamen im Monat September 1732. zwey Saltzburgische Bauren, deren einer Christian Steiner hiess, und aus dem Radstädter Gerichte war, die noch zwey Meilen hinter Gumbinnen wohnten, sieben Meil Weges nach Budweithen zu dem Prediger Breuer, und baten ihn im Nahmen der andern: er solte sie ein wenig besuchen, dass er ihnen noch eine Bet-Stunde halten könte. Sie blieben bey drey Tage bey ihm, und liessen sich durch ihn erwecken. Kurtz vorher ehe sie weggiengen, rief ihn Steiner besonders in einen Winckel, zog sein Scapulier und Rosen-Crantz aus der Tasche, und sagte: „Herr, ich habe euch hier was zu geben, das solt ihr behalten. Mir ist es nichts nütze. Ich weiss, dem Herrn Pfarrer ists auch nicht nütze: Wenn ihr wollet, so könnet ihr das unnütze Ding ins Feuer werfen."

„Doch hat man zuweilen noch hie und da ander Papistisches Kinderspiel aufgefunden. Die Saltzburgischen Schulmeister brachten es insgemein herzu, weil die kleinen Kinder es zum Spielen gebraucht hatten: als die Länge des HErrn Christi. Den Ablass - Pfennig, geweyhete Wachs - Lichter und dergleichen mehr. Einige Bauren selbst brachten die Papistischen Schrifften und Lieder, die sie noch unter ihren Sachen gefunden hatten. Veit Kernhofer, ein Bauer, der beym Königlichen Vorwerck Kahlehnen wohnet, brachte am 15. December 1732. seinem Beicht-Vater des Petri Canisii kleinen Catechismum. Sebastian Kornberger einen Beicht-Zettel, den man im Papstthum, wenn man zur Beichte gehen will, um vieles Geld lösen muss; auf welchem diese Worte stunden: Anno 1724. Si qua ergo in Christo nova creatura, vetera transierunt, ecce nova facta sund omnia, 2. Corinth. 5. V. 17. Martin Hunsoldt überlieferte ein kleines Büchlein unter dem Titul: Ein schöner und wohl approbirter heiliger

Seegen zu Wasser und Land, dessen Beschluss unser lieben
Frauen Traum ist. Ein anderer brachte die geistliche Schild-
Wacht, darinn einer alle Stunde einen besondern Patron er-
wehlen soll. Der Anfang davon ist. Von 1. Uhr des Tages
bis auf 2. soll für mich Schild-Wacht halten der Heilige
Ertz-Engel Michael. Gebet: O Heiliger Ertz-Engel Michael,
der du das Volck GOttes allezeit beschützt, und den Lucifer
samt seinem rebellischen Anhang von dem Himmel gestürtzt
hast, dir befehl ich mein letztes Sterb-Stündlein, sonderlich
wenn es solte zwischen 1. und 2. Uhr des Tages geschehen,
so bitte ich dich, du wollest in selbiger Stunde für mich
wachen und beten, dass ich nicht in Versuchung falle, sondern
wider alle Anfechtung des bösen Feinds ritterlich streite.
Und das bitte ich dich durch JEsum Christum unsern
HErrn, Amen. Und so auf alle andere drey und zwantzig
Stunden, da in einer jeden Stunde ein frischer Heiliger ablösen, und Schild-Wache stehen muss. Noch andere brachten
andere dergleichen saubere Stück. Hans Merlecker aber,
der im Dorfe Raugerdien wohnet, brachte eine gantze Menge
Papistischer Lieder."

„So liessen auch unsere Preussische Saltzburger ihre
thätliche Liebe gegen ihre Prediger blicken, so bald sie sich
nur einiger massen eingerichtet, und ihre Wirthschafft in den
Stand gesetzt hatten. Ich will nur eines eintzigen gedencken.
Am 20sten Februar 1734. kamen etliche Saltzburgerinnen
zu dem Prediger Breuern, und brachten ihm viele grosse
Stück von schönster Butter, die sie nach der Saltzburger
Form mit Figuren eingeschlagen hatten, und baten ihn, er
möchte dieselben von ihren Händen annehmen. Der Mann
weigerte sich lange, sie hinzunehmen. Allein die Weiber
baten mit vielen Thränen, er solte doch ja nicht verschmachen,
(so redeten sie) und liessen nicht eher ab zu bitten, bis ers
angenommen hatte. Sie ersuchten ihn zugleich: er möchte
doch nebst ihnen GOtt dancken, dass derselbe durch unsern
König ihnen in diesem Lande Kühe geschencket, die viel
Schmaltz geben. Ja er möchte auch beten, dass GOtt ihre
fruchtbare Kühe vor aller Kranckheit gnädig bewahren wolle."

„Dem öffentlichen Gottes-Dienst wohnen sie durchgehends fleissig bey. Sie versäumen des Sonn- und Fest-
Tages nimmer die Predigt. Es war im Jahr 1732. viel-
mahls ein so stürmisches Wetter, dass man sich fürchtete,
vor die Thür zu gehen. Die Saltzburger aber blieben doch
nicht zurück. Diejenigen, die selbst Wagen und Pferdte
hatten, luden alle ihre Kinder, und die Alters oder Schwach-
heits halber nicht wohl gehen konten, drauf, und liessen
dieselben hinfahren. Die Eltern aber giengen zu Fuss, und

zogen offt Strümpffe und Schuh aus, wenn das Wasser gross war. Herr Breuer, in Budweithen, prediget allemahl erst nach geendigtem Litthauischen Gottes-Dienst. Daher versammleten sich diejenigen, die sich zu seiner Kirche hielten, allemahl unter dem Litthauischen Gottes-Dienste, und sungen, lasen und beteten unter einander, bis es Zeit war nach der Kirche zu gehen. Gieng der Prediger nach der Kirche, so folgeten sie alle hinter ihm, wie die Schäfflein ihrem Hirten folgen. Den Predigten hören sie mit grössester Aufmercksamkeit zu. Und da er vor dem Altare den Catechismum mit ihnen vorzunehmen pfleget, so finden sie sich alle, Gross und Klein, dazu vor dem Altare ein, und antworten so gut sie können. Ist der Gottes-Dienst geendiget, so gehen sie alle wiederum hinter dem Prediger her, bis nach seiner Wohnung. Daselbst dancken sie ihm, und küssen ihm die Hände vor die Verkündigung des Göttlichen Worts. Von drey bis vier Meilen Weges kommen zuweilen des Sonntages Saltzburger dahin, dass sie GOttes WOrt hören."

„Wird das H. Amt der Communion gehalten, so finden sich die Saltzburger mit grosser Begierde dazu ein. Die Prediger pflegen insgemein Sonnabends vorher ihnen desshalb eine Vorbereitung zu halten, wobey gemeiniglich viele tausend Thränen vergossen werden. Treten sie des Sonntages zum Tisch des HErrn, so ist nicht zu beschreiben, mit was vor einer Furcht und Ehrerbietigkeit sie dasselbe thun. Selten wird solche heilige Handlung ohne Vergiessung vieler Thränen von ihnen verrichtet."

Den Christ-Abend haben sie bisher noch nach der Art feyerlich begangen, wie sie es in Saltzburg gemacht haben. Die gantze Nacht singen und beten sie für die gantze Christenheit, und halten also ein recht Freuden-Fest. Im Jahr 1732 kamen in der Weyhnachts-Nacht mehr als viertzig Saltzburger nach des Emigranten-Prediger Breuers Hause. Die blieben die gantze Nacht daselbst, sungen und beteten, und lasen erbauliche Bücher. Ins besondere danckten sie GOtt, dass sie durch unsern König um das Weyhnachts-Fest aus dem Papstthum heraus geführet worden. Darüber jauchzeten, sungen und brachten sie dem lebendigen GOtt ein Halleluja nach dem andern. Gedachter Herr Breuer schreibt unter andern davon also: „Den 24. December in der Nacht sind mehr als ihrer viertzig Saltzburger bey mir gewesen, haben die gantze Nacht gesungen, gebetet und erbauliche Lieder und Bücher gelesen. Ich blieb auch mit ihnen auf, und habe sie erweckt zum Lobe GOttes für alle die Wohlthaten, die GOtt ihnen erzeiget hat. Da fieng einer an dem andern zu erzehlen, was er auf der Reyse von GOtt empfangen, und wie sie so gut aufgenommen wären. Ich hörete allem zu, fiel hernach mit ihnen auf die Knie, und beteten zusammen. Sie beteten selbst mit ihren eigenen Worten. Mit was vor Einfalt solches geschehen ist, kan ich nicht genug ausdrücken. Mein Hertz ward dadurch aufs innigste erbauet. Insonderheit haben sie viel Seuffzerlein zu GOtt für unsern allergnädigsten König und Herrn geschickt. Ja einer hat den andern gefraget, was GOtt ihm auf der Reyse Gutes gegeben? Mein lieber Gappe war der allermunterste unter ihnen. An die Nacht werde ich die Zeit meines Lebens gedencken. Gegen Morgen, als den 25sten, gab ich einem jeden ein gut Stück Brodt mit Honig beschmieret, und denn ein gedrucktes Sprüchlein aus dem Schatz-Kästlein. Nachdem sie aufgegessen, fielen sie noch einmahl auf die Knie, und danckten GOtt vor das Stückchen Brodt, und für das Sprüchlein, sagten zu mir: Nun Herr Pfarrer, wir wollen alle Weyhnachten zu ihnen kommen, singen und beten. GOtt vergelte es tausendmahl! Hierauf giengen sie mit grosser Freude nach Hause. Das hat unsern hiesigen deutschen Leuten einen grossen Eindruck gegeben. So pflegten sie auch in Saltzburg zusammen zu kommen, aber verstohlner Weise." GOtt erwecke also diese guten Leute je mehr und mehr!"

„Ist an den Sonn- und Fest-Tagen der öffentliche Gottes-Dienst geendiget, so lassen unsere Preussiche Salzburger unter sich ihren Mund überfliessen mit Psalmen und Lob-Gesängen, und geistlichen lieblichen Liedern. Man könnte davon ungemein viel Exempel anführen. Doch ein eintziges mag genug sein. Im Jahre 1734. am Himmelfarths-Tage, kam der Pastor Breuer von Gumbinnen auf ein Dorf, wo die Saltzburger angesetzt waren. Sie hatten sich bey dem damahls schönen Wetter auf das grüne Gras gelagert, ein jeder hatte sein Buch in der Hand, sungen Lieder, lasen den Schaitberger und des Arends wahres Christenthum. Die Teutschen und Litthauer kamen auch hinzu, und satzten sich bey den Saltzburgern nieder; da denn einer den andern ermunterte und erweckte."

„Nach einer Privat-Erweckung sind sie ungemein begierig. Daher geschiehets, dass diejenigen, die weit nach der Kirche haben, offt des Sonnabends Abends bey den Predigern sich schon einfinden, um von ihnen erwecket zu werden. Da sie denn die gantze Nacht hindurch singen und beten. Und, wenn anders es die Zeit erlauben will, versammlen sie sich, und bitten ihren Seel-Sorger, dass er zu ihrer Erquickung ihnen eine Bet-Stunde halten möge. Ja Herr Breuer versicherte unterm 15. Dec. 1732, dass fast kein Sonntag hingienge, daran er nicht einige Saltzburger zu beherbergen hätte, die von fernen Orten her zu ihm kämen, dass er sie erwecken und ermuntern solte. Er könne ihnen auch keine grössere Freude machen, als wenn er nach ihrer Melodey ein Lied mit ihnen sünge."

„Und so dieneten sie denn mit solchen ihren guten Exempeln den Teutschen und Litthauern in Preussen zur Erbauung. Insonderheit wurden die Litthauer durch die Andacht unserer Saltzburger sehr erwecket und aufgemuntert. Herr Breuer schreibt deshalb von ihnen also: „Es jammert mich sehr der armen Litthauer. Viele unter denselben haben ein recht gutes Gemüth. Mercklich ist es, wenn ich in der Kirche catechisire oder predige, finden sie sich häuffig dabey, und weinen mit, wenn sie sehen, wie die Saltzburger weinen. Sie verstehen mir nichts, sie sehen mich immer an. Eins-mahls geschahe es, dass ein gewisser Mann zu ihnen sagte: Wornach kommt ihr in die Saltzburgische Predigt? Ihr verstehet doch nichts, was da geprediget wird. Darauf ant-worteten einige mit Thränen: Freylich verstehen wirs nicht; das ist unser Unglück. Wir werden doch aber durch das Anblicken der Saltzburger erwecket, weil dieselben so an-dächtig sind, und so sehr weinen."

„Die Kinder der Saltzburger, und auch erwachsene Leute unter ihnen, denen es an Wissenschafft fehlet, bedienen sich auch der guten Schul-Anstalten zu ihrem Vortheil. Sie finden sich in den Schulen fleissig ein, und sind nach gutem Unter-richt recht begierig. Insgesamt lassen sie sich im Lesen unterrichten, und die Kinder lernen den kleinen Catechismum Lutheri mit der Auslegung auswendig. Sie haben bereits ungemein darinn zugenommen, dergestalt, dass Herr Breuer unterm 26. Febr. 1734. davon folgendes berichten konte: „Die Schulen werden, GOtt Lob! mit vielem Seegen gehalten. Die Kinder nehmen zusehens zu, so wohl im Lesen, als auch im Auswendig lernen. Sehr viele können den kleinen Cate-chismum Lutheri ad unguem recitiren. Einige Alte sind so eyfrig nach der Schule, dass sie mit ihren Kindern mit in die Schule lauffen. In Gumbinnen ist ein frommer alter Saltzburgischer Zimmermann, der hat ein Paar Kinder. Das Mägdlein von sechs Jahren trägt er auf den Armen, und den Knaben leitet er an der Hand; und so gehet er mit in die Schule. In der Schule sitzt er mit seinen Kindern, und lernet mit ihnen. Weil das Töchterlein besser fasset, als der Vater, so habe ich selber bemerckt, dass der alte Vater sein klein Mägdlein offt fraget, wie das heisset; worüber ich mich un-gemein gewundert. Und solcher Exempel, sind sehr viel." Doch nicht allein aus Litthauen, sondern auch aus den übrigen Preussen hat man die Gewissheit erhalten, dass Alte und

Junge grossen Fleiss beweisen, ihre Wissenschafft zu vermehren. In der errichteten Knaben-Schule zu Rastenburg
ist die Unterweisung so wohl an Alten als Jungen ungemein
geseegnet. Und diejenigen Saltzburgischen Kinder, die in
Königsberg und in Kalthoff zur Schule gehalten werden,
haben das Lob: dass die an sie gewandte Arbeit an ihnen
mehr, als an allen andern, geseegnet ist, und sie in Wahrheit allen übrigen ein Exempel des Christenthums geben.
Der HErr erhalte sie bey diesem Eyfer!"

„Was diejenigen, die in nahen Umgang mit ihnen stehen,
und ihrer viele kennen, auch dabey unpartheyisch sind, von
der Gottesfurcht dieser Leute, als der Mutter aller Tugenden,
rühmen, erhellet guten Theils schon aus dem vorhergehenden.
Ihre Liebe zum Gebet, und Hochachtung ihrer geistlichen
Bücher bestätigen aber dasselbe noch nachdrücklicher. Von
ihrer Liebe zum Gebet hat man insonderheit des Sommers
hindurch deutliche Proben sehen können. Waren sie bey der
Feldarbeit am fleissigsten, so waren sie auch zugleich im
Gebet am eytrigsten. Man traff in der Saamen-Zeit hin und
wieder einige hinter einem Strauche oder Busche, und in der
Erndte hinter den Korn-Garben an, die mit aufgehobnen
Händen, Augen und Hertzen ihren himmlischen Vater mit
stillem Seuffzen im Verborgenen anschrien. Diejenigen, die
zu Schiffe nach Preussen giengen, rungen mit GOtt recht im
Gebet. Der Emigranten-Prediger, Herr Hahn, versicherte
von seinem Transport, dass in den acht Tagen, da sie auf
dem Schiffe gewesen, keine Stunde, auch selbst in der Nacht,
vorbey gegangen sey, dass nicht etliche auf den Knien gelegen und gebetet hätten. Da waren die Leute zusammen;
und da konte eine glüende Kohle viele todte anzünden. Im
Winter lassen sie sich sehr daran hindern. Manche klagen,
dass sie offt unter den Leuten, in deren Häusern sie bisher
im Quartier liegen müssen, für Fluchen, Zancken, Schweren,
Possen und andern Gottlosigkeiten unsrer Christen, kaum ein
Seuffzerchen zu GOtt thun könten. O Jammer! Ihre Bücher
schätzten sie so hoch, als ihren grössesten Schatz auf Erden.
Hatten sie dieselben auf ihrer Wanderschafft aus Eilfertigkeit
verlohren, lieffen sie viele Meilen darnach zurück, sie wieder
zu suchen. Und wenn sie dieselben wieder funden, freueten
sie sich darüber mehr, als wenn ihnen grosse Güther ge-
schenckt wären. Rechtschaffene Christen unter ihnen haben
ihren Seel-Sorgern bey deren Besuch offt bekandt, dass, wenn
ihr Hertz in Aengsten sey, und sie ihre Bücher auch nur
von ferne anschaueten, so walle wiederum ihr Hertz recht
vor Freuden. Denn in Saltzburg mussten sie die Bücher in
einer hohlen Wand, oder unter den Schwellen oder Dielen

bey Lebens-Gefahr verbergen. In Preussen aber durfften sie
dieselben frey öffentlich hinstellen, um sie vor jedermann
sehen zu lassen. Als Cyriacus Schiel, der in einem Dorffe
ohnweit Gumbinnen angesetzt ist, dem Emigranten-Prediger
Breuer die Einrichtung seines Hauses zeigete, zeigete er ihm
auch zugleich seine grosse Folianten-Bibel, die er in Halle ge-
schenckt bekommen. Er sagte dabey: Diese Bibel ist mir
viel lieber, als wenn mir einer viel Kayser-Gulden gegeben.
Das ist mein bester Schatz auf Erden. Breuer nahm dieselbe,
weil sie etwas zurissen war, mit, und liess sie beym Buch-
binder ausbessern. Dafür küssete er ihm Rock und Hände,
so lieb war ihm solches."

In dieser liebevollen und treuherzigen Art spricht Göcking
ausführlich über seine Lieblinge; er entschuldigt, wo es immer
geht; man sieht es ihm an, wie schwer und sauer es ihm fällt,
gelegentlich auch ein hartes Wort über sie zu äussern. Auch
sein Tadel ist so sanft, dass er ihn schliesslich noch in Lob ver-
kehrt, wenn er z. B. auf das Capitel der Salzburger Fehler zu
sprechen kommt und dasselbe mit den Worten beschliesst: „Sie
werden die besten Leute im Lande sein und bleiben, denn wo
sind wohl unter uns so viele Tausend Menschen, die dem äusserlichen Ansehen nach, so vielen Tugenden und so wenig Lastern
ergeben sind, als man es bei unseren preussischen Salzburgern
findet."

Seinen echt evangelisch-christlichen Standpunkt zeigt dieser
Geschichtsschreiber der Salzburger, der über ihre Glaubensthat so
gern alle ihre menschlichen Gebrechen übersieht, auch noch in
den besonderen „Spuren der göttlichen Vorsehung, die man an
unseren preussischen Salzburgern wahrgenommen". Alles gestaltet
sich hier vor seinem erstaunten Blick zu einer liebevollen göttlichen Absicht, die Salzburger als Auserwählte vor den anderen
Völkern der Erde auszuzeichnen. Gleich nach der Salzburger
Ankunft in Preussen haben die Heuschrecken, die schon viele
Jahre Lithauen verwüsteten, sich verloren, „gleich als ob die aufgenommenen Salzburger solche ungebetene Gäste durch ihre Ankunft vertrieben hätten." „Im obgedachten 1732 und auch im
1733 Jahre sahe man einen ganz ausserordentlichen Seegen an
allerley Feld- und Gartenfrüchten, damit das ganze Land an allen
Orten gekrönet war, mit Erstaunen an;" nicht anders war es mit
dem Jahre 1735, in welchem die Hauptquelle, aus der Göcking
schöpft (Breuer), ihm die Mittheilung zufliessen lässt, die er
doppelt gesperrt abdruckt: „Melde auch noch dieses zur grossen
Bewunderung, dass das liebe Getreide allhie auf dem Felde so
schön stehet und gänzlich ausgeschossen, dass solcher fruchtbaren
Zeit kein Mensch sich zu erinnern weiss." Diese „Spuren der göttlichen Vorsehung", denen Göcking in beiden Theilen eigene Capitel

gewidmet hat, zeigen sich nach ihm im „Allgemeinen": wie in der glücklich überstandenen Gefahr der Reise, ihrer freundlichen Aufnahme aller Orten; ferner dass Gott des preussischen Königs Herz gerührt habe, sie anzusiedeln und ihnen so günstige Beneficien zu Theil werden zu lassen. Diese Spuren zeigen sich aber auch „im Besondern", z. B. darin, dass einzelne Erweckte ihm Collecten überschickt haben, dass so viele Unglücksfälle, die Göcking einzeln aufführt, ohne besondern Schaden abliefen, dass viele, die in augenscheinlicher Lebensgefahr schwebten, doch wunderbar erhalten blieben, dass sie ihr verlorenes, ja auch gestohlenes Geld wiederbekamen[1]) etc. etc. Nach seiner Meinung leben die Salzburger anders, als wie die übrigen Menschen, sie sterben auch anders, gläubiger und ergebener.[2])

Nur mit der Kraft dieses Glaubens hat Göcking ein so eingehendes Werk über die vielen Einzelheiten und Einzelnen der Salzburger zu Stande bringen können; wenn wir ihm auch nicht immer beistimmen und zu folgen vermögen, so sehen wir doch nicht ohne Rührung auf diese Art einer persönlichen Geschichtsschreibung.

Der König that, wie gesagt, Alles, um den religiösen Sinn seiner Salzburger rege zu erhalten und, sollte dieser im Erkalten irgendwo begriffen sein, ihn wieder anzufachen. In dem Jahre der eingetretenen Ruhe, 1736, erliess Friedrich Wilhelm deshalb eine Verfügung an alle Aemter, die diese Hauptseite des Colonielebens ganz besonders berücksichtigt wissen wollte:

„Wir haben in Consideration gezogen, dass die Salzburg'sche Emigranten in diesem Unserem Königreiche sehr zerstreut sind, dass sie von denen ihnen zugegebenen Predigern, welche auch zum Theil bereits anderswohin zu Predigtämtern befördert worden, nicht so genau, wie es billig sein sollte, curirt werden können, und finden also nöthig, dass auf diese armen Leute hinfüro mehrere Aufsicht verwendet werde.

Es ist dahero auch von Unserer höchsten Person vermittelst des unterm 26. des verwichenen Monats Martii an Unsere hiesige Regierung ergangenen Reskripts allergnädigst verordnet worden, dass an denen Orten, wo in diesem Unseren Königreiche Salzburger angesetzt sind, allen und jeden Pfarrern injungirt werden soll, dass sie

1. mit denen unwissenden Salzburgern zu Hause und in der Kirche aufs Einfältigste und Deutlichste catechisiren, ferner und

2. selbige, wenn sie sich zur Beichte angeben, vorhero

---

1) Nur in einigen wenigen Fällen; in den meisten Fällen blieb der Dieb unentdeckt.

2) G. schildert einige Sterbebette S. 320 330.

wohl examiniren, ob sie auch einen rechten Begriff davon haben, sodann aber und

3. diejenigen, denen es an gehörender Wissenschaft ermangelt, mit Freundlichkeit und Anzeigung der Ursache zurückweisen und sie zu dem hochheiligen Werke vorhero sorgfältig bereiten, insonderheit aber und

4. die Kinder und andere Erwachsene bis etwa zum 20. Jahre unermüdet zur Schule anhalten und sie nicht ehender ad sacra verstatten, bis sie das Lesen und wenigstens den kleinen catechismum Lutheri vollkommen erlernet, auch weiter und

5. die Alten in dem Christenthum und was dazu gehöret, öfteres befragen; und da endlich und

6. viele betagte und gebrechliche Leute unter denen Salzburgern anzutreffen, die wegen Entlegenheit der Kirche und zuweilen üblen Wetters halber zum Prediger und zu dem Unterricht zu kommen ausser Stande sind, die Pfarrer wöchentlich in einem Dorfe, das in der Mitte lieget, und wohin die Unvermögenden füglich gehen können, die Information halten sollen, welches, weil es doch viel Gutes und Erbauliches stiften wird, die Leute selbst, wie wir nicht zweifeln, auch ihres Orts erleichtern und den Prediger, wenn es die Nothwendigkeit erheischet, mit ihren Wagen und Pferden gern abholen und in solcher Erbauungsstunde mit grosser Freude sich einfinden werden, wie wohl Wir auch der gnädigsten Zuversicht leben, es werden die Prediger sich daran so genau nicht binden, sich, wenn das letztere auch nicht erfolget, des Werks des Herrn mit aller Treue und Application dennoch annehmen und sich erinnern, dass ein getreuer Hirte und Seelsorger denen ihm anvertrauten Schafen nachzugehen, mithin ihnen bei allen Gelegenheiten zuzureden und sie zu ermuntern, in aller wege schuldig und verbunden sei."

Es wird deshalb befohlen, diesen Beschluss des Königs allen Predigern bekannt zu machen und ihnen aufzutragen, „dass sie sich danach achten und es daran nicht ermangeln lassen."

Nächst der Einsetzung der Geistlichen verlangte der König, es solle auch mit dem Aufbau neuer und der Ausbesserung alter Kirchen schleunigst Anstalt getroffen werden, ebenso mit Pfarr- und Schulhäusern. Hiergegen erhoben sich mancherlei Bedenken, und ein bei Hofe einlaufendes ausführliches, „ohnmassgebliches Bedenken über die Frage: ob es nöthig und nützlich sei, in Preussen auf dem Lande neue Kirchen zu erbauen", schloss mit entschiedener Verneinung dieser Frage. Doch liess sich der König nicht völlig umstimmen, liess eine neue Kirche in Lengwethen, zwei Meilen von Ragnit, erbauen, in deren Kirchspiel zahlreiche Salzburger eingepfarrt wurden; auch die anderen neuen und wiedererstandenen Kirchen[1]) kamen den Emigranten zu gute.

Fast ebenso wichtig erschien das Schulwesen. Die Prediger unterwiesen zunächst befähigte und willfährige Salzburger in der Kunst zu unterrichten, wie z. B. Hochleitner in Gumbinnen, Gapp in Lengwethen. Ihre Schulstunden besuchten nicht nur die Salzburg'schen Kinder, sondern auch, wie schon erwähnt, die Grossen, deren eifriger Wissensdrang von Niemand geleugnet werden konnte; hier lernten die noch unkundigen alten Leute lesen und schreiben. Um ihnen das Sitzen zu erleichtern, liess Breuer Bänke eigener Construction anfertigen.

Im Jahre 1733 musste eine besondere Commission die Schulfrage bei den Salzburgern untersuchen, Breuer musste reisen und die Bedürfnissfrage genau ermitteln, namentlich auch angeben, welche Salzburger sich wohl als Lehrer eignen würden, wobei ihm besonders die Gebrüder Hojer zur Berücksichtigung empfohlen wurden. Breuer bereiste 28 Aemter, in denen hauptsächlich Salzburger sassen, und schlug 14 Salzburgerschulen und 8 Salzburger als Lehrer vor; letztere wählten sich selbst den Ort, wo sie lehren wollten; zunächst mussten sie das allerdings in ihrer eigenen Wohnung thun, bis die Schulgebäude hergerichtet waren. Bei der Wahl dieser Schulmeister verfuhr man oft mehr diplomatisch, als pädagogisch und erwählte u. a. einen der früheren „Ertz-Rebellen", der auf diese Weise gewonnen wurde. Da Breuer ihm in seinem eigenen Hause Unterricht ertheilen liess, war zugleich eine Controle über ihn vorhanden. Im Jahre 1734 waren bereits 16 Salzburger als Lehrer in Thätigkeit, die wenigstens den ganzen Winter hindurch eine grosse Schülerzahl hatten, während die Erwachsenen im Sommer auf dem Felde für die eigene Existenz arbeiten mussten und nur die Kinder in die Schule schickten.

Der Bau der Schulhäuser liess allerdings ziemlich lange auf sich warten, ebenso waren die Lehrer ohne Gehalt. Im Jahre 1734 (10. Juni) verordnete noch der Monarch, dass vorläufig für die Salzburger Schulmeister das Schulgeld n u r für die Waisenkinder aus den Collectengeldern genommen und hiermit der Schulmeister bezahlt werden sollte, „künftig aber soll ebenfalls ein Gewisses für die Schulmeister, so dergleichen Waisenkinder informiren, jährlich in den Etat zu setzen, inmittelst auch zu besorgen, dass dergl. Kinder in Waisenhäusern, auch auf Handwerkern oder sonsten untergebracht werden."

Auf vieles Klagen der unbesoldeten Schulmeister nahm sich

---

1) Man rechnete bis 1735 22 neue erbaute Kirchen (4 im Tilsit'schen, 3 im Ragnit'schen und 15 im Insterburg'schen) und 7 reparirte Kirchen, von denen 5 auf das Insterburg'sche kamen.

im Jahre 1735 ihrer und der Schulen überhaupt wieder der Colonie-director Herold eifrigst an. Auf seine Verwendung wurde in dem-selben Jahre nähere Untersuchung hierüber angestellt. Die preussische Kriegs- und Domänen-Kammer zeigte an, dass 18 Salz-burger Schullehrer zu besolden seien, und zwar nach dem Haupt-état mit 15 Thlr. pro Kopf, so dass also 270 Thlr. erforderlich. Auch wird ihnen je eine Freihufe zugesichert. Bisher war oft Zuflucht zu allen möglichen Kassen genommen worden, z. B. wurden, wie schon oben erwähnt, die eingelaufenen Sperlings-kopfstrafgelder theilweise hierzu verwendet, indem u. a. ein Salzburger Schulmeister, „davor, dass er die Salzburger Kinder bisher ohne Entgeld informiret, die Eltern auch nicht vermögend seind, das Schulgeld zu bezahlen,“ 10 Thlr. aus dieser Kasse empfing.

Im Jahre 1735 wurde die Schulfrage in Lithauen noch ein-mal eingehend erörtert und von der Schulcommission den Bauern 280 neue Schulen vorgeschlagen, „auch dass jedem Schulmeister ein jährlich längliches Salarium dabei accordiret würde; welche Veranstaltung so leicht von keinem andern Potentaten geschehen kann, noch wird!“

In der späteren Zeit gestalteten sich die Schulverhältnisse derartig, dass nur in zwei Schulen ausschliesslich Salzburger Kinder unterwiesen wurden, während in 16 andere auch deutsche und lithauische Kinder gingen.[1]

Eine nicht unwichtige Rolle im Leben der Salzburger spielen ihre zahlreich mitgebrachten Bücher und Schriften; sie haben sowohl aus ihrer eigenen Heimath die bisher versteckten Bücher auf ihre Wagen und Karren geladen und diese kostbaren Schätze mit nach Lithauen gebracht, als auch haben sie unterwegs fast in jedem Orte, wo sie länger Halt machten, Bücher dazu-empfangen, vor Allem viele Bibeln, auch wohl gedruckte Predigten, Lieder, Ansprachen, mit denen sie hier und dort begrüsst worden waren. Ja, es werden ihnen sogar aus allen möglichen Gegenden Deutschlands und Europas noch Bücher nachgeschickt; einige Jahre nach ihrer Ansiedlung führte eine Schiffsladung nach Königsberg 200 Bibeln, 70 Exemplare Luther's Ordnung des Heils, 60 Postillen, 41 kleine Himmelswege etc. ihnen zu. Nicht immer waren es gute Auflagen. Pastor Breuer setzte es durch, dass die Verbreitung dieser Bibeln inhibirt wurde, denn es waren in ihnen mehrere sinnent-stellende Druckfehler (z. B. Jes. 11,6 Zwölfe statt Wölfe; 1 Petr. 11,9 Untugenden statt Tugenden etc.). Noch im Jahre 1739 wurden 60 Exemplare der (Göcking'schen) Emigrationsgeschichte hergesandt, zwei grosse Kisten, deren Transport von Leipzig allein 56 Thlr. 20 Gr. kostete; die Bücher waren übrigens kein Geschenk,

---

[1] Die Zusammenstellung aus dem Jahre 1809. cf. Statist. Theil LXXX.

sondern eine Buchhändlerspeculation; die Salzburger kauften auch
wirklich 22 Stück à 2 Thlr. 8 Gr. 10 Pf. Zuweilen haben sich
die Emigranten noch Bücher aus der Heimath nachschicken lassen
wollen; nicht immer mit Glück.

    Mit der Heimath blieben sie lange Zeit hindurch im
engsten Verkehr. Viele hatten ihre katholisch gebliebenen
Frauen zurückgelassen, viele Frauen ihre Männer; ganze Familien
waren durch die Emigration auseinandergesprengt worden, und doch
dachten sie jetzt an einander mit Liebe und Treue; man rechnete,
dass 214 kleine Kinder den ausgewanderten Familien vorenthalten
wurden, dass 83 Ehehälften getrennt worden und über 300 Eltern
zurückgeblieben waren, deren Kinder nach Preussen zogen. Die
alten Bande aber wirkten und zogen jetzt auf das Mächtigste Oft
reisten einige preussische Salzburger hin, zuweilen in Verkleidung.
Zahllos waren die Briefe, die sie an die Ihrigen schrieben; diese
Briefe kamen fast alle erst in die Hand Herold's, der sie übrigens
theilweise eröffnete. Von diesen eröffneten Briefen hat Göcking
mehrere (13) mitgetheilt, doch sind wahrscheinlich die einseitigsten
herausgesucht, die denn auch von Freude und Zufriedenheit über-
strömen; die wirkliche Gesinnung der Durchschnittszahl geht aus
dem Inhalt der abgedruckten Briefe schwerlich hervor. Ein Brief,
von mehreren Salzburgern an ihren früheren Pfleger (Freiherrn
von Mitzel in Werffen) aufgesetzt, lautet, als Probe, folgendermassen:

                  „Darkemen, vom 15. Mai 1733.

    Ew. Hochfreiherrlichen Gnaden thun wir, unter ihrer
Verpfleg und Probstei gestandene Unterthanen, nunmehr aber
Ihro Königl. Majestät von Preussen Unterthanen schön grüssen
und wollen doch berichten, wie es mit unserer Reise ist abgelaufen. Sobald wir ausgezogen aus dem Salzburg'schen
durch Gottes Hilfe, so sind wir allezeit glücklich fortkommen
und von unserm Landesvater, dem Könige in Preussen, als
Kinder aufgenommen worden, und haben viel mehr Gutes
empfangen, als uns vergönnet ist worden und sie uns vor-
gesagt — versprochen — haben. Und sind, Gottlob, in ein
gutes Land gekommen, wo gut Brod und alle Lebensmittel
wohlfeil sind. Haben schon unser zwölf in einer Stadt sich
eingekauft; geht und gefällt uns gut. Viele haben sich Höfe
und Güter gekauft auf dem Lande und haben ihre gute Nahrung und hoffen, es wird Keinen gereuen. Und wenn Er
und sammt den Seinigen sich gesund befindet, soll es uns
lieb sein. Befehlen ihn in Gottes Schutz.

    Veitmoser, Dieler, Graffenberger, Haygen,
Frommer, Brandstädter, Eitersberger, Lindtner.“

    Auch mit den Salzburgern, die nach anderen Orten aus-
gewandert waren, blieb der briefliche Verkehr unterhalten, und
dieser ist theilweise von Interesse, so ein Brief, den die Salzburger

aus Eben-Ezer in Amerika an die Lithauer Salzburger gerichtet haben. Dieser Brief, im Jahre 1741 geschrieben, wurde später auf Veranlassung Friedrichs des Gr. einige Male abgedruckt und einem „Avertissement" beigefügt.

Der Brief giebt ein Bild von dem Zustand der Salzburger Colonie in Eben-Ezer, ausserdem spricht sich das sehnliche Verlangen aus, Nachrichten von einander zu erhalten. Der Brief lautet, wie folgt:

„Der Salzburgischen Emigranten Gemeinde

zu Eben Ezer in Georgien in America Schreiben an ihre Landes-Leute in Preussen und Litthauen vom 6. Juni 1741.

In Christo herzlich geliebte Landes-Leute, Brüder, Schwestern und Bluts-Freunde!

Es hat dem wunderbaren, weisen und gnädigen GOTT unserm in Christo versöhnten lieben himmlischen Vater gefallen, euch und uns von unserm Vaterlande Salzburg und von unsrer Freundschaft auszurufen und uns in ein Land ziehen zu lassen, das wir vorher nicht kannten. Euch hat er nach Preussen und Litthauen und uns nach dem neuen Lande Georgien, in Amerika gelegen, geführet und wie euch an eurem, so uns an unserm Orte mit seinem theuren Worte und heiligen Sacramenten durch den Dienst evangelischer Lehrer reichlich versorgt. Da wir nun von einem liebreichen und gnädigen Herrn aus einem Vaterlande ausgeführet sind, zu Einer Kirche und zu einer Gemeinschaft der Heiligen, so viel unter uns wahre Christen sind, gehören, auch Einerlei geistlicher Pflege unter unserm allertheuersten Oberhirten Jesu Christo geniessen, und durch ihn in einen Himmel und zu Einerlei Erbe reisen; so sollen wir auch unter einander, ob wir wohl dem Leibe nach weit von einander entfernt sind, Ein Hertz und Eine Seele sein und unsre zu einander tragende Liebe durch eifrige gemeinschaftliche Fürbitten, wie auch durch einfältige und herzliche Erweckungen in Briefen Offenbaren und einander zu erkennen geben. Wir wissen es Gott Lob aus der Erfahrung, was die schönen Briefe, welche verschiedene Lehrer und Kinder Gottes an unsere Lehrer und Gemeinde aus Engelland und Teutschland schreiben, vor manigfaltigen Segen in unseren Seelen schaffen und würden es daher mit vielem Dank und Lobe Gottes erkennen, wenn auch einige von euch, sonderlich von denen, welche unsere eigentliche Landesleute, Bluts-Freunde und Bekannte sind, an uns etwas schrieben, oder schreiben liessen, dass wir wüssten, wie es euch im Geistlichen und Leiblichen gehet, welches uns zum Lobe Gottes und christlicher Fürbitte reizen sollte, und wenn wir erfahren, dass der liebe GOTT Eurer Seelen Gnade zu erzeigen fortfähret, würde uns solche Nachricht zu vieler Ermunterung unter göttlichem Segen gereichen. Wir stehen in dem ernstlichen Vorsatz, unter dem ernstlichen Gebrauch der Mittel des Heils, nämlich des Wortes Gottes und der heiligen Sacramenten, unsere Seligkeit mit Furcht und Zittern zu schaffen, Damit wir auch gewiss an den seligen Ort kommen, wo in so viel tausend Jahren alle Fromme, auch schon viele aus unsrer Gemeine in diesen zurückgelegten 7 Jahren sind hingefahren und unser Keiner dahinten bleibt.

Es kostet zwar viel ein Christ zu werden und zu bleiben, es ist aber durch die Gnade unsers Herrn Jesu Christi gar wohl möglich und doch tausendmal seeliger, ein wahrer Christ und seines Gnaden-Standes und Selig-Werdens gewiss zu sein, als aller Welt Gut, Ehre und Herrlichkeit zu geniessen. Muss ein Christ gleich dabei innerlich und äusserlich viel leiden, sich von allen Dingen scheiden, bringt's der Tag des seeligen Todes und jener ewigen Herrlichkeit doch reichlich ein, denn dieser Zeit Leiden ist nicht werth der Herrlichkeit, die an uns soll offenbar werden. GOTT giebt uns hier unsere leibliche Nahrung, dass wir nicht klagen, sondern vielmehr GOTT und unsern Wohlthätern zu Danken Ursach haben, auch wünschen, dass es allen Salzburgern so gehen möge, als uns; dies ist aber nicht unser vornehmstes und bestes, sondern wir sind in der Welt Emigranten und müssen es immer bleiben, welche gleich denen lieben Ertz-Vätern hier keine bleibende Stadt haben, sondern die zukünftige suchen müssen, die einen Grund hat, und deren Bau-Meister und Schöpfer GOTT selbst ist. Welche herrliche Stadt und welch schönes Vaterland muss das sein? O lieben Landes-Leute und Brüder, der Satan gönnet uns die überschwenglich grosse Seligkeit nicht, dazu der liebe Gott uns arme Leutlein, die wir ehedem so tief in der Finsterniss und Rachen des Irrthums, ja in unserm unbekehrten Zustande bey aller äusserlichen Mund-Bekändtniss im Rachen des Satans selbst gesteckt haben, durchs Evangelium beruffen hat. Wir merken es wohl, dass manche Salzburger es dabei lassen, dass sie leiblich aus ihrem Vaterland ausgegangen sind, und sich nun zu der Evangelischen Lehre öffentlich bekennen; aber wohl denen, welche erkennen, dass dies nur „Herr, Herr" sagen heisst, und keinen selig macht, und wohl denen, welche dasjenige durch den Heiligen Geist erfahren, was GOTT von allen wahren Christen fordert: 2 Cor. VI, 17: Gehet aus von ihnen, und sondert Euch abe, spricht der Herr, und rühret kein unreines an; so will

ich euch annehmen und euer Vater sein und ihr sollt meine
Söhne und Töchter sein, spricht der Allmächtige Herr.
Oder wie Petrus an die Gläubigen, welche eben wie die
Salzburger grösstentheils ausser ihrem Vaterlande hin und
her in der Zerstreuung waren, gar nachdrücklich schreibt:
1 Petr. II, 9—25, welch schönen Text wir euch aus Brüderlicher Liebe an eure Herzen, Gewissen und Seelen drucken
und euch recht herzlich bitten, alle Worte als theure Worte
Gottes, unter herzlichem Gebet offt und wohl zu überlegen
und durch die Ausübung derselben euer Christenthum zu
beweisen. Wir wollen es durch Gottes Gnade auch thun. GOTT
helff uns nur auch dazu um Christi, unsers lieben Heilandes
willen. Amen.

Gleich wie wir ein gross Verlangen haben zu erfahren,
wie es euch unseren Brüdern, Schwestern, Bluts-Freunden
und Bekannten in Preussen ergahnt, und ob noch alle am
Leben sind; so haben wir geglaubt, es würde euch auch lieb
sein, wenn wir euch von unsern leiblichen Umständen eine
kurze Nachricht geben, mit Bitte, ihr wollet diesen Brief in
eurem Lande umherschicken, damit die Unsrigen, die hier
oder da wohnen, auch Nachricht von und empfangen und
wieder an uns durch ihre Lehrer oder Schulmeister schreiben
lassen. Wir haben zwar vor 2 Jahren eine erbauliche Nachricht von einigen Salzburgern, die nach Krausendorf bei der
Stadt Rastenburg gekommen sind, durch den dortigen Ertz-
Priester Herrn Schumann empfangen, weil aber sint der Zeit
sich vieles mag geändert haben, und die genannten Salzburger von anderen gleiche Namen führenden Salzburgern nicht
unterschieden worden, auch hierunter können ein Paar der
Unsrigen, wie vermuthet wurde, zu finden gewesen, so bitten
wir nochmals um eine genau und völlige Nachricht. Von
uns und unsern Umständen können wir euch von diesmal
folgende Nachricht geben:

Es sind ungefähr 80 Familien oder Haushaltungen aus
dem Reiche, als von Augsburg, Meuningen, Lindau und andern
Orten hierher in das neue Land Georgien, welches dem König
von Engelland gehört, nach guter Ueberlegung und vielem
Gebet Christlicher Lehrer und Wohlthäter in 3 Transporten
gereist und theils im Jahre 1734 theils 35, theils 36 unter
Göttlichem Geleite über die grosse See glücklich hier angekommen, wo wir eine Stadt, mit Namen Eben-Ezer angeleget
haben, und uns unsers Berufes im Acker-Bau gantz ungestört
unter GOTTes Segen nähren. Es hat jeder Hausvater 50 Morgen gut Land und richtet sich nach und nach so ein, wie
wir es in unserem Vaterlande hatten; wie uns denn der liebe
Gott verschiedene Stücke von Rindvieh, Schweinen und

Hühnern bescheret, dass wir an Milch, Schmalz, Fleisch und
Getreyd keinen Mangel haben. Hirsche und anderes wildes
Vieh, wie auch Fische und Vögel giebt es hier in Mengen und
hat jeder die Freiheit zu schiessen und zu fangen, wie er
will; nur lässt es unser Beruf nicht zu, solchen Dingen nachzugehen. Wir haben herrlich gut Land, es kostet aber sehr
viel Arbeit, weil es voller dicken Bäume, Gepüsche und
Rohr ist, doch wird es uns nach und nach immer leichter.
Es ist ein ganz ebenes Land, hat keine Berge, auch keine
Steine, doch viel Wurzeln. Wir haben hier sehr gesundes
Quel- und Flusswasser und dies ist ein grosser Vortheil für
uns, dass unser Land auf allen Seiten Flüsse hat, dass wir
zu Wasser mit Boten oder Kähnen gar leicht unsere Waaren,
die wir verkaufen oder einkaufen wollen, führen können. In
einem Fluss, der durch unsere Felder fliesst, haben wir unter
Gottes sonderbarem Beistand letzten Herbst eine Mühle gebauet,
welche die erste in diesem Lande ist, wofür der Name Gottes bisher von Alten und Jungen gelobet worden. Jetzt bauen wir eine
bequeme Kirche, worzu uns Gott das Geld von Engelland und
Teutschland gar wunderbar bescheret hat. Unsere liebe Obrigkeit sind auch unsre liebe Wohlthäter, die von uns jetzt, da
wir uns erst einrichten müssen, nichts fordern, sondern uns
nach aller Möglichkeit fortzuhelfen suchen. Auch hat uns
der liebe Gott fast in der ganzen Evangelischen Christenheit
unter allerlei Volk und Sprachen Wohlthäter erweckt, die
uns nicht nur bei unserm Ausgange aus Salzburg und unserm Aufenthalt im Reiche, sondern auch hier im Lande unaussprechlich
viel Gutes gethan, und noch immer unermüdet im Gutesthum fortfahren, wie denn wieder 3 Kisten mit Leinewand, Schuhen, Büchern
und Arzeneien für uns vor wenig Tagen angekommen und unter
Erwachsenen und Kindern ausgetheilet sind. Gott sei gelobet für
alle seine Gaben! Es ist bisher in unserer Gegend zwischen Engelland und Spanien Krieg geführet worden; der liebe Gott aber hat
nicht zugegeben, dass wir von diesem Krieg nur die geringste
Beschwerlichkeit hätten fühlen dürfen, denn unser Land wird
durch das einträchtige Gebet gar vieler Gläubigen in der
Christenheit beschützt. Wir haben jetzt die gute Nachricht aus
Engelland bekommen, dass mehr Salzburger aus dem Reiche
zu uns und unsrer Gemeinde hergeschicket werden sollen;
welches ihnen eben so wenig als uns gereuen wird, an
solchem Ort gezogen zu sein, wo wir ein recht gesegnetes,
gar nicht kaltes und auch nicht zu heisses Land, dabei alle
christliche Freiheit und zugleich Gelegenheit zur Versorgung
der Seelen und des Leibes angetroffen haben. Kurtz, wir
müssen sagen: GOTT hat es alles wohl bedacht, und alles
recht gemacht, gebt unserm GOTT die Ehre. So sagen wir und

so werden alle unsre Nachkommen sagen müssen. Nachdem wir Euch hiermit überhaupt etwas von unsern und unsres Orts Umständen geschrieben haben, so folgen nun einige besondere Fragen an Euch, welche diejenige beantworten wollen, welche sie angehen." —

Es folgen jetzt 21 Fragen. Da erkundigt sich der Sohn nach dem Vater (7), nach der Mutter (8), der Bruder nach den Geschwistern (14, 18,) den Stiefeltern (13, 19), ein anderer nach seinem Pathen (6), der Knecht nach seiner Herrschaft (11), Freunde begehren vom Freunde zu erfahren, Bekannte wünschen von ihren Bekannten Nachricht zu erhalten. Namentlich sind die Frauen unermüdlich im Fragen; die Fragen sind gewöhnlich indirect gehalten, plötzlich aber bricht die ganz bestimmte Frage eines Einzelnen hervor, mit ich oder Wir.

Eigen ist auch das Zuschicken eines Spruches oder eines Liedes, dessen Anfang natürlich nur erwähnt wird. Um eine Probe hiervon zu geben:

1. Rupprecht Steiner aus dem Rastadter Gericht aus Eigenberger-Zeche vom Gute Mittrick fragt, ob seine leibliche Schwester Rosina Steinerin in Preussen oder Lithauen ist, it. wo seine zwei Vettern, Hans Gottschall aus Rastadt von Flachau-Zech vom Gute Trippel an Feyer Sang und Michel Gottschall von Rastadt, Zaucher-Zeche vom Gute Pommer sich befinden, und wie es ihnen an Seel und Leib ergehet? Ich möchte auch gern etwas von seinen Geschwistern, als David und Christian Steiner, Margarethe und Martha Steinerin, welche alle aus Eigenberger-Zeche sind, erfahren. Sein Bruder Michel Steiner ist Knecht in Lindau.

2. Marie Kräherin aus Saalfelder Gericht in Unter-Stockham fragt nach Anna Riederin auch dorther aus dem Dorfe Kellbach. Wir wollten auch gern wissen, wie es den beiden Kindern Katharina und Anna Riedern gehet. Sie schickt ihnen den Spruch: Von GOTTes Gnade bin ich, dass ich bin und seine Gnade an mir ist nicht vergeblich gewesen.

Eine andere schickt ihren Schwestern das Lied: Auf Zion, auf! auf Tochter! . .

Der Schluss des Briefes lautet:

Nun der dreyeinige GOTT, Vater, Sohn und Heiliger Geist segne Euren Ausgang und Eingang von nun an bis zu ewigen Zeiten. Amen. Mit hertzlicher Begrüssung von uns Allen an alle genannte und ungenannte, bekannte und unbekannte Salzburger in Preussen und Litthauen verbleiben wir

Euer Aller
dienstwillige Mit-Emigranten zum himmlischen Vaterlande
vorgedachten Salzburger.

Eben Ezer in Georgien, 5. Juni 1741.

Zweites Capitel.

Die Vermögens- und Kostenverhältnisse der Salzburger Colonie.

Wenn es dem Salzburger nicht an Kraft und Energie fehlte, sein Geschick sich zu bereiten, so hatte sein Muth auch eine reale Basis: die Emigranten waren durchschnittlich nicht mittellos angekommen. Ihr Vermögen ist allerdings complicirter Art und war aus folgenden Bestandtheilen zusammengesetzt: zunächst hatten sie fast alle, die einen mehr, die andern weniger, Baargeld von Hause mitgenommen und mitgebracht; auch ihre Geräthschaften, Pferde, Wagen und Mobilien aller Art sind hierher zu rechnen. Dann hat die Mildthätigkeit edelgesinnter Menschen ihnen auf dem langen Marsche manch Scherflein zufliessen lassen, das die Genügsamen als Spargroschen ansahen und aufhoben, denn für ihren Unterhalt auf der Reise sorgten die preussischen Commissäre sowohl, wie die Geistlichkeit in den Städten und Dörfern, wo sie Halt machten, Herberge und Unterkommen fanden. Ausserdem hat das Mitleid und die Sympathie des evangelischen Volkes aller Länder für sie in Collecten zusammengesteuert und diese Summe nach Regensburg oder Berlin geschickt. Worauf aber die Salzburger am meisten pochten, was sie als stärksten Rückhalt betrachteten — das waren die grossen „Ausstände" in der Heimath.

Das baare Vermögen, das sie von Hause aus mitgenommen hatten und das im Salzburg'schen auf 800,000 Thlr. berechnet wurde,[1] wovon das meiste nach Preussen gekommen sein soll, schmolz natürlich mit den unterwegs erhaltenen Zehrpfennigen zu einer Summe zusammen, so dass beide Quellen schliesslich nur einen Bestand bildeten; natürlich waren Ausgaben auf dem langen Marsche nicht ganz zu vermeiden, die Höhe derselben hing von

---

1) Promemoria von Plotho's vom 6. Januar 1735.

der Sparsamkeit und Genügsamkeit, wie auch oft von andern zufälligen Umständen ab; der Kranke brauchte mehr als der Gesunde, und das Haupt einer zahlreichen Familie mehr als der einzeln Dastehende. Auch in der neuen Heimath angelangt, griffen sie lange nicht ihr Mitgebrachtes an, das sie gern als einen Nothgroschen sich aufbewahrten, auch wohl in den ersten Jahren im Hinblick auf die Möglichkeit eines Rückmarsches. Als aber die Zeit der Gährung immer länger währte, musste das Geld doch angegriffen werden. Es waren die verschiedenartigsten Geldstücke, die sie zu wechseln hatten; die Kaufleute Lithauens wurden damals von den Misstrauischen beschuldigt, sie übervortheilt zu haben.

Früh waren sie von der Regierung aufgefordert worden, durch Vermittelung der Kammer und der Deputation die verschiedenen ungiltigen Münzen in Berlin umwechseln zu lassen; es sollten ihnen hieraus durchaus keine Unkosten erwachsen. Dies Umwechseln zieht sich vom Jahre 1732—1736 hin, weil viele sich ihres Geldes nicht gern entäussern wollten und erst in der letzten Noth sich hierzu entschlossen, meist, wenn sie Grundstücke oder Häuser acquiriren wollten. Die Summe dieser lediglich in Preussen ungiltigen Münzen ist eine ganz ansehnliche, nämlich als Minimum sind 158,393 Thlr. 84 Gr. nachweisbar, von denen Göcking bis zum Jahre 1735: 139,227 Thlr. aufzählt, während noch im Jahre 1736 achtzehn eingeschickte Beutel mit einigen 30 Sortenzetteln 19,166 Thlr. 84 Gr. notirt sind, unter der letzteren Summe waren 8731 Goldstücke etc. In der letzten Zeit wurde verlangt, dass die Salzburger an Eidesstatt erklärten, dass diese Goldmünzen auch wirklich ihnen gehörten, denn den Einheimischen wollte man nicht ungiltiges Geld gegen courante Münze, noch dazu unentgeltlich, umtauschen. Wie hoch die Totalsumme der mitgebrachten Gelder, einschliesslich dieser ungiltigen Geldmünzen, sich belief, ist nicht mehr nachzurechnen.

Einen kleinen Beitrag für diese Rechnung könnten noch die Güter- und Häuserpreise gewähren, welche die Salzburger in Preussen zu zahlen hatten; im Jahre 1744 hatten die 237 ländlichen Salzburger Besitzer in Lithauen für ihre Höfe 46,915 Thlr. 5 Sgr. 8 Pf. gegeben und die 81 Hauseigenthümer in den Städten 11,921 Thlr. Dazu kommen noch die Eigenthümer im Königsberg'schen District und die Krüger u. s. w.

Nicht unbeträchtlich war das Ergebniss der Collecten; diese Gelder erhielten sie in der ersten Zeit ausgezahlt, später behielt die Regierung dieselben zurück, damit sie sich nicht allzusehr zersplitterten und damit der Grund für ein Colonievermögen gelegt werden könnte.

In den Kirchen der Städte, durch die sie kamen, wurde fast jedesmal collectirt; diese Summe wurde gewöhnlich sofort vertheilt; in Königsberg waren allein 3159 Thlr. durch Collecten zusammengebracht.[1]) Viele Summen kamen an den Coloniedirector Herold für die Salzburger an; sie ergaben bis zum Jahre 1734 14,907 Thlr. 21 Gr.[2]) Auch in den nächsten Jahren kamen noch immer weitere Collectengelder ein; so wurde aus Regensburg von der aufgesummten Collectenmasse, bestehend aus 21,000 fl.,[3]) für die preussischen Salzburger 15,200 Gulden bestimmt; ausserdem gingen noch von Ostfriesland 4000 fl., von Durlach 900, von Darmstadt 600 fl. ein u. s. w. Theile dieser Gelder, wie z. B. die ostfriesischen Summen, waren von vornherein dazu bestimmt, zu den Verpflegungskosten für alte und arme Salzburger geschlagen zu werden; die Emigranten erklärten sich auch schriftlich hiermit einverstanden. (Gumb., 13. Juli 1735. Attestirt von den Geistlichen den 15. Aug. 1735.)

Als das Hauptvermögen betrachteten die Salzburger die Ausstände für die zurückgelassenen Immobilien, Grundstücke und Häuser, zu denen noch Inventar und Geräth aller Art gehörte; dieses wirkliche Vermögen zu ermitteln, war äusserst schwierig, da die Salzburger ein Idealvermögen in ihrer alten Heimath anzugeben pflegten. Wir sahen schon, dass sie wähnten, ihre Güter seien zu niedrig taxirt, die Differenz glichen sie in ihren Angaben aus. Die Summe dieses Idealvermögens belief sich auf Grund ihrer Angaben auf nicht weniger als 2,618,819 Thlr. 9 Gr. 3 Pf.[4]) Der Grund grosser Ausstände liegt klar. Die plötzliche Abreise der Massen hatte den Verkauf gehindert, den Werth der Grundstücke tief herabgedrückt und trotzdem war eine dem Angebot entsprechende Nachfrage unmöglich. Deshalb waren mit erzbischöflicher Erlaubniss von den Abziehenden katholische Verwalter, Verwandte, Freunde, Bekannte, oft ganz unbekannte Leute eingesetzt worden, die das Gut zu administriren hatten. Natürlich hatten diese nun selten wirkliches Interesse an dem Gedeihen der Felder und an einer wahrhaft tüchtigen Bewirthschaftung. Die Verschreibung, der Besitztitel, die Hypotheken und Werthscheine der Güter hatten die Emigranten meist, bei der plötzlichen Abreise nicht immer, mitgenommen.

Friedrich Wilhelm I. liess es sich angelegen sein, auch hierin das Interesse seiner neuen Unterthanen wahrzunehmen; es wurde deshalb der Legationsrath v. Plotho abgeschickt, der

---

1) Reichlich haben die Städte auf den Touren von Berlin bis Stettin und Königsberg beigesteuert, u. A. Frankfurt a. d. O. allein 1047 Thlr. 18 Gr.

2) Nämlich aus Weissenfels 1331 Thlr., aus Dänemark 2219 Thlr., aus Braunschweig 3000 Thlr.

3) Die nach Hannover ziehenden Salzburger erhielten 600 fl., ebensoviel die Holländischen, die in den Reichsstädten Zurückgebliebenen 4600 fl.

4) Oder 3,918,229 fl. 4½ Kr. Die Salzburger aus dem St. JohannerGericht allein gaben diese Ausstände auf 611,405 fl. an, die im Werffener Gericht auf 698,887, im Radstädter Gericht sogar auf 848,367 fl. etc. etc.

mit einem Kaiserlichen Geleitschreiben und einem Königlichen Creditiv versehen, in Salzburg eintraf. Der Erzbischof zeigte sich willfährig, erliess ein Generalpatent (26. August 1734), dass dem Verkauf ihrer Güter nichts im Wege stehen sollte, wenn nur die Käufer nicht der Religion verdächtige Leute wären, auch ihre Activschulden sollten schleunigst beigetrieben werden; diesem öffentlich angeschlagenen Patent war ein specielles Verzeichniss der zum Verkauf feil stehenden Güter beigefügt. Die Einkassirung der Activschulden machte aber viele Schwierigkeiten, weil die Acten oft in grosser Unordnung waren; die wenigsten Schulden waren genügend documentirt und wurden deshalb von den Schuldnern abgestritten, viele andere Schuldner erklärten sich für insolvent, ein Process war sehr schwierig, langwierig und ungewiss. An die Pfleger war von Seiten der erzbischöflichen Regierung die Weisung gekommen, „sich ganz indifferent und gleichgiltig aufzuführen, und ihrerseits mit der Geistlichkeit ohne einige andre Einmengung allein der sich angebenden Käufer Religion, ob diese wahrhaft aufrichtig katholisch sei, oder aber mit Grund verdächtig, um so genauer zu untersuchen, als hierin des Vaterlandes Heil gelegen." (27. October 1734).

Plotho hatte in jeder Beziehung viele Schwierigkeiten zu bestehen, die er selbst in einem längeren Promemoria[1]) auseinandersetzt (6. Januar 1735), das im Auszug folgende Punkte angiebt: Die Menge der Güter ist zu gross; bei jetziger Betreibung der Activschulden werden wenigstens 100 Güter der Katholiken auf „die Gant" gebracht werden, so dass viele Speculanten, die sonst die Güter der Evangelischen kaufen würden, hierauf, als ein besseres Geschäft, warten. — Gross ist vor Allem der Geldmangel, deshalb können weit eher kleine Güter als grössere verkauft werden. — Laut Anzeige des Salzburg'schen Verabzugsbuches sind über 800,000 Thlr. baares Geld durch die Emigranten aus Salzburg geführt worden; die Salzburger haben aus irgend welchen Gründen ihr Vermögen in Preussen nachweisbar zu niedrig angegeben, oft nur auf Hunderte von Gulden, während sie in Salzburg für etliche Tausend Abzugsgeld erlegt haben. — Viele haben ihre Güter über den Preis hoch gekauft, Andere die Taxe zu hoch angegeben, wie sowohl etliche Kaufbriefe, als auch Veranbietungsbücher bezeugen. — Manche haben ihre Güter höher „veranleithet", als sie in der Theilung angenommen, um mehr hierauf aufnehmen zu können. — Einige Güter sind mehr nach den darauf lastenden Hypotheken, als dem wahren Werthe geschätzt. — Die Salzburger schlossen daraus, dass zuweilen allzuhohe Angebote, vielleicht gar nicht im Ernste, gemacht worden waren, dass die Güter wirk-

---

1) Bei Göcking, der seine Quelle nicht erwähnt, fehlen wesentliche Punkte.

lich solchen hohen Werth hätten. — Beim Anschlag der Güter
ist auf vieles keine Rücksicht genommen, z. B., dass auf sehr
vielen Einleiber (Einlieger), oder wahnwitzige und unvermögende
Leute, s. g. „Fexen", deren es im Gebirge vielfach giebt,
lasten, deren Unterhaltung der Käufer zu übernehmen hat. — Als
die Güter taxirt wurden, geschah es mit der gesammten lebendigen
und todten „Fahrniss", der Werth dieser Fahrnisse hat sich aber
inzwischen gemindert. — Die todte Fahrniss ist durch den Gebrauch
nicht besser geworden, oft schon ganz dahin, wie Irdenes und
Hölzernes. — Ja, auch Esswaaren sind mit eingerechnet worden,
die oft von den Emigranten selbst schon bald nach der Angabe
verzehrt wurden. — Nicht anders ist es mit dem Getreide, das
oft die Auswanderer noch zu Geld gemacht haben. — Auch mit
der todten und lebenden Fahrniss verhält es sich nicht selten
ebenso. — Wetter und Unglück und die Zeit haben stark unter dieser
Fahrniss aufgeräumt, das Vieh ist zum Theil gefallen. — Durch
alles dieses sind die Güter nicht besser, sondern schlechter geworden, zumal einige neue eingesetzte „Beständer" von der heimischen Wirthschaft blutwenig verstehen, die Gebäude mussten schon
mehrmals reparirt werden und sind jetzt oft baufällig, zuweilen
schon ganz verfallen. — Die Wassersnoth hat in einigen Gütern
grossen Schaden angerichtet, und die „Beständer" verstehen hierbei
weder vorzubeugen, noch abzuhelfen. — Viele Wiesen oder „Alben"
sind durch die Ungeschicklichkeit und Dummheit dieser „Beständer"
oft ganz verwachsen, so dass ein neuer Käufer saure Arbeit haben
wird. — Die Lasten auf den Gütern sind gross, die alten Steuern
sind geblieben, neue noch hinzugekommen, so dass schon hierdurch viele vom Kaufe zurückgeschreckt werden. — Der Ackerbau in Salzburg ist beschwerlich, fremde Käufer auf dem platten
Lande selten, deshalb ist aus Baiern und Schwaben her wenig
zu erwarten.

Da den Pflegern der Verkauf der Güter entzogen ist, so
hindern sie denselben, wo sie nur können. — Viele Kauflustige
werden durch die Forderung der Baarzahlung abgeschreckt, dieses
Verlangen ist sonst auch im Salzburg'schen ganz ungewöhnlich,
wo gewöhnlich drei bis vier Jahre Ziel gegeben werden.

Ferner bietet die Bestandsrechnung viele Schwierigkeiten
dar. Oft haben die Auswanderer gar keine „Beständer", sondern
nur Aufseher eingesetzt, die kein gewisses Bestandgeld erhalten
und nur die Einnahme und Ausgabe berechnen sollen; solche
Rechnungen sind aber gar nicht zu controliren, denn diese Aufseher
geben vor, irgend welche Meliorationen vorgenommen zu haben,
und verlangen womöglich noch Entschädigungen, anstatt dass von
ihnen ein Ueberschuss zu erwarten ist. — Auch die Beständer,
die gegen eine gewisse Pacht eingesetzt sind, erklären, und zeigen
oft hierfür Documente vor, dass sie auf zwei Jahre voraus ihren

Pachtzins den Emigranten zur Reisezehrung mitgegeben haben. — Daher verlangen dieselben, falls die Güter vorher verkauft werden sollten, entschädigt zu werden. — Ebenfalls verlangen sie Entschädigungen für die inzwischen neu ausgeschriebenen Steuern und Lasten.

Auch für die nothwendig gewordenen und von ihnen vorgenommenen Meliorationen verlangen sie schadlos gestellt zu werden; untersuchen lässt sich das nur schwer. — Für erlittene Unglücksfälle prätendiren sie verschiedene Remissionen. — Haben die Gerichte, wie das zuweilen vorgekommen ist, solche Beständer eingesetzt, so erklären letztere, sie hätten sich nur für die auf den Gütern lastenden Onera verbindlich gemacht, und verlangen bei einem etwaigen Verkauf das Einstandrecht, das ihnen versprochen sei.

Die Activschulden sind gewöhnlich so schlecht bezeugt, dass kaum Hoffnung vorhanden ist, sie einzukassiren. Im Vergleich zu dem früheren Generalextract des von den Emigranten zurückgelassenen Vermögens zeigt sich ein grosser Abfall, weil viele Forderungen an die Emigranten mit unter die Summe des Vermögens gerechnet, auch zu unterscheiden oft ganz unmöglich ist, „da nicht alle Zeit die evangelischen Debitoren angenehmer Art und wegen der Vielheit der unterschiedlichen Namen der Emigranten die Katholiken von den Evangelischen zu unterscheiden seien." — Die Debitoren leugnen in den meisten Fällen die Schuld rundweg ab. — Viele behaupten, theils ganz, theils Einzelnes bereits bezahlt zu haben, und wollen das eidlich erhärten. — Andere Debitoren verlangen erst specielle Erläuterungen und Rechnungsweise. — Viele eingestandenen Schulden können bei der Armuth der Debitoren nicht mit Erfolg eingeklagt werden. — Die Pfleger erklären oft absichtlich einige, vielleicht ganz bemittelte, Debitoren für insolvent; bei etwaigen Schuld-Eintreibungen ist gar nicht auf die Pfleger zu rechnen, die die Sache sehr lau betreiben werden.

Was die Passivschulden betrifft, so hofft v. Plotho, dass die Gerichte ihm eine Specification der Creditoren und der Summen zuschicken werden. — Natürlich werden die Creditoren schon durch die Pfleger aufgehetzt werden. — Viele Emigrantengüter sind stark verschuldet, so dass sie kaum zu dem Preise zu verkaufen sein werden; deshalb sind viel Verdriesslichkeiten zu befürchten. — Nebst den „katholischen" haften oft auch „evangelische Schulden" auf solchen Gütern, so dass schon die Classification der Creditoren durchaus nicht leicht fallen wird, und aus den Acten ist die Priorität der Schulden nicht zu erkennen.

Kurz, die Angelegenheit lag nicht so einfach, wie die Salzburger in ihrer Harmlosigkeit wähnten. Zwar war der Erzbischof verpflichtet, einen Verkauf oder eine Administration zuzulassen;

Niemand aber konnte die erzbischöfliche Regierung zwingen, dafür zu sorgen, dass die Güter nach der von den Besitzern angegebenen Taxe verkauft würden. Davon stand weder etwas in den westfälischen Friedensbestimmungen, noch sonst irgendwo. Um die Schwierigkeiten voll zu machen, weigerten sich, wie schon erwähnt, die meisten Emigranten in Preussen, ihre Documente, also die einzige Anwartschaft, herzugeben, so dass das Vermittelungsgeschäft v. Plotho's sich schon hierdurch sehr in die Länge ziehen musste.

Die Namen derjenigen, die bereitwilligst alle ihre Papiere ausgeliefert hatten, deren Güter verkauft worden waren, wurden in besonderen Specificationen nach den heimischen Gerichten geordnet, mit Angabe des Erlösgeldes für jedes einzelne Gut, gedruckt. Solche Specificationen wurden dann an die Prediger, Magistrate und Beamten in Preussen geschickt, von den Kanzeln vorgelesen und in den Aemtern und Städten publicirt. Am Schlusse solcher Specification war gewöhnlich noch ein Avertissement beigefügt, in welchem die Aufgerufenen, oder, falls diese gestorben, ihre Verwandten und Freunde aufgefordert werden, an den näher angegebenen Terminen zu erscheinen.

Auch wurde ein besonderes Avertissement[1]) gedruckt, das den Modus der Auszahlung angiebt, wie sich die Salzburger zu der eigenen und wegen der Anforderungen der Verstorbenen als rechtmässige Erben legitimiren sollten. Danach mussten sie sich bei der Gumbinner Kammer melden, den Interessenten werden drei Viertel vom Bestand sofort nach Legitimirung ausgezahlt, ein Viertel soll so lange zurückbehalten werden, bis die im Salzburg'schen tagende Commission ihre Kostenberechnung eingereicht hätte, und die anderen Unkosten ersichtlich wären, kurz bis zum völligen Schluss der Rechnung. Natürlich musste Jeder mit Attesten oder Protokollen versehen sein. Alte und gebrechliche Leute können sich durch Bevollmächtigte vertreten lassen u. s. w.

„Diejenigen aber, so entweder aus Malice ihre Posten nicht heben wollen, oder aus Einfalt, weil sie in der Meinung stehen, es würden mit der Zeit noch mehrere Gelder vor sie eingehen, und ihre Briefschaften höher als das Geld achten, müssen gewärtig sein, dass solche Gelder als eine res nullius, oder weilln sich Keiner dazu meldet, gemäss Allergn. Königl. Verordnung zur Casse der armen Salzburger eingezogen und auf sichere Interessen ausgethan werden sollen.‟

Die Avertissements schleppen sich gegen zehn Jahre lang hin, bis zum Jahre 1744. Die Eingänge der „Gütergelder‟ sind in ihrer Höhe leider wenig, oder besser, garnicht übersichtlich zusammen-

---

1) Im Ganzen enthält dieses Avertissement 14 Paragraphen.

gestellt. Nach v. Plotho's Aufstellungen waren 1. im „Cassabuch angeführt" 303,439 Thlr. 4 Gr., dazu kamen noch 2. „Neukaufs-
gelder" in Höhe von 3600 Thlr., also in Summa 307,039 Thlr.
45 Gr. Nun waren jedoch die mancherlei Unkosten sehr hoch,
v. Plotho liquidirte allein ca. 12,000 Thlr.; nach ihm übernahm
im Jahre 1757 von Osten die ganze Commission, dessen Rechnung
13,865 Thlr. beläuft. [1])

Im Jahre 1743 waren nach Abzug dieser und anderer
Kosten sowie Porto, Druckerlohn, Courtage, Geldbeutel etc.
289,726 Thlr. eingegangen; 276,767 wurden ausgezahlt, wovon
der grösste Theil nach Lithauen hinkam, theils direct vom Hofe,
theils auf dem Umwege über Königsberg. Hierzu kamen noch
nachträgliche Geldeingänge und eine durch Friedrich II. erwirkte
Abfindungsumme, die der Erzbischof auszahlen liess, wie bei Gelegenheit der Hospitalgründung noch des Weiteren besprochen
werden wird. Natürlich wurde diese Einnahme sofort sorgfältig
verwaltet und auf Zinseszins sicher gestellt, so dass die Summe
sich ansehnlich vermehrte. Obgleich nun schon vorher die Pa-
role von der Retenirung des vierten Theils ausgegeben war,
so war doch schon von übereifrigen Beamten ein Plus von
42,998 Thlr. ausbezahlt.

Führte somit die neue Colonie dem Staate eine ansehnliche
Mitgabe zu, so muss doch andrerseits die Gegenrechnung angestellt werden, ohne dass etwa eine einseitige Abrechnung versucht
werden soll. Immerhin interessirt uns die Frage: Was hat die
Gründung der Salzburger Colonie dem Könige resp. dem Staate
gekostet? Zunächst die Transportkosten. Eigene Rechnungen über
diesen Posten sind nicht vorhanden, diese Kosten sind zum Theil
aus den Collectengeldern gedeckt, zum Theil stehen sie in den
Generaletats verzeichnet.

Es ist nämlich zur Herstellung der Colonie ein Generalwerk mit vier einzelnen Etats aufgestellt, denen noch zwei
Abrechnungen folgten.

Von jedem dieser Etats wurden zur Zeit einige Ersparnisse
notirt, so dass von den drei ersten Etats, in Summa 396,000 Thaler,
— ersparte 32,663 Thaler 58 Gr. 8½ Pf. als neuer Bestand übrig
geblieben war; hierzu kam im Jahre 1736 eine neue Summe,
so dass der abermalige Bestand auf 38,228 Thaler 45 Gr. 15⅛ Pf.
anwuchs. Die Ausgaben von nun an bestehen nur noch in Geld
für „Schreibmaterialien", „Diäten" und „Insgemein", so dass die
Totalsumme und ihr Rest allmählich dahinschmolz. Die letzte
Rechnung datirt vom 21. Januar 1763, sie zeigt eine völlige Ausgleichung der Einnahme und Ausgabe an. Hiernach erhalten wir
folgende allgemeine Zusammenstellung der Etats und Rechnungen:

---

[1]) cf. Stat. Theil No. LXXVI und LXXVII.

1.   I. Etat (Trinit. 1732 — ult. Sept. 1736) 250,000 Thlr.
2.   II.   „   (Trinit. 1734 —   „   1736) 100,000   „
3.   III.   „   (Trinit. 1735 —   „   1736)   46,000   „

       S. Ersparn. v. I—III 32,663 Thlr. 58 Gr. 8$^1/_2$ Pf.

Ersparniss

			Thlr.	Gr.	Pf.	Thlr.	Gr.	Pf.
4.	Einnahme	a. 1736	5564	77	6$^5/_8$	38,228	45	15$^1/_8$
5.	„	a. 1742	8	—	—	7,033	53	3$^1/_8$
6.	„	a. 1753	—	—	—	4,454	—	—
7.	„	a. 1763	—	—	—	—	—	—

Mithin beläuft sich die Totalsumme des Etats und der Ausgaben auf 401,572 Thlr. 77 Gr. 6$^5/_8$ Pf.

Die Hauptausgaben[1]) nach diesen Etats bestanden in Folgendem :

	Thlr.	Gr.	Pf.
Etat I. Baugelder	123,148	51	9
Etablissement	66,648 „	35 „	4$^1/_2$ „
Im Königsberg'schen . . .	7,564 „	44 „	$^3/_4$ „
Etat II. Ankauf der Güter	31,940 „	88 „	6 „
Etabliss. der Vorwerke . . .	1,608 „	42 „	4$^3/_4$ „
Etabliss. u. Subsistenz d. Bauern	3,305 „	45 „	— „
Völlige Bau- u. Etabl.-Kosten	478 „	37 „	16 „
Desgleichen	8,353 „	32 „	9$^7/_8$ „
Bau im Stutamt	5,662 „	— „	— „
Etat III. Baugelder	29,958 „	5 „	— „
Etabliss. u. Subsistenz . . .	14,648 „	86 „	4$^1/_2$ „
Zum völligen Etabliss. . . .	2,497 „	85 „	7 „
Etat IV. Nöthige Bauten	1,388 „	79 „	— „
Etabliss. Zins wegen Freijahre	7,728 „	15 „	15 „

Ausserdem spielen in den Etats eine Rolle die Subsistenzgelder, Quartiergelder, Bestellung der Aecker, Fuhrlöhne, Holzankäufe aus Polen und anderen Orten, Holz- und Stammgelder, Wiederanschaffung der bei den Holzfuhren gestürzten Pferde, Postfuhren, Cur der kranken Salzburger, Decken, Kühe für die Gärtner, Schreibmaterialien, Diäten, Buchbinderlohn etc.; in der vierten Rechnung auch Verpflegung der armen Salzburger, Zehrungs- und Transportkosten. Die Rubrik „Insgemein" figurirt in der Schlussrechnung (Nr. 6) mit 400 Thlr. 83 Gr. 12$^1/_8$ Pf. Alles in Allem genommen, haben somit die Transport-, Verpflegungs- und Ansiedlungskosten der Salzburger Emigranten dem Staate ungefähr eine halbe Million Thaler, (1,500,000 Reichsmark), gekostet.

---

1) Den speciellen Inhalt der Etats cf. Statist. Theil Nr. LXX—LXXV.

An „Contribution" dagegen haben die Salzburger in Lithauen — denn für die im Königsberg'schen ist es nicht nachweisbar — im Jahre 1744 zu zahlen gehabt:

1 Die auf eigene Kosten Angesiedelten . 3045 Thlr. 79 Gr. 10½ Pf.
2. Die auf königliche Kosten Angesiedelten 8979 „ 89 „ — „

Summa 12,025 Thlr. 79 Gr. 9¾ Pf.

Drittes Capitel.

Fortführung der Geschichte der Salzburger Colonie.
Der Kampf um „die Colonie".

———

Eine Weiterführung der Geschichte der Salzburger ist nicht gerade überreich an fesselnden, packenden Momenten: Beim Thronwechsel Geburtstagsbriefe an den neuen König, Bitten um Bestätigung der Societät, vor Allem viele Klagen über Bedrückung Seitens der Beamten, welche ungebührliche Lasten, als Burg- und Postfuhren etc. von ihnen verlangten. Diese letzteren Klagen stimmen sie an Jahr aus, Jahr ein, zuweilen ohne Gehör zu finden, zuweilen mit Glück. Einmal nahm sich Friedrich II. ihrer sehr warm an und verwies den Beamten ziemlich derb ihr Benehmen gegen die Salzburger. „Ihr habt ganz unrecht gehandelt," heisst es in einem solchen Schreiben[1]), „diese Colonisten zu Fuhren zu gebrauchen, wozu sie nach ihrem Contract nicht verbunden sind," sie sollen deshalb „fürs künftige dergleichen zur Ungebühr verlangte Fuhren nicht ferner fordern, oder harte Beahndung gewärtigen".

Wie sehr überhaupt der grosse Friedrich der Glaubenscolonie gedachte, geht aus dem Schriftstück hervor, das ebenfalls in dem für die Salzburger wichtigen Jahre 1744 abgefasst war und besonders Kunde giebt für die königliche Sorge um die religiöse Weiterbildung der Salzburger.

„Es will verlauten — heisst es in diesem Schreiben[2]) an die Preussische Regierung, an das Samländische Consistorium und das Ober-Burggräfliche Amt, sowie an alle Aemter — ob wäre diejenige Verordnung[3]), kraft welcher in unseren dortigen Landen die Prediger jeglichen Ortes, allwo sich Salzburger befinden, der

———

1) Den 8. März 1774.
2) Den 12. August 1741.
3) cf. 20. April 1736.

selben sich besonders anzunehmen und sie an einem gewissen Tage in der Woche im Christenthumb unterweisen sollen, fast gänzlich in Abnahme gekommen, ohnerachtet viele von ermelten (ermeldeten?) Colonisten nach genugsamen Unterricht in der Religion und überhaupt im Christenthumb ein grosses Verlangen trügen.

Ob dem also, dessen habt Ihr Euch auf das Genaueste zu erkundigen und allenfalls ernste Verfügung zu thun, dass solche so nöthige Unterweisung, so oft es sich schicket, insonderheit aber an dem Tage in der Woche, an welchem sich die Communicanten ohnedem zur Vorbereitung zu melden pflegen, vorgenommen werde, damit sothanermassen einer mit dem andern zugleich unterrichtet und erbauet werden möge.

Was Ihr demzufolge veranlasst, das werdet Ihr unterth. zu referiren nicht ermangeln" etc.

Auch der nachfolgende König versicherte den Colonisten des öfteren, sie sollten bei ihren Rechten und Gerechtigkeiten ferner wie bisher geschützt werden;[1]) doch ihre Bitte, ihnen den Original-Contract der Colonie auszuhändigen, wurde als unnöthig ihnen abgeschlagen. Im Jahre 1792 wurde die Abfassung von Hypothekenbüchern auch für die Salzburger verlangt, die Regierung hielt das für überflüssig, aber der König decretirte es dennoch. „Nach dem Societäts-Contract vom 17. September 1736, § 4. 5, erscheine das gerade nöthig, indem hiernach diese Colonisten das jus coloniae perpetuae, das Vorrecht, die Grundstücke immer in ihrer Colonie zu erhalten, und also wirklich mehr Rechte als die gewöhnlichen Erbpachtsbesitzer haben und also zur Vermehrung ihres Credits die Anlegung der Hypothekenbücher über ihre Grundstücke so nöthig als nützlich sein werde."[2])

Einen hässlichen Conflict gab es im Jahre 1803; die Salzburger weigerten sich abermals verschiedener ihnen zugemutheter Arbeiten; es sollten u. a. die Salzburger in Brackupöhnen das Holz zum Aufbau von acht Gärtnerhäusern anfahren helfen, was sie aber ganz entschieden ablehnten. Sie gingen mit ihren Beschwerden wieder bis an den Hof; hier erhielten sie Unrecht und wurden aufgefordert, ihre Pflicht zu thun. Aber auch nach Vorlesung des königlichen Rescriptes verharrten sie in ihrem Trotze und weigerten sich, auch nur ihre Namen unter das Protokoll zu setzen. Schliesslich musste Militär, Husaren vom Regiment des Oberstlieutenants v. Lossow, in das Dorf einrücken und sie zur Vernunft bringen.

Von allgemeinem Interesse ist das Verhalten der Salzburger in dem Kampfe um ihre Colonie und ihr Hospital; dieser Streit führt auch zugleich die Geschichte der Colonisten eigentlich weiter.

---

1) Den 10. November 1786.
2) Den 1. Februar 1793.

Die Eigenthümlichkeit nämlich, die an der Societät der Salzburger haftete, dass jeder für einen, einer für Alle dem Fiscus gegenüber solidarisch verantwortlich sein sollte, hatte das besondere Interesse Schön's erregt. Dass die Gesammtheit das Recht hatte, unter den Erben eines verstorbenen Wirthes denjenigen zu bezeichnen, welchem der Hof übergeben werden sollte und dass sie selbstverständlich immer den Tüchtigsten aussuchen würde, das schien ihm ein Wink zu sein, die ganze bäuerliche Verfassung möglicher Weise nach diesem Vorbilde umzuformen. Zunächst kam es ihm darauf an „durch Vergleichung der Zusammenstellung der Coloniedörfer mit den im Uebrigen gleichgestellten Dorfschaften die Erfolge einer derartigen Gemeinde-Verfassung kennen zu lernen."

Schön verlangte deshalb über den Wohlstand, die geistige und sittliche Bildung der Salzburger, über die Zahl der Processe, Subhastationen, Verbrechen, Armen etc. Nachricht zu haben, im Vergleich zu den Bewohnern anderer Dörfer."

Es war sicher eine Frage von höchster Wichtigkeit, leider wurde sie zu spät aufgeworfen, denn bereits seit dem Edict vom 27. Juli 1808 waren die alten colonialbäuerlichen Contractverhältnisse dadurch nach höherer Anordnung aufgelöst worden, dass die sämmtlichen Inhaber der Coloniebauernhöfe selber als wirkliche verantwortliche Eigenthümer ihrer Höfe angesehen werden mussten. Deshalb war seit der Zeit auch für jeden einzelnen Besitzer, statt wie früher für die Colonie, der Eigenthumszins, ganz analog wie bei den Scharwerkern, gerichtlich geordnet; auch hatte jeder Coloniebauernhofbesitzer eine Eigenthumsverleihungsurkunde erhalten.

Da jetzt die Eigenart und die Eigenstellung der Colonie aufgehoben war, so war damit überhaupt eine Aufhebung jeglichen Unterschiedes zwischen Altbürger und Neubürger angebahnt. Hierüber spricht sich u. a. eine Cabinetsordre[1]) aus.

„So entschieden und anerkannt auch die Verdienste der Salzburger Emigranten um die Cultur Lithauens sind, so ist es auch nothwendig, dahin zu wirken, dass jede Art von Unterscheidung und Absonderung zwischen Eingeborenen und Eingewanderten allmählich aufhöre, da ja auch die Salzburger Nachkommen „grösstentheils (?) längst (?) durch Heirathen und Familienverhältnisse mit den Einwohnern so vereinigt sind, dass in vielen Fällen kaum noch der Salzburger Ursprung nachgewiesen werden kann, auch in Lithauen und Preussen zerstreut leben und nie eine eigene Corporation gebildet haben etc."

Es war diese Absicht auf entgegenstehende Meinungen der Salzburger gestossen, die schon öfters die geschlossene Selbststän-

---

1) 12. September 1811.

digkeit ihres Coloniewesens, auch nach jenem wichtigen Edict von 1808, betont hatten. Die Regierung in Gumbinnen war deshalb schon mehrere Male Willens gewesen, durch besondere Circulare diese Ansicht der ehemaligen Coloniebürger zu bekämpfen; jetzt begnügte sie sich damit, den Wortlaut jener Cabinetsordre bekannt zu machen und erinnerte nur noch einmal daran: „dass nur eine Nation, durch jedes Band der Vereinigung zu einem Ganzen innigst verbunden, zum Heile des Landes und zur regen Kraft des Staates unbedingt zu wünschen sei."

Was den Salzburgern das Gefühl einer Zusammengehörigkeit, auch nach der Aufhebung der eigentlichen Societät, hatte erhalten können, das war der Mittelpunkt aller sonst vielleicht im Preussischen noch zerstreut lebenden Blutsgenossen: das Salzburger Hospital. Die Gegner einer Salzburger Colonie richteten deshalb vorzüglich gegen dieses Institut ihre Angriffe, die Salzburger dagegen suchten sich vor Allem dieses Palladium zu erhalten, ja, suchten womöglich für dasselbe noch grössere Privilegien zu gewinnen. Während dieses mit List und grosser Erregtheit von beiden Seiten geführten zehnjährigen Streites (1808—1818) war vier Jahre lang dieses Carroccio der streitbaren Salzburger, das Hospital, gefallen, um sich dann wieder siegreich zu erheben.

Um diesen Streit vollständig verstehen zu können, muss man sich kurz die Entstehung dieses Hospitals vergegenwärtigen. Schon im Jahre der Einwanderung (1732) waren auf königlichem Befehl Vorschläge[1]) zur Gründung eines Hospitals durch den Minister v. Görne eingereicht worden.[2]) Der König billigte es,[3]) „dass zu Gumbinnen vor die Alten und zur Arbeit untauglichen Salzburger ein Hospital vor 100 Personen aus denen Collectengeldern erbaut werde; — desgleichen soll vor die lithauischen Armen ein dergleichen Hospital besonders erbaut und dazu eine jährliche Collecte im ganzen Litthauen angeordnet werden." Ein Monat später erging der Befehl an die Lithauische Deputation, Pläne und Kostenanschläge einzureichen. Doch wurde mit dem schleunigst in Angriff genommenen Werke bald wieder vorläufig eingehalten, die „bresshaften" Salzburger wurden durch besondere Verpflegungsgelder, oder in städtischen Hospitälern und Krankenhäusern unterstützt.

Ein genauer statistischer Nachweis über die Erwerbsunfähigen unter den Salzburgern liegt vom 1. September 1733 vor.

Danach befanden sich in Lithauen 227 bresshafte oder

---

1) Hierüber Krüger, die Salzburger Einwanderung in Preussen. Gumbinnen 1857. (II. Theil.) Seite 227.

2) Den 10. Juli 1732.

3) Den 17. Juli 1732.

presshafte Salzburger, 117 in den Städten, 110 in den Aemtern;[1]) die Verpflegung betrug für jede erwachsene Person 10 Thlr. 45 Groschen,[2]) für die Kinder die Hälfte. Die Lithauische Deputation befürchtete, dass die Zahl der Unterstützungsbedürftigen bald auf 400 anlaufen möchte und regte deshalb abermals die Idee an, ein Salzburger Hospital zu gründen. Es war aber nicht des Königs Wille, das Geld hierzu lediglich aus eigener Tasche herzugeben, die Emigrantenfonds sollten ebenfalls in Anspruch genommen werden; in Folge dessen schleppte sich die Hospitalfrage noch eine Zeit in die Länge. Zwar wurde im Jahre 1735[3]) durch Cabinetsordre der lithauischen Regierung nachgegeben, dass „in Gumbinnen ein doppeltes und in Darkehmen ein einfaches, von denen auf königliche Kosten erbauten, mehrentheils fertigen Häusern unentgeldlich eingeräumt werden, welche wir als Hospitäler dazu allergnädigst s c h e n k e n. Ihr habt also danach das Nöthige vorläufig zu verfügen, insbesondere aber zu besorgen, dass in diesen zu Hospitälern geschenkten drei Häusern zu Gumbinnen und Darkehmen vorerst so viele presshafte Salzburger als möglich zur Verpflegung untergebracht werden.“

Das war der Anfang der Hospitalgründung. Aber diese Schöpfung fristete zunächst ein kümmerliches Dasein; das Hauptaugenmerk des Königs musste für das Erste besonders auf die Ansiedelung der gesunden Salzburger gerichtet sein. Erst im Jahre 1739 schien die Angelegenheit durch eifriges Bemühen des Emigranten-Predigers Breuer wieder in Fluss zu kommen, wie u. a. die Verhandlung in Gumbinnen am Ende jenes Jahres beweist.[4]) „Damit das Werk nur einmal in Train komme“ wurden 40 Hospitaliten in Gumbinnen angenommen, die zur Verpflegung monatlich 16 gute Groschen, also jährlich 8 Thlr. erhielten; auch ein Prediger sollte für diese „theils Steinalten, theils ganz gebrechlichen Hospitaliten“ mit einem Gehalt von 40 Thlr. angestellt werden. Der Landphysicus erhielt für etwaige Pflege jährlich 8 Thlr; für Medicin (12 Thlr.), Rechnungsführer (10 Thlr.), Reparatur (10 Thlr.) wird ein Etat auf 400 Thlr. festgesetzt. Fast umgehend erfolgte die königliche Genehmigung hierzu.

---

1) In den Städten: Insterburg 10, Memel 36, Tilsit 30, Gumbinnen 4, Pillkallen 6, Ragnit 5, Stallupönen 12, Goldapp 7, Darkehmen 11.
2) Specieller: 8 Schffl. Roggen à 40 Groschen . . . . 3 Thlr. 50 Gr.

4 „	Gerste zum Getränk à 30 Groschen	1 „	30 „
1 „	Gerste und 1 Schffl. Hafer zu Grütze	„	50 „
1/2 „	Erbsen	— „	20 „
Zu Milchspeise		2 „	— „
Ein Viertel Rindfleisch		1 „	— „
Ein Viertel Salz		— „	45 „
Zu Speck		1 „	30 „

3) 26. August 1735.
4) Den 17. December 1739, cf. Krüger S. 233 ff.

Diese Cabinetsordre wird von dem Darsteller der Geschichte des Hospitals für die eigentliche Fundationsurkunde dieses Hospitals angesehen und lautet:

„Friedrich Wilhelm u. s. w. Unsere etc. Uns ist aus dem von Euch eingesandten Protocolle vom 17. December jüngsthin vorgetragen worden, was Ihr wegen Unterbringung der armen alten und presshaften Salzburger in das dortige Hospital mit dem Prediger Breuer zu Stallupönen verabredet habt und wie Ihr dieses Werk zum Anfange zu fassen gedenket. Nun finden Wir zwar, in Consideration des annoch geringen Fonds der Interessengelder unnöthig, einen eigenen Prediger mit 40 Thlr. zu salariren, da sonder Zweifel einer der dortigen Stadt-Prediger, wie in unseren anderen Städten in der gleichen Gelegenheit geschiehet, diese Arbeit vor der Hand und bis die Interessengelder sich vermehrt haben werden, vor ein Douceur von 12 Thaler jährlich gerne und willig übernehmen muss. Wie denn auch der dortige Land-Physicus die ersten Jahre über, wenn er seine Arzenei bezahlt bekömmet, die übrige Mühe, weil es ein pium corpus betrifft, wohl umsonst thun wird. Was aber die übrigen im besagten Protocolle angeführte und verabredete Punkte anbelanget, so werden solche insgesammt von Uns hiemit in Gnaden approbiret und habt Ihr demnach nunmehro diese Sachen verabredeter Massen und wie hier oben erinnert worden, zu fassen, und dass solche fördersonnst zu Stande komme, pflichtmässig zu besorgen."

Davon geschiehet u. s. w. Berlin, den 21. Jan. 1740.

Die Zahl der Hospitaliten stieg langsam; noch im Jahre 1740 wurden die Stellen um 10 vermehrt, zwei Jahre später war die Zahl von 50 bereits auf 80 Personen angewachsen, im folgenden Jahre werden 92 Verpflegte in den Rechnungen aufgeführt; im Jahre 1757 sind von 170 Verpflegten bereits ihrer 111 im Hospital, diese letztere Zahl erhob sich auf die Durchschnittszahl von 150 Hospitaliten.

Dieses Gedeihen des Hospitals stand selbstverständlich im Verhältniss zu dem Anwachsen der Salzburger Gelder und diese wiederum flossen aus mehreren Richtungen zusammen.

Zunächst hatten, wie wir gesehen, die verschiedenen Collecten eine ansehnliche Summe erübrigt; dieselbe wurde durch einen Immediatbeitrag von 6300 Thlr. 43 Gr. so weit erhöht, dass sich im Jahre 1751 das Totalergebniss dieses erweiterten Collectenbetrages auf 33,973 Thlr. 52 Gr. 8 Pf. belief.[1]) Hiervon wurde natürlich das meiste im Laufe der ersten Jahre an die Salz-

---

1) Cabinetsordres über Verwendung der Summe u. a. Rescr. vom 1. Jan. 1733, 27. October 1733, 24. Januar 1734 etc.

burger direct oder indirect verausgabt, im Jahre 1740 z. B., wo
die Totalsumme aus den Collectengeldern und der Emigranten-
kasse zu Regensburg seit dem Jahre 1732 sich auf 28,981 Thlr.
3 Gr. 14 Pf. belief, waren bereits 19,481 Thlr. 33 Gr. verausgabt. Eine zweite Quelle zu dem Colonisten- oder Colonie-Ver-
mögen war aus den Geldern geflossen, die durch die Reichstags-
gesandtschaft in Regensburg, wie auch durch jene besondere
Commission auf Abschlag der liquidirten und nachgewiesenen Ausstände der Colonisten in ihrer alten Heimath allmählich einkassirt
wurden. Die Gelder der aufgerufenen, aber auf mehrmalige Auf-
forderung nicht erschienenen Interessenten wurden schliesslich als
bonum vacans zurückbehalten; der Erscheinende erhielt den
grössten Theil seines eingegangenen Geldes sofort ausgezahlt, ein
Bruchtheil wurde jedoch vorläufig zur Deckung der Unkosten etc.
noch zurückbehalten. Die lithauische Land-Rentei hatte in Folge
dessen drei besondere Rechnungen zu führen, die im Jahre 1753
zu einer einzigen vereinigt wurden, die den Titel „Salzburger
Emigranten-Kassen-Rechnung" führte;[1]) die verschiedenen Fonds
wurden somit ein Jahr später, um Trinitatis, zu einem Fonds verschmolzen.

Jene drei Rechnungen schlossen um diese Zeit folgendermassen ab:

1. Die Rechnung über die den Salzburgern gehörigen, aber
zinslich angelegten Gelder wies 6807 Thlr. 64 Gr. auf.

2. Die Interessen von den ausgeliehenen Salzburger Gütergeldern, die, auf Zinseszins berechnet, sich auf 12,441 Thlr. 1 Gr.
stellten.

3. Die Collectengelder mit ihren Interessen in Höhe von
12,313 Thlr., so dass um die Zeit der Vereinigung der drei Fonds
ein Bestand von 35,065 Thlr. 44$^{1}/_{3}$ Gr. vorhanden war.[2])

Von diesen Geldern wurden bis zum Jahre 1765 diejenigen
Salzburger und Salzburgernachkommen, die sich mit ihren An-

---

1) Laut Rescr. vom 30. August 1753.
2) Specieller lautet dieser Etat von 1754—1756:

Einnahme.				Ausgabe.			
	Thlr.	Gr.	Pf.		Thlr.	Gr.	Pf.
1. An Bestand	31,562	34		1. Zum Behuf des Salzb.			
2. Interessen von ausge-				Hospitals	4741	38	1
liehenem Capital . .	320	25		2. Diäten, Reise-, Zeh-			
3. Interessen v. Collec-				rungskosten	1749	22	9
tengeldern	883	30		3. Anfertig. der monatl.			
4. Von ausgel. Capital	3765	23	14$^{1}/_{2}$	Salzb. Extracte . . .	16	60	
5. An Arenden von den				4. Postporto, Botenlohn .	28	16	4$^{1}/_{2}$
Labiausch. u. Gumb.				5. Buchdruckerlohn . . .	2	39	
Hospital-Gründen .	1472	15		6. Binderlohn	10	53	
6. Insgemein	3860	87	9	7. Insgemein	35	60	
S. S.	41,864	85	13$^{1}/_{2}$	S. S.	6586	21	14$^{1}/_{2}$

sprüchen legitimiren konnten, je nach Massgabe ihrer aus Salzburg eingelaufenen Gelder befriedigt; in jenem Jahre aber hörten die Ansprüche auf, und nun wurde das aufgesummte Capital lediglich zum Besten des salzburgischen Emigranten-Gemeinwesens und zwar ausschliesslich für das Armen- und Hospitalwesen verwendet, mochten nun die Unterstützungsbedürftigen im Hospital oder ausserhalb weilen.

Das Capital wurde mehrere Jahre später durch die nicht unbedeutende Abfindungssumme vermehrt, welche die erzbischöfliche Regierung durch Friedrichs des Grossen Vermittelung zu zahlen angehalten wurde. Friedrich II. hatte nämlich nach Beendigung des siebenjährigen Krieges die eine Zeit lang abgebrochenen Verhandlungen mit der erzbischöflichen Regierung in Betreff der Forderungen seiner salzburgischen Unterthanen wieder aufgenommen; der Erzbischof Sigismund verstand sich zur Zahlung. Die damals zusammengestellten Ansprüche der Salzburger in Preussen beliefen sich noch auf 83,821 Thlr. 80 Gr., von denen jedoch nur 29,060 Thlr. 51 Gr. zugestanden wurden, und auch diese Summe wurde durch einen Abfindungsvertrag auf 24,000 Thaler (36,000 Kaisergulden) herabgesetzt. Auch diese Auszahlung verzögerte sich, indem v. Plotho, der abermals zu diesem Abwickelungsgeschäft designirt war, jene Summe ratenweise empfing und sie demgemäss abführte; er blieb schliesslich mit 18,427 Thlrn. 30 Gr. im Rückstand und musste zur Zahlung dieses Geldes und 5 % Zinsen erst gerichtlich verurtheilt werden.[1]) Inzwischen starb er, und ein Sohn von ihm liess wenigstens die Hälfte der Schuld hypothekarisch auf seine Güter eintragen; erst im Jahre 1793 wurde dieses Capital abgezahlt.

Im Jahre 1778 waren von der ganzen Abfindungssumme erst 7926 Thlr. 30 Gr. eingegangen. Dieses Geld wurde sofort auf Zinsen ausgethan, und hievon wurden vorläufig die Armen verpflegt. In jenem Jahre[2]) verlangte Friedrich II. eine genaue Darlegung der einzelnen Ansprüche und einen Vertheilungsplan. Die Dividende sah für jeden Einzelnen sehr trübe aus, da statt der inzwischen Verstorbenen oft zahlreiche Erben eingetreten waren; in wenigen Fällen mag sie mehr als 1 Thlr. betragen haben. Viele Salzburger waren inzwischen durch ihre tüchtige Arbeit vermögend geworden und wollten auf ihren winzigen Antheil zu Gunsten der Salzburger Allgemeinheit mit Freuden Verzicht leisten. Das Schwierigste aber wäre eine wahrhaft gerechte Vertheilung dieser Dividende gewesen. Zersplittert verlor der Fonds jegliche Bedeutung, zusammengehalten konnte er viel

---

1) Erkenntniss des Kammer-Gerichts und Ober-Appell.-Senats zu Berlin, 13. Mai 1767 und 3. Februar 1768.
2) 15. Januar 1778.

wirken. Diese richtigen Erwägungen gingen von den Emigranten selbst aus. Deshalb vermittelte die Kammer den Wunsch vieler Interessenten, es möchten die Einzelnen auf den geringen Anspruch ganz verzichten, damit das Ganze dem Hospital, das ja doch schon die Vortheile des Capitals geniesse, zugewendet werden könne. Dann könnte eine noch grössere Anzahl von Hospitaliten verpflegt werden und die Höhe der Stipendien vielleicht eine günstigere werden; das entspräche dem Vortheil der Gesammtheit viel mehr, als die Einzelnzahlung. Diese Ansicht und dieser Wunsch der Interessenten wurde durch den damaligen Salzburger Colonie-Commissarius der Regierung vorgetragen,[1]) die hierüber weiter an den König berichtete.

Der Plan fand des Monarchen vollste Billigung und laut Rescript[2]) wurde sogleich mit weiteren Auszahlungen innegehalten. Es ward ein Plan aufgestellt,[3]) wie die wachsenden Interessen am besten zu Gunsten der Colonisten verwendet werden könnten; demzufolge musste alljährlich, später alle drei Jahre, ein Etat ausgearbeitet und zur Prüfung und Genehmigung vorgelegt werden: die Zinsen kamen jetzt ausschliesslich dem Hospital resp. den Hospitaliten in und ausser dem Hospital zu Gute.

Inzwischen wurde auch der Rest der v. Plotho'schen Schuld durch Uebernehmung auf die Staats-Schulden-Kasse Seitens des Königs für die Salzburger sicher gestellt;[4]) es war diese Summe mit ihren Zinsen auf 28,170 Thlr. angewachsen, die jetzt in die „Salzburger-Colonie-Kasse" flossen, und deren Zinsen lediglich für Hospitalszwecke verwendet wurden; eine kleine Vermehrung des Capitals war auch noch durch ein Vermächtniss des zu Gumbinnen verstorbenen Oberst-Lieutenants v. Meelbeck erwachsen, der dem Hospital 1000 Thlr. testamentarisch vermacht hatte, unter der Bedingung, dass von den Zinsen die Hospitaliten jährlich einmal (am Johannisfeste) bewirthet werden sollten. Die Regierung ernannte einen Salzburger-Vorsteher, der die Hospitalangelegenheiten verwaltete, der die Liste von den Hilfsbedürftigen einreichte, kurz, das Hospital ihr gegenüber vertrat. Die Zinsen waren so bedeutend, dass sie nicht verbraucht wurden, und dass fast jedes Jahr noch Reste zum Capital zugeschlagen werden konnten. Auf diese Weise konnte dieses Capital ansehnlich anwachsen; in jener Zeit betrug es bereits 126,996 Thlr. 55 Gr. Es wurden im Hospital 244 Hospitaliten unterhalten und ausserhalb des Hospitals gegen 500 unterstützt. Das währte bis in die Zeit des preussischen Nationalunglücks und der Wiederaufrich-

---

1) Den 10. August 1778.
2) Vom 19. September 1778.
3) Genehmigt den 11. November 1779.
4) Cabinets-Ordre vom 21. November 1796. Die v. Plotho'schen Erben waren theils verstorben, theils verarmt.

tung des gefallenen Staates durch die Stein'schen und Schön'schen Ideen. Es war die Zeit, in welcher nachgesonnen wurde, welche nur irgendwie erdenkliche Hilfe den traurigen Staatsverhältnissen zu Gute kommen könnte. Eine regere Aufmerksamkeit wurde allen Instituten zugewendet, jeder Einzelne und jedes Gemeinwesen sollte sich frei machen von dem Schlendrian des lediglich Herkömmlichen und seine ganze Kraft dem Vaterlande darbringen; erst das wahrhafte, zur vollen Blüthe entfaltete Gedeihen der Einzelerscheinungen bedingte eine sichere Kräftigung des Ganzen.

Von diesen Ansichten geleitet, fing Schön und fingen die Männer der Richtung Schön's an, im Jahre 1808 auch das Hospital einer genaueren Prüfung zu unterziehen, ob es nicht noch viel mehr leisten könnte, als es in der That geschah. Sie kamen zu dem Schlusse, dass die Gelder, für deren möglichst zweckmässige Verwaltung die Regierung als natürliche Patronin zu sorgen sich berufen fühlte, nicht immer dem Sinne der Stiftung gemäss verwendet würden; sie tadelten die Verwaltung, die Art der Unterbringung der Gelder, sie fanden im Hospital Leute, die dessen gar nicht bedürftig wären; geradezu „wohlhabende" Leute erhielten durch Hospitalgelder „Geschenke", Leute, die recht wohl ihrerseits Arme unterstützen könnten. Das schien eine unwürdige Verwendung. Bei diesen Beobachtungen lag der Schluss nahe, dass das ganze Institut allzu engherzige Principien vertrete. Stand doch in der Regel fest, dass jede Commune ihre Armen selbst unterstütze, warum hier im Hospital Unterschiede machen? warum lieber gesunde und wohlhabende Salzburger, als bedürftige und arme Nichtsalzburger verpflegen? Für die wirklich bedürftigen Salzburger musste ja doch von den einzelnen Städten und Dörfern Sorge getragen werden. Durch das Verfahren der Hospitalverwaltung schienen viele Leute der Arbeit, also dem Staate, entzogen. Bei einer nur einigermassen geschickten Verwaltung der Hospitalgelder, des Capitals und der Zinsen, könnten sowohl die Interessen der Salzburger Colonisten wahrgenommen, als auch allgemein nützliche, den Staat betreffende Einrichtungen getroffen werden.

Schön nahm die Sache sehr ernst und machte jetzt, im Jahre der Städteordnung, gegen die „angemassten Rechte der s. g. Salzburger Colonie" ganz energisch Front. Nicht als ob er ein Feind der Salzburger gewesen wäre; im Gegentheil, seine Aeusserungen über dieselben gehören zu dem Ehrendsten, was über diese Colonisten gesagt worden ist, und sind wohl werth, von allen Salzburgernachkommen im Gedächtniss bewahrt zu werden; sie hat ein tüchtiger Kenner des Volkes und des wahren Volkswerthes gesprochen.

„Die Provinz Lithauen, sagte er,[1) hat ihren jetzigen

---

1) In seinem Bericht an den König 21. August 1809.

Culturzustand grösstentheils den eingewanderten Salzburgern zu verdanken. Sie haben dem Eingeborenen
erst gezeigt, was ihm von der Vorsehung gegeben ist,
und wie er es eines vernünftigen Wesens würdig benutzen kann; sie sind die Gründer der jetzigen Geistes-
und Gewerbecultur." Sind das nicht Worte, die anklingen
an jenen herrlichen Ausspruch, den E. M. Arndt über die Salzburger gethan hat, und den wir als Motto diesem Theil der Arbeit
vorgesetzt haben? Und ein anderes Mal äusserte sich Schön:
„Die grosse Handlung der Salzburger Emigration der Religion
ihrer Väter wegen, ihr Vaterland mit Rücklassung alles dessen,
was ihnen lieb und werth gewesen, zu verlassen und so ohne
Rücksicht auf zeitliches Glück ihrem Glauben zu leben und diesem
Alles Preis zu geben, — diese Handlung verdient unseres Erachtens,
dass ihr, zum Beispiel für folgende Generationen, ein Denkmal
gestiftet wird, das ihrer würdig ist und als allgemein wohlthätig
für ihre Nachkömmlinge und selbst mittelbar für die übrigen
Bewohner der Provinz als Aufruf zu grossen Handlungen dasteht;
auch Dankbarkeit gebietet das."

Wenn wir trotzdem Schön jetzt gegen die Salzburger-
Privilegien auftreten sehen, so müssen ihn sicher gewichtige
Gründe hierzu bewogen haben; es waren zunächst die ernstesten
patriotischen Erwägungen, die ihn bestimmten, denn das
Vaterland stellte er unbedingt höher, als eine privilegirte Klasse
im Staate; haben doch ganz andere Factoren damals Einbusse an
ihren Sonderrechten erleiden müssen! Es waren aber auch wirkliche juristische Bedenken, die ihn zu dem Schlusse brachten,
dass die „Colonisten" sich Befugnisse anmassten, die ihnen laut
ihrer eigenen Geschichte gar nicht zukämen.

Schön's Reformvorschlag ging auf Folgendes hinaus:

1. Das Hospital soll nur wirklich hilfsbedürftige
und kranke Salzburger aufnehmen, pflegen und heilen.

2. „Die Nachkommen jener achtungswerthen Männer sollen zu einer höheren Stufe der Cultur gestellt
werden; durch beides wird ein Monument einer Handlung gebildet werden, welche immer denkwürdig und als Vorbild der
Verherrlichung werth bleiben wird."

Er führte aus, dass geschichtlich nicht das ganze Geld
nothwendiger Weise mit dem Institut des Salzburger Hospitals
verbunden sei; deshalb solle man — die jährliche Zinseinnahme
auf 6352 Thlr. normirt — 2800 Thlr. ganz von dieser Anstalt
trennen und sie dem denkbar würdigsten Zwecke zuwenden, der
Aufbesserung derjenigen Schulen, die ausschliesslich oder
doch hauptsächlich von Salzburgerkindern besucht würden; das
übrige Geld, 3552 Thlr., verbleibt dagegen der Salzburger Anstalt,
die jedoch aus einem ziemlich unnützen Hospital in ein der Provinz

so nothwendiges Krankenhaus umgewandelt wird, das ungefähr
50 Kranke beherbergen könne. Natürlich sollen die bisherigen
Hospitaliten in keiner Weise geschädigt werden, auch soll Salzburgern jederzeit der Vorzug eingeräumt werden, und Nicht-Salz-
burger müssen, können nur gegen volle Bezahlung Zutritt erhalten.[1])

Die Schulverhältnisse für die Salzburger sahen nach Schön's
Berichten traurig genug aus; ausser den beiden städtischen Schulen,
die sehr schlecht dotirt waren, gab es noch 18 Landschulen, von
denen zwei ausschliesslich (Pillupönen und Szittkehmen), die anderen
vorzugsweise von Salzburgerkindern besucht wurden. Das Gehalt
der betreffenden Lehrer war so niedrig, wie es niedriger kaum gedacht werden konnte, von diesen Lehrern erhielten einige nur 25, viele
sogar nur 15 Thlr. baares Geld! Wer möchte es, Angesichts solcher
Verhältnisse, einem Schön verargen, wenn er auf Mittel sann,
diesem Elend zu Gunsten der Salzburger selbst und der
Bildung überhaupt zu steuern, ohne dass der so schwer
bedrängte Staat noch mit neuen Geldopfern belästigt würde?

„Der grosse Nutzen dieser Vorschläge für die Salzburger
selbst, sagt Schön, springt in die Augen, und es lässt sich durchaus keine zweckmässigere und ihnen nützlichere Verwendung der
von ihren Vorfahren für ihre Nachkommen gegründeten Stiftung
denken, und nicht für die Salzburger allein."

Aber die Salzburger waren durchaus anderer Meinung als
Schön, zunächst der damalige Hospital-Vorsteher Lindtner. Schon
als ihm im August (12.) des Jahres 1809 bedeutet wurde, keine
neuen„ Expectanten" mehr aufzunehmen, machte diese Verfügung
„einen ausserordentlichen Eindruck auf ihn"; „es ging ihm sehr
nahe," dass die Salzburger Armen hilflos bleiben sollten. Doch
war Lindtner eine schüchterne Natur, er wandte sich an Andere,
die als „Vorsteher und Aelteste der Salzburger Colonie dortiger
Provinz" in den Kampf eintraten. Sie protestirten lebhaft gegen
die Pläne Schön's und gingen mit ihren Schriftstücken gleich direct
an den König,[2]) sie versuchten den Beweis zu führen, dass durch
diese angeblichen Reformen das Vermögen der Colonie geschädigt,
die Privilegien gröblich verletzt würden, denn das Hospital sei
mit allen seinen Fonds „wahres Privateigenthum der Salzburger
Colonie". Diese immerhin kühne Sprache machte den König
stutzig, die „Umstände erschienen ihm sonderbar genug", um die
Ansicht der Petenten „nicht ganz grundlos erscheinen zu lassen"; er
verlangte deshalb eine besondere gutachtliche Ausführung darüber:

„welche Rechte auf die Fonds des Salzburger Hospitals und
wem eigentlich, d. h. welchen bestimmten Personen oder
Corporation dieselben zustehen möchten."

---

1) Der ausführliche Plan steht in Schön's Bericht vom 26. August 1809.
2) So den 14. September 1809, 6. November 1809 etc.

Schon die Unterschrift der Supplicanten gab zu Forschungen Anlass, „inwiefern dort in Gumbinnen oder sonst
irgendwo die Salzburger, als „Colonie" oder Gemeinde, Vorsteher
und Aelteste hätten, welche ihre etwaigen Rechte wahrzunehmen
berufen sein könnten."

Natürlich war es Bemühen der lithauischen Regierung, den
König resp. das Ministerium nach zwei Seiten hin aufzuklären:
erstlich, dass jene Supplicanten ganz unbefugter Weise sich Titel
angemasst hätten; eine Salzburger Colonie im eigentlichen Sinne
gebe es gar nicht mehr. Zweitens wollten sie erweisen, dass die
Salzburger keine Anrechte auf die Fonds des Instituts hätten.
Hervorzuheben wäre hieraus der Nachweis, wie das Hospital eine
Stiftung Friedrich Wilhelm's I. sei, der Stifter habe Gebäude dazu
hergegeben und baares Geld, die Einrichtungen seien durch königliche Verordnungen geregelt, die s. g. „Colonie" habe bisher gar
keinen Antheil weder an der Verwaltung des Verpflegungsfonds,
noch an der Aufsicht über das Hospital gehabt. Die Salzburger
haben durch Verzichtleistungen auf Auszahlung der Dividende
sich jeglichen Anrechtes auf das Capital begeben. Dadurch sei
die Verpflegungskasse nach dem Allgemeinen Landrecht[1]) eine
eigene selbständige Persönlichkeit geworden; der Staat, der bisher alle
Einrichtungen vorgenommen habe, müsste auch das Recht behalten,
bei sichtbaren Mängeln Verbesserungen vornehmen zu dürfen etc.

Die königliche Entscheidung liess lange auf sich warten,
immer hiess es: „die Sache liegt des Königs Majestät zur allerhöchsten Decision vor." Schön wurde ungeduldig und betonte
wiederholentlich seinen Hauptgrund, dem zu Liebe er jene Reform
befürworte: „die grosse Verlegenheit, in der sich die
Provinz in Hinsicht der öffentlichen Krankenanstalten
sowohl, als der Schulen befindet." In dieser Zwischenzeit
durften aber keine neuen „Expectanten" angenommen werden.
Erst im Jahre 1811 erfolgte die definitive königliche Entscheidung,[2]) des Inhalts: Der König sei durch die gemeinschaftlichen
Berichte[3]) überzeugt worden, dass es in der That nützlich und

---

1) Theil II, Tit. XIX, § 42.
2) Cabinetsordre vom 12. September 1811.
3) Vom 19. December 1810 (Seitens des Ministeriums des Innern, das
auf die Vorstellung der lith. Reg. vom 26. August 1809 und 10. August 1810
Bezug nahm). Die sonst ganz verdienstliche Schrift Krüger's weiss über diese
ganze Geschichte der Colonie und des Hospitals merkwürdig wenig und das
auch nur schief anzugeben; man vergleiche nur, was er Seite 249 sagt, wo von
jener Cabinets-Ordre vom 12. September 1811 die Rede ist: „Der bekannte Gerechtigkeitssinn des Königs liess nun keinem andern Gedanken mehr Raum, und
wie wünschenswerth immer in der damals zu bedrängten Lage des Staates die
Verwendung jener Gelder zu Staatszwecken erschienen wäre, so erliess Friedrich
Wilhelm doch eine Cabinets-Ordre, welche etc." Die Verhandlungen, die sich
bis zum Jahre 1818 hinziehen, werden gar nicht erwähnt.

zulässig sei, den Einkünften des Salzburger Instituts, durch deren bisherige Verwendung der ursprüngliche Zweck der Stiftung längst nicht mehr erreicht worden ist, eine veränderte und bessere Bestimmung zu geben. Die Vorschläge Schön's werden vollständig gebilligt und genehmigt, die bisherige unzweckmässige Almosenzahlung von 550 zum Theil wohlhabender Personen von der Salzburger Nachkommenschaft wird aufgehoben und von der jährlichen etatsmässig zu 6352 Thlr. 19 Sgr. 14 Pf. angenommenen Einnahme des Instituts soll:

1. die Summe von 3552 Thlr. 19 Sgr. 14 Pf. zur Errichtung einer Kranken-Anstalt für 30 Kranke verwendet werden und zwar vollständig im Sinne der Vorschläge;

2. von den übriggebliebenen 2800 Thlr. sollen die Schulen in Tilsit und Gumbinnen je 700 Thlr. Zuschuss erhalten, der Rest, 1400 Thlr., soll zur Anlegung von Landschulen nach dem Muster des Normal-Instituts in Königsberg an den Orten, wo Salzburger Nachkommen wohnen, verwandt werden, besonders ist die Retablirung jener 18 Salzburger Landschulen zu berücksichtigen. Auch sollen von den Geldern vorerst taugliche Lehrer, womöglich aus den Salzburgern selbst, in jenem Institut ausgebildet werden;

3. die Verwaltung des Kranken-Instituts soll ebenfalls nach Schön's Vorschlag geregelt werden: „Drei angesehene Salzburgische Bürger, auf drei Jahre von der Regierung in Gumbinnen erwählt, sollen mit der unentgeltlichen Administration betraut werden, die Oberaufsicht dagegen führt ein königlicher Commissar als zweiter Curator; erster Curator ist der jedesmalige erste Präsident der Regierung. Für die Verwaltung ist eine genaue Instruction auszuarbeiten. Auf die Ermittelung, wer eigentlich Salzburger Nachkomme sei, soll vorzüglich Obacht gegeben werden, die Grenzen sind nicht allzu eng zu ziehen, auch die Descendenten von Salzburger Frauen, die sich an Nichtsalzburger verheirathet haben, sind hierher zu rechnen."

Das Urtheil über das bisherige Hospital war somit gesprochen, zugleich auch das Urtheil über die „Colonie", denn jenes Institut war bisher ihr einzig sichtbares Centrum gewesen. Den „sogenannten Vorstehern und Aeltesten" ging eine Abschrift der königlichen Verfügung zu, mit dem Bedeuten, dass auf ihre etwaigen Protestationen keine Rücksicht weiter genommen werden könnte, zumal sie durchaus nicht berechtigt seien, sich zu Sprechern einer gar nicht existirenden Colonie aufzuwerfen. Schleunigst wurde jetzt die Umwandlung des Instituts ins Auge gefasst. Zuerst war man darauf bedacht, die Schulden (in Höhe von 6000 Thlr.) zu decken, die immer noch nicht getilgt waren, obgleich seit 2 Jahren bereits keine neuen Percipienten angenommen worden waren. Trotzdem die Regierung den besten Willen hatte, sofort und energisch vorzugehen, hielt sie es doch für gerathener, sich nicht zu überstürzen, die Schulden erst zu bezahlen, wenn eine Summe des Salzburgerfonds gerade disponibel würde, dann erst mit der Einrichtung der Krankenanstalt zu beginnen und zuletzt das Schulwesen aufzubessern[1]); man wollte eben Alles vermeiden, was Misstrauen und Unzufriedenheit der Salzburger hätte verstärken können. Ob es sehr politisch war, zu Vorstehern der neuen Anstalt gerade jene drei Männer[2]) zu erwählen, die vordem als „Vorsteher und Aelteste der Colonie" gesprochen hatten, ist auch die Frage, ausserdem wurde der Justizrath Leitner in Angerburg, der auch ein Salzburger Abkömmling war, aufgefordert, sich mit jenen „drei wackeren Männern", welche ursprünglich ein Vaterland mit ihm haben, der Fürsorge der Salzburger Stiftung zu unterziehen. In dieser Schwebe blieb der Zustand einige Jahre, die Regierung that keinen energischen Schritt, das Project zu realisiren, konnte ihn auch der politischen Verhältnisse halber nicht gut thun. Es tobte der französisch-russische Krieg. Die Salzburger Anstalt war überfüllt von russischen Verwundeten und wurde erst Ende 1813 wieder, sammt der Kirche, gänzlich geräumt. Auch während des Befreiungskampfes schien die Angelegenheit zu ruhen, beide Parteien warteten; den Vorstehern war es zwar verboten, neue Percipienten aufzunehmen, ob es nicht dennoch geschah, ist nicht zu ersehen; von einer Anerkennung der Reform Seitens der Salzburger war jedenfalls keine Rede. So währte es bis zum Jahre 1816. Gleich zu Anfang dieses Jahres erliess die Regierung im Amtsblatt die Anzeige für sämmtliche Behörden wie für das Publicum, dass im Gefolge der von des Königs Majestät unterm 12. Septb. 1811 an das Allgemeine Polizei-Department im Königl. Ministerium erlassenen Cabinets-Ordre die bisher von Regierungswegen verwaltete Salzburger Colonie-Casse einer Commission aus vier Mitgliedern der Salzburgergemeinde und einem Mitgliede des Collegiums zur ferneren Verwaltung übergeben ist; diese Commission führt den Titel: „Vorsteher der Salzburger Anstalt" und hat bereits seit dem 9. Januar 1816 ihre Function angetreten. An diese Adresse sind auch alle Briefe, Gesuche etc. zu richten.

Diese „Anstalt" behielt auch die Vergünstigungen des frühern Hospitals, als Sportel- und Stempelfreiheit bei Processen, vor Allem Portofreiheit. Die feierliche Einweihung des neu eingerichteten Krankenhauses fand am 25. Juli 1816 statt.

Aber der Hauptcharakterzug des Salzburgerwesens ist Zähigkeit und Festhalten an vermeintlichem Rechte. Der Kampf

---

1) Dieser Plan wird durch das Ministerium des Innnern den 24. Januar 1812 genehmigt.

2) Diese drei waren: Kaufmann Wenghöfer, Bäcker Wagenbichler, Branntweinbrauer Schweighöfer.

stählt ihre Kampflust; jetzt mussten sie sich zwar fügen, aber sie
gaben keineswegs die Hoffnung auf eine Rückverwandlung der
„Anstalt" in das alte „Hospital" auf, und so unwahrscheinlich auch
ein Erfolg schien, sie liessen es nicht daran fehlen, wieder und
immer wieder, bei allen Gelegenheiten und in jeder Weise für
ihre Sache zu kämpfen. Sie baten um Erlass der decretirten
Schulbeiträge, blieben mit Aufstellung des geforderten Etats im
Rückstand, forderten einen Zuschuss für ein ganz neues Krankenhaus, um das alte dem ursprünglichen Zwecke wieder zuzuführen.
Jedes Mal abgewiesen, versuchten sie sich in immer neuen Wen-
dungen, drangen jedes Mal von einer anderen Seite vor, um ihrem
Ziel näher zu kommen. Als sie wegen der rückständigen Etats-
aufstellung in Strafe genommen, endlich einen Etat vorlegten, war
derselbe so eingerichtet, dass Einnahme und Ausgabe (6252 Thlr.
37 Gr. 5 Pf.) sich völlig deckten, mithin kein Geld für die Schulbeiträge vorhanden erschien. Dass solches Verfahren, solche
„absichtliche Behinderung der Ausführung der Allerhöchsten Ordre"
die Behörden ausserordentlich reizte und empörte, bedarf weiter
keines Wortes, das durften sie „nicht dulden und konnten sie
nicht billigen". Es wird deshalb den Vorstehern noch einmal
ernstlich eingeschärft, keine neuen Exspectanten aufzunehmen und
einen vorschriftsmässigen Etat auszuarbeiten, auf welchem sie
nur über 3452 Thlr. 37 Gr. 3 Pf. zu disponiren hätten. Darauf
wird ein Etat eingeschickt, der aber nur einen Ueberschuss von
991 Thlr. ergab. Kurz, der kleine Krieg war im vollen Gange.
Bei diesen Plänkeleien war die Regierung insofern im Nachtheil,
als die ausgearbeitete Instruction ausserordentlich mangelhaft und
unbestimmt war, als sie dieses neue, den Salzburgern unliebsame
Institut eigentlich, statt unter strengere staatliche Aufsicht zu
stellen, dasselbe vielmehr den Salzburgern fast ganz freigegeben
und sich selbst des alten grossen Einflusses entäussert hatte.
Die Vorsteher waren kampfbereiter und kampfmuthiger denn
je und wandten sich abermals in einer längeren Immediat-
Eingabe[1]) an des Königs Person. Sie erklärten übrigens in
diesem Schreiben, statt der geforderten 2800 Thlr. jährlich
1400 Thlr. freiwillig zahlen zu wollen. Bis zu der königlichen Entscheidung waren sie zu keiner Nachgiebigkeit zu bewegen. Vergebens waren alle Befehle und Decrete der Regierung
in Gumbinnen, vergebens die Erlasse der Minister, vergebens die
kleinen Strafzahlungen; die Salzburger blieben hartnäckig und —
der Erfolg war ihnen günstig. Die Art ihres Einflusses, wenn
es eines solchen bedurfte, ist nicht recht bekannt, der König
schwankte lange. Endlich, nach fast einem Jahre[2]) ent-

---

1) 24. Juni 1817.
2) Cabinets-Ordre vom 7. Mai 1818.

schied der Monarch zu Gunsten der Salzburger, entgegen dem Wortlaut der früheren bekannten Cabinets-Ordre aus
dem Jahre 1811. Der Ton dieser Antwort ist so durchdrungen
von väterlicher Fürsorge, spricht in so wohlthuender Weise
hochherzige Anschauungen aus, ein edles Eingeständniss, sich vordem geirrt zu haben, es leuchtet ein solches herzliches hohes
Interesse für die Salzburger aus den königlichen Worten hervor,
dass dieser Brief eins der schönsten Schriftstücke ist, das in der
ganzen Geschichte der Salzburger Colonie uns in die Augen fällt.
Mit wahrer Pietät müssen die Salzburger Nachkommen diesen
Worten eines edlen Nachfolgers des Begründers ihrer Colonie
lauschen:

„Ich habe mir," sagt der Monarch, „die Angelegenheit
der Salzburger Colonisten in Lithauen nochmals ausführlich
vortragen lassen und finde, dass die sub dato den 12. Septbr.
1811 von Mir genehmigten Anträge der Regierung zu Gumbinnen, nach welchen die aus dem Fonds der Salzburger
Abkömmlinge aufkommenden Zinsen eine andere als die zeit-
herige Bestimmung erhalten sollen, ohne Eingriff in die
Rechte der dagegen protestirenden Interessenten nicht in
Erfüllung gehen können. Der Fonds, von welchem hier die
Rede, ist bei weitem zum grössten Theile aus Sammlungen
gebracht etc. Diese Gelder hätten, ihrer Bestimmung nach,
unter die aus ihrem Vaterlande Vertriebenen oder deren
Nachkommen und Erben vertheilt werden müssen, als unstrei-
tiges Eigenthum derselben, an welchem Niemand als sie Anspruch zu machen hatte; und wenn man es, wegen der
Schwierigkeit einer richtigen Vertheilung, gerathener fand, die
eingekommenen Gelder zu dem von König Friedrich Wilhelm I. im Jahre 1732 gestifteten Unterstützungsfonds von
2000 Thlr. Capital zu schlagen, so entstand eine Art von
Fidei-Commiss, dessen Renten keinem gebühren, als der
von der Familie der Salzburger Eingewanderten ist. Ueber
diese Renten kann also nicht anders, als zum Besten
der Salzburger Abkömmlinge disponirt werden. Es sind
aus ihnen bisher in den von Kg. Fr. Wilh. I. dazu geschenkten beiden Häusern zu Gumbinnen, ungefähr jährlich
150 hülfsbedürftige Salzburger höchstnothdürftig mit 8 Gr.,
16 Gr., 1 Thlr. bis 1 Thlr. 8 Gr. monatlich unterstützt und
ausserdem sind etwa 550 Thlr. jährlich unter verarmte Salzburger in der Provinz vertheilt worden; man kann ver-
doppeln und verdreifachen, was bisher gegeben
ist, ohne zu viel zu geben, und wenn wirklich auch
Ueberschüsse alljährlich bleiben, so müssen, mit Zuziehung der gewählten oder noch zu wählenden Vorsteher
der Interessenten, Einrichtungen zum Besten der ganzen

Colonie gemacht werden, die diese Ueberschüsse absor-
biren; zu anderen Zwecken können sie nicht verwendet
werden. Was dieserhalb in den früheren Berichten von
Recht des Staates über diese Fonds und ihre Aufkünfte aus
dem allgemeinen Landrecht angeführt worden, findet keine
Anwendung, weil der Fall, in welchem die Landesherrliche
Verfügung eintritt, nicht vorhanden ist, und wenn ferner in
den Berichten angezeigt worden, dass die Salzburger Abkömmlinge sich in der langen Reihe von Jahren durch Heirathen mit Eingeborenen so vermischt hätten, dass in vielen
Fällen kaum noch die Abkunft nachzuweisen sei, so wird
doch auch an andern Stellen angeführt, dass man die beab-
sichtigten Schulen in den Gegenden der Provinz anlegen
wolle, wo die meisten Salzburger wohnen; es muss also
deren noch viele geben und überhaupt ist es die alleinige
Sache desjenigen, der an den Renten und Vortheilen des
Salzburger Fonds theilnehmen will, seine Abkunft von einem
eingewanderten Salzburger nachzuweisen.

Hiernach kann also meine obenerwähnte Verfügung
über die Renten des Salzburger Fonds vom 12. Septbr. 1811
nicht bestehen; es müssen mit Zuziehung der Vorsteher der
Interessenten, andere, ausschliesslich zum Besten der
Interessenten abzweckende Vorschläge über die Verwendung der jährlichen Renten des Salzburger Fonds gemacht
und dabei muss von dem Grundsatz ausgegangen werden,
dass die Salzburger Colonisten als Hauptdisponenten über
die Aufkünfte dieses Gesammt-Eigenthums der Colonie anzusehen sind, mithin den ersten Vorschlag zu machen haben,
der hienächst von der Regierung und den betreffenden Mini-
sterien zu prüfen und nach Befinden der Umstände Mir zur
Genehmigung vorzulegen ist."

Schliesslich erklärt der König noch zur Gehaltsver-
besserung an den gelehrten Schulen in Tilsit und Gumbinnen für
jede Anstalt 700 Thlr. bewilligen zu wollen.

Somit war das die Colonie aufhebende Interimisticum
beendet, das Hospital wurde wieder hergestellt und die „Colonie"
selbst war wieder von höchster Stelle her anerkannt und zu
Ehren gebracht. Dass Schön sich durch diese Preisgebung seines
Reformvorschlages gekränkt fühlen musste — wer möchte das
dem eifrigen Patrioten allzusehr verargen?

Verweilen wir noch einen Augenblick bei der Salzburger
Anstalt. Im weiteren Verlauf stellte sich die Nothwendigkeit eines
Wahlmodus der Vorsteher und eines ausführlichen Statuts für das
Hospital heraus; durch Ministerialrescript[1]) sollte in jedem Kreise

---

1) 24. Januar 1820.

des Departements ein von der Regierung zu bestätigender Wahlmann aus der Mitte der Salzburger ernannt und von diesen wiederum das Vorsteheramt der Anstalt bestimmt werden. Mit diesen Vorstehern wurde dann das Weitere vereinbart, die Zahl derselben wird auf vier festgesetzt, die Amtsdauer auf drei Jahre, ausserdem werden zwei Stellvertreter bestimmt. Bis zum Jahre 1830 sass ein Mitglied der Regierung[1]) auch in dem Vorstehercollegium, seit jener Zeit wird aber die Anstalt nur von den aus der Mitte der Salzburger selbst gewählten Vorstehern verwaltet, und zwar nach der Instruction wegen Verwaltung der Salzburger Coloniekasse (vom 9. Januar 1816) und des Entwurfs zum Anhange dieser Geschäfts-Instruction (vom 5. Mai 1834) unter der Firma: „Das Vorsteheramt der Salzburger Anstalt."

Die bei der im Jahre 1834 erfolgten Wahl der Vorsteher auftauchenden Zweifel und mannigfachen Widersprüche veranlassten dann eine neue Ministerialverfügung[2]), die die Errichtung eines festen Statuts anordnete, das, wie es jetzt vorliegt, in 107 Paragraphen abgefasst ist und über den Zweck der Anstalt, sowie auch über die Art der Verwaltung genau formulirte Punkte enthält[3]). Was den Etat des Hospitals betrifft, so lagen ausführliche Rechenschaftslegungen erst seit dem Jahre 1815 vor, das Capital hat sich seit jener Zeit nicht wesentlich verändert. Im Jahre 1815 war die Höhe der Summe auf 126857 Thlr. angegeben, nach dem Sessionsprotokoll vom 9. September 1818 auf 130000 Thlr. Am niedrigsten war seit 1815 der Stand des Capitals in dem Zeitraum von 1846—48, woselbst es mit 115983 Thlr. verzeichnet steht. Grund zu diesem Minus war der Brand[4]) und der Wiederaufbau des Hospitalgebäudes und einiger Wirthschaftshäuser gewesen, doch arbeitete sich das Capital langsam wieder empor; in den Etatsjahren 1876—78 ist das Stammcapital mit 375270 Mark angegeben.

Die Einkünfte haben sich ebenfalls nicht wesentlich verändert und bestehen aus den Zinsen der Hypothekencapitalien und Staatsschuldscheine, den Revenuen von den kleinen Grundstücken, die zum Hospital gehören, Ländereipacht etc. etc. Für die frühere Portofreiheit wurde, gemäss der Verfügung des General-Postamts (vom 14. Juli 1878) ein jährliches Aversum von 90 Thlr. bewilligt, dieses Privilegium wurde im Jahre 1874 mittelst Vertrages durch den achtzehnfachen Betrag mit 1620 Thlr. abgelöst, dieses Geld wurde auch dem Stammcapital zugeschlagen. Eine Zeit lang war der Anstalt auch von der Königlichen Regierungs-Hauptkasse eine Mahl- und Schlachtsteuervergütung in Höhe von 20 Thlr. zuge-

---

1) Der Regierungsdirector Fernow war bis zum 2. November 1830 Mitglied.
2) Den 13. September 1834.
3) cf. Krüger, S. 209 - 287.
4) Den 26. Mai 1843.

flossen[1]), die Absetzung dieses Postens erfolgte durch die laut Gesetz vom 1. Mai 1851 eingeführte Klassensteuer. Auch an kleinen Legaten fehlte es nicht; abgesehen von dem Melbeckschen Testament flossen zuweilen grössere oder kleinere Beiträge Seitens verschiedener bekannter[2]) oder unbekannter Wohlthäter der Kasse zu, die auch noch durch Almosenbeiträge geringen Zuwachs erhielt.

Die Ausgaben waren selbstverständlich grösseren Schwankungen ausgesetzt. Die Zahl der Hospitaliten war nicht immer dieselbe; um nur einige Beispiele hiervon zu geben, so wurden zur Zeit der Kassenübergabe verpflegt:

137 Personen innerhalb, 291 ausserhalb.

Im Jahre 1840: 150 „ „ 330 „
„ 1850: 150 „ „ 214 „

Im Jahre 1856 erhielten die Hospitaliten im Alter von 50 bis über 80 Jahre 1 Thlr. 15 Sgr., 1 Thlr. 20 Sgr., 1 Thlr. 25 Sgr. bis 2 Thlr. monatlich, je nach ihrer Bedürftigkeit und Würdigkeit; die ausserhalb des Hospitals Verpflegten empfingen monatliche Unterstützungen von 10 Sgr. an, ebenfalls bis zu 2 Thlr. Von diesen 214 Personen befand sich die Mehrzahl im Regierungsbezirk Gumbinnen, nur 30 im Königsberger Bezirk. Ueber die specielle Geschichte, Häuserankauf, Brand, Einrichtung in den Stuben, Erwerbungen, Bauten u. s. w. sei auf die mehrfach erwähnte Schrift Krüger's hingewiesen. Erwähnt sei noch, dass die Verwaltung neue Häuserchen zu den vom Könige geschenkten hinzu gekauft hat, ja sogar ein Kirchlein (für die Summe von 501 Thlr. 41 Gr.) im Jahre 1754 aufgebaut hat, das ungefähr 200 Personen fasste. Diese kleine Kirche war jedoch bereits im Jahre 1838 so baufällig geworden, dass sie abgetragen und zum Bau einer neuen Kirche geschritten werden musste.[3])

Im Anfang[4]) ist der specificirte Etat aus den einzelnen Etatsjahrgängen zusammengestellt; bei der Vergleichung der einzelnen Posten beklagen wir den armen Colonienachtwächter, der, während sonst alle Gehälter sich steigerten, von seinem ursprünglichen Gehalt von 20 Thlr. auf 6, eine Zeit lang sogar auf 2 Thaler herabgesetzt worden war.

Ein wichtiges Fest nicht nur für das Hospital, sondern auch für alle Salzburger in Preussen war das einhundertjährige Jubelfest der Einwanderung, das am 25. Juli 1832, am Jakobitage,

---

1) Durch die Verfügung vom 13. März 1739 und 12. März 1740.
2) Im Jahre 1832 schenkte u. a. Vogelreuter aus Darkehmen 300 Thlr.
3) Dieser im Jahre 1839 begonnene Bau wurde bereits im nächsten Jahre vollendet; die Kirche ist am 15. October 1840 eingeweiht, ihre Herstellung kostete der Anstalt 4252 Thlr. Eine Beschreibung derselben findet sich bei Krüger, Seite 258 ff.
4) Stat. Theil, cf. Nr. LXXXI.

gefeiert wurde. Nach Krüger[1]) war der Tag gewählt, an welchem vor 100 Jahren der erste Salzburger Trupp in Gumbinnen angekommen war. Zu Ehren des Tages war eine Denkmünze in Berlin geprägt worden, welche auf der Vorderseite die Gestalt der Borussia weist, wie sie einem vor ihr knieenden Salzburger eine Verleihungsurkunde überreicht. Die Umschrift lautet: „Mir neue Söhne. Euch ein neues Vaterland." Unten: „Aufgenommen den 25. Juli 1732." Die Rückseite trägt die Inschrift: „Zur einhundertjährigen Gedächtnissfeier der Aufnahme in Schutz und Glaubensfreiheit unter Preussischem Scepter Salzburgs vertriebene Söhne. Am 25. Juli 1832."

Die Hospitalfrage war ein wesentlicher Grund, dass die Salzburgernachkommen sich so lange als Glieder eines Gemeinwesens haben fühlen können; ihre Eigenthümlichkeiten an Sprache und Sitten sind erloschen, die Namen sind nicht immer massgebend, die ursprünglichen Wohnorte haben sie oftmals verändert, aber das Bewusstsein, gemeinsame Rechte zu besitzen, liess die meisten von ihnen die Salzburger Anstalt als den Brennpunkt betrachten, von dem aus es jedem Einzelnen von ihnen immer wieder entgegenleuchtet: Du bist auch ein Ast an jenem Baum, der vor langer Zeit in neue Erde versetzt worden ist. Niemand, auch der Begüterte nicht, nur der Thor, verzichtet gern auf Rechte, und wenn die Rechte eines Hospitals auch nur geringfügige sind, so ist doch oft genug fast an jeden Salzburger die Forderung herangetreten, mit dem Hospital in irgend eine Beziehung zu treten, wenn auch nur, um an der Wahl der Vorsteher sich auf irgend eine Art zu betheiligen. Das Statut (§ 14) bestimmt, dass jeder selbständige männliche Salzburger im Gumbinner und Königsberger Regierungsbezirk das Recht hat, Wahlmänner zu wählen, die wiederum ihrerseits die Vorsteher und Abgeordneten und Stellvertreter für das Hospital bestimmen. Von Wichtigkeit war es, einmal zu bestimmen, wie viele Salzburgernachkommen in Preussen lebten, wo sie weilten, wie sie hiessen.

Diese statistische Untersuchung wurde zuerst im Jahre 1834 vorgenommen, aber es stellten sich manche Hindernisse in den Weg. Zunächst die Art der Untersuchung und die allzukurze Frist, die hierzu anberaumt wurde: es sollten die Landräthe in acht Tagen die genauen Tabellen einreichen, was einzelne Beamte für eine Unmöglichkeit erklärten, wie z. B. der Landrath von

---

1) Ueber dieses Fest ist ebenfalls bei Krüger nachzuschlagen, der die bezüglichen Schilderungen dem Intelligenzblatt für Lithauen entnommen hat. S. 262 ff. Die Erklärung, warum der Jakobitag gerade gewählt ist, wird noch anders erklärt, cf. Anhang: Der Heerführerstab. LXXXII.

Goldapp, der aus einer über 24 Quadratmeilen sich ausdehnenden Einwohnerschaft die Nachkommenschaft der Salzburger herauslesen sollte. Die Masse der Salzburger kam dieser Untersuchung durchaus nicht entgegen, da sie damals noch gar nicht wusste, zu welchem Zwecke solch Nachweis verlangt wurde, im Gegentheil, in ihrem Misstrauen witterten sie neue Steuern, neue Lasten. Daher war das Ergebniss dieser Untersuchung ein höchst klägliches und mangelhaftes; man fand im Verhältniss zu der Salzburg'schen Bevölkerung in Preussen im Jahre 1734 oder gar 1744 ein auffallendes Minus vor, so dass man vor einem Räthsel der Statistik zu stehen glaubt. In ganz Ostpreussen, einschliesslich Lithauen, fanden sich nur 1736 Familien vor (also ca. 8575 Seelen), die ihre Abstammung von den Emigranten behaupteten.[1]) Als das Statut beendet war, sollte es zuerst den Wahlmännern der Salzburger zur Begutachtung vorgelegt werden, deshalb fand im Jahre 1743 eine abermalige, aber genauere Zählung statt, die denn auch über 4000 Salzburg'sche Familien mit ca. 20,000 Seelen nachwies.[2]) Auch dieses Resultat darf als noch nicht ganz zutreffend angesehen werden, wenn etwa die damalige Totalsumme aller Salzburger Nachkommen bestimmt werden sollte, denn viele Familien, vor allem die Descendenten der weiblichen Linie, konnten nicht mehr als Salzburger recognoscirt werden, viele waren auch bereits über die engeren Grenzen Ostpreussens nach dem Westen Preussens, „in das Reich" gezogen. Ich schätze nach ungefährer Rechnung die Zahl der im Jahre 1843 in Preussen weilenden Salzburger Nachkommen auf mindestens 25,000 und den Stand der heutigen Nachkommenschaft auf ca. 37,000 Seelen. Im Statistischen Theil ist eine Probe angegeben, wie stark die Salzburger sich in Lithauen vermehrt haben.[3]) Der Einwanderer Hans Käswurm hatte 12 Kinder, nur von einem Sohne, Veit, ist die Nachkommenschaft notirt, während die der anderen nicht weiter verfolgt worden ist. Veit hatte 7 Kinder, sein erster Sohn 12, dessen Erstgeborner 10 u. s. w. Im Ganzen beträgt die Nachkommenschaft von Veit 134 Glieder! die Hälfte hiervon waren Töchter; die Kinder, Enkel und Urenkel haben sich über fast ganz Lithauen verbreitet, in fast allen Städten Lithauens finden wir den Namen Käswurm, auch in Königsberg, auch weit über Preussen hinaus, in Süd-Deutschland z. B. in Darmstadt, sie sind verschwägert mit zahlreichen anderen Salzburgern und auch Nicht-Salzburger-

----

1) Im Jahre 1734 wurden 10,155 und zehn Jahre später 10,410 Salzburger allein in Lithauen, im Ganzen 12,264 gezählt. cf. oben.

2) Die Nebeneinanderstellung der beiden Zählungen von 1834 und 1843 cf. im Statist. Theil. T. 461.

3) Stat. Theil Nr. LXXXIII

Familien, u. a. mit der Familie v. Hoverbeck. Alle möglichen
Stände sind in der weitverzweigten Familie natürlich vertreten,
Handwerker, Aerzte, Geistliche, Landleute, Kaufleute. Wer sich
für solche Familienchronik interessirt, dem sei das Büchlein, das in
der Nota des Statist. Theils steht, bestens empfohlen. Aus dieser
Linie der Käswurm leben übrigens heutigen Tages einige siebenzig Personen.

Die „Colonie" als solche besteht nicht mehr; nur das
Hospital mit seinen Einrichtungen könnte als ein Nachklang des
früheren, theilweise selbstständigen und eigenthümlichen Gemeinwesens gelten. Die Fortentwickelung der Individuen ging in derselben Weise von Statten, wie die Berichte aus dem Jahre 1744
schliessen liessen. Tüchtige Arbeit ward das Hauptcharakteristi-
cum auch der Nachkommen jener Emigranten; viele haben es
zum Wohlstande gebracht, und können ein behagliches Leben
führen, einige wenige sind, gleichsam noch jetzt Existenzen aus
der Zeit der Stagnation, in Trägheit und Verdruss untergegangen.
Fast allen gemeinsam ist die Zähigkeit und Hartnäckigkeit der
Väter als Erbtheil vermacht; Hindernisse schrecken sie selten, reizen
sie vielmehr. Güte vermag manches, nicht Alles bei ihnen, Drohung
und Gewalt dagegen nur wenig. Bei aller Pietät gegen das er-
lauchte Fürstenhaus, dem sie ihr Alles in Preussen verdanken,
haben sie doch fast alle einen oft an Trotz streifenden demokra-
tischen Zug sich erhalten, der von ihrem Selbstgefühl spricht Dieses
stolze Selbstgefühl haben sie oft bewiesen und ausgesprochen, wie
z. B. in einem Schreiben an den König (28. April 1802), wenn
sie u. a. sagen: „es ist bekannt, dass die Salzburger Colonien
nach geschehener Erfahrung für die besten Wirthe in Lithauen
allergnädigst anerkannt sind. . . Die Salzburger haben noch
immer auf tüchtigen Bau der Gebäude und Unterhaltung derselben
beständig gesehen, die Beförderung der Ackercultur aufs möglichste
betrieben, die Viehzucht poussirt und kurz, auf alle nur ersinnliche Art für das Allerh. Interesse und das allgemeine Beste
gesorgt etc." Diese alten Nationaleigenthümlichkeiten haben
sich ein und ein halb Jahrhundert getreu erhalten. Dass wir in
den Söhnen noch deutlich den Charakter der Väter erblicken
können, das haben wir der, bis vor Kurzem noch ziemlich be-
merkbaren, Sitte zuzuschreiben, dass Salzburger nur Ehen ein-
gingen mit Salzburger Töchtern; in der neuesten Zeit ist auch
diese Eigenheit in den Städten immer mehr und mehr abhanden
gekommen.

In den Städten hat naturgemäss das Bewusstsein der
Zusammengehörigkeit eher nachgelassen, als auf dem Lande.
Vielfach erkennen wir die Salzburger noch an den Namen, oft
irrt auch der Rathende. Die Endung des Namens auf „—er"
zeigt nämlich oft, nicht immer, Salzburger Abstammung im Osten

an; ganz abgesehen von den allgemein auch bei den andern
Deutschen üblichen Namen, wie Schneider, Müller, auch Schindler,
Hofer etc., sind z. B. auch Namen wie Schawaller nicht Salz-
burgisch, letzteres Wort z. B. ist aus dem Französischen Che-
valier entstanden, ebenso Kampler aus Camplair etc. etc. Die
Umwandlung der Namen ist überhaupt eine grossartige. Schon
Göcking giebt gleich bei der Einwanderung der Salzburger nicht
bloss ganz verschiedene Schreibarten, sondern auch ganz andere
Fassungen desselben Namens, einige Namen haben oft gegen
30 verschiedene Formen. Um einige anzuführen: Lachner,
Lochner, Lechner, Lehner, Lackner, Lockner, Lekner, Löhner,
Lächner, Leigner, Legner etc. etc. — Zehendhofer, Zenthöfer,
Zenthuber; der frühere Name Lutzer, Lüntzer lautet jetzt in den
meisten Fällen Lörtzer; aus Eisberger ist Etzigsperger, Eider-
sperger oder Eittersperger geworden etc. Auf dem Lande sind
noch ganze Ortschaften anzutreffen, die nur Salzburger beherbergen; natürlich ist auf diese Weise oft die ganze Einwohnerschaft mit einander verwandt, wie z. B. in der ganzen Bevölkerung von Grablaucken fast nur zwei Namen zu finden sind,
Wiemer oder Wiebmer und Lottermoser.

　　Eigenthümlichkeiten in Haus und auf dem Acker sind fast
gänzlich geschwunden; zuweilen sieht man an den Gebäuden noch
Gallerien, die an die südländische Abstammung der Erbauer erinnern können. Die Lieder tönen, wie die der andern Nachbarschaft, zuweilen hört man noch einen Nachklang alter Weisen,
deren Beziehungen dem jetzigen Geschlechte nicht mehr geläufig
sein mögen, wie z. B.:

　　　„Wolln mal nach Holla fahren
　　　Nach ein Fuder Salz,
　　　Nach ein Fuder Schmalz,
　　　Nach ein Fuder Mandelkern,
　　　Das isst mei Hansel gar zu gern."
　　　　　　(Gumbinner Umgegend.)

　　Dieses „Holla" ist jedenfalls das alte Wort Hallein. Eine
bezeichnende Begrüssungswendung des Salzburgers ist die charak-
terisirende Frage: was ihm Gutes gebracht werde? denn er hofft
nicht nur darauf, dass er der Nehmende sei, er verlangt auch,
dass die Gabe eine gute sei.

　　Das letzte Mal, als die Salzburger in Preussen öffentlich
hervortraten, war, als es galt, hässliche Angriffe auf ihre Voreltern
zurückzuweisen. Im Jahre 1863 wurde, durch die Bemühung des
Gustav-Adolphs-Vereins wesentlich gefördert, die erste protestan-
tische Kirche im Kammergute errichtet, ihr wurde auch die Unterstützung vieler Privatleute und Corporationen in Deutschland zu
Theil, wie z. B. die deutschen Künstler rege für diesen Kirchen-
bau gewirkt haben. In demselben Jahre besprach Pichler im VII.

und VIII. Hefte seiner Salzburgischen Landesgeschichte die Emigration in hämischer Weise. Der schon erwähnte Verfasser des
Aufsatzes in den „Grenzboten" (1865, 24. Jahrg. II. Sem.) empfindet
in seiner objectiven Auffassung eine gewisse Freude über den
„offenherzigen" Mann, der „fleissig vom Leder zu ziehen" ver-
steht, der da eifert gegen die „protestantischen Schalke, die
S. Ruperts heiliges Erbe durch das Gift ihrer Verleumdung so oft
geschändet haben." Der „Grenzbote" meint, dass jene Auffassungen am besten beweisen, welcher Schatz von Naivetät sich noch in
den österreichischen Bergen erhalten habe, und dass sie die Wahr-
nehmung bestätigen, dass zwischen der katholischen Bildung und
der unsrigen eine fast unausfüllbare Kluft herrsche. Ernster und
feierlicher fassten jenen Angriff die preussischen Salzburger auf.
Es fühlten sich die Vorsteher des alten Salzburgischen Colonie-
Instituts, des Hospitals, bewogen, als Sprecher der ganzen Nachkommenschaft der Salzburger Emigranten aufzutreten. Und sie
legten eine Lanze ein für die Ehre ihrer Vorfahren. Ihre Er-
widerung gegen Pichler ist abgedruckt in der „Salzburgischen
Zeitung" (20. Juni 1863); sie schliesst mit folgenden Worten:

> „Zwar hat die Geschichte längst über die Salzburger
> Auswanderung und ihre Ursachen, sowie darüber ihr Urtheil
> gefällt, durch wessen Schuld dieselbe veranlasst worden sei,
> und wir könnten daher in der Ueberzeugung, dass die Aus-
> führungen des Herrn G. A. Pichler das Urtheil der Geschichte
> über den unbescholtenen Charakter unserer Voreltern und
> ihre standhafte Glaubenstreue nicht umstossen werden, getrost
> zu seinen verspäteten Anschuldigungen schweigen, wenn uns
> nicht in dem Augenblicke, wo zu unserer innigsten Freude
> in der Landeshauptstadt S. selbst wieder eine evangelische
> Gemeinde sich gebildet hat, daran gelegen sein müsste, diesen
> unsern evangel. Brüdern gegenüber ein Zeugniss von der
> tiefen und dankbaren Verehrung abzulegen, die wir dem An-
> denken unserer um ihres Glaubens willen von Haus und Hof
> vertriebenen Salzburger Voreltern fortdauernd bewahren,
> deren Nachkommen zu sein wir stolz sind."

Fünftes Buch.

Anhang und statistischer Theil.

I.

Tabelle von den im lithauischen Departement befindlichen wüsten bäuerlichen, köllmischen und Chatoullhufen anno 1732.

Aemter.	Bäuerliche Hufen.			Köllmische Hufen.			Chatoull-hufen.			Summa.		
	Huf.	M.	R.	Huf.	M.	R.	Huf.	M.	R.	Huf.	M.	R.
A. Insterburger District.												
Brackupöhnen	3	—	179	10	—	—	22	16	212	35	17	91
Bredauen	11	23	133	—	—	—	—	—	—	11	23	133
Budupöhnen	2	—	—	—	—	—	—	—	—	2	—	—
Budwetschen	12	—	204³/₄	6	—	—	—	—	—	18	—	204³/₄
Boylen	2	—	—	3	29	150	—	—	—	5	29	150
Dantzkehmen	4	15	—	—	—	—	—	—	—	4	15	—
Dinglaucken	—	—	—	3	—	—	—	—	—	3	—	—
Gaudischkehmen	1	15	—	—	—	—	—	—	—	1	15	—
Georgenburg	—	—	—	—	—	—	31	13	97	31	13	97
Göritten	9	—	202	—	—	—	—	—	—	9	—	202
Gudwallen	—	—	—	8	19	—	—	—	—	8	19	—
Holzflössamt	16	24	96¹/₂	20	—	—	—	—	—	36	24	96¹/₂
Jurgaitschen	—	—	—	—	—	—	—	—	—	—	—	—
Kattenau	2	—	—	—	—	—	—	—	—	2	—	—
Kiauten	8	22	210	1	—	—	1	—	—	10	22	210
Königsfelde	—	—	—	—	—	—	—	—	—	—	—	—
Kussen	7	—	—	10	23	293	12	—	7	29	24	—
Lappöhnen	—	—	—	3	15	—	38	22	10	42	7	10
Mattischkehmen	—	—	—	—	—	—	—	—	—	—	—	—
Maygunischken	3	6	—	—	—	—	—	—	—	3	6	—
Moulienen	—	—	—	—	—	—	3	7	13¹/₃	3	7	13¹/₂
Plicken	—	—	—	—	—	—	—	—	—	—	—	—
Saalau	—	—	—	—	—	—	26	13	150	26	13	150
Latus	82	26	125¹/₄	66	27	143	135	13	15¹/₃	285	6	283⁷/₁₂

Aemter.	Bäuerliche Hufen.			Köllmische Hufen.			Chatoull-hufen.			Summa.		
	Huf. M.		R.	Huf. M.		R.	Huf. M.		R.	Huf. M.		R.
Transport	82	27	125¼	66	26	143	135	13	15⅓	285	6	283⁷⁄₁₂
Stannaitschen	—	—	—	2	—	—	4	—	—	6	—	—
Szirgupöhnen	—	—	—	—	—	—	5	23	—	5	23	—
Stutamt	1	—	—	—	—	—	—	—	—	1	—	—
Waldauckadel	3	13	171	9	—	—	—	—	—	12	13	171
Weedern	—	—	—	4	—	—	—	—	—	4	—	—
Summa	87	9	296¼	81	27	143	145	6	15⅓	314	13	154⁷⁄₁₂
B. Ragniter District.												
Althof-Ragnit	14	87	—	—	—	—	—	—	—	14	87	—
Dörschkehmen	6	—	—	7	—	—	17	—	—	30	—	—
Gerskullen	30	16	140	30	3	136½	1	25	—	62	14	276½
Grumbkowkaiten	22	—	—	7	15	—	13	22	—	21	29	—
Kasigkehmen	—	—	—	—	—	—	—	—	—	—	—	—
Lesgewangminnen	5	10	—	8	—	—	—	—	—	13	10	—
Löbegallen	—	17	70	20	19	—	12	5	150	33	11	220
Schreitlaucken	—	—	—	12	15	168	—	—	—	12	15	168
Uschpiaunen	1	18	—	4	15	—	—	—	—	6	3	—
Summa	45	7	297	93	23	4½	44	22	150	183	23	15½
C. Tilsiter District.												
Balgarden	136	27	—	4	—	—	12	22	100	153	19	100
Baubeln	20	15	—	—	—	—	—	—	—	20	15	—
Kukernese	—	—	—	—	—	—	—	—	—	—	—	—
Linkuhnen	—	—	—	—	—	—	—	—	—	—	—	—
Winge	13	15	—	—	—	—	1	18	—	15	3	—
Summa	170	27	—	4	—	—	14	10	100	189	7	100
D. Memeler District.												
Althof-Memel	—	—	—	—	—	—	—	—	—	—	—	—
Clemmenhol	60	15	—	—	—	—	—	—	—	60	15	—
Heidekrug	—	—	—	—	—	—	—	—	—	—	—	—
Pröculs	—	—	—	—	—	—	—	—	—	—	—	—
Russ	—	—	—	—	—	—	—	—	—	—	—	—
Summa	60	15	—	—	—	—	—	—	—	60	15	—

II. Specielle Tabelle der wüsten bäuerlichen Hufen.
A. Insterburger District.

1. Brackupöhnen: Antballen — Hufen 28 M. 153 R., Antmirehlen —. 20. 67, Wassantkehmen 1. 11. 259 = 3 H. — M. 179 R. (5 Kossäthenhöfe).
2. Bredauen: Dumbeln 2, Gr. Lengmeszken 2, Mehlkehmen 2. 15. 130, Ackmonienen 5. 8 = 11. 23. 130 (10 Bauernhöfe, 4 Kossäthenhöfe).
3. Budupöhnen: Eymenischken 1, Skardupöhnen 1 (2 Bauernhöfe).
4. Budwetschen: Ambraschkehmen —. 25. —, Auxlöpen —. 11. 211, Bartzkehmen 1. 19. 50, Wabbeln —. 15. 79, Eydtkuhnen 5. 6. —, Grablaucken 1, Grumblaucken—. 16. 108³/₄, Gudwethschen 1, Russen 1. 8. 140, Schillehlen 1. 9. 216.
5. Boylien: Stullgen 2.
6. Dantzkehmen: Deeden 1. 15, Raudohnen 5. (6, 15.).
7. Dinglaucken.
8. Gaudischkehmen.
9. Georgenburg.
10. Göritten: Norudszen 1, Schillenincken 1. —. 236, Uszballen —. 17. 266, Callweitschen 2, Hans Packmohr 2, Leponischken 1. 20.
11. Gudwallen.
12. Holzflössamt: Auxinnen 1. 11. 223, Gollubien 4. 10, Gordeicken —. 15. —, Loyen —. 15. 101¹/₂, Matznorkehmen 1. 20. 150, Präroschlehnen—. 11. 74, Sausleszowen 4. 26. 204, Skaisgirren —. 12. —, Stadtshausen 1. —. 120, Uppidamischken 1. 21. 124 = 16. 24. 90¹/₂.
13. Jurgaitschen.
14. Kattenau: Jentkutkampen 2.
15. Kiauten: Budzedehlen —. 10. 100, Caszemecken 1, Essergallen 1, Groblischken 1, Jurgaitschen —. 26. 18, Lenkischken 3, Roponatschen —. 16. 92, Wannaginnen 1 = 8. 22. 210.
16. Königsfelde.
17. Kussen: Kippen 4, Wittgirren 2, Pritzkehmen 1 = 7 Hufen.
18. Lappöhnen.
19. Mattischkehmen.
20. Maygunischken: Samelucken 1, Schmulken 1, (Mattischkehmen 1) = 2. 6. (3. 6.).
21. Moulienen.
22. Plicken.
23. Saalau.
24. Stannaitschen.
25. Szirgupöhnen.
26. Stutamt: Sanseitschen 1.

27. Waldauckadel: Alxnupöhnen 1, Andreschkehmen —. 15. —,
    Tollmingkehmen 1. 1. 180, Wirballen —. 26. 291 = 3. 22. 2 10.
28. Weedern.

B. Ragniter District.

29. Althof-Ragnit: Bludszen —. 11. 150, Dagutschen —. 2. 237.
30. Dörschkehmen: Kaylen 2, Kaunonen 2, Kumelupjen 2 = 6.
31. Gerskullen: Blendienen —. 18. 53, Beinigkehmen —. 15. 128,
    Boyken —. 13. —, Kauckwethen —. 26. 256, Petrat-
    schen 4. 3. —. In den Collas'schen Gütern incl. Krugacker:
    Laugallen 2, Krauleidehlen 3, Kulminnen 2.
32. Grumbkowkeiten: Paplinen —. 22. —.
33. Kasigkehmen.
34. Lesgewangminnen: Szurellen —. 10. —, Wingschnienen 5.
    = 5. 10.
35. Löbegallen: Daniel Beining (?) —. 17. 70.
36. Schreitlaucken.
37. Uschpiaunen: Tretzjacken —. 16. —, Doblindschen 1. 2 = 1. 18.

C. Tilsiter District.

38. Balgarden: Abud Bussey 1, Argeningken Graudschen 2. 15,
    Neu Argeningken 1. 15, Bartschen 1, Bartukeiten 3,
    Blindupöhnen 3, Birjohlen 1. 20, Budenincken 2, Brett-
    schneidern 1. 15, Erimaiten 2, Grinneiten 1, Schlunvillen 1,
    Giggarn Sckerswehten 4, Kauckweht Kludszen 1, Kermu-
    szaiten 2, Klipszen Redzen 3, Klischwehten —. 15. —,
    Kluidschwehten 4, Kattenuppen 1, Krauleidszen 2. 15,
    Lepalohten 3, Lipparten 2, Osznaggarn 3. 27, Palm-
    letten 6, Puppen 3. 15, Raukotienen 6. 15, Schacken
    Jederitten 3. 15, Schaulwehten 2. 15, Schaudinnen 1. 15,
    Schillgallen Kauszen 3, Schlekaiten 5. 15, Skambragken 4,
    Skrebutdigken 6, Szudden 3, Schillupitschen 3, Skar-
    dupöhnen —. 15. —, Taurothenen 5, Thulszenten 4,
    Trackeningken 1, Walseeden (?) 3, Tarpszigkinnen —. 15. —,
    Werschmeningken 1, Wilkerischken 4, Willkischken 1 =
    136 H. 27 M.
39. Baubeln: Akmonischken 3, Bardehnen 3, Culmen Jennen 2,
    Culmen Szarden 3, Culmen Wiedulaiten 1, Endrikaiten 1,
    Mantwillaiten 2, Mischpettern —. 15. —, Natkischken 2,
    Spingen 1, Witgirren 2 = 20 H. 15 M.
40. Kukernese.
41. Linkuhnen.
42. Winge: Deckinten 2 (an der Szanaitschen Grenze), Meisch-
    laugken 1, Packmohnen 2, Skerswehten 2, Steppon-
    Wannay —. 15. —, Werschmeningken 6 = 13. 15.

D. Memeler District.

Fehlt der Nachweis von Clemmenhof mit 60 H. 15 M.;
die übrigen Aemter haben laut der allgemeinen Tabelle keine
wüsten bäuerlichen Hufen.

III. Tabelle aus dem Jahre 1732.
Plan eines Anbaus.

Aemter.	Wie auf die bäuerl. und Chatoullhufen gebaut werden soll.					Anjetzo werden in Abschlag schon ganze Höfe gebaut.	Bleiben für das folgende Jahr zu bauen	
	Auf Bauerhufen.		Chatoullhufen zu 2 Hufen.	Summa				
	Höfe à 1 Hube.	Cossäthenhöfe.		an ganzen Höfen.	anCossäthenhöfen.		Ganze Höfe.	Cossäthenhöfe.
Insterburger District.								
Brackupöhnen	28	9	17	45	9	28	17	9
Budwetschen	10	7	—	10	7	—	10	7
Georgenburg	—	—	18	18	—	—	18	—
Göritten	10	2	—	10	2	—	10	2
Holzflössamt	8	12	—	8	12	—	8	12
Kattenau	10	1	—	10	11	—	10	1
Kiauten	1	1	—	1	1	—	1	1
Lappöhnen	7	—	17	24	—	—	24	—
Maygunischken	2	2	—	2	2	—	2	2
Moulienen	—	—	2	2	—	—	2	—
Saalau	—	—	8	8	—	—	8	—
Szirgupöhnen	—	—	6	6	—	—	6	—
Waldauckadel	4	1	—	4	1	2	2	1
Weedern	3	—	—	3	—	—	3	—
Ragniter District.								
Dörschkehmen	—	—	12	12	—	—	12	—
Gerskullen	14	2	4	18	2	—	18	2
Naujeninken	—	8	—	8	—	—	8	—
Grumbkowkaiten	—	1	2	2	1	—	2	1
Löbegallen	5	—	8	13	—	—	13	—
Uschpiaunen	1	1	—	1	1	—	1	1
Schreitlaucken	—	—	1	1	—	—	1	—
Ragniter District	20	12	27	47	12	—	47	12
Insterburger District	83	35	68	151	35	30	121	35
Summa Summarum	103	47	95	198	47	30	168	47

Im Insterburgschen und Ragnitschen sollen établirt werden:	Hierzu wird an Subsistenz erfordert vom 1. Aug. 1732 bis ult. Aug. 34:					macht anGeld nach der Kammertaxe.		
	Familien.	Roggen. à 10Scheff.	Gerste. à 1 Scheff.	Hafer. à 1 Scheff.	Erbsen. à10Scheff.	Thlr.	Gr.	Pf.
Auf ganze Höfe	168 à 6 Pers.	21000	2100	2100	525	10732	30	—
Auf Cossäthenhöfe	47 à 4 Pers.	3916 26²/₃	391 26²/₃	391 26²/₃	97 36³/₃	2001	76	12
Dazu wird zur Saat erfordert:	—	24916 26²/₃	2491 26²/₃	2491 26²/₃	622 36²/₃	12735	16	12
	—	5980	1993 13¹ₛ	3986 26²/₃	—	4208	13	6
Summa	—	30896 26²/₃	4485	6478¹/₃	622 36²/₃	16934	30	—

IV.

Summarische Tabelle der bei den Vorwerken lith. Departements von Salzburger, deutscher und lith. Nation anjetzo vorhandenen und gegen das festgesetzte Privilegium annoch fehlenden Gärtner.

(Im Jahre 1736.)

Aemter und Vorwerke.	Es sollen nach dem festgesetzten Principe sein: Gärtner.	Es sind vorhandene Gärtner:			Summa	Es fehlen also noch:
		Salzburger.	Deutsche.	Lithauer.		
Insterburger District.						
1 Brackupöhnen						
Brackupöhnen	9	7	2	—	9	—
Calbassen	5	2	3	—	5	—
2 Bredauen						
Bredauen	6	—	2	1	3	3
Cassuben	9	—	3	5	8	1
3 Budupöhnen						
Alt-Budupöhnen	7	4	2	1	7	—
Neu-Budupönhen	4	—	4	—	4	—
4 Budwetschen						
Budwetschen	8	—	8	—	8	—
Sodargen	8	2	8	—	8	—
5 Boylen						
Boylen	5	—	5	—	5	—
Wusterwitz	7	1	4	—	5	2
6 Dantzkehmen						
Dantzkehmen	6	—	6	—	6	—
Entzuhnen	2	3	—	—	3	—
7 Dinglaucken						
Dinglaucken	5	—	1	—	1	4
Grasgirren	8	4	3	4	11	—
8 Gaudischkehmen						
Gaudischkehmen	6	—	3	3	6	—
Althof	6	—	6	—	6	—
Zaupern	6	—	1	5	6	—
Siegmundshöfchen	2	2	—	—	2	—
Alt-Didlacken	—	—	—	—	—	—
Krusinn	—	—	—	—	—	—
Latus	109	25	61	19	103	10

Aemter und Vorwerke.	Es sollen nach dem festgesetzten Principe sein: Gärtner.	Es sind vorhandene Gärtner:			Summa.	Es fehlen also noch:
		Salzburger.	Deutsche.	Lithauer.		
Transport	109	25	61	19	103	10
9 Georgenburg						
Georgenburg	4	—	1	5	6	—
Zwion	5	—	3	3	6	—
Stablacken	1	—	1	—	1	—
10 Göritten						
Göritten	9	8	—	2	—	—
Gr. Uschballen	2	2	—	—	2	—
Kl. Uschballen	4	—	—	2	2	2
11 Gudwallen						
Gudwallen	5	—	5	1	6	—
Gailboden	6	—	4	2	6	—
Rogaischen	6	—	5	1	6	—
12 Holzflössamt	hat keine Vorwerke					
13 Jurgaitschen						
Jurgaitschen	10	—	9	2	7	3
Bratricken	9	—	5	3	8	1
Lenkimmen	6	—	4	—	4	2
14 Kattenau						
Alt-Kattenau	8	—	6	2	8	—
Neu-Kattenau	4	3	3	—	6	—
15 Kiauten						
Kiauten	8	—	8	—	8	—
Pablen	9	2	3	2	7	2
Kummentschen	4	—	—	3	3	1
16 Königstelde						
Königsfelde	8	3	5	—	8	—
Friedrichsberg	6	2	4	—	6	—
Wilhelmsberg	6	1	5	—	6	—
Cariotkehmen	2	2	—	—	2	—
17 Kussen						
Kussen	5	2	3	—	5	—
Meschkuppen	4	2	2	—	4	—
18 Lappöhnen						
Lappöhnen	6	2	—	4	6	—
Latus	246	54	137	51	226	21

Aemter und Vorwerke.	Es sollen nach dem festgesetzten Principe sein: Gärtner.	Es sind vorhandene Gärtner:			Summa.	Es fehlen also noch:
		Salzburger.	Deutsche.	Lithauer.		
Transport	246	54	137	51	226	21
19 Mattischkehmen						
Grünweitschen	6	4	—	2	6	—
Mattischkehmen	10	4	6	—	10	—
20 Maygunischken						
Maggunischken	6	—	6	—	6	—
Tellitzkehmen	2	4	—	—	4	—
21 Moulienen						
Moulienen	5	—	3	—	3	2
Pleinlaucken	8	—	2	1	3	5
22 Plicken						
Plicken	7	5	2	—	7	—
Perkallen	7	1	3	—	4	3
23 Saalau						
Saalau	5	—	3	3	6	—
Catrinlacken (?)	4	3	2	1	6	—
Auer (?)	2	—	1	1	2	—
24 Stannaitschen						
Stannaitschen	6	5	—	4	—	—
Kampischkehmen	8	6	2	1	—	—
Purpesseln	5	4	—	2	—	—
25 Szirgupöhnen						
Szirgupöhnen	6	} 7	5	2	14	—
Werdeln	7					
26 Waldauckadel						
Waldauckadel	6	—	3	1	4	2
Ballupöhnen	8	—	2	—	2	6
Szamonienen	5	—	1	4	2	3
27 Weedern						
Weedern	6	—	7	—	7	—
Szodehnen	8	—	7	1	8	—
Grünwalde	3	—	1	1	2	1
Summa	376	97	187	72	356	43

Aemter und Vorwerke.	Es sollen nach dem festgesetzten Principe sein: Gärtner.	Es sind vorhandene Gärtner:			Summa.	Es fehlen also noch:
		Salzburger.	Deutsche.	Lithauer.		
B. Im Insterburgschen.						
1 Althof-Ragnit						
Althof	10	7	8	2	17	—
Neuhof	10	7	1	6	4	—
Lobellen	8	—	2	—	2	6
2 Dörschkehmen						
Dörschkehmen	6	—	2	4	6	—
3 Gerskullen						
Gerskullen	7	2	6	—	8	—
Sommerau	5	1	5	1	7	—
Kallehnen	3	3	—	1	4	—
Naujeninken	6	2	—	—	2	4
Perkuhnen	4	4	—	—	4	—
Pallapken	4	2	2	—	4	—
Laugallen	4	2	—	—	2	2
4 Grumbkowkaiten						
Grumbkowkaiten	8	4	5	—	9	—
Girrehlischken	8	8	—	—	8	—
Jägerswalde	—	—	—	—	—	—
5 Kasigkehmen						
Kasigkehmen	4	2	1	1	4	—
Wischwill	3	2	—	—	2	1
Baltupöhnen	3	2	—	—	2	1
Nauseeden	3	—	1	—	1	2
6 Lesgewangminnen						
Lesgewangminnen	6	—	1	—	1	5
Kimschen	5	—	1	—	1	4
Skaticken	8	3	—	—	3	5
7 Löbegallen						
Löbegallen	7	—	—	—	—	—
Budupöhnen	4	—	—	—	—	—
Lasdehnen	4	—	—	—	—	—
8 Schreitlaucken						
Absteinen	4	3	1	2	6	—
Heidebruch	2	—	1	1	2	—
Schreitlaucken	8	4	2	2	8	—
Palompen	6	4	1	1	6	—
9 Uschpiaunen						
Uschpiaunen	8	—	8	—	8	—
Summa	158	62	48	21	131	30

Aemter und Vorwerke.	Es sollen nach dem festgesetzten Principe sein: Gärtner.	Es sind vorhandene Gärtner:			Summa.	Es fehlen also noch:
		Salzburger.	Deutsche.	Lithauer.		
Tilsiter District.						
1 Balgarden						
Balgarden	9	—	3	6	9	—
Senteinen	3	—	—	3	3	—
Passelgsten	6	—	4	3	6	—
2 Baublen						
Baublen	8	—	4	2	6	2
Grünheide	4	—	2	1	3	1
Jägstellen	2	—	—	—	—	2
3 Kukernese						
Kukernese	3	—	—	4	4	—
Neuhötchen	2	—	—	2	2	—
Sellen	1	—	—	2	2	—
Ginnischken	2	—	—	2	2	—
4 Linkuhnen						
Linkuhnen	6	—	—	6	6	—
5 Winge						
Winge	4	—	—	4	4	—
Summa	50	—	13	34	47	5
Memeler District.						
1 Althof-Memel						
Althof	—	—	—	—	—	—
2 Clemmenhof						
Clemmenhof	—	—	—	—	—	—
Neuhof	—	—	—	—	—	—
3 Heidekrug						
Heidekrug	4	—	—	—	—	4
4 Pröculs						
Pröculs	2	—	1	1	2	—
Summa	6	—	1	1	2	4
Totalsumme aus den vier Districten	590	159	249	128	536	82

V.

Zahl der von den Colonisten und Lithauern besetzten Hufen a. 1736.

Aemter.	I. Salzburger. H.	M.	R.	II. Schweizer. H.	M.	R.	III. Nassauer. H.	M.	R.	IV. Andere Deutsche. H.	M.	R.	Summa von II—IV. H.	M.	R.	Summa von I—IV. H.	M.	R.	Lithauer. H.	M.	R.	Totalsumme. H.	M.	R.
A. Insterburger District.																								
1 Althof-Insterburg	—	—	—	10	60	—	1	15	—	—	—	—	18	26	200	18	26	200	126	12	250	145	9	150
2 Brackupöhnen	29	23	258	2	—	—	—	—	—	—	—	—	78	28	72	108	22	30	152	13	42	261	5	72
3 Bredauen	57	2	253	1	—	—	—	—	—	—	—	—	143	26	227	200	29	180	214	23	127	415	23	7
4 Budupöhnen	14	—	—	6	—	—	69	45	188	—	—	—	90	20	276	104	20	276	115	20	15	220	10	291
5 Budwetschen	58	21	256	—	—	—	26	58	79	—	—	—	108	24	298	167	16	254	152	28	13	320	14	267
6 Boylen	1	4	156 1/2	1	21	128	—	—	—	—	—	—	71	2	16 1/2	72	6	173	37	23	51 1/4	109	29	224 1/4
7 Dantzkehmen	17	28	76	—	—	—	—	—	—	—	—	—	51	22	226 1/4	69	21	21 1/4	62	22	263 1/2	132	13	265 3/4
8 Dinglaucken	—	—	—	c. 13	—	—	2	—	—	—	—	—	85	28	217	85	28	217	83	19	60	169	17	277
9 Gaudischkehmen	2	—	—	28	4	294	24	19	154	—	—	—	70	10	85	72	16	85	91	2	207	163	18	292
10 Georgenburg	39	10	288 1/4	16	10	33	—	—	—	—	—	—	99	16	120	138	27	108 1/4	329	1	29 1/7	467	28	137 3/4
11 Göritten	47	22	239 3/4	—	—	—	—	—	—	—	—	—	54	19	164 1/4	102	12	104	149	16	273	251	29	77
12 Gudwallen	3	—	264	—	—	—	—	—	—	—	—	—	79	14	294 3/4	82	15	258 3/4	174	13	873 1/4	256	29	46 1/2
13 Holzflössamt	29	25	153	—	—	—	—	—	—	—	—	—	22	27	24	52	22	177	157	7	150	210	—	27
14 Jurgaitschen	—	22	269	—	—	—	—	—	—	—	—	—	100	28	64	101	21	33	214	11	198	316	2	231
15 Kattenau	29	22	150	—	—	—	—	—	—	—	—	—	110	19	8	140	11	158	129	15	—	269	26	158
16 Kiauten	69	12	276 1/2	—	—	—	—	—	—	—	—	—	125	10	33	194	23	9 1/2	148	20	102 1/4	343	13	111 3/4
17 Königsfelde	10	—	—	—	—	—	—	—	—	—	—	—	149	1	198	159	1	198	165	6	152	324	8	50
18 Kussen	21	6	3	—	—	—	—	—	—	—	—	—	52	18	137	73	24	140	104	19	147	178	13	287
19 Lappöhnen	43	25	177	26	—	—	—	—	—	—	—	—	47	25	135	91	21	12	164	4	95 1/2	255	25	107 1/2
20 Mattischkehmen	1	—	—	c. 30	—	—	—	—	—	—	—	—	69	6	22	72	1	22	92	13	286	164	15	8
21 Maygunischken	7	23	42	—	—	—	—	—	—	—	—	—	143	18	193	151	11	235	62	21	50 3/4	214	2	285 3/4
22 Moulienen	2	—	75	—	—	—	5	22	30	—	—	—	75	3	73 1/2	77	3	73 1/2	218	21	17 3/4	295	24	91 1/4
23 Plicken	4	20	75	—	—	—	—	—	—	—	—	—	92	29	241	97	20	16	43	28	269	141	18	285
24 Saalau	15	19	159 11/21	—	—	—	—	—	—	—	—	—	7	9	65 1/2	22	28	225 1/42	103	14	76	126	13	1 1/42

Aemter.	I. Salzburger. H.	M.	R.	II. Schweizer. H.	M.	R.	III. Nassauer. H.	M.	R.	IV. Andere Deutsche. H.	M.	R.	Summa von II—IV. H.	M.	R.	Summa von I—IV. H.	M.	R.	V. Lithauer. H.	M.	R.	Totalsumme I—V. H.	M.	R.
25 Stannaitschen	3	—	—	—	—	—	—	—	—	—	—	—	143	17	250	146	17	250	102	29	23	249	16	273
26 Szirgupöhnen	22	12	$256\frac{1}{2}$	c. 70	—	—	c. 40	—	—	—	—	—	143	8	$137\frac{1}{2}$	165	21	94	103	14	$118\frac{3}{4}$	269	5	$212\frac{3}{4}$
27 Tollmingkehmen	10	15	$144\frac{1}{5}$	—	—	—	—	—	—	—	—	—	91	30	286	102	16	$130\frac{1}{5}$	67	28	$98\frac{1}{4}$	170	14	$228\frac{9}{20}$
28 Waldauckadel	5	26	291	c. 70	—	—	70	—	—	—	—	—	141	9	$44\frac{1}{2}$	147	6	$35\frac{1}{2}$	89	28	$38\frac{1}{2}$	237	4	74
29 Weedern	6	3	—	2	—	—	c. 13	—	—	—	—	—	117	23	$172\frac{1}{4}$	123	26	$172\frac{1}{4}$	253	29	$178\frac{1}{3}$	377	26	$50\frac{7}{12}$
30 B. Althof-Ragnit	—	—	—	—	—	—	c. 13	—	—	—	—	—	96	5	$115\frac{1}{2}$	96	5	$115\frac{1}{2}$	202	13	$227\frac{1}{4}$	298	19	$42\frac{3}{4}$
31 Dörschkehmen	61	19	100	—	—	—	c. 23	—	—	—	—	—	122	20	193	184	9	293	180	8	$57\frac{1}{7}$	364	18	$50\frac{1}{7}$
32 Gerskullen	33	28	155	—	—	—	—	—	—	—	—	—	104	25	$235\frac{1}{2}$	138	24	$90\frac{1}{2}$	155	21	185	294	15	$275\frac{1}{2}$
33 Grumbkowkaiten	27	17	208	—	—	—	c. 5	—	—	—	—	—	58	6	79	85	23	287	271	27	12	357	20	299
34 Uschpiaunen	12	24	75	—	—	—	7	—	—	—	—	—	128	18	46	141	12	121	176	22	122	318	4	243
35 Kasigkehmen	—	17	75	—	—	—	—	—	—	—	—	—	18	21	$125\frac{3}{4}$	19	8	$200\frac{3}{4}$	94	4	$96\frac{1}{2}$	113	12	$296\frac{1}{4}$
36 Lesgewangminnen	1	15	—	—	—	—	—	—	—	—	—	—	24	29	100	26	14	100	132	2	96	158	16	196
37 Löbegallen	6	12	150	—	—	—	—	—	—	—	—	—	29	15	161	35	28	11	145	23	177	181	21	188
38 Schreitlaucken	—	—	—	—	—	—	—	—	—	—	—	—	40	28	250	40	28	250	153	17	163	194	16	113
39 Sommerau	1	25	—	—	—	—	—	—	—	—	—	—	—	—	—	1	25	—	109	17	$134\frac{1}{4}$	111	12	$134\frac{1}{4}$
40 C. Balgarden	15	—	—	—	—	—	—	—	—	15	—	—	53	7	150	68	7	150	181	14	150	249	22	—
41 Baublen	5	20	75	—	—	—	—	—	—	31	9	$186\frac{18}{77}$	31	9	$186\frac{18}{77}$	36	29	$261\frac{18}{77}$	274	35	62	311	25	$23\frac{18}{77}$
42—49 In den 7 rein lithauisch. Aemtern[1]	—	—	—	—	—	—	—	—	—	—	—	—	—	—	—	—	—	—	2658	3	$152\frac{1}{4}$	2658	3	$152\frac{1}{4}$
Summa[2])	721	22	$126\frac{1}{2}$	—	—	—	—	—	—	—	—	—	3300	28	222	3317	25	$28\frac{1}{2}$	8650	21	254	12653	13	$2\frac{1}{2}$

1) In Kukernese besitzen die 302 Lithauer 208 Hufen 14 Morgen $211\frac{1}{2}$ Ruthen, in Linkuhnen (ca. 200 Hufen?), in Winge die 358 Lithauer 224 Hufen 25 Morgen 177 Ruthen.

D. Im Memeler District: In Althof-Memel die 452 Lithauer 553 Hufen 10 Morgen $170\frac{3}{4}$ Ruthen, in Clemmenhof die 324 Lithauer 415 Hufen 2 Morgen $186\frac{1}{2}$ Ruthen, in Heidekrug die 455 Lithauer 308 Hufen 27 Morgen $124\frac{1}{2}$ Ruthen, in Pröculs die 629 Lithauer 512 Hufen 3 Morgen 4 Ruthen, in Russ die 373 Lithauer 235 Hufen 9 Morgen $168\frac{1}{2}$ Ruthen.

Die Hufe = 30 Morgen, der Morgen = 300 Ruthen.

2) Eine andere amtliche Zusammenstellung differirt ein wenig von dieser Totalsumme, indem sie angiebt: a) Salzburger Besitz = 716 Hufen 21 Morgen $26\frac{7}{12}$ Ruthen, b) von Nassauern, Schweizern und anderen Deutschen = 3333 Hufen 10 Morgen $76\frac{1}{2}$ Ruthen, c) Lithauer = 8153 Hufen 16 Morgen $141\frac{1}{2}$ Ruthen.

NB. Die kleinen Differenzen der Zahlen bei den Nummern 5, 35, 36, 38 zwischen Seite 57 und 58 und hier sind nach dieser letzten Aufstellung zu berichtigen.

VI.
Uebersichtstabelle über die Zahl der Ortschaften,
welche n u r von deutschen Colonisten und n i c h t von
Lithauern bewohnt wurden etc.
Im Jahre 1736.

Aemter.	Zahl der Dörfer.	Aemter.	Zahl der Dörfer.
1 Althof-Insterburg	1	Transport	44
2 Dantzkehmen	1	19 Waldauckadel	4
3 Gudwallen	1	20 Budupöhnen	5
4 Maygunischken	1	21 Gaudischkehmen	5
5 Lesgewangminnen	1	22 Göritten	5
6 Schreitlaucken	1	23 Kattenau	5
7 Grumbkowkaiten	2	24 Königsfelde	5
8 Löbegallen	2	25 Weedern	5
9 Brackupöhnen	3	26 Dörschkehmen	5
10 Kiauten	3	27 Bredauen	6
11 Plicken	3	28 Boylen	6
12 Althof-Ragnit	3	29 Szirgupöhnen	6
13 Uschpiaunen	3	30 Balgarden	6
14 Baublen	3	31 Jurgaitschen	7
15 Dinglaucken	4	32 Stannaitschen	7
16 Georgenburg	4	33 Holzflössamt	8
17 Lappöhnen	4	34 Budwetschen	9
18 Tollmingkehmen	4	35 Gerskullen	15
Latus	44	Summa	153

36 Kussen
37 Mattischkehmen
38 Moulienen
39 Saalau
40 Kasigkehmen
41 Sommerau
42 Pröculs

Aemter mit durchweg (von Colonisten
und Lithauern) gemischter Bevölkerung
in jeder einzelnen Ortschaft.

Nur lithauische Bevölkerung in den Aemtern:
43 Kukernese   44 Linkuhnen   45 Winge
46 Althof-Memel   47 Clemmenhof   48 Heidekrug
49 Russ.

VII.

Tabelle von den „guten" und „schlechten" Wirthen.

Aemter.	Salzb. Wirthe, gute.	Salzb. Wirthe, schlechte.	Schwz. Wirthe, gute.	Schwz. Wirthe, schlechte.	Nassauer Wirthe, gute.	Nassauer Wirthe, schlechte.	Dtsche Wirthe, gute.	Dtsche Wirthe, schlechte.	Summa der guten	Summa der schlechten Wirthe.	Lithauer Wirthe, gute.	Lithauer Wirthe, schlechte.	Total-summe der guten	Total-summe der schlechten Wirthe.
A. Insterburger District.														
Althof-Insterburg	—	—			16	5			16	5	71	71	87	76
Brackupöhnen	19	13			53	20			72	33	73	35	145	68
Bredauen	62	3			100	34			162	37	113	32	275	69
Budupöhnen	15	—			75	4			90	4	73	7	163	11
Budwetschen	54	4			71	22			125	26	100	15	225	41
Boylen	1	—			57	7			58	7	27	8	85	15
Dantzkehmen	17	5			35	4			52	9	39	7	91	16
Dinglaucken	—	—			60	3			60	3	58	5	118	8
Gaudischkehmen	2	—			58	6			60	6	75	17	135	23
Georgenburg	37	1			100	11			137	12	311	9	448	21
Göritten	46	5			35	6			81	11	98	13	179	24
Gudwallen	2	—			41	18			43	18	103	25	146	43
Holzflössamt	37	2			22	2			59	4	146	14	205	18
Jurgaitschen	1	—			77	12			78	12	148	24	225	37
Kattenau	32	2			74	19			106	21	69	17	175	38
Kiauten	71	4			108	9			179	13	103	20	282	33
Königsfelde	10	—			118	1			128	1	100	11	228	12
Kussen	14	6			23	21			37	27	47	34	84	61
Lappöhnen	42	2			36	7			78	9	130	11	208	20
Mattischkehmen	—	1			33	30			33	31	39	41	72	72
Maygunischken	8	1			84	49			92	50	37	16	129	66
Moulienen	2	—			62	1			64	1	169	5	233	6
Plicken	4	1			85	5			89	6	37	2	126	8
Saalau	13	—			9	1			22	1	110	16	132	17
Stannaitschen	2	1			112	14			114	15	101	7	215	22
Szirgupöhnen	21	1			133	13			154	14	74	15	228	29
Tollming-kehmen	7	4			77	15			84	19	38	17	122	36
Waldauckadel	10	—			113	9			123	9	61	4	184	13
Weedern	5	1			76	12			81	13	77	14	158	27

Aemter.	Salzb. Wirthe, gute	schlechte	Schwz. Wirthe, gute	schlechte	Nassauer Wirthe, gute	schlechte	Dtsche Wirthe, gute	schlechte	Summa der guten Wirthe.	schlechten	Lithauer Wirthe, gute	schlechte	Total-summe der guten Wirthe	schlechten
B. Ragniter District.														
Althof-Ragnit	—	—			58	34			58	34	140	62	198	96
Dörschkehmen	61	8			81	19			142	27	97	22	239	49
Gerskullen	42	8			69	18			111	26	98	20	209	46
Grumbkow-kaiten	20	—			36	8			56	8	191	50	247	58
Uschpiaunen	10	2			74	24			84	26	105	17	189	43
Kasigkehmen	1	—			26	2			27	2	147	1	174	3
Lesgewang-minnen	1	—			10	12			11	12	67	54	78	66
Löbegallen	6	—			23	7			29	7	139	5	168	12
Schreitlaucken	—	—			47	9			47	9	210	27	257	36
Sommerau	2	—			—	—			2	—	38	44	40	44
C. Tilsiter District.														
Balgarden	14	—			40	13			54	13	148	44	202	57
Baublen	4	—			36	5			40	5	354	58	394	63
Kukernese	—	—			—	—			—	—	202	100	202	100
Linkuhnen	—	—			—	—			—	—	(200)	—	(c. 200)	—
Winge	—	—			—	—			—	—	346	12	346	12
D. Memeler District.														
Althof-Memel	—	—			—	—			—	—	447	5	447	5
Clemmenhof	—	—			—	—			—	—	324	—	324	—
Heidekrug	—	—			—	—			—	—	333	122	333	122
Pröculs	—	—			3	—			3	—	586	40	586	40
Russ	—	—			—	—			—	—	373	—	373	—
Summa	695	75			2446	511			3141	586	7172	1195	10313	1781
	770				2957				3727		8367		12094	

18

VIII.
Zahl der von den Colonisten und Lithauern bewohnten Ortschaften a. 1736.

Aemter.	I. Salzburger.	II. Schweizer.	III. Nassauer.	IV. Andere Deutsche.	Summa von II—IV.	Summa von I—IV.	V. Lithauer.	Totalsumme aller Ortschaften.
A. District Insterburg.								
1 Althof-Insterburg	—	1	2	4	7	7	19	20
2 Brackupöhnen	8	2	—	14	14	20	22	25
3 Bredauen	16	1	—	32	32	34	40	46
4 Budupöhnen	3	2	—	21	22	23	18	23
5 Budwetschen	27	—	22	17	28	37	—	43
6 Boylen	1	2	5	15	15	15	10	16
7 Dantzkehmen	6	—	7	9	14	15	16	17
8 Dinglaucken	—	6	—	14	16	16	18	21
9 Gaudischkehmen	2	6	2	8	13	13	12	17
10 Georgenburg	9	4	14	22	28	30	55	59
11 Göritten	20	—	—	14	14	25	21	26
12 Gudwallen	2	—	—	24	24	24	33	34
13 Holzflössamt	5	—	—	14	14	19	32	40
14 Jurgaitschen	1	—	—	21	21	22	32	39
15 Kattenau	10	—	—	18	18	19	15	20
16 Kiauten	20	—	—	—	26	30	32	35
17 Königsfelde	3	—	—	—	28	30	29	34
18 Kussen	8	—	—	—	9	10	15	15
19 Lappöhnen	6	—	—	—	14	19	23	29
20 Mattischkehmen	1	4	—	6	7	7	9	9
21 Maygunischken	6	5	—	11	12	12	12	13
22 Moulienen	1	—	3	22	23	25	34	36
23 Plicken	5	—	—	—	13	13	10	13
24 Saalau	2	—	—	—	5	7	7	19
25 Stannaitschen	2	—	—	—	23	23	18	24
26 Szirgupöhnen	8	14	13	16	23	23	20	26
27 Tollmingkehmen	4	—	—	—	23	23	23	27
28 Waldauckadel	5	3	13	24	24	24	20	24
29 Weedern	2	1	8	22	23	24	18	27

Aemter.	I. Salzburger.	II. Schweizer.	III. Nassauer.	IV. Andere Deutsche.	Summa von II—IV.	Summa von I—IV.	V. Lithauer.	Totalsumme aller Ortschaften.
B. District Ragnit.								
30 Althof-Ragnit	—	—	—	—	27	27	36	42
31 Dörschkehmen	20	—	7	21	23	26	31	40
32 Gerskullen	11	—	—	—	38	38	36	51
33 Grumbkowkaiten	6	—	4	14	17	18	45	47
34 Uschpiaunen	8	—	5	20	20	22	25	28
35 Kasigkehmen	1	—	—	—	7	7	19	19
36 Lesgewangminnen	1	—	—	—	7	8	23	24
37 Löbegallen	5	—	—	—	10	12	25	27
38 Schreitlaucken	—	—	—	—	15	15	27	29
39 Sommerau	1	—	—	—	—	1	23	23
C. District Tilsit.								
40 Balgarden	2	—	—	—	24	26	52	58
41 Baubeln	1	—	—	—	14	15	58	59
42 Kukernese	—	—	—	—	—	—	29	29
43 Linkuhnen	—	—	—	—	—	—	c. 30	c. 30
44 Winge	—	—	—	—	—	—	37	37
D. District Memel.								
45 Althof-Memel	—	—	—	—	—	—	119	119
46 Clemmenhof	—	—	—	—	—	—	86	86
47 Heidekrug	—	—	—	—	—	—	71	71
48 Pröculs	—	—	—	3	3	3	104	104
49 Russ	—	—	—	—	—	—	50	50
Summa	239	51	105	360	738	804	996	1205

Beispiel zur Erläuterung der Tabelle.

Im Amte Althof-Insterburg werden 20 Ortschaften aufgeführt, in 19 von diesen wohnen Lithauer, in 7 deutsche Colonisten (nämlich an 1 Orte eine Schweizerfamilie, an 2 Orten Nassauer Familien, an 4 Orten andere Deutsche etc.). Summa: Es werden in allen Aemtern 1205 Ortschaften aufgeführt; 996 sind hievon von Lithauern bewohnt, 804 von deutschen Colonisten (nämlich 239 von Salzburgern, 51 von Schweizern, 105 von Nassauern, 360 von anderen Deutschen.)

IX. Specielle Nationalitäts-Tabelle aus den einzelnen Dörfern der Aemter Lithauens.

1. Amt Althof-Insterburg.

Dörfer.	Salzburger.	Schweizer.	Nassauer.	Andere Deutsche.	Summa.	Lithauer.	Totalsumme.
1 Ackmenischken	—	—	—	2	2	5	7
2 Pieragienen (Pieragen)	—	13	—	—	13	—	13
3 Schernupchen	—	—	—	1	1	4	5
4 Siegmundten	—	—	1	—	1	5	6
5 Stobingen	—	—	—	2	2	9	11
6 Tammowischken	—	—	1	—	1	18	19
7 Wittgirren	—	—	—	1	1	6	7
Summa	—	13	2	6	21	142[1])	163[1])

X. 2. Amt Brackupöhnen.

Dörfer.	Salzburger.	Schweizer.	Nassauer.	Andere Deutsche.	Summa.	Lithauer.	Totalsumme.
1 Antballen	2	—	—		2	5	7
2 Bednohren	2	—	1		3	5	8
3 Duden	3	—	—		3	3	6
4 Henskehmen	3	—	—		3	4	7
5 Kögsten	6	—	6		12	2	14
6 Kischenbannies	7	—	—		7	—	7
7 Wassandtkehmen	4	—	—		4	2	6
8 Werdehlischken	5	—	—		5	2	7
9 Brackupöhnen	—	12	1		13	1	14
10 Wandtlauszen	—	2	2		4	2	6
11 Belsen	—	—	4		4	4	8
12 Ederkehmen	—	—	2		2	9	11
13 Egleningken	—	—	2		2	8	10
14 Eimenischken	—	—	1		1	4	5
15 Jodszen	—	—	8		8	7	15
16 Malwischken	—	—	17		17	4	21
17 Plimballen	—	—	5		5	—	5
18 Wingerupchen	—	—	1		1	5	6
19 Wannagupchen	—	—	6		6	3	9
20 Zwirballen	—	—	3		3	2	5
Summa	32	14	59		105	108[2])	213[2])

1) Einschliesslich folgende andere Lithauer: Gr Abelischken 15, Auxkallen 13, Daupölcken 4, Gaitzuhnen 10, Kameswiecken 5, Kohlischken 7, Lengkeningken 4, Matteningken? 8, Platenischken 6, Skungirren 12, Uschblindschen 7, Worpillen 2, Wentzkowehten 2.

2) Einschliesslich Lithauer: in Antmirehlen 7, Budszunen 10, Gönischken 8, Grieben 8, Paperschen 3.

XI. 3. Amt Bredauen.

Dörfer.	Salzburger.	Schweizer.	Nassauer.	Andere Deutsche.	Summa.	Lithauer.	Totalsumme.
1 Ackmonienen	10	—	—		10	—	10
2 Antsodehnen (od. Ragainehnen)	2	—	1		3	4	7
3 Dumblen	7	—	5		12	2	14
4 Eglenischken	1	—	15		16	—	16
5 Gaydzen	1	—	3		4	2	6
6 Grigalischken	1	—	2		3	3	6
7 Jurgaitschen	2	—	1		3	3	6
8 Kallweitschen	4	—	—		4	10	14
9 Kickwieden	3	—	6		9	1	10
10 Gr. Lengmeschken	3	—	6		9	3	12
11 Mehlkehmen	5	—	—		5	8	13
12 Pillupöhnen	16	—	18		34	2	36
13 Podszohnen	3	—	13		16	5	21
14 Szabajeden	1	—	2		3	4	7
15 Szamaitkehmen	2	—	1		3	2	5
16 Taschittenen (Taschieten)	4	—	4		8	3	11
17 Krageningcken	—	1	1		—	—	2
18 Baltruschatschen	—	—	2		2	4	6
19 Bennullen	—	—	3		3	3	6
20 Bisdohnen	—	—	5		5	—	5
21 Daugelischken	—	—	1		1	—	1
22 Karcklienen	—	—	5		5	1	6
23 Kinderlaucken	—	—	5		5	1	6
24 Krauwutkehmen	—	—	2		2	3	5
25 Laukupöhnen	—	—	10		10	10	20
26 Mitzkaweitschen	—	—	3		3	5	8
27 Kl. Nassawen	—	—	1		1	5	6
28 Paadern	—	—	1		1	—	1
29 Pokarckeln	—	—	2		2	1	3
30 Schucklen	—	—	2		2	2	4
31 Semmettimmen	—	—	3		3	4	7
32 Szobaitschen	—	—	2		2	1	3
33 Susaitschen	—	—	2		2	2	4
34 Tauerkallen	—	—	2		2	3	5
35 Wiknaweitschen	—	—	4		4	3	7
Summa	65	1	133		199	145[1]	344[1]

1) Einschliesslich Lithauer: in Aschlaucken 4, Augusten 3, Datzkehmen 3, Görmischken (?) 5, Gudellen 4, Gr. Nassawen 7, Norwieden 2, Scheskehmen 8, Szudeicken 1, Wentzlowischken 7, Wohren 1.

XII. 4. Budupöhnen.

Dörfer.	Salzburger.	Schweizer.	Nassauer.	Andere Deutsche.	Summa.	Lithauer.	Totalsumme.
1 Kummeln	7	—		4	11	4	15
2 Radszen	6	—		6	12	8	20
3 Wittkampen	2	—		3	5	4	9
4 Nibbudszen	—	1		3	4	8	12
5 Skrobliehnen	—	6		—	6	—	6
6 Ambrackupöhnen	—	—		3	3	4	7
7 Ballienen	—	—		5	5	—	5
8 Bersteningken	—	—		3	3	—	3
9 Carmohnen	—	—		6	6	2	8
10 Chorbuden (od. Gudlen)	—	—		1	1	3	4
11 Chorempiauliehnen	—	—		1	1	2	3
12 Eymenischken	—	—		5	5	5	10
13 Klampupöhnen	—	—		5	5	—	5
14 Mingstimmen	—	—		4	4	3	7
15 Pakallnischken	—	—		1	1	6	7
16 Rudstannen	—	—		5	5	3	8
17 Schockwehten	—	—		3	3	3	6
18 Szulkinnen	—	—		2	2	—	2
19 Seekampen	—	—		2	2	8	10
20 Skardupöhnen	—	—		5	5	2	7
21 Uschballen	—	—		1	1	8	9
22 Warckallen	—	—		4	4	4	8
23 Mickuthelen	—	—		—	—	3	3
Summa	15	7		72	94	80	174

5. Budwetschen
6. Boylen   cfr. Specialtabellen.
7. Dantzkehmen

XIII. 8. Dinglaucken.

Dörfer.	Salzburger.	Schweizer.	Nassauer.	Andere Deutsche.	Summa.	Lithauer.	Totalsumne.
1 Esserischken	—	—		1	1	3	4
2 Gailupöhnen	—	—		4	4	2	6
3 Gudwainen	—	—		6	6	—	6
4 Ischdaggen	—	—		3	3	4	7
5 Kollathischken	—	2		—	2	8	10
6 Kiaulkehmen	—	4		—	4	1	5
7 Nemmersdorf	—	—		3	3	3	6
8 Plimballen	—	2		1	3	2	5
9 Rahnen	—	—		2	2	2	4
10 Stannen	—	2		2	4	—	4
11 Schilleningken	—	3		2	5	2	7
12 Stobricken	—	3		1	4	2	6
13 Gr. Szuschkehmen	—	—		8	8	10	18
14 Kl. Szuschkehmen	—	—		6	6	4	10
15 Tittnaggen	—	—		4	4	1	5
16 Tuttlen	—	—		4	4	—	4
Summa	—	16		47	63	63[1]	126[1]

XIV. 9. Gaudischkehmen.

Dörfer.	Salzburger.	Schweizer.	Nassauer.	Andere Deutsche.	Summa.	Lithauer.	Totalsumne.
1 Purwienen	1	—	—	6	7	1	8
2 Jänischken	1	—	—	2	3	15	18
3 Lampszeden	—	5	—	—	5	—	5
4 Mixlen	—	3	1	1	5	3	8
5 Packalehnen	—	7	—	—	7	—	7
6 Siemonischken (?)	—	6	1	—	7	—	7
7 Kl. Werschmenincken	—	4	—	—	4	—	4
8 Wingenincken	—	5	—	—	5	—	5
9 Gaudischkehmen	—	—	—	5	5	13	18
10 Kraupischkehmen	—	—	—	5	5	10	15
11 Lenckutschen	—	—	—	4	4	2	6
12 Szwirblen	—	—	—	6	6	3	9
13 Gr. Werschmenincken	—	—	—	3	3	11	14
14 Didlacken	—	—	—	—	—	8	8
15 Pablen	—	—	—	—	—	6	6
16 Peterkehmen	—	—	—	—	—	11	11
17 Szameitkehmen	—	—	—	—	—	9	9
Summa	2	30	2	32	66	92	158

1) Einschliesslich Lithauer: in Eggellaucken 2, Gerschwillaucken 3, Ganderkehmen 3, Reckeln 6, Wandlauszen 5.

XV. 10. Georgenburg.

Dörfer.	Salzburger.	Schweizer.	Nassauer.	Andere Deutsche.	Summa.	Lithauer.	Totalsumme.
1 Gaydzen	1	—	—	9	10	—	9
2 Rugcken	1	—	—	1	2	—	2
3 Seslacken	2	1	1	6	10	6	16
4 Errehlen	4	—	—	1	5	—	5
5 Gr. Schunckern	7	—	—	8	15	9	24
6 Kascheelen	8	—	—	—	8	—	8
7 Kl. Worningcken	10	—	—	—	10	1	11
8 Sakalehlen	3	—	—	—	3	3	6
9 Staggen	2	—	—	2	4	3	7
10 Neinischken	—	13	3	—	16	4	20
11 Szierandzen	—	4	—	2	6	6	12
12 Striegehnen	—	3	1	—	4	2	6
13 Auxkallen	—	—	5	—	5	7	12
14 Camszardzen	—	—	2	1	3	6	9
15 Gilischken	—	—	3	2	5	1	6
16 Georgenburgkehlen	—	—	1	1	2	9	11
17 Kl. Gerlaugcken	—	—	1	1	2	5	7
18 Lepalohten	—	—	2	—	2	4	6
19 Pleinlaugcken	—	—	5	3	7	11	18
20 Padroyen	—	—	1	1	2	9	11
21 Stancken	—	—	1	1	2	2	4
22 Uscheszern	—	—	1	1	2	3	5
23 Lauckagallen	—	—	1	—	1	4	5
24 Berschkallen	—	—	—	6	6	3	9
25 Guttaischen	—	—	—	1	1	2	3
26 Leipeningcken	—	—	—	2	2	14	16
27 Sterckeningcken	—	—	—	6	6	19	25
28 Tieslaucken	—	—	—	3	3	6	9
29 Weszeningcken	—	—	—	3	3	4	7
30 Budwetschen	—	—	—	1	1	6	7
Summa	38	21	28	62	149	320[1])	469

1) Einschliesslich der Lithauer: in Baragienen 2, Geswehten 5, Gr. Ger-
laucken 7, Kauschen 11, Skerdienen 4, Schnappen 4, Trioken 3, Gr. Witt-
szunen 5, Abschruten 7, Antargen 8, Bessen 10, Budupöhnen 3, Dirsen 3,
Jschdaggen 4, Kalckeningcken 6, Kamputschen 1, Kl. Schunckern 7, Lepinen 2,
Medukallen 6, Paskirslaucken (?) 3, Pagelienen 9, Pawarutschen 6, Perkunischken 6,
Pillwogallen 13, Pladden 6, Recketschen 3, Szacken 7, Warlen 6, Werxnen 8.

XVI. 11. Göritten.

Dörfer.	Salzburger.	Schweizer.	Nassauer.	Andere Deutsche.	Summa.	Lithauer.	Totalsumme.
1 Alexkehnen	1		2		2	9	11
2 Budwetschen	1		—		1	4	5
3 Calweitschen	2		—		2	5	7
4 Dotzuhnen	1		—		1	4	5
5 Dopöhnen	7		2		9	13	22
6 Hans Packmohr	2		2		4	3	7
7 Jogelaitschen	1		—		1	3	4
8 Leponischken	3		—		3	8	11
9 Mattlaugcken	1		2		3	—	3
10 Milluhnen	8		2		10	10	20
11 Norudzen	4		—		4	1	5
12 Plothen	1		2		3	—	3
13 Gr. Szodehnen	1		2		3	5	8
14 Schilleningken	4		—		4	—	—
15 Kl. Szodehnen	4		—		4	—	4
16 Uschballen	2		3		5	8	13
17 Absteinen	2		—		2	4	6
18 Kinderwetschen	2		—		2	7	9
19 Kl. Leponischken	2		—		2	4	6
20 Poetzlaugcken	2		1		3	6	9
21 Berninglaugcken	—		2		2	—	2
22 Matzkutschen	—		7		7	2	9
23 Petrikatschen	—		4		4	2	6
24 Gr. Wannagupchen	—		6		6	8	14
25 Waicksrudies	—		4		4	3	7
26 Eydtkuhnen	—		—		—	2	2
Summa	51		41		92	111	203

XVII. 12. Gudwallen.

Dörfer.	Salzburger.	Schweizer.	Nassauer.	Andere Deutsche.	Summa.	Lithauer.	Totalsumme.
1 Breszkehmen	1		2		3	1	4
2 Gr. Ragauen	1		8		9	6	15
3 Awiszen	—		1		1	3	4
4 Ballethen	—		6		6	2	8
5 Gr. Datzen	—		4		4	4	8
6 Kl. Datzen	—		1		1	2	3
7 Eszerningken	—		2		2	4	6
8 Eszergallen	—		2		2	3	5
9 Grablaugcken	—		2		2	4	6
10 Gelleseningcken	—		1		1	—	1
11 Gr. Grobienen	—		1		1	6	7
12 Krauleidszen	—		4		4	4	8
13 Kundschicken	—		2		2	6	8
14 Koszischken	—		2		2	2	4
15 Meeletschen	—		1		1	5	6
16 Notrienen	—		1		1	1	2
17 Paragawischken	—		1		1	4	5
18 Kl. Pruschillen	—		3		3	1	4
19 Kl. Ragauen	—		2		2	4	6
20 Schaugsten	—		2		2	1	3
21 Strapawischken	—		3		3	7	10
22 Szameitschen	—		2		2	2	4
23 Scherenischken	—		4		4	1	5
24 Spirocklen	—		2		2	2	4
Summa	2		59		61	128[1])	189[1])

1) Einschliesslich der Lithauer: in Abschirmeningcken 5, Camanten 4, Degellgirren 7, Gerwischlaugcken 4, Mallunuppen 7, Menturren 6. Muldslen 5, Gr. Pruschillen 7, Kl. Pelledauen 5, Schirlauähken 3.

XVIII. 13. Holzflössamt.

	Dörfer.	Salzburger.	Schweizer.	Nassauer.	Andere Deutsche.	Summa.	Lithauer.	Totalsumme.
1	Budweitschen	3		1		4	—	4
2	Dagutschen	7		--		7	—	7
3	Dobawen	7		2		9	—	9
4	Pelkawen	9		1		10	—	10
5	Szittkehmen	13		—		13	—	13
6	Billehnen	—		2		2	—	2
7	Bludzen	—		1		1	1	2
8	Blindgallen	—		2		2	1	3
9	Keppurdeggen	—		2		2	1	3
10	Kiegskehmen	—		1		1	3	4
11	Lenkupgen	—		1		1	7	8
12	Redigken	—		1		1	2	3
13	Ribbinischken	—		4		4	4	8
14	Sertegken	—		1		1	—	1
15	Szittkehmen	—		3		3	—	3
16	Wiszupöhnen	—		2		2	3	5
	Summa	39		24		63	160[1]	223[1]

1) Einschliesslich der Lithauer: in Abschiningken 2, Auxinnen 3, Auxkallnen 3, Badigkehmen 5, Blindischken 6, Eszergallen 5, Gallubien 10, Gordeika 5, Kuiken 4, Linnawen 5, Loyen 9, Matznokehmen 7, Matzutkehmen 10, Pablen 3, Pablindzen 5, Praszlaugken 5, Praeroschlehnen 5, Sauslesowen 14, Szertegken 4, Skaisgirren 9, Stadtshausen 7, Szabajeden 5, Thewelkehmen 5, Uppidamischken 2.

XIX. 14. Jurgaitschen.

Dörfer.	Salzburger.	Schweizer.	Nassauer.	Andere Deutsche.	Summa.	Lithauer.	Totalsumme.
1 Loppinnen	1		—		1	—	1
2 Auxinnen	—		5		5	4	9
3 Budwetschen	—		4		4	—	4
4 Dumblen	—		4		4	7	11
5 Didwischken	—		2		2	3	5
6 Jodeglienen	—		10		10	—	10
7 Ilgossen	—		1		1	7	8
8 Kannelen	—		6		6	—	6
9 Kurschen	—		2		2	2	4
10 Kuynen	—		4		4	5	9
11 Lolidimmen	—		2		2	1	3
12 Missen	—		1		1	4	5
13 Menturren	—		5		5	—	5
14 Muldszehlen	—		3		3	2	5
15 Pothkehmen	—		3		3	—	3
16 Petri Neusass	—		5		5	3	8
17 Socallen	—		5		5	—	5
18 Scheppetschen	—		7		7	1	8
19 Schillehlen	—		2		2	11	13
20 Schwirgschen	—		8		8	3	11
21 Tarputschen	—		1		1	5	6
22 Wischtecken	—		9		9	4	13
Summa	1		89		90	172[1])	262[1])

1) Einschliesslich der Lithauer: in Astrawischken 11, Daubarren 5, Juga Neusass 10, Kalwischken 7, Kandzen 7, Kaucken 5, Karcklienen 8, Kruschinnen 5, Loppinnen 6, Labiowischken 6, Lasdienen 10, Lengkimmen 3, Lengwetschen 4, Raguszen 2, Schuppinnen 4, Sodehnen 11, Werschen 6.

XX. 15. Kattenau.

Dörfer.	Salzburger.	Schweizer.	Nassauer.	Andere Deutsche.	Summa.	Lithauer.	Totalsumme.
1 Jentkutkampen	6		15		21	5	26
2 Jucknakampen	3		2		5	14	19
3 Kattenau	3		4		7	19	26
4 Noruschuppen	1		—		1	6	7
5 Schilleningken	3		10		13	8	21
6 Schwirrgallen	8		2		10	9	19
7 Stelischken	1		3		4	4	8
8 Tutschen[1]	6		4		10	7	17
9 Uschdeggen	2		10		12	1	13
10 Walleykehmen	1		1		2	3	5
11 Bersbrueden	—		5		5	1	6
12 Digimmen	—		3		3	—	3
13 Dreweningken	—		7		7	—	7
14 Kiaulacken	—		7		7	—	7
15 Romanuppen	—		8		8	—	8
16 Schirrmeyen	—		3		3	3	6
17 Schillgallen	—		2		2	2	4
18 Schwentakehmen	—		3		3	—	3
19 Willkinnen	—		4		4	1	5
20 Strehlkehmen	—		—		—	3	3
Summa	34		93		127	86	213

[1] Viele dieser Ortsnamen sucht man vergebens in der von mir zum Vergleich jedesmal nachgeschlagenen „vollständigen Topographie des Königreich Preussen" etc. Der Grund hievon liegt meist darin, dass diese Orte häufig zwei Namen tragen, Goldb. aber oft nur den einen anführt, wie z. B. für Tutschen-Waldauckadel. Die meisten Ortsnamen am XXIV. 19 Amt Lappöhnen sind bei Goldb. unter Ostpr. Kammer-Depart. nachzuschlagen. Die nicht in Goldbeck vorgefundenen Namen sind mit (?) versehen.

XXI. 16. Kiauten.

	Dörfer.	Salzburger.	Franken.	Nassauer.	Andere Deutsche.	Summa.	Lithauer und Polnische.	Totalsumme.
1	Budszedehlen	6		1		7	1	8
2	Caszemecken	6		8		14	—	14
3	Collnischken	2		5		7	4	11
4	Eszergallen	4		—		4	8	12
5	Gawaiten	4		3		7	6	13
6	Gelleszuhnen	4		—		4	4	8
7	Grischkehmen	2		9		11	1	12
8	Groblischken	5		5		10	4	14
9	Gulbenischken	4		2		6	4	10
10	Jörkischken	1		2		3	4	7
11	Jurgaitschen	4		—		4	2	6
12	Kurnehnen	1		—		1	7	8
13	Lenkischken	11		8		19	2	21
14	Pelludzen	2		1		3	5	8
15	Plawischken	1		6		7	5	12
16	Ropponatschen	4		—		4	1	5
17	Rominten	7		9		16	7	23
18	Stukatschen	1		3		4	4	8
19	Szardeningken	2		8		10	—	10
20	Texeln	1		2		3	6	9
21	Wannaginnen	3		5		8	2	10
22	Ballupöhnen	—		2		2	2	4
23	Budwehtschen	—		3		3	4	7
24	Butkuhnen	—		9		9	7	16
25	Daggkehnen	—		7		7	3	10
26	Egglenischken	—		11		11	—	11
27	Kuycken	—		1		1	3	4
28	Loyken	—		2		2	4	6
29	Stumbern	—		2		2	2	4
30	Szeldtkehmen	—		2		2	3	5
31	Warckallen	—		1		1	4	5
	Summa	75		117		192	123[1]	315[1]

1) Einschliesslich in: Meschkerupien 3, Pietraschen 2, Schuycken 2, Trackischken 5.

XXII. 17. Königsfelde.

Dörfer.	Salzburger.	Franken.	Nassauer.	Andere Deutsche.	Summe.	Lithauer.	Totalsumme.
1 Arawischken	—		1		1	8	9
2 Abschirmeningcken	—		5		5	8	13
3 Bindszuhnen	—		3		3	2	5
4 Carjotkehmen	—		11		11	4	15
5 Dumblen	—		1		1	2	3
6 Dittschiddern	—		4		4	—	4
7 Kl. Guddellen	—		5		5	2	7
8 Gr. Guddellen	6		7		13	5	18
9 Iwniszken (Jewohnischken?)	—		3		3	—	3
10 Jodszuhnen	—		—		—	6	6
11 Koleliszken	—		2		2	1	3
12 Kuddern	—		2		2	4	6
13 Kermuszinen	3		3		6	1	7
14 Kolpacken	—		11		11	1	12
15 Murgiszken	—		7		7	4	11
16 Maszuren (?)	—		6		6	—	6
17 Malleiken	—		—		—	9	9
18 Raudohnen	—		1		1	4	5
19 Ramoschen (?)	—		5		5	4	9
20 Skalliszkehmen	—		2		2	3	5
21 Schaltinen	—		3		3	4	7
22 Schudischken	—		6		6	3	9
23 Skarupchen	—		—		—	4	4
24 Szamaitzen	—		2		2	5	7
25 Stonupöhnen	—		4		4	4	8
26 Szeeben	—		4		4	1	5
27 Schlaugen	—		3		3	2	5
28 Tautszillen	—		3		3	2	5
29 Uszdumblen	—		—		—	5	5
30 Wittgirren	—		4		4	1	5
31 Wittgirren i. Kiautschen	—		6		6	—	6
32 Wohrellen	—		1		1	7	8
33 Wilkutschen	—		—		—	5	5
34 Zodszen	1		4		5	—	5
Summa	10		119		129	111	240

XXIII. 18. Kussen.

Dörfer.	Salzburger.	Schweizer.	Nassauer.	Andere Deutsche.	Summa.	Lithauer.	Totalsumme.
1 Abschruten	3		4		7	3	10
2 Bludzen	1		—		1	3	4
3 Kiggen	5		3		8	7	15
4 Kussen	1		17		18	3	21
5 Draugupöhnen	2		10		12	3	15
6 Bruszen	—		1		1	10	11
7 Spullen	2		1		3	11	14
8 Pritzkehnen	—		2		2	3	5
9 Wallindszen	2		4		6	1	7
10 Wittgirren	4		2		6	2	8
Summa	20		44		64	81[1])	145[1])

XXIV. 19. Lappöhnen.

Dörfer.	Salzburger.	Schweizer.	Nassauer.	Andere Deutsche.	Summa.	Lithauer.	Totalsumme.
1 Kl. Aulowehnen (?)	11		6		17	1	18
2 Malwischken	4		—		4	—	4
3 Warglaucken (?)	5		—		5	—	5
4 Schruben (?)	4		—		4	—	4
5 Skardupöhnen	12		—		12	—	12
6 Wasserlaucken	8		—		8	5	13
7 Gayden	—		2		2	4	6
8 Jennen	—		1		1	6	7
9 Naggen	—		1		1	4	5
10 Papuszienen	—		2		2	3	5
11 Uschupöhnen	—		1		1	2	3
12 Gr. Warkau	—		11		11	7	18
13 Mittel Warkau	—		6		6	4	10
14 Klein Warkau	—		3		3	5	8
15 Ackminischken	—		1		1	8	9
16 Schweinnen	—		2		2	13	15
17 Staggen	—		3		3	11	14
18 Szemlaugcken	—		2		2	8	10
19 Wilschicken	—		2		2	11	13
Summa	44		43		87	141[2])	228[1])

1) Einschliesslich der Lithauer: in Budupöhnen 10, Mingstimmen 4, Urblaugken 9, Eimenischken 4, Wischtaggen 8.

2) Einschliesslich der Lithauer: in Budwetschen 4, Kemsen 3, Paducken 6, Rauben 4, Bersziupjen 7, Gerlaugcken 7, Schuicken 3, Schupinnen 6, Tobonken 6, Popelcken 3.

XXV. 20. Mattischkehmen.

Dörfer.	Salzburger.	Schweizer.	Nassauer.	Andere Deutsche.	Summa.	Lithauer.	Totalsumme.
1 Augstupöhnen	1	—		9	10	16	26
2 Jodzuhnen	—	3		5	8	8	16
3 Kartzamupchen	—	—		4	4	13	17
4 Gr. Kulligkehmen	—	5		11	16	13	29
5 Kl. Kulligkehmen	—	6		—	6	9	15
6 Nestonkehmen	—	18		1	19	4	23
7 Rudbardzen	—	—		1	1	5	6
Summa	1	32		31	64	80[1])	144[1])

XXVI. 21. Maygunischken.

Dörfer.	Salzburger.	Schweizer.	Pfälzer.	Nassauer und andere Deutsche.	Summa.	Lithauer.	Totalsumme.
1 Drutischken	1	1	6	—	8	—	8
2 Eglenischken oder Schöstocken	1	—	—	11	12	2	14
3 Praslaucken	3	4	—	20	27	6	33
4 Schmulken	1	—	—	13	14	2	16
5 Szurkupjen	2	—	—	6	8	5	13
6 Walterkehmen	1	4	—	5	10	6	16
7 Budszedszen	—	14	13	—	27	4	31
8 Jogelehnen?	—	—	—	3	3	2	5
9 Maygunischken	—	—	—	4	4	9	13
10 Pillkallen	—	—	—	6	6	1	7
11 Sameucken	—	—	—	5	5	7	12
12 Tellitzkehmen	—	—	—	11	11	5	16
13 Warschlegen	—	7	—	—	7	4	11
Summa	9	30	19	84	142	53	195

1) Einschliesslich der Lithauer in Grünweitschen und Ribbenen.

19

XXVII. 22. Moulienen.

Dörfer.	Salzburger.	Schweizer.	Nassauer.	Andere Deutsche.	Summa.	Lithauer.	Totalsumme.
1 Auxkallen	2	—	1	3	6	4	10
2 Augstgirren	—	—	3	—	3	3	6
3 Antschöckstupöhnen	—	—	1	—	1	2	3
4 Abschruthen	—	—	—	1	1	4	5
5 Ballupöhnen	—	—	—	1	1	6	7
6 Bednohren	—	—	—	1	1	2	3
7 Gr. Niebudschen	—	—	—	1	1	5	6
8 Girrehnen	—	—	—	14	14	3	17
9 Kauschen	—	—	—	4	4	3	7
10 Kubillen	—	—	—	1	1	3	4
11 Kundern	—	—	—	1	1	3	4
12 Laugallen	—	—	—	3	3	4	7
13 Lepolohten	—	—	—	1	1	7	8
14 Meduckallen	—	—	—	1	1	4	5
15 Pellenincken	—	—	—	2	2	11	13
16 Pilkallen	—	—	—	2	2	4	6
17 Plimballen	—	—	—	2	2	3	5
18 Sauskeppen	—	—	—	2	2	2	4
19 Szaugwehten	—	—	—	1	1	4	5
20 Stablacken	—	—	—	3	3	3	6
21 Spirginnen	—	—	—	2	2	3	5
22 Schuppinnen	—	—	—	3	3	8	11
23 Sassupöhnen	—	—	—	1	1	4	5
24 Skrusden	—	—	—	3	3	2	5
25 Warnen	—	—	—	5	5	6	11
Summa	2	—	5	58	65	174[1]	239[1]

1) Einschliesslich der Lithauer: in Budenincken 8, Bindszohnen 10, Ischdaggen 3, Kl. Niebudschen 6, Kuttkuhnen 9, Kerstupöhnen 10, Matternincken 4, Opelischken 6, Paschlaitschen 5, Paudtkantschen 8, Skardupöhnen 2.

XXVIII. 23. Plicken.

Dörfer.	Salzburger.	Schweizer.	Nassauer.	Andere Deutsche.	Summa.	Lithauer.	Totalsumme.
1 Bibehlen	1		9		10	1	11
2 Waywern oder Schillupchen	1		5		6	3	9
3 Gurnen	1		7		8	3	11
4 Skardupchen	1		6		7	4	11
5 Schmilgen	1		8		9	4	13
6 Berschkunen	—		15		15	—	15
7 Gertschen	—		8		8	6	14
8 Kaylen	—		4		4	—	4
9 Naujeningcken	—		7		7	1	8
10 Thuren oder Schwirgallen	—		8		8	1	9
11 Szameitschen	—		9		9	—	9
12 Szudeicken	—		1		1	11	12
13 Wilkoschen	—		3		3	5	8
Summa	5		90		95	39	134

XXIX. 24. Saalau.

Dörfer.	Salzburger.	Schweizer.	Franken.	Andere Deutsche.	Summa.	Lithauer.	Totalsumme.
1 Pusberskallen	2		—		2	2	4
2 Lindicken	11		—		11	9	20
3 Laszeningken	—		3		3	31	34
4 Patimbern	—		1		1	3	4
5 Simonen	—		2		2	20	22
6 Wanniglaucken	—		2		2	6	8
7 Wirblen	—		2		2	14	16
Summa	13		10		23	126[1]	149[1]

1) Einschliesslich der Lithauer in 12 lediglich lithauischen Ortschaften.

XXX. 25. Stannaitschen.

Dörfer.	Salzburger.	Schweizer.	Nassau-Sieger.	Andere Deutsche.	Summa.	Lithauer.	Totalsumme.
1 Kampischkehmen	1	.	12		13	—	13
2 Szabatzunen	2		2		4	5	9
3 Berschkurren	—		16		16	6	22
4 Budwetschen	—		5		5	—	5
5 Eszerningcken	—		7		7	4	11
6 Gerwischkehmen	—		7		7	16	23
7 Jessen	—		2		2	7	9
8 Jodupchen	—		2		2	7	9
9 Ischdaggen	—		2		2	1	3
10 Judtschen	—		11		11	—	11
11 Kasenowsken	—		4		4	3	7
12 Kublen	—		7		7	—	7
13 Laugallen	—		3		3	4	7
14 Lenckaitschen	—		3		3	8	11
15 Luschen	—		4		4	2	6
16 Norbuden	—		5		5	7	12
17 Poetschkehmen	—		5		5	5	10
18 Rudupöhnen	—		8		8	—	8
19 Sampuwen	—		2		2	3	5
20 Stannaitschen	—		2		2	13	15
21 Szemkuhnen	—		8		8	—	8
22 Tarpupöhnen	—		3		3	9	12
23 Uszupöhnen	—		6		6	4	10
24 Jodschleitschen	—		—		—	4	4
Summa	3		126		129	108	237

26. Szirgupöhnen cfr. Specialtabelle.

XXXI. 27. Tollmingkehmen.

Dörfer.	Salzburger.	Pfälzer.	Nassauer. Deutsche.		Summa.	Lithauer.	Totalsumme.
1 Bugdszen	5	—		6	11	1	12
2 Kiaunen	2	—		5	7	4	11
3 Motzkuhnen	3	—		1	4	2	6
4 Schwentischken	1	2		2	5	2	7
5 Pöwegallen	—	1		6	7	1	8
6 Picklau (Pickeln)	—	2		6	8	1	9
7 Baublen	—	—		4	4	1	5
8 Czerwonnen	—	—		3	3	—	3
9 Didzulischken	—	—		5	5	11	16
10 Germinkehmen	—	—		2	2	—	2
11 Leegen	—	—		3	3	1	4
12 Ischlauszen	—	—		2	2	—	2
13 Messeeden	—	—		3	3	2	5
14 Martischen	—	—		4	4	1	5
15 Makunischken	—	—		2	2	2	4
16 Oszeningken	—	—		5	5	1	6
17 Palledszen	—	—		8	8	—	8
18 Schakallen	—	—		2	2	4	6
19 Schakummen	—	—		1	1	1	2
20 Szerguhnen	—	—		4	4	1	5
21 Tollmingkehmen	—	—		3	3	3	6
22 Warnen	—	—		9	9	1	10
23 Werxnen	—	—		1	1	1	2
24 Deeden	—	—		—	—	5	5
25 Girnuhnen	—	—		—	—	4	4
26 Ischlausen	—	—		—	—	2	2
27 Uszupöhnen	—	—		—	—	3	3
Summa	11	5		87	103	55	158

28. Waldauckadel cfr. Specialtabelle.

29. Weedern desgl.

XXXII. 30. Althof-Ragnit.

	Dörfer.	Salzburger.	Nassauer und Franken.	Halberstädter, Pommern, Märker und andere Deutsche.	Summa.	Lithauer.	Totalsumme.
1	Ober-Eyssulln	—	4	6	10	6	16
2	Paskalwen	—	1	—	1	24	25
3	Pettkischken	—	2	—	2	3	5
4	Preussen	—	2	4	6	12	18
5	Dirwonuppen	—	1	2	3	5	8
6	Zeidischken	—	1	—	1	—	1
7	Nettschunen	—	1	7	8	5	13
8	Pröweyszen	—	1	—	1	7	8
9	Budwethen	—	—	2	2	2	4
10	Brohnen	—	—	1	1	1	2
11	Unter-Eyssulln	—	—	2	2	—	2
12	Gallbrasien	—	—	1	1	13	14
13	Girschuhnen	—	—	4	4	3	7
14	Gudgallen	—	—	2	2	2	4
15	Jonienen	—	—	2	2	5	7
16	Jucknathen	—	—	3	3	—	3
17	Klappathen	—	—	5	5	1	6
18	Mattischken	—	—	4	4	—	4
19	Palenthienen	—	—	2	2	1	3
20	Paszuszen	—	—	2	2	6	8
21	Petroschken	—	—	2	2	3	5
22	Petratschen	—	—	3	3	4	7
23	Schupinnen	—	—	3	3	5	8
24	Sobertschen	—	—	4	4	—	4
25	Stepponaten	—	—	3	3	1	4
26	Steraggen	—	—	2	2	1	3
27	Tittschen	—	—	4	4	4	8
28	Wallullen	—	—	1	1	2	3
29	Willmantienen	—	—	5	5	2	7
30	Woydehnen	—	—	2	2	8	10
31	Zeidischken	—	—	1	1	2	3
	Summa	—	13	79	92	202 [1])	294 [1])

[1]) Einschliesslich der Lithauer in 10 lediglich lithauischen Orten.

31. Dörschkehmen cfr. Specialtabelle.

XXXIII. 32. Gerskullen.

Dörfer.	Salzburger.	Nassauer.	Andere Deutsche.	Summa.	Lithauer.	Totalsumme.
1 Brandwehten	8	—		8	—	8
2 Ballandszen	1	7		8	4	12
3 Kappotschen	2	2		4	2	6
4 Gaydzen	1	3		4	—	4
5 Krauleydehlen	4	—		4	—	4
6 Lengwehten	12	—		12	—	12
7 Petraitschen	8	2		10	4	14
8 Radischen	2	—		2	2	4
9 Scharnen	8	—		8	—	8
10 Thoruhnen	1	1		2	—	2
11 Laugallen	3	4		7	—	7
12 Aschmonweitkuhnen	—	3		3	1	4
13 Barszen	—	1		1	3	4
14 Blendienen	—	1		1	1	2
15 Burckandten	—	2		2	—	2
16 Deygehnen	—	1		1	—	1
17 Gettschen	—	5		5	—	5
18 Jeswehten	—	3		3	1	4
19 Kallehnen	—	1		1	4	5
20 Kauckerwethen	—	1		1	1	2
21 Kraupischkehmen	—	5		5	7	12
22 Krauleydzen	—	3		3	4	7
23 Kullminnen	—	2		2	8	10
24 Kurschwehten	—	2		2	—	2
25 Laskowehten	—	1		1	4	5
26 Nestonwehten	—	1		1	5	6
27 Norwilkischken	—	6		6	2	8
28 Obollehnen	—	1		1	1	2
29 Ostwehten	—	2		2	3	5
30 Palmohnen	—	1		1	3	4
31 Pellehnen	—	1		1	4	5
32 Gr. Perbangen	—	1		1	3	4
33 Pieraggen	—	1		1	8	9
34 Sallenincken	—	6		6	—	6
35 Sakallen	—	3		3	3	6
36 Sziebarthen	—	2		2	2	4

Dörfer.	Salzburger.	Nassauer.	Andere Deutsche.	Summa.	Lithauer.	Totalsumme.
37 Szwirblen	—	1		1	1	2
38 Trumpeiten	—	3		3	—	3
39 Tilsenöhlen	—	1		1	6	7
40 Uschberszen	—	3		3	—	3
41 Wittgirren	—	2		2	—	2
42 Wabballen	—	1		1	3	4
43 Wiswainen	—	1		1	5	6
Summa	50	87		137	118[1])	255[1])

33. Grumbkowkaiten ⎫
34. Uschpiaunen   ⎬ cfr. Specialtabelle.
                   ⎭

XXXIV. 35. Kasigkehmen.

Dörfer.	Salzburger.	Deutsche.	Summa.	Lithauer.	Totalsumme.
1 Krakischken	1	7	8	14	22
2 Alt-Luböhnen	—	1	1	9	10
3 Neu-Luböhnen	—	2	2	5	7
4 Pagulbinnen	—	4	4	5	9
5 Sokaiten	—	1	1	9	10
6 Schillehnen	—	1	1	8	9
7 Trappöhnen	—	12	12	16	28
Summa	1	28	29	148[2])	177[2])

---

1) Einschliesslich der Lithauer: in Gettkandten 2, Jodschenen 3, Ketturagken 2, Maruhnen 5, Miszlaugken 1, Kl. Perbangen 3, Plauschinnen 3, Scharken 4.
2) Einschliesslich der 88 Lithauer in 12 ganz lithauischen Dörfern.

XXXV. 36. Lesgewangminnen.

	Dörfer.	Salzburger.	Deutsche.	Summa.	Lithauer.	Totalsumme.
1	Jodupöhnen	1	—	1	4	5
2	Beegenen	—	2	2	3	5
3	Dundullen	—	1	1	11	12
4	Gaistauden	—	4	4	5	9
5	Kalwellen	—	8	8	2	10
6	Kumutschen	—	1	1	1	2
7	Prusgirren	—	5	5	—	5
8	Szurellen	—	7	7	1	8
	Summa	1	22	23	121[1])	144[1])

XXXVI. 37. Löbegallen.

		Salzburger.	Deutsche.	Summa.	Lithauer.	Totalsumme.
1	Alxnappöhnen	1	5	6	12	18
2	Klohnen	1	—	1	4	5
3	Lasdehnen	1	9	10	7	17
4	Uszpruduppen	1	2	3	—	3
5	Endruschaiten	2	—	2	—	2
6	Beyningkehmen	—	3	3	4	7
7	Hermoneiten	—	1	1	4	5
8	Jucknathen	—	2	2	8	10
9	Maszuicken	—	1	1	6	7
10	Uszeszuppen	—	1	1	3	4
11	Gr. Wersmeningken	—	3	3	23	26
12	Kl. Wersmeningken	—	3	3	6	9
	Summa	6	30	36	144[2])	180[2])

1) Einschliesslich der in 16 rein lithauischen Dörfern wohnenden 94 Lithauer.
2) Einschliesslich der in 15 rein lithauischen Dörfern wohnenden 67 Lithauer.

XXXVII. 38. Schreitlaugken.

Dörfer.	Salzburger.	Deutsche.	Summa.	Lithauer.	Totalsumme.
1 Absteinen	—	9	9	16	25
2 Barsuhnen	—	8	8	3	11
3 Gillanden	—	1	1	7	8
4 Gintschaiten	—	1	1	4	5
5 Gettschen	—	1	1	1	2
6 Greiszöhnen	—	1	1	6	7
7 Kamstpawilken	—	1	1	9	10
8 Kellerischken	—	6	6	16	22
9 Kirkutwehten	—	2	2	8	10
10 Masurmaten	—	2	2	—	2
11 Szodehnen	—	2	2	7	9
12 Trackseeden	—	1	1	5	6
13 Weszeningken	—	2	2	10	12
14 Wartulischken	—	11	11	—	11
15 Willkischken	—	8	8	30	38
Summa	—	56	56	237[1])	293

XXXVIII. 39. Sommerau.

Papelken	2	—	2	4	6
Summa	2	—	2	82[2])	84[2])

XXXIX. Pröculs (48).

1 Gellszinnen Gedoninn	—	1	1	7	8
2 Peter Szudmanten	—	2	2	7	8
Summa	—	3	3	626[3])	629[3])

---

1) Einschliesslich der anderen in 14 rein lithauischen Ortschaften Wohnenden.

2) Einschliesslich der anderen in 22 rein lithauischen Ortschaften Wohnenden.

3) Einschliesslich der anderen in 102 rein lithauischen Ortschaften Wohnenden.

XL. 40. Balgarden.

	Dörfer.	Salzburger.	Deutsche.	Summa.	Lithauer.	Totalsumme.
1	Bartukaiten	7	—	7	2	9
2	Karteningken	7	—	7	—	7
3	Abud Busey (Aboudbussen)	—	1	1	1	2
4	Blindupöhnen	—	4	4	—	4
5	Bendiglaucken	—	1	1	8	9
6	Erimeiten	—	4	4	2	6
7	Grineiten ?	—	1	1	1	2
8	Schunwillen ?	—	3	1	2	3
9	Giggarn Skerwethen	—	1	3	—	3
10	Jurgaitschen	—	1	1	4	5
11	Kackszaiten	—	2	2	2	4
12	Kadszenduden	—	4	4	4	8
13	Kermuszaiten	—	1	1	1	2
14	Klipszen Redszen	—	1	1	6	7
15	Klischwehten	—	2	2	4	6
16	Kluischwethen	—	1	1	2	3
17	Lepalohten	—	3	3	—	3
18	Osznaggarn	—	3	3	2	5
19	Pamletten	—	2	2	8	10
20	Rokothienen?	—	1	1	4	5
21	Schillgallen Kauszen	—	2	2	—	2
22	Schlekaiten	—	2	2	—	2
23	Schillupischken	—	5	5	2	7
24	Szamaitkehmen	—	2	2	2	4
25	Turcken	—	3	3	5	8
26	Wilckerischken	—	3	3	1	4
	Summa	14	53	67	192[1])	259[1])

41. Baublen cfr. Specialtabelle.

42—49. In diesen Aemtern wohnen, ausser in Pröculs (cfr. XXXIX), nur Lithauer.

---

1) Einschliesslich der andern in 32 rein lithauischen Ortschaften Wohnenden.

XLI.

A. Specielle Nationalitätstabelle aus dem Amte Szirgupöhnen (26) anno 1736.

Dörfer.	Salzburger.	Schweizer.	Nassauer.	Magdeburger Halberstädter.	Preussen.	Pfälzer.	Pommern.	Franken.	Oberländer.	Summe.	Lithauer.	Totalsumme.
1 Gr. Baitschen	1	7	2	—	—	—	—	—	—	10	7	17
2 Kl. Baitschen	2	—	—	—	—	—	—	—	10	12	5	17
3 Prussischken	7	4	3	—	—	—	—	—	1	15	3	18
4 Schmulkehlen	1	4	—	—	—	—	—	—	—	5	—	5
5 Szadwaitschen	5	6	9	—	—	1	—	—	—	21	4	25
6 Gr. Schurschinnen	4	5	6	—	—	—	—	1	—	16	2	18
7 Wilpischen	1	2	—	2	—	—	—	—	—	5	—	5
8 Kutten	—	6	—	—	—	1	—	—	—	7	3	10
9 Pablen	—	5	—	—	—	—	—	—	2	7	3	10
10 Parpuschken oder Gudatschen	—	6	1	—	—	3	—	—	—	10	3	13
11 Puspern	—	2	1	1	—	—	—	—	—	4	4	8
12 Tublaucken	—	10	1	—	—	—	—	—	1	12	6	18
13 Narpeszern	1	—	—	—	—	—	—	—	—	1	—	1
14 Blecken	—	—	4	—	—	—	—	—	—	4	5	9
15 Bumblen	—	—	1	1	1	—	—	—	—	3	4	7
16 Cannapinnen	—	—	2	1	—	—	—	—	—	3	—	3
17 Warnehlen	—	1	1	—	—	1	—	—	—	3	5	8
18 Lenplaucken	—	—	—	1	—	—	—	4	—	5	—	5
19 Martischen	—	—	—	—	—	—	—	1	—	1	5	6
20 Willkehlen	—	—	—	—	—	—	5	—	—	5	—	5
21 Springen	—	—	—	—	—	—	—	6	—	6	4	10
22 Wallehlischken	—	2	6	—	—	—	—	—	—	8	1	9
23 Worupöhnen	—	3	2	—	—	—	—	—	—	5	3	8
24 Antszirgessern	—	—	—	—	—	—	—	—	—	—	7	7
25 Discherlaucken	—	—	—	—	—	—	—	—	—	—	3	3
26 Sodenehlen	—	—	—	—	—	—	—	—	—	—	12	12
Summa	22	63	39	6	1	6	5	12	14	168	89	257

XLII.

B. Nationalitätstabelle aus dem Amt Boylen (6) anno 1736.

Dörfer.	Salzburger.	Märker.	Schweizer.	Magdeburger Halberstädter.	Westfalen.	Pfälzer.	Ponmern.	Nassauer.	Hannoveraner	Anspacher.	Franken.	Unbestimmte.	Summa.	Lithauer.	Totalsumme incl. Lithauer.
1 Awenincken	—	—	1	1	—	—	—	—	—	—	—	—	2	3	5
2 Balberdszen	—	—	—	—	2	—	—	—	—	—	—	—	2	—	2
3 Gerwischken	—	—	—	—	—	—	1	1	—	—	—	—	2	4	6
4 Dauginten	1	—	—	—	—	—	—	—	4	—	—	—	5	—	5
5 Jugnischken	—	1	—	3	—	—	—	—	—	—	—	—	4	10	14
6 Karklienen	—	—	—	—	—	—	—	6	—	—	—	—	6	1	7
7 Kutckuhnen	—	1	1	1	—	2	—	1	2	—	2	1	11	3	14
8 Meschkenincken	—	—	—	—	—	—	—	1	3	2	—	—	6	1	7
9 Pagramutschen	—	—	—	—	—	—	3	2	—	—	—	—	5	—	5
10 Schackumehlen	—	1	—	4	—	—	2	—	—	—	1	—	8	1	9
11 Skripetschen	—	1	—	2	—	—	—	—	—	—	—	—	3	4	7
12 Szublaugken	—	2	—	1	—	—	—	—	—	—	—	—	3	3	6
13 Szemlaugken	—	1	—	—	1	—	—	—	—	—	—	—	2	—	2
14 Stulgen	—	—	—	—	—	—	—	3	—	—	—	—	3	—	3
15 Wilken	—	—	—	—	—	—	—	—	3	—	—	—	3	—	3
16 Lutzigken	—	—	—	—	—	—	—	—	—	—	—	—	—	5	5
Summa	1	7	2	12	3	2	6	14	12	2	3	1	65	35	100

XLIII.

C. Nationalitätstabelle aus dem Amt Dantzkehmen (7) anno 1736.

Dörfer.	Salzburger.	Märker.	Nassauer.	Pommern.	Magdeburger Halberstädter	Anhalter.	Pfälzer.	Westfalen.	Preussen.	Sachsen.	Unbestimmte	Summa.	Lithauer.	Totalsumme.
1 Anglupöhnen	3	—	2	1	—	—	—	—	—	—	—	6	1	7
2 Deeden	3	—	—	—	1	—	—	—	—	—	—	4	3	7
3 Eszerupchen oder Schleuwen	—	—	—	—	—	—	—	—	—	—	—	—	5	5
4 Eszerkehmen	1	2	1	—	—	—	1	—	—	—	—	5	—	5
5 Ribben oder Lepallothen	—	—	2	—	—	—	—	—	—	—	2	4	2	6
6 Lawischkehmen	2	—	1	—	3	—	—	—	—	—	—	6	1	·7
7 Mallissen oder Ostrowen	—	1	1	1	—	—	—	—	—	—	1	4	2	6
8 Peszicken	—	—	—	—	1	—	—	—	—	—	—	1	3	4
9 Patilschen	—	—	—	—	—	—	—	—	1	—	—	1	1	2
10 Raudohnen	12	—	—	—	—	—	—	—	—	—	1	13	—	13
11 Lepkarten oder Skardupöhnen	—	—	1	—	1	—	1	1	—	—	—	4	4	8
12 Stobrikehmen	—	—	—	—	1	—	—	—	—	—	—	1	3	4
13 Schöcksten	—	—	7	—	—	—	—	—	—	—	—	7	5	12
14 Wagohnen	1	—	—	—	1	—	—	1	—	—	—	3	1	4
15 Kl.Wannagupchen	—	—	—	—	2	—	—	—	—	—	—	2	1	3
16 Ischlaucken oder Skrusdzen	—	—	—	—	—	—	—	—	—	—	—	—	7	7
17 Skarullen oder Puspetrellen	—	—	—	—	—	—	—	—	—	—	—	—	7	7
Summa	22	3	15	2	10	1	1	2	1	1	3	61	46	107

XLIV.

D. Nationalitätstabelle aus dem Amt Waldauckadel (28) anno 1736.

Dörfer.	Salzburger.	Nassauer.[1]	Pfälzer.[2]	Schweizer.	Deutsche.	Summa.	Lithauer.	Totalsumme.
1 Alxnupöhnen oder Schluszen	2	—	—	—	1	3	4	7
2 Andreschkehmen	2	10	—	—	—	12	—	12
3 Ackmenienen (Kardawischken	3	—	—	2	—	5	5	10
4 Appidamischken (Soginten)	—	8	—	—	—	8	1	9
5 Dargutschen	—	3	—	—	—	3	2	5
6 Elluschönen	—	—	2	—	4	6	1	7
7 Heygirey	—	4	—	—	—	4	—	4
8 Jessatschen	—	2	—	—	—	2	3	5
9 Kaselegken	—	5	—	—	—	5	2	7
10 Kubsten (Kiaulstankehmen)	—	3	—	3	—	6	6	12
11 Kischkuhnen (Kischken)	—	6	—	—	—	6	3	9
12 Laberauten(Noreischken)	—	4	—	—	—	4	1	5
13 Matzutkehmen	—	4	18	—	—	22	8	30
14 Meldienen	—	5	—	—	—	5	—	5
15 Scheppetschen	—	4	—	—	—	4	1	5
16 Theweln	—	6	—	—	—	6	—	6
17 Rittigkaitschen	—	—	—	—	1	1	5	6
18 Sodehnen	—	—	9	—	—	9	1	10
19 Schwiegsten	—	—	—	9	—	9	3	12
20 Wilken	—	—	—	—	1	1	4	5
21 Wirballey	2	—	—	—	1	3	1	4
22 Kubillehlen (Klampupöhnen)	1	—	—	—	—	1	8	9
23 Kubillen	—	—	—	—	—	—	4	4
24 Antrudopöhnen (Mehlkinten)	—	—	—	—	—	—	2	2
25 Kermuschienen (Raudohnen)	—	—	—	6	1	7	—	7
Summa	10	64	29	20	9	132	65	197

1) „Nassauer und andere Deutsche."
2) „Pfälzer und Schweizer."

304

XLV.

E. Nationalitätstabelle aus dem Amte Budwetschen (5) anno 1736.

	Dörfer.	Salzburger.	Nassauer.	Anspacher.	Pommern.	Magdeburger, Halberstädter.	Summa.	Lithauer.	Totalsumme.
1	Antanischken	2	3	—	2	2	9	6	15
2	Auxloepen	4	—	—	—	—	4	1	5
3	Bareischkehmen	2	1	—	—	4	7	1	8
4	Bilderweitschen	2	2	—	—	—	4	4	8
5	Kl. Degessen	5	—	—	—	—	5	5	10
6	Gr. Degessen	2	9	—	—	—	11	4	15
7	Dörschkehmen (Wablen)	1	4	—	1	—	6	5	11
8	Eszerlaucken	2	—	—	—	—	2	4	6
9	Grablaucken	1	—	—	—	1	2	—	2
10	Gudwetschen	3	1	—	—	—	4	3	7
11	Jodringkehmen	3	—	—	—	—	3	5	8
12	Kögsten	4	1	—	—	—	5	3	8
13	Kisczen	2	2	—	2	—	6	1	7
14	Lucken	3	—	—	—	—	3	3	6
15	Löptuballen (Plicken)	4	3	—	—	1	8	—	8
16	Mehlschucken	1	—	—	—	—	1	2	3
17	Nauseeden	1	1	1	—	2	5	—	5
18	Oschnaggern	2	—	1	—	—	3	5	8
19	Packern	1	—	—	—	—	1	3	4
20	Staerken	4	—	—	—	—	4	1	5
21	Szapten	1	2	—	1	—	4	6	10
22	Schillehlen	1	—	—	—	—	1	3	4
23	Szuggern	1	1	—	—	2	4	2	6
24	Tarpupöhnen	1	2	—	2	—	5	3	8
25	Laucken (Warnalacken	2	6	—	—	—	8	3	11
26	Woynohten Plimballen	1	2	—	—	—	3	3	6
27	Meken oder Wentzkehmen	2	—	2	—	1	5	2	7
28	Ambraskehmen	—	2	—	—	—	2	1	3
29	Drusken	—	8	—	—	—	8	—	8
30	Nickelischken	—	1	—	1	—	2	—	2
31	Kiwiglaucken	—	2	—	—	—	2	—	2

Dörfer.	Salzburger.	Nassauer.	Anspacher.	Pommern.	Magdeburger, Halberstädter.	Summa.	Lithauer.	Totalsumme.
32 Peterlaucken	—	3	—	—	—	3	4	7
33 Doblindzen	—	2	—	—	—	2	1	3
34 Lucosen?	—	3	—	—	1	4	—	4
35 Bartzkehmen	—	—	—	—	—	—	6	6
36 Radschen	—	—	—	1	—	1	3	4
37 Jocknen	—	—	—	1	—	1	—	1
38 Schmilgen	—	—	—	—	—	—	3	3
39 Wilpiffen	—	—	—	—	2	2	—	2
40 Kiwiglaucken	—	—	—	—	—	—	2	2
41 Kosakwaitschen	—	—	1	—	—	1	8	9
42 Russen	—	—	—	—	—	—	2	2
43 Woynotten, Szillen	—	—	—	—	—	—	7	7
Summa	58	61	5	11	16	151	115	266

XLVI.

F. Nationalitätstabelle aus dem Amte Weedern (29) anno 1736.

Dörfer.	Salzburger.	Schweizer.	Magdeburger Halberstädter.	Pommern.	Mecklenb.	Preussen.	Märker.	Cassuben.	Harzer.	Nassauer.	Italiener.	Schwaben.	Unbekannte.	Summa.	Lithauer.	Totalsumme.
1 Adomischken													4	4	—	4
2 Bagdohnen		2												2	4	6
3 Baltzkehmen			1	4	1	2								8	3	11
4 Brassen								1	1					2	3	5
5 Biszduhnen			1			1	1							3	—	3
6 Christiankehmen	1		4	2		2								9	7	16
7 Kl. Darkehmen			1			1					1			3	5	8
8 Kl. Grobienen			1											1	4	5
9 Hallwischken			2							2				4	6	10
10 Jaglen						1	1							2	7	9
11 Jaegstein				1	1					2				4	5	9
12 Kartenincken						1				1				2	2	4
13 Kollpacken			3			1	1							5	1	6
14 Krucken													1	1	2	3
15 Gr. Pelledauen						1				1		1		3	2	5
16 Pogrimmen			1			3				2				6	1	7
17 Puickwallen						1								1	4	5
18 Stobrigkehmen			1			2				2				5	2	7
19 Ströpcken			2			1								3	2	5
20 Stambrakehmen			1				3							4	—	4
21 Gr. Szabienen						1				1				2	5	7
22 Uszblenken			1			1								2	2	4
23 Wantischken			1				1							2	4	6
24 Wikischken			3			3	1			2				11[1]	3	14
25 Uschballen	5													5	—	5
26 Kermuschienen														—	2	2
27 Radtkehnen														—	3	3
Summa	6	2	23	7	2	22	8	1	1	13	1	1	5	94	91[1]	185[2]

1) Darunter noch ein Anspacher und ein Thüringer.
2) Darunter noch in Ballupöhnen 8 und in Eszerinnen 4 Lithauer.

XLVII.

G. Nationalitätstabelle aus dem Amte Dörschkehmen (31) anno 1736.

örfer.	Salzburger.	Bayreuther.	Anspacher.	Nassauer.	Hessen.	Pfälzer.	Anhalt-Dess.	Sachsen.	Magdeburger Halberstädter	Pommern.	Hildesheimer.	Franken.	Schwarzburg.	Braunschweig.	Preussen.	Livländer.	Summa.	Lithauer.	Totalsumme.
bschruthen	6								2								8	5	13
·schkühnen	2																2	3	5
ihlen	2		1				1										4	2	6
agutschen	2			1	3				2							1	9	3	12
aguthelen	1		2														3	4	7
aynen	1		1	7				1									10	5	15
dschen									2		2						4	6	10
aunohnen	5																5	5	10
aylen	4								1								5	6	11
ermu-chienen	1		2	1		1						2					7	1	8
amellupjen	9			1							1						11	2	13
asmen	2																2	4	6
aulicken	1							2	1						1		5	3	8
eraggen	1	1															2	5	7
emkuhnen	1	1												2			4	—	4
ieden	2								1					2	1		6	5	11
bantat-chen	5		2	5													12	—	12
·. Warning-en	6								3	8							17	1	18
·. Waruing-en	7			1					2			2		1	2		15	7	22
ersch-epjen	4			1	1	1			1								8	5	13
erschupjen?	1																1	4	5
ruschineh-en		2															2	4	6
deglienen				4					4								8	1	9
ubbillehlen				3													3	—	3
schälxnen							1				1	2					4	1	5
illuhnen									2			2					4	1	5
gschen	2																2	4	6

Dörfer.	Salzburger.	Bayreuther.	Anspacher.	Nassauer.	Hessen.	Pfälzer.	Anhalt-Dess.	Sachsen.	Magdeburger Halberstädter.	Pommern.	Hildesheimer.	Franken.	Schwarzburg.	Braunschweig.	Preussen.	Livländer.	Summe.	Lithauer.
28 Kaptainisch-ken	—		1	—	—	—	—	—	1	—	—	—	—	—	—	—	2	—
29 Jodszuhnen	—																—	7
30 Lengtschen	—																—	5
31 Mauritzat-schen	—																—	6
32 Picksching-ken	—																—	2
33 Samalucken	—																—	2
34 Schillening-ken	—																—	6
35 Stobern	—				—		—										—	4
Summa	69¹	2	8	23	4	5	3	3	22	9	2	9	2	3	4	1	169¹)	119 2

1) Eigentlich nur 65, die Tabelle zählt jedoch 69, die Differenz kommt daher, einzelne Stellen an je zwei Wirthe gegeben sind, wie z. B. in Warningken 1 Hufe Os Brandstetter und Lottermoser erhalten haben etc.

XLVIII.

H. Nationalitätstabelle aus dem Amte Grumbkowkaiten (33) anno 1736.

Dörfer.	Salzburger.	Hildesheimer.	Magdeburger, Halberstädter.	Nassauer.	Oberländer.	Braunschweig.	Anhalter.	Berger.	Pommern.	Franken.	Sachsen.	Anspacher.	Isenburger.	Summa.	Lithauer.	Totalsumme.
1 Ambrasgirren															3	3
2 Augstutschen															4	4
3 Bildehnen	1	1	2	1	—	1								6	4	10
4 Brödschen							1							1	6	7
5 Ciauschen				1										1	5	6
6 Gr. Dargussen															7	7
7 Kl. Dargussen															4	4
8 Duden	1							1						2	7	9
9 Dicklauten															5	5
10 Eydgimischken															6	6
11 Erubischken									1					1	10	11
12 Guttzpettern															4	4
13 Inglauden															9	9
14 Kallnehlischken															7	7
15 Kischen															4	4
16 Klischen															5	5
17 Kurschen															11	11
18 Koetschen				1										1	7	8
19 Krusen			2	—	1									3	2	5
20 Laugallen										1				1	1	2
21 Martincken															6	6
22 Nathalwehten															3	3
23 Patilszen															5	5
24 Plonczöwen															3	3
25 Pauschen															7	7
26 Raidschen			2										2	4	4	8
27 Ramonischken															5	5
28 Radschen															14	14
29 Rucken															2	2
30 Serpenten															6	6
31 Schillehnen											1			1	12	13
32 Schnappen															9	9
33 Siemocken															1	1

Dörfer.	Salzburger.	Hildesheimer.	Magdeburger Halberstädter.	Nassauer.	Oberländer.	Braunschweig.	Anhalter.	Berger.	Pommern.	Franken.	Sachsen,	Anspacher.	Isenburger.	Summa.	Lithauer.	Totalsumme.
34 Sturmen															4	4
35 Stumbern															3	3
36 Uschberschen															3	3
37 Uschrudschen															7	7
38 Warnakallen			1	2										3	8	11
39 Wentzken	8													8	1	9
40 Willauken			3		1					1				5	3	8
41 Wingeruppen	3	1	2											6	3	9
42 Wingillen														6		6
43 Wissborienen					1								1	2	5	7
44 Paplienen	3		2							1				6	10	16
45 Scharkabuden	4									1				5		5
46 Uszballen			7							1				8		14
Summa	20	2	21	5	3	2	1	1	1	4	1	1	2	64	241	305

XLIX.

J. Nationalitätstabelle aus dem Amte Baubeln (41) anno 1836.

Dörfer.	Salzburger.	Pommern.	Sachsen.	Andere Deutsche.	Summa.	Lithauer.	Totalsumme.
1 Bardehnen	—	3	—	—	3	8	11
2 Basznitzkehmen	—	—	—	1	1	7	8
3 Bennickaiten	—	—	—	5	5	4	9
4 Birstonischken	—	8	—	2	10	12	22
5 Boyehnen	—	—	—	4	4	9	13
6 Culmen Jennen	—	—	—	5	5	7	12
7 Culmen Szarden	—	—	—	2	2	5	7
8 Culmen Wiedutaiten	—	—	—	1	1	6	7
9 Lumpöhnen	—	1	1	1	3	11	14
10 Picktupöhnen	2	—	—	1	3	5	8
11 Powilcken	—	—	—	1	1	6	7
12 Strasden	—	—	—	1	1	4	5
13 Uszkulmenen	—	—	—	2	2	6	8
14 Sterpeiken	2	—	—	—	2	—	2
15 Grigulaiten	—	—	—	1	1	—	2
16 Joseph Grutschait	—	—	—	1	1	—	2
Summa	4	12	1	28	45	412[1]	457[1]

1) Einschliesslich der übrigen in 45 rein lithauischen Ortschaften wohnen-den Lithaauer.

L.

K. Nationalitätstabelle aus dem Amte Uschpiaunen (34) anno 1736.

	Dörfer.	Salzburger.	Pommern.	Franken.	Nassauer	Preussen.	Magdeburger Halberstädter.	Märker.	Darmstädter.	Sachsen	Pfälzer.	Hildesheimer.	Summa.	Lithauer.	Totalsumme.
1	Doblindschen		1	2									3	4	7
2	Henskischken	1			4								5	15	20
3	Judtschen					1							1	8	9
4	Kartzaningken		1										1	6	7
5	Laschen		2										2	2	4
6	Laugallen	1			1	2							4	2	6
7	Mingstimmen												–	3	3
8	Ossienen													3	3
9	Peteraitschen						4						4	3	7
10	Picktschinken						1						1	3	4
11	Plampen					1							1	4	5
12	Puschinnen													3	3
13	Schwarplen	3											3	9	12
14	Szamaitkehmen			1			6	5				1	13	4	17
15	Septienlöpen		2		1	1			1				5	4	9
16	Schackeln												–	2	2
17	Schwarballen	1			1				1				3	2	5
18	Stablaugken												–	7	7
19	Schorellen												–	5	5
20	Schmilgen	1		1		2	1			1			6	9	15
21	Stretzjacken	3				1	3			2	1		10	1	11
22	Tullen		4	1	1		10		4				20	8	28
23	Uschpiaunen	1	1	1		1	9		4				17	5	22
24	Uschpiaunehlen	1					2						3	7	10
25	Kussbarten						1						1		1
26	Szalten		1					3					4		4
27	Schaaren		1				1						2	–	2
28	Peteraitchlen						1						1	3	4
	Summa	12	13	6	8	9	39	8	10	3	1	1	110[1]	122	232

1) Im Text, Seite 76, ist bei Uschpiaunen (34) ein Druckfehler zu verbessern: unter Rubrik „andere Deutsche" muss die Zahl 20 in 90 umgeändert werden.

LI. Schweizer-Dörfer im Jahre 1728.

Aemter und Zahl der Schulzen.	Dörfer.	Zahl der Familien.
1 Georgenburg	Neinischken	12
1 Schulze	Striegehnen	3
	Szierandzen	3
2 Gaudischkehmen	Pakalehnen	6
2 Schulzen	Siemonischken	7
	Werschmeningken	4
	Wingeningken	5
	Siegmundten	1
	Piraginnen	12
	Mixlen	4
	Derillen?	5
3 Plicken	Gr. Berskullen	14
2 Schulzen	Bibehlen	9
	Waywern	1
	Gurnen	7
	Kaylen	2
	Willkoschen	2
	Gertschen	5
	Neinincken	4
4 Stannaitschen	Szemkuhnen	6
2 Schulzen	Schlappacken	2
	Rudupöhnen	8
	Kampischkehmen	4
	Jassen	1
	Kublen	4
	Jodupchen	2
	Eszerningken	3
	Kl. Berskurren	17/113
	Judtschen	11
5 Gudwallen	Schillenincken	3
1 Schulze	Plimhallen	1
	Stibricken	2
6 Weedern	Halwischken	2
	Kartenincken	2
7 Maygunischken	Budsziedszen	10
1 Schulze	Praslaucken	5
	Walterkehmen	3
	Drutischken	1
	Szurkupchen	1

Aemter und Zahl der Schulzen.	Dörfer.	Zahl der Familien.
8 Waldauckadel	Warchlegen	6
1 Schulze	Schwiegsten	7
	Sodehnen	4
9 Kiauten	Nestonkehmen	16/37
1 Schulze	Jodszuhnen	2
	Gr. Kulligkehmen	2
	Kl. Kulligkehmen	4
10 Szirgupöhnen	Szadwaitschen	12
3 Schulzen	Prussischken	6
	Gr. Baitschen	8
	Tublaucken	11
	Guddatschen	6
	Wilpischen	2
	Schmulkehlen	4
	Kutten	6
	Piesdehlen?	2
	Warnehlen	1
	Puspern	2
	Gr. Schurschinen	8
11 Kattenau	Jentkutkampen	2
1 Schulze	Stelischken	2
	Schwirgallen	1
	Budweitschen	6
	Skroblienen	4
12 Szirgupöhnen	Pablen	4
1 Schulze	Worupöhnen	4/117
	Springen	6
13 Brackupöhnen	Brackupöhnen	10
13 Aemter mit 16 Schulzen.	67 Dorfschaften	333 Familien.

LII.
Colonisten-Edicte, Patente, Rescripte Friedrich I. und Friedrich Wilhelm I. behufs Ansiedlung Lithauens, besonders von 1710—1840.

1	1691	23. Juni	Edict wegen Vergünstigungen an städtische Colonisten.
2		18. Juli	desgl.
3	1709	31. Juli	Befehl an die Ostpreussische Regierung, wegen des Nothstandes Mittel und Wege anzugeben. (Antwort vom 29. August.)
4	1710	25. Aug.	Königliches Schreiben wegen des Nothstandes in Ostpreussen.
5		25. Septb.	Antwort der Ostpreussischen Regierung und Rath, zu colonisiren.
6		11. Nov.	Patent an die aus den Lithauischen Aemtern und Vorwerken ausgetretenen und bei denen vom Adel und Köllmern sich sesshaft gemachten Unterthanen.
7	1711	16. April	Conditiones, worauf die wüsten Erbe eingeräumt werden sollen.
8		9. Juni	Patent an alle möglichen Handwerker, Künstler, Manufacturims für die Städte.
9		12. März	Rescript an die Hauptämter.
10		24. Oct.	Conditiones für Ackerleute, Knechte, Mägde, Handwerker etc.
11		18. Dec.	Bericht vor die Schweizer und andere, welche sich nach Preussen begeben wollen.
12	1712	8. Nov.	Conditiones für Beamte, Arrendatoren, Müller etc.
13	1713	31. März	Warnung, die Colonisten in der Herberge in Ruhe zu lassen.
14		6. April	Ermahnung an die Colonisten, auf mehrere (2—3) Hufen nur einfachen Besatz zu verlangen.
15		12. Juni	Rescript an alle Hauptämter etc. wegen Desertionen der Colonisten.
16		16. Septb.	Verordnung, dass die aus dem Culmischen und die Mennoniten frei von aller Werbung etc. bleiben sollen.
17		17. Oct.	Die Ordre vom 16. Septb. gedruckt.

18	1714	11. Septb.	Eigenhändige Verfügung Friedr. Wilhelms in Betreff Ansiedlung der Colonisten in Lithauen.
19	1716	30. März	Generalbericht über die in Preussen angesetzten Schweizer.
20	1717	15. Febr.	Patent für die städtischen Colonisten.
21		26. Febr.	Rescript wegen Desertionen. Der eingefangene Deserteur ist mit dem Strange zu bestrafen.
22		21. Dec.	desgl.
23	1718	15. März	Edict über Vergünstigungen der von ihren Renten lebenden in den Städten sich niederlassenden Colonisten.
24		3. Septb.	Hauptbericht Dohnas und Vorschlag, die Schweizer-Colonie zu vergrössern.
25		21. Nov.	Patent vor die Neu-Anziehenden, welche sich im Königreich Preussen häuslich niederlassen wollen (von nun an haben die Patente Titel).
26	1719	10. Jan.	
27		23. März	Generalpatent; kein Unterthan darf ohne Erlaubnissschein seiner Obrigkeit nach Preussen ziehen.
28		10. Juli	Aufhebung der Leibeigenschaft der Bauern in den Preussisschen Kammerämtern.
29		23. Nov.	(23. Dec.) Schlesischen Emigranten (Seidenwirkern, Uhrmachern, Strumpfwirkern) werden alle früher publicirten Beneficien versprochen, wenn sie nach Preussen ziehen, da es allda noch sehr an Manufacturen fehlt.
30	1720	10. Dec.	Edict wider die Zigeuner.
31	1721	5. Febr.	Patent vor die Neu-Anziehenden, welche sich im Königreich Preussen in denen Lithauischen Amten niederlassen wollen.
32		6. März	Wiederholtes Patent, dass S. Königl. Majestät den Zustand der Preussischen Immediat-Unterthanen auf alle Weise zu verbessern und dieselbe zu conserviren sich allergnädigst angelegen sein lassen.
33		21. April	Aufforderung an die Mennoniten, nach Preussen zu ziehen.

34		30. Dec.	Patent, worin S. K. Maj. allgemein bekannt machen, was sie sowohl denen Unterthanen, so bereits im Königreich Preussen etablirt seyn, als denen, so sich daselbst annoch zu etabliren Willens seyn, vor Gnade angedeihen lassen wollen.
35	1722	3. März	Patent über Baufreiheitsgelder für städtische Colonisten.
36		6. April	Patent betreffend die Immunitäten und Freiheiten, so S. Königl. Maj. denjenigen, welche sich in den Preussischen Städten Stallupönen, Tapiau, Ragnitt, Biala und Nicolayken possessionirt machen wollen, zu accordiren allerg. genehmigt sind.
37		14. April	Edict wegen Wiederbesetzung der wüsten köllmischen Huben im Königreich Preussen.
38		22. April	Edict, die Aufhebung der Büttnerischen Erhöhungszinsen und diverser Dominialrechte betreffend.
39	1723	8. März	Edict, die Bauern in Lithauen sollen nicht mehr als 48 Diensttage auf den Vorwerken Handdienste thun; Söhne und Töchter, ehe sie bei andern Particuliers dienen, sollen auf den Vorwerken 3 Jahre als Knechte resp. Mägde dienen.
40		21. März	Edict gegen Desertionen; es sollen keine Pässe ohne Atteste an die Colonisten gegeben werden.
41		10. April	Edict, dass Niemand mit Gewalt nach Preussen zu gehen angehalten werden soll, und was diejenigen, so freiwillig dahin ziehen wollen, vor Beneficien zu geniessen haben.
42		10. Aug.	Edict gegen das Herumvagiren der Juden und andern böswillige Leute, so die Colonisten zur Desertion überreden. Auch soll alles, was in den Contracten versprochen worden ist, redlich gehalten werden.
43		16. Aug.	In den neuen Städten sind noch viele, auf dem Lande noch für 100 acker-

			kundige Familien, die einiges Vermögen haben, Höfe fertig; auch sind neue lutherische und reformirte Kirchen vorhanden.
44		23. Oct.	Edict gegen Deserteure. Wer einen solchen anzeigt und zum Gewahrsam bringt, erhält 100 Thlr. Recompense.
45	1724	2. Febr.	Wiederholtes Patent, dass noch mehrere Handwerker von allerhand Possessionen, wie auch 400 Familien arbeitsamer Leute, so des Ackerbaues und der Viehzucht kundig, nach Preussen verlangt werden und was sie vor Douceurs geniessen wollen.
46		11. Febr.	Grosses Colonistenpatent; sehr ausführlich. 13 Punkte.
47		2. März	Edict: es sollen bei Leyb und Lebensstrafe keine Polen, sondern lauter deutsche Lithauer und Preussen angesetzt werden.
48		24. März	Edict wider die Zigeuner.
49	1725	12. Jan.	Patent wegen Aufnahme und Cultur der Aecker in Lithauen.
50		2. März	Es sollen keine Polen als Colonisten aufgenommen werden.
51		24. März	Verordnung, keine Szamaiten, Gudden (Juden) oder Polen, so über die Grenze zu Hause gehören (in Preussen), hinfüro (als Colonisten) anzunehmen.
52		19. Juli	Instruction an die Administratoren.
53		5. Oct.	Patent wider die Zigeuner.
54	1726	26. Juni	Verfügung, dass, nachdem die Leibeigenschaft in den Aemtern (durch Patent vom 10. Juli 1719) aufgehoben sei, auch den in Lithauen angesetzten Colonisten (auf Vorschlag v. 20. Juni 1726) die Höfe und Wohnungen etc. geschenkt würden, wenn sie dieselben in gutem Stand und baulichem Wesen erhielten.
55		25. Aug.	Edict gegen Deserteure.
56		30. Septb.	desgl.
57		31. Oct.	Edict wegen Anbau in Saalfeld.

58	1732	22. Febr.	Verfügung, die Mennoniten sollen Preussen verlassen.
		22. Septb.	Widerruf der Verfügung vom 22. Febr. e. a.
59		12. Mai	Edict gegen Desertionen.
60	1734	30. März	Patent wegen Ansetzung mehrerer Unterthanen, Hausleute, Leineweber und Spinner in und bei den Dörfern.
61		12. Mai	Edict gegen Deserteure.
62	1736	19. Septb.	desgl.
63	1738	23. Aug.	Rescript wegen Wiederbesetzung verlassener wüster Hufen.
64		14. Oct.	Edict gegen Deserteure.
65	1739	3. Oct.	Die Colonisten sollen nicht einzeln nach Ostpreussen, sondern in Partien von 20, 30 und mehreren abgehn.
66		20. Dec.	Edict wider Desertionen.
			Da die Preussische Kammer gebeten hat, überhaupt keine Colonisten mehr zu senden, so sollen auch keine mehr geschickt werden, wenn sie nicht auf eigene Kosten dahin gehen.
67	1740	10. Jan.	Patent, dass allen Fremden, so sich in Preussen ansetzen und unbebaute Huten annehmen wollen, 2, 3—4 dergleichen Hufen zu freien Rechten und noch überdem 6 Freijahre sollen verschrieben werden.

LIII.

Specification der anno 1740 nach Lithauen geschickten Colonisten.

I. 13 Protestantenfamilien (Salzburger) in Posstorff:

3 Familien à 10 Personen,
1   „   à 9   „
2   „   à 8   „
2   „   à 7   „
2   „   à 6   „
2   „   à 5   „
1   „   à 4   „

II. 5 Familien (Salzburger) zu Frankfurt a. M.:

1 Familie à 11 Personen,
1   „   à 10   „
1   „   à 9   „
1   „   à 7   „
1   „   à 5   „

III. 2 Familien in Ulm: 1 à 9 und 1 à 8 Personen,
IV. 3   „   „ Meiningen: 2 à 10   „ 1 à 8   „
V. 2   „   „ Augsburg: 1 à 12   „ 1 à 11   „

Liste der durch Freiherrn von Plotho nachgewiesenen Emigranten aus Posstorf, Hirschlanden, dem Lothringischen und Nassauischen.

Heimathsbestimmung: Aus Posstorf 5, Fistingen 2, Alt-Saarwerden 2, Bethborn 2, Nassau-Wolffkirchen 8, Hirschlanden 5, Diedendorf 3, Piestorf 4, Altweiler 1, Kirrberg 1, Nackweiler 1, Bitten 1, Zweibrücken-Jüngweiler 1, Bickelsperg in Würtemberg 1, Vollspurg 1, Burbach in Nassau 1, Markkirchen 1, Kelterspach 1, Hanau 1, Cassel 1, Darmstadt 1, Frankreich 1.

Gewerbe: 1 Schulmeister, 3 Tagelöhner, 1 Schmied, 3 Schneider, 2 Zeugmacher, 2 Zimmerleute, 1 Faiseur de bas; alle andern sind Ackersleute.

LIV.

Acta von sämmtlichen von des Königs allerhöchster Person für die Provinz Lithauen seit 1776 ausgeworfenen Meliorations, wie selbige verwandt und was davon an Revenuen aufgekommen 1789.

Generalnachweisung von den sämmtlichen in der Provinz Lithauen verwandten Meliorationsgeldern.

	An Capital soll gegeben werden			Es ist ausgezahlt			Soll Interessen bringen			Es sind Familien angesetzt		
										Ackerfamilien	Eigenkäthner	Hopfengärtner
	Thlr.	Gr.	Pf.	Thlr	Gr	Pf.	Thlr.	Gr.	Pf.			
1. Rohdungen	103350	26	9	97496	41	4	6161	12	3	21	225	25
2. Beschaffung der zweiten Hälfte der Kuhstämmer	22298	83	7	Alles			1566	23	12			
3. Beschaffung der fehlenden Branntweinbrennereien	11075			Alles								
	136724	19	16	130870	34	11	7727	35	15			
Dazu kamen die 1788 übermachten Gelder:												
a. Zum Etablissement der Landgestüte	40000											
b. Zur Tilgung der Kassengelder	5000											
	181724	19	16									

Recapitulation der Specification.

	Ausgezahlt			Ackerfamilien	Eigenkäthner	Hopfengärtner
	Thlr.	Gr.	Pf.			
1. Althof-Insterburg:						
zu Eigenkäthner-Etablissements	900				18	
2. Angerburg:						
a. Rohdung für das Amtsvorwerk	429	64	15			
b. Urbarmachung des Bruchs beim Dorf Rosengarten	511					
3. Althof-Ragnit:						
zu Eigenkäthner- u. Büdneretablissem.	1700				37	
4. Arys:						
a. Rohdungen und Verbesserung der Vorwerkswiesen	1395	17				
b. Besatzpferde und Sommersaat für einen Neubauer (Fröhlich zu Drosdowen)	22					
5. Ballgarden:						
a. (Tilgung der Domänen-Zins-Magaz.-Reste) und Retablissement der devastirten Bauernhöfe	586	7	10			
(ausgesetzt	1247	61	12)			
b. Retablissement v. 35 Bauernhöfen (ausgesetzt	410	29	14)			
6. Baublen:						
a. zu Rohdungen und Verbesserungen auf Amtsvorwerken	387	5				
b. zu Eigenkäthner-Etablissements in den Amtsdörfern	800				16	
c. zum Etablissement von 6 Ackerfamilien auf dem Lande bei Kaszemecken und Matz-Stubbern	533	30		6		
7. Brackupöhnen:						
a. Rohdungen und Verbesserungen auf den Amtsvorwerken	274	32				
b. Bauhilfsgelder dem Acquirenten des grünen Waldes	1200					
8. Bredauen:						
Rohdungen und Verbesserungen für Amtsvorwerke	1852	2				

	Ausgezahlt			Ackerfamilien	Eigenkäthner	Hopfengärtner
	Thlr.	Gr.	Pf.			
9. Budupöhnen:						
a. zur Urbarmachung eines Bruchs bei Vorwerk Alt-Budupöhnen	116	78	10			
b. zur Verbesserung der veranschlagten Ländereien bei beiden Vorwerken ohne besondern Zins	1029	15				
c. zu Eigenkäthner Etablissements	300				6	
10. Buylien:						
zu Eigenkäthner-Etablissements	700				14	
11. Clemmenhof:						
zu Eigenkäthner-Etablissements	50				1	
12. Czichau:						
a. Vorwerks-Melioration	4332	22	3			
b. zu Eigenkäthner-Etablissements	1117	2	9		8	
c. Hopfengärtner-Etablissements	437	70				2
d. zur Verb.des Düngungs-Zustandes im Vorwerk Czichau ohne besondern Zins	803	22				
(ausgesetzt	1204	78	)			
e. zur Erbauung[1]) von Eigenkäthner-Scheunen ohne bes. Zins	233	66	8			
(ausgesetzt	350	54	12)			
13. Czimochen:						
a. Rohdung bei Amtsvorwerken	460	62				
b. Rohdung und Urbarmachung der Brücher	3521	76				
c. Zur Beschaffung der Vorfluth in verschiedenen Dörfern (ohne besondern Zins)	1287	33	13			
d. zum Etablissement der verwüsteten Dörfer Millewen und Wirsborienen(ohne besondern Zins)	1311	34	9			
e. zu Hopfengärtner-Etablissements Claassenthal (?) bei Seesken	2316	75				6

1) Mithin zu Rohdungen sind ausgegeben 97496 Thlr. 41 Gr. 4 Pf. vom hierzu bestimmten Etat 103350 Thlr. 26 Gr. 9 Pf, bringen Zins 5671 Thlr. 46 Gr. 5 Pf. (sollen laut Etat bringen 6163 Thlr. 12 Gr. 3 Pf.).

21*

	Ausgezahlt.			Ackerfamilie n	Eigenkäthner	Hopfengärtner
	Thlr.	Gr.	Pf.			
f. zu Hopfengärtner-Etablissements bei Puchowsken	1154	2	12			8
(ausgesetzt	1731	4	)			
14. Dantzkehmen: zu Hopfengärtner-Etablissements	1351	3				6
15. Didlacken: zu Rohdungen und Verbesserungen bei Amtsvorwerken	1695	30	17			
16. Dinglaucken: zu Verbesserungen der Amtsvorwerkswiesen ohne Rev.	400					
(ausgesetzt	817	10	$13^1/_2$	)		
17. Dörschkehmen: zu Verbesserungen der Amtsvorwerkswiesen ohne Rev.	476	42	12			
(ausgesetzt	719	74	)			
18. Drygallen: a. Rohdungen und Verbesserungen für Amtsvorwerke, desgl. Anlegung von Hopfengärtenplätzen und Eigenkäthner-Etablissements	6635	70	9		8	1
b. Retablissem. vom Vorwerk Dombrowken ohne Rev.	233	66	8			
(ausgesetzt	350	54	12)			
19. Georgenburg: zur Introducirung der Mecklenburgischen Koppelwirthschaft à $2^1/_2$ %	1500					
20. Göritten: zur Verbesserung der Wiesen bei Vorwerk Kl. Uschballen	47	12				
21. Grumbkowkaiten: zu Eigenkäthner-Etablissements	50				1	
22. Grünweitschen: Rohdungen und Verbesserungen für Amtsvorwerke	481	27				
23. Gudwallen: a. Rohdungen und Verbesserungen für Amtsvorwerke	929	69	3			
b. zu Eigenkäthner-Etablissements	700				14	

	Ausgezahlt			Ackerfamilien	Eigenkäthner	Hopfengärtner
	Thlr.	Gr.	Pf.			
24. Heydekrug:						
a. Rohdung und Verbesserung für Amtsvorwerke	88	15				
b. zu Eigenkäthner-Etablissements	100				2	
25. Johannisburg:						
a. Rohdung und Verbesserung für Amtsvorwerke	358	75				
b. Vorwerks-Meliorationen	1773	57				
c. Hopfenplantage für Vorwerk Lupken	273	6				1
(ausgesetzt	409	54)				
d. Retablissement des Kruges in Jehsen ohne Rev.	21	60				
26. Jurgaitschen:						
a. Rohdung und Verbesserung bei Amtsvorwerken	571	56	7			
b. Eigenkäthner-Etablissements	700				14	
c. Ankauf des Invent. für abbauende Wirthe ohne Z.	128					
27. Kasigkehmen:						
Eigenkäthner-Etablissements	700				15	
28. Kattenau:						
Rohdung und Verbesserung für Amtsvorwerke	1610	57	9			
29. Kiauten:						
Rohdung und Verbesserung für Amtsvorwerke	345	21	9			
30. Königsfelde:						
Rohdung und Verbesserung für Amtsvorwerke	1268	9	15			
31. Kukernese:						
Eigenkäthner-Etablissements	200				4	
32. Kussen:						
Bauhilfsgeld dem Acquirenten des grünen Waldes	650					
33. Lesgewangminnen:						
Bauhilfsgeld dem Acquirenten des grünen Waldes	700					
34. Löbegallen						

	Auzgezahlt			Ackerfamilien	Eigenkäthner	Hopfengärtner
	Thlr.	Gr.	Pf.			
35. Lötzen:						
Rohdung und Verbesserung für Amtsvorwerke	375	15				
36. Lyck:						
a. Rohdung und Verbesserung für Amtsvorwerke	655	37	9			
b. Vorwerks-Meliorationen	7533	88	12		10	1
c. Bestauungsanstalten ohne Rev.	571	35	15			
d. Ankauf der Wiese Karbowisken	900					
e. 5 Scheunen und Stallungen für die für Vorwerke etablirten Eigenkäthner ohne Rev.	292	15	10			
(ausgesetzt	438	23	6)			
37. Oletzko:						
a. Vorwerks-Meliorationen	2744	54	13			
b. Ackerfamilien-Etablissements bei Dorf Retzken	900			5		
c. Besatzstücke für den Neu-Annehmer in Jaschken ohne Zins	44					
38. Plicken:						
a. Etablissement eines Bauern (Hans Waltereitis) in Szodeiken ohne besondern Zins	54	60				
b. Bau eines Gesundbrunnen 1100 Thlr. und Translocation der Gebäude von Coloniebauern ohne Zins (116 Thlr. 90 Gr.)	1216	60				
39. Polommen:						
a. Rohdung und Verbesserung für Vorwerke	2117	21				
b. zum Etablissement des neu angelegten Vorwerks Roebel (?)	10742	42	6			
ausgezahlt	11819	58	1½			
40. Popiollen:						
a. Vorwerks-Meliorationen und Rohdungen	531	52	9			
b. Ankauf der beiden cöllm. Krüge Kutten und Pillacken	829	87				

	Ausgezahlt			Ackerfamilien	Eigenkäthner	Hopfengärtner
	Thlr.	Gr.	Pf.			
41. Pröculs:						
Eigenkäthner-Etablissement	50				1	
42. Rhein:						
zur Einlösung des Pfandguts Ru-dowken, des darauf zu vollführenden Etablissements von 10 Ackerfamilien und eines Kruges	4500					
(ausgesetzt	5746				10)	
43. Russ:						
zu 5 Eigenkäthner-Etablissements	250				5	
44. Schreitlaugken:						
zu Eigenkäthner-Etablissements	550				11	
45. Sehesten:						
a. Rohdung und Verbesserung für Vorwerke	1021	79	9			
b. Eigenkäthner-Etablissements und Rohdung eines Bruches bei Kerstinowen	159	84				
46. Sperling:						
a. Entschädigung dem Amtmann Meitzen als fehlendes Hütungsland ohne Zins	200					
b. zum Ankauf 1 Hube Wiese von adel. Gut Mitschullen	666	60				
47. Stradauen:						
a. Rohdung und Verbesserung für Amtsvorwerke	201	66				
b. zur Anschaffung der Inventarienstücke für einen Bauer ohne Zins	51	80				
48. Weedern:						
a. Rohdung und Verbesserung	190	47				
b. zu Eigenkäthner-Etablissements bei den Dörfern	1500				30	
49. Winge:						
Eigenkäthner-Etablissements	500				10	

	Thlr.	Gr.	Pf.
Von 1775—78 ist nichts bewilligt	—	—	—

Von 1775—78 ist nichts bewilligt . . . .
„ 1778—79 zur Grabung eines Canals aus der Memel in die Gilge von der Königsberger Kammer 20916 Thlr. aus dem Domänen-Extraordinario . 6972 „ — 27888 — —
„ 1779—81 nichts . . . . — — —
„ 1781—82 zu Meliorationen aus der Hof-Staats-Kasse . . . . . . 88433 31 —
„ 1782—83 zu Meliorationen aus der Hof-Staats-Kasse . . . . . . 7831 3 $13\frac{1}{2}$
„ 1783—84 zu Meliorationen aus der Hof-Staats-Kasse . . . . . . 4301 55 $4\frac{1}{2}$
„ 1784—86 nichts . . . . — — —

Summa 128454 — —

Seit 1786—97 sind hergegeben worden 48270 61 8
„ 1786—87 durch Hof-Staats-Kasse . . . 35000 — —
zu Etablissements der Land-gestüte . . . 40000 Thlr. zur Tilgung der Kassenschulden . 5000 „
„ 1788—89 zu Meliorationen 1652 9 16
„ 1789—91 nichts . . . . — — —
„ 1791—92 zur Vertiefung des Pregels . . 4412 29 —
„ 1792—93 zu Utensilien im Fort Lyck . 1620 11 —
Gesundbrunnen in Thurn Amt Plicken 1807 88 1
„ 1793—94 zum Kirchen- und Schulbau in Schillehnen durch die Special-Kirchen- und Schul-Commission 2296 30 6
„ 1794—96 nichts . . . . — — —
„ 1796—97 zu Meliorationen im Amt Arys 1481 23 3

Summa 482270 61 8

Alle Meliorationsgelder, die zu Rohdungen und Verbesserungen in dem Amte L. Dep. verwendet worden sind:

	Thlr.	Gr.	Pf.		Thlr.	Gr.	Pf.
jährlich: 1781—82	20500	15	10	1788—89	11780	59	9
1782—83	4637	59	9	1789—90	2672	54	2
1783—84	1513	27	—	1790—91	4697	40	9
1784—85	20558	40	14	1791—92	705	82	16
1785—86	4230	17	—	1792—93	873	53	10
1786—87	11355	41	1	1793—94	362	29	—
1787—88	18638	81	5	1794—95	417	48	10

Summa 102344 Thlr. 20 Gr. 5 Pf.

Zur Etablirung der Eigenkäthner ist verwandt von 1781—1785:

1781—82 6300 Thlr. — Gr.
1782—83 2103 „ 3 „
1783—84 3510 „ — „
1784—85   533 „ 30 „

Summa 12444 Thlr. 33 Gr.

Hiervon ist an die Meliorations-Kasse zurückgezahlt worden 250 Thlr., also ist wirklich an Capitalien verwandt 12194 Thlr. 33 Gr.

LV.

Alphabetisches Verzeichniss der Colonisten anno 1736.

(Vor- und Familien-Namen, Amt und Dorfschaft, wo sie angesiedelt sind, Zahl der ihnen zugewiesenen Hufen, Morgen und Ruthen, und Nationalität.)

Es fehlen bei diesem alphabetischen Verzeichnisse: 1) die Salzburger, 2) die Lithauer als nicht eigentliche Colonisten, sondern nur Inhaber von ehemals wüsten Hufen. — Die ersten Zahlen neben dem Namen gehen auf die untenstehenden Aemter, die zweiten hinter dem Komma auf das betreffende Dorf in dem Amte, worüber die Nationalitätstabellen von Seite 276 seq. zu vergleichen sind. In der Klammer ist die Grösse des Colonistenhofes in Hufen, Morgen und Ruthen angegeben.

Reihenfolge der Aemter: 1. Althof-Insterburg. 2. Brackupöhnen. 3. Bredauen. 4. Budupöhnen. 5. Budwetschen. 6. Buylien. 7. Dantzkehmen. 8. Dinglaucken. 9. Gaudischkehmen. 10. Georgenburg. 11. Göritten. 12. Gudwallen. 13. Holzflössamt. 14. Jurgaitschen. 15. Kattenau. 16. Kiauten. 17. Königsfelde. 18. Kussen. 19. Lappöhnen. 20. Mattischkehmen. 21. Maygunischken. 22. Moulienen. 23. Plicken. 24. Saalau. 25. Stannaitschen. 26. Szirgupöhnen. 27. Tollmingkehmen. 28. Waldauckadel. 29. Weedern. 30. Althof-Ragnit. 31. Dörschkehmen. 32. Görskullen. 33. Grumbkowkaiten. 34. Uschpiaunen. 35. Kasigkehmen. 36. Lesgewangminnen. 37. Löbegallen. 38. Schreitlaucken. 39. Sommerau. 40. Balgarden. 41. Baublen. (42. Kukernese, 43. Linkuhnen, 44. Winge, 45. Althof-Memel, 46. Clemmenhof, 47. Heidekrug fehlen als lediglich lithauisch). 48. Próculs. (49. Russ fehlt.)

Abkürzungen: S. = Schweizer. N. = Nassauer. D. = Deutscher. Snd. = Rubrik: Schweizer, Nassauer oder andere Deutsche. Nd. = Rubrik: Nassauer oder andere Deutsche.

330

P. = Pommern. Pf. = Plälzer. A. =ₑAnspacher. Hm. = Halberstadt-Magdeburger. Frd. = Rubrik: Franken und andere Deutsche. Hdpm. = Rubrik: Halberstädter, Pommern, Märker und andere Deutsche. Die mit einem * bezeichneten Namen lassen trotz der fehlenden genauen Angabe Schlüsse auf die Heimathsbestimmung zu (cf. Text Seite 84 ff.).

A.

Abel, Caspar, 41, 9 (— 25, $214^2/_7$) D.
Abraham, Jacob, 15, 8 (1) SND.
Achenbach, Hiernoym, 5, 33 (1) N.
— Balzer, 34, 23 (1) Darmstädter.
Ackermann, Friedrich, 2, 9 (1) S.
Adam, Rupert, 5, 25 (1) N.
Adank, Heinr., 26, 12 (1, 4, 150) S.
Adler, Hans, 30, 25 (1) HPMD.
Adolph, Stephan, 5, 29 (1) N.
Adrian, Friedr., 12, 19 (— 15 —) Snd.
Agaffsky, Hans, 14, 6 (1) Snd.
Albrecht, Hans, 23, 2 (1) Snd.
— Christian, 20, 4 (1) ? Scharwerksb.
— Michel, 15, 3 (1) Snd.
— 34, 21 (1) Pf.
— George, 38, 1 (1) D.
Alemand, Nicol., 28, 13 (— 15 —) S.
Allenstein, Hans, 14, 17 (1) Snd.
Allexander, Joh., 5, 28 (1) N.
Alsdorf. Martin, 22, 8 (1) D.
— Friedrich, 22, 11 (1, 11, 296) D.
Althaus, Jos. Jopst., 5, 6 (1) N.
Altloff, Jos., 28, 14 (1, 1, $83^1/_2$) Nd.

Altmann, Joach., 34, 22 (1, 4, $44^{11}/_{29}$) P.
Alttrott, Conr., 28, 14 (1 — $191^3/_4$) Nd.
Altzuhn, Friedr., 41, 15 (1) D.
Aman, Jos., 16, 23 (— 20, $132^1/_2$) Nfrd.
Amberger, Andres, 15, 9 (1) Snd.
*Ambrosius, Jost, 3, 4 (— 15 —) Nd.
— Caspar, 3, 4 (— 15 —) Nd.
Ambühl, Georg, 10, 10 (1, 13) S.
— Caspar, — (1) —
Amelung, Michael, 22, 9 (1) D.
— Mathes, 22, 9 (1) D.
Ammin, Maria, 4, 20 (1) Nd.
Auckell, Jost. Heinr., 26, 12 (1) Pf.
Anders, Martin, 6, 7 (— 21, $128^4/_7$) Hm.
Andre, Joseph, 8, 5 (1) S.
Appelbander, Joh., 5, 31 (s. Jos. Thimm) N.
Arendt, Fr., 27, 5 (1 — $30^2{}_5$) D.
— Christian, 27, 22 (1) D.
Arrendt, Gottfr., 22, 13 (2) D.
Auge, Elias, 38, 12 (— 18, 225) D.
Augstin, Christian, 25, 23 (1) Snd.
August, Carl, 22, 20 (2) D.
— Hans, 14, 6 (1) Snd.

B.

Baade, Andres, 21, 3 (1) Nd.
Babst, Gottfr., 4, 3 (1, 15) Nd.
Bach, Bernhard, 18, 1 (1) Snd.
— Jos. Heinr., 16, 26 (1 — $64^2/_7$) Nfrd.
Backhus, Paul, 37, 3 (1) D.
Bagowsky, Michel, 25, 8 (1) Snd.
Bahr, Heinrich, 3, 12 (1) Nd.
— Christoph, 14, 16 (1, 5, 187) Snd.
Bahrt, Georg, 29, 24 (2) Thür.
Bähr, Caspar, 21, 13 (1) S.
— Johann, 20, 6 (1) S.
*Baltzer, Paul, 37, 1 (1) D.
— Friedr., 20, 4 (1) S.
Balwichs, Christian, Wittwe, 27, 6 (1 — $92^1/_3$) D.
Bambeck, Christoph, 29, 6 (1) Preusse.
Bandel, Christoph, 15, 14 (1) Snd.
Bandelin, Adam, 26, 10 (— 20, $170^3/_7$) S.
Banse, Rud., 40, 12 (1) D.
Bartel, Christoph, 3, 25 (1) Nd.
— Wilh., 5, 24 (1) P.
— Heinr., 29, 10 (1) Hm.

Bartel, Hans, 17, 16 (— 23, 150) Nfrd.
Barke, Jacob, 21, 7 (2) Pnd.
— Hans, 27, 20 (2) D.
— Christian — (1) —
Bartels, Heinr., 16, 8 (1, 15, $33^{27}/_{32}$) Nfrd.
— Hans, 32, 35 (1, 1) Snd.
Bardin, Joach., 34, 14 (2) Priegnitz (a. Hagelberg).
Barmann, Joh. Jac., 34, 15 (1) Pr.
Barth, Lorenz, 18, 4 (1) Snd.
Baring, Joh., 25, 15 (1) Snd.
Bary, Hans, 22, 8 (1) D.
Barsch, Andres, 16, 21 (1) Nfrd.
Bartsch, Martin, 3, 13 (1) Nd.
— Lorenz, 8, 11 (2) Snd.
Barral, David, 21, 3 (2) S.
— Hans, — (1) —
Bartenwerffer, Friedr. (Schulz), 34, 3 (1, 2, 110) Pr.
Bartolomäus, Philip, 21, 3 (1) S.
Barutzki, Hans, 40, 14 (1) D.
Bast, Joh., 16, 19 (1) Nfrd.

Basse, Andreas, 37, 6 (1) D.
Bath, Joh., 4, 8 (1) Nd.
Bäuerlein, Casp., 15, 15 (1) Snd.
Baum, Heinr., 26, 6 (1) S.
Baumann, Joh., 4, 9 (2) Nd.
— Stephan, 4, 20 (1, 16) —
Becker, Jost, 3, 12 (1) Nd.
— Ludwig, 3, 13 (2) Nd.
— Jost, 3, 14 (1) —*
— Michel, 8, 13 (1) Snd.
— Jost, 3, 19 (1 — 172^1/$_3$) Nd.*
— Conrad, 16, 7 (1 — 100) 11 Frd.
— Christian, 22, 15 (1) D.
— Conrad, 21, 7 (1, 15) P.
— Joh. Philipp, 21, 7 (1, 15) P.
— Heinrich, 27, 6 (1 — 92^1/$_3$) D.
— Christian, 27, 22 (1) D.
— Joh. Jost, 28, 14 (1 — 191^3/$_4$) Nd.*
— Joh. Georg, 28, 14 (1 — 191^3/$_4$) Nd.
— Jacob, 28, 18 (1)
— Heinrich, 31, 9 (1, 26) Hm.
— Jacob, 31, 18 (2) P.
— Valtin, 34, 9 (1, 15) Hm. (Schulz.)
— Hans, — (1, 10) —
— Wilh., 3, 22 (1, 4, 82) Nd.
Becker 7, 5 (2) N.
Beck, Adam, 14, 5 (1, 17) Snd.
Beckdorf, Christian, 21, 2 (1) Nd.
Becher, Joh. Peter, 6, 6 (1, 18, 250) N.
— Johann, 13, 4 (1) Snd.
Beckmann, Martin, 38, 8 (— 15) D.
— Peter, 10, 24 (1) D.
Beehr, Andr., 3, 12 (1) Nd.
Beister, Andreas, 28, 2 (1) Nd.
— Christoph, 18, 10 (1) Snd.
Behrent, Friedrich, 29, 18 (1) Hm.
Belitz, Franz, 14, 15 (2) Snd.
— Georg, 17, 3 (1, 6) Nfrd.
— Friedrich, 17, 9 (1) —
Beichert, Michel, 21, 9 (1) Nd.
Begler, Joach., 26, 3 (1, 10, 90^1/$_4$) S.
Begro, Jacob, 25, 14 (1) Snd.
Behnke, Martin, 22, 22 (1) D.
— Georg, 38, 11 (— 15) D.
Beidtel, Christoph 34, 21 (1, 22, 150) Uckerm.
Bensig, Andreas, 35, 3 (— 16, 85^5/$_7$) Snd.
Belsmer, Leonhard, 18, 4 (1) Snd.
Bendix, Hans, 20, 1 (1)? Scharwerksb.
Berendt, Michel, 8, 15 (1, 1, 60) Snd.
— Joh., 8, 15 (1, 16) —
Berger, Michel, 4, 9 (1) Nd.
— Thomas, 4, 9 (1) Nd.
— Christian, 9, 6 (— 20, 158) S.
— Johann, 11, 22 (1, 15) Snd.
— Hans, 26, 9 (1) S.
Bergau, Christoph, 14, 8 (1) Snd.
— Hans, 19, 15 (1, 1, 15) Snd.

Bergling, Hans, 27, 19 (1, 3, 102^1/$_2$) D.
Bergmann, Christoph, 27, 9 (1) D.
— Hans, 38, 15 (— 15) D.
— Andreas, 40, 6 (1) D.
— Andres, 40, 22 (1) D.
Bergenroth, Michel, 11, 24 (2) Snd.
Bergner, Carl, 34, 22 (1, 4, 41^{11}/$_{29}$) N.
Beckholz, Mathes, 2, 9 (1) S.
Berndt, Zacher, 37, 3 (1) D.
Berniox, Hans, 9, 12 (2) D.
Bernicker, Michel, 26, 6 (2) S.
— Jacob, — (1) —
— Samst., 26, 1 (— 23, 81^4/$_{17}$) —
— Jacob (und Jacob Krause) 26, 3 (1, 10, 10^1/$_4$) —
— Christian, 26, 23 (1) S.
Berthel, Hans, 32, 36 (1 — 241) Snd.
Bertram, Christoph, 31, 19 (2) Braunsch.
— Peter, 26, 9 (1) Oberländer.
Best, Philip, 7, 5 (2)?
— Peter, 15, 1 (1) Snd.
— Wilh., 23, 11 (— 20, 183^1/$_2$) Snd.
Bessel, Nickel, 19, 13 (1) Snd.
Betke, Philip, 9, 12 (1) D.
Bethke, Hans, 16, 15 (1, 15, 76^2/$_3$) Nfrd.
Betge, Heinr., 17, 22 (1, 1, 170) —
Betz, Joh. Heinr., 26, 10 — 20, 170^3/$_7$) Pf.
— Johann, 26, 10 (— 20, 170^3 7) N.
Betzerling, Andres, 27, 21 (— 15, 240) D.
Bewer, Christoph, 10, 15 (— 15 —) D.
Beyer, Daniel, 21, 6 (1) Nd.
— Paul, 20, 4 (1)? Scharw.
Beynon, David, 28, 13 (1) S.
Bildhauer, Math., 28, 3 (1) D.
Biber, Wilh., 4, 18 (1) Nd.
— Friedr., 23, 11 (— 20, 183^1/$_2$) Snd.
Bibelhans, Adam, 31, 15 (— 15) Fr.
— Andres 31, 15 (— 15) Fr.
Bierbrauer, Math., 21, 12 (1) Nd.
Binau, Daniel, 28, 13 (1, 15) S.
Bind, Phil., 6, 2 (1, 13, 202) Sd.
Bilefeld, Andres, 34, 24 (2) Hm.
Bilgenroth, Elias, 30, 30 (1) Hpmd.
Billichhausen, Jos. Heinr., 27, 12 (— 22, 159^4/$_{3y}$) D.
— Joh., 27, 12 (— 22, 159^4/$_{32}$) D.
Bischof, Joh., 30, 14 (— 19, 205) Hpmd.
Biwersdorf, Hans, 17, 16 (1, 15) Nfrd.
Blat, Jern., 26, 4 (1, 6, 3^3/$_4$) S.
Blöhmer, Joh. Anton, 10, 11 (— 23, 233^1/$_3$) S.
Bleich, Joh., 30, 9 (2) Hpmd.
Bluhm, Henning, 30, 7 (1) Hpmd.
— Joh. Heinr., 30, 7 (1) Hpmd.*
— Ernst, 33, 41 (— 25, 15) Hm.
Blöhr, Friedr., 20, 6 (1) S.
Block, Andreas, 12, 15 (1) Snd.

Blaffert, Michel, 17, 3 (1,6) Nfrd.
Bleiweiss, Jos., 17, 20 (1, 15) —
Blöss, Georg, 34, 6 (1, 22, 150) Pr.
Blechert, Andres, 34, 26 (1) Uckerm.
— Christian, 34, 26 (1) Uckerm.
Bläser, Hieron., 29, 11 (1 — 162) N.
Blumhof, Christian, 9, 11 (1, 15) D. ,
— Daniel, 9, 11 (1, 15) D.
Bock, Henning, 12, 15 (1) Snd.
— Peter, 14, 13 (1, 23) Snd.
Böck, Hans, 41, 11 (1, 8, 150) D.
Böcke, Christian, 5, 1 (1) P.
Bödebinder, Jost, 3, 23 (1) Nd.
Boge, Christoph, 32, 11 (1—192) Snd.
Böhmer, Anton, 16, 23 (— 20, $132^1/_2$)
  Nfrd.
Böhm, Dietrich, 35, 2 (— 15) Snd.
Böhter, Joh., 12, 5 (1, 15) Snd.
Bohd, Heinr. 18, 7 (1) Snd.
Bohm, Joh. Heinr., 10, 14 (—15—)N.
Böhnke, Hans, 7, 7 (— 18, 110) Altm.
— Joh., 7, 14 (— 26 —) Westph.
— Michel, 10, 27 (1) D.
Börssmann, Carl, 30, 10 (1, 6, 8 5) Hpmd.
Boll, Peter, 41, 4 (— 20, $136^4/_{11}$) P.
Bollmann, Steffen Andres, 30, 16 (1,
  13, 50) Hpmd.
Boldt, Joh., 11, 13 (— 20, 274) Snd.
Boltz, Joh. Heinr., 26, 7 (1) Hm.
Boos, Friedr., 4, 2 (2) Nd.
Bonacker, Conrad, 31, 19 (1) Hesse.
— Heinrich, 31, 11 (1) —
Borchert, Andreas, 5, 27 — 18, 63) Hm.
— Michel 21, 15 (— 15, 155) Nd.
— Martin, 28, 23 (1) D.
— Hans, 28, 17 (2 D.
— Gerh., 31, 4 (1) Hm.
— Hans, 31, 26 (— 15) Hm.
— Caspar, 31, 7 (1, 13) —
Borlach, Moriz, 1, 1 (1) D.
Bormann, Henning, 31, 16 (1) Brschw.
— Jacob, 34, 15 (1) Darmst.
— Heinr., 34, 21 (2) Hm.
— Ludwig, 34, 23 (1) Darmst.
— Hennig, 38, 1 (1) D.
— Christian, (15) —
— Valtin, — — —
— Thiel, — — —
Bormkessel, Andres, 30, 18 (1) Hpmd.
Bornkamm, Zach., 16, 20 (— 23 —) Nfrd.
Borrath, Math., 12, 2 1) Snd.
Borst, Gerh., 28, 1 (2, 10, 34) D.
Borwindt, Hans, 34, 23 (1) Frd.
Bose, Adam, 17, 30 2 Nfrd.
Both, Heinr., 6, 5 (1 Hm.
Böttcher, Peter, 27, 20 (2 D.
Bottenberg, Ebert, 11, 9 (2) Snd.*
Bouwang, Lorenz, 21, 6 (1) S.

Bouwet, Abr. 25, 10 1) Snd.
Brühmer, George, 32, 13 (1, 4, 75) Snd.
Bräuer, Hans, (Schulz) 33, 3 (1, 20)
  Hildesh.
Brachmann, Adolph, 30, 12 (—15)Hpmd.
— Philip, 35, 7 (— 24, 150) Snd.
Brandt, Joachim, 2, 20 (2) Nd.
— Peter, — (1) —
— Hans, 4, 13 (— 12, 200) —
— George, 5, 26 (1) N.
— Peter, 9, 9 (1) D.
— Andres, 25, 4 (— 26 —) Snd.
— Ludwig, 25, 9 (2) —
— Phil., 27, 22 (1) D.
— Hans, Ad., 27, 17 (1 — $12^3/_8$) D.
Braman, Abram, 17, 27 (2) Nfrd.
— Jacob, 17, 15 (2) —
Brandenburger, Joh. Adam, 28, 4 (1,
  $3^1/_2$ D.
Brands, Andreas, 37, 12 (1, 17) D.
— Hans, — (1, 2) —
Brans, Christ., 9, 11 (1, 15) D.
Bratsch, Christ., 4, 22 (2 Nd.
Braun, Christian, 8, 3 (1) Snd.
— Hans, 2, 12 (— 29, 178) Nd.
— Casp., 4, 14 (1) —
— Martin, 6, 6 (1) N.
— Daniel, 6, 6 (1) N.
— Joh. Peter, 6, 6 (1) N.
— Joh., 15, 5 (1) Snd.
— Müller, 28, 13 (1, 15) Nd.
Brasch, Martin, 29, 7 (1) Pr.
Breyer, Thomas, 28, 16 1) N.
Breitenbach, Georg, 3, 22 (1) Nd.
Brehmer, Andres, 16, 25 (1 — 75 Nfrd.
Brickau, Joh., 16, 9 (1 — $195^5/_6$) Nfrd.
Brieskorn, Friedr., 29, 17 1 Pr.
Bringmann, Christoph, 38, 9 —15,$7^4/_7$ D.
Brink, Georg, 27, 21 (1, 1, 180) D.
Brockmann, Adam, 37, 7 (1) D.
Bröcker, Hans Michel, 30, 13 (1, 15)
  Hpmd.
Bromethe, Joseph, 9, 7 (1, 1, 225) S.
Brose, Egidius, 25, 1 (2) Snd.*
— Carl, 28, 13 (— 14) S.
Bröse, Wilh., 30, 1 (— 22, 150) Hpmd.
Bröske, Hans, 5, 1 (1) —.
Brosotzky, Mathes, 35, 7 (1) Snd.
Brohmann, Jost, 40, 6 (1) D.*
— Christ., 40, 6 (1 D.*
Brühling, Christ., 30, 7 1) Hpmd.
Brühning, Heinr., 38, 15 (— 15) D.
Bruder, Balzer, 37, 1 (1) D. (Vielleicht
  der Bruder von Balzer in 37, 1 ?)
Brumbach, Jos. Georg, 20, 2 (1) S.
— Jost, 20, 6 (1) —
Boussberg, Jos., 26, 7 (— 22, 257) Hm.
— Jac., 17, 27 (2) Nfrd.

Boussberg, Hans, — (1, 5, 170) —
Bublitz, Hans, 12, 5 (1, 15) Snd.
Buch, Peter, 5, 24 (1) P.
— Michel, 17, 11 (1) Nfrd.
Buchholz, Peter, 16, 3 (1, 8, 54$^6/_{11}$) Nfrd.
— Nik., 31, 5 (2) N.
— Conrad, 33, 3 (1,20) Braunschw.
Büchell, Jos., 26, 1 (— 28, 81$^4/_{17}$) S.
Bühlau, Joh., 5, 6 (1) N.
Bühring, Joach., 11,23 (— 20, 101$^1/_2$) Snd.
Bürger, Peter, 18, 3 (1) Snd.
— Christ., 17, 2 (1) Nfrd.

Bürger, Jos. Jost, 27, 1 (— 24, 225) D.*
Bullert, Georg, 28, 8 (1—34) Nd.
Bungio, Peter, 9, 4 (1) D.
Buntrock, Christian, 29, 23 (1) Uckerm.
Burmeister, 11, 1 (2) Snd.
— Andres, 23, 11 (— 20, 183$^1/_2$) —
Bursch, Andres, 26, 12 (1, 4, 150) S.
Butsch, Friedr., 4, 22 (1) Nd.
Buschain, George, 23, 7 (1) Snd.
Buschar, Isaak, 23, 1 (1) Snd.
— Johann, 23, 6 (1) Snd.
— George, 23, 6 (1) Snd.

C.

Callam, Daniel, 28, 18 (1)
— Jean Pierre, — (1, 15) — (jetzo Jos.
   Heinr. Drosch)
Cammer, Hans, 20, 6 (1) S.
Cämmer, Jac., 26, 9 (1) S.
— Melchior, — — —
— Melchior, 26, 23 (1) —
Candscheit, Hans, 41, 4 (— 20, 136$^4/_{11}$) D.
Capitain, Peter, 1, 2 (1) S.
Cappus, Jos. Jac., 11, 12 (1, 1, 27$^3/_4$) Snd.
Cassel, Peter, 3, 15 (1, 10, 47) Nd.
Castellsche Phil. Wittwe, 20, 6 2) S.
Christ, Johann Ad., 10, 19 (1) N.
— Jacob, 10, 23 (— 19, 275) N.
Christmann, Jos., 2, 19 (1) Nd.
Chuster, Cl., — — -
Claus, Gert, 21, 12 (1) Nd.*
— Nic., 3, 13 (1) Nd.
Colbe, Christoph, 13, 6 (1, 12) Snd.

Colberg, Christian, 26, 14 (1) N.
Cömper, Balzer, 16, 14 (1) Nfrd.*
Coppy, Joh., 37, 3 1) D.
Constabler, Joh., 38, 4 (— 22, 150) D.
Coler, Andres, 2, 20 (1) Nd.
Conrad sen., Joh., 3, 19 (1 — 172$^1/_3$) Nd.
— jun., Jos., — — —
— Jost Wilh. — — —
— Christoph, 15, 11 (1) Snd.
Coppenhagen, Michel, 12, 10 (1, 2,
   179 Snd.
Courvasin, Adam, 28, 13 (1) S.
Cranz, Conr., 4, 5 (1) S.
Creutzmann, Zacher, 6, 7 (— 21, 128$^4/_7$) ?
Creuz, Jos. Jost, 11, 16 (1, 15) Snd.
— Heinr., — (1) —
— George, 41, 6 (— 16, 109$^1/_{11}$) D.
Cruse, Michel, 8, 9 (2 Snd.
Curlander, Hans, 17, 8 (1) Nfrd.

D.

Dabbert, Christian, 12, 17 (2, 4, 177$^1/_4$)
   Snd.
Dahl, Andreas, 9, 11 (1, 15) D.
Dahlhammer, Conr., 6, 7 (1, 15) Hanau.
Dahlhauser, Math., 3, 3 (1) Nd.
Dammin, Daniel, 7, 4 (1, 20) Mittelm.
— Heinr. — — —
Daniel, Jos., 10, 15 (— 15) N.
— Hans Georg — — —
Damüller, Andres, 27,2 2 (1) D.
Dalchau, Hans, 35, 1 (— 17, 75) Snd.
— Martin, — (— 11) —
Daniels, Daniel, 9, 10 (2) D.
Dannebauer, Hans, 4, 12 (- 27, 150) Nd.
Dau, Hans, 8, 16 (2, 18) Snd.
Daumann, Gottfr., 27, 23 1) D.
Darger, Gottfr., 10, 1 (— 20 —) D.
Daran, Christ., 25, 11 (1) Snd.
Decker, Adam, 37, 10 (1) D.
— George, 38, 1 (1) —
Deddig, Friedr., 17, 12 (1) Nfrd.
Dege, Caspar, 4, 19 (1) Nd.*

Degen, Andr., 30, 25 (1, 10) Hpmd.
— Steffen, 31, 21 (1) Ansp.
Deger, Joh., 33, 20 (1, 15) P.
— Peter, 31, 26 2) Hm.
Dehling, Heinr., 5, 15 (1) —
Deichert, George, 17, 8 (1) Nfrd.
Deinert, Christoph, 17, 30 (1) —
Denk, Casp., 38, 14 (— 15) D.*
— Hans, 25, 1 (2 Snd.
Denkmann, Christoph, 29, 24 (1) Hm.
Delgast, August in 31, 14 (2) Ansp.
Denner, Paul, 24, 6 (1) Frd.
Dentzer, Heinr., 33, 8 (1, 14, 133$^1/_3$)
   Berg.
Derkmann, Andr., 29, 13 (2) Hm.
Derwin, Christoph, 15, 13 (— 20) Snd.
Detloff, Hans, 25, 11 (1) —
Detmann, George, 11, 24 (2) —
Detambes, Joh., 21, 7 (— 15 —) S.
Dettmer, Henning, 29, 24 (1) Altm.
Dexter, Jac., 17, 11 2) Nfrd.
Dick, Joachim, 34, 23 (1) Hm.

Dickert, Michel, 17, 30 (— 13, 276) Nfrd.
Dicomain, Moys, 28, 13 (1) S.
Diesing, Joh., 22, 8 (1) D.
—. Gottfr. — — —
Dietrich, Jacob, 3, 4 (1) Nd.
— Joh., 3, 12 — —
— Martin, 4, 14 (2, 10) —
— Melchior, 9, 1 (1) —
— Hans, 17, 15 (2) Nfrd.
— Joh. Heinr., 28, 16 (1 — 25²/₃) Pf.
— Wilh. — — —
— Hans, 40, 6 (1) D.
Dimm, Martin, 19, 12 (1, 21) Snd.
Dimmon, Jos., 21, 7 (1) S.
Dippe, Ludw., 5, 9 (1, 7, 57) Hm.
Dischhausen, Mathes, 15, 1 (2) Snd.
Dittke, Friedr., 14, 13 (1) Snd.
Döhm, Heinr., 48, 2 — 15) D.
Döring, Andres, 23, 10 (1, 16) Snd.
Dörr, Conr., 13, 8 (1) Snd.
Döppner, Peter, 14, 16 (1, 5, 187) Snd.
Donboy, Samiel, 28, 19 (1) S.
Donner, Joach., 30, 23 (1) Hpmd.
Dork, Joh., 19, 10 (1, 5) Snd.
Dorn, Valentin, 3, 35, (1) Nd.
Dornkamm, Daniel, 16. 17 1) Nfrd.
Duboy. Jerm. Jacq., 23, 8 (2) Snd.*
— David, 23, 9 (1) Snd.*
— David, 21, 13 (1) S.
Ducker, Joh., 28, 2 (— 15) Nd.
— Wilh., 11, 22 (— 25, 95) Snd.

Duckhäuser, Joh. Peter, 20, 2 (2, ?
  Scharw.
Dull, Albr., 25, 12 (2) Snd.
— Casp., — (1 — 114) —
Dümmel, Michel, 18, 4 (1) Snd.
Dürr, Werner, 6, 15 (1, 25, 170) Hann.
Dürre, Michel, 23, 9 (1, 15) Snd.
Dullo, Andr., 41, 5 (1, 18, 64²/₇) D.
Dulk, Friedr., 40, 23 (1) D.
Dumm, Martin, 40, 23 (1) D.
Dumke, Joh., 29, 7 (— 15) Italiener.
Dunkel. Christoph, 17, 14 (— 20, 165)
  Nfrd.
Dunkelbeck, Heinr., 11, 23 (2) Snd.
Dupuol, Abrah., 25, 10 (1) Snd.*
Dustein, Gottfr., 28, 2 (— 29, 154) Nd.
Duwe, Heinr., 34, 22 (1, 4, 41) Hm.
Drachmer, Martin, 41, 13 (— 19,
  206¹₄) D.
Draguller, Andr., 10, 9 (1) D.
Drebandt, George, 5, 7 (1) N.
Dreher, Hans, 7, 1 (2) P.
— Martin. 15, 15 1) Snd.
Drescher, Heinr., 11, 16 (1) Snd.
— Joh. Ludw., 33, 43 (1) Ansp.
Dreycko, Jac., 3, 21 (2, 15) Nd.
Dreyer, Heinr., 16, 13 (1, 15) Nfrd.
Dreystein, George, 3, 9 (— 15) Nd.
Drostmann, Wigand, 3, 12 (1) Nd.*
— Balzer. 3, 13 — — *
Drum, Jac., 3, 10 (1) Nd.

E.

Ebert, Caspar, 16, 26 (1, 15, 128⁴/₇) Nfrd.*
Eberts, Heinr., 40, 21 (1) D.
Eckert, Georg, 18, 4 (1) Snd.
— Constantin, 26, 15 (1) N.
— Joh. Michel, 26, 12 (— 20, 272) N.
Eckler, Heinr., 7, 6 (2) Hm.
— Andreas 7, 11 (— 20, 296) —
Eckstein, Heinr., 5, 34 (1, 8, 35) Hm.
— Elfert, 10, 24 (1) D.*
— Hans, 30, 1 (— 15) Hpmd.
Egd, Jost, 26, 20 (— 18, 177¹/₈) Fr.
Egede, Heinr., 4, 22 (— 9) Nd.
Eggert, Jos. Heinr., 3, 23 (1) Nd.
— Georg, 6, 10 (— 20) Hm.
— Andreas, 31, 16 (2) ··
Ehlert, Jos., 14, 22 (1) Snd.
— Martin, 22, 9 (1) D.
— Christoph, 33 43 (1) Oberländer.
Ehrenberg, Friedr., 16, 17 (1) Nfrd.
Eichberger, Phil., 15, 1 (2) Snd.
Eichelberger, Valtin, 21, 1 (1) Pnd.
Eichler, Friedr., 15, 1 (1) Snd.
Eichner, Andr., 21, 3 (1) Nd.
Edner, Leonh., 4, 1 (1) Nd.

Eigenbrod, Nicol., 27, 6 (2 — 184²/₃) Pf.
Einke, Andres, 10, 29 (— 21, 128⁴/₇)
  Snd.
Eiserhard, Friedr., 16, 17 (1) Nfrd.
Eller, Phil., 25, 20 (1) Snd.
Endinger, Andr., 13, 10 (1, 1, 257¹/₂) Snd.
Engel, Joach., 16, 17 (1) Nfrd.
Engelbrecht, Heinr., 10, 26 (— 15) D.
Engelhard, George, 2, 16 (1) Nd.
— George, 4, 20 (1) —
Engelmann, Rupr., 21, 5 (2) Nd.*
Engelstein, Joh., 21, 3 (1) Nd.
Engelwelter, 21, 7 (1, 15) Pnd., cf.
  Conr. Becker.
Enners, Christian, 11, 12 (1, 2, 55¹/₂) Snd.
Eppelle, Jerm., 21, 6 (2) S.
Esch, Daniel, 25, 23 (1) Snd.
Esse, Andreas, 26, 22 (1) N.
Etzichsberger, 29, 2 (1) S.
Etzmann, Isaak, 23, 1 (1) Snd.
— David, — — —
— Joh. Jacob, — — —
— Abraham, 25, 5 — —
Eycke, Christoph, 40, 6 (— 16, 109¹/₁₁) D.

F.

Faack. Hans, 41, 5 (1, 2, 42⁶/₇) D.
— Andres. — (1, 18, 64²/₇) D.
Faber, Abram, 21, 7 (1, 15) S.
— Jean, — (—15) —
Fähr, Jacob, 10, 11 (— 23, 233¹/₃) S.
Fährer, Casp., 3, 17 (1) S.
Fahsel, Andres, 16, 13 (1) Nfrd.
Faller, Joh., 4. 13 1, 15) Nd.
Falk, Joach., 14, 2 (13, 140) D.
— Michael, 28, 3 (— 15) D.
— Caspas, Wittwe, 16, 17 (1) Nfrd.
Fanselau, Michel, 4, 6 (2) Nd.
— Paul, 4, 16 (— 27) —
— Peter, 20, 1 (1)? Scharw.
Farnaçon, Jean, 8. 12 (1) S.
— Abram — — —
Fass, Albrecht. 14, 6 (1) Snd.
Faser, Herm., 34, 21 (1) Hm.
Fassbinder, Jos., 11, 21 (— 25, 245) Snd.
Federmann, Moriz, 10, 24 (— 19, 15) D.
Federau, Greg., 14, 3 (1, 3, 222) Snd.*
Feichert, George, 32, 20 (— 13, 129¹/₃) Snd.
Feller, Peter, 27, 16 (1 — 48³/₈) D.
Felsmann. Martin, 25, 14 (1) Snd.
Felzer, Bartel, 34, 6 (1) Pr.
— Peter, 3, 22 1) Nd.
Fenselau sen., Jacob, 29, 3 (2) Pr.
— jun., Jacob, - (1) —
Festerling, Christian, 38, 8 (1) D.
— Kort — — —
Fetisch, Michael, 26, 3 (1, 10, 10¹/₄) N.
Fetsch, Marcus, 26, 21 (1) Fr.
Fetter Peter, 31, 19 (1) Fr.
Feuerherd, Henning, 34, 22 (1, 4, 41¹¹/₂₉) Hm.
— Heinr., — — —
Ficht, Christoph, 36, 2 (1) D.
Fiedler, Hans, 17, 15 (1) Nfrd.
— Gottfr., 16, 5 (1) —
Filbel, Wilh., 23, 3 (— 20) Snd.
Fink, Heinr., 3, 4 (2) Nd.
— Joh.. 8, 13 (1) Nd.
Fischbach, Joh. Martin, 26, 1 (— 28, 81⁴/₁₇) N.
Fischer, Christian, 14, 22 (1) Snd.
— Joh. Jost, 16, 7 (1 — 100) Nfrd.*
— Christoph, 20, 1 (1)? Scharw.
— George, 3, 12 1) Nd.
— Martin, 5, 13 (2) P.
— Johann, 26, 15 (1) Pr.
— Hennig, 31, 19 (1, 8) Hm.
— Gottfr., 32, 12 (1, 15) Snd.
-- Michael, 38, 6 (1) D.
— Adam, 27, 7 (— 15, 272³/₄) D.
Flach, Paul, 31, 13 (1) Sachse.

Flamming, Peter, 22, 21 (1) D.
Flatto, Oswald. 9, 6 (— 20, 158) S.
Fleischmann, Adam. 18, 5 (1) Snd.
Fleischfresser, Michel, 32. 18 1. 7) Snd.
Flemming, Friedr.. 17, 26 (1, 15) Nfrd.
Flick. Andreas, 6. 7 (1) Pf.
— Joh. Peter, 21, 12 (1) Nd.
— Martin — — —
— Andres, 23, 13 (— 26, 18) Snd.
Flinder. Jacob. 3, 10 (1) Nd.
Flodron. David. 28, 18 (1) Schw. Pf.
Flöder. Hans. 20. 1 (1)? Scharw.
Flötemeyer. Wilh., 5, 17 (1) N.
Flottcrau, Jacob, 26. 8 (1) S.
Flucht Joh., 8. 13 (— 24 —) Snd.
— Casp., 17 19 (1) Nfrd.
Foderley. Melchior, 26. 5 (1, 18) S.
Fohrer. Hans, 20, 6 (1) S.
— Valtin, 23, 8 (1, 17, 2, 7) Snd.
— Joseph, 23, 9 (1) —
Förder. Michel, 6, 4 2, 9, 172¹/₂) Hanau.
— Wolfgang, 6. 8 (1, — 287²/₃) —
Forrer. Hans. 10, 10 (— 15) S.
Forschner, Jac., 27, 13 (— 19, 71⁵/₆) D.
Fortall Nicol.. 22. 16 (2) D.
Foss, Conrad. 3. 26 (1) Nd.
Fösterling. Christian, 31, 1 (— 15) Hm.
— David. 31. 7 (1, 3) —
Fotting, Martin, 30, 17 (— 22, 150) Hpmd.
Fougret, sen., Abram, 25, 21 (1) Snd.*
— jun. Abr.. — — — *
Frank, Martin, 10, 21 (2) D.
— Jos. Martin, 30, 16 (1, 13. 50) Hpmd.
— Jac., 3. 22 (— 19, 225) Nd.
Frantz, Michel, 23, 5 (1) Snd.
Franz, Jos., 2, 10 (1) S.
— Gottfr. 27, 5 (1, — 30²/₅) D.
Frass, Borchert, 2, 12 (1) Nd.
— Samuel 2, 16 (— 15) —
— Wilh.. 17, 4 (1) Nfrd.
— Hans Peter, — — —
Frenckler, Hans, 40, 18 (1) D.
— David, 40, 18 (1) D.
Freidank, Hans, 9, 5 (1) S.
Freising, Mathes, 21, 6 (1) Nd.
Freitag, Jacob, 8, 13 (1) Snd.
Frenkel, Andres, 31, 13 (2) Sachse.
Frensel, Christoph, 14, 8 (1, 10, 42) Snd.
Frentzler, Joh., 32, 7 (1) Snd.
Frez, Martin, 18, 9 (1) Snd.
— Philip, 2, 17 (1) Nd.
— Caspar, 2, 17 (1) Nd.
Freyer, Christoph, 4, 6 (1) Nd.
Frick, Heinr., 30, 29 (1, 3, 30) Hpmd.
— Heinr., 16, 24 (1) Nfrd.

Friedel, Joh. George, 20, 4 (1) S. (Jetzt Michel Fischröder.)
Fischröder, Michel, 33, 19 (1, 15, 180) Hm.
Friedrich, Heinr., 2, 13 (1,15) Nd.
— Andres, 2, 5 (1,15) Nd.
— Christian, 12, 22 (— 15) Snd.
— Caspar, 27, 1 (— 24, 225) D.
— Adolph, 27, 4 (1) D.
— Wilhelm 28, 16 (1) Pf.
— Michael, 31, 22 (1) Bayr.
— Valtin, Wittwe, 34, 22 (1, 4, 41^{11}/$_{29}$) Pm.
Friedtke, Arnold, 5, 13 (— 27, 263) N.
Friese, Heinr., 3, 17 (— 20) Nd.
— Johann, 31, 16 (2) Braunschw.
Friesel, Christoph, 14, 18 (1) Snd.
Frischmuth, Gottfr., 19, 15 (1) Snd.
— Martin, 19, 16 (1) --
Frischkorn, Caspar, 31, 11 (1) Hesse.

Frisdorf, Hans, 17, 4 (1) Nfrd.
Fritz, Michel, 2, 5 (1) Nd.
Fröhlich, Jacob, 3, 25 (1) Nd.
Fröne, Jacob, 28, 13 (1) S.
Fibel, Michel, 25, 19 (1) Snd.
Fuchs, Wilh.. 3, 13 (1) Nd.
Führer, Melchior, 15, 3 (2) Snd.
— Albrecht. 15, 14 (1) --
— Abram Jos., 21, 19 (2) Nd.
— Conrad. 26, 1 (— 28, 81^{41}$_{17}$) S.
— Nicol. 10. 12 1) S.
— Wendel, 26, 1 (1) S.
— Michel. 26. 12 (1, 4, 150) S.
Fülliger, Heinr.. 34, 17 (2) N.
Fürstenberg, Stephan, 9. 8 (- 20, 180) S.
— Benedict, 9, 8 (— 20, 180) S.
Fuhrmann, Anton, 3, 13 (1) Nd.
— Phil., 3, 13 (1) Nd.
Fuhrmeister, Conrad, 16, 1 (1) Nfrd.
Funke, Joh., 32, 37 (— 15, 150) Snd.

G.

Gäffke, Heinr., 11, 10 (1) Snd.
Gail. Christian, 8, 4 (2) Snd.
Ganer. Leonhard, 9. 5 (— 20, 167) S.
— Christian, 9. 5 (— 20, 167) S.
Gandt, Peter, 2. 5 (1,15) Nd.
Gangin, G. Jean, 26, 10 — 20, 171^{3}/$_{7}$) S.
— Abr., 26, 10 (— 20, 171^{3}/$_{7}$) —
— Pierre. 28. 13 (— 15) —
— Abr., 28, 13 (— 15) --
— Pierre. 28, 19 (1, 21, 278) —
Ganser, Samuel. 17, 4 (1) Nfrd.
Gaass. Samuel, 28, 25 (1, 1) S.
— Christoph. 28, 25 (1, 1) —
Gassinger, Joh.. 15, 14 (1) Snd.
— Andr.. sen., 9. 6 (— 20, 158) S.
— Andr., jun., 9. 6 (— 20, 158) —
Gattermeier, Georg, 18. 4 (1) Snd.
Gatto. Andr., 9 6 (— 20, 158) S.
Gaukel, Jacob. 25, 3 (1) Snd.
— Friedr., 27, 4 (1) Pf.
Gaulke. Steph., 22, 22 (1, 13, 200) D.
Gause. Steffen 40, 4 (1) D.*
Gebel, Heinr.. 21, 5 (1) Nd.
— Thomas, 27, 17 (1 — 12^{3}/$_{8}$) D.
Geffroy. Noa, 25, 3 (1) Snd.*
— Noa, 25, 1 (2) — *
Gehrke. Greg.. 10, 5 (1, 4, 245) D.
— Georg, 36, 5 (1) D.
— Friedr., 36, 7 (1) D.
Gehrmann. Jacob, 10, 27 (— 15) D.
Geisler, Georg 18, 9 (1) Snd.
Gelhaar. Christian, 22, 8 (1) D.
Gellier. Heinr., 25, 10 (1) Snd.
Gendrich, Christian, 27, 1 (— 24, 225) D.
Gendschau, Christian, 12, 2 (1) Snd.

Gennet, Jacques, 25, 10 (1) Snd.
Gens, Christian, 9, 10 (— 15) D.
Gentner, Hans Pet., 29, 15 (2) Schwabe.
Gentsch, Balzer, 6, 12 (— 11, 227) Sachse.
Gergens. Joh., 3, 25 (1) Nd.
Gerhard. George, 7, 4 (2) N.
— Joh. Pet., 21, 12 (1, 2, 89) Nd.
— Jost. 28, 10 1) N.
— Krafft, 28, 15 (18. 77) Nd.*
— Ebert, 17, 16 (2) Nfrd.
Gerlach, Abrah., 12, 23 (2) Snd.
— Thomas. 22, 25 (— 15) D.
— Martin, 29, 16 1) Pr.
Gertner. George. 16, 28 (1) Nfrd.
Gesch, Joh., 15, 10 (1, 11, 123) Snd.
Geschke. Peter. 10. 1 (— 20) D.
Geyer. Nierl, 28, 4 (1) Nd.
— Michel, Wittwe, 34, 14 (1, 15) Hm.
Giebler. Gottfr , 6. 6 (1) N.
— Joh.. 10, 10 (1) —
Gigne. Jacob, 9, 3 (1, 3, 100) S.
Gilde. Ulr., 26, 9 (1) S.
Gilich. Röttcher (?), 5, 33 (2, 8, 36) N.
Girardin, Is., 1, 2 (1) S.
— Hans. 8. 5 (2) ...
Giro, Daniel, 26, 10 (— 20, 171^{3}/$_{7}$) S.
-- Abr.. 26. 4 (1. 6, 3^{3}/$_{4}$) —
— Abr. (Schmied), 26, 4 (1, 6, 3^{3}/$_{4}$) —
— Abr.. 26. 22 (1) —
Glanke. Wilh.. 12, 12 (2) Snd.
Glöde, Daniel. 25, 4 (— 26) —
Gnass, Christian, 10, 19 (- 15) D.
— Hans. 28, 24 (1, 4, 116) D.
Gneissard, Adam, 28, 19 (2) S.
— Jacob, 28, 19 (1) —
— David, 28, 19 (1) —

Gnies, Casp., 15, 13 (1) Snd.
Gobba, David, 23, 10 (1, 15) Snd.*
Göbel, Joh., 5, 7 (1) N.
Göhra, Joh., 1, 2 (1) S.
Göhrike, Andres, 34, 25 (2) Hm.
Göhrke, Gottl., 12, 14 (2) Snd.
Gölde, Joh., 15, 14 (1) Snd.
Gördel, Mertin, 32, 2 (2) Snd.
Görke, Hans, 16, 2 (1) Nfrd.
— Lewin, 16, 21 — —
Görlitz, Lütke, 29, 6 (1) Hm.
Görries, Joh. Jost, 21, 2 (1) Nd.
Görtz, Michel, 4, 7 (1) Nd.
Götting, Hans Michel, 34, 22 (1, 4, 41^{11}/$_{25}$) Hm.
Göttke, Joh., 10, 29 (— 21, 128^4/$_7$) D.
Göss, Friedr., 18, 4 (1) Snd.
Gohlmann sen., Nicol., 25, 3 (1) Snd.
— jun., Nicol., — —
Gonnich, Hans George, 28, 2 (1) Nd.
Gossain, Jos., 1, 2 (1) S.
— Jos., 25, 5 (— 26) —
Gossin, David, 26, 8 (— 20, 260^1/$_2$) —
— Jerom., 26, 7 (1) —
— Adam, 26, 22 (1) —
Gotthard, Conr., 21, 12 (1, 2, 89) Nd.
— Dietr., 27, 2 (1) D.
Gottmann, Hans, 5, 10 (1) N.
— Friedr., 12, 11 (1, 15) Snd.
Gottschalk, Christ., 14, 17 (— 18) Snd.
Goubat, Jos., 1, 2 (1) S.
— Joh., — — —
Grabowski, Alben (?), 12, 22 (1, 1, 81) Snd.
Graff, Conr., 7, 1 (1) N.
Graser, Jos. Wilh., 17, 6 (2, 15) Nfrd.
— Joh., 17, 7 (2) —
— Joh. und Joh. Theissmann, 27, 11 (2) D.
Grau, Anton, 5, 24 (1) N.
— Hans Adam, 28, 18 (1) Schwpf.
— Martin — — —
Greger, Christian, 41, 7 (— 20) D.
— Christoph, 41, 8 (1) D.
Grehn, Peter, 14, 8 (2) Snd.
Grieber, Joh., 21, 4 (1 — 95^7/$_8$) Nd.
— Christoph — —
Griese, Paul, 17, 26 (2) Nfrd.
Grissard, Jacob, 21, 7 (1 — 115) S.

Gröscher, Michel, 12, 13 (1) Snd.
Grode, Hans Heinr., 12, 2 (1) Snd.
Grojan, Abrah., 25, 18 (1) —
Gronau, Joh., 32, 15 (1, 20, 30) —
Grorno, Friedr., 8, 8 (2) S.
Gross, Daniel, 12, 5 (1, 15) Snd.
— Johann, 19, 12 (1, 6) —
— Herm., 13, 13 (1) —
— Christoph, 12, 2 (1) —
— Jacob, 9, 1 (1) D.
— Daniel, 25, 15 (1) Snd.
— Christian, 26, 6 (1) S.
— Christian, 30, 1 (— 15) Hpmd.
— Ad., Wittwe, 33, 5 (1, 10, 150) N.
— Jacob, 33, 19 (1, 15, 180) Oberl.
— Christoph, 34, 11 (2) Pr.
Grossian, David, 26, 3 (1, 10, 10^1/$_4$) S.
Grossmann, Georg, 2, 16 (2) Nd.
Grün, Martin, 26, 2 (1) Oberl.
— Joach., 25, 13 (1) Snd.
Grüneberg, Christoph, 30, 26 (— 28, 269) Hpmd.
Grüntsch, Andreas, 18, 5 (2) Snd.
Grützmacher, Andreas, 33, 40 (1, 18, 225) Hm.
Grüwner, George, 26, 11 (1) N.
Grunau, Friedr., 2, 16 (1) Nd.
— Elias, 5, 1 —
— Michel, 24, 5 (2) Pr.
Grund, Joach., 17, 4 (1) Nfrd,
Günther, Gottfr., 32, 33 (1, 1, 50) Snd.
— Peter, 30, 18 (1) Hpmd.
— Christoph, 38, 10 (2, 6) D.
Gürber, Hans, 15, 11 (1) Snd.
Gütting, Ludw., 26, 5 (1) N.
Gubba, Abrah., 21, 13 (1) S. .
— sen., Hans, 26. 8 (1) —
— jun., Hans, — (— 20, 260^1/$_2$) S.
— Richard — — —
Gudenacker, Heinr., 31, 5 (— 15) N.
Gudelius, Conrad, 26, 6 (1) S.
Gummert, Hans, 16, 5 (1) Nfrd.
Gunther, Heinr., 29, 5 (— 24, 158) Hm.
Guth, Adam, 3, 12 (1) Nd.
Gutseith, Christian, 3, 16 (1, 10, 26) Nd.
Gvardain, Jacob, 9, 7 (1, 1, 225) S.
— Jacob, 9, 2 (1, 3, 100) —
— Isaak, 9, 4 (1) —
— Abrah. — — —

H.

Haack, Martin, 22, 25 (— 15) D.
— Christian — — —
Haacken, Jul., 9, 1 (2) D.
Haag, Peter. 15, 2 (1) Snd.
Haagen, Claus, 21, 7 (1) Pnd.
Haase, Hans, 22, 21 (1) D.

Haase, Jac., 25, 3 (1) Snd.
— Paul, 27, 7 (1, 1, 245^1/$_2$) D.
— Joh. Pet., — (— 15, 272^3/$_4$) —
— Christoph, 15, 11 (2) Snd.
— Joh., 26, 10 (— 20, 171^3/$_4$) Pf.
— Christoph, 30, 4 (1) Hpmd.

Habdank, Jac., 26, 18 (1) P.
Habmüller, Georg, 5, 18 (2) A.
Hacke, Hans, 16. 19 (1, 15) Nfrd.
Hackelberg, Heinr., 2, 16 (1) Nd.
Häuser, Casimir, 15, 19 (1) Snd.
— Peter, 31, 3 (1) N.
Hagebucher, Mart., 20, 4 (1) S.
Hagedorn, Joh., 37, 1 (1) D.
Hagen, Nic., 31, 17 (2) Ansp.
Hahn, Heinr., 25, 23 (1) Snd.
— Adam, 26, 5 (1) N
— Gottfr., 27, 17 (15, $6^3/_{10}$) D.
— Caspar, 28, 11 (— 23, 214) Nd.
— Conrad, 28, 16 (1) Pf.
— (Hann), Christian, 21, 8 (1) Nd.
Hait, Hans, 14, 2 (1) D.
Haller, Mich., 2, 15 (1) Nd.
Halse, Hieronym, 22, 2 (1) N.
Haltner, Hinz, 26, 23 (1) S.
Hambach, Mathes, 25, 6 (— 26, 283) Snd.
Hamann, Jac., 41, 4 (— 20, $136^4/_{11}$) P.
Hamburger, Paul, 4, 18 (1) Nd.
Hammer, Ernst, 28, 13 (1) S.
Hanau, Ludw., 1, 1 (— 18, 150) D.
Handschuh, Joh., 2, 16 (1) Nd.
Hannold, Georg, 5, 6 (1) N.
Happel, Conr., 25, 3 (1) Snd.
Hardt, Joh., 28, 12 (1) N.
— Heinr., — — (2) —
Hardtmann, Casp., 17, 28 (1) Pr.
— Joh. — — —
Harrpferd, Peter, 16, 30 (1, 1, 60) S.
Hartmann, Step., 23, 6 (— 25, $263^1/_2$) Snd.
— Eyger. 25, 6 (— 26, 283) —
— George, 31, 6 (2) N.
Hase, Martin, 31, 18 (1) P.
Hasebein, Christian, 22, 8 (1) D.
Haselay, Joh., 29, 11 (1, 1, 24) Mecklb.
Hasse, Mich., 26, 1 (— 28, $81^4/_{17}$) N.
— Christian, 26, 16 (1, 3, 22) —
— Friedr., 31, 23 (1, 24, $257^1/_7$) N.
— Joach., 33, 40 (1, 15, 225) Hm.
— Adam, 34, 2 (1) N.
— Hans, 37, 3 (1) D.
Hauch, Georg, 3, 31 (— 17, 251) Nd.
Haussmann, Ludw., 28, 4 (1, 3, $^1/_2$) Nd.
Hautop, Michel, 33, 41 (1, 20, 30) Hildesh.
Hawe, Christ., sen., 32, 42 (— 26, 75) Snd.
— Christ., jun., 32, 42 (— 26, 75) Snd.
Hebner, Heinr., 5, 7 (1) P.
Heber, Michel, 25, 16 (1) Snd.
Hechner, Michel, 29, 24 (1, 15) Ansp.
Hegenberg, Hans, 19, 17 (1, 5) —
Hehnke, Peter, 9, 10 (1) D.
Hein, Joh., 27, 9 (1) D.
Heinreich, Michel, 32, 10 (1, 1, 139) Snd.
Heinrich, Nic., 3, 5 (2) Nd.
— Conr., 5, 24 (1) N.

Heinrich, Joh., 15, 9 (1) S.
Heintz, Hans Adam, 16, 26 (2 — $128^4/_7$) Nfrd.
— Joh. Heinr., — (1, — $64^2/_7$) —
— Christian, 16, 30 (1, 1, 60) —
Heinemann, Martin, 40, 11 (1) D.
— Christian, 19, 1 (1) —
Heidemann, Erdmann, 41, 6 (— 16, $109^1/_{11}$) D.*
— Joh. Heinr., 27, 9 (1) D.
Heinke, Nicol., 27, 9 (1) Nd.
Heitzendorf, Paul, 21, 12 (1) Nd.
Heitzeroth, Jac., 27, 21 (1, 1, 180) D.
Helgenhof, Adolph, (?) 33, 3 (1, 20) N.
Heldt, George, 23, 2 (1, 55) Snd.
— Jos. Dittr., 17, 6 (2) Nfrd.
Heldt, Peter, 13, 1 (— 23, 253) —
— Johann, 13, 9 (1) —
Helpenstelle, Wilh., 31, 4 (2) Pf.
Helter, Michel, 32, 18 (1, 7) Snd.
Hellenbach, Wilh., 20, 4 (1) S.
Hellwich, George, 2, 10 (1, 22, 229) Nd.
— Christoph, 14, 19 (1) —
— Jacob, 14, 20 (2) —
Hemig, Michel, 12, 9 (1—126) Snd.
Helmdach, Adrian, 2, 16 (1) Nd.
— Andres, 4, 21 — —
Helms, Valtin, Wittwe, 37, 3 (1) D.
Hempler, Joh., 3, 3 (1) Nd.
— Andres, — — —
Hennig, Christ., 3, 9 (1) D.
— Joh., Peter, 21, 7 (1) Pnd.
— Johann, 29, 13 (2) Pr.
— Michel, 12, 9 (1 — 126) Snd.
Hensel, Christoph, 3, 2 (1) S.
— Christian, 7, 10 (— 24, 260) Sachs.
Hennighausen, Nic., 31, 4 (1) Liefl.
Hengut, Ehrenfried, 25, 17 (1) Snd.
Henkell, Joh. Tobias, 26, 12 (1, 4, 150) N.
Hennemann, Albr., 32, 4 (2) Snd.
Henneberg, Hans, 35, 7 (— 21, $207^4/_{13}$)
Heudes, Hans, 6, 4 (1, 2, $234^3/_8$) Hanau. Snd.
Herbst, Hans, 34, 23 (1) Hm.
— Andres, 6, 5 (1) Hm.
— Daniel, 8, 3 (1) Snd.
Hering, Jac., 5, 17 (2) Hm.
Herisirod's Wittwe 16, 7 (1 — 100) — ?
Herold, Christ., 14, 11 (2) Snd.
Hermann, Christ., 7, 13 (1) N.
— Michel, 6, 5 (1) Berlin.
— Jac., 15, 5 (1) Snd.
— George Wilh., (— — —
— Conrad, 23, 9 1) —
— Christian, 26, 5 (1) S.
— Christian, 28, 9 (1, 15) Nd.
— Jac., 34, 23 (1) Pr.
— Valtin, 10, 29 (— 29, $234^1/_4$) —
— Andres, 17, 4 (1) Nfrd.

Hermann, Burg, 6, 7 (1) Frd.
Herpenger, Daniel, 25, 1 (1) Snd.
Herpenger, Daniel, 25, 1 (1) Snd.*
Herme, Christ., 38, 13 (— 20, 125) D.
Herr, Balzer, 2, 9 (1) S.
Hett, Jos., 2, 9 (1) S.
Herse, Hans Pet., 38, 14 (— 15) D.
Hesse, Jac., 3, 12 (1) Nd.
— Michel, 6, 11 (— 16) Hm.
Heyer, Andreas, 29, 1 (2) ?
— Bendix, 36, 4 (1) D.*
— Friedr., — (2) —
— Hans, — — (1) —
— Jac., 38, 14 (1) D.
— Heinr., — — —
— Jacob, 40, 22 (1) D.
— Alb., 40, 25 (1) —
— Jacob, — — —
— Andres, 40, 26 (1, 15) D.
Heyn, Carl, 3, 4 (1) Nd.
— Peter, 16, 24 (1) Nfd. (Postillon.)
— Dietrich, 18, 4 (1) Snd.
— Andreas, 37, 6 (1) D.
Heyner, Andres, 17, 32 (1) Nfrd.
Hehnke, Peter, 9, 10 (1) D.
Heycke, Heinr., 7, 15 (2) Hm.
Heynemann, Andr., 31, 23 (— 27, 128^4/$_7$)
   Hm.

Heyderich, Pet., 3, 12 (1) Nd.
Heymer, Jost, 2, 19 (1) Nd.
Heyland, Christ., 14, 14 (1, 15) —
Heyenberg, Hans, 19, 17 (1, 5) —
Heyscher, Michel, 25, 12 (1) —
Hilga, Heinr., 10, 3 (1) D.
Hilbrandt, Martin, 28, 20 (— 29, 45^1/$_2$) D.
Hille, Henning, 30, 15 (1, 6) Hpmd.*
Hilpert, Hans Mich., 18, 4 (1) Snd.
— Michel — — —
— George, 16, 25 (1, — 75) Mfrd.
— George, 16, 13 (1) —
— Johann — — —
Hiltke, Jac., 32, 19 (1, 12) Snd.
Himmer, Hans, 2, 15 (1) Nd.
Himstadt, Heinr., 10, 28 (— 14, 172) D.
Hintenach, Adam, 15, 11 (2) Snd.
Hintz, Michael, 4, 13 (— 12, 200) Nd.
Hinz, Jos., 19, 12 (1, 6) Snd.
Hirsch, Peter, 25, 10 (1) Snd.
— Martin, 41, 7 (— 20) D.
— Peter, 6, 1 (1) S.
— Peter, 8, 10 (1) S.
Hirte, Joh., 34, 22 (1, 4, 41^{11}/$_{29}$) Darmst.
Hischebett, Bastian, 10, 3 (1) N.
Hitzigrad, Heinr., 31, 24 (1) N.
Hoffmann, Jos. Gerl., 21, 8 (1) Nd.

J.

Jähring, Jac., 15, 18 (— 21 —) Snd.
Jagemeister, Heinr., 4, 14 (1) Nd.
Jahnke, Fried., 30, 17 (1) Hpmd.
Jacob, Hans, 22, 5 (1, 11, 75) D.
Jäger, Jac., 23, 6 (1) Snd.
— Joach., 31, 6 (1, 15) Hm.
— David, 34, 22 (1, 4, 41^{11}/$_{29}$) Hm.
— Andres 16, 24 (1, 3, 83^3/$_{16}$) Nfrd.
Jänke, Peter, 23, 6 (1) Snd.
Järing, Michel, 23, 11 (1) Snd.
Jäkel, Conr., 26, 9 (1) S.
Janke, Jac., 27, 5 (1 — 30^2/$_5$) D.
Jagebuch, Heinr., 17, 31 (2, 1) Nfrd.
Jack, Christ., 17, 32 (1) Nfrd.
Janson, Christoph, 7, 6 (2) Hm.
Jant, Gottfr., 22, 17 (2) D.
— Tobias, 22, 18 —
Jaqveg (?), Isaak, 28, 18 (1) Schw.
Jede, Jacob, 8, 11 (1) S.
Jesse, Abrah., 4, 5 (1) S.
— Conrad, 31, 6 (1) Ansp.

Jeunet, Jaq., 8, 6 (1) S.
Jost, Samuel, 16, 24 (1, 3, 83^3/$_{10}$) Nfrd.*
Johnas, Joh., 22, 24 (2) D.
Johannes Anton, 3, 6 (1) Nd.
— Joh., 5 — —
Johanner, Joh., 1, 2 (1) S.
Jokler, Joh., 1, 2 (1) S.
Joppe, Jürg., 12, 21 (— 10, 261) Snd.*
Joste, Hennig, 12, 14 (— 29, 30) Snd.*
Jude, Hans, 14, 22 (1) Snd.
— Hans, 35, 5 (— 15) —
Jungblut, Jac., 19, 13 (1) Snd.
Julitz, Michel, 17, 19 (1) Nfrd.
Jung, Joh., 3, 25 (1) Nd.
— Peter, 3, 31 —
— Christ., 7, 7 (2) N.
Justus, Conr., 3, 25 (1) Nd.
Justmann, Gottfr., 8, 7 (1) Snd.
Jrretier, Jean, 21, 3 (1) S.
Jmmel, Thiel, 11, 25 (1) Snd.

K.

Kalske, Paul, 8, 12 (1) Snd.
Kamm, Andreas, 2, 9 (1) S.
— Mirad — —
Kaage, Michael, 30, 17 (— 22, 150)
   Hpmd.

Kaage, David, 30, 4 (1) —
— Christian, 30, 27 (1, 7, 150) —
Kahl, Martin, 12, 5 (— 28, 216) Snd.
— Bartel, 24, 7 (— 15) Frd.
Kapituller, Hans, 10, 10 (1) S.

Kämke, Friedr., 10, 15 (— 26, 200) D.
Kanopke, Martin, 4, 4 (1) Nd.
Kackstedter, Casp., 4, 3 (— 17, 150)—
Kammer, Thomas, 15, 9 (1) Snd.
Katzwinkel, Christian, 5, 25 (2) N.
Kauf, Wilh., 5, 25 (1) —
Kadau, Gottfried, 35, 1 (— 17, 75) Snd.
Kahlfeldt, Heinr., 36, 5 (1) D.
Kaufmann, Jos. Ludw., 10, 16 (1) N.
— Johann, 10, 18 (1) —
— Conrad, — — —
Kahlau, Christian, 32, 39 (1, 21, 281) Snd.
Kastner, Michel, 31, 15 (1) Ansp.
-- Michel, 31, 10 (2) Ansp.
Karjus, Peter, 13, 3 (1) Snd.
Kalifky, Hans, 14, 6 (1) —
Kaisenhausen, 7, 13 (2) N.
Kampf, Johannes, 15, 1 (1) Snd.
Katzmann, Andres, 15, 9 — —
Kautz, Hans Michel, — — —
Kalb, Georg, 18, 8 (1) —
Kanpler, Adam, 23, 1 (1) —
Karl, Hans, 23, 11 (1) —
Katzky, Samuel, 26, 2 (1) Oberl.
Kayser, Kilian, 26, 22 (1) N.
Kaust, Joh. Leonh., 28, 14 (2, 1, 83) Nd.
Kausohl, Dietr., 37, 3 (1) D.
Kandtwill, Christ., 38, 15 (— 15) D.
Keding, Hans, 4, 7 (1, 15) Nd.
— Christoph, 26, 18 (1) Hm.
Keindel, Friedr., 4, 1 (1) —
Keller, Friedr., 3, 18 (2) —
— Hans Heinr., 37, 3 (1) D.
Kemper, Michel, 32, 17 (1, 4, 273) Snd.
Kelle, Hans, 36, 5 (1) D.
Kebbel, Christian, 37, 11 (1) D.
Kellermann, Heinr., 16, 19 (1) Nfrd.
— Lorenz — — —
Ketsch, Adam, 5, 32 (1) N.
Kertau, Hans, 38, 15 (— 15) D.
Kerstahn, Hans, 36, 5 (1) D.
Kerstein, Hans, 8, 8 (1, 15) Snd.
Kewel, Joh., 3, 10 (1) Nd.
— Jürg. — — —
Kerwin, Bartel, 10, 22 (1) D.
Keswein, Andres, 15, 17 (1, 18) Snd.
Kessler, Jacob, 19, 12 (1) Snd.
— Joh., 20, 6 (1) S.
— Christian, 23, 11 (2) —
Kerl, Jos. Heinr., 20, 6 (1) S.
Kellermann, Sixt., 21, 1 (1) Pnd.*
Kersenstein, Jacob, 25, 23 (1) Snd.
Kiausch, Jost Friedr., 16, 26 (2, — 128) Nfrd.*
Kibbel, David, 7, 4 (2, 7) Anhalter.
— Friedr., 5, 4 (1) N.
Kieffel, Joh., 11, 22 (1) Snd.

Kirchmann, Dietr, 16, 15 (1 — 38^1/$_7$) Nfrd.
Kind, Thomas, 19, 12 (1, 6) —
Kirring, Erhard, 20, 3 (— 18, 27) Scharw.
Kilian, Jaq., 27, 7 (1) S.
Kraft, Jos., 28, 14 (2, 1, 83) Nd.*
Kirbach, Jos. Heinr., 27, 14 (— 23, 150) D.
Kiesslies, Jons, 17, 25 (— 22, 150) Nfrd.
Kieseba, Just, 30, 1 (— 20, 150) Hpmd.
Kieselback, Peter, 40, 4 (1) D.
Kiehl, Schulz Andres, 40, 5 (1) D.
Kietzmann, Joh., 17, 30 (1) Nfrd.
Klaar, Martin, 30, 1 (— 15) Hpmd.
Klahr, Joach., 5, 76 (1) P.
Klatt, Michel, 14, 3 (1, 3, 225) Snd.
Klamm, Christoph, 15, 14 (1) —
— Jacob — — —
Klarner, Jos., 26, 21 (1) Fr.
Kleinschmied, David, 4, 11 (— 18) Nd.
Klemp, Hans Ad., 4, 12 (— 27, 150) —
Klee, Joh., 28, 13 (1) S.
Kleinke, Bastian, 36, 4 (2) D.*
Kleist, Martin, 27, 2 (1) D.
— Hans Adam, 27, 17 (1 — 12^3/$_8$) D.
Kleinschmied, Wendel, 23, 9 (1) Snd.*
Kleinhans, Joh., 21, 3 (1, 15) Nd.
— Joh. Casp., 26, 22 (1) N.
Kleiss, Heinr., 11, 22 (1) Snd.
Klein, Jacob, 7, 6 (2, 5, 103) N.
— Peter, 8, 9 (1) Snd.
— Christoph, 12, 4 (1) —
— Peter, 15, 5 (1) —
— Michel, 15, 9 (1) —
— Jost, 23, 10 (— 26, 99) —*
-- Lorenz, 25, 15 (1) —
— Joh., 26, 20 (— 18, 177) Fr.
-- Geryn, 28, 14 (1 — 191) Nd.
— Paul, 29, 21 (1) Pr.
— Hans Leonh., 30, 2 (1) Nfrd.
— Hans, 32, 3 (— 20, 128, Snd.
— Hans, 32, 37 (1, 1) —
— Peter, 36, 7 (1) D.
— Gottfr., 41, 3 (— 13, 150) D.
Klinge, Hans Peter, 4, 10 (2) Nd.
Kling, Georg, 10, 4 (1, 6, 120) D.
Klink, Bernh., 13, 16 (1, 4, 60) Snd.
Klooss, Jürgen, 14, 11 (1, 3) Snd.
Klothi, Samuel, 25, 10 (1) Snd.
Klütz, Martin, 38, 13 (— 20, 125) D.
Knaxke, Jac., 23, 5 (— 21, 75) Snd.
Knetsch, Joh. Heinr., 10, 13 (1, 12, 150) N.
— Johann, — (— 15) —
Knirr, Heinr., 2, 16 (1) Nd.
Knies, Heinr., 4, 20 (2) Nd.
— Hans, — (1, 16) —

Knorr, David, 10, 3 (1) D.
Knipp, Jac., 20, 5 (1) S.
Knoch, Michel, 23, 5 (— 21, 75) Snd.
— Conr., 17, 16 (2) Nfrd.
— Martin, 40, 19 (1) D.
— Friedr., 40, 20 — —
Kniephoff, Hans, 26, 18 (1) P.
Knabe, Valtin, 17, 2 (1) Nfrd.
— Peter, 17, 31 (1) —
— Christoph, — — —
Knip, Joh. Tob., 26, 3 (1, 10, 10$^1/_4$) N.
Knappell, Friedr., 26, 5 (1) Pf.
Knirx, Michel, 33, 3 (1, 20) Hm.
Knobbe, Daniel, 38, 1 (— 15) D.
Knopf, Georg, 40, 25 (1) D.
Knochenhauer, George, 16, 3 (1, 8, 54) Nfrd.
Kniss, Christoph, 33, 45 (1, 12) Hm.
Koch, Andr., 4, 12 (— 27, 150) Nd.
— Peter, 25, 1 (1) Snd.
— Hans, 31, 1 (— 15) Hm.
— Andres, 35, 7 (1) Snd.
— Hans, Heinr., 40, 9 (1) D.
— Joh. Daniel, 16, 26 (1 — 64$^2/_7$) Nfrd.
— Koch, 7, 13 (2) N.
— Jos. Jost, 16, 21 (1) Nfrd.*
— Jos., 17, 7 (1) —
Kohrt, Samuel, 36, 5 (1) D.
Kort, Hans, 17, 2 (1) Nfrd.
Kosin, Christ., 17, 11 (2) —
Koplin, Martin, 31, 18 (2) P.
— Georg, 34, 22 (1, 4, 41) Hm.
Köhl, Friedr., 29, 14 (— 28, 269$^1/_3$) Uckerm.
Koetting, Heinr., 23, 8 (1, 15) Snd.
Kombt, Dietrich, 22, 18 (2) D.
Köhler, Hans, 20, 2 (1, 15) Scharw.
— Hans, 25, 21 (1) Snd.
— Joach., 33, 45 (1, 12) Hm.
— Heinr., 33, 40 (1, 18, 225) —
Köbbel, Mathes, 5, 23 (1) N.
Könke, Jac., 2, 15 (1) Nd.
Kolm, Michel, 4, 4 (1) S.
Köppe, Joh., Gottl., 10, 11 (— 23, 233$^1/_7$) S.
Kort, Casp., 6, 10 (— 20) Neumark.
Kohl, Wilh., 13, 13 (— 15) Snd.
— Joach. 40, 12 (1) D.
Kolle, Georg, 14, 4 (— 26) Snd.
Komoll, Michel, 14, 9 (1) Snd.
Korsch, Gebriel, 14, 17 (1) —
Köppel, Theis, 15, 5 (1) Snd.*
Körner, Hans, 15, 9 (1) —
Kosak, Jacob, 20, 4 (2) Scharw.
— Tobias — (— 19) —
Kramer, Georg, 18, 4 (2) Snd.
— Joach., 25, 5 (1) Snd.
— Reinh., 25, 22 (— 15) —
Krafft, Jos., 19, 14 (— 15) Snd.

Krafft, Jos., 21, 3 (1) Nd.
— Hans, Joach., 40, 4 (1) D.
— Joh., 7, 11 (1) N.
Krage, Joh. Wilh., 30, 3 (1, 3, 159) Nfrd.
Krasser, Wilh., 21, 5 (1) Nd.
Krause, Heinr., 21, 7 (1) Pmd.
— Albr., 29, 12 (2) Pr.
— Peter, 29, 16 (1) N.
— Gottfr., 32, 27 (1, 10) Snd.
— Heinr., 30, 7 (1) D.
Kraffehl, Hans, 30, 18 (1) Hpmd.
Krahn, Hans, 23, 11 (1) Snd.
Krämer, Wilh., 27, 18 (— 25, 160) D.
— Eckert, 28, 15 (2) Nd.
Krähmer, Peter, 5, 29 (1) N.
— Nicol., — — —
— Conrad, — — —
— Jos. Christ., — — —
Krack, Dietr., 11, 25 (1, 8, 174) Snd.
Kräuter, Jos., 12, 16 (2) Snd.
Kratz, Adam, 5, 1 (1) P.
Krützer, Jac., 10, 10 (1) N.
Kraft, Bastian, 17, 19 (1) Nfrd.
Krech, Hans, 25, 16 (1) Snd.
— Friedrich, — — —
Kretzern, Joh., 23, 2 (2) Snd.
Kress, Albr., 12, 4 (1) Snd.
Kreutz, Georg, 14, 4 (1) —
— Jacob, — — —
Krebs, Friedr., 17, 22 (1, 1, 110) Nfrd.
— Andres, — — —
— Hans, — — —
— Heinr., — — —
Kriner, Joh., 19, 12 (1, 6) Snd.
Krink, Heinr., 11, 20 (— 27, 124) Snd.
Kredhmer, Joh., (?) 9, 6 (1) N.
Kriwinsky, Jos., 17, 12 (1) Nfrd.
Kring, Jac., 3, 10 (1) Nd.
Krieg, Georg, 5, 23 (1) Hm.
— Hans, — (1, 15) —
— Jos., 6, 9 (1) N.
— Andres, — (1, 12, 109) —
— Nicol., 10, 10 (1) S.
— Benedict, 26, 3 (1, 10, 10$^1/_4$) S.
Krimm, Heinr., 11, 23 (1) Snd.
Kropp, Abraham, 10, 10 (1) S.
— Hans, 10, 10 (1) S.
Krötz, Joh., 8, 7 (1, 23, 65) Snd.
Krug, Peter, 7, 13 (2) N.
— Thomas, — — —
— Georg, 18, 1 (1) Snd.
Krökell, Friedr., 29, 19 (2) Hm.
Krohn, Christoph., 15, 3 (2) Snd.
Kroll, Christian, 35, 4 (— 18, 33) Snd.
Krumm, Christ., 16, 27 (2) Nfrd.
— Georg, Adam, 28, 6 (1) Pf.
— Sebastian — — —
— Abrah. 27, 4 (1) Pf.

Krüger, Christoph, 4, 4 (1) Nd.
— Peter, 8, 3 (1) Snd.
— Jacob, — — —
— Jacob, 8, 4 (1) —
— Hans, 8, 15 (2, 1, 160) —
— Joach., — (1, 1, 160) —
— Friedr., 18, 1 (1) Snd.
— Heinr., 19, 14 (1) —
— Michel, 29, 3 (1, 11, 159) P.
— Peter, 29, 6 (1) P.
— Michel, 29, 10 (1) Pr.
— Gebhard, 29, 23 (2) Hm.
— Werner, 15, 1 (1) Snd.
— Joh., 30, 19 (1, 15, 200) Hpmd.
— Joach., 32, 2 (2) Snd.
— Milkus, 40, 24 (— 15) D.*
— Christ., 16, 22 (1) Nfrd.
— Hans George, 16, 8 (1 — 22⁹/₁₆) —
Kruse, Goorg, 6, 4 (1, 7, 242) Hanau.
— Conrad, 31, 20 (— 22) Hm.
— Hans, 31, 18 (2) P.
— Samuel, 17, 25 (1) Nfrd.
— Joach., 17, 16 (1, 15) —
Krusin, Christ., 29, 6 (1) P.
Krust, Christian, 8, 16 (1) Snd.
Kühl, Hans, 3, 4 (1) Nd.
Kübbel, Jos., 25, 3 (1) Snd.
Kuhrboot, Hans, 15, 15 (1) Snd.
Kuhns, Gerhard, 3, 18 (1) Nd.

Kuwolk, Michel, 32, 30 (1—194) Snd.
Kulioth, Abrah.. 28, 19 (1, 21, 238) S.
Kuch, Ludw., 18, 9 (1, 3, 180) Snd.
Kühn, Joh., 3, 29 (— 18, 193) Nd.
— Nicol., 31, 17 (1) N.
— Martin, 32, 24 (— 24, 54) Snd.
— Andres 15, 2 (2) —
— Martin, 25, 17 (1) —
— Gern, 27, 9 (— 13, 84) D.*
— George, 27, 5 (1 — 30²/₅) D.
— Mathes, 38, 2 (— 15) D.
— Valtin, 38, 14 — — —
— Mathes, 40, 17 (1) —
— Lewin, 16, 2 (1) Nfrd.
Kuntzig, Ulr., 23, 10 (1, 15) Snd.
Kunter, Adam, 23, 3 (1) Snd.
Kuckel, Hans, 35, 7 (1) Snd.
Küster, Jos., 4, 5 (1) S.
— Jos., 26, 6 (1) —
Kuhn, Sams, 26, 2 (1) Oberl.
Kugler, Wolf, 31, 17 (— 15) Ansp.
Kuhn, Peter, 32, 11 (1 — 192 Snd.
Kutz, Christ., 6, 3 (2) P.
— Christian, 6, 9 (1) —
Kurschöffing, Christ., 40, 3 (1) D.
Kuhlmann, Georg, 30, 8 (1) Nfrd.
Kudwien, Michel, 30, 5 (1—105) Hpmd.
Kuntz, Andreas, 33, 44 (1) Hm.

L.

Laaps, Peter, 26, 18 (1) P.
Labans, Paul, 4, 15 (2) Nd.
Labindsch, Christoph, Fr., 41, 12 (— 17, 120) D.
Laborius, Val., 4, 2 (1) Nd.
Länder, Michel, 37, 4 (1, 1, 75) D.
Lade, Christ., 29, 3 (1) P.
— Friedr. — — —
Lamprecht, Friedr., 20, 6 (1) —
Lampe, Friedr., 30, 25 (2) Hpmd.
Landmesser, Jos., 27, 1 (1) D.
Lang, Heinr., 14, 16 (1, 5, 187) Snd.
— Mathes, 18, 5 (1)
Lange, Balzer, 6, 10 (2) Fr.
— Hans, 20, 4 (1) Scharw.
— Friedr., 30, 29 (1, 3, 30) Hpmd.
— George, 31, 17 (1) N.
— Carl, 31, 20 (1) Anhd.
— Martin, 31, 25 — —
— Michel, 32, 29 (1) Snd.
— Mathes, 34, 23 (1) Hm.
— Peter, 35, 1 (— 17) Snd.
Langwiel, Johann Heinrich, 28, 19 (1) S.
Lappe, Friedr., 22, 16 (2) D.
— Heinr., 29, 20 (1) Altm.
— Christ. Ernst, — — —

Lardon, David Gubba, 26, 7 (— 22, 237) S.
Lassau, Carl, 21, 13 (1, 15) S.
Laser, Georg, 10, 10 (— 15 —) S.
— Jacob — — —
— Melchior, 10, 3 (1) S.
Laskowski, Joh., 16, 22 (1) Nfrdr.
Laubach, Phil., 23, 4 (1) —
Laudin, Mart., 29, 18 (1) Pr.
— Hans — — —
Lautt, Joh. Pet., 10, 12 (1) N.
Laucks, Heinr., 7, 13 (1) N.
Lauklair, Isaak, 23, 1 (1) Snd.*
Lawendel, George, 28, 5 (1) Nd.
Lawerich, Michel, 33, 31 (1, 6, 200) F.
Leberlein, Hans, 26, 11 (1) S.
Leborius, Georg, 18, 5 (1, 15) —
Leboy, Jaq., 25, 10 (1) —*
Ledrich, Joh., 23, 6 (1) Snd.
Leyer, Gottfr., 10, 5 (1, 18, 213) D.
Leyding, Joh., 19, 12 (1, 6) —
Lehnart, Gottfr., 20, 4 (1) Scharw.
Lehmann, Georg, 34, 26 (3) P.
Leicher, Jac., 6, 8 (— 15) N.
— Joh., 11, 25 (1) Snd.
Leitzbach, Jost, 11, 21 (2, 17, 166) Snd.*
Leist, Jochim, 16, 18 (1, 7, 265) Nfrd.

Lembke, Christoph, 29, 22 (2) Pr.
Lemke, Casp., 30, 30 (1) Hpmd.
— Joh., 7, 11 (1) Pf.
Lent, Adam, 35, 3 (— 16, 85⁵/₇) Snd.
Lentz, Jost, 3, 16 (1) Nd.*
Lentzko, Michel, 23, 13 (—26,18)Snd.
Lepalotome, Joh.(?) 21, 13 (1) S.
— Abrah. — — —
Licht, Joh. George, 26, 16 (1, 3, 22) N.
Liebe, Christ, 32, 11 (1 – 192) Snd.
Liebchens, Joh. Ludw., 21, 8 (1) Nd.
Liebehentz, Joh., 28, 4 (1) Nd.
— Heinr., Wittwe, 28, 8 (1) —
Liebegut, Joh., 29, 24 (1) Hm.
— Valtin, 16, 21 (1, 2, 28¹/₂) Nfrd.
Liedke, Christ., 12, 7 (1) Snd.
— Math., 12, 2 (1) —
— Friedr., 17, 4 (1) Nfrd.
— Joh., 21, 9 (1) Nd.
Lier, Moritz, 2, 11 (1) Nd.
Lietke, Friedr., — — —
— Christoph, 2, 5 —
Lille, Balzer, 13, 16 (1, 4, 60) Snd.*
Limbruch, Peter, 17, 8 (1) Nfrd.*
— Hennig — — —
Limp, Math., 5, 24 (1) N.
Limpert, Jost, 1, 4 (1) N.
Lindemann, Joh., 10, 9 (1) D.
Lindhammer, Michel, 15, 15 (1) Snd.
Lindt, Bernh., 31, 10 (— 17) Ansp.
— Joh., 23, 3 (— 20 —) Snd.
Ling, Joh., 25, 1 (1) Snd.
Link, Hans, 10, 19 (— 15) D.
Lippe, Nikl., 35, 4 (— 18, 33²/₉) Snd.
Lippelt, Hans, 19, 7 (1, 5, 200) —
— Hans, 19, 13 (1) —
— Erfried — — —*
Lippert, Christ., 38, 14 (1) D.
Lismer, Joh., 15, 1 (— 22, 150 Snd.
Löhr., Conr., 6, 7 (— 21, 128⁴/₇) Fr.
— Joh., Jac., 21, 12 (1) Nd.
Löpke, Hans, 4, 13 (— 12, 200) Nd.

Löpke, Georg, 4, 16, (1) —
Löpricht, Michel, 14, 20 (1) —
Lockler, Abrah., 1, 2 (1) S.
Logall, Abrah., 25, 21 (1) —*
— Carl — — —*
— Samuel — — —*
Loohe, Daniel, 41, 2 (— 22, 150) D.
Loitzau, David, 4, 8 (— 20) Nd.
Lommer, Bernh., 18, 1 (1) Snd.
Lorenz, Hans, 15, 9 (1) —
— Andres, 40, 18 (1) D.
Loos, 2, 15 (1) Nd.
— Engel, 8, 2 (1) Snd.*
Loss, Christian, 21, 11 (1 — 249¹/₂) Nd.
— Joh. Heinr., 10, 10 (1) N.
Losch, Hans. 14, 6 (1) Snd.
— Fritz, 14, 17 —
Lucht, Friedr., 19, 1 (1) Snd.
— Jacob, 14, 18 (2) Snd.
Luchs, Christ., 26, 12 (1) Oberl.
Luckenbach, Joh., 2, 19 (2) Nd.
— Joh., 26, 3 (1, 10, 10¹/₄) N.
— Joh. Jac., 26, 5 (1) N.
Luder, Adam, 34, 21 (2) Anh.
Ludwig, Joh., 26, 14 (1) N.
— Heinr. — — —
Lüdke, Peter, 23, 6 (1) Snd.
Lüdtke, Christ., 31, 25 (— 19, 150) P.
— Michel, 32, 16 (3, 7, 274) Snd.
Lumm, Michel, 15, 9 (1) —
— Caspar — — —
— Gottfr., 34, 23 (1) Hm.
— Andres — — —
Lunau, Martin, 14, 2 (1) D.
Lup, Gottfr., 3, 25 (1) Nd.
Lupp, Joh. Jak., 5, 15 (1) N.
— Joh. Ant. — — —
— Christ. — — —
Lurz, Gregor, 14, 6 (1) Snd.
Lutze, Conr., 7, 6 (1, 5, 103) Hm.
Lutz, Thom., 16, 24 (1) Nfrd.

M.

Mahl, Peter, 21, 4 (1, — 95⁷/₈) Nd.
— Phil. — — —
Mahlpohl,Christ.,23,6(—25,263¹/₃)Snd
Malwitz, Andres, 30, 24 (1, 2, 159¹/₂)
   Hpmd.
— Hans — — —
— Daniel — — —
Malz, Hans, 31, 10 (1) Fr.
Mann, Christian, 10, 4 (1) N.
— Johann, 27, 11 (1, 14, 170) D.
Manngeld, Heinr., 20, 3 (— 18, 27¹⁶/₂₁)
   Scharw.
Mangelitz, Christ., 36, 5 (1) D.

Mangelsdorf, Joach., 17, 2 (1) Nfrd.
Mannier, Emanuel, 25, 10 (1) Snd.
Manns, Christ., 32, 29 (— 25,290)Snd.
— Peter — — —
Mappes, Phil., 25, 1 (1) —
Marding, Hans, 30, 7 (1, 13) Hpmd.
Markelbus, Joh., 23, 5 (— 21, 75) Snd.
Markendorf, Peter, 30, 20 (1, 3, 225)
   Hpmd.
— Andr., 30, 22 (1) —
Markert, Simon, 5, 27 (1) A.
Marquardt, Bartel, 14, 4 (1) Snd.*
Marquardt,Valentin,14, 4 (— 20,91) —

Marquardt, Christoph, 17, 4 (1) Nfrd.
Marruhn, Michel, 14, 20 (1, 15) —
Marschang, David (Marchand?), 21, 7
  (1, 15) S.
— Hans, 26, 8 (— 20, 260) —
— Nicol., 26, 4 (1, 6, 3³/₄) —
Martin, Jac., 17, 22 (1, 1, 170) —
Marten, Moritz, 31, 17 (— 17, 150) N.
Massalsky, Hans Georg, 41, 3 (— 13,
  150) D.
Masmann, Martin, 21, 6 (1) Nd.
Mathes, Christoph, 25, 17 (1) —
— Andres, 29, 11 (1, 1, 24) P.
— Hans, 31, 7 (1, 3) Hildesh.
— Johann, 17, 32 (—, 13, 30) Snd.
Matthey, Samuel, 28, 19 (1) S.
Mau, Christ., 16, 15 (1, —, 38¹/₇) Nfrd.
— Hans, 16, 19 (1) —
Maue, Friedr., 40, 8 —
Mauerhof, Hans, 23, 10 (1) Snd.
Mauder, Daniel, 15, 16 (— 15, 100) —
Maul, Heinr., 3, 4 (1) Nd.
Maurer, Anton, 3, 22 (1) Nd.
— Joh., 26, 11 (1, 15) S.
Mauser, Georg, 21, 7 (1) Pnd.
— Carl, 26, 20 (— 18, 171) Frk.
Mausicke, David, 40, 4 (1) —
Mausser, Georg, 28, 9 (2) Nd.
— Joh., — (— 25) —
Meder, Thomas, 18, 4 (1) Snd.
Meding, Mart., 38, 9 (— 15. 7⁴/₇) D.
Mehl, Albr., 12, 20 (2) Snd.
Mehlhorn, Georg, 18, 5 —
Mehring, Chr., 3, 12 (1) Nd.
— Christi, 17, 1 (1. 2, 12) Nfrd.
Meissner, Joh., 13, 7 (1 — 228) —
Meitsch, Jac., 28, 2 (1) Nd.
— Joh. Tietz, 28, 10 (1) N.
Melan, Albr., 25, 12 (2 — 22) N.
Melle, Hans, 29, 6 (1) Hm.
— Behrent, 29, 22 (2) —
Mellin, Conr., 33, 38 (1) Hm.
Mentzig, Jacob, 2, 9 (1) S.
— Paul, — — —
Merbach, Joh., 5, 32 (1) N.
Merrius, Joh., 19, 1 (1) Snd.
— Andres, 29, 3 (2) Hm.
Mertens, Samuel, 20, 1 (2) Scharw.
— Joh., 23, 4 (1) Snd.
— Joh., 33, 18 (1) N.
— Ernst, 33, 38 —
Metz, Heinrich, 3, 26 (1) Nd.
— Adam, 5, 25 (1) N.
Metzdorf, Martin, 27, 12 (1) D.
Metzler, Bartel, 30, 1 (— 13) Nfr.
Mewis, Joh., 15, 5 (1) Snd.
Meyer, Georg, 2, 17 (1) Nd.
— Valtin, 6, 10 (— 20) Hm.

Meyer, Hans, 9, 9 (1) D.
— Martin, — (— 20) —
— Johann, 10, 15 (— 15) N.
— Dietr., 10, 19 (— 12. 100) S.
— Martin, 10, 28 (1) D.
— Andres — — —
— Heinr., 10, 29 (— 21, 128¹/₇) D.
— Andreas, 20, 7 (1) Scharw.
— Kilian, 23, 6 (— 25, 263¹/₂) Snd.
— Wilh., 24, 3 (— 23, 21¹²/₃₃) Nfrd.
— Nicol., 24, 4 (1) Frd.
— Lorenz, 30, 5 (1 — 105¹⁵/₁₇) Hpmd.
— Mathes, 30, 11, (1, 11 43) —
— Peter, 30, 31 (1, 9) —
— Christian, 31, 20 (— 15) Hm.
— Peter, 32, 25 (1, 8, 150) Snd.
— Nicol., 32, 31 (1, 19, 118) —
— Georg, 32, 35 (1, 1) —
— Hans, 33, 26 (— 21, 200) Hm.
— Julius, 34, 14 (1) Hm.
— Christian, 34, 21 (1) Sachs.
— Andres, 34, 22 (1, 4, 41¹¹/₂₉) Hm.
— Andres, 37, 8 (1) D.
— Carl, — — (— 15) —
— Friedr., 38, 8 (1) D.
— Heinr., 38, 10 (2, 6) —
— Balzer, 16, 3 (1, 8, 54⁶/₁₁) Nfrd.*
— David, 17, 15 (1, 5, 123) —
Michel, Christoph, 4, 2 (—22, 213) Nd.
— Christ., 10, 1 (— 20) D.
— Peter, 25, 10 (1) Snd.
— Paul, 32, 28 (1, 6, 208) —
Michelbach, Joh., 3, 23 (— 27, 150) Nd.
Micke, Jos., Heinr., 26, 15 (1, 3, 22) Hm.
Mick, Joh., 28, 6 (1) D.
— Hans, Georg, — (2) —
Mickisch, Lorenz, 22, 20 (1, 6, 150) D.
Midlack, Michel, 17, 4 (2) Nfrd.
Migge, Lorenz, 23, 12 (1) Snd.
Milgis, Joach., 26, 2 (— 10, 186) Oberl.
Minic, Peter, 9, 7 (1, 1, 225) S.
Misch, Heinr., 31, 23 (— 27, 128⁴/₇) Hm.
— Hennig, — — —
Mittag, Jacob, 18, 4 (2) Snd.
— Erdmann, 18, 4 (1) Snd.*
Mitte, Hans, 5, 30 (1, 19, 183) P.
Mitternach, Dietr., 25, 3 (1) —
Model, Bernh., 30, 1 (— 15) Nfrd.
— George, 30, 5 (1 — 105¹⁵/₁₇) —
— Heinr., 32, 2 (1) Snd.
Möser, Wilh., 34, 1 (2) Fr.
— Joh., 34, 17 (2) Darmst.
Möppen, Christoph, 25, 2 (1) —
Moodt, Michel, 17, 9 (1, 15, 242) Nfrd.
Mohr, Heinr., 3, 24 (— 19, 120) Nd.
— Bernh. 18, 3 (1) Snd.
Mohrenhauer, Joh., 15, 13 (— 20) Snd.
Molting, Herm., 6, 2 (1, 13, 202) W.

Morgert, Leonh., 18, 4 (1) Snd.
Moriz, Martin, 41, 13 (— 19, 206¼) —
Mooss, Hans, 40, 12 (—22, 150) D.
Moses u. Riedel. 19, 12 (1, 15) Snd.
Mühlbrett, Jos., 30, 17 (1) Hpmd.
Müller, Hans Daniel, 1, 5 (1) D.
— Heinr., 3, 4 —
— Chr.. 3, 30 —
— Christ., 4, 16 (1) —
— Caspar, 4, 22 (2) Nd.
— Joh., 5, 26 (1) N.
— Hans, 8, 14 (1, 15) Snd.
— Jost, — 10, 19 (1) S.*
— Hans, 12, 25 (1, 16, 106½) Snd.
— Jacob, 15, 15 (1) —
— Heinr., 16, 26 (1 — 64) —
— Joh. Jacob, — —
— Joh., 16, 10 (1) —
— Hans, — —
— Math., 16, 19 (2) —
— Friedr.. 17, 15 (2) —
— al. Liedtke, 17, 14 (1) Nfrd.
— Frz. u. Schröder, 17, 21 (2 — 145) —
— Wilh., 18, 8 (2) —
— Jacob, 18, 4 (1) —
— Gottfr., 18, 9 (1, 18, 137) —
— Egedy, 29, 12 (1, 16) —*
— Herman, 19, 19 (1, 1, 227½) —

Müller, Jurg, 21, 2 (1) Nd.
— Ludw., 25, 18 (1, 7) Snd.
— Jürgen, 25, 20 (1) —
— Heinr., 27, 8 (1, 22, 150) D.
— Heinr., 27, 13 (— 19, 71⅚) —
— Jos. Jacob, 27, 14 (1) D.
— Jos. Peter, — (— 16, 153) —
— Heinr., 28, 2 (1) Nd.
— Wilh. Jacob, — (— 15) —
— Schulz Jacob, 28, 13 (1) —
— Hans, 29, 1, 2 (?) —
— Valtin, 30, 1 (1) Nfrd.
— Jacob, 31, 6 (1) N.
— Georg — —
— Philip, 31, 4 (2) Hesse.
— Michel, 32, 41 (1, 15, 151) Snd.
— Mathes, 34, 27 (1, 6) Hpm.
— Heinrich, 37, 1 (1) D.
Müllerskowsky, Martin, 26, 2 (1) Oberl.
Mülich, Jos. Eberh., 10, 20 (1) N.
Müntzenberg sen., Christ., 17, 14 (1) Nfrd.
— jun., Christ. — —
Mürbell, Conr., 32, 2 (1) Snd.
Murner, Jos., 9, 5 (— 14, 78) S.
Muttersbach, Anton, 13, 12 (1, 5, 65⅔) Snd.
— Jacob, 13, 13 (1) —

N.

Nausser, Christian, 9, 6 (— 20, 158) N.
Nawrotzki, Martin, 20, 4 (1) Scharw.
— Samst, 26, 2 (1) Oberl.
— Thomas, — — —
Nagel, Andres, 28, 11 (2) Nd.
Nährkorn, Wilh., Schulz, 16, 2 (1) Nfrd.
Naumann, Georg, 29, 8 (1, 24) Hm.
Nebe, Christian, 34, 2 (1) N.
Neuhausen, Casp., 41, 2 (— 15) D.
— Joh., 9, 13 (1, 15, 140) —
Ness, Phil., 23. 4 (2) Snd.
— Michel, — (— 23, 94) —
Neue, Gerh., 3, 7 (1, 25, 298) Nd.
Neuff, Jos., 10, 10 (— 15) S.
— 7, 9 (1, 17, 200) Pr.
Neu, Friedr., 10, 25 (1, 16, 200) D.
— Christ., 10, 2 (?) D.
Nehrkorn, Phil., 12, 1 (1 — 264) Snd.
— Elias, 12, 7 (1) Snd.
— Hans, 12. 2 (1) —
Neumann, Michel, 7, 9 (1, 17, 200) Pr.
— Christoph, 12, 3 (1) Snd.
— Christian, 12, 4 (2) —
— Hans, 12, 9 (1) —
— Hans, 14, 3 (1, 3, 222) —
— Hans, 27, 9 (1) D.
— Georg, 27, 4 —

Neumann, Michel, 27, 22 —
— Friedr., 28, 9 (2) Nd.
— Andres, 23, 3 (— 20) Snd.
Nehrenheim, Martin, 12, 12 (1, 15) Snd.
Neprotzates, Jons, (?) 3, 3 (1) Nd.*
Nehring, Georg, 25, 17 (1) Snd.
Neuss, Christian, 28, 11 (— 23, 214) Nd.
— Jos. Heinr., 25, 3 (1) Snd.
Ney, Conrad. 13, 15 (1) Snd.
Nentzel, Christoph, 21, 4 (1 — 95⅞) Nd.
Neumüller, Christian, 26, 10 (— 20, 171³/₇) Pf.
Neureuter, Nicl., 29, 2 (1, 18, 8) S.
Nitschmann, Martin, 20, 2 (1) Scharw.
Niclaus, Ludw., 26, 11 (1, 6, 137½) Nd.
Nitlitz, Joh., 19, 18 (— 27) Snd.
Nickel, Joach., 10, 3 (1) D.
Nicolait, Jean, 8, 8 (1, 23) S.
Niclas, Gregor, 14, 8 (2) Snd.
Niemann, Christ., 3, 17 (— 15) Nd.
— Jac., 32, 17 (1, 4, 273) Snd.
Nierfeld, Georg, 12. 8 (2) Snd.
Niemayer, Peter, 27, 2 (1) D.
— Friedr., — — —
Niederhausen, Phil., 28, 2 (2) Nd.
Niewargeld, Casp., 26, 12 (1, 15) S. (und Heinr. Fischhausen).

Nickel, Andreas, 36, 6 (1) D.
— Wilh., 23, 3 (— 20) Snd.
Niesewandt, Christian, 12, 21 (1, 15) —
Niederer, Joh., 26, 12 (1, 4, 151) S.
Nickerling, Christ., 38, 7 (— 19, 60) D.
Noak, Christian, 3, 4 (1) Nd.

Noak, Caspar, 10, 20 (2) D.*
Nolting, Christ., 6, 13 (1, 8, 113) Westph.
Noll, Jos., 29, 9 (1) N.
Nuss, Martin, 19, 14 (2, 15) Snd.
Nürnberger, Wilh., 2, 15 (1) Nd.
Nuscht (?, Nicl., 33, 41 (— 25, 15) Hm.

O.

Obermann, Georg, 3, 30 (1) Nd.
— Volkm., 13, 11 (1) Snd.
Oberhuber, Christ., 21, 9 (1) Nd.
Oberdorf, Nicl., 25, 6 (— 26, 283) Snd.
Oberbeck, Bartel, 25, 19 (1) Snd.*
Oder, Christ., 27, 22 (1) D.
— Michel — — —
Oderbrodt, Christ., 16, 24 (1, 38) Hm.
   (und Born).
Oehlert, George, 15, 3 (1) Snd.
Oehl, Math., 21, 12 (1, 2, 89) Nd.
Oehlhaus, Rüdiger, 29, 13 (2) Hm.*
— Herm., — — —
Ohlers, Jac., 9, 12 (1) D.

Olivier, Abr., 25, 18 (1, 7) Snd.*
— Peter, — — —*
— Jaq., — — —*
Oppermann, Joh., 3, 12 (1) Nd.
— Jacob, 3, 14 (1) —
— Heinr., 29, 7 (1) Hm.
— Christian, 29, 9 (2) —
Osterburg, Joach., 2, 17 (1) Nd.
Ostermann, Heinr., 2, 15 (1) Nd.
Osterode, Michel, 36, 7 (1) D. (?)
Otto, Friedr., 3, 3 (1) Nd.
— Friedr., 3, 9 (1) —
— Christian, 28, 7 — N.

P.

Pacht, Christ., 2, 13 (1, 15) Nd.
Paschke, Erdmann, 14, 15 (2) Snd.*
Paul, Christ., 7, 7 (1) ?)
— Christ., 14, 6 (1) Snd.
— Joh., 29, 9 (2) N.
Papendick, Michel, 7, 8 (2) Hm.
— Hans, 35, 1 (— 17, 75) —
— Jacob, 38, 2 (— 15) D.
— Ludw., 38, 15 —
— Christoph, 11, 24 (1) Snd.
Pantell, Christian, 10, 7 (1) D.
— Paul, 22, 12 —
Parre, Daniel, 15, 7 (2) Snd.*
— Jacob, — (1, 22, 88) —*
Pasmann, Hans Georg, 15, 19 (1) Snd.
Panski, Martin, 27, 6 (— 15 —) D.
Pape, Ernst, 30, 13 (— 17, 200) Hpmd.
— Christ., — — —
— Jochem, 36, 7 (1) D.
Panke, Christoph, 30, 4 (1) —
Pakrandt, Erdmann, 32, 23 (1, 12, 79)
   Snd.*
Papendorf, Christ., 32, 40 (— 29, 128)
   Snd.
Pahl, Jos. Peter, 35, 7 (— 21, 241 4/13) —
Peter, Hans, 15, 1 (2) Snd.
— Joh., 15, 5 (1) —
— Jonas, 21, 7 (1) S.
— Caspar, 23, 10 (1, 15) Snd.*
— George, 25, 6 (— 26, 283) —
— Hans, 25, 11 (1) —
— Hans, 40, 24 (— 15) D.

Peck, Absalon, 35, 7 (— 21, 241) Snd.*
Pener, Peter, 19, 18 (— 27 —) —
— Peter, 25, 3 (1) —
— Heinrich, 25, 11 (1) —
Pennig, Peter, 19, 17 (1) Snd.
Penjon, David, 28, 19 (2) S.
Penkel, Mathes, 8, 16 (1, 25) —
Perle, Jean Jaq., 21, 7 (1) S.
— Daniel, } — (1, 15) —
— David, }
— Nicol., 26, 1 (— 28, 81) S.
Perno, Abrah., 15, 6 (1, 15) —*
Perou, Abr., 8, 11 (1, 15) S.
— Daniel — -
Perre, Jaq., } 21, 7 (1, 5, 290) S.
— Wilh., }
— Jacob, 23, 6 (1) Snd.*
Perret, David, 21, 7 (1) S.
Perrey, Peter, 25, 4 (— 26) Snd.*
— Jacob — — *
Pessenau, Martin, 32, 2 (2) —
Peterich, Peter, 32, 14 (1, 22, 150) Snd.
Petermann, Daniel, — —
Petter, Abram, Schulz, 28, 11 (1) Schwpf.
Petto, David, (Peteaux ?) 1, 2 (1) S.
— Elias — —
— Joh. Jac., — —
Petri, Casp., 5, 7 (1) N.
— Joh., 5, 13 (2) —
— Lorenz, 25, 9 (2) Snd.
Petsch, Christ., 14, 8 (2) Snd.
— Christ., 14, 8 (2) Snd.

Petz, Joh., 2, 10 (1) S.
— Conr., — — Nd.
Pey, Gottfr., 12, 14 (1, 15) Snd.
Pfau, Michel, 2, 5 (— 20, 265) Nd.
Pflaumenbaum, Math., 32, 28 (1, 6, 208) —
Pfeifer, Cristoph, 4, 8, (1) Nd.
— Joh. Ernst, 21, 2 (1) Nd.
— Peter, 28, 4 (— 21, 21) —
— Joh. Jac., 28, 11 (1) —
— Anton, 28, 15 (1) —
Pfening, Hans Georg, 12, 20 (1) Snd.
Philipp, Hans, 1, 3 1, 4, 200, D.
— Conrad, 5, 41 (1) A.
— Jacob, 16, 29 (— 29, 234) Nfrd.
Philon, Christoph, 20, 2 (2) Scharw.
Pickert, Christoph, 14, 19 (2) Snd.
Pieck, Thiel, 22, 6 (1, 4, 190) D.*
Pilz, Friedr., 16, 2 (1) Nfrd.
Pinnau, Christoph, 27, 12 (1. 15) D (*)
Pinkell, Joh. Ad., 28, 21 (1) D.
Piper, Heinr., 7, 11 (1, 2, 143) Westph.
— Christoph, 17, 8 (1) Nfrd.
— Christ., 22, 25 (1) D.
— Christ., 32, 18 (1, 7) Snd.
— Christ., 32, 24 (— 24, 54) —
Pitz, Gerhard, 3, 28 (2) Nd.
Pitzer, Nicl., 27, 14 (— 23, 150) D.
Planitz, Hans, 16, 3 (1, 8, 54^6/_{11}) Nfrd.
Platho, Joh., 8, 13 (1) Snd.
Platsch, Heinr., 4, 14 (1) Nd.
Plettner, Ephr., 26, 2 (1) Oberländer.
Plewe, Christ., 29, 24 (2) Pr.
— Hans, 32, 41 (1, 15, 151) Snd.
Plickel, Gilbert, 21, 6 (2) S.
— Franz — —
Plickert, Hartm., 5, 6 (1) N.
Pliess, Casp., 5, 37 (1) P.
Ployer, Hennig, 32, 44 (— 24) —*
Pfuller, Lorenz, 35, 6 (— 15) — ist entlaufen.
Plumballen, Valtin, 15, 19 (2) Snd.*

Poenske, Friedr., 9, 10 (2) D.
Pötsch sen., Joach., 4, 1 (1, 15) Nd.
— jun., (1) —
Pörschke, Hans, 38, 5 (1, 5) D.
Pohl, Andr., 17, 14 (1) Nfrd.
— Joh. Georg, 28, 13 (1) Nd.
— Peter, 32, 22 (1, 1, 65) Snd.
Pohlentz, Christ., 14, 2 (1) D.
— Christ., 14, 22 (1) Snd.
Pohlich, Friedr., 10, 5 (— 13, 284) —
Pohlke, Friedr., 14, 10 (1, 11) Snd.
Pohlmann, Heinr., 19, 19 (1, 1, 227) Snd.
— Heinr., 33, 45 (1, 12) Hm.
Poitt, Heinr., 2, 9 (1) S.
— Heinr. — —
— Casp. — —
— Jacob — —
Pomme, Andr., 5, 3 (1) Hm.
Porsch, Hans, 14, 18 (2, 16) Snd.
Post, Paul, 26, 8 (1) Pf.
Posseckel, Christoph, 32, 30 (1 — 194) Snd.
Preco, Ad., 1, 2 (1) S.
Preiss, David, 14, 10 (1) Snd.
Prenske, Friedr., 9, 10 (2) D.
Presch, Michel, 9, 12 (1) D.
Preslein, Thom., 15, 1 (1) Snd.
Preuss, Christ., 17, 8 (1) Nfrd.
— Hans, 32, 17 (1, 4, 273) Snd.
Prechmann, Jost, 38, 1 (1) D.
Priecke, Steph., 32, 35 (1, 1) Snd.
Prillwitz, Zachar, 10, 11 (— 23, 233) D.
Puch, Math., 22, 8 (1) D.
Pudwell, Michel, 17, 14 (1) Nfrd.
Puff, Michael, 26, 1 (— 28, 81) S.
Pulter, Hans, 20, 1 (1) Scharw.
Pulverich, Joh., 15, 1 (1) Snd.
Purck, Adam, 9, 13 (1, 93) D.
Pursio, Peter, 9, 7 (1, 1, 225) S.
Pusch, Heinr., 2, 16 (1) Nd.

Q.

Queck, Michel, 29, 6 (1) Pr.

Quednau, George, 21, 4 (1 — 95) Nd.

R.

Rabenstein, Michel, 5, 27 (1) A.
Radicke, Christoph, 22, 24 (1) D.
Radke, Christoph, 20, 4 (1) Scharw.
Radtke, Emanuel, 8, 10 (1, 14) Snd.
Radtmann, Valtin, 38, 8 (1) D.
Rahn, Wilh., 30, 26 (— 28, 269) Hpmd.
Ram, Daniel, 34, 4 (1) P.
Rapp, Christoph, 28, 13 (1) S.
Rappell, Joh. Jost. 16, 5 (— 12, 247) Nfrd.

Rasch, Hans, 4, 2 (1, 15) Nd.
Rater, Jacob, 25, 22 (15) Snd.
Ratzmer, Hans, 16, 15 (1, 15, 76) Nfrd.
— Peter — —
Rauch, George, 18, 5 (1) Snd.
— Emerich, 23, 5 (1) Snd.
Rauchwetter, Michael, 29, 4 (1, 5, 27) Cassube.
Rautenberg, Joh., 35, 7 (— 21, 207) Snd.
Redner, Joach., 15, 11 (2) Snd.

Redner, Christian, — (1) —
Rehdel, Hans, 16, 13 (1; Nfrd.
— Caspar, — — —*
Rehfeld, Peter, 14, 6 (1) Snd.
Rehe, Siegm., 10, 1 (— 20) D.
Rehse, Jac., 34, 23 (1) Darmst.
— Caspar — — —*
Reif, Tenius, 3, 12 (1) Nd.*
— Jogst, 5, 12 (2) N.
-- Jost, 11, 6 (1) Snd.*
Reich, Joh., 26, 21 (1) Fr.
— Jac., 26, 5 — S.
Reichstein, Ulr., 20, 5 (1) S.
Reimer, Hans, 27, 5 (1 — 30²/₅) D.
— Hans, 35, 4 (— 18, 33³/₄) Snd.
Reinecker, Aug., 11.23(— 20, 101¹/₂)Snd.
Reinhard, Joh. Jac., 3, 12 (1) Nd.
— Anton, — — —
— Magnus, 11, 24 (1) Snd.*
— Georg, 28, 14 (2, 1, 83¹/₂) Nd.
— Steffen, 31, 21 (1) Ansp.
— Christoph, 33, 4 (— 29) Anhalt.
— Wilh., 33, 38 (1) N.
Reinick, Jac., 34, 20 (2) Hm.
Reiss, Thiel, 11, 25 (1) Snd.*
Rempe, Conrad, 4, 13 (1, 15) Nd.
Renard, Jean Jaq., 8, 6 (1) S.
Rentel, Peter, 23, 13 (— 26, 18) Snd.
Reuter, David, 25, 13 (1) —
Reuther, Martin, 28, 7 (1) N.
— Hans, 32, 4 (1) Snd.
— Albrecht, — — —
Reymer, Friedr., 25, 1 (2) Snd.
— Daniel, 25, 15 (1) —
Reymann, Philip, 21, 7 (1) Pnd.
Riebeau, Joh., 22, 1 (1) D.
Rieck, Christian, 19, 1 (1) Snd.
Riecke, Hans, 5, 17 (1) Hm.
Riedel u. Moses, 19, 12 (1, 15) Snd.
Rieger, Hans, 4, 17 (1) Nd.
Riehl, Casp., 23, 4 (1) —
— Georg, 25, 16 (1) —
Riess, Jacob, 12, 4 (2) Snd.
Richter, Valtin, 15, 18 (— 21 —) Snd.
— Georg, 34, 14 (1) Hm.
— Jac., 20, 4 (1) Scharw.
— Andreas, 31, 4 (1) Hm.
— Martin, 34, 1 (2) P.
— Joh., 35, 7 (— 21, 207) Snd.
— Hans, Andr., 37, 6 (1) D.
Rimplo, Heinrich, 27, 6 (1, 15) D.
— Andres, — — —
— Hans, — — —
Rinno, Abr., 8, 6 (1) S.
Rink, Joach., 12, 23 (1, 22, 162) Snd.
— Philip, 16, 8 (1, 15) Nfrd.
Rinos, Christoph, 10, 1 (— 20) D.
— Christian, — — —

Rinos, Paul, 10, 5 (1, 1, 40) D.
Rittel, Gerhard, 31, 4 (2) Pf.
Ritter, Friedr., 14, 5 (1, 17) Snd.
— Peter, 23, 7 (1) —
— Jac., — — —
— Heinr., — — —
— Rudolph, 23, 9 (1) Snd.
— Johann, 23, 3 —
Rittmeyer, Friedr., 18, 4 (1) Snd.
Robbert, David, 21, 13 (1) S.
— Jost, 15, 5 (1) Snd.*
Robinson, Joach., 17, 5 (1, 18,150) Nfrd.
du Roche, Albr., 8, 12 (1) S.
de la — Abrah., 26, 10 (— 20, 170) S.
Rochelmeier, Gottfr., 30, 1 (— 15) Nfrd.
Röcker, Michel, 37, 3 (1) D.
Röder, Adam, 5, 21 (1) N.
— Ludw., — — —
Rötlinger, Dichtel, 20, 2 (1) P.
Rogge, Christ., 5, 39 (1) Hm.
Rogall, Joh., 26, 23 (1) N.
Rogalski, Paul, 16, 2 (1) Nfrd.
Rohde, David, 3, 4 (1) Snd.
— Christ., 3, 5 (1) Nd.
— Martin, 4, 7 (1, 15) —
Rohr, Nicol., 25, 12 (1 - 114) Snd.
Rohse, Joach., 19, 7 (1, 5, 200) Snd.
— Hans, 19, 13 (1) Snd.
— Elias, — — —
— Samuel, 21, 3 (1, 6, 173) Nd.
Rohland, Andr., 33, 45 (1, 12) Hm.
Rohloff, Fried., 37, 4 (— 20) —
Romaicke, Hans, 22, 15 (— 13, 1) D.
Rompettin, Andr., 10, 11 (1) D.
Roniwicki, Christ., 33, 40 (1) Oberl.
Rossbach, Daniel, 30, 29 (— 24, 247) Hpmd.
Rosenberg, Ernst, 48, 1 (— 20) D.
Rosenbaum, Albr., 35, 1 (— 17,75) Snd.
Ross, Herm., 5, 6 (1) N.
Rosseau, Jac., 28, 13 (1) S.
Rosemann, Jac., 16, 13 (1) Nfrd.
Rottenberg, Joh., 22, 2 (1) N.
— Phil., — — —
Rottgänger, Casp., 27, 8 (1, 22, 150) D.
Roth, Georg, 10, 10 (1) S.
Rothkamm, Peter, 34, 24 (2) Hm.
Rothkingell, Math., 28, 25 (1) S.
Rubbel, Martin, 30, 11 (— 15) Hpmd.
— Christ., 30, 7 (1) —
Rüchell, Jac., 26, 19 (— 16) P.
Ruchstein, Joh., 28, 10 (1) N.
Rudolf, Christian, 21, 5 (1) Nd.
Rudlinger, Jac., (Röttlinger) 26,6 (1,15,S.
Runge, Christian, 12, 2 (1, 15) Snd.
— Joach., 26, 1 (1) Hm.
— Christian, 30, 28 (1, 11, 192) Hpmd.
Runk, Hans, 2, 9 (1) Nd.

Rückständer, Uhr., 10, 10 (— 15) S.
Ruprecht, Christ., 24, 5 (— 15) Nfrd.
Ruppe, Hans, 20, 6 (1) S.

Ruppe, Simon, — — —
Rusch, Andr., 26, 12 (1, 4, 150) S.
Rutz, Thom., 2, 19 (1) Nd.

S.

Sachse, Georg, 32, 7 (1) Snd.
Sackenreiter, Michel, 2, 16 (1) Nd.
Saefter, Adam, 3, 4 (1) Nd.
— Daniel, 3, 27 —
Saleth, Michel, 17, 4 (2) Snd.
Salfeld, Andreas, 5, 3 (1, 2, 72) Hm.
Salomon, Wilh., 15, 8 (2) Snd.
— Hans Heinr., 40, 9 (1) D.
Salzmann, Heinr., 16, 23(— 20, 132)Nfrd.
Sambach, Martin, 22, 25 (1) D.
Sandt, Joh., 17, 14 (1) Nfrd.
Sartor, Heinr., 3, 19 (— 24, 53¹/₃) Nd.
Sartorius, Peter, 21, 7 (1) Pnd.
Saurin, Daniel, 38, 1 (— 15) D.
Sax, Andreas, 10, 24 (1) D.
Schaack, Christian, 21, 8 (1, 18, 77) D.
— Christoph — —
— Gabriel — —
— Friedr. — —
Schaaf, Franz, 31, 6 (1) N.
Schaal, Christ., 6, 12 (1, 8, 113) Uckerm.
— Hans — —
Schaap, Casp., 27, 16 (1 — 48³/₈) D.
Schackner, Georg, 5, 26 (2) N.
Schäfer, Ludw., 10, 3 (1) D.
— Caspar — —
— Conrad, 3, 12 (1) Nd.
— Heinrich, 5, 30 (1) N.
Schaeffer, Michel, 2, 19, (1) Nd.
— Wilh., 23, 7 (1) Snd.
— Andres, 16, 13 (1, 16, 247) Nfrd.
— Heinr., 25, 3 (1) Snd.
— Friedr., 33, 45 (1, 12) Hm.
Schaeffler, Joh. Jac., 21, 7 (1) Pnd.
Schaetzler, Phil., 22, 8 (1) D.
Schaffer, Ludw., 10, 22 (— 24, 229) N.
Schanner, Michel, 16, 28 (1) Nfrd.
Schattenberg, Hans, 14, 10 (1) Snd.
Schatz, Michel, 33, 40 (1, 18, 225) P.
Schaumburg, Christ., 26, 15 (1) Hm.
Schaumann, 6, 14, N.
Scheel, Heinrich, 36, 3 (— 29, 100) D.
Scheer, Nicol., 28, 3 (1) S.
— Mathes, 30, 4 (1) Nfrd.
Scheffler, Michel, 32, 22 (1, 1, 65) Snd.
— Hans — — .
— Johann, 26, 5 (1) S.
— sen., Joh. Heinr., 26, 5 (1) N.
— jun. — —
Scheide, Wilh., 2, 5 (2) Nd.
Schein, Tenny, 5, 24 (1) N.
Scheller, Hans, 31, 25 (1) Hm.
— Wolf — —

Schellhammer, Jos., 32, 25 (1, 8, 150)
  Snd.
Schenk, Christ., 29, 19 (1, 10, 204) Pr.
— Jacob, 40, 3 (— 27) D.
— Christ., — (— 13, 150) —
Scherer, Bernh., — — —
Schiesb, Peter, 8 (2, 1, 274⁴/₅) Hannov.
Schilling, Christ., 10, 24 (— 15) D.
— Michel, 10, 26 — —
— Hans Heinr., 37, 12 (1, 2) D.
Schimmatis, Jacob, 25, 5 (— 15) Snd.*
Schimmell, Joh., 26, 14 (1) N.
Schinnagel, Leonh., 25, 10 (1) Snd.
Schindler, Peter, 10, 1 (— 20 D.
Schippen, Michel, 17, 4 (2) Nfrd.
Schlügel, Jac., 15, 14 (1) Snd.
— Jac., 26, 6 (1) S.
Schlaf, Tennius, 3, 33 (1) Nd.*
Schlag, Joh., 34, 14 (1) Uckerm.
Schlappach, Joh., 28, 16 (1 — 25²/₃) N.
Schlatter, Bernh., 2, 15 (1) N.
— Christ., 2, 16 —
— Georg, 2, 17 (2) —
— George, 2, 15 (1 Nd.
Schlegel, Christ., 10, 10 (— 8) S.
Schleicher, Christ., 8, 13 (1) Snd.
Schlenter, Peter, 32, 38 (1, 15) Snd.
Schlesner, 41, 10 (— 20, 187¹/₂) D.
Schlicker, Wolff, 27, 6 (1, — 92¹/₃) Pf.
Schlie, Christ., 10, 27 (1) D.
Schlösser, Theod., 23, 10 (1, 5) Snd.
Schlöter, Christ., 4, 16 (1) Nd.
Schmelzer, Michel, 15, 7 (2) Snd.
Schmerling, Martin, 14, 3 (1, 3, 225)
  Snd.
Schmidt, Jos., 3, 4 (1) Nd.
— Conr., 3, 23 (1) —
— Phil., 3, 23 —
— sen, Joh. Jogst., 5, 6 —*
— jun. — —*
— Jos. Heinr. — —
— Joh., 5 25 —
— Jac., 8, 13 (1) Snd.
— Michel, 8, 14 (1) —
— Adam, 9, 1 (1) D.
— Zachar., 10, 10 (— 15) S.
— George, 15, 1 (1) Snd.
— Wilh., 15, 5 —
— Wilh., 15, 8 —
— Andreas, 18, 5 —
— Walter, 21, 7 (1) Pnd.
— Johann, 21, 2 — Nd.
— Joh. Jak., 21, 2 —

Schmidt, Christ. — —
— Anton, 21, 2 (1, 4, 54) —
— Phil. — —
— Anton, 21, 3 (1) Nd.
— Joh., 21, 4 (1) Nd.
— Friedr. — —
— Joh., 21, 5 (1) —
— Jacob, 25, 16 (1) Snd.
— George, 26, 12 (1, 4, 150) S.
— Joh., 27, 1 (1) D.
— Joh. Peter, 27, 10 (— 24, 75) D.
— Joh. Phil., 27, 3 (1, 1, 149) D.
— Christ., 27, 22 (1) D.
— Daniel, 28, 2 (1) Nd.
— Friedr. — —
— Joh. Heinr., 28, 5 —
— Hans Joach., 28, 25 (1) D.
— Martin, 29, 3 1) P.
— Christoph, 29, 9 (— 24, 53) Hm.
— Caspar, 30, 4 (1) Hpmd.
— Joh. 30, 24 (1) N.
— David, 31, 11 (2) Fr.
— Bernhard, 33, 45 —
— Hennig, 34, 14 (1) Hm.
— Lewin, 34, 22 (1, 4, $41^{11}/_{29}$) Hm.
— Daniel, 40, 23 (1) D.
— Nicl., 16, 3 (1, 8, $54^{6}/_{11}$) Nfrd.
— Joh. Heinr., 16, 17 (1 — 100) —
— Joh. Peter — —
— Michel, 17, 23 (2) —
— Gottfr., 17, 26 (1) —
Schmidtke, Daniel, 29, 16 (— 18, 30) Pr.
Schneefuss, Bastian, 33, 26 (— 21, 200) Hm.
Schneider, Martin, 3, 24 (— 19, 120) Nd.
— Heinr., 3, 13 (2) —
— Michel, 3, 34 (1, 6) —
— Conrad, 5, 32 (1) N.
— Thies, 5, 25 (1) N.
— Wilh., 5, 34 (2) N.
— Math., 6, 8 (2, 1, $274^{4}/_{5}$) Ansp.
— Michel — —
— Martin, 10, 17 (1) N.
— Hans, 15, 13 (1) Snd.
— Christian, 20, 5 (1) S.
— Joh. Peter — —
— Joh. Dietm., 27, 10 (— 24, 75) D.
— Conr., 29, 11 (1) N.
— Barthel, 31, 19 (1) Fr.
— Christ. Schatz, 17, 23 (2) Nfrd.
— Joh., 28, 13 (1) Nd.
Schneidaus, Jos., 17, 6 (1, 15) Nfrd.
Schodans, Christ., 18, 13 (1) S.
Schöch, Georg, 2, 16 (1) Nd.
Schöffer, Heinr., 29, 24 (2) N.
— Conrad 29, 18 (2) N.

Schöffer, Friedr., 29, 16 (2) N.
— Peter — —
— Joh., — Wittwe, 21, 3 (1) Nd.
Schögell, Herm., 34, 6 (1) N.
— Georg, 34, 15 (2) N.
Schöler, Bernh., 38, 15 (— 15) D.
Schöller, Heinr., 29, 12 (2) N.
Schönborn, Andr., 22, 9 (2) D.
Schönke, Ludw., 36, 5 (1) D.
Schöneck, Gottfr., 17, 21 (1, 10, 145) Nfrd.
Schörffsky, Martin, 14, 6 (1) Snd.
Schössler, Hans, Heinr., 34, 22 (1,4,41) Darmst.
— Johann, — — —
Scholl, Joh., 31, 24 (2) N.
Schossau, Erdmund, 30, 27 (1, 7, 150) Hpmd.
— Christoph, 30, 21 (1, 4, 41) —
— Michel, — — —
Schowaller, Jos., 4, 5 (1) S.
— Joach. — —
Schrader, Heinr., 11, 24 (1) Snd.
— Christ., 30, 7 (1) Hpmd.
— Andres — —
— Michel, 32, 28 (1, 6, 208) Snd.
Schreiber, Phil, 3, 31 (— 17, 251) Nd.
— Phil., 3, 35 (1) —
— Jos., 8, 2 (1, 20) D.
— Andres, 27, 5 (1 — 30) D.
— David, 34, 27 (1, 6) P.
Schrenk, Hans George, 24, 7 (— 15) Frd.
— Michel — —
Schröder, Hans, 5, 13 (1) P.
— Heinr., 5, 3 (2) Hm.
— Joach., 8, 10 (1, 29) S.
— Peter, 19, 8 (1) Snd.
— Joach, 22, 7 (1 — 157) D.
— Peter, 8, 14 (1) Snd.
— Daniel, 14, 18 (1) Snd.
— Christ., 31, 17 (1) N.
— Friedr., 41, 4 (— 20, 136) D.
Schud, Bernhard, 5, 28 (1) N.
Schufer, Bastian, — — Hm.
Schüler, Michel, 4, 12 (1) Nd.
Schulz, Peter, 6, 10 (1) Hm.
— Michel, 4, 7 (1) Nd.
— Michel, 12, 4 (2) Snd.
— Friedr., 12, 19 (1) —
— Gottfr., 14, 20 (1, 15) —
— Christian, 14, 22 (1) —
— Christoph, — — —
— Joh., 15, 12 (1, 5) —
— Joh., 19, 17 (1) —
— Christoph, 22, 12 (1) D.
— Daniel, — (— 27, 243) D.
— Valtin, 25, 23 (1) Snd.
— Christ., 26, 9 (1) Oberl.

Schulz, Michael, 27, 22 (1) D.
— Franz, Georg, 29, 1 (1) —
— Andres, 30, 20 (1. 3, 225) Hpmd.
— Peter, 31. 3 (2) Anh.
— Adam, 34, 5 (1) P.
— Gottfr., 17, 32 (1, Nfrd.
— Christian, 35, 1 (— 17, 75) Snd.
— Jürge, 35, 4 (— 18, 33³/₄)
— Joh., 36, 2 (1) D.
— Herm., 38, 2 (— 15) D.
— Hans, 38, 8 (1) D.
— Martin, — (— 15) —
— Joachim, 40, 21 (1) D.
— Martin, 41, 4 (— 20, 136⁴/₁₁ P.
— Jacob, — — —
— Joh. George, — — —
— Michel, 16, 2 (1) Nfrd.
— Hans, — — —
— Paul, 16, 26 (1 — 64²/₇) —
— Joach., 16, 17 (1) —
— Christ., 17, 3 (1, 6) Nfrd.
— Christian, 17, 26 (1. 12, 146) —
Schumann, Peter, 3, 33 (1) Nd.
— Friedr., 13, 3 (— 15) Snd
— Peter, 13, 14 (1) —
— Mathes, 34, 24 (1) Hm.
Schumacher, Joh., 10, 13 (2) N.
— Math., 28, 15 (1) Nd.
— Dings, 31, 10 (1) N.
— Hans, 31, 18 (2) P.
— Peter, 17, 7 (1, 4) Nfrd.
— Heinr., 7, 1 (1) N.
— Peter, 7, 13 (1, 4, 211) N.
— Willim, 29, 21 (1, 1, 211) N.
Schumburger, Ulrich, 4, 2 (— 22, 213) Nd.
Schurmann, Hans, 15, 12 (1, 5) Snd.
Schupp, Jos., Gottfr., 21, 3 (1) Nd.
— Abraham, 28, 13 (1) S.
Schüssel, Peter, 31, 23 (1, 24, 257) N.
Schütz, Georg, — — Fr.
— Jos., 11, 10 (1, 15) Snd.
— Heinr., 14, 15 (1, 15) —
— Peter, 11. 6 (1) —
— Jos., Friedr., 21, 3 (1) Nd.
Schütze, Christ., 9, 13 (2) D.
Schützler, Michel, 32, 23 (1, 12, 79) Snd.
— Joach., 32, 41 (1, 15, 151) —
— Hans, 32, 22 (1, 1, 65) Snd.
Schwabe, Christ., 40, 25 (1) D.
Schwalbe, Jonas, 34, 23 (1) Hm.
— Hans, 27, 13 (— 19, 71⁵/₆) D.
Schwandt, Michel, 5, 21 (1) P.
Schwartz, Michel, 12, 6 (1) Snd.
— Hans, 8, 3 (1) —
— Augustin, 20, 1 (1) Scharw.
— Jacob, 25, 2 (1) Snd.
— George, 31, 16 (1) Pr.

Schwartz, Michael, 31, 19 (2) —
— Georg, 17, 8 (— 20, 190) Nfrd.
— Peter, 17, 20 (1) Nfrd.
— Heinr., 16, 9 (1 — 199) Nfrd.
Schwantzfeger, Christ., 14, 18 (2) Snd.
— Christ., 8, 7 (1) —
Schweingruber, Samiel, 20, 5 (1) S.
— Christ., 9, 8 (— 25, 181) S.
— Christ., 11, 9 (2) Snd.
Schweissiger, Hans, Georg, 30, 6 (1) Nfrd.
Schweitzer, Michel, 4, 17 (1) Nd.
Schweizkopf, Christ., 25, 17 (1) Snd.
Schwibbe, Andr., 10, 27 (1) D.
Sechshauser, Heinr., 3, 25 (1) Nd.
Seelbinder, Michel, 30, 24 (1. 2, 150) Hpmd.
— Christoph, 30, 27 (1, 7, 150) —
Seelmann, Martin, 14, 14 (1, 15) Snd.
Segler, Hans, 23, 10 (1, 15) Snd.
Sehr, Andres, 12, 23 (2) Snd.
Seibe, Hans Georg, 21, 7 (1) Pnd.
Seidel, Nicol., 15, 16 (— 18, 100) Snd.
Sein, Joh., 20, 3 (— 18, 27¹⁶/₂₁) Scharw.
Seip, Conr., 6, 15 (— 27, 235) Hanau.
Seligmann, Erdm., 17, 32 (1, 10, 69) Nfrd.
Selter, Franz, 23, 8 (1, 15) —
Seltzer, Jac., 6, 3 (— 15) N.
Semmler, Joh., 25, 1 (1, 15) Snd.
Sengpiehl, Andr., 4, 16 (2) Nd.
Sich, Martin, 22, 19 (— 20, 127¹/₂) —
Siebenberg, Heinr., 19, 11 (2) —
Siebert, Heinr., 22, 4 (— 17, 147) D.
— Joh., 22, 17 (1 — 195) —
— Heinrich, 34, 10 (1, 15) Priegnitz.
— Christian, 38, 2 (— 15) D.
Siebentritt, Georg, 25, 6 (— 26, 286) Snd.
— Casp., 2, 16 (1) Nd.
Siedekamm, Andres, 17, 21 (1, 10, 145) Nfrd.
Siedetopp, Jac., 10, 5 (1, 4, 204) Nd.
Sieg, Christ., 38, 14 (— 15) D.
Siegmund, Heinr., 29, 20 (1) Hm.
Sielendorf, Peter, 7, 2 (1) Hm.
Sienau, Joh., 32, 12 (1) Snd.
Siering, Joh. Friedr., 10, 24 (1) D.
Siewert, Heinr., 29, 10 (1) Uckerm.
— Michel, 29, 15 (2) Pr.
— Joach., 41, 9 (— 25, 214²/₇) D.
Silbach, Christ., 28, 12 (1) Nd.
Simon, Michel, 31, 17 (2) N.
Simoni, Allo, 15, 15 (1) Snd.
Sipley, Isaak, 9, 8 (— 20, 180) S.
Söffing, Lorenz, 2, 16 (— 16 —) Nd.
Söhring, Christoph, 32, 43 (1, 12, 183) Pf.
Soldner, Andres, 21, 3 (1) Nd.

Somau, Hans, 8, 3 (2) Snd.
— Jürgen, — (1) —
Sommer, Wilh., 31, 4 (2) Pf.
Sonnenberg, Christ., 12, 17 (2) Snd.
Sorge, Hans Michel, 29, 4 (1, 5, 27) Harzer.
Sougon, Andres, 25, 12 (2 — 228) Snd.*
— Peter — (1, 15, 171) —*
Spang, Anton, 11, 1 (1) Snd.
Spech, Phil., 8, 10 (1, 14) S.
Speede, Hennig, 38, 14 (— 15) D.*
— Andres, 38, 15 —*
Spelbach, Heinr., 26, 6 (1) N.
Spey, Michel, 27, 15 (1, 1, 228$^1/_4$) D.
— Johann, — (1, 1, 48) —
— Georg, 27, 20 (2) D.
Spitzbarth, Hans, 2, 18 (1) Nd.
Spliess, Christ., 32, 3 (— 20, 228) Snd.
— Hans, 32. 34 (— 25, 240) —
Sponhauer, Jos. Gerlach, 10, 19 (1) N.
Spriess, Heinr., 3, 19 (1) —
Staats, Andres, 4, 2 (1, 15) Nd.
— Jos. Ernst, 33, 3 (1, 20) Halberst.
— Valtin, 33, 44 (1) Hm.
Stabbert, Michel, 10, 27 (— 15) D.
Städer, Müntz, 31, 6 (1) N.
— Adam — —
Stahl, Martin, 3, 25 (2) Nd.
— Georg, 31, 33 (— 27, 128$^4/_7$) N.
Stahlmann, Jos., 3, 5 (2) —
— Andres, 19, 16 (1) Snd.
Stamm, Christ., 6, 7 (— 21, 128$^4/_7$) N.
— Hans, 6, 9 (1) P.
— Ludwig, 9, 1 (1) D.
— Wilh., 25, 5 (— 15) Snd.
Stangenberg, Jos., 22, 10 1) D.
Stausch, Jos., 16, 21 (1) Nfrd.
Stautzel, Michel, 37, 1 (1) D.
Stecher, Andres, 19, 1 (1) —
— Friedr. — —
Stecker, Christ., 29, 19 (2) Hm.
Steckly, Hans, 9, 6 (— 20, 158) S.
Steffen, Hans, 31, 28 (1, 21) Fr.
Steffenhagen, Georg, 34, 20 (1, 12, 75) P.
— Christian — —
Stegemann, Jos., 23, 11 (1) Snd.
Stehl, Wilh., 23, 5 (— 21, 75) Snd.
Stein, Nicol., 28, 4 (1) Nd.
— Andres, 31, 23 (1, 24, 257$^1/_7$) N.
Stelke, Michel, 34, 14 (1, 15) Priegnitz.
Stellmacher, Jos., 14, 20 (1, 15) Snd.
Sternberg, Michel, 33, 45 (1, 12) Hm.
— Peter, 16, 31 (2) Nfrd.
— Christ., 40, 16 (1) D.
Steuernagel, Georg, 16, 8 (1 — 22$^9/_{16}$) Nfrd.
Stich, Jos. Heinr., 25, 1 (1) Snd.
Stiegler, Christ., 10, 13 (1, 12, 150) N.

Still, Jac., 29, 24 (1) Pr.
Stimm, Jos., 21, 11 (1, — 249$^1/_2$) Nd.
Stimme, Jos., — (1, 6, 137$^1/_2$) —
Stobke, Georg, 10, 19 (— 15) D.
Stockmann, Heinrich, 10, 3 (2) D.
— Hans, 40, 1 (1) Pr.
Störber, Heinr., 34, 22 (1, 4, 41) Hm.
Störmer, Christ., 35, 7 (— 24, 150) Snd.
Störner, Dietr., 8, 11 (2) Snd.
Stösse, Michel, 7, 4 (1) Hm.
Stösslin, Michel, 34, 23 (1) Hm.
Stössmer, Jos., 34, 20 (1, 12, 75, Sachse.
Stohl, Joach., 15, 12 (1, 5) Snd.
Stolz, Martin, 14, 6 (1) Snd.
Stolzenberg, Martin, 10, 24 (1, 12, 150) N.
— Hans, 10, 5 (— 13, 284) D.
Storbeck, Peter, 27, 10 (1 — 48$^3/_8$) D.
Stossen, Christ., 31, 23 (1, 24, 257$^1/_7$) Hm.
Strack, Jacob, 26, 6 (1) N.
Strahl, Michel, 10, 12 (— 12) S.
Strangmann, Jos., 22, 1 (1) D.
Strauss, Reinh., 22, 23 (2) D.
— Franz, 26, 22 (1, 15) N.
— Joh., — (1) —
— Dietrich, — —
Strasser, Hans Georg, 21, 1 (1) Pnd.
Strassmann, Martin, 41, 4 (— 25, 214) D.
Strehl, Jürge, 32, 17 (1, 4, 273) Snd.
Strenpel, Leon, 27, 5 (1 — 30) Pf.
Streuzer, Simon, 21, 12 (1, 2, 89) Nd.
Stricker, Hans, 26, 12 (1, 4, 150) S.
— Hans, 29, 3 (2) Mecklenb.
Stroh, Jos., 3, 13 (1) Nd.
Strohmann, Heinr., 10, 13 (1, 12, 150) N.
Strotzkofsky, Peter (?), 34, 21 (1) Pr.
Strunk, Joach., 17, 6 (2) Nfrd.
Stück, Jos. Conr., 10, 13 (1, 12, 150) N.
Stühler, Georg, 3, 9 (— 15) Nd.
Stuhrmann, Lor., 14, 16 (1, 5, 187) Snd.
— Peter, 14, 17 (1) —
Stulmacher, Christ., 21, 9 (— 15, 167$^1/_2$) Nd.
Sturmhöfel, Christian, 14, 21 (— 20, 150) Snd.
Sturm, Jos. Heinr., 17, 12 (1) Nfrd.
Sture, Heinr. (?), 34, 14 (1) Hm.
Sudau, Georg, 40, 17 (1) D.
Suglier, Peter, 25, 12 (1 — 114) Snd.*
— Jaq., 25, 18 (1, 7) —*
Sussenup, Heinr., 3, 12 (1) Nd.
Swerin, Friedr., 16, 24 (1) Nfrd.
Szabba, Jos. Pierre, 25, 5 (1) Snd.*
Szamblebel, Christ., 31, 7 (1, 3) Hildesh.
Szebang, Jürg., 40, 10 (1) D.
Szelski, Friedr., 4, 17 (2) Nd.
Szilleniski, Georg, 4, 9 (— 10 —) Nd.

T.

Taffner, Samst., 26, 2 (1) Oberl.
-- Christoph, — — —
Tattweller, Pet., 25, 1 (1) Snd.
Taube, Friedr., 12, 1 (1 -- 264) Snd.
Tauber, Andr., 31, 28 (1, 21) Ansp.
Tauchel, Dav., 20, 1 (2 Scharw.
-- Jacob, — — —
Tauffenbach, Peter, 11, 13 (2) Snd.
Taus, Jacob, 26, 5 (1) N.
Teichmann, Hans, 11, 5 (2) Snd.
Teich, Jacob, 18, 4 (1) —
Telge, Joh., 8. 14 (1) Snd.
Tellin, Jac., 8, 2 (1) Snd.*
— Christian, 8, 13 — —
Telss, Wilh., 25, 22 (— 15) —
Templer, David, sen., 9, 12 (2) D.
-- David, jun., — 1) —
Tenniger, Ernst, 33. 44 (1) Frd.
Terreny, Peter, (— 25, 180) S. ??
Tertzenbach, Wendel, 23, 7 (1) Snd.*
Testmann, Hans, 14, 7 (1) —
Tews, Christian, 6, 7 (1) Uckerm.
— Peter, 6. 11 —
— Michel, 6, 13 (1, 18, 113) —
— Jürge, 25, 1 (1) Snd.*
Thamlöhner, George, 20, 4 (1) Scharw.
Theophile, Balzer, 15, 1 (1) Snd.
Thiebohl, Jos., 10, 19 (1) N.
Thiel, Jacob, 8, 2 (1) D.
— Anton, 20, 2 (1) S.
— Heinr., 30, 29 (1, 3, 30) Hpmd.
— Michel, —(— 24, 247) —
— Paul, 26. 5 (1) N.
— Hans Haubrecht, 28, 7 (2) N.
— Joh. Peter, — (— 26, 166) N.
— Heinrich, 40, 13 (1) D.
— Georg, 41, 6 (— 16, 109$^1/_{11}$) D.
— Joh., 16, 26 (1 — 64) Nfrd.
Thiele, Christ., 12, 24 (1, 16) Snd.
Thieler, Adam, 3, 4 (1) Nd.
— Paul, — — —
— Gottfr., 3, 25 (1) —
Thielemann, Georg, 3, 13 (1) Nd.
— Balzer, 23, 2 (1) Snd.*
~ Walter, — -- —*
Thiemann, Peter, 7, 15 (2) Hm.
Thien, Christian, 32, 2 (2) Snd.
— Christoph, — — 25, 200) —
— Ephraim, 32, 36 (2 — 241) —
— Christoph, — (1 — 241) —

Thienfelder, Jos., 5, 26 (1) N.
Thier, Heinr., 26, 21 (1) Fr.
Thies, Phil., 9, 3 (1, 16, 200) S.
— Isaak, — — —
— Mathes, — — —
— Abrah., 25, 18 (1, 7) Snd.*
— Joh., — —*
— Hans Friedr., 29, 6 (1, 12, 17) Hm.
Thimm, Joh., 5, 31 (1, 19, 146) N.
— Jos., 4, 1 (1, 15) D.
— Hans, 41, 4 (— 20, 136) P.
— Joach., — — —
Thom, Jac., 4, 7 (2) Nd.
Thomas, Joach., 16, 7 (1 -- 100) Nfrd.
— Jos., 2, 19 (1) Nd.
Thürs, Hans, 23, 6 (1) Snd.
Thunnull, Wilh., 41. 6 (— 16, 109$^1/_{11}$) D.
Thut, Walprecht, 23, 11 (2) Snd.*
Tiedemann, Erdm., 15, 18 (2) Snd.*
— Paul, 17. 18 (— 26, 109) Nfrd.
Tiedtke, Christian, 12, 4 (— 18, 291) Snd.
— Hans, 32, 35 (1, 1) Snd.
Tietz, Jos. Heinr, 6, 7 (— 21, 128) Hanau.
— Jos. Wilh., 28, 9 (2) Nd.
Tintemann, Hans, 18, 4 (1) Snd.
Tirppe, Bernh., 33, 46 (1, 12) Hm.
Tischhäuser, Teiss, 6, 7 (— 21. 118) S.
Torre, Abrah., 25, 10 (1) Snd.*
Tossain, Samuel, 25, 21 (2) —*
Tottenhagen, Jac., 22, 1 (1) D.
Tottenhöfer, Jos , 23, 7 (1) Snd.
— Joh. Ludw., 23, 3 — —
Trank, George, 5, 7 (1) N.
Tranowsky, Casim., 31, 19 (2) Pr.
Treber, Georg, 31. 10 (1) Fr.
Treiss, Hans, 30, 4 (1) Nfrd.
Triebler, David, 41, 5 (1, 2, 42) D.
Trockler, Jos., 4, 5 (1) S.
Trosiner, Jos., 21, 10 (— 23, 38) Nd.
Trostmann, Jos., 21, 12 (1) Nd.
— Jos., 6, 6 (1) N.
Trottin, 28, 13 (1) S.
Trott, Heinr., 21, 3 (1) Nd.
Trotta, Casp., 20, 4 (1) Scharw.
Trump, Martin, sen., 21, 4 (1 — 95) Nd.
— M., jun., — (1) —
Tüffe, Jac., 34, 23 (— 26) P.
Tuck, Rud., 26, 1 (— 28, 81) S.
Tunnies, Joh., 13, 8 (1) Snd.
Turney, Asmus, 25, 6 (26, 283) Snd.*

U.

Uckermark, Georg, 14, 13 (1) Snd.
— George, 21, 1 (1) Pnd.
— Christian, — — —

Uebel, Michel, 18, 5 (1) —
Uebach, Joh., 20, 6 (1) S.
— Joh. Jac., — (1, 15) —

Uebach, Jacob, — (1) —
Ulrich, Andres, 4, 3 (1) Snd.
— Hans Heinr., 5, 34 (2) N.
— Daniel, 41, 1 (— 15) P.
— Jac., — — —

Ulrich, Ernst, 25, 21 (1) Nd.
Unger, Bernh., 24, 3 (— 23, 21) Frd.
Utecht, Jos., 40, 15 (1) D.
Uwerfehrt, Hans, 3, 9 (1) Nd.

V.

Vait, Thomas, 22, 3 (1, 7, 20) N.
Valtin, Hans, 38, 2 (— 15) D.*
Vege, Abrah., 23, 1 (1) Snd.
— Jacob, — — —
Vetting, George, 38, 11 (— 23) D.
Viebeck, Casp., 27, 8 (1) D.
Völker, Christ., 14, 20 (1, 15) Snd.
Vogd, Hennig, 37, 11 (1) D.
Vogler, Christ., 6, 10 (1) Hm.
— Hans, 16, 25 (1 — 75) Nfrd.
— Andres, 16, 19 (— 27, 71) —
Voigdt, Wilh., 40, 7 (1) D.
Voigt, Jos., 3, 35 (1) Nd.

Voigt, George, 7, 7 (1) P.
— Andres, 11, 24 (2) Snd.
— Heinr., 30, 13 (1) Hpmd.
— Lewin, 30, 14 (1; 9, 110) —
— Heinr., 30, 19 (1, 15, 200) —
— Audres, 30, 22 (1) —
— Jürg, 40, 12 (1) D.
Volkmann, Christ., 4, 19 (1) Nd.
— Christ., 25, 7 (1) Snd.
Vorlauf, Heinr., 33, 19 (1, 15, 180) Hm.
Vosché (Faucher?), Jean Ludwig, (?)
     21, 7 (1) S.
— Samuel, 21, 1 (1, 15) S.

W.

Wackau, Georg, 32, 28 (1, 6, 208) Snd.
Wäsch, Heinr., 14, 18 (2) Snd.
Wäsche, Hennig, 34, 21 (2) Hm.
Wächter, Martin, 37, 9 (1) D.
Wägner, Christ., 16, 17 (1) Nfrd.
Walbruch, Joh., 5, 6 (1) N.
Waldburg, Ernst, 38, 2 (— 15) D.
Waldthauss, Jacob, 16, 18 (1) Nfrd.
— Christ., — — —
Wagener, Lor., 2, 11 (1) Nd.
— Werner, 3, 34 (1, 6) —
— Martin, 4, 9 (1) —
Wagner, Joh., 8, 1 (1) D.
Waldtmann, Christ., 36, 5 (1) D.
Walter, Jac., 4, 6 (1) Nd.
— Wilh., 5, 34 (2) N.
— Hans, 10, 16 (— 15) D.
— Peter, 18, 8 (1) Snd.
Walters, Nicol., 27, 7 (1, 1, 245½) D.
Warn, Martin, 37, 11 (— 15) D.
Wasenfeld, Joach., 5, 39 (1) Hm.
Wassmann, Adam, 5, 17 (1) A.
Wassmus, Peter, 40, 17 (1) D.
— Hans, 40, 19 —
Weber, Peter, 20, 4 (1, 14, 21) S.
— Joh., 3, 13 (2) Nd.
— Jost, 10, 21 (2) N.
— Jac., (Weeber) 3, 4 (1) Nd.
— Conr., 25, 3 (1) Snd.
— Jos., Wilh., 26, 5 (1) N.
— Daniel, 28, 4 (1) Nd.
— Jacob, 28, 16 (1) Pf.
— Joh. Heinr., 20, 6 (1) S.
Wecker, George, 32, 12 (1, 7, 150) Snd.
Weckhaupt, Casp., 28, 22 (— 29, 150) D.

Wedern, Hans, 3, 19 (— 28, 254) Nd.
Wedell, Martin, 34, 22 (1, 4, 41 ¹¹/₂₉) Hm.
Wege, Peter, 6, 9 (1) P.
Wegner, Hans, 22, 22 (1, 15) D.
— Heinr. Ph., 30, 22 (— 10) Hpmd.
— Peter, 31, 10 (1) Pf.
— Phil., 32, 31 (— 20, 199) Snd.
Wehler, Andreas, 26, 6 (1) Fr.
Wehrenberg, Hans, 30, 23, (1) Hpmd.
Wehrendorf, Heinr., 31, 13 (1) Hm.
Weht, Christ., 12, 17 (1, 4, 177) Snd.
Weibel, Hans, 9, 5 (— 20, 167) S.
Weichel, Leonh., 4, 12 (— 27, 150) Nd.
Weichler, Jos. Georg, 26, 5 (1) N..
Weichendorf, Adam, 3, 13 (1) Nd
Weidenbach, Christ., 23, 5 (— 21, 75)
     Snd.
— Simon, — — —
Weil, Jacob, 15, 13 (— 20) Snd.
— Friedr., 17, 15 (1, 15) Nfrd.
Weinschröder, Andres, 16, 26 (1 — 64²/₇)
     Nfrd.
Weinschröter, Ludw., 21, 7 (1, 15) S.
Weise, David, 34, 28 (1, 4. 226) Hm.
Weiss, Christ., 40, 9 (1) D.
— Christoph, 22, 14 (— 15) D.
Weisenberg, Christ., 27, 2 (— 27, 62) D.
Weissmann, Jos., 37, 3 (1) D. (entlauf.)
Welli, Jacob, 10, 11 (— 23, 233⅓) S.
Weller, Engel, 8, 4 (1, 15) Snd.*
— Anton, 21, 6 (1, 12) Nd.
— Jost, 26, 20 (— 18, 171¹/₅) Fr.
— Peter, 28, 13 (— 15) S.
— Joh. Bastiau, 17, 7 (2) Nfrd.*
— George, — (1 —

Weller, Gerh., 17, 16 (1) —
Welter, Anton, 6. 8(2, 1, 274⁴/₅) Hanau.
Wemmberger, Wilh., 24, 5 (— 15) Frd.
Wendt, Hans, 3, 9 (1) Nd.
— Paul, 9, 10 (2) D.
— Hans, 32, 35 (1, 1) Snd.
Wenndorf, Gottfr., 30, 23 (1) Hpmd.
Wenig, Valtin, — (1, 15) —
— Andreas, 34, 14 (1, 7) —
Wetzerin, Jac., 9, 5 (— 20, 167) S.
Wenkus, Christoph, 40, 23 (1) D.
Werdt, Georg, 17, 28 (2) Nfrd.
Werner, Martin, 2, 14 (1) Nd.
— Hans, 10, 5 (— 27, 252) D.
— Jacob, — (— 17, 122¹/₂) —
— Christ., 25, 23 (1) Snd.
— Heinr., 16, 25 (1—75) Nfrd.
— Hans, — — —
— Friedr., — — —
Werning, Joach., 34, 14 (1) Priegnitz.
— Tobias, — — —
Wernitz, Peter, 27, 18 (1) D.
Wersching, George, 34, 23 (1) Darmst.
Westenberger, George, 5, 4 (1) N.
Wesselitzki, Christ., 17, 31 (1) Nfrd.
Wessler, Röhrig, 16. 8(1—45³/₈) Nfrd.*
Wett, Christ., 17, 11 (1) Nfrd.
Wendell, Christoph, 34, 15 (2) P.
— Gottfr., — — —
Wichert, Jacob, 18, 3 (1) —
— Jacob, 40, 3 (27) D.
Wichnau, Nicol., 29, 20 (1) Altm.
Wicke, Bartel, 9, 9 (1) D*.
Wickel, Adam, 3, 35 (1) Nd.
Widing, Hans Georg, 12, 2 (1, 5, 106)
Snd.
Wieske, Jac., 29, 16 (2) Pr.
Wiese, Gottl., 31, 6 (1) Sachse.
— Peter, 3, 16 (1) Snd.
Wiesenau, Herm., 20, 6 (1) S.
Wiesenberg, Raphael, 41, 16 (1) D.
— 14, 16 (1, 5, 187) Snd.
Wigandt, Bernh., 15, 1 (1) Snd.
— Joach., 29, 6 (1) Hm.
— George, 35, 7 (— 21, 207) Snd.
Wildermann, Georg, 15, 15 (1, 15) —
— Hans, — — —

Wilhelm, Michel, 3, 19 (— 28, 254) Nd.
— Joh., 5, 26 (1) N.
— Hans Jaq., 8, 6 (3, 15) S.
Wilk, Peter, 14, 22 (1) Snd.
Wilke, Daniel, 15, 1 (1) Snd.
Willomie, Peter, 23, 6 (— 25, 263¹/₂) —
Winkelmann, Casp., 28, 4 (— 21, 21)
Nd.
Wingendorf, Peter, 30, 3 (1, 3, 159²/₃)
Nfrd.
Winkler, Joh., 12, 21 (1) Snd.
Wirsing, Herm., 15, 8 (1) —
— George, 16, 24 (1, 3, 83) D.
Wirth, Gottlieb, 15, 17 (2) —
— Ephr., 11, 5 (2) Snd.
Witte, Christian, 16, 7 (1 — 100) Nfrd.
— Andr., 30, 18 (1) Hpmd.
Wittlieb, Christ., 13, 15 (1) Snd.
— Valtin, — (— 8 —) —
Wittmann, Leonh., 31, 26 (1) Fr.
— Casp., — — —
Wolf, Jost, 3, 22 (1) Nd.*
— Fried, 4, 9 (1) —*
— Hans, 10, 27 (— 15) —
— Christ., 29, 5 (2) Uckerm.
— Peter, 29, 13 (1) —
— George, 29, 24 (2) Pr.
— Casp., 34, 22 (1, 4, 41¹¹/₂₉) Hm.
— Andreas, 38, 14 (— 15) D.
— Hans, 19, 10 (1, 15) Snd.
Wolfgram, Hans, 38, 15 (1) D.
Wolfhard, Joh., 29, 24 (1) Hm.
Wollfahrdt, Friedr., 17, 9 (— 15, 242)
Nfrd.
Wollweber, Joh. Peter, 21, 6 (1) Nd.
Wolter, Martin, 34, 23 (1) Hm.
Work, Christ., 6, 5 (— 18, 225) Hm.
Wüstenei, David, 6, 10 (1, 7, 150) P.
Wulff, Joach., 6. 10 (— 22, 150) P.
— Andr., 8, 16 (1, 15) Snd.
Wulst, Martin, 34, 14 (1) Hm.
Wunder, Hans, 17, 31 (1) Nfrd.
— Michel, — — —
Wurm, Michel, 15, 6 (— 20) Snd.
— George, sen., 2, 16 (1) Nd.
— Georg, jun., — (— 15 —) —
Wutau, Peter, 28, 13 (1) S,

Z.

Zadlau, Christ., 14, 10 (2) Snd.
Zander, Christian, 32, 15 (1, 20, 30) Snd.
— Christ., 32, 35 (1, 1) —
— Jacob, 25, 5 (1) —
— Zach., 5, 3 (2) Hm.
Zanger, Jos., 34, 20 (1, 12, 75) Fr.
Zantzinger 2, 16 (— 15) Nd.
Zebre, Joach. Christ., 17, 14 (1) Snd.

Zebre, Johann, — — —
Zehler, Casp., 33, 45 (1, 12) Sachse.
Zehlger, Abrah., 15, 16 (18, 100) Snd.
Zeiger, Joh., 26, 20 (— 18, 177¹/₅) Fr.
Zellin, Joach., 26, 18 (1) P.
— Joh., George, 35, 7 (1) Snd.
Zerung, 7, 5 (cf. Becker) N.
Zieblofsky, Christ., 40, 23 (1) D.

Ziegenhagen, Friedr., 32, 11 (1) Snd.
Ziegler, Hans Georg, 21, 3 (1) Nd.
Ziegmann, Jos., 40, 24 (1) D.
Ziehl, Hans Adam, 27, 17 (1 — 24³/₄) D.
Ziel, Eberh., 6, 4 (1, 21, 234³/₈) Hanau.
Zielfeld, Anton, 27, 1 (— 24, 225) D.
Zielke, Joh., 14, 2 (1) D.
— Franz, 25, 14 (1) Snd.
Ziemer, Joach., 6, 1 (— 17, 150) Hm.
Zier, Peter, 3, 10 (1) Nd.
Ziesing, Nic., 40, 11 (1) D.
Ziesmer, Paul, 26, 12 (1, 9, 150) S.
Zietz, Hans 14, 20 (1, 15) Nd.
Zimmer, Kilian, 25, 6 (— 26, 283) —*
— Mathes, 16, 17 (1) Nfrd.
Zimmermann, Thies, 5, 29 (1) N.
— Joh. George, 6, 15 (— 27, 235) Hanau.
— Moritz, 12, 23 (2) Snd.
— Joh. Conr., 21, 2 (1) Nd.
— Clemens, 22, 20 (2) D.

Zimmermann, Joach., 27, 16 (1 — 48³/₈) D.
— Friedr., — — —
— Peter, 16, 2 (1) Nfrd.
— Johann, 16, 20 (2) —
Zimper, Jos., 32, 17 (1, 4, 273) Snd.
Zins, Christoph, 23, 4 (1, 5, 94) Nd.
— Georg, 11, 22 (1) Snd.
Zock, Paul, 26, 1 (— 28, 81⁴/₁₇) S.
— Andr., 26, 21 (1) Fr.
Zöllmer, Jac., 1, 7 (1) D.
— Gottfr., 10, 1 (— 20 —) D.
— Christ., — — —
— Joh., 21, 2 (1) Nd.
— Gerlach., 21, 3 (2) Nd.
— Conr., — — —
Zörne, Zach., 28, 12 (2) N,
Zug, Hans, 23, 6 (1) Snd.
Zuster, Christ., (Schuster?) 34, 5 (1) P.
Zutz, Andr., 16, 17 (1) Nfrd.

LVI. Auszug aus den im Jahre 1751 verkauften Acten.

1. Colonisten-Rechnung 1620/27. 2. Colonistentabellen von Königsberg und sämmtlichen kleinen Städten 1740—57. 3. Histor. spec. Tabellen 1760/70, 1765, 1770—71. 4. Vasallen-Tabellen 1722—24, 1745, 1749, 1750. 1753. 5. Bäuerliche Besatzarten von verschiedenen ostpreussischen Aemtern de a. 1720—32. 6. Summarische Contributions-Ritterdienst-Gelder und wüste Hufen-Schoss-Extracte vom Natangschen Kreise 1716—21. 7. Acta wegen Etablirung der Grossbürger in Neidenburg 1763—71. 8. Acta wegen des Emigranten, des Tuchmachers Arendt in Pr. Hollandt 1732—48. 9. Einreichung der histor. und stat. Tabellen 23 Vol. 1731—1815. 10. Wegen Ausrottung der Zigeuner in Ostpr.-Ermland 1789—1802. 11. Baufreiheitsgelder in den Landstädten 1739—51. 12. Jährlich einzusendende Listen von incorrigiblen Bürgern 1752—81. 13. Ansetzung der Colonisten in den Aemtern Hohenstein, Osterode, Neidenburg 6 Vol. 1742—69. 14. Einzureichende Tabellen von den angesetzten Colonisten 1722. 15. Niederlassung von polnischen Colonisten 1771. 16. Ansetzung der Colonisten in mehreren Kreisen 7 Vol. 1732—80. 17. Heranziehung von Fabrikarbeitern aus Polen 1734—38. 18. Einreichung der Colonisten-Tabellen 1778. 19. Etablissement ausländ. Colonisten auf Domänen und Forstland 1798. 20. Vorschüsse an unvermögende Colonisten 1724—50. (21. Verbot der Einfuhr fremder Glaswaaren 1732—68, steht ebenfalls unter Tit. Colon.) 22. Vorschüsse an einige Manufacturiers 1722—26. 23. Tabellen der angesetzten Colonisten 1753. 24. Etablirung von Wollmanufacturen 1735—40. 25. Ertheilung des freien Bürgerrechtes an Mennoniten 1734—37. (26. Erbauung der Windmühlen vor dem Sackheimer Thor 1766—1809 wie 21. 27. Den Stocklackirer Rensch betr. 1742—50 desgl.) 28. Aufnahme der Colonisten als Bürger in Königsberg 1792—98. (29. Aufenthalt des poln. Fürsten Korybutt Worunicki in Königsberg betr. 1768 wie 21.) 30. Ankunft und Unterbringung der Colonisten 1732—34. 2 Vol. 31. Ansiedelung fremder Colonisten 10 Vol. 1792—1815. 32. Freiheiten der Colonisten 4 Vol. 1763. 33. Acquirirung kölmischer Güter von adligen Gutsbesitzern 1786. 34. Den Colonisten Beckenschläger betr. 1746—57. 35. Etablirung des Ahle-Schmied Joh. Bernhauser als Meister und Bürger 1782—84. 36. Wollspinnereien betr. 1748—57. 37. Etablirung mehrerer Messingarbeiter in Preussen 1749—70. 38. Etablirung der Rad- und Stellmacher auf dem Lande 1771—79. 39. Bischofsburg: Etablirung der Grossbürger 1785—94. 40. Etablirung der Kleinbürger 1803. 40. Bartenstein: Etablirung der Gross- und Kleinbürger, 2 Vol. 1763—80. 41. und 42. Frauenburg: Etabli-

rung der Grossbürger 1781—97; desgl. der Kleinbürger 1778—87.
44. Mohrungen: Urbarmachungen der Brüche 1767—77.
45. Memel: Bebauung einiger wüster Plätze, 2 Vol. 1802.
46. Pr. Eylau: Bebauung wüster Plätze 1795—1801. 47. Pr. Holland: Bebauung der wüsten Hausstellen. 48. Willenberg: einen aus Polen zugezogenen Lohgerber betr. 1769—78. 49. Seeburg: Ansetzung der Juden, 2 Vol. 1797—1810. 50. Königsberg: verschiedene Beschwerden der Hufenbewohner 1736—69. 51. Königsberg: Einreichung der Juden-Tabellen, 7 Vol. 1762—92.

LVII. Emigrations-Patent des Erzbischofs vom 31. October 1731.

Wir Leopold von GOttes Gnaden Ertzbischoff zu Saltzburg, Legat des Heil. Apostolischen Stuhls zu Rom, und des Deutschlandes Primas etc. etc. Entbieten allen und jeden Unsern Vice-Domben, Hauptleuten, Pröbsten, Pflegern, und deren Verwaltern, Stadt-, Land-, Marckt-, Urbar- und Berg-Richtern, und insgemein, allen unseren Beamten und Unterthanen, Unsere Gnade und Gruss zuvor, und geben hiemit zu vernehmen, dass Wir, nachdeme Uns gantz unvermuthet hinterbracht worden, was gestalten ein grosser Theil Unserer inner dem Gebürge ansässig- und sonst wohnhafften Unterthanen, unter dem Vorwand und Deckmantel einer von unsern Beamten ihnen wiederfahrnen Religions-Bedruckung und anderwärtigen Drangsalen sich gegen Uns, als ihren von Gott vorgesetzten Landes-Fürsten, zuwider den natürlich- und Reichs-Gesetzen, höchst-sträfflich empöret, und einen eigenmächtigen Aufstand erreget; diesem höchst gefährlichen Uebel zeitlich vorzubauen, mit Hinansetzung der Schärffe, und sonst wohl verdienten Straffe, die Landes-Fürstlich-Väterliche Milde ergriffen, und, um alle den vorgebildeten Beschwerden billigen Dingen nach, abhelffliche Masse zu verschaffen, ohne einigen Anstand annoch unterm 9ten letzt verwichenen Monats Julii eigens eine Commission dahin in das Gebürge abgeordnet haben, und zwar mit diesem Unserm gemessenen gnädigsten Befehl, dass die angegebenen Beklagnissen der Unterthanen vernommen, untersuchet, sodann Uns von allem, was vorkommen, umständigen Vortrag gehorsamst erstattet werden solle. Wie es dann die von Uns gnädigist abgeschickte Commissarii an schuldigstem Vollzug nicht haben erwinden lassen; als welche sich von Gericht zu Gericht begeben, „die vorgewendte Civil- und Religions-Gravamina vernommen, durchgangen, und die Aufrührischen theils mit der Erleichterung, theils aber, so viel möglich, mit der gäntzlichen Aufhebung," und der gestalten vertröstet haben, dass sie gleichwolen

entzwischen, besonders aber die sich vor bemeldeter Commission
zu der von ihnen so benamsten Evangelischen Religion oder
Augspurgischen Confession erkläret haben, gegen Uns, als ihren
Landes-Fürsten und Herrn, die schuldigste gehorsamste Treue
beständig beybehalten, dann denen nachgesetzt- so geist- als welt-
lichen Obrigkeiten den geziemenden Gehorsam und Respect bezeigen, mithin alle Rottirungen fernershin vermeiden, keine ander-
wärtige Unruhe erwecken, noch die Catholischen mit Bedrohungen,
öffentlichen Predigten, oder auf andere Art und Weise zu verführen trachten, auch nichts unternehmen sollen, was getreuer
Unterthanen Eyd und Pflicht, dann gemeiner Ruhe und Sicherheit
zuwider lauffet; Wohingegen dermalen, und bis eine den Reichs-
Satzungen gemässe Resolution von Uns gnädigst abgefasset und
erfolgen würde, jedem deren in seinem Hause, jedoch mit Vor-
behalt Unserer gnädigsten Bequemüng, unverwehrt bleibe, ins besondere, und in der Stille, ohne Predigten, und gefährliche Zusammenkünfte, seiner Sectischen Religion und Glauben abzuwarten; deme sie Unterthanen auch schuldig nachzukommen, einhellig
versprochen, und freyen Muths angelobet haben. Dessen aber
ohngeachtet, haben Wir, gegen alles Verhoffen, missfälligst erfahren müssen, „dass, wo Unsere Commission selbe Orte kaum
verlassen, die Rebellen hie und dorten, den nachdrücklichsten
Aufträg- und heilsamen Ermahnungen zugegen zu handlen, die so
öffentliche Rottirung, als heimliche Zusammenkünfte zu wiederholen, vor grossversammletem Volck aufwieglerische Predigten zu
halten, die Catholischen mit Feuer und Schwerdt zu bedrohen,
geist- und weltlicher Obrigkeiten," ja so gar Unsere höchste
Person mit Wort und Wercken vermessentlich zu beschimpffen,
auch verschiedene andere hochstraffbare Frevel-Thaten und Muthwillen zu verüben, sich ermessen haben; Derentwillen dann, und
um sie Treu- und Glauben-brüchige widerspännige Unterthanen
Unsers gerechten Verfahrens, und zu ihrer Erhaltung alleinig gerichteten Gemüths, in allen Dingen je mehr und hefftiger zu über-
zeugen, vorgemeldte von Uns gnädigst verordnete Commission
aus Unserm gnädigsten Befehl, mittelst an alle Unsere inner dem
Gebürge entlegene Gerichter erlassenen Circular-Schreiben de dato
30. Julii die Vermahnung mit deme wiederholet hat, dass die
männiglich zu gutem gemynte Ansichten, „und Landes-Väterliche
Liebe, mit sträfflichen Unternehmungen, Thätlichkeiten, und unge-
stümen Anlauff nicht gehindert werden, sondern sich jedweder
bey Hause ruhig halten," auch den Ausschlag über die vorgeschützten Civil- und Religions-Beschwerden in Friede und Einigkeit, ohne alles hin- und herschwärmen und zusammenrotten ge-
ziemend erwarten sollen, mit beygeheffteter Versicherung, dass
Wir dieselbe mit möglicher Schleunigkeit untersuchen, und jedem
dasjenige wiederfahren lassen werden, was vor Gott und der Welt

zu verantworten ist. Wie Wir dann, um dieses werckstellig zu machen, gleich darauf, und bereits unterm 6. Augusti eine sonderbare Deputation von Unsern Stellen, als Consistorio, Hof-Rath und Kammer-Rath, mit deme angesetzet und verordnet haben, dass diese ehist zusammen treten, die vor- und einkommende Beschwerden reiflich überlegen, sodann ihre Vorschläge in besonders ab- und ihr endliches Gutachten mit einhelligem Schluss dahin verfassen solle, in was Wege und Masse oberwehnte Beschwernissen, gestalten Dingen nach, entweder gäntzlich gehebet, oder wenigst erleichtert werden möchten. An statt nun, dass die von Uns so lieb- und mildreich, als väterlich angekehrte Fürsorge von Unsern Unterthanen hätte sollen erkennet werden; haben dieselben solche gleichsam verlachet, Treue und Respect auf die Seite gesetzet, mithin Unsere Landes-Fürstliche Clementz mit Verübung allerhand Muthwillens erst recht vorsetzlich und frevelmüthig zu missbrauchen angefangen, wie sie dann einige mit vielen Versprechungen, andere mit List oder Bedrohungen dahin zu vermögen gewusst, und beschrieben, auch zu einer General-Conferentz und von ihnen höchststräflich so betitelten grossen Rath auf den 5. Augusti in die Schwartzach einberuffen; Wobey sie wider Uns und Unser Ertzstifft, auch gantzes Vaterland die allerschädlichsten Vorschläge in Vortrag gebracht, berathschlaget, geschlossen, sich untereinander darüber verbunden, ja so gar knyend und mit aufgereckten Fingern verschworen; folgends die seditiös- und rebellischen Zusammenkünffte und Berathschlagungen so öffent- als heimlich wiederholet, stets bey den aufwieglerischen Predigten verharret, die gutgesinneten Uns getreuen Unterthanen hefftiger, als jemals vorhero, mit Feuer und Mord bedrohet, auch Unsere eigene Person selbst mit solchen Verspott- Beschimpff und Verachtungen, so die Feder an den Tag zu geben sich entsetzet, nicht verschonet haben; welche und dergeichen mehr den göttlichen und natürlichen Rechten stracks widerstrebende Frevelthaten, und Muthwillen Uns um so empfindlich- und missfälliger zu vernehmen waren, als Wir der gnädigst zuversichtlichen Hoffnung gelebet, dass sie rebellische Unterthanen Unserer mildigsten Landes-Väterlichen Liebe durch so langes Nachsehen und gemachte mildreiche Veranstaltung bereits genugsam überzeiget, in sich gehen, Unsere erwiesene ungemeine Langmuth und Gedult ferners nicht missbrauchen würden. Diesemnach hätten Wir uns zwar mit gutem Fug Unserer Landes-Fürstlichen Hoheit und Gewalt gegen diese Bösewichte insgesamt und besonders gebrauchen, und sie als abtrünnig- und rebellische Unterthanen mit aller längstens wohlverdienten Schärffe ansehen mögen; Es hat aber in Unserm Gemüthe die Milde und väterliche Liebe nochmals den Vorzug gewonnen, und Uns veranlasset, bloss allein durch wiederholte aller Orten im Gebürge verruffen- und angeschlagene Dehortatorias Patentes und mildreicheste Abmahnungsschreiben, dickgemeldte seditiöse, gegen Uns und das liebe Vaterland aufgestandene, meyneydige Unterthanen, ihres Uns schuldigen Gehorsams und Unterthänigkeit, auch dass sie die Uns geschworne Treue, ihren Pflichten nach, unversehrt leisten und beybehalten sollen, unterm 30sten Augusti jüngsthin erinnern, und ihnen in Unserm Namen auftragen lassen, dass sie sammet- und sonderlich bey Vermeydung schwerer, gestalten Dingen nach, an Gut, auch Leib und Leben gehender Straffe, fürdershin von obermeldthöchstverbotenen Unternehmungen, Bedrohen, Verführen, Beschimpffen, und was dergleichen mehr, sich gäntzlichen enthalten; sonderbar aber, und zu mehrer Versicherung des allgemeinen Ruhe-Standes, über drey an der Zahl zugleich, und ingeheim oder in abseitigen Orten, aus waserley Vorwand es immer geschehen solte, sich nicht versammlen, auch sonsten nichts zugeben, noch unternehmen sollen, wodurch Unserer Landes-Fürstlichen Hoheit, Gewalt und Macht zu nahe getreten, dann geist- oder weltliche Obrigkeiten beschimpffet und misshandelt, auch die allgemeine Ruhe und Sicherheit gestöhret würde; Und weilen sie dann Aufrührere sich an dieses noch nicht gekehret, sondern über den fürwärts, wie an vor, gantz ungescheut treibenden Muthwillen und Frevel, sich höchst leichtfertig erkecket erst angezogene Patentes mit mancherley spöttlich ausgestossenen Reden, und höchst sträfflichen Schmach-Worten öffentlich zu verschimpffen, den Gerichts-Beamten und andern Personen in das Angesicht zu melden: Wir hätten ihnen nichts mehr zu befehlen; So haben sie ferners an Tag gegeben, wie dass ihnen nicht so viel um die Abhelffung der zu Anfang ihres Aufstandes vorgeschützten Civil- und Religions-Beschwernissen, als um die auf Einführung einer gantz unbeschränckten Freyheit, und, unter sich einen neuen Staat aufzurichten, mithin Herren für sich selbst zu sein, genommene Absicht zu thun seyn; wie sich dann auch einige dahin ausdrücklich haben vernehmen lassen, und bey Forttreibung ihres zaumlosen Muthwillens in Continuirung der so offt und wiederholt-verbotenen Rottirungen, fortan verharret, die Besuchung Unserer Kirchen eigenmächtig verboten, zu ihren gottlos- und aufrührischen Predigten von Haus zu Haus angesaget, theils Orten auch hierzu mit Rührung der Trummel, oder einem Schuss die Loosung gegeben, von allen obigen auch, ohnerachtet Wir endlich, so unlieb es Uns auch war, der von GOtt Uns verliehenen Macht und Gewalt Uns gebrauchen, folgbar die dieser Sedition und Rebellion halber bemerckte Haupt-Rädelsführer und Ursacher, nicht der Religion halber, sondern wegen des durch sie gestörten allgemeinen Friedens, und der gegen Uns, als ihrem rechtmässigen Landes-Fürsten und Herrn, aufgewiegelt-höchststraffbarer Empörung, aufheben, und den 28sten letztverweilten Monats Septembris handfest machen lassen müssen, sie nicht allein nicht gewichen, sondern um diese wiederum auf freyen Fuss zu stellen, und die übrigen getreuen Unterthanen anzugreiffen," ein Theil ihrer Anhänger den nächsten Morgen darauf sich zusammen zu rottiren mit frecher Kühnheit vermessen hat; und ob zwar, da sie erfahren und gesehen, dass zu ihrer Empfang- und standhaffter Begegnung bereits alles veranstaltet wäre, „dieselben sich nicht erkecken wollen einen Angriff zu wagen, so haben sie gleichwolen ihren rebellischen Muthwillen nicht fahren lassen, sondern da und dorten weitere Zusammenkünffte angestellet, mehrmalen höchstschimpfflich und Unsere eigene Person bedrohliche Reden ausgestossen, gegen Uns und Unserer Beamten Befehl sich ungehorsam erwiesen, neue Rädelsführer aufgestellet, und diesen treu und beständig zu verharren, in Angesicht erst gedacht Unserer Beamten, das Hand-Gelübde würcklich erstattete inzwischen nicht vergessen, bey den Evangelischen Glaubensgenossen, unter dem Deckmantel einer Religions-Bedrückung und falschen Vorwand, als wären Wir ihnen die Emigration zu verweigern gewillet, um Hülffe und Beystand anzulangen, auch mit Angebung mehrerley höchst sträfflicher Unwahrheiten, ein Aufruhr nicht allein in den Uns benachbarten Landen, sondern sogar ein Religions-Kriegs-Feuer im gantzen Römischen Reiche anzublasen. Wie nun aber Unsere habende Ertzbischöfflich- und Landesfürstliche Dignität, Hochheit und Macht nicht länger zusehen noch zugeben kan, dass diese offterholte Stöhrer der gemeinen Ruhe und Sicherheit des gantzen Ertzstiffts, in ihrem höchst straffbaren rebellischen Muthwillen, und oberzehlt-freventlichen Beginnen, dessen sie sich insgesamt und besonders durch so viel hundert eingeloffen, Berichte, darüber eingeholet, eydliche Erfahrungen, Kundschafften und Schrifften, zum Ueberfluss bereits überwiesen seynd worden, noch ferners dergestalten fortfahren solten; Zumahlen da Uns nicht unbewusst, was Unsere in GOtt ruhende Herren Vorfahrere nach und nach für General-Befehle, wie es nemlich mit ihren in Glaubens-Sachen verdächtigen Unterthanen, sonderlich der Emigration halber, gehalten werden solle, an geist- und weltliche Obrigkeiten, zu Befolgung der Reichsgesetze, ergehen haben lassen; Einfolglich Uns, als einem geistlichen Fürsten, gantz unverantwortlich fallen würde, in unserm Ertzstift, so vermittelst göttlicher Gnade, bereits bis in die 1200. Jahr stehet, und niemalen einig andere, als die Römisch-Catholische Religion geübet und zugelassen, eine widrige zu toleriren, mithin die Emigration zu verweigern, um so weniger Ursache haben, als mehr Wir solche im Gang zu bringen, und zu befördern, jederzeit von selbsten geneigt gewest, und annoch seynd, um so wol Unsern übrigen Unterthanen, als den angräntzenden Kayserlich- und Chur-Bayrischen Landen zu einer Aergerniss nicht Anlass zu geben, wie dann nicht einmal erfindlich seyn wird, dass sothane Emigrations-Freyheit von Uns jemalen wäre versaget, wohl aber, nach Ausweisung mehrerley publiquen Acten, den Reichs-Satzungen gemäss, jederzeit ohne alle Beschränckung verwilliget worden, und dannenhero nichts anders übrig zu sein befinden, um einen beständigen und dauerhafften Ruhestand in diesem Unserm Ertzstifft wiederum einzupflantzen, und mehrerem Unheil vorzubiegen, als diese unruhig-seditiös- und widersässige Leute, so das Ertzstifft die vorige Zeiten mit vielfältig-innerlichen Unruhen belästiget haben, nunmehro gäntzlich, und von der Wurtzel aus zu vertilgen, und um so billiger auszureuten, weilen von ihnen bloss und allein zu vermuthen stehet, dass sie das Ertzstift geich wie vorhin, also noch fortan mit vielfältigen Unruhen belästigen, und unerachtet sie durch die Seelsorger von ihrem höchst sträfflichen Beginnen in aller Sanfftmuth abgemahnet, mithin nicht mit Gewalt oder Zwang, sondern durch lauter gütliche Mittel wiederum auf den Weg der Rechtgläubigen geführet, auch alles angewendet worden, was an Uns zu schuldigster Vollziehung des obhabend geistlichen Hirtenamts verlanget werden mögen, gleichwolen mit Hindansetz- und Verachtung aller heilsamen Zusprech- und Unterweisung bey ihrer Widerspenstig- und Halsstarrigkeit forthin, wie bishero, verharren werden; Also erachten Wir allerdings Zeit zu seyn, mit den behörigen Verordnungen und Befehlen hervor zu brechen, auch solche zu jedermans Wissenschafft und Verhalt hiemit publiciren zu lassen: Und ergehet so dann an alle Unsere in diesem Ertz-Stifft und darzu gehörigen Landen befindliche Unterthanen, Beysassen und Innwohner, sonderlich an diejenigen, welche sich zur Augspurgischen oder Reformirten Confession geschlagen, und darbey öffentlich oder in der geheim zu verharren sich erkläret haben, Unsere Landes-Fürstliche Vermahnung und Gebot, befehlen auch, nach reiffer Ueberlegung der Sachen, hiemit wissentlich und in Krafft dess allen unmittelbaren Ständen, von Landesfürstlicher Hoheit und Macht wegen in dem gantzen Reich, dem gemeinen Herkommen nach zustehender Recht, die Religion zu reformiren, und den Unterthanen, wann sie nicht ihrer Religion sein wollen, den Abzug anzubefehlen, dass

1. Alle und jede, welche einer der übrig zweyen oberwehnt, im Römischen Reiche tolerirten Religionen zugethan seynd, und bey obverstandener massen erregter Empörung, nunmehro publice vel privatim sich hiezu erkläret und bekennet haben, emigriren, und bey Vermeydung schwerer, gestalten Dingen nach an Gut, auch Leib und Leben gehenden Straffe, fürdershin dieses Ertzstift und die darzu gehörige Lande meyden. Und zwar sollen

2. Alle in diesem Unserm Ertzstift unangesessene Innwohner, Beysassen, Taglöhner, Arbeiter, eingelegte Personen, Knechte oder Dienstboten, beyderley Geschlechts, welche das 12. Jahr erreichet, und, wie erst gedacht worden, einer der obigen Religion beygethan, und sich darzu auf obige Weise erkläret haben, innerhalb

8. Tagen (von der Zeit der Publication diss zu rechnen) mit hindantragenden Sack und Pack so gewiss abziehen, als sie im widrigen Fall die obige Straffe unausbleiblich und ohne Hoffnung einiger Gnade zu erwarten haben. Dannenhero

3. Alle diejenigen, wer sie auch immer seyn möchten, welche bey Unsern Berg-Saltz- und andern Werckern, Holtz-Trifften, Schmeltz-Hütten, und in andere Wege, es sey gleich wo es wolle, inner dem Gebürge oder Unserer ehrsamen Landschafft eine Arbeit oder Dienst, was es für eine oder einer seyn möchte, haben, stracks und ohne Anstand durchaus, und im gantzen Unsern Lande von ihren Diensten und Arbeiten entlassen, auch ihnen keine Bezahlung von Publication an dieser Unserer Verordnung mehr ausgefolget, viel minder die etwa gehabte Provision oder Gnadengeld künfftighin gereichet, sondern inbehalten werden, sie aber in obbestimmter Zeit sich aus dem Lande zu begeben, und von dannen bey obiger Straffe zu emigriren gehalten seyn sollen. Und wie

4. Dem alten Herkommen gemäss, ohne dem kein Bürger in Städt- und Märckten, noch einiger Handwercken hat in diesem Unserm Ertzstifft und Landen können aufgenommen werden, ehe und bevor er die Catholische Glaubens-Bekänntniss so wol für sich selbsten, als sein Hausgesinde, würcklich abgeleget, und derentwillen beglaubte Bescheinigungen von Unsern nachgesetzten Obrigkeiten beygebracht: Als wollen und verordnen Wir, dass alle und jede Bürger und Handwerker, welche einer der oberzehlten Religionen zugethan seynd, und sich hierzu bey gegenwärtigem Aufstand und Rebellion, wie oben gemeldet, einbekandt haben, für Bürger oder Meister in diesem hohen Ertzstifft künfftighin nicht mehr geachtet werden, sondern als Meyneydige ihre Bürger-Meister und Handwercks-Rechte verworchet haben, und gäntzlichen aufgehebet seyn, auch gleich andern (doch respectu termini mit dem Unterschied den An- und Unangesessenen) unser Ertzstifft verlassen, und darvon emigriren sollen. Belangend aber

5. Die angessenen Bauern, und andere Innwohner in diesem Unsern Ertzstifft beyderley Geschlechts, welche unbewegliche Güter und Häuser inne haben und besitzen, sich auch nunmehro zu einer der oben angeregten zweyen Religionen, welcher sie bereits vorhin beygethen waren, publice oder private erkläret und einbekennet haben, ob schon denselben nicht unbewusst hat seyn können, was gestalten ihnen so wol den Reichs-Constitution gemäss, als Krafft der „von Unsern in GOtt ruhenden Herren Vorfahren erlassen-wiederholten General-Mandaten, obgelegen wäre, von Zeit an der von ihnen geänderten Religion, und innerhalb eines zulänglichen Termins,“ entweder sich gebührend zu bequemen, und die in Unsern Landen allein übliche Römisch-Catholische Religion gleich ihrem von GOtt vorgesetzten Oberhaupt zu

profitiren, oder aber ihrer Güter halber Disposition zu machen, und nachgehends aus Unserm Ertzstifft zu emigriren; sie auch von wegen der von ihnen höchst straffbar veranstalt- und verursachten Empörung und Verstörung des allgemeinen Friedens, folglich, „dass sie dem Westphälischen Friedens-Schluss, den Reichs-Grund-Gesetzen, und den von Uns gegebenen Verordnungen und Dehortatorien nicht nachgelebet, sondern schnurgerade, Eingangs erwehnter massen, darwider gehandelt haben, sich von selbsten der Emigration und andern Krafft erst angeregten Friedens-Schlusses ihnen sonst zu guten gemeynten Behelff- und Beneficien unwürdig gemacht, sondern solche mit allem Recht und Billigkeit verworchet und verlohren haben; So wollen Wir doch aus besonderer Landesfürstlichen Gnade, und wo sie anderst ruhig, und denen unterm 30sten Augusti ergangenen Dehortatorien gemäss sich entzwischen verhalten werden, hiemit zugeben und verwilligen, dass denjenigen, so unter 150. fl. ein, denen, welche von 150. bis 500. fl. zwey, und denen, so über 500. fl. Vermögen versteuren eine drey Monatliche Frist zugestanden werde, innerhalb welcher sie das Ihrige, so gut sie können, verkauffen mögen, sodann aber emigriren, und bey Vermeydung obandictirter Straffe, das Land meyden, während dieser Frist aber denselben gleichwolen von den ihnen zugethanen Glaubens-Genossen einen Knecht und Dienst-Magd, (aber mehrer nicht) zu unterhalten erlaubt seyn solle." Wie nun aber

6. Alles obige allein von denen Unterthanen gemeynet ist, welche einer „der obverstandenen in dem Römischen Reiche tolerirten Religionen beygethan, und sich hierzu erkläret haben; Also wollen Wir gegen die boshafftigen Aufwiegler und Zerstörer der innerlichen Landesruhe, und andere einer im gantzen Römischen Reiche niemals tolerirt gewesten Ketzerey ergebene," die behörige Ahndung und verdiente Straffe uns vorbehalten. Dahingegen Wir die Güte der Schärffe vorziehend, denjenigen, welche sich zu den Rebellisch- und Unruhigen ihrer Religion halber zwar zugesellet haben; im übrigen aber in Puncto Seditionis oder Rebellionis nicht besondern graviret zu seyn werden erfunden werden, obiger gestalten die Emigration zugesagt, und derentwillen allein Unsere Landesfürstliche Gnade und General-Pardon gnädigst hiemit vergönnt und zugelassen haben. Zumalen aber

7. Wol zu vermuthen ist, dass nach Publication dieser Unserer Verordnung viele der Abtrünnigen, denen es mehr um das Zeitliche, als Ewige bey dieser entstandenen Sedition zu thun wäre, mithin unwissend, was es sey, sich zu der von ihnen sogenannten Evangelischen Religion geschlagen haben, (derenthalben sie alleinig die Landes-Verweisung wohl verdienet hätten) andere aber nun, wie bevor, den von ihnen bis zu erregter Empörung durch lange Jahre geübt-gleissnerischen Glauben, mit äusserlich gut Catholischer Auffrührung zu bedecken, und im Hertzen auf

mehrmalig höchst verderbliche Unruhe im Lande gedenken zu können, sich wiederum für Catholisch angeben und erklären wollen: Denen aber um so weniger zu glauben und zu trauen, als die bey vorigen Zeiten sich in diesem Unserm hohen Ertzstifft geäusserte Exempel sattsam darthun, was für Unruhe und Empörung durch diese widerspenstig GOtt und dem Vaterland treulose Leute sich von Zeit zu Zeit erreget haben; Als befehlen Wir ferners, und gebieten hiemit, dass alle, bevorderist diejenigen, welche sich vor der von Uns im verwichenen Monat Julio ins Gebürge abgeordneten Commission, von welcher sie sattsam anermahnet seynd worden, in einer so wichtig- das Zeitlich- und Ewige betreffenden Sache sich wohl ehevor zu bedencken, und nicht so leichter Dingen verführen zu lassen; gleichwolen ehender zu einer andern, dem mehrern Theil selbst nicht einmal bekandten, als zu Unserer Römisch-Catholischen Religion sich erkläret und einbekannt; sie haben dann innerhalb den nächsten darauf erfolgten 15. Tagen ihren begangenen Fehler bereuet, und sich vor Obrigkeit für Catholische anwiederum einschreiben lassen: Wie nicht minder diejenigen, welche in den Schrifften, so die aus allergnädigstem Befehl Ihrer Kayserlichen Majestät etc. etc. Uns extradirt-rebellische Unterthanen bey sich gehabt haben, für Evangelisch und der Augspurgischen Confession zugethan, denominiret seynd worden, dieser Unserer Verordnung unterworffen, darinnen verstanden und begriffen, auch ihnen nicht verhülfflich seyn solle, ob sie schon vorschützen wolten, als wären sie ohne ihrem Wissen und Willen fälschlich eingeschrieben und angegeben worden, ausser sie würden die vorgebende Falschheit einigermassen bescheinen, und ihren gantz unverdächtigen Lebenswandel Gerichtlich darthun können. Deme nach

8. Diejenigen betreffend, so weder öffentlich, noch in der Stille zur andern Religion bis dato sich erkläret, gleichwolen aber ihrer Lebensart halben sich verdächtig gemacht haben, gleichwie Wir mit solchen ein gewiss- und sicheres zu verordnen, dermalen nicht wol vermögen, jedannoch aber dahin bedacht seyn sollen, wie dieses verderbliche Unkraut aus der Wurtzel gehoben werden möchte, indeme ohne dessen Vertilgung ein sicherer Ruhestand in diesem Unserm Ertzstifft nicht leichtlich zu hoffen; so wollen Wir zum Ueberfluss und alles Ernstes, die vorigen an alle geist- und weltliche Obrigkeit, in dergleichen Religionssachen ergangenen General-Mandata mit deme hiemit erneuret haben, dass, wann sie bey Visitirung deren Gerichtern, diesen oder jenen Unterthanen der Religion halber mit Vernunfft für verdächtig halten, oder aber ein verbotenes Buch bey ihm finden, und sonsten auch einige Verdächtige wissen, sie den- oder dieselbe ohne alle Geld- oder Kirchen-Straffe, folglich in aller Güte Gerichtlich und von Obrigkeits wegen befragen sollen, ob er Catholisch seyn und bleiben, oder aber zur Lutherisch- oder Reformirten

Religion sich bekennen wolle? Auf den ersten Fall soll die Obrigkeit ihn zu einem auferbaulichen Wandel anweisen, und allenfalls die bey ihm gefunden- verbotene Bücher wegnehmen, auch
dass er sich dergleichen nicht mehr zulegen solle, bey Vermeidung
der Straffe auftragen; Geschiehet aber das letztere, so solle er
bey seiner Gewissens-Freyheit ohne allen Zwang gelassen, ihme
aber zugleich bedeutet werden, dass er, nach Innhalt der Reichs-
und Landes-Gesetze, unter einem ihme anberaumenden hinläng-
lichen Termin, das Seinige, so gut er mag verkauffen, und nach
Erlegung der aller Orten gebräuchlichen Nachsteuer, das Land
meyden solle. Begebe es sich aber, dass ein oder anderer, so
vorhin den Worten nach, zwar zur Catholischen Religion sich
bekennet, in dem Wercke selbst aber einer andern Glaubensbekenntniss beypflichtete, verbotene Bücher hätte, damit handelte,
oder wol gar mit andern ohnerlaubte Zusammenkünffte pflegete,
oder andere mehr Einfältige verführete; da sollen alsdann dergleichen frevelmüthige Uebertretere mit einer ewigen Landesver-
weisung, auch gestalten Dingen nach, mit an Gut und Leib gehender Straffe gezüchtiget werden. Im übrigen, und

9. Haben Wir schon zu mehrenmalen erinnert, dass Uns
nicht gemeynet, diejenigen, so sich zu einer der in dem Römischen
Reich tolerirten Religionen bekennet haben, sonsten aber in puncto
feditionis & rebellionis, oder anderer Ketzereyen halber, obver-
standerer massen sich besonders nicht graviret befinden, wegen
der Religion alleinig, den Reichs-Constitutionen zugegen, mit Ungnade anzusehen sondern vielmehr die denselben obanbefohlene
Emigration und Abzug bestmöglich zu befördern. Dannenhero
wollen und befehlen Wir, allen Unsern nachgesetzten Obrigkeiten
hiemit, dass sie den Abziehenden währender Zeit der hie oben
angesetzten Fristen zur anbefohlnen Emigration behülfflich seyn:
Denselben keinesweges ihrer Geburt, Herkommens, Entledigung,
Handwerks und ehrlichen Wandels halber, das verlangende Zeugniss verweigern, noch vielweniger sie mit höherer Nachsteuer, als
in diesem Unserm hohen Ertzstift bey andern Catholischen Emigranten gebräuchig ist, belegen, oder ein mehrers fordern, sondern sie Emigrirende, nach vorgehend- Gerichtlicher Beschreib-
und Protocollirung, von Gericht zu Gericht ausser Landes con-
voyiren lassen sollen. Zu diesem Ende dann

10. Alle und jede in dieser Unserer Verordnung begriffen,
und obangemeldeter massen abzuziehen schuldige Unterthanen hiemit,
und bey Vermeidung der Eingangs dictirten ohnausbleiblich zu
erwarten habender Straffe, schuldig seyn sollen, zeitlich, und vor
Ausgang der ihnen von Uns gnädigst verwilligt-obigen Emigrations-
Terminen, bey jedes Orts Obrigkeit sich anzumelden, die gewöhnliche Nachsteuer getreulich abzurichten, und der vorhabenden Emi-
grirung halber, das freye Geleit ausser Landes zu begehren. Anbei

11. Sollen alle Unsere nachgesetzte Obrigkeiten alles Ernstes darob seyn, dahin antragen, und sich bestmöglichst bemühen, dass diese Unsere Verordnung gantz gewiss und festiglich gehorsamst vollzogen, darauf gehalten, und in allem und jedem derselben eigentlich nachgelebet werde, derentwillen sie dann gleich nach Ausgang und gestaltsame der zu emigriren schuldigen, und ihnen von Uns gnädigst gesetzten respective Terminen, die Ungehorsamen alsogleich aufsuchen, handfest machen zu lassen, und gestalten Dingen nach, da sie es auch nöthig zu seyn befinden würden, mit militarischer Hand gegen sie zu verfahren, und sich darvon weder durch Gabe, Freund- oder Feindschafft, noch Hass oder Liebe hindern zu lassen, sondern vielmehr ohne Ansehung der Person, und wie sie es vor GOtt und Uns allezeit zu verantworten gedencken, ohngescheut, frey, sicher und ungehindert darein zu gehen haben, so lieb ihnen ist Schaden, Entsetzung des Dienstes, auch Landes Fürstliche Ungnade und schwerere Straffe zu vermeyden. Und damit nun

Letzt- und schliesslichen keiner mit der Unwissenheit sich entschuldigen könne, und solches also desto fester, steiff- und embsiger gehalten und beobachtet werde, so wollen, und befehlen Wir, dass diese Unsere Verordnung und Emigrations-Patenten in offenen Druck gebracht, alsdann an gewöhnlichen Orten publiciret, öffentlich abgelesen und angeschlagen werden sollen. Hieran geschicht Unser gnädigst- auch zumalen ernstlicher Will und Meynung.

Zu Urkund dessen haben Wir diesen Unsern offenen Landes-Fürstlichen Brieff eigenhändig unterschrieben, und mit beygedrucktem Landes-Fürstlichen Siegel fertigen lassen. So geschehen in Unserer Haupt- und Residentz-Stadt Saltzburg den 31. Monats-Tag Octobris Anno 1731.

(L. S.)   Leopold.

LVIII. Patent des Königs von Preussen vom 2. Februar 1732.

„Wir Friedrich Wilhelm, von GOttes Gnaden, König in Preussen, Marggraf zu Brandenburg, des Heil. Römischen Reichs Ertz-Cämmerer und Chur-Fürst; Souverainer Printz von Oranien, Neufchatel und Valengin, in Geldern, zu Magdeburg, Cleve, Jülich, Berge, Stettin, Pommern, der Cassuben und Wenden, zu Mecklenburg, auch in Schlesien zu Crossen Hertzog, Burggraf zu Nürnberg, Fürst zu Halberstadt, Minden, Camin, Wenden, Schwerin, Ratzeburg und Moeurs; Graf zu Hohenzollern, Ruppin, der Marck, Ravensberg, Hohenstein, Tecklenburg, Lingen, Schwerin, Bühren und Leerdam, Marquis zu der Vehre, und Vlissingen, Herr zu Ravenstein, der Lande Rostock, Stargardt, Lauenburg, Bütau, Arley und Breta, etc. Thun kund und zu wissen, dass Wir aus Christ-Königlichem Erbarmen und hertzlichem Mitleiden gegen Unsere in dem Ertz-Bischoffthum Salzburg auf das heftigste bedrängte und verfolgte Evangelische Glaubens-Verwandte, da dieselben bloss und allein um ihres Glaubens willen, und weilen sie demselben wider besser Wissen und Gewissen abzusagen sich nicht entschliessen können noch wollen, ihr Vaterland zu verlassen gezwungen werden, ihnen die hülfreiche und mildreiche Hand zu bieten, und zu solchem Ende dieselbe in Unsere Lande aufzunehmen, und in gewissen Aemtern Unseres Königreichs Preussen, unterzubringen und zu versorgen Uns resolviret haben.

Wesshalb dann auch nicht nur an des Herrn Ertzbischoffs zu Salzburg Lbd. durch die von Unserm zu Regenspurg subsistirenden Gesandten Dero dortigen Comitial-Minister gethane diensame Vorstellung, Unser freundliches Suchen ergangen, dass diesen Dero emigrirenden Unterthanen, welche Wir, so viel deren nach Unsern Landen sich zu begeben gewillet und Vorhabens sind, als Unsre nächstkünftige Unterthanen considriren und ansehen, zu einem so wol ungehindert als ungedrungenen Abzug die Pässe frei geöffnet, auch ihrer Habseligkeiten wegen, Reichs Constitutionsmässig verfahren werden möge, als welches Wir Unsern Unterthanen Römisch-Catholischer-Religion hinwiederum erspriesslich angedeyen zu lassen, geneigt sind; sondern Wir ersuchen auch alle Churfürsten, Fürsten und Stände des Reichs, deren Lande durch besagte Emigranten werden berühret werden müssen, dieselbe frey, sicher und unaufgehalten passiren, ihnen auch zu Fortsetzung ihrer mühseligen Reise dasjenige, was ein Christ dem andern schuldig, erweisen lassen, geruhen; gestalt Wir solches bei allen sich dazu findenden Gelegenheiten dankbarlich zu erwiedern willig und bereit sind; übrigens aber oft erwähnten nach Unsern Landen gehenden Salzburger-Emigranten hierdurch die gnädigste Versicherung ertheilen, dass denselben zu Regenspurg, wie auch folgendes in Unserer Stadt Halle, u. s. w. durch Unsern zu ihrer

42

Führung abgeordneten Commissarium die ordinaire Diäten gleich andern, nach Unsern Preussischen Landen vorhin abgegangenen Colonisten, nemlich für einen Mann täglich hiesigen Geldes vier Groschen (od. 15 Kreutzer), für eine Frau oder Magd drei Groschen (oder eilff Kreutzer, einen Pfennig) und für ein Kind zwei Groschen (oder sieben und einen halben Kreutzer) gereicht, ihnen auch bei ihrer Etablirung in Preussen, alle diejenigen Freiheiten, Privilegia, Rechte und Gerechtigkeiten, welche andere Colonisten daselbst competiren und zustehen, ebenfalls zu gute kommen sollen. Daferne auch wider alles bessere Erwarten sie an dem Abzuge verhindert, oder auch dass sie an ihrem hinterlassenen Vermögen verkürtzet oder beeinträchtigt, und des vollständigen Genusses derer Friedens-Schlussmässigen Beneficorien widerrechtlich priviret werden wolten; So wollen Wir solches nicht anders, als wenn es Unsern ange-bohrnen Unterthanen widerfahren wäre, achten und halten, und sie dessfalls durch die dazu überflüssig in Händen habende Mittel und Wege, Schad- und Klaglossstellen, in der gesicherten Hoffnung, es werden alle Evangelische Puissancen, wo nicht bereits ein gleiches darunter resolviret haben, dennoch Unserm Exempel folgen, und Uns allenfalls in dieser Sache mit allem behörigen Ernst und Nachdruck, wenn es dessen bedürffen sollte, assistiren und beystehen. Dess zu Urkund haben wir diesen offenen Brief eigenhändig voll-zogen, und mit Unserem Königlichen Insiegel bestärket, denselben auch zum Druck zu befördern, und die gedruckte Exemplaria überall, wo es nöthig, insonderheit aber oft bemeldeten Emigranten zu ihrem Schutz und Consolation, auch Versicherung, zu distribuiren und auszutheilen befohlen.

     Berlin, den 2. Februar 1732.

     (L. S.)   Friedrich Wilhelm.

LIX.

Vertheilungsplan für die Interimsquartiere der Salzburger in Lithauen anno 1732.

	Anzahl der darin befindlichen Bauern.	Bei ihnen sollen einquartirt werden: auf eine Familie.				Anzahl der darin befindlichen Bauern.	Bei ihnen sollen einquartirt werden: auf eine Familie.		
		3 Bauern	4 Bauern	5 Bauern			3 Bauern	4 Bauern	5 Bauern
A. Insterburg.					**B. Ragnit.**				
Brackupöhnen	153	38	30	51	Althof-Ragnit	353	88	70	117
Bredauen	255	63	51	85	Dörschkehmen	215	53	43	71
Budupöhnen	142	35	28	47	Gerskullen	208	52	41	69
Budwetschen	214	53	43	71	Grumbkowkaiten	273	63	54	91
Boylen	93	23	18	31	Kasigkehmen	162	40	32	54
Dantzkehmen	91	22	18	30	Lesgewangminnen	140	35	28	46
Dinglaucken	130	32	26	43	Löbegallen	162	40	32	54
Gaudischkehmen	265	66	53	88	Schreitlaucken	285	71	57	95
Georgenburg	222	55	44	74	Uschpiaunen	213	53	42	71
Göritten	139	34	27	46	**C. Tilsit.**				
Gudwallen	185	46	37	61	Balgarden	256	64	51	85
Holzflössamt	183	45	36	61	Baublen	385	96	77	128
Jurgaitschen	275	68	55	91	Kukernese	344	86	69	114
Kattenau	168	42	33	56	Linkuhnen	412	103	82	137
Kiauten	276	69	55	92	Winge	392	98	78	130
Königsfelde	203	50	40	67					
Kussen	112	28	22	37	Tilsiter-District	1789	447	357	594
Lappöhnen	76	19	15	25	Ragniter-District	2011	500	399	668
Mattischkehmen	142	35	28	47	Insterb.-District	4897	1214	971	1625
Maygunischken	163	40	32	54					
Moulienen	222	55	44	74	Summa Summar.	8697	2161	1727	2887
Plicken	96	24	19	32	Die Familie zu				
Saalau	138	34	27	46	6 Personen ge-				
Stannaitschen	224	56	45	74	rechnet, so konn-				
Szirgupöhnen	220	55	44	73	ten nach diesen				
Trackehnen	109	27	21	36	3 Plänen Per-				
Waldauckadel	224	56	45	74	sonen unterge-		12966	10362	17322
Weedern	177	44	35	59	bracht werden				

LX.

Consignation der in Aemtern und Städten auf die Anfrage der Lith. Deputation verlangten Salzburger anno 1732.

	Gärtner.	Knechte.	Mägde.	Jungen.
Amt Boylen	4	2	4	—
„ Lappöhnen	4	2	2	—
„ Dinglaucken	4	—	4	—
„ Stannaitschen	6	—	3	—
„ Königsfelde	—	—	2	—
„ Weedern	—	3	6	—
„ Winge	—	1	2	—
„ Grumbkowkaiten	10	6	2	—
Stadt Insterburg	—	15	25	16
„ Stallupönen	6	13	23	22
„ Pillkallen	—	15	15	4
„ Schirwindt	—	3	5	2
„ Darkehmen	4	12	18	19
„ Tilsit	—	40	60	81
„ Ragnit	—	—	65	6
Amt Grumbkowkaiten zum Roden	—	50	—	—
Pfarrer Hassig	3	2	1	1
Stadt Memel	53	45	89	41
Summa	94	209	326	193

LXI.

Consignation der verstorbenen Salzburger bis Juni 1733.

	Erwachsene.	Kinder.	Summa.
1. In Königsberg	**304**	**554**	**858**
2. In den Kreisen der Steuer-Räthe	**50**	**26**	**76**
3. In den Aemtern	**60**	**19**	**79**
Krausendorf	19	6	25
Friedrichsgraben	12	5	17
Friedrichsberg	2	—	2
Marienwerder	3	2	5
Caymen	7	2	9
Neuhausen	6	1	7
Kalthoff	11	3	14
4. In Lithauen	**872**	**249**	**1121**
Im Insterburgschen	578	160	738
Im Ragnitschen	240	73	313
Im Tilsitschen	54	16	70
Summa	**1286**	**848**	**2134**

LXII. Generaltabelle von den (am 31. August 1734 consignirten) Salzburger-Emigranten in den 10 Städten Lithauens.

Städte.	Handwerker, so wirklich ansässig:		Gärtner:		Tagelöhner Handarbeiter.	Hospitalit.	Kinder, so im Lande geboren, sind und noch leben.	Summa.
	Famil.	Pers.	Famil.	Pers.	Personen	Personen		
Memel	—	—	—	—	120	26	12	158
Tilsit	—	—	—	—	117	20	4	141
Insterburg	1	3	—	—	122	2	3	130
Gumbinnen	20	76	—	—	151	2	8	237
Goldapp	19	58	—	—	47	4	8	117
Stallupöhnen	6	35	—	—	33	—	4	72
Ragnit	—	--	—	—	17	—	2	19
Darkehmen	16	74	—	—	71	18	5	168
Pillkallen	—	—	—	—	15	1	—	16
Schirwindt	—	—	—	—	1	—	—	1
Summa	62	246	—	—	694	73	46	1059

LXIII. Die Handwerke etc. der Salzburger in den Lithauischen Städten anno 1734.

Städte.	Handarbeiter und Tagelöhner.	Zimmerleute.	Leineweber.	Maurer.	Bäcker.	Glaser.	Schneider.	Mägde.	Grobschmiede.	Böttcher.	Lohgerber.	Rademacher.	Tischler.	Kleinschmied.	Schuster.	Ackersmann.	Kürschner.	Schlächter.	Gastwirthe.	Andere Beschäftigungen.
Insterburg	122	1																		—
Gumbinnen	151 (20 Famil.)	1	3	7	1	1	2	9											-	(1 Schulm. 1 Arzt, 1 Töpfer.)
Goldapp	47 (24 Famil.)	3	4	1	1	—	—		1	1	1	1	1	1	1	2				—
Stallupöhnen	33 (24 Famil.)	2	1	1													1			—
Darkehmen	71 (32 Famil.)	1	1	1	1				1				1	1			1	1	1	—
Tilsit	117																			—
Memel	120																			—
Ragnit	17																			—
Pillkallen	15																			—
Schirwindt	1																			—
Summa	694	8	9	10	3	1	2	9	2	1	1	1	2	2	1	2	2	1	1	2

In Summa 694 Tagelöhner, 62 Handwerker; ausserdem 73 Hospitaliten, 46 Kinder, Summa = 1059 Personen.

LXIV.

Generaltabelle von den (den 31. August 1734 consignirten) Salzburger Emigranten in den Lithauischen Aemtern.

Aemter.	Eigene Güter haben sich gekauft:		Auf Bauerhöfe sind wirklich angesetzt:		Es sind noch anzusetzen:		Gärtner:		Tagelöhner.	Hospitaliten.	Kinder.	Summa.
	Fam.	Pers.	Fam.	Pers.	Fam.	Pers.	Fam.	Pers.				
A. Jnsterburger District.												
1. Althof-Insterburg	—	—	—	—	—	—	6	9	69	6	7	91
2. Brackupöhnen	1	6	30	198	—	—	—	—	86	7	15	312
3. Bredauen	—	—	55	297	1	4	—	—	62	6	16	385
4. Boylen	—	—	1	2	—	—	—	—	43	25	6	76
5. Budupöhnen	—	—	15	98	—	—	4	10	64	—	3	175
6. Budwetschen	—	—	39	261	—	—	—	—	46	30	13	350
7. Dantzkehmen	6	27	20	86	—	—	—	—	69	1	10	193
8. Dinglaucken	—	—	—	—	7	42	2	5	55	4	6	112
9. Gaudischkehmen	7	50	1	3	4	18	—	—	84	12	9	176
10. Georgenburg	—	—	38	219	—	—	2	6	178	2	20	425
11. Göritten	—	—	36	203	—	—	—	—	22	—	13	238
12. Gudwallen	1	5	—	—	18	103	—	—	76	22	5	211
13. Holzflössamt	—	—	44	250	—	—	—	—	13	11	14	288
14. Jurgaitschen	—	—	1	7	—	—	—	—	101	—	1	109
15. Kattenau	—	—	38	234	—	—	1	9	81	16	29	369
16. Kiauten	—	—	54	306	2	9	—	—	91	5	24	435
17. Königsfelde	—	—	—	—	4	23	2	6	33	8	5	75
18. Kussen	8	53	12	97	1	4	2	7	60	25	15	261
19. Lappöhnen	—	—	48	255	2	11	—	—	108	8	13	395
20. Mattischkehmen	—	—	3	9	—	—	2	8	95	6	7	125
21. Maygunischken	—	—	7	46	—	—	2	8	44	2	6	106
22. Moulienen	—	—	2	13	—	—	—	—	86	2	3	104
23. Plicken	—	—	4	17	—	—	4	14	72	22	7	132
24. Saalau	—	—	16	96	—	—	4	8	39	4	14	161
25. Stannaitschen	13	87	5	32	—	—	—	—	171	41	11	342
26. Szirgupöhnen	11	48	15	97	3	14	8	34	263	34	38	528
27. Trackehnen	—	—	—	—	—	—	45	134	34	6	32	206
28. Tollmingkehmen	5	50	12	70	—	—	6	23	42	11	15	211
29. Waldauckadel	—	—	9	39	—	—	—	—	9	6	4	58
30. Weedern	—	—	3	11	8	30	—	—	18	4	6	69

Aemter.	Eigene Güter haben sich angekauft:		Auf Bauerhöfe sind wirklich angesetzt:		Es sind noch anzusetzen:		Gärtner:		Tagelöhner.	Hospitaliten.	Kinder.	Summa.
	Fam.	Pers.	Fam.	Pers.	Fam.	Pers.	Fam.	Pers.				
B. Ragniter District.												
1. Althof-Ragnit	3	20	—	—	—	—	—	—	133	14	14	167
2. Dörschkehmen	—	—	46	262	1	3	—	—	44	13	19	341
3. Gerskullen	—	—	48	230	—	—	13	38	229	21	34	552
4. Grumbkowkaiten	—	—	16	155	—	—	8	18	54	27	11	265
5. Kasigkehmen	—	—	1	6	1	6	7	29	23	5	4	73
6. Lesgewangminnen	—	—	6	40	5	36	3	6	13	—	7	102
7. Löbegallen	—	—	12	78	—	—	—	—	49	7	8	142
8. Schreitlaucken	—	—	—	—	3	17	4	22	128	4	5	176
9. Sommerau	—	—	2	17	—	—	1	2	14	2	3	38
10. Uschpiaunen	—	—	5	43	—	—	—	—	73	26	4	146
C. Tilsiter District.												
1. Balgarden	—	—	13	49	—	—	—	—	162	15	7	233
2. Baubeln	—	—	1	10	—	—	—	—	88	4	2	104
3. Kukernese	—	—	—	—	—	—	—	—	—	—	—	—
4. Linkuhnen	—	—	—	—	—	—	—	—	—	—	—	—
5. Winge	—	—	—	—	—	—	—	—	1	—	—	1
D. Memeler District.												
1. Althof-Memel	—	—	—	—	—	—	1	3	—	—	—	3
2. Clemmenhof	—	—	—	—	—	—	2	6	—	—	2	8
3. Heydekrug	—	—	—	—	—	—	—	—	6	—	—	6
4. Pröculs	—	—	—	—	—	—	—	—	1	—	—	1
5. Russ	—	—	—	—	—	—	—	—	—	—	—	—
Memeler District	—	—	—	—	—	—	3	9	7	—	2	18
Tilsiter District	—	—	14	59	—	—	—	—	251	19	9	338
Ragniter District	3	20	136	831	10	62	36	115	760	105	109	2002
Insterburg. District	52	326	508	2946	50	258	90	281	2214	326	367	6718
Summa	55	346	658	3836	60	320	129	405	3232	450	487	9076

LXV.

Generaltabelle von dem Handwerk und Gewerbe der Salzburger Emigranten im Regierungsbezirk Königsberg i. Pr.

A. Auf dem Lande.

Name des Amtes.	Dorf.	Zahl der Famil.	Personen.	
I. Brandenburg	1. Sollicken	—	1	Knecht.
II. Caporn	2. Caporn	1	4	Tagelöhner.
III. Carben	3. Grunau	—	1	Magd.
IV. Czichen	4. Lackellen	—	5	Mägde.
V. Fischhausen	5. Thierenberg	4	33	3 angesetzte Bauern, 7 Mägde, 3 Tagelöhner und Handarbeiter, 2 Bresshafte.
VI. Friedrichsberg	6. Friedrichsberg	—	1	Magd.
	7. Spittelhof	1	3	Mägde.
	8. Moditten	—	1	Magd.
VII. Grünhof	9. Grünhof	1	4	Handarbeiter.
VIII. Kalthof	10. Kalthof	2	10	4 bei der Ziegelscheune beschäftigt, die andern Mägde.
	11. Lüdnau[1])	—	1	Magd.
	12. Stiegehnen	—	1	Magd.
IX. Kobbelbude	13. Sollau	—	1	Magd.
X. Kragau	14. Pojerstieten	—	1	Magd.
XI. Labiau	15. Labiau	—	1	Magd.
	16. Wusterhöffen[1])	—	2	Mägde.
	17. Legitten	—	1	Magd.
XII. Laukischken	18. Powangen	3	14	12 Gärtner, Mägde.
XIII. Lochstädt	19. Alt-Pillau	1	3	1 Tagelöhner, 2 Mägde.
	20. Wogram	—	1	Magd.
XIV. Mehlaucken	21. Bescharffeningcken	1	6	ein eignes Gut; 1 Magd.
	22. Kalweningcken	25	162	19 auf Bauernerb. angesetzt, 1 Handarbeiter, 33 Knechte und Mägde, 24 Tagelöhner, 1 Dienstjunge, 1 Bresshalter.
	23. Popelken	1	5	3 Handarbeiter, 2 Knechte und Mägde.

1) Nr. 11, 16 und 34 stehen nicht in Goldbeck; Czichen und Lackellen sind im Lith. Kammer-Departement aufgeführt.

Name des Amtes.	Dorf.	Zahl der Famil.	Personen.	
XIV. Mehlaucken	24. Schmilginnen	9	76	6 auf Bauerarbeit angesetzt, 21 Handarbeiter, 17 Knechte und Mägde, 9 Bresshafte.
XV. Marienwerder	25. Gross Nebrau	—	2	1 Knecht, 1 Dienstjunge.
	26. Papiermühle	1	3	Diener.
	27. Gross Krebs	5	51	4 wirklich angesetzt, 7 Handarbeiter, 3 Knechte und Mägde, 1 Bresshalter.
XVI. Pr. Mark	28. Im Amtshause	1	2	1 Mädchen.
XVII. Rastenburg	29. Krausendorf	18	139	17 wirkl. angesetzt, 38 Knechte und Mägde, 2 Handarbeiter, 4 noch anzusetzen, 1 Bresshafter.
	30. Vorw. Rastenburg	1	4	1 noch anzusetzen, 1 wird bei dem Vorwerk gebraucht.
	31. Krausendorf	15	51	4 Gärtner, 34 Handarbeiter, 2 Dorfhirte, 5 Mägde, 7 Bresshafte.
	32. Im Amtshause	2	2	Bresshafte.
XVIII. Uderwangen	33. Uderwangen	1	1	1 Magd.
XIX. Waldau	34. Wasgiehnen	1	3	3 Instleute.
	Summa	94	595	

Summa Summarum 94 Familien mit 84 Männern, 100 Frauen, 208 Söhnen, 203 Töchtern = 595 Personen.

B. Auf adeligen Gütern.

Hauptamt.	Gut.	Familien.	Personen.	Einzelne Söhne.	Einzelne Töchter.	Gärtner.	Knechte und Mägde.	Kuh- und Schweinehirt.	Tagelöhner u. Handarbeiter.
I. Brandenburg	1. Capustigall	3	18	4	3	5	6	7	—
II. Gerdauen	2. Beynuhnen	8	30	4	5	2	7	—	21
	3. Pionsken	—	2	—	2	—	2	—	—
III. Labiau	4. Legitten	—	1	1	—	—	1	—	—
IV. Tapiau	5. Podewitten	—	2	1	2	—	2	—	—
	6. Pogirnen	—	1	1	—	—	1	—	—
	Summa	11	54	11	12	7	19	7	21

C. In den Städten. (cf. Text Seite 193 seq.)

Städte.	Personen.	Knechte.	Mägde.	Handarbeiter u. Tagelöhner.	Im Dienst.	Dienstjungen.	Leinweber.	Woll-Spinner, -Kämmer etc.	Einige andere Handwerke etc.
Königsberg¹)	715	26	31	11	31	—	—	59	28 Brettschneider, 8 Schuhmacher, 5 Kornstecher, 3 Tischler, 1 Zimmerm., 2 Flachsbinder, 2 Böttcher, 1 Kupferschm., 1 Fleischer, 1 Zeichner, 1 Schalknecht.
Angerburg	(?) 2	—	1	2	1	—	2	—	
Allenburg	20	6	8	—	—	—	—	—	
Bartenstein	6	—	2	3	—	1	—	—	
Barten	5	2	1	—	—	—	—	—	2 Nagelschmiede.
Bischofswerder	3	1	—	—	—	-	—	1	1 Tuchmacher.
Donnau	9	—	3	—	—	3	—	—	1 Schuhmacher, 1 Reifschläger.
Fischhausen	9	2	3	—	—	-	2	—	
Freistadt	6	—	3	1	—	—	—	—	
Friedland	4	2	—	—	—	—	-	—	2 im Hospital.
Gerdauen	6	—	5	—	—	—	—	—	1 Lahmer im Hospital,
Heiligenbeil	15	4	5	1	—	1	—	—	2 im Hospital
Holland	8	2	5	—	-	—	-	—	1 Bäcker,
Labiau	25	2	3	2	1	1	4	—	1 Zimmermann.
Landsberg	9	—	2	3	-	2	-	—	1 Drechsler (einer hat eine Bürgertochter, gefreit.)
Liebstadt	13	—	2	4	—	2	—	1	2 Alte.
Lyck	1	—	1	—	—	—	—	—	
Marienwerder	6	4	4	—	—	-	—	—	
Mohrungen	4	2	—	1	—	—	1	—	
Mühlhausen	14	2	4	4	1	—	1	—	
Nordenburg	26	2	4	1	—	1	—	—	2 Malzbrauer, 1 Lohgerber, 1 Schuhm. 1 Schneider.
Osterode	1	—	1	—	—	—	—	—	
Pillau	9	—	—	7	—	—	-	—	
Pr. Eylau	3	—	1	—	—	1	—	—	1 Tuchmacher.
Rastenburg	78	2	9	20	2	—	2	—	5 Maurer, 1 Tischler, 1 Bäcker, 1 Tuchmacher, 1 Kupferschmied, 2 Zimmerleute, 2 Bechler, 1 Margelle.
Riesenburg	60	3	10	12	5	2	-	3	4 Brettschneider, 1 Kupferschm., 2 Wittwen, 1 Hutm., 1 Schneider, 1 altes Kinderweib.
Saalfeld	9	3	1	1	—	—	2	—	
Schippenbeil	18	—	3	7	—	—	—	—	1 Tuchmacherlehrl., 1 Maurer, 1 Margelle,
Tapiau	31	—	7	12	—	—	13	—	7 Bresshafte, 1 Tuchm., 2 Riemer, 2 Zimmerleute, 1 Maurer.
Wehlau	54	—	—	—	—	—	—	—	
Wehlauer Kammergericht Aucken	17	—	3	4	3	1	—	—	2 städtische Bauern.
Wehlau auf dem Neusass im neuen Stadtwalde	9	—	—	—	—	—	—	—	
Zinten	10	—	8	—	—	-	-	—	1 Tuchmacher.
Summa	1205	45	130	96	44	15	27	64	

In Summa in den Städten mit Ausnahme Königsbergs: 74 Familien, bestehend aus 75 Männern, 88 Frauen, 153 Söhnen, 174 Töchtern, = 490 Personen, darunter 111 Handwerker, 362 Tagelöhner und Handarbeiter, 10 Bresshafte etc.

1) Nämlich: 145 Männer, 152 Frauen, 207 Söhne, 211 Töchter.

Aemter.	Fam.	Pers.	Huf.	M.	R.	Thlr.	Gr.	Pf.	Thlr.	Gr.	Pf.
	Eigne Güter und Krüge haben sich erworben:		Hubenzahl.			der von ihnen bezahlte Preis			zahlen Contribution		
1. Althof-Insterburg	—	—	—	—	—	—	—	—	—	—	—
2. Althof-Memel	—	—	—	—	—	—	—	—	—	—	—
3. Althof-Ragnit	3	18	4	—	—	520	—	—	25	50	—
4. Balgarden	13	81	24	18	—	1347	—	—	194	18	15
5. Baublen	4	30	6	26	—	356	—	—	59	60	—
6. Brackupöhnen	15	74	17	—	—	1351	—	—	102	83	—
7. Bredauen	2	11	3	-	—	129	—	—	22	67	—
8. Budupöhnen	1	11	6	—	—	1068	—	—	26	—	—
9. Budwetschen	10	92	21	—	—	2488	—	—	190	—	—
10. Boylen	4	29	14	-	—	1700	—	—	82	—	—
11. Clemmenhof	—	—	—	—	—	—	—	—	—	—	—
12. Dantzkehmen	7	42	9	—	—	774	—	—	80	—	—
13. Dinglaucken	—	—	—	—	—	—	—	—	—	—	—
14. Dörschkehmen	13	94	27	—	—	3175	—	—	134	—	—
15. Gaudischkehmen	10	55	29	—	—	3735	—	—	148	—	—
16. Georgenburg	7	34	6	—	—	891	—	—	46	—	—
17. Göritten	3	26	8	—	—	1696	—	—	68	—	—
18. Gerskullen	3	29	11	—	—	675	—	—	52	—	—
19. Grumbkowkaiten	7	47	13	—	—	820	—	—	74	—	—
20. Gudwallen	6	56	29	—	—	1752	—	—	144	—	—
21. Heinrichswalde	—	—	—	—	—	—	—	—	—	—	—
22. Heidekrug	—	—	—	—	—	—	—	—	—	—	—
23. Holzflössamt	5	26	8	-	—	235	—	—	53	—	—
24. Jurgaitschen	2	12	3	-	—	555	—	—	27	—	—
25. Kasigkehmen	5	27	4	-	—	304	—	—	27	—	—
26. Kattenau	1	3	1	—	—	100	—	—	9	—	—
27. Kiauten	3	15	3	—	—	261	—	—	25	—	—
28. Königsfelde	—	—	—	—	—	—	—	—	—	—	—
29. Kukernese	—	—	—	—	—	—	—	—	—	—	—
30. Kussen	12	82	15	—	—	1575	—	—	96	—	—
31. Lappöhnen	6	41	14	—	—	1309	—	—	84	—	—
32. Lesgewangminnen	3	14	3	-	—	413	—	—	21	—	—
33. Linkuhnen	—	—	—	—	—	—	—	—	—	—	—
34. Löbegallen	14	85	17	—	—	1095	—	—	103	—	—
35. Mattischkehmen	—	—	—	—	—	—	—	—	—	—	—
36. Maygunischken	—	—	—	—	—	—	—	—	—	—	—
37. Moulienen	9	74	13	—	—	1364	—	—	71	—	—
38. Plicken	—	—	—	—	—	—	—	—	—	—	—
39. Prökuls	—	—	—	—	—	—	—	—	—	—	—
40. Russ	—	—	—	—	—	—	—	—	—	—	—
41. Saalau	6	30	3	—	—	371	—	—	37	—	—
42. Schreitlaucken	—	—	—	—	—	—	—	—	—	—	—
43. Sömmerau	5	25	5	—	—	578	-	—	32	—	—
44. Stannaitschen	21	162	34	—	—	4933	—	—	269	—	—
45. Stall-Amt	—	—	—	—	—	—	—	—	—	—	—
46. Szirgupöhnen	18	130	31	—	—	5439	—	—	190	—	—
47. Tollmingkehmen	19	123	31	—	—	5998	—	—	351	—	—
48. Uschpiaunen	—	—	—	—	—	—	—	—	—	—	—
49. Waldauckadel	—	—	—	—	—	—	—	—	—	—	—
50. Wandlaucken	—	—	—	—	—	—	—	—	—	—	—
51. Weedern	—	—	—	—	—	—	—	—	—	—	—
52. Winge	—	—	—	—	—	—	—	—	—	—	—
Summa	237	1578	425	18	260	46915	57	8	2856	49	15

1) Die Summa stimmt nicht genau, doch habe ich den Text genau wieder-

Auf königl. Land sind als Bauern und Gossäthen angesetzt:								Als Hofleute und Gärtner auf kgl.Land		Tagelöhner, Knechte, Mägde,		Hospital.		Summa.	
		Land.			zahlen Contribution										
Fam.	Pers.	Huf.	M.	R.	Thlr.	Gr.	Pf	Fam.	Pers.	Fam.	Pers.	Fam.	Pers.	Fam.	Pers.
—	—	—	—	—	—	—	—	2	9	2	11	—	—	4	20
3	13	3	—	180	35	20	15	—	—	10	45	—	—	16	76
14	106	17	—	—	207	—	—	—	—	3	23	—	—	30	210
5	37	2	—	26	39	15	—	1	5	8	30	—	—	18	102
32	197	30	—	—	378	—	—	—	—	14	64	—	—	61	335
55	331	51	—	—	455	—	—	—	—	8	47	—	1	65	390
14	95	14	—	—	168	—	—	4	18	9	48	—	—	28	172
46	359	53	—	—	682	—	—	—	—	8	39	—	1	64	492
—	—	—	—	—	—	—	—	—	—	9	36	—	—	13	65
31	189	26	—	—	316	—	—	—	—	1	16	—	—	39	247
—	—	—	—	—	—	—	—	3	10	7	17	—	—	10	27
77	540	82	—	—	1034	—	—	—	—	21	85	—	—	111	719
1	3	20	—	—	6	—	—	1	4	7	50	—	—	19	112
40	257	41	—	—	208	—	—	7	24	25	92	—	1	79	408
51	320	49	—	—	594	—	—	6	25	20	56	—	1	80	428
55	382	45	—	—	467	—	—	8	31	10	45	—	—	76	487
20	182	30	—	—	365	—	—	3	28	21	79	—	—	51	336
5	30	4	—	—	63	—	—	2	11	16	73	1	4	30	174
53	262	34	—	—	193	—	—	—	—	13	51	—	1	71	340
—	—	—	—	—	—	—	—	1	5	4	20	—	—	7	37
1	4	15	—	—	7	—	—	14	61	4	11	—	—	24	103
32	203	35	—	—	444	—	—	—	2	4	37	—	—	37	245
67	413	64	—	—	735	—	—	2	9	15	77	—	2	87	516
22	127	21	—	—	277	—	—	—	—	3	23	—	1	25	151
21	139	23	—	—	252	—	—	7	32	24	68	1	6	65	327
42	678	45	—	—	378	—	—	—	—	11	65	—	1	59	785
1	10	1	—	—	15	—	—	3	9	—	—	—	—	7	33
—	—	—	—	—	—	—	—	—	—	—	—	—	6	—	6
6	51	6	—	—	91	—	—	1	4	7	28	—	—	28	168
7	40	6	—	—	91	—	—	5	20	2	18	—	—	14	78
36	52	7	—	—	96	—	—	—	—	—	—	—	—	36	52
3	20	3	—	—	36	—	—	1	4	4	26	—	1	17	125
11	60	10	—	—	130	—	—	—	—	4	10	—	—	15	70
—	—	—	—	—	—	—	—	—	—	—	1	—	—	—	1
11	79	15	—	—	115	—	—	2	11	5	17	—	—	24	137
10	53	1	—	—	16	—	—	—	—	2	14	—	—	12	67
2	10	1	—	—	11	—	—	—	—	5	20	—	—	12	55
5	38	5	—	—	76	—	—	2	10	17	89	—	—	45	294
—	—	—	—	—	—	—	—	10	50	11	68	—	—	21	118
23	145	22	—	—	357	—	—	11	28	32	94	—	2	84	399
20	117	17	—	—	169	—	—	—	—	35	93	2	2	76	335
14	104	17	—	—	201	—	—	3	12	5	31	—	—	22	147
10	60	9	—	—	87	—	—	—	—	5	6	—	—	15	66
4	30	5	—	—	51	—	—	1	4	—	2	—	—	5	36
850	5336	809	17	176¾	8979	89	17¼	100	426	411	1731	4	25[1]	1602	9096

geben zu müssen gemeint.

LXVII.

Tabelle der Salzburger-Colonisten in den Städten Lithauens anno 1744.

	Handwerker, Kaufleute.				Tagelöhner.		Knechte u. Mägde.		Hospitalit.		Krämer, die nichts eigenes acquirirt haben.		Summa.	
	Fam.	Pers.	Haben Häuser gekauft	Preis, den sie bezahlt.	Fam.	Pers.	Fam.	Pers.	Fam.	Pers.	Fam.	Pers.	Fam.	Pers.
1. Darkehmen	20	115	20	2694	—	9	—	5	—	—	8	21	28	150
2. Goldapp	11	45	11	905	7	13	2	2	2	2	6	19	28	81
3. Gumbinnen	17	101	17	2801	8	30	7	48	11	64	28	105	71	348
4. Insterburg	7	33	7	509	12	40	2	26	—	—	—	—	21	99
5. Memel	6	30	6	854	15	33	—	31	—	—	10	30	31	124
6. Pillkallen	4	16	4	2008	—	2	—	22	—	—	8	23	12	63
7. Ragnit	3	11	3	167	—	—	—	6	—	—	2	10	5	27
8. Schirwindt	4	14	4	352	—	1	—	1	—	—	3	8	7	24
9. Stallupöhnen	8	47	6	1519	—	4	3	13	—	—	18	61	29	125
10. Tilsit	1	3	1	110	7	30	17	82	—	—	1	4	26	119
Summa	81	415	79	11921	49	162	31	236	13	66	84	281	258	1160

LXVIII.

Tabelle der Salzburger Colonisten in den adeligen Gütern Lithauens anno 1744.

	Bauern und Cossäthen.					Hofleute u. Gärtner.		Tagelöhner und Hirten.		Knechte u. Mägde.		Summa.	
	Fam.	Pers.	Besitzen Land. Hufen.	Zinsen jährlich. Thlr.	Gr.	Fam.	Pers.	Fam.	Pers.	Fam.	Pers.	Fam.	Pers.
1. Angerappsche Güter (Rittmeister v. Lau)	—	—	—	—	—	2	21	5	21	—	—	7	42
2. Blumberg	—	—	—	—	—	1	3	—	—	—	—	1	3
3. Rohrfeld (2. und 3. Minna Blumthal)	1	4	2	14	60	—	—	—	—	—	—	1	4
4. Beynuhnen (Graf Dönhof)	9	52	12	114	16	—	—	—	3	—	—	9	55
5. Bachmann (v. Borck)	—	—	—	—	—	—	—	—	—	—	1	—	1
6. Bredowsche Güter	—	—	—	—	—	2	7	—	—	2	7	4	14
7. Kindsche Güter	—	—	—	—	—	—	—	4	12	—	1	4	13
8. Pillupöhnen	—	—	—	—	—	—	—	1	5	—	—	1	5
9. Poggrimmen (v. Ostau)	2	14	4	60	—	—	—	—	—	—	—	2	14
10. Puschdorf (Fürst von Anhalt-Dessau)	—	—	—	—	—	—	—	—	1	—	—	—	1
11. Tauerlaucken (Kolbe)	—	—	—	—	—	—	—	1	—	—	1	—	2
Summa	12	70	18	189	30	5	32	10	42	2	10	29	154

General-Recapitulation über die Salzburger Tabellen in Lithauen anno 1744.

A.

	Eigene Güter haben sich gekauft.					Auf königl. Land als Bauern u. Kossäthen untergebracht.				Handwerker, Kaufleute, Krämer, die sich angekauft haben.				die nichts acquirirt haben.	Hofleute und Gärtner.		Tage-löhner.		Knechte und Mägde.		Hospitalitäten.	Summa.	
	Familien.	Personen.	Huben.	Preis.	Contrib.	Familien.	Personen.	Huben.	Zins.	Familien.	Personen.	Häuser.	Preis.		Familien.	Personen.	Familien.	Personen.	Familien.	Personen.		Familien.	Personen.
Auf adeligen Gütern	—	—	—	—	—	12	70	18	189 Thlr. 30 Gr.	—	—	—	—	—	5	32	10	42	2	10	—	29	154
In Städten	—	—	—	—	—	—	—	—	—	81	415	79	11921 Thlr.	84 Fam. 281 Pers.	—	—	49	162	31	236	66	258	1160
In den Aemtern	237	1578	425 H. 18 M. 260 R.	46912 Thlr. 57 Gr. 8 Pf.	2856 Thlr. 49 Gr. 10½ Pf.	850	5336	809 H. 17 M. 176¾ R.	8979 Thlr. 89 Gr. 17¼ Pf.	—	—	—	—	—	100	426	137	577	274	1154	25	1602	9096
	237	1578	425 H. 18 M. 260 R	46912 Thlr. 57 Gr. 8 Pf.	2856 Thlr. 49 Gr. 10½ Pf.	862	5406	827 H. 17 M. 176¾ R.	9169 Thlr. 29 Gr. 17¼ Pf.	81	415	79	11921 Thlr.	84 Fam. 281 Pers.	105	458	196	781	307	1400	91	1889	10410

B.

In Aemtern und Städten.	Hubenzahl.				Preis der von ihnen gekauften Güter und Häuser.			Jährliche Contribution.		
	Fam.	Pers.	Huf	M.	R.	Thlr.	Gr.	Pf.	Thlr.	Gr.	Pf.
1. Besitzen eigene Güter, Krüge, auf dem Lande, in Städten Häuser	330	2063	443	18	260	58833	57	8	3045	79	10$\frac{1}{2}$
2. Sind auf königl. Land angesetzt	850	5336	809	17	176	—	—	—	8979	89	17$\frac{1}{4}$
3. Dienen auf hiesigen Vorwerken, als: Hofleute, Gärtner, Knechte und Mägde, als Dienstboten in den Städten	496	2139	—	—	—	—	—	—	—	—	—
4. Halten sich in den Amtsdörfern als Hirten und Tagelöhner auf	196	781	-	—	—	—	—	—	—	—	—
5. Werden als Hospitaliten in Städten und auf dem Lande verpflegt	17	91	—	—	—	—	—	—	—	—	—
Summa	1889	10410	1253	6	36	58833	57	8	12025	79	9$\frac{3}{4}$

LXIX.
Consignation über die Inspection Seitens der Salzburger Schulzen laut Bestimmung des Societäts-Vertrags.

Schulzen.	Wohnort.	Zahl der zu inspicirenden Wirthe.	Zahl der zu inspicirenden Orte.	Aemter.
1. Andreas Bühler	Kischenbannies	32	8	Brackupöhnen.
2. Hans Hoffer	Pillupöhnen	53	10	Bredauen.
3. Math. Fellöhner	Wittgirren	31	15	Bredauen.
4. Clem. Annichhoffer	Radschen	21	4	Budupöhnen.
5. Hans Winter	Jenkutkampen	28	9	Kattenau.
6. Veit Steiner	Kiggen	20	8	Kussen.
7. Christ. Hinterthoner	Groblischken	45	14	Kiauten.
8. Wolf. Elbner	Caszemecken	39	13	Kiauten.
9. Joh. Steinbachner	Gr. Guddellen	19	7	10 Wirthe, 3 Dörfer in Königsfelde, 6 W. 2 D. in Weedern, 2 W. 2 D. in Gudwallen, 1 W. 1 D. in Jurgaitschen.
10. Math. Stegenwallner	Szittkehmen	39	5	Holzflössamt.
11. Hans Hagen	Lawischkehmen	22	6	Dantzkehmen.
12. Jos. Kolcher	Degessen	31	14	Budwetschen oder Sodargen.
13. Veit Kramer	Antanischken	28	13	Desgl.
14. Thomas Bachler	Seslacken	33	9	Georgenburg und Moulienen.
15. George Wollauer	Lindicken	28	4	Georgenburg 7 Wirthe, Saalau 13, Lappöhnen 8.
16. Andr. Bleyhuber	Schruben	36	5	Lappöhnen.
17. Phil. Gruber	Dopöhnen	51	20	Göritten.
18. Christ. Niedermoser	Urbantatschen	45	11	Dörschkehmen.
19. Phil. Laubüchler	Barschkuhnen	23	10	Desgl.
20. George Wiebmer	Plinen (Scharkab.	20	6	Grumbkowkaiten.
21. Joseph Dörfferer	Schmilgen	12	8	Uschpiaunen.
22. Jos. Gutzecker	Pruszischken	29	16	Szirgupöhnen, Mattischkehmen, Plicken, Boylen, Stannaitschen.
23. Joh. Haller	Thorunen	21	6	Gerskullen, Sommerau.
24. Sebast. Kornberger	Lengwethen	31	6	Gerskullen.
25. Jos. Schlick	Klohnen	8	7	Löbegallen, Lesgewangminnen, Kasigkehmen.
26. Wolfg. Stagenwelener	Karteningken	18	4	Balgarden, Baublen.
		763	39	

LXX. Etats und Kosten des Salzburger Etablissements.[1]
I. Allgemeine Etats. (cf. Text, Seite 229 etc.)
Etat I 250000 Thlr.

Trinitatis 1732 bis ult. September 1736.	Es ist ausgesetzt im Etat.			Es ist verausgabt: Plus.			Minus.		
	Thlr.	Gr.	Pf.	Thlr.	Gr.	Pf	Thlr.	Gr.	Pf.
1. Zum Bau	123148	51	9	—	—	—	4967	13	8½
2. Subsistenz	46624	76	14⅜	—	—	—	151	62	15⅝
3. Etablissement	66048	35	4½	—	—	—	6098	26	12
4. Quartiergeld	1376	—	—	1297	50	—			
5. Erste Bestellung der Kossäthenäcker	791	10	—	43	51	9	—	—	—
6. Holz- u. Stammgeld	513	60	—	—	—	—	238	50	—
7. Wiederanschaffung der bei den Postfuhren gestürzten Pferde	400	—	—	458	43	8	—	—	—
8. Postfuhren	165	84	17¼	193	30	¾	—	—	—
9. Curirung der Kranken	2000	—	—	95	29	12½	—	—	—
10. Decken u. Kühe für die Gärtner	980	—	—	—	—	—	402	30	
11. Schreibmaterial.	500	—	—	29	26	9			
12. Besoldung und Diäten	6973	60	—	768	45	4½	—	—	—
13. Etablissement in Königsberg	7564	44	¾	—	—	—	—	—	—
14. Extraordinarium	—	—	—	48	27	—			
15. Fuhrlohn für 40 Bürgerhäuser	1266	60	—	—	—	—	1266	60	—
Summa	258353	32	9⅞	2934	43	—	13124	63	⅛
Hievon decontirt zu folgendem Etat	8353	32	9⅞				8353	32	9⅞
							4771	30	8¼
	250000	—	—	Plus v. Minus			2934	43	7¾
Extraordin. Posten	693	75	12½	Minus			1836	77	½
Wirkl. Etatsquantum	250093	75	12½						

Es wird also gegen den Etat wirklich menagirt: 7710 Thlr. 80 Gr. 17¾ Pf.

---

1) Das Ganze ist wörtlich dem Generalwerksmanuscript entnommen.

LXXI.
Etat II 100000 Thlr.

Einnahme . . . . 100000 Thlr. — Gr.
Vom Amtm. Jürgens ein Plus aus Februar — „ 84 „

Summa 100000 Thlr. 84 Gr.

Von Trinit. 1734—1736, conf. 2. Mai 1734.	Es ist ausgesetzt im Etat.			Plus.		Minus.		
	Thlr.	Gr.	Pf.	Thlr.	Pf.	Thlr.	Gr.	Pf.
1. Bau								
2. Ankauf einiger Güter . . .	31940	88	6	—	—	2823	41	7
3. Etablissem. der Vorwerke . .	1608	42	$4^3/_4$	—	—	1	84	$1^3/_4$
4. Etabl. u. Subsist. der Bauern .	3305	45	—	—	—	1502	84	12
5. Wiederanschaff. der Pferde . .	5598	11	$3^7/_8$	—	—	1348	86	$14^7/_8$
6. Besoldungen und Diäten . . .	150	—	—	38	—	—	—	—
7. Buchbinderlohn .	2519	60	—	29	—	—	—	—
8. Völlig. Bau u. Etablissem. der nach vorig. Etat angesetzt. Salzburger	180	—	—	—	—	145	28	6
9. Holzkauf a. Polen	478	37	16	—	—	478	37	16
10. Ersetzung der Vorschüsse . .	446	40	—	—	—	—	—	—
11. Bau im Stutamt	39697	2	$13^1/_2$	—	$1^1/_2$	—	—	—
12. Vollführung des vorjähr. Baues :	5662	—	—	—	—	—	—	—
13. Zur Einhalt. des Domänen-Etats	8353	32	$9^7/_8$	—	—	8353	32	$9^7/_8$
	100000	84	—	67	$1^1/_2$	14654	35	$13^1/_2$
						67	—	$1^1/_2$
						14587	35	12
						—	84	—
						14588	29	12
						3542	66	17

Wirklich ausgegeben waren: 85412 Thlr. 54 Gr. 6 Pf.
Es wird zur völligen Bestreitung der nöthigen Ausgaben vom Minus verlangt, so dass gegen den Etat menagirt wird 11111 Thlr. 58 Gr. $14^1/_2$ Pf.

LXXII.

Etat III 46000 Thlr. confirm. 1. Juni 1734.

Einnahme 46185 Thlr. 10 Gr. 11½ Pf.
Ersparniss . 446 ,, 40 ,, — ,,
Desgl. . . 60 ,, — ,, — ,,
46632 Thlr. 20 Gr. 11½ Pf.

Von Trinitatis 1735 bis ult. September 1736.	Es ist ausgesetzt im Etat.			Plus.		Minus.		
	Thlr.	Gr.	Pf.	Thlr.	Gr.	Thlr.	Gr.	Pf.
1. Bau	29958	5	—	—	—	3512	51	9
2. Etabliss. u. Subsist.	14648	86	4½	—	—	5268	38	2½
3. Holzgeld	241	70	—	—	—	241	70	—
4. Bestellung d. Aecker, Saat	819	50	—	—	—	592	80	—
5. Gestürzte Pferde .	250	—	—	—	—	184	45	—
6. Z. völligen Etabliss.	2497	85	7	—	—	1828	7	8
7. Postfuhr den Comm.	250	24	—	443	11	—	—	—
8. Buchbinder . . .	150	—	—	—	—	—	—	—
9. Besoldungen und Diäten	1815	—	—	391	15	—	—	—
10. Einhaltung des Domänen-Etats .	—	—	—	—	—	—	—	—
	46631	50	11½	834	26	11628	22	1½
Vom vorigen Etat . .	250	60	—	—	—	834	26	—
	46882	20	11½	—	—	10793	56	1½
Wirklich ausgegeben worden	36087	54	10	—	—	250	—	—
	—	—	—	—	—	10544	56	1½

Zur völligen Bestreitung wird vom Minus verlangt 3147 Thlr. 13 Gr., so dass in Wirklichkeit gegen den Etat menagirt wird 8481 Thlr. 21 Gr. 6½ Pf.

LXXIII.

Etat IV. Renthey-Rechnung wegen Etablirung der Salzburger und zwar vom 1. October 1736 bis ultimo 1742.

Ersparnisse aus den Etat I—IV.
Bestand . 32663 Thlr. 58 Gr. 8½ Pf.
Einnahme . 5564 ,, 77 ,, 6⅝ ,,
Summa 38228 Thlr. 45 Gr. 15⅛ Pf.

Ausgabe.

	Thlr.	Gr.	Pf.
1. Verpfleg. d. Armen	1106	64	6
2. Zehrungs- u. Transport-Kosten . .	6249	76	13½
3. Wiederergänzung d. eisernenBestands	11794	12	13½
4. Nöthige Bauten .	1388	79	—
5. Etablissements, Zinsen wegen der Freijahre . . .	7728	15	15
6. Holzgelder . . .	334	44	—
7. Schreibmaterialien .	281	66	—
8. Postfuhren . . .	89	30	—
9. Wiederanschaffung von Besatz (laut Societ.-Vertrag) .	251	—	—
10. Extraordin. Diäten	1970	54	—
Summa	31194	82	12

Ausgaben von Einnahmen abgezogen,
bleibt Bestand . . . . 7033 Thlr. 53 Gr. 3⅛ Pf.

LXXIV.

Renthey-Rechnung vom 1. Juni 1742 bis ult. Mai 1753.

Bestand. . 7033 Thlr. 53 Gr. 3⅛ Pf.
Einnahme . 8 „ — „ 4

Summa 7041 Thlr. 53 Gr. 3⅛ Pf.

Ausgabe.

	Thlr.	Gr.	Pf.
1. Schreibmaterialien .	223	22	9
2. Extraordin. Diäten .	1779	15	—
3. Insgemein	584	81	—
Summa	2587	29	9

Ausgabe von Einnahme abgezogen,
bleibt Bestand . . . . . . 4454 Thlr. 23 Gr. 12⅛ Pf.

Renthey-Rechnung vom 1. Juni 1753 bis 21. Januar 1763.
Bestand 4454 Thlr. 23 Gr. 12⅛ Pf.

Ausgabe.

1. Diäten	423	Thlr.	30	Gr.	—	Pf.
2. Zehrungs- und Transportkosten der Salzb. Emigranten . . .	28	„	—	„	—	„
3. Insgemein	4002	„	83	„	12⅛	„
	Summa	4454	Thlr.	23	Gr.	12⅛ Pf.

LXXV.

II. Specificirungen des Bau-Etats.

Specificirung des Etats I. 250000 Thlr.

1. Zum Bau der zwei Kirchen	5475	Thlr.	8	Gr.		
2. Vier Prediger- und Schulgebäude	2841	,,	40	,,		
3. 80 Bürgerhäuser	61813	,,	30	,,		
4. 267 Cossäthenhöfe	35179	,,	24	,,		
5. 16 Bauerhöfe	2455	,,	60	,,		

6. Bau u. Reparation der liederl., verstorben. u. verlauf. Wirthe Höfe 15383 ,, 69 ,, 9 Pf.

Summa 123148 Thlr. 51 Gr. 9 Pf.

Nach Generalrechnung sind ausgegeb. 118181 Thlr. 38 Gr. $^1/_2$ Pf.

Rest 4967 Thlr. 13 Gr. 8$^1/_2$ Pf.

Hiervon wird aber noch zur weiteren Ausgabe laut Specificirung des Baudirectors Fischer erfordert . . 2109 Thlr. 26 Gr.

Also bleibt vom Etat erspart . . 2857 Thlr. 77 Gr. 5$^1/_2$ Pf.

Etat II. 100000 Thlr.
ist für folgende Ausgaben bestimmt:

1. Für Vorwerk Tollmingkehmen . 4120 Thlr. 10 Gr. 15 Pf.
2 Für Vorw. Palapken u. Laugallen 8549 ,, 37 ,, — ,,
3. Scheunen und Schuppen in Perkuhnen . . . . 806 ,, 60 ,, — ,,
4. Vier Gärtnerhäuser . . . . . 808 ,, 32 ,, — ,,
5. Zwei Brauhäuser in Waldauck. u. Tollm. . . . . 1778 ,, 42 ,, — ,,
6. Neues Amtshaus in Dinglaucken . 948 ,, 89 ,, — ,,
7. 47 Bauerhöfe . . . . 9828 ,, 63 ,, 9 ,,
8. Sechs Windmühlen . . . . . 4200 ,, 24 ,, — ,,
9. Sechs Wohnhäuser für die Müller 900 ,, — ,, — ,,

Summa 31940 Thlr. 88 Gr. 6 Pf.

Nach Gen.-Rechnung sind ausgegeben 29117 Thlr. 46 Gr. 17 Pf.

Rest 2823 Thlr. 41 Gr. 7 Pf.

Zum völligen Aufbau obiger Nummern noch gefordert . . . . . . 1355 Thlr. 36 Gr. — Pf.

Also erspart vom Etat II 1468 Thlr. 5 Gr. 7 Pf.

Etat III. 46000 Thlr.

1. Zum Bau von 123 Bauerhöfen sind
   ausgeworfen . . . . . .   25958 Thlr. 5 Gr.
   Laut General-Rechnung bezahlt 22445 „ 43 „ 9 Pf.

                          Rest 3512 Thlr. 51 Gr. 9 Pf.
Hiervon werden aber zum völligen Auf-
bau noch gefordert . . . .   10 Thlr. 72 Gr.

   Also erspart vom Etat III   3501 Thlr. 69 Gr. 9 Pf.

LXXVI.
Balancen der Etats.

Balance des Etats I: 1. was die in den Aemtern eigentlich nach dem Etat I angesetzten Salzburger zum Etablissement laut der Annehmungsbriefe erhalten sollen.

2. Was sie erhalten haben.
3. Was sie noch zu fordern haben.
4. Summa.

Die Specificirung aus Etat I in Betreff der Etablirung der neuen Höfe gestaltet sich folgendermassen:

Es war angesetzt im Etat I:

1. Zur Subsistenz 29 Bauern in den
   Aemtern Brackupöhnen, Kussen
   und Waldauckadel . . . .   340 Thlr. 60 Gr. — Pf.
2. Besatzstücke auf die 267 Coss.-
   Höfe . . . .   14556 „ 40 „ — „
3. Besatzstücke auf 16 Bauerhöfe 1227 „ 30 „ — „
4. Wegen Freijahre auf denselben 354 „ — „ — „
5. Subsistenz der 267 Cossäthen . 14017 „ 45 „ — „
6. Zu 7476 Sch. Roggen für dieselb. 3322 „ 60 „ — „
7. Zum Besatz der 191 Salzb. Famil.
   auf der liederl. Wirthe Höfe
   angesetzt . . . . . .   7047 „ 20 „ — „
8. Freijahre für dieselben . . . 4627 „ 20 „ — „
9. Zum Unterhalt für dieselben vom
   Einschnitt 1733—1734 . .   3589 „ 30 „ — „
10. Zum Besatz für die auf verstorb.
    Wirthe Höfe 33 Salzburger . 759 „ 40 „ — „
11. Freijahre für dieselben . . . 799 „ 30 „ 14 „
12. Unterhalt für dieselben pro
    1 Jahr . . . .   491 „ 10 „ — „
13. Zum Besatz für die auf verlaufener
    Wirthe Höfe angesetzt. 75 S. 3379 „ 5 „ — „
14. Freijahr für dieselben . . . 1884 „ 12 „ 8 „
15. Unterhalt für dieselben pro 1 Jahr 1625 „ 40 „ — „

16. Zum Besatz für die auf versetzter
Wirthe Höfe angesetzten Salzb. 3477 „ 15 „ — „
17. Freijahre für dieselben . . . 1468 „ 35 „ 17¹/₂ „
18. Unterhalt für dieselben . . . 1336 „ 40 „ — „
19. Zum Besatz und wegen der Frei-
jahre für die 11 Salzburger . 1378 „ 22 „ 12 „
20. Zur Etablirung von vier Dienst-,
zwei Berathungs- und 1 Bauer-
hufe in Bartuweiten (Amt Balg.) 366 „ 63 „ 13 „

Summa 66048 Thlr. 35 Gr. 4¹/₂ Pf.

Es ist wirklich ausgegeben worden:

32132³/₄	Scheffel Roggen für	14359	Thlr.	15	Gr.	16		Pf.
12641¹/₄	„ Gerste „	4212	„	31	„	16¹/₂	„
14039¹/₂	„ Hafer „	3115	„	68	„	1	„
1262¹/₄	„ Erbsen „	557	„	28	„	7	„
1222	Pferde . . „	6969	„	12	„	3⁷/₈	„
380	Ochsen . . „	2312	„	16	„	16¹/₄	„
938	Kühe . . „	4373	„	47	„	1³/₄	„
554	Wagen . . „	3188	„	24	„	—	„
433	Pflüge . . „	1492	„	18	„	—	„
545	Eggen . . „	566	„	72	„	12¹/₄	„
Siehlen und Sensen . . „		363	„	42	„	—	„
Freijahre . . . . „		14527	„	13	„	6⁵/₈	„
Deputatstücke . . . . „		3472	„	10	„	15	„
Extraordin. . . . . „		350	„	84	„	10	„

Summa 59860 Thlr. 35 Gr. 16¹/₄ Pf.

Incl. d. 89 Thlr. 62 Gr. 12 Pf., so zwar aus Etat I bezahlt,
aber zu Etat II gehören und also auch dort zur Balance genommen sind, würde demnach, wenn solche addirt werden, die
Summa sein 59950 Thlr. 8 Gr. 10³/₄ Pf.

Was ferner die Angesetzten noch zu fordern haben, beträgt:

830	Scheffel Roggen à 40 Gr. =	368	Thlr.	80	Gr.	—		Pf.
17¹/₄	„ Gerste à 30 „ =	5	„	67	„	9	„
8	„ Hafer à 20 „ =	1	„	70	„	—	„
24	„ Erbsen à 40 „ =	10	„	60	„	—	„
3	Pferde à 6 Thlr. . . . =	18	„	—	„	—	„
4	Ochsen à 7 „ . . . =	28	„	—	„	—	„
1	Kuh à 5 „ . . . =	5	„	—	„	—	„
Freijahre		2627	„	78	„	9³/₈	„

3065 Thlr. 86 Gr. ³/₈ Pf.
59860 „ 35 „ 16¹/₄ „

Summa 62926 Thlr. 21 Gr. 16⁵/₈ Pf.

Etat 66048 Thlr. 35 Gr. $4^{1}/_{2}$ Pf.
Ausgabe 62926 „ 21 „ $16^{5}/_{8}$ „
_____
3122 Thlr. 13 Gr. $5^{7}/_{8}$ Pf. erspart.

Es sollen nach dem Etat I etablirt werden:

1. Auf Cossäthen-Höfen	133	Hub.	15	M.	—	R.	
2. Auf liederlicher Wirthe Höfe . .	193	„	5	„	198	„	
3. Auf verstorbener Wirthe Höfe . .	31	„	13	„	120	„	
4. Auf verlaufener Wirthe Höfe . .	76	„	—	„	153	„	
5. Auf versetzter Wirthe Höfe . .	110	„	5	„	144	„	
6. Auf Höfe, die die Salzburger sich selbst abbauen wollen	11	„	—	„	—	„	
7. Auf Dienst- und Berathungs-Höfe .	7	„	—	„	—	„	

Summa 562 Hub. 10 M. 15 R.
Es sind aber Huben etablirt worden: 648 „ 14 „ 202 „
Also Plus gegen Etat 86 Hub. 4 M. 187 R.

Balance vom Etat II 100000 Thlr.

Es war ausgesetzt:
1. Zum Etablissement 4569 Thlr. 40 Gr. — Pf.
2. Zur Subsistenz . . 1028 „ 61 „ $3^{7}/_{8}$ „
_____
Summa 5598 Thlr. 11 Gr. $3^{7}/_{8}$ Pf.

Es ist ausgegeben worden laut Rechnung:

$1797^{1}/_{4}$ Schffl. Roggen	799	Thlr.	18	Gr.	6	Pf.	
$913^{2}/_{3}$ „	Gerste .	304	„	51	„	$4^{1}/_{2}$	„
1099 „	Hafer .	244	„	20	„	15	„
$86^{1}/_{4}$ „	Erbsen.	38	„	30	„	15	„
89 Pferde	517	„	30	„	—	„	
49 Ochsen	281	„	74	„	1	„	
83 Kühe	383	„	75	„	—	„	
44 Wagen	240	„	10	„	—	„	
44 Pflüge	152	„	10	„	—	„	
44 Eggen	40	„	63	„	—	„	
Siehlen, Sensen . .	44	„	—	„	—	„	
Freijahre	1041	„	65	„	16	„	
Deputatstück . . .	250	„	78	„	$2^{1}/_{4}$	„	

Summa 4338 Thlr. 77 Gr. $5^{3}/_{4}$ Pf. incl. 89 Thlr. 62 Gr.,
so aus Etat I bezahlt
worden, also nach
Abzug bleibt Summa 4249 Thlr. 14 Gr. $11^{3}/_{4}$ Pf.

Die Angesetzten haben noch zu fordern:
41 Scheffel Roggen à 40 Gr. 18 Thlr. 20 Gr. — Pf.
Freijahre . . . . 520 „ 77 „ 17 „
_____
Summa 539 Thlr. 7 Gr. 17 Pf.
4338 „ 77 „ $5^{3}/_{4}$ „
_____
Summa 4877 Thlr. 85 Gr. $4^{3}/_{4}$ Pf.

Ansatz . 5598 Thlr. 11 Gr. 3⁷/₈ Pf.
Ausgabe 4877 ,, 85 ,, 4³/₄ ,,

720 Thlr. 15 Gr. 17¹/₈ Pf. erspart.

An Huben sollen nach dem Etat II
etablirt werden . . . . . . 47 Huben — M. — R.
Es sind etablirt . . . . 45 ,, 2 ,, 75 ,,

Minus 1 Hube 27 M. 225 R.

Balance von Etat III 46000 Thlr.

Zum Etablissement der Höfe ist ausgesetzt:

1. Zum Etablissement 11958 Thlr. 30 Gr. — Pf.
2. Zur Subsistenz . 2690 ,, 56 ,, 4¹/₂ ,,

Summa 14648 Thlr. 86 Gr. 4¹/₂ Pf.

Es ist ausgegeben worden:

	Thlr.	Gr.	Pf.
3854¹/₆ Schffl. Roggen	1712	86	12
2062³/₄ ,, Gerste .	692	39	9
2761¹/₃ ,, Hafer .	616	21	12
208¹/₂ ,, Erbsen	94	21	12
226 Pferde	1309	75	—
123 Ochsen. . . .	803	82	9
181 Kühe	884	15	—
114 Wagen . . .	590	75	—
114 Pflüge	391	20	—
116 Eggen	123	75	9¹/₄
Siehlen und Sensen .	121	—	—
Freijahre	1381	88	2
Deputatstücke . . .	657	77	10¹/₄

Summa 9380 Thlr. 48 Gr. 3¹/₂ Pf.

Es ist von den An-
gesetzten noch zu
fordern:

294¹/₂ Schffl. Roggen.	130	80	—
96⁷/₈ ,, Gerste .	32	26	4¹/₂
30¹/₄ ,, Hafer .	6	65	—
⁵/₈ ,, Erbsen .	—	25	—
Siehlen und Sensen .	2	—	—
Freijahre	2713	86	4
Deputatstücke . . .	8	26	4¹/₂

Summa 2894 38 13 2894 ,, 38 ,, 13 ,,

Summa 12274 Thlr. 86 Gr. 16¹/₂ Pf.

Angesetzt   14648 Thlr. 86 Gr.   4½ Pf.
            12274 „   86 „   16½ „
            _____
             2373 Thlr. 89 Gr.   6   Pf. erspart.

Es sollten nach Etat III etablirt werden   123 Huben — M.   — R.
Es sind etablirt . . . . 118 „ 14 „ 207³/₄ „
            _____
                Minus   4 Huben 15 M. 192¼ R.

Diese Etatsübersicht wurde den 9 December 1736 an den
Hof gesandt; den 31. Januar 1737 kommt zustimmender Bescheid,
es wird das Ersparniss von 32666 Thlr. 58 Gr. 8½ Pf. gebilligt,
die beiden Posten a) Verpflegung der armen Salzburger (schon
bewilligt per Rescr. 28. December 1736) und 2) Rückzahlung der
Transportgelder, beide Posten = 1838 Thlr. 60 Gr. 5⅛ Pf.,
so bleiben 30824 Thlr. 88 Gr. 3³/₈ Pf. übrig. Von dieser Summe
sollen zu nöthiger Wiederergänzung des eisernen Bestandes von
18000 Thlr. employirt werden und gehen ferner ab 11643 Thlr.
62 Gr. 13½ Pf., bleiben eigentlich — 19181 Thlr. 25 Gr. 7⅞ Pf.

Darauf werden die verlangten weiteren Posten von
Nummer 3—13, also in Höhe von 19022 Thlr. 63 Gr. 4⅞ Pf.
bewilligt. Es wird aber der Gumbinner Kriegs- u. Domänen-Kammer
die Pflicht ans Herz gelegt, hierüber genau Rechnung führen zu
lassen, der Rest 158 Thlr. 52 Gr. 10¼ Pf. sind so lange aufzu-
bewahren, bis selbige zu einem oder andern Behufe nützlich angewendet werden können.

Darauf wird ein neuer Etat aufgestellt:

1. Zur Wiederergänzung
   des eisernen Bestan-
   des von 18000 Thlr.
   wegen der anno 1735   Thlr. Gr. Pf.
   erkauften Saat . .   11643 — —
2. Die accordirten Posten
   v. Nr. 1—13 incl. Rest
   158 Thlr. 52 Gr. 3 Pf.   32663 Thlr. 58 Gr. 8½ Pf.
                                         _____
3. dazu ein extraordin.
   Posten . . . .   47 — 9

Hiervon wurde bis zum
   8. December 1738   32710 „ 58 „ 17½ „
ausgegeben 23807 66 6³/₈
ferner muss noch zur Vol-
   lendung des Etats
   verwendet werden .   5799 58 ⁵/₈
                       _____
                                 29607 „ 34 „ 7 „
                                 also Plus.

Rechnungsablage der Bau-Etats vom 1. October 1736 bis ultimo Mai 1742.

Nach dem Schluss des Generalwerks ist im Bestand geblieben:

	Thlr.		Thlr.	Gr.	Pf.
Vom Etat I 250000 Trin.	1732—ult. Sept. 36		2530	62	13
„ „ II 100000 Trin.	1734—ult. Sept. 36		14588	29	12
„ „ III 46000 Trin.	1735—ult. Sept. 76		10544	56	1½
„ „ IV —	—		—	—	—
Rohdungsgeld 10000			5000	—	—
Summa 406000			32663	58	8½

Zum Ankauf der Salzb. anno 1735 wurde genommen:

Vom Etat II 4000 Thlr. — Gr. — Pf.
„ „ III 2643 „ 62 „ 13½ „
„ „ IV 5000 „ — „ — „
Summa 11643 Thlr. 62 Gr. 13½ Pf.

Dann bliebe Rest 21019 Thlr. 85 Gr. 13 Pf.

Um das Etabliss. aber vollständig zu machen, bedarf es noch:

	Thlr.	Gr.	Pf.
1. Zur Verpflegung der armen Salzburger . .	1106	60	—
2. Zur Ausgleichung der Transportkosten . .	731	89	15⅞
3. Weitere Baugelder	3475	44	—
4. Um den Besatz, laut Annehmungsbriefe, zu completiren	8002	37	6⅜
5. An Holzgeldern noch zu zahlen . . . gemäss Etat III 241 Thlr. 70 Gr. „ „ I 238 „ 50 „	480	30	—
6. Schreibmaterialien und Buchbinderlohn gem. Etat II	145	28	6
7. Holzgelder für die nächsten Freijahre (laut Beschluss von Görne und Blumenthal)			

Thlr. Gr.

	Thlr.	Gr.	Pf.
a. für 230 Wirthe in dem 5. Jahr 163 50			
b. „ 159 „ „ „ 6. „ 121 54			
c. „ 16 „ „ „ 7. „ 11 34	296	48	—
8. Weitere Postfuhren bis zum vollend. Etabl.	500	—	—
9. Neuergänzung der Besatzstücke laut Confirm. der Societät	1550	—	—
10. An Zins für das 4. 5. 6. 7. Freijahr . .	3112	40	13
11. Für 2 Salzb. aus Gr. Ragauen (Gudwallen), welche 3 Huben gegen 5 Freijahre bebauen	212	14	15½
12. Incl. wegen 2 Huben in Wischtecken betragen die Freijahre	48	—	—

13. Für die noch extraordin. zu haltenden Leute
Behufs Fortsetzung der Etablirung . . .   1200 — —

Summa der noch zu stellenden Forderungen
Behufs Vollendung des Etablissements . . 20861 33 2³/₄
               Obiger Bestand 21019 85 13
                 Forderungen 20861 33 2³/₄

       Bleibt zur Disposition   158 52 10¹/₄

Specification.

	Ausgesetzt. Thlr. Gr. Pf.	Ausgegeben. Thlr. Gr. Pf.	Plus. Thlr. Gr.	Minus. Thlr. Gr. Pf.
Zur wiedererergänzung des eisernen Bestandes von 18000 Thlr.	11643 62 13¹/₂	11792 57 13¹/₂	148 85	
1. cf 1. Rechnungsablage	11006 60 7²⁄₈	11006 60 7²⁄₈	—	—
2 desgl. Nr. 2	731 89 15⁷/₈	731 89 15⁷/₈	—	.—
3. desgl. Nr 3	3475 44 —	3112 55 —	—	362 79 —
4. desgl. Nr. 4, 10, 11, 12.	11375 2 16⁷/₈	10455 33 ³/₈	—	919 59 16¹/₂
5. desgl. Nr. 5, 7 . . .	776 78 --	513 70 13³/₄	—	263 8 —
6. desgl. Nr. 8 und 9 .	2050 — —	549 —	—	1501 — —
7. desgl. Nr 6 und 13 .	1345 28 6	1345 28 6	—	— — —
Rest vom vorigen Etat .	158 52 3	— — —	—	158 52 3
Summa	32663 58 8¹/₂	29607 34 7	148 85	3205 19 1¹/₂
Extraordinärer Posten .	47 — 9			47 — 9
	32710 58 17¹/₂			3252 19 10¹/₂
		Plus abgezogen		148 85 —
				3103 24 10¹/₂

Im Jahre 1753 wird ein abermaliger Ueberschlag der Etats
von den Jahren 1736 (1. Oct.) bis ultimo Mai 1742 eingereicht,
und desgl. vom 1. Juni 1742/1753 (jedoch nicht vorgefunden).
Letzterer Nachweis ergiebt aber ein Plus von 9 Thlr. 78 Gr., die
in der Kasse mehr sein müssen, als sein sollen, der Bestand dieser
Rechnung ergiebt 4454 Thlr. 23 Gr. 12¹/₈ Pf.

LXXVII. v. Plothos und v. Ostens Rechnungen.

A. von Plothos Rechnung.

1. Umsetzung und Uebermachung der Gelder	791 Thlr.	22 Gr.
2 Postgelder	651 „	38 „
3 Diäten, Gehalt der bei der Commission angestellten Bedienten	8425 „	20 „
4. Botenlohn	539 „	17 „
5. Acht Salzburger Deputirte	418 „	— „
6. Osten	1532 „	18 „
7. Diäten des v. Plotho	15750 „	— „
8. Kronprinzen-Werbung	5058 „	40 „
9. Hoflakai etc., Douceur	600 „	— „

v. Plothos und v. Ostens Rechnung.

B. Rechnung über die bei der Commission in Salzburg
verlegten Unkosten vom 1. Januar 1737 bis ultimo
December 1739.

1. Hofrath v. Osten zur assistence für Legationsrath v. Plotho von 1. Jan. 1737 bis ult. Mai 1737, pro Tag 2 Thlr. bewilligt . .	302	Thlr.	—	Gr.	—	Pf.	
2. Reisekosten v. Osten	94	„	20	„	10	„	
3. Seit Juni 1737 hat Osten die ganze Commission bekommen bis 31. Aug. 1739, zwar sind ihm nur 3 Thlr. bewilligt, er hofft aber wegen der grossen Arbeit auf 5 Thlr. (also 27 Monat 6165 Fl.)	4110	„	—	„	·	„	
4. Canzellist Neuhof täglich 1 Thlr. v. 1. Juni 1737 bis 5. Febr. 1738	166	„	16	„	—	„	
5. Canzell. Froncken v. 5. Febr. 1738 bis 31. October 1739 . . .	422	„	—	„	—	„	
6. Derselbe als Scribent v. 1. Juni 1737 bis 5. Februar 1738 . . .	83	„	8	„	—	„	
7. Scribent Grillen	150	„	—	„	—	„	
8. Scribent Fischer, 29 Monat . .	243	„	8	„	—	„	
9. Scribent Straubinger, 29 Monat .	224	„	—	„	—	„	
10. Ein Wagen für Osten (Plotho hat einen Hofwagen geliefert bekommen) nicht nur zur Erhaltung des Wohlstandes, sondern zur Wahrnehmung der nötigen Conferention Spesen hierfür .	367	„	8	„	—	„	
11. Zimmer zur Canzlei, zur Verwahrung d. Gelder, Conferenzen etc. Betten für Scribenten . . .	240	„	—	„	—	„	
12. Holz, Heizung	71	„	12	„	1	„	
13. Cammerfourier bei der ersten Audience	3	„	8	„	—	„	
14. Kutscher und Lakai bei der ersten Audience	2	„	—	„	—	„	
15. Botenlöhne	128	„	15	„	6	„	
16. Umsetzung 17200 Stück allerhand Silbermünzen	38	„	5	„	4	„	

17. Buchbinder wegen Reparatur der Protokoll-Einbände	4	„	—	„	—	„		
18. Briefporto	219	„	2	„	8	„		
19. Die Ueberwachungskosten von Salzburg bis Augsburg . . .	447	„	1	„	7	„		
20. Papier, Schreibmaterial . . .	60	„	13	„	9	„		
21. Procuratur wegen Abschreiben verschiedener Gand . .	2	„	2	„	3	„		
22. Scribent Loossen	4	„	—	„	—	„		
23. Scribent Fischer	7	„	—	„	—	„		
24. Scribent Hofman	7	„	16	„	—	„		
25. Gerichtskosten	3938	„	11	„	9	„		
26. Dem Hofkanzler ist das allergnädigst accordirte Douceur gereichet mit	2000	„	—	„	—	„		
27. Geh. Deputations-Canzlei für die seit fünf Jahren gehabten Bemühungen	71	„	16	„	—	„		
28. Geh. Secretär bei Anbringung der Recreditive	34	„	9	„	7	„		
29. Kutscher und Lakai bei Abschiedsaudience	2	„	—	„	—	„		
30. Buchbinder, Rechnungseinbände	10	„	—	„	—	„		
31. Leinewand u. Zwirn zu Geldsäcken	2	„	22	„	9	„		
32. Reisekosten für Rückreise des Hofr. v. Osten	94	„	20	„	10	„		
33. Osten verlangt, da er 4 Monat im Hof mit Comportirung der Emigranten-Rechnung beschäftigt war, pro Tag 2 Thlr. .	244	„	—	„	—	„		
34. Fuhrmann für Briefschaften und Bagage der Scribenten . . .	67	„	—	„	—	„		
35. Wachsleinewand	1	„	18	„	—	„		

20798 Gulden 48 Kreuzer   13865 Thlr. 20 Gr. 11 Pf.

Joh. Andr. Osten.

LXXVIII.

General-Rechnung der baar eingenommenen Emigrantengelder.

Durch von Plotho im Cassabuch aufgeführt   303439 Thlr. 45 Gr.
An Neukaufgeldern . . . .   3600 „ — „

Summa   307039 Thlr. 45 Gr.

Ausgaben, vom Hofe nach Königsberg (bis zum 26. April 1743).

1. An Gütergeldern . . . . 276179 Thlr. 35 Gr. 9 Pf.
2. An Interessen bei der Gütercasse 6403 „ 67 „ 5 $\frac{1}{2}$ „
3. An der neuen Salzb. Capitalien-
   Casse (Cap. 1050 Thlr., Inter-
   ressen 432 Thlr. 63 Gr. 13 $\frac{1}{2}$ Pf.   1482 „ 63 „ 13 $\frac{1}{2}$ „

                   284065 Thlr. 76 Gr. 10 Pf.

4. An Collecten-Gelder[1]) . . . 7793 „ 15 „ 14 $\frac{1}{8}$ „
5. Interessen an der Collecten-Casse 1835 „ 64 „ 3 „

                   293694 Thlr. 66 Gr. 9 $\frac{1}{8}$ Pf.

Davon sind aber 13098 Thlr. 51 Gr. 15 $\frac{3}{4}$ Pf. direct nach Gumbinnen, nicht erst durch die Vermittelung von Königsberg gegangen. ———— —

    1. Bestandtheile dieser Collecten-Gelder:

	Thlr.	Gr.	Pf.
Königsberger Collecten-Gelder von Trin. 1732 bis ultimo Dec. 34	1067	17	4

und zwar aus den 2198 Thlr. 29 Gr. 6 $\frac{3}{4}$ Pf.
so aus Dänemark über Berlin anhero remittirt
worden:

für den Emigranten Christ. Schwensel (laut Deput.-
    Collect. 9. Juni 1733)   14   52   9
    laut Deput.-Collect. 3. Oct. 1733 . . . .   150 — —
    laut Deput.-Collect. 25. Febr. 1733. (Schle-
    müller) . . . .   2000 — —
    laut Deput.-Collect. 5. April 34 . . . .   1000 — —
    laut Deput.-Collect. 28. Septbr. 34 . . .   500 — —

                       4731   69   13

    Braunschweiger Collecten-Gelder:

Collect. vom 12. Jan. 1735 = 2000 Thlr. — Gr.   }   2168   82 —
Collect. vom 8. März 1735 = 168 „ 82 „   }

Lith. Cammerschreiben
    29. Juli 1737 = 400 Thlr. — Gr. — Pf. }   802   44   1 $\frac{1}{8}$
Lith. Cammerschreiben
    31. Oct. 1739 = 402 „ 44 „ 1 $\frac{1}{8}$ „ }

Laut Cassenbuch vom 1. Febr. 1740 . . . .   90 — —

Der Etat der Salzburger Collectenkasse in Königsberg im Septbr. 1743:

Capitalien stehen aus:		Eingekommene Zinsen:	
	Thlr. Gr.	Thlr. Gr.	
Stadtkämmerer Wirth in Labiau	1000 —	50 —	
Kriegsrath Stolterfoth . .	6500 —	325 —	
Oberst Graf v. Schlieben .	1333 30	66 60	
Gen.-Lieut. v. Hauss . . .	500 —	25 —	

    Summa des Capitals 9333 30 S. d. Inter. 466 60

LXXIX.

Allgemeine Uebersicht des Berichtes über die Zahl der Salzburger aus den Jahren 1834 und 1843.

	Im Jahre 1834. Familien.	Im Jahre 1843. Familien.		Im Jahre 1834. Familien.	Im Jahre 1843. Familien.
A. Regierungsbezirk Gumbinnen.			**B. Regierungsbezirk Königsberg.**		
Kreis Ragnit	212	440	Kreis Allenstein	3	3
„ Lyck	14	52	. „ Braunsberg	3	3
„ Oletzko	12	106	„ Fischhausen	10	16
„ Sensburg	7	8	„ Friedland	5	5
„ Gumbinnen	118	238	„ Gerdauen	41	41
„ Heinrichswalde	7	120	„ Heiligenbeil	—	—
„ Insterburg	130	248	„ Heilsberg	1	1
„ Pillkallen	361	491	„ Königsberg	2	1
„ Lötzen	27	48	„ Labiau	32	51
„ Stallupönen	372	638	„ Memel .	28	28
„ Darkehmen	70	185	„ Mohrungen	—	—
„ Angerburg	71	129	„ Neidenburg	—	—
„ Goldapp	232	481	„ Ortelsburg	1	1
„ Johannisburg	14	38	„ Osterode	—	—
„ Tilsit	83	404	„ Pr. Eylau	13	13
„ Heidekrug	5	5	„ Pr. Holland	2	2
Summa	1735	3631	„ Rastenburg	48	61
Personen	8675	18155	„ Rössel	7	12
			„ Wehlau	13	29
			Stadt Königsberg	38	141
			Summa	247	408
			In B circa Personen	1235	2040
			In A circa Personen	8675	18155
			A und B circa	9910	20195

LXXX.

Die 18 Salzburger Schulen im Jahre 1808
cf. Text, Seite 243 ff.

	D o r f.	Kirchspiel.	Inspection.	Domänen-Amt.
1.	Peszicken	Stallupöhnen	Gumbinnen	Dantzkehmen
2.	Willpischen	,,	,,	,,
3.	Kl. Degesen	,,	,,	Sodargen
4.	Pillupönen	Pillupöhnen	,,	Bredauen
5.	Dopöhnen	,,	,,	Göritten
6.	Szittkehmen	,,	,,	Nassawen
7.	Schakummen	Mehlkehmen	.,	Tollmingkehmen
8.	Gumbinnen	Gumbinnen	,,	Gumbinnen
9.	Bugdszen	Entzuhnen	Insterburg	Tollmingkehmen
10.	Sakalehlen	Kraupischken	,,	Georgenburg
11.	Kischenbannies oder Draupierz	Kusen	,,	Brackupöhnen
12.	Pettschinken	Malwischken	,,	,,
13.	Lenkischken	Tollmingkeh- men	Kiauten	Insterburg
14.	Schwirgallen	Kattenau	Kattenau	,,
15.	Karteningken	Tilsit	Tilsit	Balgarden
16.	Wingern oder Wingeruppen	Willuhnen	Ragnit	Grumbkowkaiten
17.	Kermuschienen	Schirwindt	,,	Dörschkehmen
18.	Kl. Werningken	Pillkallen	,,	,,

Nr. 4 und 6 sind nur von Salzburger Kindern besucht, die übrigen auch noch von deutschen und lithauischen Kindern.

LXXXI.

Etat des Salzburger Hospitals.

A. Einnahme.

Arten der Einnahme an drei Etatsjahren, 1846, 1856 und 1876 gezeigt.

	Stamm-Capital.	Bestand vom vorig. Jahr.	Reste.	Zurückgez. Capital.	Zinsen.	Revenuen v. Grundstück.	Porto-Vergütung.	Zinsen und Legate.	Geschenke.	Almosen-büchse.	A. d. Nachlass der Hospital.	Extraordinär.	Vorschüsse.	Steuer-vergütung.
	Thlr.	Thlr. Gr. Pf.	Thlr. Gr. Pf.	Thlr.	Thlr. Gr. Pf.	Thlr. Gr. Pf.	Thlr.	Thlr. Gr. R	Thlr. Gr.	Thlr. Gr.	Thlr. Gr.	Thlr. Gr.	Thlr. Gr.	Thlr.
Im Jahre 1816	122240	—	—	—	—	—	—	—	—	—	—	—	—	—
„ „ 1824	131071	—	—	—	—	—	—	—	—	—	—	—	—	—
„ „ 1846	114783	—	—	—	5739	151 25	90	50	8	1	10 20	9 19	1	20
„ „ 1856	120821	3187 11 7	16 7	650	5852 1	155 7 5	90	50 4	24	—	6 3	83 8	—	—
„ „ 1876	Rmk. 375270	—	—	—	Rmk. 18763	3	—	Rm. R 150	3	Rm. 3	Rm. 30	Rm. 150	5	—

Titel.	1740			1741		1756			1819		1824		1827			1831		
	Thlr.	Gr.	Pf.	Thlr.	Gr.	Thlr.	Gr.	Pf.	Thlr	Gr.	Thlr.	Gr.	Thlr.	Gr.	Pf	Thlr.	Gr.	Pf.
Verpfleg. der Hospital.	306	82	9	—	—	805	30	—	2920	—	2920	—	2920	—	—	2920	—	—
„ ausserh. d. Hosp.				—	—	203	60	—	1024	—	1204	—	1204	—	—	1204	—	—
„ extraordinäre	—	—	—	—	—	15	—	—[1]	—		—		—			—		
Besoldung des Hospital-arztes	—	—	—	—	—	12	—	—	100	—	100	—	100	—		100	—	—
Besoldung des Hospitalpredigers	—	—	—	—	—	100	—	—	100	—	100	—	100	—		100	—	—
Desgl. Neujahrsgesch.	—	—	—	—	—	—	—	—	6	—	6	—	6	—		6	—	—
Besoldung d. Rendanten	—	—	—	—	—	33	33	—[2]	450	—	550	—	550	—		550	—	—
Kanzlei, Schreibmaterial	—	—	—	—	—	—	—	—	75	—	75	—	75	—		75	—	—
Rechtsconsulent Diäten-Reisekosten	—	—	—	—	—	—	—	—	100	—	100	—	100	—		110	—	—
Calculator	—	—	—	—	—	—	—	—	—		—		—			—		
Organist	—	—	—	—	—	—	—	—	—		—		—			—		
Glöckner	—	—	—	—	—	—	—	—	30	—	42	—	42	—		42	—	—
Nachtwächter	—	—	—	—	—	—	—	—	20	—	6	—	6	—		6	—	—
Pension	—	—	—	—	—	—	—	—	—		—		—			—		
Zuschuss für das Gymnasium in Gumbinnen	—	—	—	—	—	—	—	—	100	—	100	—	100	—		100	—	—
Zuschuss f. Landschulen	—	—	—	—	—	—	—	—	500	—	500	—	500	—		500	—	—
Ankauf v. Brennmaterial	—	—	—	—	—	22	15	—	550	—	400	—	400	—		400	—	—
Communaldiener	—	—	—	—	—	—	—	—	10	—	10	—	10	—		46	—	—
Kirchendiener	—	—	—	—	—	—	—	—	20	—	20	—	—	6	8	—	6	8
Feuer-Assecuranz	—	—	—	—	—	77	—	—	—		—		—			—		
Bauten, Reparatur	—	—	—	—	—	126	57	—	150	—	150	—	150	—		50	—	—
Medicinkosten	—	—	—	—	—	—	—	—	100	—	50	—	50	—		50	—	—
Druckkosten	—	—	—	—	—	—	—	—	10	—	10	—	10	—		10	—	—
Cloakenreinigung	—	—	—	—	—	—	—	—	—		—		—			—		
Beerdigung verstorben. Hospitaliten	—	—	—	—	—	—	—	—	—		—		—			—		
Steuervergütung	—	—	—	—	—	—	—	—	—		—		—			—		
Postporto	—	—	—	—	—	—	—	—	—		—		—			—		
Zur Communion Wein und Brod	—	—	—	—	—	—	—	—	—		—		—			—		
Haltung öffentl. Blätter	—	—	—	—	—	—	—	—	—		—		—			—		
Extraordinaria	—	—	—	—	—	4	85	14[3]	275		179		184	—	—	101	—	—
Summa der Verwaltungskosten	111	19	—	—	—				—		—		—			—		
Summa	418	11	9	628	16	1323	67	9	—	—	—	—	—	—	—	—	—	—

1) Hospitalbedienter.
2) Damals „Hospital-Aufseher."
3) Darunter Schornsteinfeger 2 Thlr. 67 Gr. 9 Pf.

Vergl. Text, Seite 249 ff.

1844			1846			1852			1864			1867			1870			1873			1876	
Thlr.	Gr.	Pf.	Thlr.	Gr.	Pf.	Thlr.	Gr.	Pf.	Thlr	Gr.	Pf	Thlr	Gr	Pf	Thlr	Gr	Pf	Thlr.	Gr	Pf.	Rmk	Pf
4130	—	—	2300	—	—	2500	—	—	3120	—	—	3120	—	—	3120	—	—	3120	—	—	10800	—
—	—	—	1800	—	—	1200	—	—	910	—	—	910	—	—	910	—	—	610	—	—	1500	—
—	—	—	50	—	—	50	—	—	40	—	—	53	10	—	53	10	—	53	10	—	225	—
100	—	—	96	—	—	96	—	—	96	—	—	96	—	—	96	—	—	96	—	—	288	—
103	—	—	103	—	—	100	—	—	100	—	—	100	—	—	100	—	—	100	—	—	300	—
6	—	—	3	—	—	3	—	—	3	—	—	3	—	—	3	—	—	3	—	—		
475	—	—	510	—	—	510	—	—	550	—	—	550	—	—	550	—	—	550	—	—	1650	—
			25	—	—	25	—	—	25	—	—	25	—	—	25	—	—	25	—	—	75	—
50	—	—	50	—	—	50	—	—	50	—	—	50	—	—	50	—	—	50	—	—	300	—
20	—	—	20	—	—	20	—	—	20	—	—	20	—	—	20	—	—	20	—	—	60	—
20	—	—	20	—	—	20	—	—	25	—	—	25	—	—	50	—	—	50	—	—	150	—
42	—	—	18	—	—	30	—	—	40	—	—	40	—	—	40	—	—	40	—	—	120	—
2	—	—	2	—	—	2	—	—	2	—	—	2	—	—	2	—	—	2	—	—	6	—
60	—	—	60	—	—	—		—	—		—	—		—	—		—	—		—	—		—
—	—	—				100	—	—	100	—	—	100	—	—	100	—	—	100	—	—	300	—
—			—			—			—			—			—			—			—	
400	—	—	400	—	—	400	—	—	400	—	—	400	—	—	400	—	—	400	—	—	1500	—
60	—	—	60	—	—	60	20	5	49	6	8	49	6	8	4	16	—	4	16	—	13	60
—	13	4	—	13	4	—	13	4	—	13	4	—	13	4	—	13	4	—	13	4	1	33
70	—	—	40	—	—	40	—	—	43	5	10	43	5	10	45	8	—	45	—	8	135	—
300	—	—	150	—	—	350	—	—	330	—	—	330	—	—	330	—	—	330	—	—	600	—
50	—	—	50	—	—	50	—	—	50	—	—	50	—	—	100	—	—	133	10	—	360	—
10	—	—	10	—	—	10	—	—	10	—	—	10	—	—	10	—	—	10	—	—	30	—
3	10	—	4	—	—	6	—	—	6	—	—	6	—	—	6	—	—	12	—	—	36	—
30	—	—	30	—	—	30	—	—	30	—	—	30	—	—	30	—	—	40	—	—	150	—
20	—	—	20	—	—	—			—			—			—			—			—	
90	—	—	90	—	—	90	—	—	90	—	—	90	—	—	90	—	—	90	—	—	150	—
17	10	—	10	—	—	10	—	—	10	—	—	10	—	—	8	6	—	8	6	—	21	—
3	25	4	3	25	4	2	25	—	1	25	—	1	25	—	1	25	—	1	25	—	5	50
139	10	11	124	—	11	234	1	3	210	18	2	231	13	2	119	3	4	142	10	6	164	—
—			—			—			—			—			—			—			—	
6250	—	—	6100	—	—	6100	—	—	—	—	—	6396	14	—	6314	14	4	6087	—	—	19099	50

LXXXII. Der Heerführerstab.

Als die Regierung das Salzburger Hospital in eine Kranken-anstalt mit weitgehenden Tendenzen umwandeln wollte, nahm sie auch darauf Bedacht, den Salzburgern einigermassen Entschädigun-gen für diese Benachtheiligung ihrer Interessen zu gewähren und ihr leicht verletztes Gemüth wieder zu trösten. Es waren aller-dings nur winzige, verhältnissmässig ganz unbedeutende Gegen-gaben, aber immerhin war das Bestreben der Regierung sichtbar, den Salzburgern Aufmerksamkeiten zu erweisen. Vor Allem waren es zwei Gegenstände, von denen Schön[1]) sich versprach, sie könnten Balsam für die Verletzten sein: „Um die Erinnerung an die grossen Verdienste der Salzburger eingewanderten Protestanten um die Provinz noch lebendiger und das Andenken an die an sich grosse und denkwürdige Handlung der Emigration zu erhalten," schlägt er vor, 1. das Hospitalgebäude äusserlich würdig zu ver-schönern und mit einer passenden Inschrift zu versehen; 2. den Stab des Heerführers der Salzburger Emigranten, womit derselbe sie aus ihrem Vaterlande durch Deutschland nach Preussen geführt, als Reliquie und Symbol der Emigration in der Kirche des Insti-tuts aufzustellen und den Jacobitag, an welchem sich die Vorfahren der Salzburger, um sich wegen der Auswanderung zu verschwören, sich in einer Höhle versammelten, zu einer gottesdienstlichen Handlung zu benutzen."

„Kaum giebt es einen würdigeren Gegenstand zur Erhebung des Gemüthes als diesen, und es ist so auffallend, als demüthigend für die jetzige Generation, dass man ihn bis jetzt so wenig dazu benutzt hat. Es ist unleugbar, dass eine feierliche Aufstellung des Stabes am Jacobitage der dadurch erzeugte Eindruck nicht allein auf die Nachkommen der Salzburger, sondern auch auf die Bewohner der Provinz eines anderen Ursprungs wohlthätig wirken würde."

So wurde denn nach erfolgter königlicher Genehmigung nach diesem Stabe geforscht, es sind weitläufige Untersuchungen nach ihm angestellt worden, denn diese Suche war nicht ganz leicht und hatte viele Schreibereien und manches Actenstück zur

---

1) Schreiben Schöns vom 26. Aug. 1809.

Folge. Der Stock war verschwunden. Man vermuthete ihn zunächst in der Kunstkammer zu Berlin, aber hier fand er sich nicht vor; sodann forschte man in allen möglichen Sammlungen nach, z. B. in der Privat-Kunst- und Naturaliensammlung, die ehemals dem Kaufmann Saturgus in Königsberg gehört hatte. Der Krieg kam dazwischen, und erst im Jahre 1814 wandte sich Schön an Stein wegen .dieser Angelegenheit.[1]) Stein erwiderte, dass der Stab sich auch in jener Sammlung nicht befände. Schliesslich kam man auf die Vermuthung, dass der Stab im ehemaligen Cabinet des verstorbenen Commerzienrathes Wulff sich befunden haben möchte, über dessen Vermögen fünfzehn Jahre früher der Concurs eröffnet worden war. In den gerichtlichen Wulffschen Concurssachen befand sich aber kein Auctionsrecess, so dass der etwaige Käufer auf diese Weise nicht ermittelt werden konnte. Erst nach mühsamen Untersuchungen stellte man die einzelnen Käufer der Concurssachen und schliesslich auch des Stabes auf, und zwar in der Person des Kriegs- und Domänenrathes Paulsen in Königsberg, der jenen Stock auf der Auction für 20 Gr. erstanden hatte. Stein beauftragte einen Commissar mit der Angelegenheit, aber diesem gelang es nicht, Paulsen zur Herausgabe des Stabes zu bewegen, so dass Stein sich selbst an ihn wenden musste. Jetzt erwiderte Paulsen sehr höflich: er nehme keinen Anstand, sein Geständniss zu eröffnen, dass er den knotigen Wanderstab des ersten Anführers der eingewanderten guten Salzburger besitze, und der Anblick desselben ihm stets die unerschütterliche Anhänglichkeit der Salzburger Emigranten an ihre Glaubenslehre in Zurückerinnerung .bringe und derselben erlittenen Drangsale unvergesslich mache. Er trenne sich nur schwer von diesem für ihn so schätzbaren Denkmal und möchte solches noch länger vor Augen behalten; „nur, da diese Verehrung mit meinem Tode aufhöret und auf meine Erben nicht herübergehen möchte, wohl aber zum immerwährenden Andenken der Auswanderung dieser Stab in der dortigen Hospitalkirche aufbehalten werden dürfte, so bin ich bereit, solchen der dortigen Salzburgergemeinde unentgeldlich zu überlassen und selbigen (gegen Quittung etc.) auszuhändigen.[2])"

Der Stab wird noch heute in der kleinen Kirche, an der hinteren Giebelwand links vom Altare bewahrt; eine kleine Gedenktafel über dem Stabe berichtet über den Werth dieses so unscheinbaren und doch für die Salzburger so bedeutungsvollen Schmuckes.

---

1) 26. März 1814.
2) Den 12. Juli 1814.

LXXXIII. Probe einer Salzburgischen Genealogie.¹)

1. Hans Käswurm † 1734.

1. 2. 3. 4. 5. Veit in Walterkehmen † 1791. 6. 7. VIII. IX. 10. XI. 12.
2—13.

2. Mathes. 3. Adam. 4. V. VI. VII.
15. 16. 17. 18. 19. 20.

1. Johann in Puspern † 1816.
14.

14—20.

1. II. III. 4.
106. — 109.

1. 2. 3. 4. V. 6.
126—131.

1. II. III. 4. 5. VI. 7. 8.
132—139.

Johann † 1850.
21.

2. III. IV. V. VI. 7. VIII. 9. 10. 11. 12.
22. 23. 24. 25. 26. 27. 28. 29. 30. 31. 32.
21—32.

1. 2. 3. IV. V. 6. 7. VIII. IX. X.
33. 34. 35. 36. 37. 38. 39. 40. 41. 42.
33—42.

1. 2. III. IV. V

1. II. III.
70. 71. 72.

1. II. 3. 4. V.
89. 90. 91.

1. II. III. 3. 4. V.
101—105.

1. 2.
99. 100.

1. II. 3. 4. 5. 6. 7.
92. 93. 94. 95. 96. 97. 98.

1. 2.
62. 63.

1. II.
62. 63.

1. II. 3. 4. 5. 6.
64. 65. 66. 67. 68. 69.

1. 1.
73. 74.

1. II. III. IV. V. VI. VII. VIII. 9.
75. 76. 77. 78. 79. 80. 81. 82. 83.
75—83.

1. II. III. IV. 5. 6. VII. VIII. 9. 10. XI. 12. 13. 14. 15. 16.
110—125.

1. II.
53. 54.

1. II. 3.
48. 49. 50.

1. 2.
51. 52.

1. 2. 3. 4.
58. 59. 60. 61.

1. 2. 3. IV. V.
84. 85. 86. 87. 88.
84—88.

1. II. 3. IV. V. 1. 2. III.
43. 44. 45. 46. 47. 55. 56. 57.
43—47.

---

1) Nach dem Büchlein: Einige Nachrichten über die Familie Käswurm in Lithauen. (Von Käswurm in Darkehnen.) Die arabischen Zahlen bedeuten männliche, die römischen Zahlen weibliche Familienglieder. Im Texte S. 253 ist die Nachkommenschaft des Veit Käswurm durch einen Druckfehler nur auf 134, statt auf 139 Glieder angegeben.

LXXXIV.
Alphabetisches Verzeichniss der Literatur über die Salzburger Emigration und Colonie.

Actenmässiger Bericht von der jetztmaligen schweren Verfolgung derer Evangelischen in dem Ertz-Bisthum Salzburg. Frankfurth und Leipzig bei C. Gottl. Ebertus 1732 (Motto: sanguine fundata est ecclesia, sanguine crevit, sanguine succrevit, sanguine finis erit). (In den Fortsetzungen betitelt: Das Neueste von denen Saltzburgischen Emigrations-Actis.)

Allgemeine deutsche Bibliothek. Bd. 117. St. 1. S. 15. Kiel, verlegt. Karl Ernst Bohn 1794.

Ausführliche Historie derer Emigranten oder Vertriebenen Lutheraner aus dem Ertz-Bisthum Saltzburg in 4 Theilen. Alles aus glaubwürdigen Historien-Schreibern und denen zu Regensp. gedruckten Acten herausgezogen, auch aus denen Friedensschlüssen, mit Fleiss erläutert. Leipzig 1732—1733. 4. zu finden in Teubners Buchladen. Göcking polemisirt oft gegen den „zu klugen" Verfasser (den Preussenfeind) wegen seiner „Uebereilung".

Aufmunterung und Erweckung zum Laufen durch Geduld in dem verordneten Leidenskampf, denen um der Augspurgischen Glaubens-Bekenntnis willen aus dem Ertz-Bisthum Saltzburg emigrirten armen Christen — in Nürnberg vorgetragen — Nürnberg in Verlegung J. Albrecht. 1732.

Abrahams Emigranten-Stab — in einer Predigt am 8 Sonntag nach Trinitatis in der Kirche zu den Barfüssern vor denen damalen gegenwärtigen Saltzburgischen Emigranten gehalten von G. J. Hoffmann. Nürnberg bey J. Albrecht 1732.

Das Auge Gottes über der Christen Wanderschaft in der Wüste dieses Lebens, zur Erweckung der Anwesenden Saltzburgischen Emigranten — von J. Negelein, Prediger, ebendaselbst.

Actenmässige Geschichte der berühmten Saltzburgischen Emigration. Aus dem lateinischen Manuskript des ehemaligen Hofmeisters der Hochfürstlichen Saltzburgischen Edelknaben, Joh. Bapt. de Casparis (muss heissen Gaspari[1]) übersetzt und mit einem Vorbericht begleitet von Fr. Xav. Huber. Nebst einigen Belegen und Urkunden. Salzburg — im Verlag der Mayerschen Buchhandlung 1790.

Allmacht — die göttliche — in der wunderthätigen Ausbreitung seines heiligen, alleinseeligmachenden Worts und Erhaltung der Wahren Evangelischen Religion, bey Betrachtung derer in dem Ertz-Bisthum Saltzburg viele Jahre her sehr bedrängten Nachfolger Christi und über 20,000 Seelen desshalber aus diesen Landen weg begebenen Emigranten, in einer erbaulichen und hierzu dienlichen Nachricht vorgestellet. Frankfurth und Leipzig 1732.

(Altenburg cf. „Umständliche Nachricht von denen S. Emigr.")

(Altenburg cf. „Nachricht — Kurtze, doch zulängliche —")

(Arnstadt cf. „Nachricht — Kurtze, und wahrhaftige. . . .")

Augspurg, An Ein Hoch-Löbliches Corpus Evangelicorum zu Regensburg etc. die hiesig Saltzburgische Emigranten-Sache betreffend. Mit beygeschlossener allerunterthänigster Anzeig, Klag und Bitte an Ihro Kaiserl. Majestät und deren Adjuncto sub. lit. A. fol.

Ausführliche und zuverlässige Nachricht von denen Saltzburgischen Emigranten, wie deren an der Zahl 246 den 29. April 1732 nicht allein in der hochfürstlichen Hessischen Residentz Darmstadt, sondern auch in den übrigen Ihrer Hochfürstl. Durchlaucht zustehenden Landen gnädigst aufgenommen etc. etc., wobey zugleich ein vorläuffiger Bericht und nachdrückliche Erweckungs Schriften sowohl von dem Superint. zu Giessen etc. Rambach, als

---

1) Die Schrift von Gaspari heisst: Historia Lutheranismi in Archiepiscopatu Salisburgensi (Manuscript in der Studienbibliothek in Salzburg. Der erste Theil hiervon ist mit kleinen Veränderungen von dem Bruder des Verfassers, dem Lazaristen Gasparis, herausgegeben worden (Venedig. Zetta 1779) unter dem Titel: Archiepiscoporum Salisburgensium Res adusque Westphalicos conventus in Lutheranismum gestae.

auch von dem Superint. zu Darmstadt, Pantzerbieter, mit angefüget ist; auf hohen Befehl dem Publico zum Besten ans Licht gestellet. Darmstadt 1732.

Abschieds- Erweckungs- und Trost-Rede an die vertriebenen lieben Saltzburger, welche, als 727 derselben auf ihrer Reise nach Preussen den 13. August dieses 1732 Jahres nach Königsbrück in Ober-Lausitz gekommen und den 14. dieses früh um 8 Uhr wiederum von da abgereiset, vor solcher ihrer Abreise in der Stadtkirche zu K. gehalten von Gottlieb Ungern, Dienern des Wortes allda. Berlin 1732.

Die Auswanderung der protestantisch gesinnten Salzburger in den Jahren 1731 und 1732. Dargestellt von Ludw. Clarus. Innsbruck. Vereins-Buchhandl. und Buchdruck. 1864.

(Albrecht cf. „Mitleiden, des . . . .")

Bericht eines Christlichen Freundes in Gera, von denen daselbst fernerweit den 11. Juni 1732 durchgezogenen Saltzburgischen Emigranten; so als eine Fortsetzung des Tractätlein, Liebthätig Gera genannt, beygefüget werden mag. Leipz. bei S. B. Walthern 1732. 8.

Biblischer Glaubens-Grund, oder christliches Religions-Gespräche zwischen einem Katholischen und Evangelischen Christen, auf Begehren frommer Hertzen in 146 Frag- und Antworten beschrieben, nebst eines Antwort-Schreiben an einen heimlichen Nicodemum in Saltzburg, wie auch eine Biblische Zeitung von den zukünftigen Dingen und dem Untergange der Welt. Dem Einfältigen zum Unterscheid der Religion deutlich und schrifftmässig fürgestellet von einem Bekenner der Wahrheit um des Evangelischen Glaubens willen aus Saltzburg vertriebenen Bergmann, Joseph Schaitberger. Anno 1732. (Druck?)

Beantwortung der Schein-Gründe, mit welchen ein Papistischer Skribent in nachstehendem Getichte (die kath. rufende Glaubensstimm) die Evangelischen Emigranten von der Evangelischen Religion wieder abzuwenden trachtet; gestellet von P. J. 1732. 4. Druckort?

(Brandenburg cf. „Nachrichten Kurtze" etc.)

(Barth cf. Evangel. Kalender.)

(Berlin cf. „Emigration — die in unseren Zeiten so merkwürdige. —")

(Berlin cf. Fortsetzung von „Umständlichen Nachrichten . . .")

(Berlin cf. „Zuverlässige Nachricht von denen Salzb. Emigr.")

(Burg cf. „Der Göttliche Befehl . . .")

Beschreibung — Kurtze — welchergestalt einige hundert Saltzburgische Emigranten in denen Städten Leissnig und Wolkenstein angekommen, bewirthet und dimittirt worden. Dressden.

Brüderlicher Gruss und Kuss, bey Ankunft ihrer herzgeliebtesten Glaubens-Brüder von Saltzburg, allhier zu Regenspurg, auf ihrer Reise nach Holland, an der über Zahl 700, welche geschahe den 10. Dec. des grossen Heyl-Jahres 1732 zu Ermunterung Christlicher Mildthätigkeit gegen sie, höchst erfreulich an den Tag geleget von zweyen Verehrern der grossen Thaten Gottes etc. etc. Regenspurg 4.

Boysen Consist. in Halberstadt: Predigt über „Die Befestigung des Hertzens in der wahren Religion" (Joh. VI, v. 66—70). Halberstadt 1732. 4.

Brucker, Past. in Kaufbeyern, Predigt: Die seelige Bekänntniss Jesu Christi vor den Menschen (Math. 10). Augsb. 1732. fol.

(Bohnstedt cf. „Historie — eine kurzgefasste . . ."

(Bodenburgii „Programma . . .")

(Baum cf. „Nachlese zu der Saltzburger Emigranten Wanderschaft.")

(Baum cf. „Todtengebeine . . .")

Bosheit — die bishero unter dem Deckmantel einer Religionsbedrückung verborgene, nunmehr aber zu besseren Unterricht aller Wahrheitsliebenden durch unverwerfliche Documenta, gerichtliche Protocolla und Confrontationes entdeckte — einiger Salzb. Emigranten u. s. w. (v. Zillerberg). Regensb. 1731.

(Clarus cf. „Die Auswanderung . . .")

Continuatio manifesti, den Bauern-Aufstand in dem Saltzburgischen Gebürg betreffend. Sammt denen seithero von ersagten rebellischen Unter-

thanen eingekommenen unterthänigsten Memorialen und darauf ergangenen
gnädigsten General-Befehl. (cf. Manifest etc.)

Die Catholisch ruffende Glaubens-Stimm an den auss dem Ertz-
Stifft Saltzburg emigrirten lutherischen Gebürg-Bauern auf die in unterschied-
lich-lutherischen Orten wegen der alldort angekommenen Emigranten in Druck
aussgegangene Scartequon. Anfangs in einhundert und fünf Versen conponirt
durch einen, der dess Saltzburgischen ersten heiligen Bischoffen Ruperti Namen
und Bildniss im Zunamen und Wappen führt, A, A, R. Nun aber mit etwelchen
Versen und beigesetzten Stellen der Heiligen Schrifft vermehrt, und von neuem
in Druck gegeben, mit Erlaubniss der Oberen. Salzburg, gedruckt bey Joh.
Jos. Mayr's seel. Erben 1732. Errfurth, zu finden bey Christoph Windhauer.

Christliche Ansprache an die Saltzburgischen Emigranten von —
G. Aug. Franken. Halle in Verlegung des Waysenhauses 1732.

(Chemnitz cf. „Etwas zur Historie etc.")

Coburgum Philoxenon oder kurze Erzählung dessen, was Coburg an
denen lieben Saltzburgischen Gästen und Emigranten gethan hat, gestellet von
Erdm. R. Fischer. 1732.

Crannichfeld — das aufgemunterte — wie es sich sonderlich durch
die Saltzburgische Emigrations-Geschichte lassen erwecket finden, vorgestellet
von C. S. Hunnio, P. P. Sup. etc. Jena 1733. 4.

Cüstrin — das besuchte — oder Ausführliche Nachricht, wie einige
von den Saltzburgischen Emigranten in Anno 1732 zu unterschiedenen mahlen
auf Cüstrin zugekommen und daselbst aufgenommen worden, ausgefertiget von
Joh. Wilh. Sc. Neve. Cüstrin. 4.

Campen Diak. S. Petri in Cölln: Kurtzen und liebreichen Anspruch
und Seegens-Wunsch an die unschuldig verjagte arme Saltzburger (Psalm 115,
v. 14, 15). Berlin 1732. 4.

Carmen, in welchem M G. Christgau, als eine Zahl von 800 Saltzburger Emigranten in Berlin angelangt waren, seine Gedanken darüber ent-
werffen wollte. Berlin. fol.

(Corvinus cf. „Gott geheiligtes Denk etc. Mahl.")
(Czerwenka Bernhard. cf. Geschichte etc.)

Denkmahl der Liebe, welche die Stadt Halberstadt an 235 aus
dem Saltzburgischen, um des Glaubens willen verjagten Lutheranern, durch
willige Aufnahme und gute Verpflegung rühmlichst bewiesen, samt dem, was
bei deren am 28. May geschehenen Einzuge, kurzem Aufenthalt und am
30. ejusd. erfolgtem Abschiede merkwürdiges vorgefallen. Theils aus eigenen,
theils aus denen zugeschickten Nachrichten aus Liebe zur Wahrheit ausgefertiget. Halberstadt, in Schopps Buchladen 1732.

Denkmahl göttlicher Güte und Vorsorge vor seine Evangelische
Kirche an dem Exempel der Saltzburgischen Emigranten, in zwei Reden und
zwei Predigten vorgestellet, nebst einem Vorbericht von dieser Emigranten
Religion, Fatis, Beystand, Emigration und überall bezeigten Betragung von
J. B. Huhen, General-Superint. des Fürstenthums Gotha. Daselbst gedruckt
bei Joh. A. Reyhern. (Jahr?)

(Danzig cf. „Nachricht von dem durchzug.")
(Darmstadt cf. „Ausführliche und zuverlässige Nachricht . . .")
(Döbeln cf. „Nachricht eigentliche . . .)
([Dietz] M. J. H. D. cf. „Zuverl. Relation . . .")

Eine Einfältige, jedoch wohlmeinende Freudens-Bezeugung eines
Mitgliedes der streitenden Kirche seinen lieben Brüdern, den Salzburgern,
ihrer standfesten Bekenntniss halber zu Ehren aus reiner Liebe aufgesetzt
und herausgegeben von Theod. Stechen. Halle 1732.

Emigration — die unseren Zeiten so merkwürdige — der Saltzburger, nebst einer kurzen Ansprache, womit den 2. August dieses 1732 Jahres
etliche 100 Salzburger bey uns zu Berlin empfangen worden — von
Fr. Griesen, Prediger bei der Petri-Gemeinde zu Cölln a. d. Spree, zu finden
bey G. Gedicken 1732.

Erweckungs-Rede, welche an die in Jena angekommene Saltzburgische Emigranten — den 3. Juli 1732 gehalten — von J. G. Walch.
Zweite Aufl. Jena druckts Fr. Ritter 1732.

Erkänntniss — zulängliche — des jetzigen Saltzburgischen Emigra-
tion-Wesens in zweyen Predigten von M. G. Müllern — Dresden u. Leipzig,
bey J. Ch. Zimmermanns s. Erben und J. H. Gerlacher. 1732.

Etwas zur Historie derer Emigranten aus dem Ertzbisthum Saltzburg,
in einer nachrichtlichen Erzählung, wie diejenigen, so auf ihrer Reise in
dreyen Durchzügen über Chemnitz am 20., 28. Juli und 7. August 1732
gegangen, daselbst aufgenommen von M. J. Fr. Gühling — nebst Beifügen.
Chemnitz bei J. Ch. Stosseln. 1732.

Des ehemaligen Saltzburgischen Superintendenten und kunstreichen
Schmid zu Hüttau Ruep Stullebner in dasigem Gebürg gehaltene und in einer
volkreichen Versammlung abgelegte Controverspredigt zu welchen, wegen Abgang einer Gloggen, das Zeichen mit Drommeln, Musqueten-Schuss, Kühhörnern,
ausgehenkten weissen Leilacher ober dem Dach des Wirths-Hauses, und
anderer andächtiger Ceremonien gegeben worden. Mit sonderbar curieuser
Mühe und Nachforschung gesammelt, zusammen geklaubt und in etwas bessere
Ordnung gebracht: Wie auch mit katholischen Anmerkungen erläutert von
einem Hoch-Wohlgebohrenen Mitglied der hochwürdigsten Catholischen Geistlichkeit in Ober-Teutschland. Mit Genehmhaltung hoher geistl. Obrigk.

(Ebersdorf, cf. „Fusstapfen — die bemerkten —")

Eisenach — das glückliche und gutthätige — oder glaubwürdige
Erzehlung, wie 2875 Saltzburgische Emigranten zu dreymahlen im Monat Julio,
Augusto und Septb. in dieser Fürstlichen Residentz-Stadt angekommen, auf-
genommen und versorget, auch was an ihnen Gutes wahrgenommen worden,
auf Erlaubniss entworffen von J. C. Geisshirt, aus Schmalkalden, Cant. und
Coll. des Gymn. Eisenach 1732. 4.

Eisleben — Kurtze Nachricht von dem Durchzuge der Saltzburger
durch — Eisleben 1732.

Evangelisches Denkmahl der göttlichen Vorsorge an denen Evangelischen Emigranten aus deren Saltzburgischen in die Preussische Lande, als
dahin ihr erster Evangelischer Lehrer D. Paulus Speratus nach seinen vielfältigen Verfolgungen gegangen ist, nebst einem kurtzen Bericht, wie derselben
eine Anzahl von 1050 Personen in der Fürstlichen Residentz Stadt Weimar
aufgenommen etc. etc. worden. (General Superint. Weber.) Weimar 1732.

Eben-Ezer in Georgia, das ist, Zuverlässige Nachrichten von der
auf der Reise nach Georgien . . . Gross Brittan. Colonisten etc. etc. [langer
Titel] nebst Vor- und Nachrede von Sam. Urlsperger. Augspurg 1734. 4.

Erweckliche Beylage zu den zuverlässigen Relationen von denen
Saltzb. Emigranten, bestehend in einer Poetischen Betrachtung über diss
Zeichen unserer Zeit. Leipzig 1732. 4.

Etwas auf die Reyse, den Saltzb. Emigranten, welche anno 1732
den 18. May zu Augspurg angekommen, zu einer Ermunterung zum Lobe
Gottes von einem guten Freunde Mit Gegeben. Augspurg. 8.

Evangelischer Kalender v. Piper. 1859 S. 189 ff. Aufsatz von Barth
über die evangelischen Salzburger.

(Freiberg — cf. „Salzburg — das vom Herrn rege gemachte —")
(Francken, [Halle] cf. „Christliche Ausprache . . .")
(Frankfurt a. M. cf. „Glaubensbek. — das — der Salzb. Emigrant.")
(Frenckenberg cf. „Nachricht, eigentliche.)

Fusstapfen — die bemerkten — der Göttlichen Gnade und des
lebenden Gottes an denen durch Ebersdorf passirten Saltzburgischen Emigranten, dem Druck übergeben von M. J. P. O. Winkler, Hofprediger.
Jena 1732.

Frankfurth an der Oder — das über der Saltzburgischen Emigranten
Ankunft sich freuende, ihnen wohlthuende und sie seegnende. — 1732. 4.

Freiberg — das am 8. August im Jahre Christi 1732 950 Saltzburgische Emigranten zu williger Bewirthung freudig aufnehmende Freyberg, auf vieler Verlangen kürtzlich beschrieben. Freyberg, zu finden bey Christoph Matthäi, bestehet aus 5 Bogen. 4.

(Freyberg cf. „Nachricht — Erbauliche —".)

Freylinghausen, Pastor zu S. Ulrich und Gym. Schol. zu Halle: Christliche Ansprache an die Saltzburgische Emigranten. Halle 1732.

(Fischer cf. Coburgum)

(Farber cf. Meissen, der gutthätige.)

(Frankenstein, cf. „Unmassgebliche Gedanken —")

Fickler, cf. „Wichtige Vertiren . . .")

A. D. **Gärtners** in dem Evangelischen Waysenhause zu L. Ermunterungsschreiben an die um der Evangelischen Religion willen emigrirende Saltzburger, einem Christlichen Freund übersandt und auf Vieler Verlangen dem Druck überlassen von dem Editore (Samuel Urlsperger). Jahr, Druckort?

Der Göttliche Befehl an die Evangelische Kirche, die neuen Glaubens-Bekenner auf- und anzunehmen — den 9. August 1732 in der Oberkirchen in Burg vorgestellet von Joh. Fr. Chr. Hahn. Wobey dessen erste Anrede, wie auch Historischer Bericht u. s. w. befindlich ist. Magdeburg in Verlag s. Christian Seidels Wittwe und G. E. Scheidhauers (1732).

J. M. Gläseners, Past. zu St. Andr. in Hildesheim, Anrede, welche er an die Saltzburgischen Emigranten den 1. September 1732 in der dasigen Hauptkirche zu St. Andreä gethan, nebst der Abschieds-Rede, welche — gehalten worden von G. W. Götten, Past. zu St. Michael, Hildesheim, gedruckt und verlegt durch J. H. Matthäi 1732.

Glaubensbekänntniss — das — der Saltzburgischen Emigranten, welches ist abgeleget worden den 27. Januar 1732 zu Augspurg, von neuem aufgeleget. Nebst einem Anhang der Reise der Emigranten durch Frankfurth a. Main. Erfurth, druckts G. A. Müller 1732.

Die Güte Gottes, welche bedrangte Seelen zur verlangten Ruhe leitet, einem Theil der Saltzburgischen Emigranten — vorgeleget, von J. J. Pfitzard. Nürnberg. J. Albrecht 1732.

Die Glori der Lutherschen Kirch, die Saltzburgische Emigranten, von denen Herren Lutheranern zu Augspurg an Ihrem Friedens-Fest Anno 1732 mit Mund und Feder, nachgehends etwas besseres vorgestellet. Von P. Fr. Xav. Pfyffer, der Gesellschaft Jesu Priestern, Ordinarii Dom Predigern allda etc.

Gedanken — katholische — von dem Saltzburgischen Emigrations-Wesen. München. 1733.

Gott geheiligtes Denk- und Gedächtniss-Mahl des Merk- und Bewunderns — würdigen Ausgangs derer in dem Ertzstift Saltzburg in die etliche 20000 Unterthanen etc. (langer Titel) — — aufgerichtet, inventiret, beschrieben und in Kupfer gestochen, auch verlegt von Joh. Aug. Corvinus, Kupferstecher in Augspurg. Anno 1732.

Gespräche in dem Reiche der Todten zwischen D. Mart. Luthern und einem den 15. Junii 1732 zu Altenburg verstorbenen Saltzburgischen Emigranten, Hans Moseger genannt. Berlin. 1732.

(Gera cf. Liebthätige Gera.)

(Gera cf. Bericht eines christlichen Freundes.)

(Gera cf. „Deren Saltzburgischen Ankunft.")

(Gotha cf. „Denkmahl göttlicher Güte.")

(Gotha cf. „Schriftmässige Anrede . . .")

(Grossenhayn cf. „Relation — Kurtze . . .")

(Grünhayn cf. „Zwei denkwürdige Schreiben.")

(Griese, Prediger a. S. Petri in Cölln a. d. Sprec: Die zu unserm Zeiten so merkwürdige Emigration der Saltzburger etc. Berlin 1732. 4.)

Grulich, Vesper Prediger zu Freyberg: Das christliche Wohlverhalten bei einem so merklichen Ausbruch des Reichs Jesu. Dressden. 1732. 4.

Georgia oder Kurtze Nachricht von dem christlichen Vorhaben der Königl. Englischen Herren Commissarien zur Aufrichtung der neuen Colonie

Georgia in Süd-Carolina in Amerika, wie auch der in London sich befindenden Societät, so von Fortpflanzung der Erkänntniss Christi den Nahmen hat, 300 Protest. Emigranten nach Georgien aufzunehmen. Frankfurt 1732. fol.

Göttliche — das — bey der Saltzburgischen Evangelischen Gemeinde in ihrem Ursprunge etc. von J. C. Wurtzler, Rect. zu Halberstadt. Halberstadt 1732. 4.

Gebet auf die Saltzburgische Emigranten bey öffentlicher Kirchen-Versammlung in . . . Schweinfurth, nach der Predigt zu Gott abgeschicket.

Geschichte der Auswanderung der evangelischen Salzburger im Jahre 1732. Beitrag zur Kirchengeschichte. Nach den Quellen bearbeitet von Carl Panse. Leipzig 1817. Verlag von Leopold Voss. (Motto: Le faux zèle est un tyrann, qui dépeuple les provinces. La tolérance est une tendre mère, qui les rend florissants. Mémoires pour servir à l'histoire de Brandenbourg.

Geschichte der Auswanderung der evangelischen Salzburger von J. E. H. (Haak) Gumbinnen 1832.

Geschichte der Auswanderung der evangelisch gesinnten Salzburger von Prof. F. Schulze. Gotha 1838.

(Gühling cf. „Etwas zur Historie . .")
Gartenlaube 1861 und 1863 Nr. 44.

Grenzboten. M. J. Vertreibung und Aufnahme der Salzburger Protestanten im Jahre 1732. 24. Jahrgang. II. Semester. 4. Bd. Leipzig 1865. Seite 1001—1024.

Gfrörer, Geschichte des XVIII. Jahrhunderts. Schaffhausen 1862—1863. (Herausgegeben von Weiss.) II. Band.

Gnadenlohn — den herrlichen — der getreuen Nachfolger Jesu hat aus dem 11. der Offenbarung Joh. v. 10 denen Saltzburgischen Emigranten, Als eine Anzahl derselben in Georgenburg angelanget, zum besonderen Text vorgestellet. Pet. Gottl. Mielcke, Pfarrer zu Georgenburg. Königsberg 1732. 4.

(Geisshirt cf. „Eisenach . . .")
(Gudens cf. „Theol. Betracht . . . .")
(Göcking cf. „Umständliche und wahrh. Nachrichten . . .")
(Göcking cf. „Vollkommene Emigrationsgeschichte . . .")
Geschichte der evangelischen Salzburger (1420—1870). 8. Auflage. Nürnberg 1871. 8⁰. 80 Seiten. (0,80 M.)

Joh. Gottl. Hillingers Hofpred. und Superint. des Fürstenthums Salfeld. Beitrag zur Kirchenhistorie des Erzbisthums Salzburg. 1732.

Eine herzliche Ermahnung an die Saltzburgischen Emigranten als ein geistliches Saltz, dass es nicht dumm werde, welche — aufgesetzet und mitgegeben Joh. Schimmeier. Alten-Stettin. Gedr. bei G. Gottfr. Effenbahrten 1732.

Historie — Kurtze — der Evangelischen Emigranten, wie die göttliche Providentz dieselben nach vielen ausgestandenen Drangsalen, aus dem Erzstift Salzburg in ein Land geführet, worinnen Milch und Honig der Evangelischen Wahrheit fliesset. Mit schönen Kupfern gezieret. Meinningen 1733.

(Halberstadt cf. „Denkmahl der Liebe . . .")
(Herspruck cf. „Relation — Kurtze — und mit denen dazu gehörigen Beylagen —")
(Halle cf. „Nachrichten — Ausführliche")
(Hetstedt cf. „Liebesschuld . . .")

Historie — eine kurtzgefasste aller Evangelischen Emigranten vom 12 Seculo bis auf jetzige Zeit (langer Titel) von M. Georg Christ. Bohnstedt, Rect. d. Domschule in Halberstadt. Halberst. 1732. 4.

(Hildesheim cf. „Umständlicher und wahrhaft. Bericht . . .")
(Huber cf. „Actenmässige Geschichte . . .")
Haucke, Pred. am Lazareth in Dantzig. 4 Predigten. Dantzig 1732. 4.
(Huhn cf. „Denkmal göttlicher Güte . . .")
(Hahn [Burg] cf. Göttlich. Befehl.)
(Hoffmann [Leipzig] cf. Predigt.)

(Hofmann, Abrahams Emigranten-Stab.)

Hohenzollernsche Colonisationen von Dr. M. Beheim-Schwarzbach. Leipzig 1874. Dunker und Humblot S. 170—220.

(Hunnius cf. Cranichfeld.)

([Haack] J. E. H. cf. „Gesch. d. Auswanderung . . .")

(Hoppen cf. „Ein Lied etc.")

(Herz cf. „Pritzwalk . . .")

Immanuel! Ein wahrer Christ und rechter Israelit, in welchem kein Falsch ist, an dem Exempel eines Saltzburgischen Emigranten wurde — zu Gross Zschaher bey Leipzig vor Augen gestellet von M. H. E. Schwartzen. Leipzig bey J. Chr. Martini 1732.

(Jänicke cf. „Saltzburg — das vom Herrn regegemachte.")

Die Kraft und Wahrheit des Göttlichen Worts, wie solche sich an den Saltzburgischen Emigranten erwiesen, indem viele Tausend derselben dadurch erleuchtet, und zur Erkänntnis des Heyls gelanget sind, auch die tröstlichen Verheissungen Gottes, darinnen an ihnen wahr geworden; nebst zuverlässigen Nachrichten von ihrem Zustande und sonderbaren speciellen Umständen, von ihrer Verfolgung und Verjagung, auch wie sie hier und da aufgenommen und empfangen worden, zu Verherrlichung des Nahmens Gottes, Erbauung des Nächsten, und künfttiger Ueberzeugung der Bibel-Verächter ans Licht gegeben. Mit beygegeb. Kupfer von derselben Ankunft, Einzug und Bewirthung in Magdeburg. Magdeb. 1732. 4.

(Kauffbeyern cf. „Schau-Platz der Zeit.")

(Königsbrück cf. „Abschieds- Erweckungs- und Trost-Rede.")

Kuttner, Prediger zu St. Thoma in Leipzig: den allervortheilhaftesten und seeligsten Verlust derer Nachfolger Jesu. (Math. 19,29.) Leipzig. 4

Königsberger Missionsblatt 1826. S. 1—35, 49—91.

(Krüger cf. „Die Salzburger Einwanderung in Preussen . . .")

(Käswurm cf. „Die Vertreibung der ev. Salzburger . . .")

(Kessel cf. „Zeitschr. für Hist. Theol. . . .")

Das Liebthätige Gera gegen die Saltzburgischen Emigranten. Das ist: Kurtze und wahrhafte Erzählung, wie dieselben in der Gräflich-Reuss-Plauischen Residentz-Stadt Gera angekommen, aufgenommen und versorget, auch was an und von vielen derselben gutes gesehen und gehöret worden. Mit eilfertiger Feder entworfen. Leipzig, bei S. L. Walthern 1732.

Fr. Chr. Lessers umständliche Nachrichten von denjenigen 2790 Evangelischen Saltzburgischen Emigranten, welche zu zweienmahlen, nemlich den 26. Aug. und den 23. Sept. 1732 in Nordhausen angekommen (langer Titel) etc. In Nordh. verlegts Jos. G. Grosse 1732. (Mit mehreren Beilagen: alle Reden, Dispositionen, Prophezeiung Pauli Sperati, ein Brief Luthers an Lodinger etc.)

(Leipzig cf. „Sendschreiben, worinnen die . . .")

(Leipzig cf. „Das Wohlthätige Leipzig . . .")

Liebesschuld — die denen Saltzburgischen Glaubensgenossen bezahlte — oder eine Relation, wie liebreich 570 und hernach noch 48 aus Salzburg vertriebene Lutheraner in Hetstedt sind aufgenommen worden, dem Druck überlassen von M. P. Th. Pietsch, past. prim. daselbst. Aschersleben 1732.

Langen-Saltza — Anordnung der Stadt — wegen Aufnahme und Bewirthung derer Saltzburgischen Emigranten. Langen-Saltza 1732. 4.

(Leissnig cf. „Beschreibung — Kurtze . . .")

Löscher, Ober-Cons. zu Dressden: 3 Predigten. Dressden und Neustadt. 1733. 4.

Lied — Ein — mit welchem den 9. Septbr. 1732, 705 Saltzburgische Emigranten und den 11. darauf 500 dergl. Personen zu Neuen Ruppin empfangen worden, abgefasset von Christ. Joh. Dietr. Hoppen. Rector 1732. 8.

(Löber cf. „Umständliche Nachricht . . .")

Manifest, worin die seditiosa facta und andere in grosser Menge verübte Insolentien der aufgestandenen Saltzburgischen Unterthanen im Gebürg, dem Publico vorgelegt und diesem zu urtheilen überlassen wird, ob sie sich dadurch nicht allen in dem Westphälischen Friedensschluss denen Emigranten zu gutem stipulirten Beneficien verlustiget, und selbst unwürdig gemacht haben? Gedr. zu Stadt an Hof bei Joh. Frantz Hanck Anno 1732.

Dr. Aug. Fr. Müllers Organi Aristot. Prof. Publ zu Leipzig, Dissertatio von dem Auszuge der Inwohner eines Landes der Religion halber, welche zu Leipzig 1732 den 3. Septbr. gehalten und aus dem Lateinischen ins Deutsche übersetzt worden. (Als Anhang zu Schellhorns histor. Nachricht, übersetzt von Stubner.)

Meditationes Propempticae oder erbauliche Betrachtungen über der evangelisch-lutherischen Saltzburger Emigration bei Gelegenheit ihrer Aufnahme in vielen Orten unsres Landes angestellet von M. Jos. Paul Ram, Mittagsprediger am Dom zu Freiberg. Wittenberg bei Cr. Gotl. Ludwigs sel. Erben 1732. 4.

Magdeburgisches fröhliches Pfingstfest bey der Ankunft der vertriebenen Glaubens-Brüder aus Saltzburg, wolte auf Begehren in folgenden Nachrichten zum Andenken in öffentlichem Druck darlegen M. Jos. Jul. Struve, E. Ehrw. Ministerii Senior et Pastor zu S. Johann. Magdeburg und Leipzig 1732. 4.

(Meininigen cf. „Saltzburgisches Denkmahl.")

(Moser cf. „Saltzburg. Emigrations Acta.")

Magazin für Deutsche Geschichte und Statist. 1784. I. S. 194 (Abdruck: Geheime Historie des Erzbischofs zu Salzburg und der wahren Ursache der Emigranten; sehr gehässig gegen den Erzbischof.

(Meissen cf. „Nachricht — Kurtze — von der Ankunft etc.")

Meissen — das über die glückliche Ankunft etlicher hundert Saltzburger sich höchst erfreute — bestehend in einem Sendschreiben. Gedruckt 1732.

Meissen — das gutthätige, — wie es die Saltzburgischen Emigranten freundlich aufgenommen, liebreich bewirthet etc., nebst der Anrede des Herrn Superint. D. Wilkems, ingl. der Abschieds Rede des Herrn Archid. M. Farbers 1732.

Meissen — das lieb- und wohlthätige — wie sich solches bey der Ankunft und Abzuge derer aus dem Saltzburgischen um des Glaubens willen verjagten Lutheraner, durch willige Aufnahme und gute Verpflegung rühmlichst aufgeführet. Leipzig 1732.

Monat — Im — da ein Christ das Weyhnacht-Fest begeht, schrieb Joh. Christ. Schwartz von denen Emigranten, die sich, indem ihr Sinn hinein nach Holland steht — vorher nach Regenspurg aus Saltzburgs Gräntzen wandten — eins, sieben, zwei und drei — diess deutet auf das Jahr — da dieses Blatt in Druck — zu Hofmann kommen war.

Moneta, Pred. zu Grosszinter im Dantziger Werder: Den heiligen Gruss . . . im Grosszindrischen Gottes Hause. Dantzig. 1732. 4.

(Müller, Past. zu St. Annen in Dressden. Zulängliche Erkänntniss des jetzigen Salzburgischen Emigrations-Wesens. Dressden und Leipzig. 4.

Mitleiden (das) des fest gegründeten Zions gegen die um der Ehr und Lehre Gottes vertriebene Evangelische Saltzburger in zwei Liedern gezeiget von Jos. Dan. Albrecht K. Z. S. G. in Gotha.

(Mielcke cf. „Gnadenlohn etc. . .")

(Muthmann cf. „Saalfeldische Freude . . .")

Menzel. Gesch. d. Deutsch. Bd. X. S. 130.

Nachricht — Kurtze — wie die Saltzburgischen Emigranten zu Brandenburg a. Havel zu vier unterschiedenen Malen sind eingeholet, aufgenommen und wieder fortgeleitet worden, nebst denen Reden, die dabey sind gehalten worden. Brandenburg, gedruckt bei Ch. Hallon 1732.

Nachricht — Kurtze, doch deutliche und umständliche — wie die arme Saltzburgische der Evangelischen Wahrheit zugethane Emigranten bei ihrer Durchreise durch etc. Zerbst von unsrer gnädigsten Landes-Herrschaft aufgenommen worden u. s. w. von J. C. G. Leipzig, 1732. 4. zu finden in Teubners Buchladen.

Nachricht — Fortsetzung der — wie die am 23. August dieses 1732. Jahres in Zerbst abermahl angekommene Saltzburgische Emigranten aufgenommen — von einem Passagier. ebend.

Nachricht — gewisse und glaubwürdige — wie man sich in Wittenberg bei der Ankunft, Aufnahme und Abreise derer — Saltzburgischen Evangelischer Wahrheit zugethanen Emigranten verhalten. Wittenberg, gedr. bei Aug. Kobersteiner 1732. 4. (Titel weicht bei Panse und Göcking ab.)

Nachricht — Ausführliche — von dem, was allhier zu Halle mit denen Saltzburgischen Emigranten vorgegangen. Halle 1732. Nebst zwei Fortsetzungen.

Historische Nachricht von denen in dem Ertz-Bischoffthum Saltzburg den Bekennern der Evangelischen Wahrheit von Zeit zu Zeit, sonderlich in den letzten Jahren, zugefügten Bedrängnissen. von Joh. Gust. Reinbeck, Consist.-Rath, Probst und Inspector zu Berlin. Berlin 1732.

Nachricht — Kurtze, doch zulängliche — von dem Saltzburgischen Emigrations-Geschäffte, worinnen in einem Discours von den Emigranten, ihrer Lehre, und wie sie dazu gelanget, ingleichen von ihrem Lebens-Wandel, ausgestandener Verfolgung, Marsch-Route, wie auch bei freundlichem Empfang und Aufnehmung bey denen Evangelischen gehandelt wird. Alles aus authentischen Memorialien und Schreiben entweder in forma oder per extractum zusammen getragen, und mit einigen Kupfern ausgezieret. Frankf. 1732. 8. (Nordhausen cf. „Lessers Umständliche Nachrichten . .") (Negelein cf. „Das Auge Gottes . .")

Nachricht — Kurtze, doch zulängliche — welchergestalt von denen emigrirenden Saltzburgern eine grosse Anzahl in der Stadt Altenburg angekommen, wohl empfangen und mit Thränen dimittirt worden. Dresden 1732.

Nachricht — Kurtze und wahrhafftige von denen Saltzburgischen Emigranten, welche den 26. Julii und 7. Aug. A. 1732 in die Hochfürstliche Schwartzburgische Stadt Arnstadt angekommen und daselbst mit allen möglichen Liebesbezeugungen von denen Einwohnern aufgenommen worden, auch was sich sonst allda mit ihnen Merkwürdiges zugetragen. Arnstadt. 4.

Nachricht von dem Durchzuge und der Bewirthung einiger Saltzburgischen Emigranten in Dantzig, so geschehen im Ende des Monats Julii 1732. Dantzig.

Nachricht — eigentliche — wie sich die Einwohner in dem Städtchen Frankenberg und die Bürgerschaft in Döbeln bey den Saltzburgischen Emigranten verhalten. Dressden 1732. 4.

Nachricht — erbauliche — von der willigen Aufnahme und Bewirthung derer 980 Saltzburgischen Emigranten in der Stadt Freyberg. Dressden 4, sind 5½ Bogen.

Nachricht — Kurtze — von der Ankunfft und Abreise derer Saltzburgischen Emigranten in der Stadt Meissen den 10. Aug. 1732, deren Anzahl sich über tausend erstrecket hat. 1732. 4.

Nachricht — Merkwürdige von der Ankunft und Abreyse 550 Saltzburgischer Emigranten zu Torgau. Dressden 4. (Negelein cf. Auge Gottes.) (Neu-Ruppin cf. — „Lied, Ein.")

Nachrichten von denen Saltzburgischen Emigranten, worinnen anitzo gemeldet wird, was sich besonders mit denenjenigen zugetragen, welche Ihre Königl. Majestät in Preussen in dero Landen aufnehmen lassen, wie vorsichtig man dieselben durch papistische Lande führen müssen und wie gutthätig man sich im Gegentheil in denen Evangelischen Landen gegen dieselben bewiesen; auch wie gross dieser armen Leute Verlangen sei nach dem Worte Gottes und wie andächtig sie sich dabei bezeigen; Ingleichen was zu Halle mit denen Evangelischen Emigranten vorgegangen. Königsberg gedruckt und zu bekommen in der Kgl. Hof-Buchdruckerei 1732.

Hierzu Fortsetzung, Zweite Fortsetzung, Dritte Fortsetzung oder Viertes Heft, in welcher gehandelt wird theils von denen, welche durch Berlin nach Stettin abgegangen, theils aber auch von denen, welche bereits wieder auf der Reise nach den Preussischen Landen begriffen und Frankfurt a./M. schon passiret seind und was für besondere Merkwürdigkeiten ihnen hie und da aufgestossen.

Nachrichten vom Zustand der Gegend und Stadt Juvavia. Salzburg 1784 von Thadd. v. Kleinmayer. Seite 230 ff.

Notizen von Preussen, mit besonderer Rücksicht auf die Provinz Litauen etc. I. Sammlung 1795 Nr. 3. „Ueber die Colonie der Salzburger in Preussen und einige Bemerkungen zur Characteristik derselben" S. 171—205. Verfasser — Gervais (Kriegs- und Dom.-Rath bei der Kammer in Gumbinnen (c. 1780—95), dann Oberbürgermst. in Königsberg.

(de Neve cf. Cüstrin.)

Nachrichten (Einige) über die Familie Käswurm in Litauen. Ein Beitrag zur Familienchronik. (Als Manuskript gedruckt.) Verf. anonym (Käswurm in Darkemen). Darkemen 1866.

Nordmann cf. Römerfahrt.

Predigt von denen beständigen Liebhabern Gottes, so am 1. Sonntage nach Trinitatis 1732 bei Gelegenheit der Saltzburgischen Emigranten zu Leipzig gehalten worden von M. C. G. Hoffmann — Leipzig, zu haben unterm Rathhause bey J. Th. Roetii s. nachgelassener Tochter. 1732. 4.

Programma de Fatis Salisburgensis Ecclesiae ab origine ad nostra usque tempora. Joach. Christoph. Bogenburgii. Berolini 1732. 4.

Pritzwalk — das Liebthätige — gegen 1008 Saltzburgische Emigranten, welche den 29. Septbr. A. 1732 daselbst ankamen und des folgenden Tags ihre Reyse nach Preussen fortsetzten etc. von Joh. Christ. Hey, Rectore der Schule zu Pritzwalk 1732.

Das Preis-würdige Preussen oder gerechte Lobes Erhebung dieses Königreiches wegen liebreicher Aufnahme der Saltzb. Emigranten in gebundener Rede kürtzlich erwogen von C. T. Leipzig 1732.

(Pfizer cf. Güte Gottes . .)

(Pfyffer cf. Glori der lutherischen Kirche . . .)

(Panse cf. „Geschichte der Auswanderung . . .")

(Pietsch cf. „Liebesschuld . . . .")

(Pichler cf. „Salzb. Landesgesch. . . .")

(Putoneus „Das Wohlthätige Leipzig.")

(Quedlinburg cf. „Salzburger — die verjagte und wohlgeplagte.")

Reise-Gebeth, welches Michael Starcke, ein Vorsteher derer in Hildesheim gewesenen Saltzburgischen Emigranten, auf Begehren zum Abschreiben mitgetheilet; nunmehro aber dem öffentlichen Druck übergeben. 1732.

Relation — zuverlässige — von Ankunfft und Aufnahme der Saltzburgischen Emigranten bey denen Evangelischen in Kauffbeyern, Augspurg und anderen Schwäbischen Städten, so aus verschiedenen sicheren Nachrichten zusammen getragen und nun allen wahren Christen zur Erweckung mitgetheilt wird. Frankfurt am Mayn 1732. 4. (2 Theile.)

Relation — Kurtze — von denen Saltzburgischen Emigranten, welche ihren Weg durch Mitweyde genommen, ingleichen denenjenigen, die in Grossenhayn angekommen. Dressden 4.

Relation — Kurtze und mit denen dazu gehörigen Beylagen begleitete — wie von dem des H. Römisch. Reichs freien Stadt Nürnberg zugehörigen Amt und Städtlein Herspruck die den 16. Julii 1732 daselbst durchpassirte Saltzburgische Emigranten empfangen, bewirthet und begleitet worden. Nürnberg 1732.

(Regenspurg cf. „Brüderlicher Gruss etc.")

(Regenspurg cf. „Verordnung etc.")

(Regenspurg cf. „Monat — Im —.")

Rentz, (Pred.) Heil. Kreutz in Augsb.: Eine Apostolische Ermahnung etc. (Ebr. 10, v. 35.) Augsburg 1732.

Roloff, Consist. R., Probst etc. in Berlin: Der Unterschied der Leiden um des Gewissens und der Missethat willen (1. Petr. 24, 11—20). Berlin 1732.

Rothens, M. Christ., Aug — Katechismus Lied aus den Psalmen Davids . . . . zur Erbauung derer Saltzburgischen Ev. Glaubens-Genossen. Halle 1732.

Reisebeschreibung der Saltzburger. — Dürnberger Emigranten. Leipzig 1734.

(Rambach: Ausführliche und zur Nachricht . .)

(Ram cf. Meditationes . .)

(Reinbeck cf. „Histor. Nachricht . . .")

(Rieger cf. „Der Saltzbund Gottes . . .")

(Redenbacher cf. „Die Salzburgerin . . .")

(Raths cf. „Die Salzb. Hospit. Arm. Anstalt . . .")

(Rentzendorf cf. „Ungrund des Röm. Kath. Glaubens . . .")

Eine Römerfahrt, episches Gedicht, zweiter Gesang (Band II) „unter dem Krummstab". Nordmann. Wien 1877. 8⁰. 228 S.

Joh. Georgii Schelhornii, de Religionis Evangelicae in provincia Salisburgensi ortu, progressu et fatis; commentatio historico-ecclesiastica. Lips. 1732.

Joh. Georg Schelhorns historische Nachricht vom Ursprung, Fortgang und Schicksale der Evangelischen Religion in den Salzburgischen Landen, darinnen die Kirchengeschichte seit der Reformation erläutert wird. Aus dem Lateinisch übersetzt (von M. Fr. W. Stubner); Leipz. bei C. Chr. Breitkopf. Buchde 1732. (Anhang hierzu cf. Dr. Aug. Fr. Müllers Organi Aristot. etc.)

Saltzburgische Emigrations-Acta. 2 Bände. 12 Stücke. Gesammelt von Joh. Jac. Moser, Herz. Würtemb. Regierungs-Rath und prof. jur. zu Tübingen. Frkf. u. Leipz. Verl. Joh. P. Rothens. 1732 – 1733.

(Der) Saltzbund Gottes mit der Evangelisch-Saltzburgischen Gemeinde, oder ausführliche und erbauliche Erzählung von dem ersten Ursprung und wunderbarer Erhaltung, wie auch allen anderen merkwürdigen Schicksalen derer von einem halben Jahre her aus dem Ertzbisthum Saltzburg emigrirenden evangelischen Christen, aus zuverlässigen Urkunden der alten Zeit hergeführet und biss auf diesen Tag fortgesetzet vom Georg Cunrad Rieger, Prof. Verlegts Metzler und Erhard. 1732. 8. Stuttgard.

(Die) Stellung der Gläubigen vor das Angesicht der Herrlichkeit Jesu, in der Evangelischen Hauptkirche zu St. Anna in Augspurg, den 18. Juni 1732 vor etlich hundert Evangelischen Saltzburgern und einer grossen Menge Einheimischen aus der Epistel St. Judä v. 20—25 in der Furcht des Herrn erwogen und auf Vieler anhaltendes Verlangen dem Druck überlassen von Samuel Urlsperger, Senior. — Augspurg bei Mentz und Mayer 1732.

Sendschreiben, worinnen die, an denen zu Leipzig den 13. und 14. Juni 1732 eingetroffenen und den 16. und 17. hujus wieder ausgezogenen Saltzburgischen Emigranten in reichem Masse sich ergiessende Güte Gottes bewundert wird. Leipzig, zu finden am schwarzen Brette. 1732.

Saltzburger — die verjagte und wohlgeplagte — oder sogenannte Saltzburgische Emigranten, wie selbige an der Zahl 840 Personen von — Magistrat beyder Städte Quedlinburg — liebreichst empfangen u. s. w. (Langer Titel.) Ex actis publicis mitgetheilet und zum Druck befördert. Im Jahre 1732. 4.

Saltzburg — das vom Herrn rege gemachte —, als zu Freiberg 950 Saltzburgische Emigranten den 8. Aug. 1732 ihren Durchzug und Rasttag nahmen — von M. G. Fr. Janicken — Dresden und Leipzig, in der Zimmermann- und Gerlachschen Buchhandlung 1732.

Der Saltzburgischen Emigranten freudenmuthige und höchst gesegnete Wanderschaft in die Königlichen Preussischen Lande, nebst Kupfern etc. Nürnberg 1732

Fortsetzung hierzu:

Nachlese zu der Saltzburgischen Emigranten Wanderschaft oder fernere Marsch-Route. (Hierin auch die Transporte der Dürnbergschen und Berchtolsgader Emigranten; einige Kupfer, eine Karte von d. Insul Cadsand im Holländ. Flandern) von Jos. Heinr. Baum, phil. cult. Nürnberg 1734.

Saltzburger) — der seufzende — oder besondere Unterredung in dem Reiche der Lebendigen zwischen einem der Religion halber aus dem Lande emigrirten Saltzburger und einem gleichfalls wegen des Glaubens aus den Italiänischen und Französischen Gräntzen vertrieb. Waldenser, darinnen beyder Schicksale und Verfolgungen, insonderh. aber der Historie der emigrirten Saltzburger vollständig beschrieben wird. Magdeb. 1732.

(Michael Starke (Hildesheim) cf. „Reisegebet.")

Derer Saltzburgischen Emigranten Ankunfft, willige Aufnahme und liebreiche Versorgung in der Stadt Gera. Dressden 1732.

Schriftmässige Anrede an die Saltzburgischen Religions-Exulanten, als deren bei 500 den 28. Julii 1732 zu Gotha angekommen und liebreich aufgenommen u. bewirthet worden, verfasset von Jos. Heinr. Stuss, des Fürstl. Gymn. Rector. Gotha. 4.

Schau-Platz der Zeit, vorstellend den freundlichen Empfang der aus ihrem Vaterland emigrirenden Saltzburger in der Wohl-LöblichenKaiserl. Freyen Reichsstadt Kauffbeyern und was sich sonst Merkwürdiges in Augspurg mit denselben zugetragen. Augspurg. fol. 1732.

Saltzburgisches Denkmahl bey Gelegenheit der Saltzburgischen Emigranten, als dieselben in der Fürstlichen Residentz Stadt Meiningen angelanget etc. worden, aufgerichtet von J. D. Silchmüllern, Past. etc. Meiningen.

Salfeldische Freude über die denen Saltzburgischen Emigranten wiederfahrende Gnade Gottes. Oder: „Historisch-Theologisches Denkmahl derjenigen Merkwürdigkeiten, welche in Anschung derer Saltzburgischen Emigranten in Salfeld vorgekommen. Auf Hoch-Fürstlich gnädigsten Befehl dargestellet von J. Muthmann etc. Leipzig und Zillichow. 1733. 8.

(Schäl, Pred. in Hanau: Christl. Bewillk. und Abschieds Rede.)

(Schamel, Past. prim. in Naumburg: Christliche Trost Rede. Naumburg und Zeitz.

(Schinmeier, Post a. d. St. Johannisk. in Stettin cf. Eine herzliche Vermahnung an die Saltzburger Emigranten. Alten Stettin 1732. 12.)

Schmidt, Past, zu Sabina in Prentzlow: Ein recht bekehrter und von Jesu getrösteter Fremdling (Luc. 17) Prentzl. 1733.

(Schwartze, Pred. zu Gross Zschocher bey Leipzig. Immanuel. Ein wahrer Christ etc. Leipzig 1733.

Sendschreiben an einen guten Freund, darinnen auf einige gegen die Aufnehmung 300 Protest. Emigranten in Georgien gemachte Entwürffe geantwortet wird. Frankf. 1733. fol.

Der Saltzburgischen Emigranten Wanderstab in zwei Liedern verfasset und aufgesetzet von einem jungen Exulanten, Nahmens Rubert Schweiger, von St. Veit gebürtig. Dressden 1732. 8.

Die Salzburger Colonie in Lithauen v. Ritter v. Schallhammer. 1873.

Salzburger Landesgeschichte v. Georg Abd. Pichler. I. Abtheil. VII. u. VIII. Heft 1864, behandelt: Die Geschichte der Auswanderung der S. Hiergegen grosse Polemik, besonders von Gotha und Gumbinenn aus.

Die — Salzburgerin von Wilh. Redenbacher. Eine Erzählung auf geschichtl. Grunde in „Neueste Volksbibliothek in Verbindung mit einigen Freunden herausgegeben von W. Redenbacher. Jahrgang 1853. 2 Bändchen. Dresden. (3. Aufl. Bern 1873. 8°. 185 S.)

Die Salzburger Einwanderung in Preussen mit einem Anhange denkwürdiger Actenstücke und die Geschichte des Salzburger Hospitals zu Gumbinnen nebst dem Statut desselben, bearbeitet von Theod. Krüger, Pred. a. D. Gumbinnen 1857. (Mit einer Ansicht der Salzburger Kirche und des Hospitals.

Die Salzburger Hospitals-Armen-Anstalt in Gumbinnen. Eine Chronik von 1740—1840 von W. F. Raths. 3 Hefte. Gumbinnen 1841.

(Stechen cf. „Eine Einfältige . . .")

(Schulze, Geschichte der Ausw. . . . .)

(Struve cf. „Magdb. fröhl. Pfingstfest . . .")

(Stehr cf. „Die Vertreibung und Auswand. . . .")

Jos. Schaitbergers neuer vermehrter evangelischer Sendbrief (neu durchgesehen von einem evangelischen Geistlichen) Reutlingen 1872. 8⁰. 530 S.

Thalkirche — die über 100 Jahre unsichtbahr gewesene, nunmehro aber nach deren Entdeckung zerstreute Evangelische Teferecker Thal-Kirche, in des Ertzstift Salzburg Pflege Windisch Matterny, wie auch in einem Theil des angrenzenden Tyrolischen Gebürges: Das ist, die bei jetzt gemeldeter Glieder selbiger Kirchen ohnlängst entstandener Auftreib- und Verfolgung, sowohl zwischen denen hiebevorigen und jetzigen hohen Obrigkeiten und respective Glaubensgenossen, als auch etlichen Privatis Römisch-Catholisch- und Evangelischer Religion gewechselte Schriften, eingezogene Erkundigungen und gefällete Judicia, zu jetziger und künftiger Liebhaber dergleichen denkwürdiger Geschichte Nachricht also zusammen getragen und in Druck verfertiget von Gottfr. Wahrlieben. Gedruckt zu Denkstadt im Jahre 1688.)

Theologische Betrachtungen über die aus der gegenwärtigen merckwürdigen Emigration derer Evangel. Christen aus dem Ertz-Bissthum Saltzburg hervorleuchtenden Vorsehung Gottes auf seine streitende Kirche; nebst ein. Sammlung derer vornehmsten Apophthegmatum Augustanorum, d. i. deren merkkwürdigsten Reden, welche auf dem Welt- bekandten Reichstage zu Augspurg A. 1530 von denen daselbst versammelten Freunden und Feinden des Ev. geführet worden. M. Gottlob Fr. Gudens, Diak. und Catech. in Lauban etc. Leipzig und Lauban 1733.

Trostschrift und Briefe — Martin Lodingers —, welche er. fast vor 200 Jahren an seine Lands-Leute im Saltzburgischen abgehen lassen. Samt einem Schreiben des sel. Lutheri an ihn. Aufs neue mit einer Vorrede Gust. Georg Zeltners etc. 1733. Nürnberg.

Todtengebeine — deren auf ihrer Wanderschafft verstorbenen Saltzburger Emigranten grünende — auf den Evangelischen Freyt Höfen, durch verschied. ehrliche Begräbnisse kürtzlich doch klärlich vorgestellet v. J. H. B. Baum) Nürnb. 1733.

(Torgau cf. „Nachricht Merkwürdige . .")

Teller, Pred. bei Peters Kirche in Leipzig: D. Unterscheid der Freunde und Feinde des Creutzes Jesu (Luk. 16, 15—31) Leipz. 1732.

Umständliche und wahrhaftige Nachrichten von denen Saltzburgischen Emigranten, was dieselben vor Leute sind: wie und warum sie genöthigt worden. ihr Vaterland und alle das Ihrige zu verlassen: wie man mit ihnen vor und bei der Austreibung verfahren: was sie vor Gefahr und Ungemach bisher ausgestanden und noch ausstehen müssen: wie sie sich gegen ihre Feinde verhalten, und wie sie bei allem ihren Elend dennoch freudiges, gutes Muths und getrost sind. Anno 1732 (Druckort?) Wahrscheinlich von Göcking verfasst und in Berlin erschienen.)

Hieran sich anschliessend: Erste. andere und dritte Fortsetzung von den Nachrichten der Saltzburgischen Emigranten, nebst dem Anspruch und Seegenswunsch, so an dieselbe in Berlin gehalten worden. Worinnen anfänglich gezeigt wird, was sich besonders mit denenjenigen zugetragen, welche Ihro Königliche Majestät in Preussen in dero Lande aufnehmen lassen, wie vorsichtig man dieselbe durch papistische Lande führen müssen und wie gutthätig man sich im Gegentheil in denen Evangelischen Landen gegen dieselbe bewiesen, auch wie dieser armen Leute Verlangen seye nach dem Worte Gottes und wie andächtig sie sich dabey bezeigen. Gedruckt nach dem Berlinischen Exemplar im Monat Majii 1732 (Druckort?) cf. Nachrichten etc.

Umständlicher und wahrhafter Bericht von der Ankunft, Aufnahme und Abschiede einiger Saltzburgischer Emigranten in der Stadt Hildesheim nebst dem Glaubensbekenntniss u. s. w. Hildesheim, gedruckt und zu finden bey J. H. Matthäi 1732.

Umständliche Nachricht von denen Saltzburgischen Emigranten, welche vom 10. bis 13 Junii 1732 durch Altenburg gezogen, verfasset von D. Christian Löber, Consistor.-R. etc. Altenb. 4.

(Unger, Past. in Königsbruck cf. Abschieds . . Rede.)

Uhl, Pred. zu Creilsheim: d. Reichthum der Bekenner des Nahmens Jesu etc. Fkfurt und Leipzig. 4.

(Urlsperger in Augspurg cf. die „Stellung der Gläubigen etc. und „Eben-Ezer . . .)

Unmassgebliche Gedanken Jak. Aug. Frankensteins über das Emigrations Recht etc. Leipz. 1732.

Ungrund des Römisch-Catholischen Glaubens in einer kurtzen Antwort auf das andere Post Scriptum, welches der Jesuite zu Amberg, Thomas Binner, der als ein „trotzender Goliath" gegen das bekandte Büchlein, dreyfaches Kleeblatt abermahle herausgegebe hat und durch die Bettel-Leute allerwegens hausiren geschicket, gezeuget von dem Verfasser des Kleeblattes, Christlieb Rentzendorf. 1733. 12.

Vollkommene Emigrations Geschichte von denen aus denn Ertz-Bissthum Saltzburg vertriebenen und grösstentheils nach Preussen gegangenen Lutheranern, In sich haltend eine genaue Beschreibung sowohl des Ertz-Bissthums Saltzburg als auch des Königreichs Preussen und die besonders hierher gehörige Geschichte voriger und jetziger Zeiten, nebst accuraten Land-Charten. Mit einer Vorrede v. Jos. Lor. Mosheim, Abt. v. Marienthal und Michaelstein. Verfertiget von Gerh. Gottl. Günther Göcking. Frankf. und Leipz. Bey Christ. Chr. Wagner 1734. I. Theil. S. 822.

Der vollkommenen Emigrat. Gesch. etc. Zweiter Theil, In sich haltend eine genaue Beschreibung des Königr. Preussen etc. S. 888 und Register. Frkf. und Leipz. 1737.

Verordnung wegen derjenigen öffentlichen Gottesdiensten, die denen allhier angekommenen Saltzburgischen Emigranten zu ihrene Trost und Unterricht sollen gehalten werden Regenspurg 1732. 4.

Die Vertreibung und Auswanderung der evangelisch gesinnten Salzburger. Von Stehr. Königsberg 1831.

Die Vertreibung der evangelischen Salzburger und deren Aufnahme in Preussen im Jahre 1732; öffentlicher Vortrag etc. gehalten von Karl Käswurm in Darkemen. 1871. Darkemen. R. Siltmann.

Verzeichniss der zum freien Verkauf feilstehenden Güter der Emigranten. Fol. 36 S. (ohne Angabe des Druckortes; umfasst alle Gerichtsbezirke der Auswandrer und führt die einzelnen Höfe mit den Namen der vertriebenen Besitzer auf, jedenfalls bald nach 1732 veröffentlicht, wohl auf Veranlassung des v. Plotho.)

Das Wohlthätige Leipzig, wie sich solches bei der Ankunft und Abzug der Saltzburgischen Emigranten aufgeführet, nebst einer authentischen und ausführlichen Relation von dieser Leute Ursprung. Lehre, Lebenswandel, Verfolgung, Emigration und was ihnen auf ihrer Reise begegnet. Von Putonco. Halle 1732.

Wanderschaft — der Saltzburgschen Emigranten freudenmüthige und höchst gesegnete — in die Königlichen Preussischen Lande, oder ihre durch das Reich bis dorthin genommene March-Route. Nebst einer Land-Charten und anderen Kupfern. Nürnberg, in Verlegung Pet. Conr. Monaths. An. 1732.

(Wittenberg cf. Nachrichten — Gewisse und Glaubwürdige. Wie man sich in Wittenberg . . .")

(Wolkenstein cf. „Beschreibung — Kurtze —")

(Weimar cf. „Evangelisches Denkmahl")

(Walch, Past. in Jena cf. Erweckungs Rede)

Wunder — das grosse — Gottes dieser Zeit, so sich an den um der reinen Evangel. Religion emigrirenden Saltzburger hervor gethan, wolte mit gebundener Feder entwerfen etc. Einer, der dieses Mit christlichem Herzen erweget. Augspurg. 1732.

Wichtige Motiven, welche u. a. die Saltzburger angetrieben, von der Römisch-Catholischen Kirchen, obgleich nicht ohne grosse Hindernisse auszugehen etc. etc. von Fr. Ant. Ficklern. Altdorf 1733.

(Weber cf. Evangelisches Denkmahl . .)

(Winkler, Pred. in Jena cf. „Fussstapfen — die bemerkten.")

(Würtzler cf. „das Göttliche bei d. Saltzb. Ev. Gem. . .)

(Wilken cf. Meissen, das Gutthätige . . .)

(Wahrlieb cf. „Thalkirche . . .")

Zuverlässige Nachricht von denen Saltzburgischen Emigranten, wie dieselbe den 30. April und 1. Mai a. c. in der Königl. Pr. Residenz Berlin angekommen und daselbst mit ungemeiner Liebe von den Einwohnern aufgenommen worden. auch was sich sonsten daselbst Denkwürdiges mit ihnen zugetragen. 1732. Berlin. 4.

Zuverlässige Relation von denen emigrirenden Saltzburgern, darinnen eine umständliche Nachricht von dem, was sich seit dem vorigen 1731 Jahre bisher mit denen, in dem Ertzbisthum Saltzburg zu der Evang. Religion sich mit Mund und Hertzen bekennenden und deswegen verfolgten Unterthanen in dem Reich des grossen Königes Jesu Christi Merkwürdiges zugetragen, mitgetheilet wird mit Theologischen, Historischen und Politischen Anmerkungen erläutert von M. J. H. D. (Joh. Hector Dietz.) Zwei Theile. Frkf. a/M. gedruckt und zu finden bei Chr. Gottfr. Meyers sel. Wittib. 1732.

Zwölf Schrifftmässige Bewegungsgründe zur Mildthätigkeit gegen die um der Evangelischen Religion willen vertriebene Salzburger. Auf gnädigst. Befehl abgefasset und publiciret. Salfeld, gedr. bei Gottfr. Böhmern. 1732.

(**Z**erbst cf. „Nachrichten — Kurze — und Fortsetzung der Nachrichten.")

Zwei denkwürdige Schreiben von denen reysenden Saltzburgischen Emigranten, ihrem Durchzuge und Aufenthalt in Grünhayn und Chemnitz.

Zuverlässige Nachrichten von denen auf der Reise nach Georgien . . Colonisten nebst ein Vorrede von S. U. P. und S. in A. Augspurg 1734.

(**Z**illersberg cf. die bisher unter denc . . .)

Zeichen, das grosse, unsrer Zeit an den Saltzburgischen Emigranten zu erkennen, führet in einem Oratorio auf R. Keiser, Capell-Meister. Hamburg. 1733. 4.

Zieglers, Georg Salomon, — Limp. Gemeinschaftl. Pfarrer zu Marck-Eimersheim: Verse über den Wunder-vollen Ausgang vieler tausend Saltzburger von dem Pabsthum zur Evang. Kirche. 1732. 8.

Zugabe wohlgemeinte — zum goldenen Kleinod der Augsburgischen Confession, bestehend in kurzen und auf den Zustand der Salzburger gerichteten Fragen und Antworten wie auch in Zween Bewillkommnungsreden einiger Schüler der Altstädtischen Pfarrschulen. Königsberg. Königl. Hofbuchdruckerei 1732.

Zaunersche Chronik von Salzburg, Fortsetzung durch Gärtner (freisinniger benedictiner) X. Band 1821.

Zeitschrift für historische Theologie von Niedner herausgegeben 1859. Aufsatz über die Salzb. Emigr. von Kessel.

(**Z**eltner cf. „Trostschrift und Briefe Mart. Lodingers. —)

Von dem Verfasser erschien bei Duncker & Humblot
in Leipzig:

Hohenzollernsche Colonisationen.

Ein Beitrag

zu der

Geschichte des preussischen Staates und der Colonisation des östlichen Deutschlands.

Leipzig. 1874.

8. Preis 12 Mark.

Das Werk enthält die Colonisationen vom grossen Kurfürsten an bis zu den letzten Ausläufen, den Zillerthalern,
den Philipponen und dem russischen Sängerdorf Alexandrowo
bei Potsdam unter Friedrich Wilhelm III.: das statistische
Material, Ansiedlungen, Zahl, Vermögen, von den französischen und salzburgischen Colonisten selbst die Namen in
erschöpfender Vollständigkeit. „Des Verfassers ruhige, objective und wahrhaft historische Beurtheilung der Germanisirung und des entstehenden Nationalitätenkampfes ist um
so wirkungsvoller, als er das ganze bewunderungswürdige
Werk, das Friedrich der Grosse als eine heroische That
seines Vaters bezeichnete, sich auf breiter culturhistorischer
Grundlage erheben lässt. Die nothwendigste und nützlichste
Vorarbeit — so urtheilte eine hochangesehene Autorität in
der Zeitschrift für preussische Geschichte und Landeskunde —
zu einer unbefangenen, historischen Würdigung der Staats-
kunst Friedrich Wilhelms I., überdies für weiteste Kreise
von Interesse — eine Arbeit, die wir nicht höher anerkennen
können, als indem wir sagen, dass die Resultate dem darauf
verwandten Fleisse vollkommen entsprechen.‟